花都祠堂文化丛书

主　编◎邓静宜
副主编◎卢福汉　刘兆江
　　　　刘　浪

广州市花都祠堂文化研究会
花都区政协文史学习委员会 编

花都祠堂风韵

下卷

华南理工大学出版社
·广州·

图书在版编目（CIP）数据

花都祠堂风韵.下卷/邓静宜主编；广州市花都祠堂文化研究会，花都区政协文史学习委员会编.—广州：华南理工大学出版社，2017.1
（花都祠堂文化丛书）
ISBN 978-7-5623-5136-8

Ⅰ.①花… Ⅱ.①邓… Ⅲ.①祠堂-介绍-广州 Ⅳ.①K928.75

中国版本图书馆 CIP 数据核字（2016）第308911号

花都祠堂风韵（下卷）
Huadu Citang Fengyun (Xia Juan)

邓静宜　主编

出　版　人：卢家明
出版发行：华南理工大学出版社
（广州五山华南理工大学17号楼，邮编510640）
http://www.scutpress.com.cn　E-mail: scutc13@scut.edu.cn
营销部电话：020-87113487　87111048（传真）
策划编辑：罗月花
责任编辑：罗月花
印　刷　者：广州市新怡印务有限公司
开　　本：787 mm×960 mm　1/16　印张：43.75　字数：666千
版　　次：2017年1月第1版　2017年1月第1次印刷
定　　价：380.00元（上下卷）

版权所有　盗版必究　印装差错　负责调换

《花都祠堂风韵》编委会

领导小组	郭共添　陈家飞　邹　璇　汤浩昌　徐兆东
	全泰源　李君民　龙　敏　骆权灯　冯钰梅
	张佐明　曾永汉
顾　　问	陈棣生　胡力平
主　　编	邓静宜
副 主 编	卢福汉　刘兆江　刘　浪
摄　　影	刘兆江　关振伦
编　　委	谭晓瑜　胡文汉　倪西赟　张　仪　江　毅　郭利群
	江永强　罗祥林　龚越洪　徐文锦　陆志丹　钟伟彬
资　　料	雷亚梅　郭婉勋　余鸿浩
封面题字	李卓祺

序

　　珠江三角洲地区诸村落聚族而居，血缘凝聚力量强大，慎终追远，育家族英才，祠堂、族谱、公尝、书院、山场体系完整。传统社会，各家族广置田产作为义田族田，其收益用于家族公共事务，无论春秋祭祀，还是抚恤族中鳏寡孤独，或者资助族人考取功名，都能够从族产中得到襄助与支持。祠堂，是一个家族的公共空间，它与族谱、祖墓、族产等一起，共同构成了凝聚家族力量的象征符号。在传统社会，对于维持地方社会的正常运转，发挥了重要的作用，具有不可替代的功能。

　　祠堂的建构，与珠三角地区的族群来源以及明代以来国家制度的变迁有很大关系。据族谱记载与民间口耳相传，宋、元时期，中原人两次大规模南迁。一次在北宋末、南宋初，因避战乱，越过大庾岭至南雄寄寓；一次在宋末元初，他们的子孙后代，从南雄南下珠江流域一带。民间传说其祖先多在南宋时自中原南下，经南雄珠玑巷，最后落脚于珠江三角洲地区。经学者研究，明代中叶以后，随着珠江三角洲开发的加速，这一地区日益增多的新兴家族在沙田开发等方面的争夺日趋加剧，这些新兴的家族也越来越热衷于编造家族历史和谱系。珠江三角洲的许多家族，都声称是在南宋末年（一说北宋末南宋初），因胡妃（一说苏妃）潜逃出宫一事受到牵连，由南雄珠玑巷逃难迁到珠江三角洲定居的。①

　　如果我们将族谱中的传说建构看作民众的历史记忆和宗族实践，它所代表的不是历史真实，而是情感真实，那么，我们就可以从历史真实与否的困扰中摆脱出来，充分理解明中叶以来珠江三角洲地区不同家族共同建构的珠玑巷传说。这一传说中蕴含的历史与结构关系，屈大均先生早有洞察，他指出珠玑巷只是中原迁粤人员寄托思念故乡的符号。

　　吾广故家望族，其先人多从南雄珠玑巷而来。盖祥符有珠玑巷。宋南渡时诸朝臣从驾入岭，至止南雄，不忘枌榆所自，亦号其地为珠玑巷，如汉之新丰，以志故乡之思也。②

　　这一传说的实质在于，明中叶以来，珠江三角洲地区的不同家族通过讲述一个共同的族源传说，以建构岭南边陲与华夏中原的谱系脉络，共同塑造珠江三角洲地区不同家族的集体记忆。从珠玑巷南迁的传说作为一个叙述框架，持续地限定、约束珠江三角洲地区人们关于

---

① 刘志伟：《祖先谱系的重构及其意义——珠江三角洲一个宗族的个案分析》，载《中国社会经济史研究》，1992年第4期。
② 屈大均：《广东新语》（上），中华书局1985年版，第49页。

祖先来源的记忆，而这一历史叙述的结构，则是反复地叙说、强化岭南边陲与华夏中原的渊源关系。

与民间传说相对应的，有其相关的社会制度背景。明嘉靖年间，随着官方改革家庙及祭祖制度，特别是允许庶民祭祀始祖，广府地区以此为契机普及宗祠，引发了祠堂建设的第一次高潮。此后，历朝历代，一直到民国年间，民间的祠堂代有建构。祠堂祭祀始祖的祭祀制度，需要有相关的历史谱系证明其祭祀的合法性。民间广为传颂的历史传说，也就是为社会制度的实践提供了神话的论证。虽然在20世纪50年代至80年代初期，祠堂的建造几乎停顿，但自20世纪90年代以来，中国南方地区又开始了持续不断的家族造谱、姓氏联修族谱、重建祠堂的活动。民间传说便为不断建筑祠堂等宗族运动提供了历史依据。

中华人民共和国成立以来，随着社会制度的变迁，宗族在地方社会中的功能与作用减弱。改革开放以后，国家的政策重新焕发了民间社会的力量。珠江三角洲一带率先通过家族联谊的方式，吸引港澳台地区居民回乡投资办厂、捐资助学，为珠江三角洲地区的经济腾飞和社会发展做出了重要贡献。家族，作为凝聚海内外华人的血缘纽带，在新时期的经济社会发展中，成为国家力量的重要补充。在这一过程中，祠堂的象征符号功能逐渐强化，家族成员都热衷于出资维护或者重建家族的祠堂。

近年来，随着大量乡村人口离乡离土，进入城市工作或定居，乡村逐渐空心化。许多村落家族的祠堂由于年久失修，濒于破败，与许多古村落一样，逐渐萧条冷清。所幸的是，随着人们生活水平的提高，以及对于传统文化重要性的认识不断加强，越来越多的人开始关注古村落的建筑以及传统生活方式的保护与传承，以此寄托他们的乡愁与怀念。在这一过程中，毫不讳言地说，不少人投身到古村落的保护当中，其目的不在于保护，而更多的是想借古村落赚钱。现在，花都祠堂文化研究会的这批热心人士，在这个功利和浮躁的时代，踏踏实实地从了解古村落、认识古村落、理解古村落开始，充分发掘古村落的社会、历史、文化、美学以及建筑价值；从最基本的资料积累做起，期望能够为古村落的保护提供有益的参考。窃以为，他们的努力，比那些不了解历史，盲目进行古村落开发的行为，更具有价值。我希望从这本祠堂文集开始，能够看到他们将理论和认知化为实际的操作，为花都古村落的保护、活化，做出他们应有的贡献。

刘晓春
广东省民间文艺家协会副主席
中山大学中国非物质文化遗产研究中心教授
2016年9月30日

目 录

■ 花东镇

2/ 末代探花与水口营商氏
　　——水口营商氏宗祠略考 ································ 王卫华

11/ 先祖荣光耀门楣
　　——记港头村文孙曾公祠 ································ 张淼源

19/ "植槐门第"话王氏
　　——高溪村芝聘王公祠漫记 ························ 刘兆江　徐沛仪

25/ 花县"农运"的摇篮
　　——记九湖村王氏大宗祠 ································ 胡文汉

33/ 人兴财旺的欧阳氏
　　——高溪村田心庄献堂家塾探究 ·························· 卢福汉

41/ "世有凤毛"有来历
　　——莘田二村谢氏祖祠与谢姓文化 ························ 谢连波

47/ 流溪河畔的一颗明珠
　　——莘田村庚氏大宗祠记 ································ 郭利群

54/ 补鞋立村写春秋
　　——记大东村刘氏宗祠 ·································· 刘武松

61/ 一座有状元旗杆的祠堂
　　——记京塘村梁氏宗祠 ·································· 曾昭财

67/ 胡氏俊彦誉满香江
　　——记阳升村胡氏宗祠及胡氏名人 ·················· 胡文汉　曾昭财

74/ 生态风水旺子孙
　　——记李溪村张氏宗祠 ···························· 邓静宜　张淼源

81/ 粤北老树南下发枝
　　　——鑑泉潘公祠的前世今生 ………………………… 吴术球

87/ 尚武之乡的今与昔
　　　——象山村元福江公祠的变迁 …………………… 罗祥林

93/ 杨柳岸边安新家
　　　——杨荷高氏祠堂及其鲜为人知的故事 ………… 高金潮

■ 炭步镇

102/ 一张岭南古建筑的名片
　　　——记塱头村黄氏三祠堂 ……………… 罗祥林　黄月华

112/ 骆氏丰碑在废墟上重生
　　　——华岭村光禄大夫家庙重建记 ………………… 刘　浪

122/ 骆宾王后裔在这里安居
　　　——记骆村骆氏家庙 ………………………………… 江永强

131/ 家庙巍峨万世芳
　　　——记石湖村汤氏家庙 ……………………………… 汤景林

139/ 仙鹤展翅　择水而居
　　　——茶塘村汤氏宗祠探究 …………………………… 卢福汉

147/ 藏龙聚气　名人辈出
　　　——在藏书院村寻访谭氏"宗"迹 ………………… 谭晓瑜

155/ 金殿煌煌扬忠孝
　　　——记文一村谭氏宗祠 ……………………………… 谭晓瑜

160/ 流传甚广的"花县独脚任"
　　　——水口村任氏祖祠初探 …………………………… 江永强

170/ 百年不忘同根生
　　　——记平岭头村任氏宗祠 ……………… 郭利群　任洪涛

178/ 骠骑将军的故乡
　　　——访鸭湖村张氏祠堂 ……………………………… 钱春华

186/ 明祠惊艳传家世
　　——记鸭一村罗氏宗祠 ························· 罗　阳

194/ 祖泽流芳步步高
　　——走进步云村李氏宗祠 ······················· 成文耀

202/ 重情重义环山"龚"
　　——记环山村龚姓诸祠 ························· 刘武松

210/ 走进古村的历史深处
　　——社岗村许氏宗祠初探 ······················· 周　蓉

217/ 十世悬壶有玄机
　　——文二村谢氏家族轶事 ················ 谢惠瑜　谢汉升

■ 赤坭镇

224/ 朱氏公孙三举人
　　——记黄沙塘村千亭朱公祠 ····················· 卢福汉

232/ 繁华落尽　过眼云烟
　　——寻访赤坭村三和庄进士第 ··················· 张　婧

239/ 手足同心创家业
　　——连珠村任氏宗祠的历史渊源 ················· 徐文锦

247/ 风水独好后世昌
　　——记牛背岭村朱氏大宗祠 ····················· 郭利群

254/ 铁杖公后裔今安在
　　——田心村麦氏祠堂探究 ······················· 邓静宜

262/ 日久他乡即故乡
　　——横沙村周氏宗祠散记 ······················· 郭婉勋

269/ 先祖遗德护家园
　　——记莲塘村骆氏大宗祠 ······················· 汪　琳

276/ 家规家训旧俗新说
　　——记西边村夏氏宗祠 ························· 郭婉勋

284/ 历经磨难诉悲欢
    ——楠木树村叶氏宗祠访谈 .... 谭晓瑜

290/ 他们因姓氏而迁村
    ——蓝珠村吴氏宗祠散记 .... 罗祥林

295/ 沧桑古祠听传奇
    ——瑞岭村矮岭姚氏祠堂略考 .... 倪西赟

302/ 九曲巴江燕过沙
    ——记石燕村赖氏宗祠 .... 郭婉勋

311/ "湛恩庞洪"赠恩师
    ——记连珠村值原钟公祠 .... 郭婉勋

■ 梯面镇

316/ 高平门第　将相家声
    ——记汶塘村范氏宗祠 .... 范剑锋　邝丽梅

326/ 紫气东来居花邑
    ——记民安村陈氏和陈氏宗祠 .... 龙喜场

333/ 附录1：2016年度花都区政协重点提案
336/ 附录2：2016年度花都区政协重点提案办理情况答复
343/ 附录3：2016年度花都区政协重点提案视察简报

■ 后　记

花东镇

末代探花与水口营商氏

——水口营商氏宗祠略考

◎ 王卫华

从花都区中心城区沿118省道往东20公里,有一条常被人提起的"末代探花"村——水口营。村里人大都姓商,他们引以为豪的是,这里是他们认为的中国历史上最后一名探花商衍鎏的故里。

水口营村作宏商公祠

商衍鎏（1875～1963）字藻亭，著名学者、书法家。清甲午科（1894）举人，清甲辰科（1904）清朝最后一次科举考试，商衍鎏得殿试一甲第三名，成为清末科举探花，任翰林院编修。曾任侍讲衔撰文、国史馆编修、实录馆总校、文渊阁校理等职。先后任国民政府财政部秘书、江西省财政特派员等职。新中国成立后，他历任江苏省文史研究馆馆长、中国文史研究馆副馆长、广东省政协常委、广东省文史研究馆副馆长等职。1963年8月28日在广州逝世，终年89岁。

商氏功名旗杆夹与商衍鎏铜像

宗祠存貌

初入村口，有一座仿青砖贴瓷片的人字顶一层建筑，上书"社会道路"四个醒目的鎏金大字，右边有时间"一九五七年"，左边有落款"商衍鎏书"。这是村里20世纪50年代修建的一座会堂，里面有小舞台，现在作为村的文化室。从题字足可以看出，商衍鎏与水口营村有割舍不断的宗情，也足可以证明他已在内心深处把水口营作为自己的故里。

从会堂往西十数步，是"作宏商公祠"，这是村里保存最完好的一座祠堂。祠堂始建年份不详，坐北朝南，主体建筑三间两进，人字封火山墙，灰塑博古脊，碌灰筒瓦，青砖砌墙，花岗岩石脚，红阶砖铺地；正脊灰塑，屋脊重新修葺过；前廊两根花岗岩石檐柱，柱上架石梁，石梁上有石狮；檐柱雀替用木雕装饰，而挑头却是常用的石雕人物，反映着古人的审美情趣；斗拱横梁的木雕是戏曲人物，形态非常生动；祠堂墀头砖雕已经很不完整，但仍可见其工艺之精美；大门嵌花岗岩门夹，石门额阴刻"作宏商公

水口营村落建筑

祠"五个厚润大字，无落款。门上墙壁三面均装饰着人物、花鸟壁画，壁画两边题有两首诗，正门楣上方是一幅"诗酒琴棋"图，左上角题诗："春游芳草地，夏赏绿荷池。秋饮黄花酒，冬吟白雪诗。"落款："罗太泉"。图中五人，一老者闲坐饮酒，一小儿侍酒，另两人对弈，一人观棋，画面生动有趣。笔画虽然淡脱，但诗情画意还在，历史古韵犹存。祠内空寂静簌，杂草丛生，只有脚下的青石板印记着往昔的家族历史。

再往西进，是"文达商公祠"，也是三间两进，人字顶，灰塑博古脊，碌灰筒瓦，但建筑风格发生了较大改变，该祠极其简单，没有石檐柱、石梁，也没有石门夹，前廊也只有一间宽，另两间往外与檐齐。祠堂匾额不是石刻，刷灰后直接书写，落款为商衍瀛。该祠现已作为村的老人活动中心，是村里老人茶余饭后的好去处。

西行至村的中段，有处已倒塌的房屋，从仅存的残墙剩瓦、旧坭老砖上，还可以看出是一座宗祠的样貌，这便是商氏祖祠所在。由于商氏宗祠解放初期土地改革分给了私人所有，以至20世纪80年代初被私人拆毁，现今砖瓦散落地面，杂草生于砖瓦间，不禁令人唏嘘。商衍鎏百年前来此祭拜的热闹早已平息，同科状元刘春霖所题赠的挂在商氏宗祠大堂两侧的"连科三进士；同榜两贤书"的对联与牌匾均也已不见了踪迹。

宗脉追源

水口营的商氏可上溯到明朝。根据有关资料记载：始祖商禄公，是朱明皇朝右丞相徐达麾下的将士，来自北京河涧府（又作河间府）沧州南皮县北隅七图三角堤村。洪武十二年（1379），商禄公与副官许谅率部驻守广州禺北冬瓜窿（古属番禺治下）。当时，元亡世乱，群雄四起，新政当权，不少地方盗贼依险凭陵，屠劫靡常。广州北部禺北地区，万山环峙，叠巘崇崖，山深谷窈，口隘林丛，常为匪盗啸聚之地，为数邑居民之大患。商禄公奉命率部驻守禺北冬瓜窿，常与匪盗厮杀，副职许谅殉职。商禄子效宜，征战龙川寨阵亡，明皇朝钦命追赠为左卫将军，商家因军功世袭而食皇禄。迨至大清入关，商氏家族已世袭九代，早已不是最初的野战部队编制。清顺治四年（1647），顺治帝革除前明军功世袭俸禄制，但仍允许商氏家族于驻地辟地屯居，取良田自耕自食，以商氏第九代传人商大宾入籍番禺屯税，居水口屯（今水口营）。

至于水口营村名的来由，据族中老人说：水口营原来叫水口屯，这里原来是九湾潭水之出口的地方，故名水口；又因为商氏祖先是带兵之人，水口作为屯兵之地，所以就叫水口屯。而"屯"与"营"都有兵勇驻扎之地的意思，什么时候改"屯"为"营"，现在已不可考证了。而以"营"为村名的，花都还有一两个，省内少有。

宗族荣史

如果说商氏宗祠的毁塌，淡褪了水口营商氏的家族历史，村前的进士旗杆夹，却将历史再一次深刻；商衍鎏，这个中国历史上最后一名探花郎，更让这座村庄时刻闪着耀眼的光环。

古代科举考试分为四级：童试（秀才）、乡试（举人）、会试（贡生）和殿试（进士），殿试一甲三名将获赐进士及第，二甲和三甲分别获赐进士出身和同进士出身。

古人取得进士功名的，官

游人参观村后珍贵的古格木林

作宏商公祠被辟为商衍鎏商承祚史迹陈列馆

府不仅授予爵禄，还赐予旗帜，竖立在精工建造的石旗杆夹上。旗杆夹多竖立在宗祠前，它是封建社会科举功名的象征。作用主要有两个：一是考取一定功名后，社会地位提高，竖立旗杆可以光耀门楣；二是旗杆竖立后，可作为后人的学习榜样，激励后人积极进取。竖立旗杆夹时，还要请唢呐班吹奏，最后宴请官员、嘉宾、族老、亲戚等等，场面热闹非凡。

商氏旗杆夹，共有三对，一对立在商氏祖祠旧址前水塘边，两对立在祠前风水塘对岸，旗杆夹顶均雕小石狮。商氏祖祠旧址前一对刻"光绪己丑恩科中顺天举人三十五名，应戊戌科会试中式一百二十六名贡生，殿试二甲钦点户部主政。臣商廷修立"；对岸两对分别刻"光绪甲辰恩科会试中式第一百二十九名贡生，殿试一甲第三名，钦点探花及第。臣商衍鎏恭承""光绪甲午科顺天举人应辛丑壬寅并科，会试中式第八十九名贡生，殿试二甲第十八名，钦点翰林院庶吉士。臣商衍瀛恭立"。

旗杆夹的字刻记载着历史，也记载着家庭的荣耀。三对旗杆夹，书写着"两代三进士，一门三翰林"的精彩故事——商衍瀛、商衍鎏兄弟与其叔父商廷修，先后考取进士、入翰林，演绎着"连科三进士"的历史传奇。

按照八旗规定，八旗出身的男丁到了一定岁数就得参加军事训练，成为军人。商氏家族十代人都在军队中任职，享受汉军粮饷俸禄，直到第十代商廷焕、商廷修开始弃戎从文，从能征善战的八旗之家转变成为书香门第。

商廷焕是长子，但自小就身体孱弱，无法参加军事训练，且兴趣不在骑马射箭上，反而幼小就好学，并拜陈澧为师。他考了七次乡举都没中举。在广州住所莲花巷巷尾辟地一块，莳花种竹，盖茅屋数间，取名玉莲园，并在此专心苦读，"三更灯火五更鸡"，过着清贫的读书生活。

而弟弟商廷修于光绪二十四年（1898）戊戌科会试中进士，名列二甲第一百三十名。

清光绪二十九年（1903），商衍瀛、商衍鎏兄弟二人结伴赴京赶考，结果哥哥商衍瀛中进士，入翰林。弟弟商衍鎏未入三甲，便回家苦读。

历史常常在嘲弄一个人的时候，又会对其特别垂青。

1961年商衍鎏商承祚父子探讨书艺

清光绪三十年（1904）是中国最后一次科举考试。这一年是甲辰年，本已时逢正科取士，又逢慈禧太后七十寿辰，于是甲辰正科便改为恩正并科。商衍鎏在这一年的科举考试中，中会试第一百二十九名，有幸得以参加殿试。

1904年7月4日清晨，从礼部会试中选拔出来的273名贡士，从中左门进入保和殿，历经点名、散卷、赞律、行礼等种种仪式礼节，准备参加名义上由皇帝主考的殿试。这是三年一度的全国科举考试的最后一关。贡士们按这次考试的成绩重新排定名次：殿试第一名称状元、第二名为榜眼，第三名为探花。

上午10时，试题发下，是以皇帝名义提出的时务策问，题长五六百字。对策文不限长短，规定字必须正体，文必到行，工整有格，不容疏忽，日暮为交卷时限。

考官最初拟定的一甲名次是：朱汝珍、刘春霖、张启后、商衍鎏。但光绪皇帝看完试卷后，认为第二卷比第一卷好，第四卷比第三卷好，于是钦定状元刘春霖、榜眼朱汝珍、探花商衍鎏。

1905年9月2日，清廷颁布上谕："著即自丙午科为始，所有乡、会试一律停止，各省岁科考试亦即停止。"科举制度被废除，商衍鎏也就成为末代探花。

宗亲探考

末代探花商衍鎏

商衍鎏是中国历史上最后一名探花，这无可置疑。但商衍鎏到底是不是花都水口营村人，却众说不一。

据商氏后人自述及文史记载，从商承祚的父亲商衍鎏开始皆称自己是广东番禺人。而花都水口营村的人，都会骄傲地说"末代探花"商衍鎏就是花都水口营村的，也一直把花都水口营认定为"末代探花"村，有祠堂前的旗杆夹石为证。

商家人皆称番禺籍，也不足为怪。因为据查证《花县志》等史料，水口营村新中国成立前一直属番禺管辖。当时，番禺分上番禺和下番禺，水口营属上番禺北兴乡。北兴历史归属很复杂，莘田村、港头村、造迳村、回龙村在康熙年间花县建县之初就划归花县，水口营村反而是番禺县飞地。水口营原有商、康、胡三姓，皆为明初驻军军官之后人。后因康、胡二姓人丁稀少，加上部分迁出，到近几十年才剩商氏一族，因此该村非商氏独家始建。抗日战争时期，番禺县政府曾迁北兴。1950年，水口营村才随北兴划入花县管辖（今花都区）。所以，从这一点上，商衍鎏所说的番禺籍，与是不是水口营村人并不矛盾，因为当时水口营村的人都是番禺籍。

还有人认为商衍鎏的商氏与花都水口营村的商氏，是不同的两族商氏，水口营商氏一族是明代的兵，来自北京河涧府；商衍鎏一族是清代的兵，在明末移居沈阳，并在沈阳隶汉军籍。迁粤时间相差多年，即使是同宗，都应在600年前。从北方迁入广州年代不同，先祖不同，只不过大家都姓商，仅能认作"本家"。据《钦定八旗通志》卷六十一氏族志八，记有"商氏系出沈阳"，佐证了商衍鎏商氏迁粤家谱中，系出沈阳是准确的。商衍瀛曾作《商氏迁粤家谱后记》，书中记载，明末商氏祖先从天津商家林迁至辽宁沈阳，至于具体何时因何事而迁都没有资料，未能考证。可查证的祖先是商鸣鸿，他生子六人。因为艰于生计，于是让第四子国秀从军。当时沈阳隶属汉军籍，后来清军入关。为了巩固统一，清朝就派了八旗中最骁勇善战的正黄、镶黄、正白"上三旗"部分力量驻防广东，商国秀属于正白旗系统。于是，商国秀携带家眷于康熙二十一年（1682）随军驻防广州，并在广州落地生根。因此，商国秀是商家入粤始祖。商氏籍贯上也就沿用"广州驻防正白旗汉军人"。这一点，在当年科举考试的传闻中可以佐证。传闻考官最初拟定朱汝珍为一甲第一名，但慈禧太后最恨广东人，因为她的几个心头大患洪秀全、康有为、孙中山都是广东人，一见朱汝珍是广东人，就一定要拉他下马。而商衍鎏在报名时填的则是"广东驻防正白旗汉军"，所以避开了老佛爷的阴谋之手。这一说法虽然值得商榷，但商衍鎏以"广东驻防正白旗汉军"的身份参加科考，比较可信。既然商衍鎏参加科举时注明是旗人，而不是挂番禺水口营村人，那么只能说他与水口营商氏仅是同姓而已，因商姓在广州番禺一带只有水口营一条村落，故双方就认作兄弟，相互往来密切些。

古文字学家、考古学家、金石篆刻家、书法家商承祚

《清代朱卷集成》《驻粤八旗志》两份资料都写明商氏世居省城纸行街，因此水口营商氏、商衍鎏家族商氏是否同出一宗，已无法考证。但商衍瀛、商衍鎏兄弟与其叔父商廷修，当年考取功名后都在水口营商氏祠堂拜宗祠、行祖宴，竖立旗杆夹却不可置疑。旗杆夹，这是古时身份的象征，不是想竖就能竖，在古代只有考取贡生以上功名的才可以竖；不是想竖在哪就竖在哪，只能在宗祠前面竖立，正所谓"光宗耀祖"。当然，旗杆夹也不一定非是本村人才能竖的，有些情况是当地族人为了图威风，在征得外地同宗或同姓有功名者同意而竖立的。所以说，不管水口营商氏、商衍鎏家族商氏来自何处，水口营作宏商公祠前的三对旗杆夹，足以证明商衍鎏家族认同水口营商氏与其渊源关系。并且，两族商氏有可能是同一祖先从明朝开枝，一枝南下广州，一枝北上沈阳，几百年以后，相继迁入广州，从此生根散叶，所以才有了商衍鎏一族在水口营认祖联宗。商衍鎏为水口营村大会堂正门上方题"社会道路"、商衍瀛为水口营村书写的"文达商公祠"墨宝，也足以佐证其家族对水口营商氏宗族的认同。

原来番禺的水口营村，后划入花县管辖，商氏家族原称"番禺人"，后称"花县人"，今称"花都人"，均是与时俱进也。

1985年，商衍鎏之子商承祚教授在《羊城晚报》刊发文章，针对当时的一些传闻，指出商氏一脉不是满人，是汉人。随后偕同夫人来到水口营村，拜谒纪念父亲探花及第的石碑，还为村里的小学题写了校名。

> **祠堂文化知识**
>
> **门神：**旧时农历新年贴于门上的一种画类，是道教和民间共同信仰的守卫门户的神灵，人们将其神像贴于门上，用以驱邪鬼、卫家宅、保平安、助功利、降吉祥等，是民间最受人们欢迎的保护神之一。
>
> **门墩：**又称门座、门台、门鼓、抱鼓石，是置于祠堂、民居等大门底部起到支撑门框门轴作用的一个石质墩子，可供人们乘坐，周边雕刻精美图案，极具装饰性。

先祖荣光耀门楣

——记港头村文孙曾公祠

◎ 张淼源

港头村在花都区花东镇东北部,离中心城区约23公里,原名港洲村。其东连水口营村,南邻白云区龙岗村,西接花都华侨农场,北临吉星村。面积2.83平方公里,人口2000余人。村民姓曾、龙,讲粤语。民居呈块状聚落。村庄坐北向南,贯通花都东西的花都大道在村北经过,东南西三面有水环绕,素有"三水朝北,四水归源"之美誉,是

港头古村落建筑群

文孙曾公祠

古时花都的水陆交通要道。尤其是村前的流溪河,是广州与北部地区联系的主要水路,在河边建有货运码头。

港头村是典型的广府民居布局,表现为村落布局坐北向南,村中有11条古巷道,村前为池塘,村后是小山丘,河流、小溪环抱村子。村头、村尾各有一棵300余年的榕树。村中古建筑占地约4万平方米,以始祖文孙曾公祠为中轴线,向东西两旁延伸,均为明清两代建筑。村里古建筑气势恢宏,为花都区东南地区比较典型的古村落。现保存完好的古建筑有60座,其中祠堂、书院、厅堂6座,其余为民居,古巷11条,是珠江三角洲地区保存较完好、较有代表性的清代民居建筑群落之一,被称为"露天的明清建筑博物馆"。

曾氏溯源:曾子后人辗转而来

曾姓先祖曾参,是孔先圣人的弟子,孔孟思想的突出代表,以孝道甚得孔子称赞,成为中国历史上喜闻乐道的第三家(即孔孟曾颜),历来受到高层重视。除孔圣人受历朝历代皇帝赐赠名号外,曾子一家亦被多代皇帝钦赐字辈派号。曾氏从康熙六十一年(1722)第63派起使用康熙圣祖仁皇帝所钦赐十五字:"宏闻贞尚衍,兴毓传纪广,昭宪庆繁祥。"宣宗道光皇帝,又续赐十字:"令德维垂佑,钦绍念贤扬。"穆宗同治皇帝,再续赐十字:"鼎新开国运,克服振家声。"由皇帝亲赐辈分派号,这是全国绝无仅有的事，充分说明曾氏在中国受尊敬的程度及其影响力是多么深远。

港头村曾氏是春秋时代曾子的后代，曾子的第五十一代曾晞尝，字可远，号北超，南宋高宗绍兴二十六年（1156）出生。宋孝宗淳熙五年（1178）戊戌科进士，时年22岁。宋高宗南渡，时任广西桂林节度使的曾晞尝率家人从江西庐陵县造阳村迁入黄鹂响（今从化太平场），居住十多年后，迁徙杨荷（今属花都）。南宋宁宗嘉定十一年（1218）七月，与湖北守将孟宗政、随州刺使许国合围并全歼金兵一支部队于白水。因军功封广东粤东侯，赐北岭地，全家迁造迖村。因不忘故里，取名造阳村，又因地形似"鱼迖"，故改称造迖，后取"吉星高照"之意改名吉星村。

祠堂成为村老人活动中心

曾晞尝之后，其第五代玄孙曾文孙，子希周，号岐石，于元至正十一年（1351）中举后，从造迖村迁入港洲（即港头）开基拓展。因有4条溪流在村南面汇合，形成港湾，而村庄建于港湾上方（上头），故名港头村。港头村原名"港洲村"，是根据地形地貌而得此名，"洲"有岛之意。据港头村的老人介绍，该村已发展到八十余代了。

港头村立村至今已六百余年，当时村民相当富裕。因有"五代联科甲"及以后历代多人中举当官，官场盛况与几乎是同时代的西隅塱头村的"父子两乡贤""七子五登科"有异曲同工之妙。时称"东隅港头，西隅塱头"。

文孙曾公祠：记录五代联科甲的辉煌

　　文孙曾公祠始建于明代，为纪念开村先祖曾文孙而建。曾文孙，元至正十一年（1351）辛卯科举人，为港头村立村始祖。该祠坐北朝南，三间三进，总面阔17.8米，总进深33.4米，建筑占地613平方米。镬耳封火山墙，龙船灰塑脊，碌灰筒瓦，青砖墙，花岗岩石脚，红阶砖铺地。

　　祠堂分为三进。首进为准备拜祭用品之地。面阔13.1米，进深两间7.1米，共十一架，前廊四步，梁架上柁墩、斗拱、雀替施有人物、花草等纹饰。前廊两柱石线条繁杂，正脊灰塑"群狮献瑞"、花鸟等纹饰。虾公梁上有石狮、异形斗拱，挑头为青石人物雕刻。大门嵌花岗岩门夹，石门额阴刻"文孙曾公祠"。门面花岗岩石脚高1.4米，前廊两次间设有塾台。

　　中间为中堂，面阔13.1米，进深三间9.4米，共十三架。四根硬木金柱承重。一道大屏风立在中堂，入内须行两边侧门。正脊灰塑狮兽、花鸟等纹饰。两次间半月形侧门上施有蝙蝠吊金钱等灰塑纹饰。中堂前带两廊，七架人字顶。

　　第三进为后堂，面阔13.1米，进深三间9.1米，共十一檩，前廊三步。中间两幅青砖墙与山墙承重。前廊梁架柁墩、斗拱、雀替，施有流云、人物、花草等纹饰图案。两次间砌筑青砖墙间房。后堂前带两廊，六架卷棚顶。后堂专供村民拜祭之用，内设历代祖先牌位、神像，其格局雄伟，结构工艺精湛，雕有鱼虾蟹、飞禽走兽、花草树木、苍松翠竹等，加有玻璃、丝网保护，全是通花工艺，每件作品雕刻得栩栩如生，可称岭南风格的精华之作。

　　祠堂大门前的对联"五代联科甲；一贯绍渊源"用上等木材雕刻而成，悬挂两边，永不摘除，鼓励后人承前继后，奋发图强，服务于国家，造福于大众。这副对联描述的是开村始祖曾文孙祖上的故事，从曾文孙起追溯到他的高祖父，这五代人都在科举中考取举人以上功名。第一代，曾晞尝，宋淳熙五年（1178）戊戌科进士，广西桂林府节度使，湖广兵部侍郎，奉诏监督湖广军务，授中宪大夫，封东侯，后人尊称"东侯祖"；第二代，曾宋炜，宋淳祐四年（1244）甲辰科举人，福建福州府同知，授奉政大夫；第三代，曾公靖，元大德四年（1300）庚子科举人，江西抚州府教谕，封文林郎；第四代，曾孳，元至治元年（1321）辛酉科举人，广西桂林府临桂县知县，河南汝宁府罗山县知县，封文林郎；第五代，曾文孙，元至正十一年（1351）辛卯科举人。族人把这副对联挂在祠堂门口，以此告诫子孙后代，让造迳曾氏良好的家风在港头继续传承和发扬光大。

美丽传说：始祖立村缘由

说起始祖立村故事，村人现在还是津津乐道。中国人历来有通过寻龙探脉促使后嗣繁昌的习俗。中举后的曾文孙，亦以前人为鉴，去探究和谋求本族的发展。他素闻造迳村前面东南方有一洲地，依山傍水，竹木繁茂，有三条溪流自北而南流淌到洲地前即转向朝北，流经洲前广阔洼地，然后再拐弯折向西南流出，汇入流溪河中。登高远望，"三水朝北"，只见水来而不见水去的优雅环境跃入眼帘。溪水流经的洼地，形成一口口大小不一的山塘水氹，这些山塘水氹中长出不少水草野荷。碧叶红花星星点点，像是一幅巨大的画图。而这幅大画图，竟然来自一个美丽的传说：传说八仙之一的何仙姑曾路经此地，见水网纵横、苍松翠竹，意欲题字造福人间。何仙姑题书完毕后，将洗笔砚之墨水随手一泼，星星点点的墨水，洒遍洲南洼地，倾刻间，大大小小的山塘水氹长出艳丽的碧荷红花，其中最大的一泼墨水，飞落于京塘村，长出的京塘莲藕，味极

文孙曾公祠两廊门楣灰塑

可口。当时曾文孙闻此传说，决意从造迳村迁入此地开基。建立港洲村。立村之后，果然人才层出不穷。

由于港头村北面万山横亘，一到雨季，山下无数村庄必水患连连。有一年，一位衣衫褴褛、蓬头垢脸的麻疯老人要过河溪，碍于河水湍急，行动不便，村民见他十分可怜，不但送他茶饭，还让一青年人背他过河。到了对岸，刚将老人放下，老人却不见踪影了。回头再望走过的路径，河中隐约可见一连串的花岗岩石根，于是大家欢呼雀跃："神仙点化，助我们筑坝啰！"村民以石根为基础，很快建好了一条大坝。大坝建好后，水流改向直奔下游港洲村。眼见港洲村危险在即，神仙又在港洲村用法力造就一个又大又深的水潭，叫黄泥潭。黄泥潭水深面阔，缓冲流速，形成天然港湾。港洲村村民不但摆脱了险情，还在港湾处搭建码头，来往客商必经码头上落装卸货物，经流溪河通往省内外。旧时的主要交通运输是航运，黄泥潭码头俨然成了周边地区的交通枢纽。久而久之，港洲村便成港头村了。

村风纯朴：传统美德世代相袭

明清年间，港头村有识之士，有的考取功名后不愿出外做官，就在村里以自己的才学和情操培养下一代，给后人树立了一面旗帜。而村里的书室，面积4000多平方米，在当时的花县也属最大的书室了。

1947年至1948年间，就读小学的曾宪伟、曾满洪报名参加了当时县运动会和省运动会长跑项目，并分别赢得8000米及25000米的冠、亚军，获得银鼎或银杯共五个。他们将银鼎银杯留给学校作纪念，鼓励后来学子奋发进取。

新中国成立后，曾日初作为该村的第一位大学生，于1974年入读广东外国语学院法语系。毕业后，被国家安全部门挑选到北京工作。现任职于国家安全部，一级警监。

原村委会主任、区十五届人大代表曾庆洪发扬重视教育的传统，自掏腰包，从2011年开始对村里考上市重点中学的子弟，每人奖励5000元；对考上大学的，每人奖励10000元。

崇尚孝道，是中国人的传统美德。港头村的村民，至今仍保持着纯朴的尊老爱幼的传统美德,村民中从没有因小利而反目成仇的,没有晚辈不赡养长辈的;没有鳏寡孤独者无人料理的。总之,只要是同姓兄弟遇有困难,"入了港洲村"便可"不愁吃和穿"。这种视长辈如宝,视兄弟如手足的和睦邻里关系,人际关系,虽经几百年改朝换代的演变,仍得到较好的传承。村中崇尚孝道,互帮互助,和谐共处的故事不胜枚举。

港头村为后人留下的不仅仅是那些600多年被历史凝固的建筑文化,数百年来,港头村人严遵祖训,崇尚耕读持家,亦农亦商,农耕文明得以世代延续。直至解放后,许多建筑还是村人的共有财产受到保护,村中还留有扶贫的田租以供村族人济急之用。广府人的民俗活动,港头村皆有反映。

港头村"拱日楼"门楼

民俗文化:由祠堂延伸出来

港头村至今还存有许多的民俗,这些民俗大多是由祠堂延伸开的。如结婚、游灯、满月、起灯、贺寿等等。

游灯。过去在元宵节晚上,祠堂门口要悬挂灯笼,举行投灯活动。由几位长者主持,他们高唱赞歌,如祈望丁、财、贵、寿、全等吉祥语。人们为了求得好意头,竞相出价。有的灯笼出价十余斤稻谷至几千斤稻谷不等。最后,敲锣打鼓将灯笼按头灯、二灯、三灯等顺序,逐个送入投得者家中。

结婚。过去的婚姻礼法相当繁缛,结婚宴请亲朋好友都是在祠堂里进行的。在祠堂大门两边要贴上喜联。

满月。婴儿出生后一个月，为"满月"，当天早上，要请理发师给婴儿剪发，家人要为婴儿洗澡，穿衣戴帽，由奶奶或族中妇女抱着去祠堂拜祖先。礼毕，亲朋好友在祠堂共赴"满月"宴。男孩出生后第二年春节初四或初十，均可起灯。

起灯。就是在族中的灯棚里或祠堂里悬挂花灯，宴请族人或亲戚前来喝灯酒。正月十五元宵节下灯。起灯后，孩子的名字便可入"族谱"，族人才正式承认这孩子为族中一员。解放后，入族之俗虽已废除，但起灯传统依然进行。

贺寿。俗称"做生日"，有"小生日"和"大生日"之分。父母花甲之年（六十岁）或花甲之后整十年，谓之"大生日"。六十岁称"花甲"，是下寿；七十岁称"古稀"，为中寿；八十岁称"耄"，为上寿；九十岁称"耋"，为高寿；一百岁称"期颐"，是满寿。"大生日"前，由寿者子孙发出请帖，通知亲朋好友前来祝寿。一般族长或有名望的族人可在祠堂里摆寿宴。

每逢节庆或有重大活动，必有南狮助兴，每逢过节和开张庆典，村狮子队便上街采青、巡演或表演助兴。舞狮的的道具平时是放在祠堂里，平时的排练也是在祠堂里。

祠堂文化知识

门楼： 一般指大门上边牌楼式的顶，是一家一户的总甬道，又是主人的"门面"，作为一户人家贫富的象征，直接反映主人的社会地位、职业和经济水平，所谓"门第等次"即为此意，故名门豪宅的门楼建筑特别讲究。巷头所设建筑也属门楼。

门楣： 正门上方门框上部的横梁，一般都是粗重实木制就。古代按照建制，只有朝廷官吏所居府邸才能在正门之上标示门楣。

门枕石： 祠堂建筑中用于支撑正门的门框、门槛和门扇，除一定的结构作用外，还有很强的装饰性，与门梁上的砖雕、彩绘相映成趣，显示门第和社会地位，同时给门面增添庄严、优雅与个性。

"植槐门第"话王氏

——高溪村芝聘王公祠漫记

◎刘兆江 徐沛仪

芝聘王公祠位于花东镇高溪村高坐路自然村。高溪村于清朝立村，是广东省历史文化名村和特色景观旅游名村，面积约3.5平方公里，全村人口2100人，以王姓为主。村内的建筑主要由古民居、祠堂、炮楼、书舍、古巷道等构成，建筑群排列规整，高大轩昂，建筑精美，规模宏大，保留着家塾1座，民居40座，更楼2座。其中包括具有浓郁广府

高溪村貌

风格的镬耳房、宗祠、风水塘等，总体状态良好。2009年，高溪村田心庄被评定为广东省第二批古村落。

植槐门第

一进高溪村，有一青砖门楼，是高溪村的护村大门，门楼碑刻上书"植槐门第"。"植槐门第"出自宋代王佑植槐的典故。王佑是北宋丞相王旦之父，曾手植三槐于庭院中，言称其子孙必有为三公者。后来，其子王旦果为丞相，因此王佑手植三槐的典故闻名于世，遂称三槐王氏始祖。高溪村王氏以"植槐门第"自居。门楼前有一古榕树，干粗荫浓的榕树历经风霜依然常青，成为老人乘凉和小孩玩耍的休闲去处。

村前有一口半月形风水塘，有风水寓意。每到夏季，清风拂来，为村民带来阵阵凉意。村内有一高耸的多层建筑——碉楼。据村中的老人回忆，高溪村旧时有五座碉楼，后或拆除，或破坏，现仅剩村口的一座。碉楼居高临下，墙体比普通的民居厚实坚固，窗户较民居开口小，设有铁栅和窗扇，外面还装有铁板窗门，凡此种种都是为防止匪盗进攻，以利防范。碉楼上部的四角，建有突出悬挑的全封闭或半封闭的角堡（俗称"燕子窝"）。角堡内开设了向前和向下的射击孔，可以居高临下地还击进村之敌。同时，碉楼各层墙上开设有射击孔，增加了楼内居民的攻击点。

高溪村醒狮队是高溪村的特色文化之一，由各自然村村民自发组织而成。逢年过节，醒狮队到各家各户进行醒狮拜年，以此祝贺新年的到来，祝愿五谷丰登、家家瑞气祥来。

芝聘王公祠

穿过进村门楼，便是芝聘王公祠。芝聘王公祠建于清道光二十一年（1841），先后于民国十年（1921）和2001年两次重修，是区文物保护单位。在战乱饥荒的年代，王氏王孔源（祖父）和王世宁（父亲）携家从太原南迁至南雄珠玑巷，后裔分别迁到花东镇长山脚、广州雨帽街、东莞厚街等地，王芝聘是王氏第十世，配伍氏，育得五子，分别为进宾、顺宾、正宾、大宾、维宾，搬迁到花东镇高堂路村（今高溪村），见土地肥沃，良田辽阔，决定于此繁衍生息。后人为缅怀祖先，建芝聘王公祠，现已繁衍至第十六世，人丁旺盛。

高溪村芝聘王公祠

芝聘王公祠坐东朝西，主体建筑深三进，右路建筑为衬祠，总面阔12.6米，总进深42.1米，建筑占地714平方米。祠内头门、中堂、后堂的正脊均有灰塑装饰。镬耳封火山墙，碌灰筒瓦，青砖墙。祠堂前旷地开阔，前有半月形池塘。全祠梁架、柱、门均采用坤甸木料。头门面阔三间12.6米，进深两间7.6米共十三架。两根石前檐柱。虾公梁上设石狮、异型斗拱。前檐梁架斗拱及封檐板木雕戏曲人物、花鸟虫鱼、瑞兽等图案。墀头砖雕工艺精致。石门额阳刻"芝聘王公祠"。右侧山墙内嵌门官神位，并砖雕蝙蝠、金钱等纹饰，两侧嵌石刻对联"门从积德大；官自读书高"。中堂面阔三间12.6米，进深三间8.6米共十五架，前设四架轩廊。坤甸木金柱。后金柱设木屏门，上悬"济美堂"木匾。后堂面阔三间12.6米，进深三间8.6米共十五架。坤甸木金柱。堂上设有王氏祖先神位。后堂前带两廊，七架人字顶。

2001年重修时，祠内壁画被翻新，头门正脊翻新重置，梁架、封檐板重新上色。墀头砖雕部分损坏。中堂天井地面改铺水泥阶砖，两边山墙墙楣灰塑翻新，改变了原来的风格。

经过百年洗礼，芝聘王公祠屹立不倒，至今仍是村中办理婚、丧、寿、喜等事的场地，也是村民商议村务的场所，以表达对家族祖先长辈的缅怀和尊敬。

名人王仲吉

王仲吉（1888～1951），出生于高溪村一个儒家私塾教师的家庭。五口之家主要依靠父亲王用和的教书收入及田租艰难维持。王仲吉自幼聪慧颖悟，深受父亲儒家教育的启蒙，熟读四书五经等儒学。

青年时期，王仲吉便立下实业救国的理想。1907年，19岁的王仲吉决定入读两广高等工业学堂，四年半的学习使他思想逐步成熟，积累了丰富的理论知识，为日后发展事业打下了基础。王仲吉目睹清政府的懦弱腐败无能，国家落后挨打的现状，并深受孙中山、廖仲恺等革命思想的熏陶。1912年，中华民国成立后不久，他入读广东陆军速成学堂，并以优异的成绩毕业。毕业后的王仲吉拒绝父亲劝他习医救世的想法，一方面就教于花县第一高等小学堂，一方面与邓仲元联系，开展三民主义活动。后又投入国民革命军直辖三军。1926年任旅长，此时他已经看破军旅生涯，认为战争是地方军阀进行争权夺利的工具。随后，王仲吉决定回粤。1929年，王仲吉在十九路军参与过湘桂与粤桂军阀之战，以及中原大战等数次战役。1930年，十九路军奉蒋介石命令，进驻江西苏区，准备对红军进行第三次围剿。此时，王仲吉受到苏区红军的革命宣传和"停止内战，一致抗日"等革命标语触动，心生愧疚。他不愿看到同胞在内战中互相厮杀，因此在江西赣州不到三个月，他就辞职返粤。

1930年至1935年初，王仲吉在欧芳甫校长的领导下，筹建燕塘军校，并担任总务科长、军事教官、军事主任，专心致志，埋头于燕塘军校的教育工作。他在燕塘军校培训过五期学员，为国家民族培养了大量的军事人才，为中国的抗日救亡运动做出了重要贡献。

1935年，燕塘军校结束后，其时垦荒之风甚盛。王仲吉遂与欧芳甫等人合伙开发承垦大有林场（即花县华侨农场的前身），以振兴花县地方经济为己任，成为花县最早重视和推行农艺知识与农科技术的先行者。1936年，正当林场果树苗壮成长的时候，王仲吉奉命调赴琼州军垦农场任职。之后，王仲吉再由琼州赴香港开办养鸡场。

1938年10月，广州沦陷。1939年，经爱国将领、抗日挺进纵队司令伍观淇的邀请，王仲吉到其部出任参谋长。挺进纵队是一支由反帝爱国志士自发组织起来的人民抗日队伍，是政府军队的编外部队。由于没有政府薪饷供给，须靠长官自筹自给。王仲吉变卖自家十余亩田产，维护军队官兵伙食，一直坚持到抗日战争胜利。在抗战中，王仲吉带领挺进纵队开展抗日活动，袭击日寇据点，打击日寇侵略者，有效地牵制了日军的兵力，为救国救民运动做出了重要贡献。

高溪村百年古榕，村民有给小孩契榕树公的习俗

1945年，抗日战争胜利后不久，王仲吉从挺进纵队退役回乡。战争后的中国，生灵涂炭，百废待兴，王仲吉开始易地发展自己的事业。他来往于穗港两地经商，办起了饲养场、木材厂、民天饭店等。由于种种原因，1947年，他辍商回乡。王仲吉曾任过天长乡与石角乡的乡长，他十分重视教育，后担任天长乡中心小学（长山维新小学）和高溪分校两间民办小学的校长。在新加坡富商华侨王玉洪的支持下，学校为学童免收学杂费，连女子也能上学读书。他曾亲自到课堂讲课，教导学生要隐恶扬善，敦厚正直，光明磊落，要做一个有益于社会的人。村民们都称赞王仲吉是一位德高望重、博爱厚道、情系乡梓的开明绅士。

1948年夏，王仲吉受国民党花县县长杜湛津之邀，兼任花县民众自卫总队副总队长，以协调退役军人派与文治派的矛盾。1949年夏，王仲吉主动与地下党东禺支部联系，表示愿意接受共产党指派，为共产党提供情报和担任掩护任务，并主动提供一些枪支、粮食的帮助，为革命做贡献。1950年，王仲吉主动向政府交代自己在军队和地方的历史问题，得到政府的信任和肯定，还当上了花县第一届人大筹委会的特邀代表。

1951年10月22日，王仲吉因伪军官一案，在未经慎重核实下，被花县公安机关判处死刑。1988年，花县人民法院为此案平反，肯定王仲吉在新中国成立前为革命做过贡献，认定其犯罪事实失实，判处死刑不当并予以纠正。

祠堂文化知识

麻石：是花岗岩中密度较大、质地较坚硬的一种，表面呈麻点状花斑，以黑白斑点、红黑斑点等居多，常用作祠堂建筑的檐柱、虾公梁、挑头、雀替、柁墩等构件和装饰。

明间：建筑物居中的开间，其左右侧的称次间，再外的称梢间，最外的称尽间，以明间为最大而敞亮。

明器：指的是古代人们下葬时带入地下的随葬器物，即冥器。同时还是指古代诸侯受封时帝王所赐的礼器宝物。

花县"农运"的摇篮

——记九湖村王氏大宗祠

◎ 胡文汉

  20世纪20年代,花县九湖乡(今属花都区花东镇)一度成为农民运动的摇篮,闻名全国。受全国革命浪潮的影响,1923年至1927年,花县农民掀起了一场声势浩大的农民运动,使花都成为全国最早的农民运动中心之一。共产党员彭湃、阮啸仙、王福三在九湖乡王氏大宗祠成立了花县第一届农民协会。在协会的领导下,这场运动以九湖乡为中心,遍及花山、新华、狮岭等地区,发展迅速,气势如虹,不仅狠狠地打击了封建势力,大长了农民志气,而且直接支援了广州起义,立下了不朽的功勋,为花县光荣历史增添了精彩的一页。

九湖村王氏大宗祠为花县第一届农民协会旧址

宗祠：曾有过一段红色的历史

红砂岩门夹石显得高贵气派

走进王氏大宗祠，当年的硝烟早已散尽，这座农民运动的旧址静静地伫立着，仿佛向人们默默地诉说着当年轰轰烈烈的革命故事，告诫人们不要忘记那段红色的光辉历史和那些为人类解放而英勇献身的英烈们。

从门额的篆刻显示，该祠堂始建于明万历年间，曾于清道光三年（1823）、清宣统元年（1909）、1990年和2013年等多次重修。祠堂坐北朝南，三间三进，左右一列衬祠。人字封火山墙，灰塑博古脊，碌灰筒瓦，青砖石脚。头门正脊、青云巷门楼，衬祠檐下施有鳌鱼、人物造型、狮子、花鸟等图案的灰塑，工艺精细。龙船形的垂脊飞檐上翘，造型夸张，极具装饰性。龙船纹、鳌鱼饰在五行中属水，不但有克火作用，而且能够增添美感，使祠堂显得富丽堂皇。大门镶嵌宽阔的红砂岩门夹，显得高大气派。石门额的两侧，挂着"花县农民协会""花县农民自卫军总部"两块牌匾，显示了祠堂的另一种身份。门前设七级石阶，两侧有石垂带。门前地坪上立有两对旗杆夹，分别为进士王命卿、王国明举人辅所立。整座祠堂显示出较高的规格。

祠堂的中堂悬挂着"显承堂"木横匾，上款"道光癸未仲秋吉旦"，下款"昆山刘嶂书"。这是该祠堂的堂号。堂号，是表明一个家族源流世系的共同徽记，是家族文化中用以弘扬祖德、敦宗睦族的符号标志，是寻根意识与祖先崇拜的体现，所以旧时每个家族都会有本家族的祠堂，并给它取一个堂号，作为该祠堂的别称，目的是让子孙们每提起自家的堂号，就会知道本族的来源，记起祖先的功德。"显承"指继承祖先显赫或显著的功绩，有勉励后代的作用。中堂还悬挂着"皇恩封诰"匾额，两边书有"文魁""武魁"四字。此匾额说明九湖王族历史上曾有人考取进士。据旗杆夹旁边竖立的石碑和《花县志》（民国十三年本）记载，该村王氏始居于番禺县沙蚬村（今白云区江高镇杨山村），后分迁花县九湖凤岭。始祖王积忠钦授南漕使，此后历代功名显赫。其中，王命卿（字简之）明万历四十一年（1613）癸丑科进士，授福建省福清县知县，清介自持，不阿权贵，调五河，有治声，迁刑部主事，历郎中，迁湖南长沙府知府，迁升刑部主事，转迁礼部正郎，后升朝廷左丞相。由于王命卿在任为官清廉，勤政爱民，刚坚秉直，政绩卓越辉煌，治誉传扬遐迩，故后得皇恩准，建造七级台阶之王氏大宗祠。整座祠堂显得高大气派，庄严华丽。

檐墙精美的砖雕花窗

2000年7月，王氏大宗祠被公布为广州市文物保护单位。2013年前后，由区政府拨款120万元，对王氏大宗祠进行了全面修葺，恢复了昔日的光彩。驻足王氏大宗祠，当年农运的诸多印记更是引人深思，激情满怀的农运情景仿佛历历在目，激励着世人为实现中华民族伟大复兴的中国梦而努力奋斗。

楹联：解读族人传奇故事

王氏大宗祠内挂有对联十多副，内容有追本溯源、颂扬祖德宗功；承先启后，发扬先辈精神；描写风水风光，祠宇气派；缅怀追述，勉励后人等。透过这些楹联可以解读王氏大宗祠的文化内涵，发掘发生在祠堂的传奇故事。

门控九湖，兼文武群英，勿谓辟地村居，听琅琅书声，直接河阳新版籍；
宗传两晋，萃东南佳气，不愧锦衣俦侣，溯累累甲第，依然江左旧名家。

上联是说在九湖村，出了许多文武之才，不要看这里是农村之地，却有书声琅琅，乃书香门第，简直就是河阳新版本。联中的"河阳"，是古县名，春秋纪年的晋国属，

廊门上的灰塑

这里曾经出过许多有名的文人，有"河阳之花"的美称。

下联是说九湖王姓继承了"两晋"的王姓豪族家风，九湖村这个地方聚拢了东南方清雅的文人风气，不愧是官宦世家（"锦衣"指官服，"俦侣"指朋辈，同时期的为官者），历代中不乏举人、进士。"溯累累甲第"即指回顾这些人。最后一句"依然江左旧名家"，江左指长江下游南岸地区，古人以下游是东面称左，上游是西面称右。东晋时江左历代名人辈出，这人杰地灵之地也流传到九湖，出了许多名人。

忠孝传家，溯乌巷源流支分树达；
诗书立本，占龙门浪破兆瑞积忠。

此联的上句"乌巷"指"乌衣巷"，本指孙吴卫戍部队所在地，士兵住宅区，联中用来借指从低层起家。下联的"龙门"指高升为科举上榜走上仕途。

王氏大宗祠对联中有不少是叙述世代相传，赞扬宗功祖德的。例如：

显姓扬名，宗功祖德，创业辉煌荣世代；
承先启后，子肖孙贤，建勋卓著逾前人。

这一联鹤顶格嵌入"显承"二字（"显承"是本祠堂堂号），除了叙述承先启后，家族功德之外，还特别赞扬后人一代胜过一代，下联末句"建勋卓著逾前人"便是此意，显示王氏宗族的进步。

堂换规模，想先人裕后光前，伟矣清芬留杏苑；
衣冠锦泽，观此日来雍止肃，依然风雅嗣兰亭。

上联"裕后光前"是说为后人造福，给前辈增光，常用来颂扬承先启后的美德。"清芬留杏苑"，"杏苑"是杏树园林，泛指新科进士游宴处，这里象征有才之士聚会的地方。下联"来雍止肃"，古人有云："有来雍雍"，是指有很多人到来，一个接一个;"止肃"是指到的人都很严肃清静,形容文雅气象。"风雅嗣兰亭","兰亭"原指浙江省绍兴市西南之兰渚山上的亭名。东晋永和九年(353)王羲之、谢安等名士同游于此,羲之作《兰亭集序》,由此兰亭声名鹊起,闻名远近。后人便以兰亭象征文士展示才华之地。

承先启后的对联还有"祖德长承万载,馨香绵后裔;宗功永保千秋,俎豆振前徽""积祖原先辈,谱系非遥,文德武功共仰,光垂后嗣;德贤本后裔,音容如在,言坊行表当思,远绍前徽"等。

王氏大宗祠中还有一副极富文采的楹联:

才与福难兼,贾傅以来,文字潮儋同万里;

地因人始重,河东而外,江山永柳各千秋。

此联上款是"九湖王显承堂大宗祠荣升志庆",下款是"和郁王昭来堂拜贺",没有写撰联时间,是由花山镇和郁村的王氏大宗祠贺花东镇九湖村王氏大宗祠1990年重修落成送来的。下款"昭来堂"就是和郁村王氏大宗祠的代称。

这副联的内容与两村的王氏大宗祠没直接的关系。此联出自广西柳州柳子庙,只字不差。

柳子庙即是柳公祠,始建于北宋至和三年(1056),后经多次重建,现有的柳子庙是清道光三年(1823)重建,砖木结构,共有三间三进。进入下殿望中殿,只见气势雄伟高大,中梁挂有木横匾,上刻写有"都是文章"斗大的四个字。两边木柱上刻有清代文士杨紫卿的一副对联。九湖村王氏大宗祠堂中墙上悬挂的木刻对联与杨紫卿所撰的一字不差,而且书法也一样是工整的楷书。这副对联引经据典,暗示柳宗元的不凡身世,上联"才与福难兼"赞其影响巨大,名声远播。贾傅即贾谊,曾任长沙王太傅,故人称他贾傅,是为南北朝北魏河南洛阳人,智谋文才了得,政论过人,曾任公卿之位。"潮儋"指潮州和儋州(今海南),当时同属蛮荒之地。联中"贾傅以来,文字潮儋

"文魁武魁"牌匾

村祠灰塑屋脊

同万里"是说柳宗元有贾傅之才,其文章即使在蛮荒之地也耳熟能详。下联"地因人始重",因他的名声很大,其曾任职过的地方也因此成为名胜之地。"河东而外"是指柳宗元祖籍河东郡以外的地方(河东柳氏与河东薛氏、河东裴氏当时并称"河东三著姓")。"江山永柳各千秋"中"永"指湖南永州,"柳"指广西柳州,两处均是柳宗元任职时间较长且颇有建树和影响的地方。

柳子庙这副联表达了后人对一代文豪柳宗元的敬仰与崇拜。柳宗元是唐代文学家、哲学家,字子厚,山西运城西人,古属河东郡(在黄河之东),官至监察御史,因主张革新失败,被贬永州任司马,后又贬柳州刺史。后人崇拜他的才华,两地均建有柳公祠纪念他。花县和郁村王氏大宗祠主持人,将永州柳公祠对联移植给九湖村王氏大宗祠,借以赞扬九湖王族也出过文才横溢之士。

忆古三槐,祖传血脉同一派,子孙显盛,革命历史传万载;
遥思兴宁,继承嫡亲分几枝,兰桂腾芳,圣地乾坤览九湖。

上联"忆古三槐"有一段故事,所谓"三槐"《周礼 秋官 朝士》有记:"面三槐,三公位焉。"是说古代朝外植有三棵槐树,三公的官位就在三槐之地。三公者,即司马、司徒、司空,合称"三公"。也有说是太师、太傅、太保合称"三公"。历史上的三公位高权重。三槐成了三公的代称,而三槐乃是王佑手植,植后,他的次子王旦当上了丞相,所以三槐也成为王姓的代称。上联中"忆古三槐,祖传血脉,同一派子孙显盛",就是说今天的王族是三公名门望族的传人,很有盛名,反映王族的光荣历史。"革命历史"指王氏大宗祠曾经是花县农民运动的发源地。民国十二年(1923),中共广东省委派彭湃、阮啸仙到花县指导农民运动,做宣传发动工作。民国十三年(1924)

十月十九日，花县农民协会在王氏大宗祠正式成立，并召开了花县第一届农民代表大会，选举出王福三为花县第一届农民协会执行委员会副执行委员长（正执行委员长暂缺），兼任第二区农民协会执行委员长。大会通过了实行"二五"减租和组织农民自卫军两项决定，并制定了会员须知和农会章程，花县从此拉开了如火如荼的农民运动序幕。

下联"遥思兴宁，继承嫡亲，分几枝兰桂腾芳"说的是王族开枝散叶，九湖王姓从兴宁迁番禺，再从番禺迁来，多支迁居各地的王族都"兰桂腾芳"。"兰桂"常用来比喻君子贤人，又比喻好兄弟，这里暗喻各兄弟宗枝均出君子贤人。下联末句"圣地乾坤览九湖"与上联"革命历史"一样，指九湖曾经是革命圣地。

王氏大宗祠于1990年重修时，增添了不少图文，展览了九湖村的革命史迹，且添加新对联作描述。

显祠重修，金碧辉煌，革命据地世世扬名承紫电；
承堂完竣，宏伟壮观，农会故址代代流芳继乌衣。

联中的"革命据地"和"农会故址"，指的是在第一次国内革命时期广东出现举世瞩目的农民革命运动。一是由彭湃领导的海陆丰农民革命运动，另一个就是由王福三领导的花县农民革命运动。这次农运的发源地就在九湖村，王福三就是九湖村人。

值得一提的是，花县农民协会在九湖村王氏大宗祠成立时，当时祠堂大会贴着阮啸仙写的对联：

坚韧卓绝为吾人本色；
奋斗牺牲是我辈精神。

会后花县农民协会和花县农军总部就设在王氏大宗祠内，此后，花县轰轰烈烈的农民运动历经三年，虽然最后失败，但在国内产生很大的影响。在斗争中九湖村王族有很多人做出了较大的贡献。特别是领导人王福三、王彭等十多位王姓族人都在与地主反动派武装的斗争中壮烈牺牲。

村里学童到古祠上兴趣课

灰塑飞檐及垂脊灰塑狮子

王福三（1886~1925），原名露福，因排行第三，故称福三。花东镇九湖村人。花县农民运动的领导人，革命烈士。他出生于泰国董里埠一个华侨家庭，9岁返回祖国，过着贫困的生活。1920年冬，创办了"九湖乡自卫农团"，并当选为自治会会长。1923年初，在彭湃、阮啸仙、周其鉴、刘尔崧等农民运动领导人的教育和引导下，参加了中国共产党。民国十三年（1924）四月，九湖乡农民协会成立，任农会执行委员长，同年十月，任花县农民协会副执行委员长，因当时正委员长暂缺，王福三实际上是主要领导人。1925年1月18日，被地主武装民团率众伏击，壮烈牺牲，年仅39岁。

王彭（1867~1927），原名王应彭。花县花东镇九湖村鱼苟庄（今三凤村）人。爱国华侨，花县农民协会创始人之一，革命英烈。1904年，参加孙中山的兴中会，除自己带头捐款外，还四处奔走，劝导旅美华侨大力资助革命活动。1922年，与王福三组织九湖村"农民自治会"，领导花县农民运动。1924年4月，成立九湖乡农会，王彭当选为农会委员，并主管农会伙食，为农会无偿地捐献大批粮食和款项，被大家称为"米饭主"。同年10月，当选花县农民协会执行委员会委员。不久，加入中国共产党。1927年6月10日，为了保卫农会，掩护战友，在"王彭楼"与敌战斗40多天，抵抗1000多敌人的多次进攻，直至弹尽粮绝，被捕后英勇就义。

祠堂文化知识

明瓦：用蚌壳磨成半透明的薄片，清代后期以玻璃代替，常用于门窗、屋顶等地方，用以纳阳透光。

人兴财旺的欧阳氏

——高溪村田心庄献堂家塾探究

◎卢福汉

田心庄是花东镇高溪村的一个自然村,俗称"欧阳庄",为欧阳一姓。据族谱载,该族入粤始祖欧阳彪于唐乾符三年(876)任广州刺史,从江西庐陵落户广州番禺,十三传欧阳㠥迁居番禺沙蚬(现广州市白云区江高镇沙溪村),二十二传欧阳尚珠从沙蚬迁

田心庄献堂家塾

居花县,先在县城落脚,后在黄岗岭(现花东镇凤岗村)结庐,最后于清嘉庆三年(1798)迁此立村,因该村地处农田中心而得名"田心"。欧阳氏在此繁衍生息219年,传十一代,发展到现在近600人。

村落中轴献堂家塾

走进田心庄,不禁被它气韵灵动、古朴清幽的环境所吸引。该村落坐北朝南,平面布局呈长方形的棋盘状,布局规整,风格统一,规模宏大,周边被苍翠茂盛的林木环抱,北面和西面各有一条河涌绕村流淌。村前是宽阔的地堂,地堂前面有一口半月形水塘,再前面是连片的水田和果园。村后原砌有高大的围墙,村头、村尾和村后各有一座炮楼把守,村子的构造颇具防御性,确实是理想的宜居之地。2009年,田心庄获评第二批广东省古村落。

广东人重视修建祠堂的习俗远近闻名,花都各村大姓基本上都建有祠堂。祠堂是家族系统的一个硬性标志和精神核心,其建筑集中了族人最大的人财物力,因而成为村中所处位置最重要最堂皇的建筑。

田心庄最重要最堂皇的建筑是献堂家塾,它处于村子的中轴。献堂家塾虽然不是祠堂,却具备了祠堂的功能,村民仍习惯叫它祠堂。那它为什么不叫欧阳氏宗祠呢?

据村民说,一方面,与朝廷的政令有关。祠堂的控制功能非常强大,清政府因恐民间利用祠堂联乡结党对朝廷不利,因此对祠堂管制非常严厉,于是民间便出现了大量以家塾、书院、书斋、书舍、书室和书塾等为名目的祠堂。另一方面,与人丁数量有关。所谓"有多大个头戴多大顶帽",当时欧阳氏族人丁不算繁盛,按照乡规俗例,人丁不足不宜建造祠堂,尤其是"三间三进"这么高规格的更是不允许。另外,当年始祖欧阳尚珠来此立村,自己家业虽然丰厚,毕竟周边巨族大姓不少,还是应该低调谦虚为好,不便大张旗鼓,以防招邻里嫉妒惹麻烦。因此,既要为族人建造一个心灵依归的精神家园,又要体现本族推崇的耕读风尚,因此便以"家塾"名之。

献堂家塾于立村时建造,1997年曾重修。三间三进,总面宽12.7米,总进深29米,悬山顶,灰塑龙船脊,碌灰筒瓦,青砖墙,花岗岩石脚,红砖铺地。头门明间设有仪门，次间青砖砌墙，靠后开拱门。中堂设4根硬木金柱，后金柱间设有8扇屏门，上挂"抱璞堂"牌匾，次间在檐口处砌青砖墙，饰有花窗。堂号"抱璞堂"出自典故《战国策·齐策四》，意为怀抱璞玉，保其本色，不为爵禄所惑。后堂的明间设神龛一座，供奉该村欧阳氏历代祖先神位。次间青砖砌墙，每进之间设两廊，中间天井用花岗岩条石铺地。家塾在重修时改用了现代原料，破坏了建筑的协调与美感。我们可以从民居的建筑艺术领略到献堂家塾往昔的辉煌。首先，屋顶的灰塑龙船脊。民居的屋脊采用灰塑的龙船脊，船身瘦窄轻盈略呈弧形，两头卷草尾向上翘起，线条极为优美，船身布满繁复的如意饰纹，在黛青色的筒瓦衬托下，就像一艘艘凌水欲飞、此起彼伏的龙船，营造出赛龙夺锦、百舸争流的文化意蕴。龙船脊除了装饰之外，还有克火镇宅作用。还有，精美的建筑装饰工艺。民居的门面或重要部位，如门楼、门官、天阶、井神、门楣、檐口、屋脊、墀头、滴水、封檐板等，广泛采用了灰塑、木雕、砖雕、石雕、壁画等装饰工艺，式样丰富多彩，工艺异常精美。例如，民居的两廊都设有"滴水"，均饰以灰塑，但图案各异，有金鱼、鳌鱼、蝠鼠、莲花、葡萄、葫芦、南瓜、暗八仙等，这些图案饱含吉祥如意、幸福安康的文化意蕴，如金鱼寓意金玉满堂，鳌鱼寓意独占鳌头，蝠鼠寓意福在眼前，莲花寓意步步连生，葡萄寓意生生不息，葫芦寓意福禄双全，南瓜寓意瓜瓞绵绵，暗八仙寓意长寿神通……2016年，花都文物部门计划对献堂家塾进行再次

田心庄古建筑群

田心庄民居

维修，献堂家塾将重现昔日的光彩。

田心庄每列建筑都有一条冷巷相隔，笔直的冷巷不但能通风纳凉、开阳排水，而且给人一种悠远不尽的意境和层层递进的美感。而在献堂家塾的右侧，有一条与众不同的巷子，它前端狭窄，后端宽阔，呈戽斗状，村民把它称之为"戽斗巷"。"戽斗巷"对比其他笔直的冷巷似乎有些另类，为何要在村子的中轴处设置这条冷巷呢？我们先来了解戽斗，它是一种取水灌田用的旧式农具，用铁皮制成，中间装竹把，略似斗状。日常生活中，本地人除了用戽斗戽水灌田外，还用于戽水捉鱼。现在，农田科学灌溉已经普及，河涌生态环境改变也没鱼可捉，戽斗主要在民俗上使用，如新居"入伙"时，主人站在门外，把大米、银仔、煎堆、油角、糖果、桔仔、苹果等物品装进戽斗，然后把这些代表"财富"的吉祥物品戽进屋内的"窝仔"（竹盛器）内，寓意主人家在新居钱财有进无出，生活富足无忧。古人以右为尊，田心庄的构筑者在中轴线的右侧设置"戽斗巷"，祈望欧阳氏一族财源广进、福泽绵长！

欧阳氏传奇故事

田心庄欧阳氏有着闻于乡党的显赫家世，有着浓厚戏剧色彩的发家传奇，有着"好命之人"楷模的济美家声，有着同姓一家抵御强梁的励志故事……我们多次走进田心，村中的父老给我们讲述了他们祖先的传奇故事。

（一）拾破烂发家

田心庄始祖欧阳尚珠的发家史是一个颇具戏剧色彩的传奇故事。

俗语云："人无三代富，书有百年香。"据传，欧阳氏虽然是为官入粤的，但传至欧阳尚珠时，家道已经衰败，沦落到常为生计烦忧。后为寻求发展出路，欧阳尚珠便从广州北郊沙蚬（现白云区江高镇沙溪村）迁到花县城，靠收买破烂维持家计，做了一个名副其实的"收买佬"，天天走街串巷，高声叫喊"收买烂铜烂铁"，境况实在是孤寒。有道是"否极泰来，时来运转"，生活艰难的他突然遇上了好运。一天，一对专程从山上来的夫妇找到欧阳尚珠，说是建房挖墙基时无意中挖出大量的破铜烂铁，足足有好几车（鸡公车），并带来了一些样板，询问欧阳尚珠能否收购。欧阳尚珠见他们带来的废品样板外表积满锈色泥巴，形态各异，凿开之后发现有黄色的、白色的，全是金属。欧阳尚珠顿起疑云，心里嘀咕：莫非是贼赃？迁来花县城后，欧阳尚珠经常听乡邻说，城北山区以前是个"贼窦"，贼匪经常穿墙入屋，拦路打劫，掠夺百姓钱财。后来清廷派兵剿捕，贼匪在逃窜时把钱财分散窝藏，以图将来能东山再起。欧阳尚珠认定这些黄的、白的是批宝物，于是答应有多少收多少，按废铜烂铁断斤计算。山上来的这对夫妇听罢，高兴得好似捡到宝，用鸡公车前拉后推，将这批废品运来卖给欧阳尚珠。运到最后一车，欧阳尚珠问："家中是否还有？""已全部运来，一点不剩。"欧阳尚珠说："这一车，我不收了，你们自己留着用吧！"这对夫妇顿时傻了眼，以为欧阳尚珠反悔了，于是忙说："事先不是说好有多少收多少吗？"不管欧阳尚珠怎样解释，这对夫妇说什么也不肯把最后这一车运回家。欧阳尚珠无奈，只好全单照收。原来这些东西并非废铜烂铁，而是真金白银。欧阳尚珠心里过意不去，动了恻隐之心，意欲让他们留下一车将来生活好过。谁知这对夫妇不识宝，也不明白欧阳尚珠的良苦用心，唯恐卖不出去少了这一百几十吊钱，真正是"唔系你财，唔落你袋"。这样，欧阳尚珠在不经意间从一个"收买佬"变成了富甲一方的大财主。

听说欧阳尚珠后来做起了打金银首饰的生意，这是后话。

（二）"好命"的楷模

欧阳尚珠娶妻卢氏，生有俞福、俞禄、俞寿、俞荣、俞华、俞富、俞贵、俞全八子，享有"九代不扶犁耙"的财富，有丁又有财，实现了"福禄寿荣华富贵全"的起名

田心庄前窄后宽、寓意钱财有入无出、财源滚滚的"户斗巷"

用意，他本人觉得人生若此于愿足矣！

古人云："五十知天命。"已经过了天命之年的欧阳尚珠，觉得日子过得非常惬意，以为可以这样颐养天年了，谁知就在他五十六岁那年，发生了一件令他落下心病的郁结事，使他平静的生活又泛起了层层涟漪，并成就了他精彩的传奇人生。那一年，地方准备在花县城南的铜鼓坑河上建一座木桥，邻近的乡绅富户纷纷慷慨解囊。欧阳尚珠素来乐善好施，从来不甘人后，他捐款的数目位居前列。不久，坚实美观的木桥建好了，要择定良辰吉日，举办通行仪式。按照当地的俗例，要由一位命水最好的善长仁翁先行过桥，以示吉利。众人皆推欧阳尚珠先行，理由是他不但富有，而且有善心，更有八子相伴，先行过桥非他莫属。欧阳尚珠见众望所归，心里感到十分的舒坦。他捋起袖子，提起袍脚，眉飞色舞，精神抖擞地领着八个儿子，迈开大步，昂昂然地向新桥走去。突然人群中有人大声喊："慢着，尚珠翁，请问'好'字如何个写法？"欧阳尚珠脱口而出："女字旁加个子字便是。""那么，你有子无女，怎么个'好'法？"欧阳尚珠顿觉心翳气顶，面红耳热，舌头打卷，无言以对，父子面面相觑，不敢继续前行，悻悻地离开了。

民间认为，诗经中《诗·召南·何彼襛矣序》说，武王生有五个儿子两个女儿，后被用来表示子孙繁衍有福气，坊间还在纸笺或礼品上绘印"五男二女图"以示祝福，并以此作为"好命"的象征。果真，最后通行仪式还是让生有"五男二女"的一家人先行。

欧阳尚珠受此奚落，郁郁不欢，整整一个月足不出户。所谓"人争一口气，佛争一炉香"。他思前想后，决意纳妾，后来果然纳了林氏为妾，还真的生下两个女儿，起名欧阳定、欧阳好，终于圆了他的"好"梦，成为当地"好命"之人的楷模。欧阳尚珠老年得女，对两个女儿自是疼爱有加，胜过掌上明珠，听说女儿出阁时除了送金银珠宝外，还每人给一顷良田作为嫁妆，让她们长享外家的福荫。

欧阳尚珠的确是"好命"之人，他的一生积累了雄厚的财富，他的子孙可谓瓜绵椒衍，在他去世时，送葬的后人有108名男丁。

（三）武举欧阳清

田心庄献堂家塾门前的地堂边，竖着一副旗杆夹，为清光绪五年（1879）己卯科中式第四十九名举人欧阳清所立。

我们先了解旗杆夹是什么？原来，在古代科举考试中，村里如果有族人考取功名的，便在宗族的祠堂两侧为高中者树立旗杆并刻石表记，飘扬的旗帜和矗立的旗杆夹成了族人莫大的荣耀。可以说，旗杆夹承载着族人的奋斗史，是祖辈功成名就、光宗耀祖的见证，也是激励后人成才立业、继往开来的动力。

旗杆夹的主人欧阳清是谁？听村中父老所述，欧阳清是光绪五年（1879）的武举人，生得方脸豹眼，相貌堂堂，虎背熊腰，力大无穷。但是，他并非田心庄的，而是花山五星村人。那他的旗杆夹为何立在田心庄呢？原来，我国传统是以家族为根基、以血脉为纽带的，认为同姓"五百年前是一家"，所谓"同姓三分亲"嘛。因此，旧时不管哪个村里的读书人考取了功名，只要是同姓的，便是宗族的荣耀，于是把彰显族人荣光的旗杆夹立于祠堂前面，成为族人学习的榜样。这种宗族文化的认同，就像在国外听到自己老家的乡音一样，那种亲切感是无法言表的。

故事说的是，由于田心庄村人少，又比较富有，历来为土匪贼人所注目。有一年，外村有一伙无赖到田心庄滋事捣乱，意欲"敲脚骨"（勒索），欧阳清得知后提着大关刀立马赶来相助。欧阳清力气大在十里八乡是远近闻名的，他使用的大关刀净重老称120斤（十六两为一斤），舞动起来却如舞竹棍般轻巧。只见他大步流星赶到，豹眼圆睁，把大关刀往地上一插，大声说："谁能把关刀拔起，此事我就不管了。"无赖们面面相觑，估计自己无这个能力，无人敢上前拔刀，只好悻悻离去。自此，便再无人敢来田心庄惹事。为了震慑贼匪、长壮村威，欧阳清把使用过的大关刀放在献堂家塾的墙角内，由于关刀太重，放关刀的墙角上方被磨出一道深槽，至今仍清晰可见。

现在，这副旗杆夹已经静静伫立在这里160多年，旗杆夹上的字迹不知描了多少遍，已经变得斑驳模糊了，但每当看到它还是觉得耐人寻味，仍然感受到欧阳前辈当年高中时给村人带来的荣光，睹物思人，不觉产生恍如隔世的感觉。

听完父老讲述的故事，看着这个美丽的小村子，油然发出唏嘘的叹息。在参观田心庄时，看到在一座民居的门头上有这样一段文字："朱文公居家四本云：读书，起家之本；勤俭，治家之本；和顺，齐家之本；循理，保家之本。"翻开欧阳氏族谱，一行"族规"映入眼帘，"敦孝悌，重忠信，明礼义，守法纪，振书香，知廉耻，务正业，讲团结，重婚姻，禁赌博，重宗祠，惜谱牒"。我想，这就是田心庄欧阳氏的精神核心所在。

现在，当你漫步在田心庄，行走于巷里门楼中，驻足于灰塑砖雕前，流连于民居宅第间，徘徊于地堂塘基上，徜徉于田埂菜畦里……你会感觉仿佛穿越了古今，回到了久违的故里，嗅出了家乡的味道，勾起了童年的回忆，一种淡淡的乡愁油然而生，此时此刻只有静谧与安宁！

祠堂文化知识

牌楼：与牌坊相似，牌楼和牌坊的区别在于牌坊的横梁上不起楼，牌坊没有斗拱和屋顶，而牌楼有屋顶，因而更加烘托气氛，增强气势。牌楼分"冲天式"（也叫"柱出头"式）和"不出头"式，前者的间柱是高出明楼楼顶的，后者的最高峰是明楼的正脊。街道上的牌楼大都是前者，官苑的牌楼大都为后者。

屏风门：建筑物内部挡风用的一种家具，所谓"屏其风也"。祠堂屏风一般陈设于中堂显著的位置，起到分隔、美化、挡风、协调等作用，使祖先在寝堂宁静的神楼中得享奉祀。

抛梁：也叫上梁，建造房子将近封顶上正梁时举行的一种仪式。上正梁时在正梁中间垂下一幅红布，主人把煎堆、油角、糖果等用箩筐或红胶桶装着，送到正梁上面，主人把煎堆等从梁上向下抛掷，家人邻里争着捡拾抛下的彩头，谓"抛梁抛煎堆，接到发大财"。

"世有凤毛"有来历

——莘田二村谢氏祖祠与谢姓文化

◎谢连波

乍看,花东镇莘田二村谢氏祖祠并没特别之处,但翻开它的历史,却别有传奇。

莘田二村谢氏祖祠

谢氏祖祠：世有凤毛，大有来历

谢氏祖祠大门匾额"谢氏祖祠"四字为清雍正年间谢禹书题写，中堂"克昌堂"匾为清末谢氏族人中的一位进士题写，"克昌"乃可达昌盛之意。谢氏祖祠与一般祠堂不同之处是大门两边建有上马墩，靠门两边竖两根花岗岩将军柱。据说，该祠落成之初，有人告官曰，莘田谢氏祖祠违制，族门须有高官武将方可嵌筑将军柱、上马墩，莘田族人未见有这等人物。官府一查，莘田谢氏祠堂乃祖祠，散叶开枝布于芳村、番禺、从化等地，人才辈出，何况远祖东晋谢安是著名政治家、军事家，今人谢禹书就是大吏，符合礼制啊！

后堂神主阁上悬"世有凤毛"匾，右边还刻有"祖辈接旨立匾"字样。据说这是有来历的，谢氏族人中有一才俊考中进士，奉旨游街，高举谢氏十七代进士旗牌，有怨怼者告到皇帝处，说其欺世盗名，谢氏只有十五代进士。皇帝招其问话，他说微臣乃谢氏十七代进士无假，皇上派人到翰林院一查，证实为真，便说"卿家果然世有凤毛"。此后，谢氏祠堂便悬挂"世有凤毛"的匾牌。"凤毛"乃文人才俊之意。典出《世说新语》：南朝谢灵运子谢凤，颇有父风，其子超宗好学有文辞，盛得名誉，曾作祭宋孝武帝殷淑妃文，孝武看后大相嗟赏，说："超宗殊有凤毛，灵运复出。"

莘田谢氏祖祠还有一特点，祠堂左右两边各建一耳门，门匾处分别题刻"宝树"和"芝兰"两字。据说凡谢氏祠堂一般都题写上这高贵而清雅之名。宝树，又称玉树，传说中的仙树，魏晋时也借指那些姿貌秀美、才干优异的人。据《世说新语》记载，谢安问族中子孙："子弟亦何预人事，而正欲使其佳？"谢玄答："譬如芝兰玉树，欲使其生于阶庭耳。"这便是"宝树芝兰"四字的由来。

大凡祖祠，其建造都非常讲究风水。按现在科学的说法是"建筑自然科学"，既要选择合适的"分金"，又要讲究前朱雀、后玄武、左青龙、右白虎，还要前临水后靠山。莘田谢氏祖祠还算好，后有鞿岭前有流溪河。据说仍有不足，这就是祠堂门前明堂空阔，门口一大片稻田空旷无遮，特别是右面之田畴空虚旷远，右面风煞既大，又不藏风聚气，故而祠堂建好多年，族人运气亦不见佳（当时现今的河堤未筑，一大片地直连叶庄门前）。此时有江西堪舆师谢天恩闻讯前来勘察。一番研判后建议增益好风水，一是在祠堂门前的地坪临鱼塘边处筑一道三尺高的砖墙，二是在祠堂右侧不远处建筑一土堤，其上栽种荔枝树，造一道"风水堤"，如此一来就可藏风聚气，契合好风水格局了。据说，之后族人运气转旺，添丁发财者日多。

谢天恩见此，便提出入族请求。但族中长老研究后，认为谢天恩虽懂风水，但来历不明，底细不清，当时世乱时艰，不可随便接纳其入族。况且接

精美的梁架木雕

他一人之后，陆续有外地谢姓人求入如何办？就婉拒谢天恩入族请求。谢天恩怀恨在心，表面装作无所谓，并假装为进一步兴旺莘田风水，建议在村子右侧，也就是现在钟兴公路处开挖一条金水圳，如此村人将财源滚滚。族长信之，但水圳开成不久，族人接二连三丧丁。有懂风水者路过见之说："此村嫌人丁兴旺啊！"村人听闻，立即填埋此沟，村里方无丧祸。原来，此水圳谓白虎鞭，鞭杀村中族人哩。

祖祠及周围文物历史上遭到严重破坏。原本莘田二村有三个门楼，其名均证谢氏血脉源流，但在1950年代拆毁了。在现今八角庙右则有门楼，上书"东山一脉"，东山乃著名政治家军事家谢安发迹之处。谢安，东晋孝武帝时人，出仕前长期隐居于西径东山，直到41岁始出山济世，是东晋以来谢氏地位最高、名声最重的一人，是谢氏家族的标志。"东山一脉"是说莘田谢氏乃谢安血脉所传。原距祠堂不远处右则路口有门楼，上书"淝水通津"。淝水之战是谢安政治生涯的里程碑，也是中国历史上一次著名的以少胜多的战役，此战保存了东晋王朝的半壁江山，也使谢氏家族进入鼎盛时期。在现今钟兴公路也就是竖八角庙牌子附近有门楼，上书"乌衣巷"。乌衣巷在南京秦淮河南岸，三国时是吴国戍守石头城的军队驻地，当时军士都穿黑色制服，故称乌衣巷。东晋时开国元勋王导和指挥淝水之战的谢安都住这里。关于乌衣巷还留下历代许多吟咏，著名的有唐代诗人刘禹锡诗："朱雀桥边野草花，乌衣巷口夕阳斜。旧时王谢堂前燕，飞

入寻常百姓家。"

原本谢氏祖祠门前的地坪还有表示功名的旗杆石，民国时期用祠堂办学时毁掉。就是"世有凤毛"三个牌匾也曾拆毁。1961年，莘田一、二村合并为莘田大队，祠堂用作粮仓，大队干部以牌匾聚白蚁仔损坏粮食为由，下令拆卸了。现在的牌匾是依记忆尽量按原样复制的。

但愿有一天，莘田二村三个门楼也复建起来就好了。

谢姓文化：始祖溯源，众说纷纭

研究祠堂，自然而然地就会追究始祖的血脉、传承、来历、身世等。追根溯源，谢姓始祖是炎帝还是黄帝？众说纷纭。

谢姓的血缘先祖有点神秘莫测。由于史书记载的歧异和历史证据不足，谢姓本族人对始祖的记忆是朦胧的，模糊不清。那么，当今莘田谢氏乃至数百万谢姓人的祖先是炎帝乎？是黄帝乎？还是让我们追寻这两位人文始祖的足迹来解开此迷吧。

关于谢姓的祖先来源，许多姓氏书都说它出自炎帝，是姜姓部落的后裔。如《元和姓纂》卷九："谢，姜姓，炎帝之胤。"《通志》卷二六《氏族略二·以国为氏》："周异姓国：……谢氏，姜姓，炎帝之裔。"《万姓统谱》卷一〇五："谢，陈留，商者。炎帝之裔。"上述三部书是我国姓氏书籍中的权威著作，分别成书于唐、宋和明代，说明至少在这三个时期，有人认为谢姓是炎帝的传人。炎帝实为传说中的古帝，姓姜，由于以火得王，故称炎帝。

当今谢姓人中又有不少人尊黄帝为祖先，自称是黄帝的裔孙。而且，此说由来已久。宋王应麟《姓氏急就章》引《世本》曰："谢，任姓，黄帝之后。"《世本》是成于战国时期的史学著作，记黄帝迄春秋时诸侯大夫氏姓、世系、都邑等。这是谢姓出于黄帝的最早说法。

汉王符《潜夫论·志氏姓》："黄帝之子二十五人……及谢、章、昌、采、祝……皆任姓也。"王符是东汉时人，根据这段记载，可见汉代有人认为谢姓是黄帝之后。

欧阳修《谢绛铭》云："黄帝后，昔周灭之以封申伯……见《诗·嵩高》。其地西甚广，郑公友言谢西之九州者二千五百家者也。"上述意思是说，谢姓得名于谢国，黄帝之后，诸侯国，伯爵。至周代亡国，其地为申伯封邑，后人以国名为姓氏。

具体些说到莘田始祖，上溯为南雄谢氏，先祖世居陈留（河南开封附近），辗转南迁赣、闽，继而入粤。

庑廊壁画"和气生财"

入粤始祖名石泉，号艺圃，生于宋，咸淳年间出仕，为南雄路总管照磨，艺圃生子谢忠卿，又名六郎，妣朱氏，咸淳年间自南雄南下于今广州市郊大田村开基。

莘田谢氏始祖，是这一支入粤谢氏七世祖，名添宝，字庆玉，号芳圃。芳圃公于莘田开族，开枝散叶及番禺、芳村、从化高埔等，故祠堂匾题"谢氏祖祠"。

芳圃公竟是因两兄弟搭"秆堆"（旧时稻秆金贵，秋收后塔垒起来储存以作耕牛饲料及烧水煮饭用，大者如一座砖瓦房）用禾钗取稻秆时，不小心禾钗（铁钗）掉落误杀了大嫂，嫂娘家势大告官，两兄弟逃难从大田往北走，一个边放鸭边逃难到了从化木棉，是为从化木棉谢氏始祖；一个逃到莘田村，娶当地王姓女为妻，挑小担子四乡卖豆豉、"朱义盛"（仿金饰）等小杂货为生。芳圃公每日出门卖货，总带黄狗相随。一天入夜仍未见公归，只有黄狗独回，家人忧虑甚，但见黄狗不安地汪汪哼叫，还以嘴啮拉家人裤裾。翌日家人有所悟，轻拍狗脑袋说：狗啊狗，是否主人有事啊？是，你就领我们去寻吧！狗有灵性便往北走。家人一直随狗走到从化牛心岭羊眠地处，尸体已被白蚁含土覆盖起来。原来芳圃公猝死于附近村庄内，村民怕惹祸便移尸于此。家人想，福人葬福地，就此垒土成坟，连棺木都没有。

多年之后，约在清雍正朝早期，有谢氏族人谢禹书上京考试，错过进城时间便在城边城隍庙过夜，因困乏睡过头，醒时已日过三竿，适逢皇太后进香，他跑不及，慌惶间躲在神台底下，宫女发现神台下有人影，惊呼有刺客，随驾卫士将其揪出，他抖个不停，将实情禀告。太后见其乃眉目清秀一书生，将其释放，并告诫他认真应试，后果然考取功名。皇上向母后请安时曾听闻有这么一人一事，便招之廷问。据说，出功名者其祖必葬风水宝地，谢禹书将芳圃公事实告。皇上怜之，当时正值清朝争取汉族士人支持之时，便颁旨赐石棺安葬。

石棺由地方打造，派官兵护送，又因地师说挖尸再葬，恐泄福气，于是只将石棺置于土坟之上了事。此坟前明堂铺满花岗岩石板，"大跃进"修水利时被当地人挖走作他用，现仅剩两块。此坟奇特，与传统坟不同，一大石棺全露地面，被列为广州文物重点保护单位。

祠堂文化知识

明式家具： 是指自明代中叶至清代前期，能工巧匠用紫檀木、酸枝木、花梨木等制作的硬木家具，具有设计精巧、造型优美、选材考究、制作精良、风格简约等特点。

青云巷： 位于两座祠堂之间或正祠与衬祠之间，两面高墙耸立，形成一条悠长深远的通道，抬头只见青天白云，进入里面层层升高，取其"青云直上"之意，俗称"青云巷"。它合理地分隔了建筑空间，又起到通风透气和防火的作用，既美观又实用，同时还寄予"平步青云、步步高升"的期望。

雀替： 是我国古代建筑中用于梁枋与柱交接处的构建，形似小鸟的双翼附于柱头两侧，舒展张扬，既增加了梁枋的荷载力，又有很强的装饰性。

流溪河畔的一颗明珠

——莘田村庾氏大宗祠记

◎ 郭利群

莘田村位于花都区花东镇，面积约6平方公里，下辖5个自然庄共14个经济社，在册人口约3600人，其中庾姓占98%左右，其余还有李、林、陆姓。莘田村虽是花东镇最偏远的村，但其交通便利，贯通全境的公路直通省道，十多分钟就可到京珠高速北兴入口。

莘田村庾氏大宗祠

庾姓大聚居地

庾姓在我国姓氏人口来看，确实偏少。据全国第五次人口普查统计的数据，分布在全国各地的庾姓有5万余人；从第六次全国人口普查中看出，庾姓排名在姓氏300名以外。而莘田村的庾姓常住人口达到了3400多人，占全国庾姓约6%之多，可见莘田村是庾姓的大聚居地。

莘田村庾氏开基祖是文贵公。起初，公进公从东莞到从化九曲水，生二子为庾文福、庾文贵。为更好地发展，文贵公携妾及第三子宗玄于洪武初年外出做生意，走到莘田时，他认为这块土地地理环境良好，平坦广阔，人烟稀少，有山有水，靠近流溪河，利于发展农业，有发展前途，便定居于当时还隶属于番禺大田堡的莘田。在文贵公定居莘田之前，已有林、谭、黄姓在此居住。据说，村里现有的一棵大榕树就是林姓、谭姓的祖先共同种植的，至今已经有700年的历史。

讲究风水的庾氏大宗祠

庾氏后人勤奋上进，开枝散叶，发展很快。明末清初时，族人团结一心，共建庾氏大宗祠，至今已有400年历史。该祠三间三进，总面阔13.8米，总进深38.4米，建筑占地547平方米。

古人修建住房讲究风水，莘田村的房屋大多坐北向南，夏天有南风吹拂，冬天背向北面防寒冷。庾氏大宗祠修建时，族人商议专门请来有名的地理先生亲临指点，最后选择在村面中心，位于谢氏西厅至凝秀里之间的位置修建大祠堂。地理先生认为此地局势轩昂，属盘龙宝地。祠堂门口对着"两湖一溪"。"两湖"指鹅塘湖和西湖；"一溪"指流溪河。湖溪是有水之地，水可以养鱼，鱼水相依，有了鱼水就可以生机勃勃，繁殖快，兴旺发达。但后来又有人认为，庾氏大祠堂地理位置虽正，但存在美中不足，下沙靠庙园的小堂来守护，距离太远且低洼，守不住下沙，钱财自然流失，难大富大贵。又传清朝咸丰年间，广东巡抚委派一名县令七品官到从化街口上任，途经莘田村时，站在"石头钉"（地名）最高点观望莘田村的风水环境，得出莘田村狗虱岭一片空虚，无后主撑腰，村中定无大官。

同治年间，庾氏大宗祠的修建也让族人印象深刻。据说，当时族中的年轻人经常滋生是非，争强好斗，族长便与族中老人商议，请了一个地理名师，对庾氏大宗祠进行查看。最后，地理先生得出宗祠的头进屋顶过高，煞气

庾氏大宗祠内景

大，应该降低两个周通（古时一种度量单位），大门口降低一个周通。族人最后商议决定，把庾氏大宗祠头进全部拆除，进行大重修，并按照地理先生的指点降低两个周通，中进和后进则保持原貌不变。

从庾氏的发展史来看，确实没有大富大贵人物的记载。不过庾氏族人勤劳上进，勇敢创业，并创造良好的投资环境，吸引了许多外来人到莘田村办企业、建工厂，使风水一下子好了起来。族人认为庾氏大宗祠有了稳固的下沙，把族人的钱财守得紧紧的。如今莘田村一片欣欣向荣气象，村中不乏百万、千万，甚至亿万富翁。

再看如今的庾氏大宗祠，已经是仪态安然，景象万千。还没到达祠堂门前，便看到一口修建完善的风水塘。走近宗祠，其镬耳墙大气优美的弧线令人赞叹，虾公梁上的狮子栩栩如生，博古脊上的图案也已经恢复原样。祠堂大门嵌花岗岩门夹，石门额上阴刻庾京所写的"庾氏大宗祠"，上款"光绪岁次乙酉重建"，下款"新泰房裔孙京书"。大门左右两边墙上分别镶嵌有当代瓷砖彩绘《百鸟朝凤》和《三星拱照》，色彩鲜艳，清晰可辨。保存较好的壁画有《教子朝天图》等。

祠堂后进屋顶是龙船脊结构，堂内"诒谷堂"的堂号醒目可见。后进左中右堂被两堵墙隔着，据说这里曾做过学堂。庾氏族人重视教育，抗日战争胜利后，1946年由村统筹集中在庾氏大宗祠办第一届小学，设一、二、三年级，每个年级一个班，每个班20人左右，并一改从前只学八股文的惯例，开始选用新的教科书，设国语、算术、常识等课

程，同时还设有体育设施，包括有单双杠、篮球场、排球场、乒乓球场等，每天学生在操场集中做操一次，并要求学生每天早晨唱国歌、升国旗。而后进的中堂，据村中80多岁老人庾玉昆讲述，这里曾放置有玻璃罩着的金鱼池，池内摆放着涂有金色油漆的精美木制工艺品鱼、虾、蟹等，寓意村中庾氏族人如鱼蟹生猛，发家置业。后破四旧的时候，鱼池被打烂，木制品被夺走，至今不知所踪。

洪圣公的神奇传闻

莘田村有间北帝古庙，始建于明末，此地后称庙地，庙的规模较小，只有几十平方。清朝康熙年间，村民认为庙宇离村太近不好，而且有碍凝秀里门楼风水，就把它拆除，搬迁到现在庙园这个地方重建。但此地白蚁甚多，几十年后，所有木柱都被白蚁蛀烂，变成了危房。据说北帝古庙曾重修过三次，其中1948年春，把古庙全部拆除，进行了一次大重修，并把原来的北帝古庙石牌匾和门口两边的楹联石板重新嵌上。竣工之后，当年十一月入伙，连续三天举行了盛大庆典仪式，来自几十条村的兄弟、宗亲前来祝贺，庙门口鞭炮声，锣鼓声响震天，群狮共舞，热闹非凡。

莘田村的北帝古庙，既供北帝，同时也供奉洪圣公，据说洪圣公是村里的先人请来的一尊神，而且他比北帝更灵验，关于他灵验的传说还不少。首先，能呼风唤雨。过去，每逢遇到天大旱时，村民就抬洪圣公出来求雨，家家户户拿祭品去祭拜，之后不到三天就风雨一齐来，所以附近的村民只要听说莘田村在求雨，就说快有雨下了。其次，洪圣公能消除

前廊梁架木雕

虫害。田间若出现虫灾，村民就会晚上抬神像巡游，驱邪治虫。当晚的场景是，洪圣公像在前，村民提着火篮（旧时装炭取暖器具）跟在后面撒火粉。两天后，虫害会逐渐消失，禾苗恢复正常生长。更玄乎的是，洪圣公还能诊病治病。村民患有疾病，患者家属会雇人抬洪圣公回家，有神的相助，患者的病情有所好转。

慢慢地，洪圣公灵验的消息传到外地，还有人请他去除妖治邪。据说增城新塘有条村，每晚深夜巷里都会出现怪叫声和脚步声，却不见人影，吓得人心惶惶，认为有鬼作怪。该村村民听说莘田村洪圣公十分灵验，特意派人来请洪圣公去治邪治鬼。洪圣公到达该村当晚，巡游了全村各条巷，怪叫声、脚步声果然都听不见了。人们安枕无忧，当地群众说莘田洪圣大神真灵。

还有一个传闻，增城有条村原来也有个洪圣公，但是不灵。他们的洪圣公神像与莘田村的洪圣公神像一模一样，两座神像放在一起，难以辨认。有天晚上，两座神像都被抬出来巡游，这条村的村民乘人不备，故意将两个神像交换了位置，想看看莘田村的人是否能认得出来。当晚，有一个负责抬神像的莘田村村民做梦，梦到洪圣公对他说：你们走之前先向两个洪圣公各插一炷香，拜三拜，见鼻孔有烟雾喷出的，你就抬回去。后来莘田村的人果真用这个方法选择了自己村的神像。那条村的村民看到神像调换了位置，莘田村人都能认得出来，更是感到神奇。后来，该村每年出生的婴儿都来莘田村向洪圣公拜契，望神灵庇佑。

独具特色的民俗活动

古时人们娱乐活动少，但每逢佳节，大家便聚集在一起进行庆祝活动，久而久之就变为约定俗成的民俗活动。庾氏的传统文娱活动丰富，体现着岭南文化特色，其中舞龙、舞鱼灯等是庾氏隆重而又精彩的活动。

舞龙的龙头、龙尾都是用竹片编织而成，龙身用大花布和竹圈制作，另外还有一个彩球。舞龙活动每隔几年进行一次，以此祈求村民兴旺发达。舞龙的前一天半夜，需到外地野岭迎接神灵，一路上任何人不能出声，到达目的地，等待雀鸟或兽类的叫声，便迎接神灵，锣鼓即刻齐鸣，然后把龙舞回村里。在回村路上，每隔100米需要放置8个鸭蛋，表示龙生蛋，龙蛋生龙子龙孙。等龙回到村里，进入接龙楼，从北闸巷到三多里、十紫坊，又聚龙里到南向，再到祠堂门口舞走四门，摆龙门阵，寓旺祠堂，佑庾氏子孙兴旺。

壁画"瑶池耍乐图"

　　舞鱼灯是庾氏旧时每年春节必须进行的活动。每年除夕前几天，人们用竹子、砂纸编制好喜欢的鱼灯。年初一，村民就拿着自制好的鱼灯齐集到村东南边的庙地广场。随着人越来越多，现场一片欢腾。五颜六色的鱼灯璀璨炫目，随后有秩序地以海龙王坐镇，大鲤鱼、鳌鱼引路，形成一条浩浩荡荡的火龙向北方行进，沿着村边东向绕过金庄回到北闸巷、塘窝巷、三多里、十紫坊、聚龙里，直到大宗祠，轮流敬拜祠堂。

　　庾氏的舞龙灯因场面浩大而声名在外，经常被邀请到周边关系好的村落去巡游表演。1946年元宵节，村民庾玉泉就带头组织一支180多人的大型鱼灯队伍到广州市游艺场（现文化广场）巡游表演。当时这支队伍鱼灯品种齐全，有海龙王坐镇，鳌鱼、大鲤鱼各两条，鲤鱼仔89条，金鱼28条，左口鱼2条，龙虾2只，蚌精8个，田螺精8个，排灯1个。其中打头楹联上书"花县欢声传粤海；莘田鱼火照羊城"，乡下人能作出如此好的对联，实属难得。当时用几条大帆船运载灯，舞龙队则坐着几辆大汽车，敲锣打鼓进入广场，吸引了众多人观看，场面甚是宏大。而观众对鱼灯的翻斗、排阵表演，更是啧啧称赞，都说看过许多鱼灯表演，都未曾观赏过如此精湛而又技术高超的鱼灯表演。从此，莘田村的鱼灯表演声誉便传遍粤海。

庾氏的民俗活动丰富多彩。除此之外还有"扮色",即打扮成古代人物或文学作品中的角色进行表演;武术表演,村里曾经开有武术馆,年轻人喜欢习武;烧炮,在大年初七人日进行的活动;等等。但这些独特的民俗活动现在已基本失传或停止进行,而舞狮活动却延续至今。庾氏的狮子也很有特色。在庾氏大宗祠,放置的狮子全部都是黑色。老人解释说,黑狮代表年轻旺盛,所以庾氏选择了用黑色的狮子。

庾氏特别重视尊老的优良传统。旧时族里曾有规定,凡是本族男性达到90岁高龄,族人要到宗祠"诒谷堂"为他祝寿,并做捧猪头酒仪式,即是奉送老人猪头一个,米酒两埕,贺礼利是(红包)一封。祝福他"福如东海长流水;寿比南山不老松"。以前能得此大礼的人不算多,解放后,庾氏出现的寿星越来越多,据2015年统计,90岁以上的寿星有20多人,其中男性最高寿96岁,女性103岁。

庾氏的民俗文化颇具特色,也有团结族人、增加感情的作用,族中老人期望,年轻一辈的庾氏族人能够重视传承发扬本族的非物质文化遗产,将其代代相传下去。

祠堂文化知识

牌坊: 为一种有柱门形构筑物,由棂星门衍变而来,开始用于祭天、祀孔。最早见于周朝,后从实用衍化为一种纪念碑式的建筑,被极广泛地用于旌表节孝、嘉奖功德、标榜荣耀,不仅置于郊坛、孔庙,而且用于宫殿、庙宇、陵墓、祠堂、衙署和园林前和主要街道的起点、交叉口、桥梁等处。

寝堂: 又称后殿、后寝、寝殿或上堂等,是安放祖先牌位的场所,是神灵安寝之处,所以叫寝堂。寝堂墙上一般挂有祖先画像,堂内有神楼、供桌、香炉等陈设。

旗杆夹: 族人参加科举考试,考取功名者,宗亲便会在祠堂前竖起一根长长的旗杆,旗杆底部由旗杆夹石固定,夹石台四面一般刻有寓意吉祥的浮雕图案,旗杆石上刻上考试人的姓名与名次,以示宗族荣誉,激励后辈奋发上进。

补鞋立村写春秋

——记大东村刘氏宗祠

◎刘武松

花东镇大东村刘氏宗祠是花都刘姓祠堂中建得比较华美的一座。它坐落在大东村一片开阔地带，占地两亩多，除了祠堂本体建筑外，还建有广场、风水塘。广场用于族人聚会聚餐；风水塘则为了防火和聚财，目前承包给他人养鱼，每年约有3000元收入，全

大东村刘氏大宗祠

部用于祠堂平时维护和日常开销。广场与风水塘之间开挖了一条小沟,美其名曰"玉带缠腰",清清溪水长流不断,预示着大东刘氏源远流长,福康永远。

宗祠重光耀花都

  大东刘氏宗族意识很强,热衷宗族祠堂建设。早在300年前,大东刘氏就建起了刘氏宗祠,可惜该宗祠在1958年"大跃进"时被拆除,新的大东刘氏宗祠是2009年建成的。大东刘氏宗祠的修建还和田美刘氏有一定的渊源。2007年底,田美刘氏新祠建设完毕,落成典礼仪式上连开三天酒席,大东刘氏族人应邀参加这次盛典,深受启发,倍受鼓舞,当即决定重修大东刘氏宗祠,告慰于先祖,造福于后人。

  在宗长刘永桥的组织指挥下,大东刘氏新祠开始了轰轰烈烈的筹款和筹建工作。大东本村刘氏族人积极响应,海内外大东刘氏宗亲鼎力支持,他们一致表示,要修就要修成花都一流的刘氏宗祠。

  大东刘氏说干就干,有钱出钱,有力出力,有的宗亲还将自己的土地以很低的价钱出让给祠堂。在大东刘氏族人的大力支持下,祠堂建设相当顺利。祠堂从2008年3月破土动工,2009年1月3日落成,前后用了不到一年时间,速度之快,质量之好,堪称典范。

  大东刘氏宗祠大门很气派,全是用上好的花岗岩垒成。在大门的上方,漂亮的花岗岩上阴刻着"刘氏宗祠"四个苍劲有力的蓝色大字,格外显目,令人肃然起敬。

  在这块牌匾上方的墙面上,还绘制了一幅《福禄寿三星拱照》的壁画。壁画内容为福禄寿三位神仙带着一群活泼可爱的孩童庆寿的情景,色彩分明,栩栩如生,寓意深刻。在画作的两边还有两段美好的祝福语,右边为"一堂和气,春风无限。万事平心,百福自来",左边为"山不在高,有仙则名。水不在深,有龙则灵"。文字不多,意思明了,读后备受教育和鼓舞。

  大门前两旁立有两根粗壮敦实的花岗岩石柱,那是承载屋檐用的。在两根石柱的左右两侧还有两条虾公梁,虾公梁与屋檐之间用石狮作为承重,既耐用又美观。另外,在祠堂两侧墀头上,各有四幅非常精美的砖雕,上面两幅为漂亮的缠枝花卉,下面两幅为观音送子,预示着刘家子孙,千秋万代,生生不息。

宗祠侧影

大东刘氏大宗祠的堂号为"福业堂",福业为佛教语,指布施行善、慈悲利生等造福的功德。此堂号在刘氏大宗祠中并不多见,其来历无证可考,大概是希望大东刘氏后人多做善事,多积福德吧。

大东刘氏大宗祠为三间三进两廊两厢仿古建筑,花岗岩石脚,红阶砖铺地,青砖黑瓦,镬耳封火山墙。镬耳封火山墙之间建有灰塑博古脊,博古脊是古建筑中一种比较华美的形制,此外还有人字脊等。博古脊的两端各塑有一条鳌鱼,嘴相对,角指天,似在凝望,更像比力。鳌鱼是中国古代神话里的常见之物,相传在远古时代,金、银色的鲤鱼想跳过龙门,飞入云端升天化龙,但它们偷吞了海里的龙珠,只能变成龙头鱼身,称为鳌鱼,雄性为金鳞葫芦尾,雌性为银鳞芙蓉尾,终日遨游大海嬉戏。祠堂屋脊塑上鳌鱼寓意深刻,有"独占鳌头"之意,希望宗族后人发奋苦读,高中状元,光宗耀祖。

博古脊上还绘满了精美的壁画,中间为中国吉祥物麒麟吐书。麒麟是我国传说中的一种祥瑞神兽,古称仁兽,为"四灵"之首,被视作吉祥象征,也常借喻为杰出之人,"麒麟送子""麒麟吐书"皆有杰出人士降生的寓意,均为孔子的传说故事。以此装饰,寓意子孙后代博取功名,光耀门庭。

麒麟吐书两侧还各塑一幅《喜上眉梢》，每幅画上各有一对艳丽灵动的喜鹊登上梅枝，或在引吭高歌，或在窃窃私语，给人喜感温馨一片。《喜上眉梢》是岭南祠堂屋脊上常用的一种装饰画，喜鹊是一种吉祥鸟，素有"喜鹊叫，喜事到"

摆起大碗分猪肉

的民谚，它被看作是喜兆，与梅花入画，寓意"人逢喜事精神爽，喜形于色好事多"。

祠堂屋顶全部采用黑色小筒瓦，凹凸有致，整齐有序。屋檐下部有排整齐划一的灰色瓦当，瓦当上均刻有精美的纹饰，这在花都其他祠堂里还不多见。所谓瓦当是我国古代宫室房屋檐端的盖头瓦，俗称"筒瓦头"或"瓦头"，是中国古代建筑用的一种陶制品，处于房檐部位最下一个筒瓦的端头，上面常有装饰性的图案和文字。瓦当的作用主要有三：其一便于漏水，可以让屋顶的雨水顺利排出；其二保护椽头，让其免受风吹、日晒、雨淋侵蚀，延长建筑寿命；其三为了美观。

瓦当下有封檐板，长长的封檐板上雕刻着荷花、菊花等各种花草，还有鸳鸯等喜鸟，有的在水中戏水，有的在枝头鸣叫，一派欣欣向荣的景象。

补鞋立村散枝叶

大东村现有15个经济合作社，4000多人，20多个姓氏。其中，刘氏在村里算大姓，分布在8个经济合作社，在册刘氏1200余人，村内650多人，其余在外发展。

刘庄刘氏是300多年前从位于今广州白云区人和镇的兔岗村迁入，已传十七代，立村始祖刘朗材。

　　刘朗材迁来大东村还有段故事。当时兔岗村人多田少，谋生艰难，出生于此的刘朗材从小帮家里劳动，累死累活，日子还是过得艰难。稍大，家人即送其学了门补鞋的手艺。从此，刘朗材挑着担子四处讨生活，最后在大东村附近一个叫三角市的小圩市落脚下来。

　　经过一段时间的补鞋和观察，刘朗材觉得大东村地方不错，不但人少地多，土地肥沃，而且村民还很友善，于是他就想在此定居下来。当他将这一想法告诉村民后，村民也觉得刘朗材人善良，又勤快，惹人喜欢，就让刘朗材在大东落户了。从此，大东村有了刘氏，后发展为刘庄，目前已传十七代，村中最年长的一辈是"河"字辈，只剩十几人了。

　　据族谱记载，刘朗材为入粤第二世祖刘广传第十二子刘巨汉之后。

家族后人耀门庭

　　在祠堂建设中，刘永桥担任了建祠总管，他首先倡议；筹措善款，他四处奔走；规划场地，他多方协调；设计方案，他到处请教；组织施工，他全程跟踪；质量管控，他毫不留情。可以说没有刘永桥的无私奉献，就没有大东刘氏宗祠的今天。

　　刘永桥不但热心祠堂建设，而且还是位极受族人尊敬的宗长。他用自己的行动赢得了族心，赢得了尊敬，深受族人好评，族人尊称他为"爷记"。他经常用《太平经》的"垂世八宝""忠孝廉谨宽裕容忍"和孟子语录"老吾老以及人之老，幼吾幼以及人之幼"以及先祖留下的族规族言来律己和教育族人。1986年，刘永桥先后将父母以上五代先人坟墓整理重修，受到了族人的称赞，为族人做出了榜样。

　　在修建大东刘氏宗祠中，还有很多族人做出了积极贡献，旅居国外的华侨刘远炳就是突出代表。他不但为祠堂建设主动捐资300万元，还无偿提供了各种挖掘机械供祠堂建设使用，确保了整个祠堂施工任务顺利圆满完成。

　　在大东刘氏宗亲中，还有两位刘氏后人堪称楷模。一位是在中越自卫反击战中荣立三等战功的刘明玖，一位是享誉国内外的华侨企业家刘远炳，他们为大东刘氏的辉煌增添了光彩。

刘明玖，大东刘氏族人，对越自卫反击战三等功臣。1979年春天，中越边境自卫反击战打响，身为连队指导员的他带领全连官兵冒着枪林弹雨向敌人发起了冲锋，由于敌人火力凶猛，阵地坚固，

醒狮到村民家中拜祭

首次冲锋受挫，还伤亡了不少战友。面对凶恶的敌人，刘明玖怒火中烧，不顾个人安危，带领战友向敌人发起第二次冲锋，终于攻破敌阵。不幸的是刘明玖在冲锋途中被敌人炮弹击中，身负重伤，被紧急送往后方医院抢救。生命虽然保住了，可耳后至今还有一块弹片没有取出，一到下雨天，就隐隐作痛。战后，部队根据刘明玖的英勇表现，给他记了个人三等功。

从部队转业后，刘明玖在花都建行担任行长，多年来，他始终保持部队优良传统，政治上积极进步，思想上严于律己，工作中兢兢业业，生活中和蔼可亲，深受单位领导的肯定和同事的好评，多次获得荣誉。

刘明玖心地善良，感情真挚，战友情深。退休后，他两次组织自卫反击战退伍老兵到广西原来部队驻扎的地方，凭吊先烈，寄托哀思，探望乡亲，感恩关怀。他还积极联络其他战友，主动出资为当年他们在边境驻扎过的农村学校建起了学生操场，购买了体育器材，受到了当地乡亲们的交口称赞。

刘远炳，大东刘庄人，华侨，著名企业家。1999年起，刘远炳将企业发展目标定在国内，成立了美林基业集团有限公司，专门从事房地产开发。在短短的10多年时间内，美林基业有限公司先后建起了南航花园、美林海岸花园、美林湖畔花园等现代楼盘。

在企业发展的同时，刘远炳不忘回报社会，他热心公益事业，积极主动为受灾地区

和群众捐款捐物，广受好评。四川汶川地震发生后，他第一时间就组织公司首期捐款52.68万元，后又陆续组织了多次捐款和捐物活动。为了支持刘氏家族建设，刘远炳还先后出资300万元为家乡修建刘氏宗祠，另外还赞助出版了《刘氏春秋之广州刘氏》专刊，为收集整理撰写广州刘氏家族资料做出了突出贡献。

远在美国的华侨刘远辉先生也非常热心家乡建设，为大东刘氏宗祠的建设做出了积极贡献。

祠堂文化知识

阙：宫殿、陵墓、官衙大门前两侧各立一座建筑，形如门楼而中缺门扇。

清式家具：清代中叶以后，家具大多以造型厚重、形体庞大、装饰繁琐，与明式家具朴素大方、典雅内敛、简约别致的风格大相径庭，形成强烈对照，史称"清式家具"。

青砖：青砖是黏土烧制的，黏土与水调和后制成砖坯后，放在砖窑中完全煅烧便制成红砖，如果在烧制过程中加水冷却，使黏土中的铁不完全氧化则呈青色，即青砖。由于美观、厚重和耐用而广泛被用于祠堂等大体量的建筑中。

一座有状元旗杆的祠堂

——记京塘村梁氏宗祠

◎ 曾昭财

京塘村位于花都区花东镇北兴圩以南,面积4平方公里,下辖9个村民小组,共750户,总人口3150人。该村以梁姓为主,村名原为"镜塘",因村前一口平静如镜的水塘而名。在祖先眼里,京塘村无论从山上往下看,或是从平川往上看,草木都非常茂盛;江河里的水长流不止,大小船只都迷恋此地而来来往往;众多的河塘之水沿着村庄从左边绕过,一派祥和的景象。

京塘村梁氏宗祠

梁氏宗祠建有状元旗杆夹

"千乘流芳"牌坊

京塘村坐落于流溪河旁，村中梁氏宗祠犹如一位沧桑老人，多少年来一直听水流远长、观草木荣枯，保佑着世世代代的族人。宗祠自明朝正德年间创建以来，历经岁月摧残和人为破坏，并于光绪三十四年（1908）和2003年两次重修。

1944年，日寇在此驻扎时，曾毁坏不少墙壁。新中国成立初期，改建电珠厂，把祠内结构改建得面目全非。"文化大革命"期间，又对祠堂内外所有装饰工艺、建筑大肆破坏。直至20世纪70年代后，电珠厂倒闭，梁氏宗祠已是四壁颓垣，椽梁坍塌，烂砖碎瓦遍地，杂草丛生，如拖延不修，势将变为废墟。后经族人商议，成立筹建小组，边动工边筹款，2003年3月动工重修，至2004年才初步修葺落成，但至今未能恢复原始辉煌的风貌。2002年9月，梁氏宗祠被广州市政府公布为登记保护文物单位。

梁氏宗祠坐落在村委南面100米处，门口正对一口长方形池塘。听村民梁福贤老人说，在1998年以前，池塘一边上生长着四棵树龄数百年的名珍古树——水松，高达20米左右，树干古朴伟岸，端直笔挺，超凡脱俗，与宗祠相映生辉。可是后来被台风刮倒了。

宗祠坐东朝西，三间四进，总面阔12.8米，总进深45.2米，建筑占地602平方米，主体建筑为镬耳封火山墙，青砖墙，花岗岩石脚高1米，该祠是研究清代岭南建筑和民间工艺的实物。正门立旗杆夹石四对，左刻"钦点状元及第"，右刻"同治辛未（1871）科会试中式二百二十三名，贡试恭应殿试第一甲第一名进士，授职翰林院修撰，臣梁耀枢立"。

走进大门，门头刻有"梁氏宗祠"四个刚劲有力、端正醒目的大字。头门进深两间共十一架，前廊梁架、斗拱、封檐板木雕花鸟、瑞兽、戏曲人物。

村民在祠堂议事

两次间筑花岗岩石包台（墊台）。明间设中门；第二进为"千乘流芳"牌坊，是该村梁氏族人为其宗亲、清同治年间状元梁耀枢而建。

"把状元牌坊建在祠堂里，这是很少见的，也很有特色。"村民梁联辉说。"千乘"，古时用四匹马拉的战车叫乘，千乘就是掌管战车的官。千乘侯出自山东，是梁伯的第九世孙，叫梁鳣，小时候师从孔子门下读书，后来位居齐国的千乘。受"学而优则仕"的思想影响，立"千乘流芳"牌坊用以激励后人发愤图强以辉煌仕途，光宗耀祖；中堂进深三间共十五架，前设四架轩廊。坤甸木金柱。后金柱间有屏门，上悬"晚成堂"木匾；后堂进深三间共十五架。后堂前带两廊，六架卷棚顶。天井铺花岗岩条石。2003年重修时，祠内外墙均重新划砖线，地面改铺水磨石米地面。墙楣灰塑均为新造，原貌已不存。头门正脊"二龙争珠"陶塑和彩瓷拼贴画纹饰为新造，瓦面改盖绿琉璃瓦。

据梁氏宗祠碑文所记，京塘梁氏源属安定郡宗（西汉元鼎三年设置，相当于今天的甘肃景泰、靖远、会宁、平凉、泾川、镇原及宁夏中宁、中卫、同心、固原等地，梁姓历史上最大的郡望，其开基始祖是春秋时晋国大夫梁益耳）。"溯自入粤始祖元文公，乃来自陕西平凉泾州。以南宋咸淳十年（1274），恩授江西上犹主部，至日，值国丧，遂未任而南逃，走南雄，度横石，越旗马岭，抵至从化瓦岗（今从化旗杆），爰为建居于此。住落两三代，再遭时世混乱，遂至燕雀纷飞。（元末年间）我支祖斗坚公辗转到黄溪（今从化区太平镇黄溪村）。明洪武九年（1376），而宗远公从事放鸭途经京塘，见当地民淳物阜，遂迁居于此。经艰苦创业，建居室，拓田园，修厅堂，从此枝繁叶茂。"可见，京塘梁氏祖先由从化瓦岗迁居从化黄溪再到京塘村，由宗远公定居开枝散叶，是开村之祖。宗远公与谢氏生有二子，长子叫税平，次子叫治平，与邓氏生有一子，叫振平（留在从化黄鹏响）。

状元梁耀枢与京塘村擦肩而过

状元旗杆夹、"千乘流芳"牌坊，这不是一般的祠堂所具有的，它们的存在只因为一个人——梁耀枢。

梁耀枢（1832～1888），广东清代历史上的三大状元之一，字冠祺，号斗南，顺德杏坛光华村人。清同治十年（1871）状元，授翰林编修。官至侍读学士、参事府詹事。梁耀枢中状元后先后在北方多个地方做过主考官，后被晋升为翰林院侍讲，接着又改任侍读。梁耀枢不仅文采好，而且长得眉清目秀，气度非凡，很得两宫太后的关注。钦孝皇太后曾说："梁耀枢是一位'金玉君子'也！"这话在朝中一传开，梁耀枢被百姓称为"金玉状元"。

梁氏宗祠前竖立清状元梁耀枢的旗杆夹

梁耀枢与京塘村梁氏宗祠有何关系？同为梁姓，花都花城街三东村、花山镇平山村均有梁耀枢旗杆石。有村民说，梁状元是从京塘散枝出去的宗亲，但该说法无法从该村族谱查证，其他地区学者还认为，"在顺德、南海、中山、花都、从化、番禺等多个地方,有梁氏祠堂立有梁耀枢的旗杆夹石或'钦点状元'的功名木牌匾,但都没有族谱明确记载该地梁氏与光华村梁氏的族缘关系"。所以,在自己祠堂前立对状元旗杆夹石,在祠堂里建造状元牌坊,可能都是想沾状元光、荣耀族威的一种表现。

尽管如此,但京塘村里一直流传着梁状元当年要到京塘村祭拜祖宗的说法。据说,为迎接他的到来,村里特意建造了旗杆夹、牌坊甚至从村里到河边(流溪河)铺设了一条长长的麻石路。但是,梁状元始终没有到过京塘村。这是为什么呢?梁联辉老人生动地讲述了其中的故事——

传说,梁耀枢高中状元后,准备到京塘村拜祖,途经竹料镇一个村庄的时候已是傍晚时分,当地村民知道状元路过,硬是热情地挽留了他,而且安排他在祠堂住了下来。这又是为什么呢?原来,该村庄以前有一位先生,一直在祠堂里教书。一天,突然有一位学生考起了他:"先生,我来考一下您,上联是'鳅短鳝长鲶阔口',请对下联。"先生接受了挑战,日日夜夜思考着下联,但终究没有想出来,最后抑郁而终。先生死后,祠堂每天晚上都会"闹鬼","鳅短鳝长鲶阔口"的声音长呼不散,这可吓坏了当地的村民,可是用尽方法也不能驱散阴魂。这时,得知梁耀枢路过,大伙都觉得状元是"文曲星",会有办法对上下联,于是挽留了他,但未说明其中的蹊跷。

当晚,梁耀枢突然听见"鳅短鳝长鲶阔口"的声音,而且久久没有散去,他先是害怕了一阵,后来发现"鬼魂"并没有出来害人,而且本能告诉他,这是一副对联的上联,于是他小思一会,便脱口而出:"螺圆蚌扁蟹无头。"话音刚落,"鳅短鳝长鲶阔口"的声音便消失得无影无踪,从此祠堂再也没有出现过"闹鬼"的事情。原来,梁耀枢对出了下联,那位死去的老先生了却这桩心事,便放心而去。

第二天,梁耀枢刚要起程前往京塘村,京塘村却派人前来告知,因欠缺

旗杆夹石座遍布"麒麟吐书""丹凤朝阳""爵禄封侯""太狮少狮"等美好寓意的石雕

筹备资金，村里还没做好接待状元的准备，建议他改日再来。梁耀枢听了，只好答应。其实，村里早已经为迎接状元做足了功夫，只是村里掌权的人一时起了贪念，几个人已经瓜分了筹备金。为了掩人耳目，他们干脆找借口婉拒了梁状元来访。就这样，梁耀枢最终也没有来过京塘村，成为一桩令人嗟叹的憾事。

祠堂文化知识

麒麟： 古称仁兽，为"四灵"之首，被视作吉祥象征，也常借喻为杰出之人。"麒麟送子""麒麟吐书"题材常运用于建筑装饰上，有杰出人士降生的寓意。麒麟脚的站跪姿势按官阶品位来定，一品跪三脚、二品跪二脚、三至五品跪一脚、六品以下不跪。

入伙： 新房入伙举行的一种仪式。为庆祝新居落成，房主选定吉日摆入伙酒，宴请亲朋。女主人娘家和房主女婿等送来镜屏等贺礼，房主会把镜屏郑重地挂在厅堂显眼处。

人字山墙： 顾名思义，状如"人"字的山墙，简洁实用，修造成本也不高，民间多采用。

胡氏俊彦誉满香江

——记阳升村胡氏宗祠及胡氏名人

◎胡文汉　曾昭财

阳升村位于花东镇西北5公里处，在新中国成立前与邻近的大东村统称为大东埔，下辖4个自然村庄，辖内面积1.35平方公里，户籍人口约2000人，其中以"胡"为大姓，除黄姓外，胡氏人口约1500人。

阳升村胡氏宗祠

胡氏宗祠

寓意"独占鳌头"的灰塑屋脊

胡姓在花都不算大姓，只分布在花东、狮岭、花山、炭步等镇域，人口也不算多。花东镇阳升村的胡氏宗祠始建于清乾隆年间，于清道光三十年（1850）扩建，清同治四年（1865）、民国三十六年（1947）和1985年三次重修。

祠堂坐西朝东，三间三进，建筑占地410平方米。镬耳封火山墙，灰塑博古脊，碌灰筒瓦，青砖石脚。祠前旷地宽阔，前面有一口半月形水塘，水质清澈。

头门面宽三间11.9米，进深三间6米共九架。头门正脊施有灰塑图案，垂脊瑞兽为一对石狮。前檐柱挑头为人物造型花岗岩石雕，次间虾公梁上设石狮驼墩。石门额上阴刻"胡氏宗祠"，落款"道光岁次庚戌仲冬重建乙丑年再度重修"。中堂上悬"树猷堂"木匾。中堂正脊施有灰塑《松鹤延年》，图案是重修时新塑。

胡氏宗祠在花都现存的祠堂中不算精致，它的装饰工艺也是比较粗糙的，但从它"教子朝天""松鹤延年""文臣武将"及"鳌鱼石狮"等内容反映，胡氏先祖对建祠的愿望与其他姓氏是一致的。

值得一提的是，胡氏宗祠的重修文献在记载第二次重修的时间均为"民国三十六年（1947）"，但该村胡瑞民老人坚决否定。胡瑞民老人给出的理由是：当年祠堂重修后，村里的一帮男丁在祠堂举行"安神"仪式，当时只有十几岁的胡瑞民也在场。由于他爷爷在村里资格最老，所以仪式由他爷爷主持。当时他爷爷穿着长袍，跪在地上，正在这时候，日本人来到祠堂，带走了至少二十几个人，并北上到了清远。后来爷爷再也没有回来，听回村的人说，爷爷已经遇害，当年77岁。而查证历史，日本军于1945年投降，1947年也已经撤离广州，不可能有日本人在村里，所以"1947年重修"不实。但因为村里熟悉历史的人也陆续去世，对于哪一年重修，胡瑞民老人也无法求证，但他和村干部推算应是1943年。

胡氏源流

胡姓，据《左传》《路史》《元和姓纂》等文献记载：胡姓得姓始祖是三千多年前被周武王封在陈国的上古圣君虞舜后裔胡公满。胡公满是虞舜的第三十三代孙，周武王的东床快婿，被封为陈侯。

阳升村胡氏，太祖讳霖，号剑峰，字永泰，别号淳安，源出舜后胡公满之八十五代孙，由始祖讳缙（号三山，剑峰公之二十代孙）开基。三山公生有五子，妣王氏生肇基、肇从两子居住梅村，聂氏生观祐迁番禺县岭头村（今广州市白云区岭头农场）、观庆留居花县大东圳村（今花都区花东镇大东村）、观圣先迁花邑，三子居铁山村，后迁番禺县，即现在白云区钟落潭镇障岗胡村、中迳园等地。

对于"三山公从何处来"这个问题，翻开《胡氏族谱》，发现了其后人持有三种不同的意见。其一是来自南雄珠玑巷。讳裔显，三山公三十世孙，字绍文岁贡生。南宋末年，战乱频繁，大量难民从南雄珠玑巷，逃至广府，其中有胡汉瑞、胡胜章两人，这两人中必有一人为三山公之祖。其二是非源于南雄珠玑巷，但仍需考究。三山公三十四代孙春元、三十五代孙龙光认为："三山公乃明季初时人，由明季初而上至大宋宁宗，历年数百未识三山公是其嫡裔否？然由三山而上溯，夫远祖湮世远，文献无徵牒，谱牒难以悉叙矣！况绍文公至今有二百余年，即欲以数十载之子孙，而上追数百年之来历不亦难乎。然而，作族谱纪，由来本木水源，正为子孙者所宜亟考也！"其三是来源于三水乐堂村。三山公三十七世孙应前（号剑声）于1983年、1987年两赴三水县乐堂村，得到的信息分别为"……允的次子性存，存生琼、琏。琏迁梅村为三山、友泉两房之祖，历代相传至性存公为十六世……""琏公生一子文广，广生孟宽、仲宽二子。孟宽长子名缙，号三山；次子名绅，号友泉，承传为二十传……"，由此证实三山先祖来源于三水乐堂村，剑峰太祖之嫡裔。

据阳升村旧《胡氏族谱》（绍文公编）记载，大东垇胡氏源于南雄珠玑巷，时族人只记得始祖为三山公（不知葬于何处），始太婆胡聂氏（葬于北兴四联村流溪河灌渠北侧）。因当时定居此处时家境可能较穷，没什么骄人业绩，且数代单传，故没记录下来由何处迁来。南雄珠玑巷说应该是后人绍文公推测的。

屋顶垂脊石狮

20世纪80年代胡氏宗祠重修时，根据乡贤胡忠及村长胡应福等人建议，决定重修族谱，于是派退休教育工作者胡剑声（族名胡应前）负责，并到各地搜集相关资料，后在三水乐堂村祠堂发现刻有三山公的石碑和相关记载，（乐堂村乡亲也不知道三山公后人居于何处），故胡剑声等初步确认此三山公为大东垇胡氏始祖。而据三水胡氏族谱记载，当地胡氏始祖为由浙江绍兴随儿子来粤任职的胡剑峰公（珠三角大部分胡姓均称自己为胡剑峰公后裔），三水、花都、白云等胡姓村落大都有血缘关系。花东大东村的蜜仔庄、三角市、保良村的胡家庄（作芝庄）；白云区钟落潭嶂岗村胡姓、罗岗岭头村胡姓均出自阳升村。

据阳升村旧《胡氏族谱》载，在清朝中后叶，胡氏为男丁重新制定了辈序（分名序和字序），由三山公十七世孙起名辈序为"祥应文明启，朝庭德泽深。国家崇志士，福禄寿同临"；字辈序为"世运良才显，高魁佐殿中，太平天日永，贤盛锡恩隆"。既有名辈序，又有字辈序，在各姓氏中是十分罕见的。

胡氏名人

阳升村胡氏算不上豪门巨族，但是胡氏良才俊彦却是不少。胡氏宗祠在近次重修时，胡氏宗亲送来十多副贺联，其中一副正好说明了这点："剑峰芳泽，谱牒重辉，弟友兄仁同德树；安定家风，箕裘克绍，孙贤子孝展鸿猷。"下面主要介绍胡氏名人中的几位。

胡嘉宾（1637～1685），创县功臣。字友王，钦加州同衔，为花县开创者之一。据《胡氏族谱》记载："因花山（花县前称）为负逋薮，孝友智谋脱萑苻之险，终能请兵平定之，先议设营，随后设县，悉得题请以奠万世安，公之力也。"说的是花县建县前，此地为番禺、清远、从化等县错壤交界之所，属"三不治"之地。数十年来，土匪在北部的重山密林中，"踞为巢穴，劫掠乡村，流毒行旅，以致妇子抛离，田地荒芜""积盗蔓延，活动猖獗，此起彼伏"，直接威胁"长驱直达，朝发而夕至"的广州府安全。胡嘉宾曾多次凭借自己的智谋，协助清廷平定"花山寨"匪患，并有份草拟《建县条议》。清政府于康熙二十五年（1686），析南海、番禺二县部分区域置县，定名"花县"。因此，胡嘉宾是花县创县的功臣之一。

春秋两祭乃胡氏宗祠的特色活动，它不是其他地方的上坟拜祭，这就与胡嘉宾有关。据85岁的胡瑞民老人介绍，春秋两祭从何时开始无从得知，胡嘉宾算得上是阳升村胡氏家族中最富有的人，他家资富厚，拥有商铺和几十甚至上百亩的土地，在花山两龙圩还有一家酒楼。胡嘉宾在当地德高望重，他成立了公偿组织（设有理事会），负责打理家业和组织春秋两祭活动。每年春分，他在祠堂宴请全村人，鼓励大家与其共同努力，借助美好时光耕耘各自的事业；每年秋分，他同样在祠堂宴请全村人，当作是犒劳大家，但这时候也多了一个环节，那就是在理事会的带动下，每家每户碰碰头，盘点各自当年的劳动成果和经济收入。在开宴前，大伙还会在祠堂举行简单的上香拜祭仪式，祈求祖先和上天保佑，盼风调雨顺，望年年有余。所以胡氏的春秋两祭，是祠堂里的拜祖、拜天活动。

胡忠（1902～1992），的士大王，族名胡祥忠，祖籍花东大东坜阳升村，香港著名实业家、知名慈善家。胡忠从1921年开始，当出租车和货车司机。1940年初，拥有40多辆的士。1960年，成为香港的士大王，拥有的士的数量占有全香港的士总数的50%，并开始投资房地产，成为香港合和实业有限公司和大宝地产有限公司董事局主席。先后捐资兴建香港中文大学图书馆、保良局胡忠中学、花都区胡忠医院、花东镇桑梓大道等，设立花都区胡忠奖学基金。1988年10月，被广州市政府授予"广州市荣誉市民"称号。

其子胡文瀚、胡应湘，为香港工商和地产界著名人物。1992年7月31日，胡忠病逝于香港，终年90岁。

胡文瀚（1920～2006），工商巨子，原名胡应沽，胡忠长子，出生于香港薄扶林村，先后毕业于英皇书院、香港大学工科等，获机械工程学士、香港理工学院荣誉工学博士和香港大学荣誉法学博士衔。由于熟悉汽车技术及运输业务并精通英语，"二战"后期他曾被当时的广东省政府主席李汉魂破格委任为省府设计考核委员会专员，负责咨询及协助策划盟军登陆运输事宜，当时年仅25岁，是省府最年轻专员。

商业巨子胡应湘

1953年，胡文瀚在香港创建中国冷气有限公司，是中国冷气机制造第一人。20世纪60年代起，担任香港市政局、立法局等政府部门公职。70年代后，担任利威兴业集团主席。1975年至1980年任香港工业总会主席，卸任后被委任为名誉会长。他先后五次任香港代表团团长参加联合国亚洲远东经济委员会会议，任香港贸易发展局访粤访京代表团代表，对促进香港的工商业和贸易贡献殊多，被港督委授为太平绅士，并获英女皇颁赐的OBE勋章。1991年和1994年先后被广州市和花都区授予"荣誉市民"称号。与父亲胡忠、胞弟胡应湘"一门三杰"载入广州荣誉史册。

胡应湘（1935～　），爱国实业家，胡忠第三子，香港合和实业有限公司主席。出生于香港薄扶林村。1958年，毕业于美国普林斯顿大学土木工程系。1972年，将家族的事业由车队转向地产，并将合和实业上市。他是中国改革开放以后第一批进入中国内地投资的香港实业家，在国内的主要投资有广州中国大酒店、广深高速公路、广珠高速公路、广州东南西环高速公路、顺德路桥系统工程、虎门大桥、沙角B电厂（2×35万千瓦）、沙角C电厂（3×66万千瓦）及深圳皇岗边检综合检查站、合和新城等项目。1991年，跻身香港十大富豪。1991年和1994年先后被广州市和花都区授予"荣誉市民"称号和广州杰出贡献奖。2004年荣获香港政府颁发的金紫荆勋章。现为全国政协委员、香港事务顾问、广东省中华民族文化促进会名誉会长、广州市教育基金会名誉会长。

胡海天（1929～1980），儒医雅士，又名胡应波，生于花县大东埔村连兴庄（今属花东镇阳升村）的一个中医家庭。父亲胡活泉（又名胡祥水）是当地一个著名的老中医。胡海天从小耳濡目染，习医业医，颇有心得。1946年，胡海天考入广州汉兴中医学校学习，毕业后先后在广州志德医院、汉兴中医院任中医师。1950年，21岁的胡海天出任广州大众联合诊所的所长兼中医师。1952年10月，参加北京中医进修学校师资班学习，结业后由国家分配到广州市卫生局中医科负责中医技术审查兼保健室医生。1957年7月起，在广州中医学院任教师。1974年，担任《新中医》杂志编辑，是中华全国中医学会广东分会理事、中华医学会科学普及工作委员会委员。

几十年来，胡海天在发掘、整理祖国医药学方面做了不少工作。他曾参加《内经教学参考资料》《中医名词术语选释》《中国医学史教学参考资料》的编写工作。他编写出版的《民间简易疗法》《饮食疗法》等书深受读者的欢迎。他曾担任国家科研项目"五运六气"学说的研究工作，写成《五运六气浅说》一书。他还在各种医学杂志发表了医药学论文50多篇。胡海天除精于中医学术理论外，在文学方面也颇有建树。曾写有《花县二王传》（指洪秀全与曾万王）、《花县八景考》和小说《新街旧梦》等书。日常间也常写些诗词对联与朋友唱和，深得朋友们的赞赏，是一个多才多艺的儒医雅士。

祠堂是宗族的精神核心。俗话说，"儿不嫌母丑"，无论祠堂是富丽堂皇还是平实简朴，它同样具备凝聚力、向心力和创造力，在族人心目中永远是神圣的。

祠堂文化知识

如意踏跺： 踏跺的一种，是每层石板的长度和宽度都逐层缩小的台阶，人们可以从不同的方向上下，故名。其两侧设有垂带石，台阶较为小巧，多用于园林或住宅。

书院： 古代民间教育机构，萌芽于唐，兴盛于宋，延续于元，全面普及于明、清。1905年废除科举，书院逐步变为学堂书院。对国家的古代文化教育、学术思想的发展和人才的培育和选拔都产生过重大的影响。

生态风水旺子孙

——记李溪村张氏宗祠

◎邓静宜　张淼源

　　张姓是中国的一个大姓，在花都也不例外，排区内十大姓之列。我们在采访炭步鸭湖张氏祖祠时，那里的张氏后人都会提及花东李溪的同宗兄弟，说鸭湖的梅秀公在大明成祖永乐三年（1405）从鸭湖去李溪始创，如今已是枝繁叶茂，人丁昌盛，成为花都张姓最多的村子。听李溪的张姓族人讲他们祖先的故事，我们感受到一股浓浓的感念恩泽、慎终追远的情怀。寻根问祖，不仅是祈福于祖先，更是为了明白自身的来由。

李溪村世良张公祠

李溪风水生态宜居

李溪村坐落在花东镇南部，它与白云区人和镇交界，紧邻广州新白云国际机场，虽偏远却不失时尚。李溪村原名李溪陂，总面积3平方公里，下辖22个村民小组，在册1820户，6307人，是花东最大的村落。1998年，由于联邦快递项目同市政周边道路项目征用了该村大部分土地，因此2000多村民先后搬迁到本镇保良村附近的两个安置点。

我们原来只知道花都有旧八景、新八景之说，却不知道李溪村也有八景，叫作李溪八景。这八景分别是：大碑出谷、大人仰睡、果园桑荔、西边吊藤、狮子寻球、石崖流水、禾塘集合、磨担出谷。另外，李溪的拦河坝，清末年间在羊城非常有名。从这些景点就不难看出，李溪真是个好地方，这里阡陌纵横，风光旖旎，宜稻宜果，生态宜居。依靠流溪河，李溪的水运很发达，过去村里有自己的渡口，最多时三个码头都忙不过来，整天货如轮转。日军侵华时，敌我双方全靠这里的水上交通运送战略物资和补给。

李溪除大面积种植水稻外，龙眼最为出名。李溪石硖龙眼，个大、肉厚、爽甜、壳薄，剥壳后，以纸包裹其肉而纸不湿，质优果美，吸引了各路商客前去采购和品尝。每年秋季，到了石硖龙眼收获的时节，李溪村便车水马龙，人头攒动，一筐筐、一箩箩的石硖龙眼，都摆设在村头和大路两边，任由人们选购。

相传，李溪种植石硖龙眼已有400多年历史，是明朝万历年间（1573～1619）曾任江浙知府的张大猷（原籍花都李溪人）从珠江三角洲传入的。初时龙眼树只有20多株，种在该地的溪山庙、山门口的山坡上，之后，逐渐培育发展扩大种植面积，如今，总种植面积1500多亩，株数已超过2万株。

关于李溪石硖龙眼，逸闻也有不少。1991年8月中旬，在省里的一次座谈会上，桌上摆了刚上市的李溪石硖龙眼，时任广东省省长的朱森林在席上一口气就吃了70个，同席的市长黎子流也品尝了30多个。他俩异口同声称赞李溪石硖龙眼：肉质爽脆，清甜可口，名不虚传。还有一年，石硖龙眼丰收，花都乡贤胡忠先生回乡观光。席间，胡老先生品尝了家乡的石硖龙眼后开心地说：这种石硖龙眼，味道好，爽脆芳香，在香港也很少吃到。事后，他的老朋友送给胡忠先生10公斤龙眼，他十分珍惜舍不得吃，示意随行人员收起，带回香港去。后来，他的儿子胡文瀚、胡应湘也多次来花都，都要品尝李溪石硖龙眼，尤其是大实业家胡应湘，每次吃完龙眼后，他都要清点吃剩的果核，当地的媒体总会把他吃了多少个石硖龙眼作为亮点公布于众，此事传为一段佳话。

李溪的张氏祠堂

李溪村现在只存有两座张姓祠堂，分别是世良张公祠和齐得张公祠。齐得张公祠目前被用作村委会的办公场地，除了天井和大致的结构还在，其他已面目全非。世良张公祠在村委会的200米开外，保存较好，据说是张姓后人花了1万元从村里赎回的，否则也难逃脱被拆除的命运。

世良张公祠始建年代不详，先后于清乾隆年间和2004年两次修复。据花都文物普查记载：世良张公祠坐北朝南，三间三进，总面阔10.4米，总进深28.9米，建筑占地316平方米。硬山顶，人字山墙，碌灰筒瓦，青砖石脚。全祠外墙石脚均为红砂岩条石，头门面阔三间10.4米，进深两间5.6米共十一架。两根石前檐柱，次间坤甸木柱。前廊木梁架雕刻瑞兽、卷草纹等造型，工艺精美，保存完好。大门嵌花岗岩门夹，坤甸木大门，石门额刻"世良张公祠"，上款"乾隆壬辰重修"，下款"二〇〇四年重立"。前廊两次间筑砌较矮的红砂岩石包台（墊台）。中堂面阔三间10.4米，进深三间7.2米共十三架。杉木金柱，后两柱间原有木屏门，现存石质下槛。中堂前带两廊，六架卷棚顶。后堂面阔三间10.4米，进深三间7米共十一架。杉木金柱，堂上设有张氏祖先神位。后堂前带两廊，六架卷棚顶。据村里老人说，李溪张氏远不止这两座祠堂，近百年间，李溪张氏祠堂几乎毁灭殆尽。原来李溪村有十多座祠堂，尤其以梅秀祖祠最富丽，三门楼，有几十棵百年以上古榕树，村里还有胜塘古庙、奚山古庙等建筑，上述

前廊梁架精美的木雕

先人之历史遗迹现无一存留。

李溪张氏有三个始祖

李溪村主要姓氏有六个，即黄、邝、朱、曾、邓、张，张姓是最迟来此定居的移民，但是，却是目前人口最多的一个姓。

花东李溪张氏（世良系）、新雅街清坭南阳庄张氏以及新雅街三向村张氏，他们都有千丝万缕的关系。而花东李溪张氏（梅秀系）和炭步鸭湖村的张氏却是一脉相承，都是明洪武年间武进士、骠骑将军金吾大夫张柏庭之后。

李溪村的张氏有三个始祖，分别是明乐祖、世良祖和梅秀祖。其中，明乐祖和世良祖是两兄弟，世良祖来自今广州市白云区石井的江村，因与人械斗出了人命，于是躲到偏僻的李溪陂，在这里做了开基祖。世良祖来到李溪后，傍水而居，这里土地肥沃，景色秀丽，具有发展农牧业的良好条件，加上世良祖勤奋努力，种养和生意做得风生水起，十几年后便创下不薄的家业，建起了祠堂，在从化的哥哥明乐祖也带着家眷投奔于他。世良祖兄弟重视后人的教育，遍访名师，不顾路途甚远，特意从炭步的鸭湖村请来了名师专门教张氏子弟读书。梅秀祖就是世良祖当年请来的同姓教书先生。

关于张氏的另一始祖梅秀公，他来李溪定居也有不同说法，有教书说，还有放鸭说。放鸭说的是鸭湖人梅秀到李溪牧鸭，他看到李溪是平原，水草丰茂，逐渐迷恋这块乐土，因此，就在李溪定居下来。因我们采访的是梅秀的嫡系后人，就采用来李溪教书这一说法。

李溪的张氏族谱（梅秀系）与鸭湖村的张氏有一个共同的祖先，在李溪张氏族谱（梅秀系）上，我们看到了八十四祖张仰华的名字，张仰华是广东张氏子孙之祖八十三世祖子江公的第四子，他生于南宋理宗景定元年，夫人罗氏是炭步鸭湖人，他娶了罗氏后随女方定居鸭湖。八十八世祖就是李溪村始祖梅秀，梅秀，字兴松，号竹庵，番禺庠生。生于元顺帝至正十年（1350），逝于明宣德二年（1427），享年78岁。族谱上记载他："公志行高洁，动履端庄严训子孙，和睦乡党，治家勤俭，按物雍和，处士中之淳庞者也，乡评月旦人共推之。"梅秀祖在大明成祖永乐三年（1405）来李溪教私塾，原

梁架雕花柁墩

本只是一个请来的教书先生,但他来到这里后,认为这里是个宜居之地,不但举家迁到李溪,并且在这里创置产业,后来又将上几代祖宗的墓重新修葺。按村里老人推算,世良祖到现在已繁衍二十多代,梅秀祖应与世良祖同期,都在600年左右。

目前,世良、明乐兄弟的后代已繁衍到二十三代,有后人1200人。而梅秀祖这支人丁更加兴盛,发展到现在有10000多人,除了在李溪村,周边各村如竹湖、凤凰、石角等很多村子都有梅秀祖的后人。梅秀有一支裔(观谱),税保有一支裔(从鸾)迁徙清远,张大猷枝裔繁衍云南,都未能纳入梅秀版图。明清的时候,梅秀系已成为村里的大地主,直到新中国成立前,李溪周边的很多村庄都靠租种梅秀祖后人的田地为生。

梅秀祖生前定了20字为世派,每一代一字。梅秀公之世系字派为:嘉珍廷国尚远庆福猷同生家宝鸿名裕世祥传芳。另外还有一个20字的字派是:兆应生家宝鸿名裕世祥传芳升泰运绍业最贤良。据传此派是张氏九十四祖张大猷所定。张大猷常年在外为官,对家中字派世系模糊,于是他重新定了一个20字的世系,张大猷是九十四世祖,此字派是由九十五世起。

治水功臣张大猷

据花都文史和相关资料记载,张大猷,字元敬,号豸岩,李溪村人,族谱上记载的生卒年月是1500~1568年,也有资料记载是1537年出生,出入较大。张大猷自幼勤奋好学,聪明过人,为人豪爽。明嘉靖三十一年(1552),参加广东省乡试考试,为解元

（第一名）。明嘉靖三十五年（1556）后中进士，官拜工部主事、郑州通判、大名府通判、吉安同知、云南提学奉政大夫。仕宦十多年，廉洁奉公，著有《文章源委》七篇，已失传，仅存《治漕河疏》一文。

关于张大猷治漕事迹史上记载不多，目前在花都历史名人网上查到有关张大猷担任工部主事时记载了这么一件事。嘉靖末年，黄河决堤，大运河受影响，自江苏沛县上下二百多里淤塞，沙河至徐州以北，至曹县棠林集以下，河水逆流，徐州地区一片汪洋。老百姓的生命财产受到严重的威胁，朝廷派张大猷前往协助治理。

当时，朝廷负责治水的是尚书吴桂芳，他极力主张改变黄河故道，引水下注。但张大猷经过考证后，认为不可取。他向朝廷上书，提出十点意见，但未被采纳。结果，吴桂芳的治水失败，河水继续泛滥。

张大猷再次来到水患现场，他亲自勘察，制定疏浚办法。那段时间，他每天在工地督促民工筑防疏导，河水终于被疏通。第二年，河水又泛滥，张大猷再次疏通，水患终于得到有效治理。徐州老百姓为了感谢他，建立祠堂奉祀。皇帝知道后，也下诏褒奖。

后来，张大猷调任郑州通判，但仍以河患为忧，再次上奏《治漕河疏》，提出："今日之急，则萧砀丰沛之间，筑堤最紧，疏次之，广大以容其流，会合以专其势，庶几其可也。"

民间传张大猷参加会试也有一段趣闻。说的是张大猷从广东进京参加会试，因路途遥远，他家里穷，拿不出那么多路费。于是，他向村里借了一匹马，日夜赶路。但马太瘦了，跑不快。等他赶到京城时，已经开考了，考官怎么都不让他进去。

张大猷向考官求情，考官心里虽然同情，但无权放人进去，只好问明姓名，向主考请示。主考本想说不行，但转念一想不如出一道难题，让他答不出走人，这样拒绝也委婉一些。于是传令："如果他能够站在马旁边，立即写出三千字文章，就放他进来考试！"

张大猷灵机一动，写了五个大字：一字化三千。主考一看，太有才了。"一字化三千"五个字，而一字化三千，总计有一万五千字。于是同意他进考场。结果，张大猷考上了进士。此传说也有多个相同版本，除主人公不同外，其它情节相同，我们就姑且当作茶余饭后的谈资吧。

传统民俗活动得到恢复

走入李溪,一股新农村的新风扑面而来。据村干部介绍,近年来,李溪凭借紧邻新白云机场的地缘优势,根据实际情况利用土地征地款和自留发展用地大力招商引资或出租管理,村集体经济稳步增长,加快了村级各项生活生产设施的建设,优化了村民生活环境,农民的医疗、学习、就业都有了保障,投资建设了不少文化体育休闲设施,村里先后建立了李溪粤剧社、农家书屋、舞蹈队,村里还有体育公园和两个篮球场。

灯会是李溪村的新年传统活动。李溪村在张氏祠堂至今已经举行过十届灯会,每次灯会活动当晚,现场人头涌动,锣鼓喧天,十分热闹和温馨。近千名村民齐聚祠堂,争相投灯,每一盏明灯均吸引多名村民举手竞投,喊价声此起彼伏,场面火爆。投灯活动既是人们祈福实现新年愿望,更重要的是为村里办善事捐善款。投灯筹得善款全部用于慰问老人、建桥筑路等村的公共事业。李溪的洪拳与传统七星狮很出色,在《花县志·民间体育》都有记载:"清乾隆年间,洪拳传入花县李溪。民国时期,张传琪宗师在番禺、花县(今花都)、从化设20余间武馆,声名显赫。"李溪的粤剧也非常有名,在花都区举办的各种粤剧曲艺大赛、文化欢乐节上,李溪的粤剧粤曲都能榜上有名,最佳创作奖、优秀奖、演出奖等奖项常被收入囊中。

我们在李溪村看到,李溪村张氏的后人们在这里安居乐业,邻里和睦,快乐生活,衷心祝愿李溪的明天会更美好!

> **祠堂文化知识**
>
> **书室书舍:**也称厅堂,是祠堂的衍生物。明代中叶始对民间建祠堂有诸多限制,清初时唯恐民间利用祠堂联乡结党危及朝廷而对祠堂管制更加严厉,于是民间便出现了大量以书室、书斋、书舍、书塾等为名目的祠堂,与祠堂起着相同的作用。
>
> **石雕:**祠堂的台基、墙裙、柱础、岩柱、券门、台阶等凡是易受阳光和风雨侵蚀的建筑部位多采用岩石作装饰,适合南方炎热、多雨、潮湿的天气;匠人在这些石制结构上雕刻花草、树木、鸟兽等吉祥图案及传奇故事,既可装饰美化又有教化意义。

粤北老树南下发枝

——鑑泉潘公祠的前世今生

◎吴术球

鑑泉潘公祠位于花都区花东镇山下村三吉堂自然村。该村在广州新白云国际机场东北角，距花东镇中心两公里左右，面积约4平方公里，下辖15个村民小组，总人口约5000人。山下村历史悠久，人杰地灵。2008年12月，鑑泉潘公祠所在的三吉堂古建筑群被公布为广州市文物保护单位。

山下村鑑泉潘公祠

鑑泉潘公祠和三吉堂客家民宅

鑑泉潘公祠后堂

从白云国际机场物流园区后南下约1.5公里，就会发现一处幽雅僻静的三吉堂。从村门牌坊进入50米后右转，便能径直来到三吉堂古建筑群前。三吉堂自然村的古建筑由鑑泉潘公祠和三吉堂客家民宅两部分构成，整个古建筑群坐北朝南，并列两座，均为客家三堂屋，总面阔56.8米，总进深36.1米，建筑占地2050平方米。主体建筑为悬山顶，碌灰筒瓦，墙体外砌青砖，内砌泥砖（俗称金包银），间隔墙为泥砖砌筑，夯土墙脚，方砖铺地。民宅建筑每座均为面阔七间27.2米（俗称七龙过脊），三进总进深36.1米。沿建筑中轴线位置上设厅堂，下堂前还设有门楼、看墙。厅堂两侧为居住的房间，三进共有6个居住单元，均为三间两廊结构。每座三堂屋有厅堂9间、天井9处、廊12座、房间24个，形成"九厅十八井"格局，规模宏大，户户相通。

三吉堂民宅相传为鑑泉潘所建，其建筑年代比鑑泉潘公祠更早，是研究清代岭南地区客家建筑和风俗文化的珍贵实物资料。鑑泉潘公祠位于三吉堂民宅的西侧，两者以宽2.6米的青云巷相隔，巷头巷尾均设门楼。祠前有半月形池塘环抱，两边建有用于存放物品的衬祠。鑑泉潘公祠建于清光绪十四年（1888），距今已有120多年历史，在本村热心乡亲的捐资下，于1985年进行了重修。

三吉堂村民虽是客家后人，但是其宗祠却是广府风格。该宗祠坐南朝北，广三路，深三进，即三进三开间。总面阔25米，总进深36.2米，建筑占地面积约930平方米。中路建筑人字封火山墙，灰塑博古脊，垂脊嵌陶狮，青砖墙，方砖铺地。头门进深三间共十一架，前廊三步。前廊梁架斗拱、柁墩饰戏曲人物、花鸟、瑞兽，雕工精细。后金柱间悬挂"三吉堂"木横匾，后堂上悬"五代同堂"木横匾，墙上挂有民国二十二年（1933）绘制的潘鑑泉夫妇画像和像赞。左右青云巷门额分别刻有"迎祥路""集福门"字样，并雕有展开的书卷式纹饰。宗祠屋檐封檐板，雕有暗八仙图案，墙头有精美的砖雕、灰塑。宗祠墙壁上的壁画已经模糊不清，但还能依稀看到栩栩如生的人物创作。斗拱和梁架饰以木雕，颜色浅淡，做工考究。屋梁斗拱结构繁而不乱，木材粗壮，横梁稍有裂痕，彰显其年代久远。中间有木质屏风，最上面的木质格子精致典雅。

垂脊陶狮

祠堂匾额"鑑泉潘公祠"五个遒劲大字为王锡鎏所书，据说王锡鎏是邓世昌的朋友。邓世昌甲午海战殉国后，光绪为他题了挽联："今日漫挥天下泪；有公足壮海军威。"王锡鎏也为邓世昌生题诗一首："城上神威炮万斤，枉资倭寇挫吾军。自来天道终归汝，致远深沉第一勋。"鑑泉潘公祠的中堂挂着"三吉堂"的匾额，匾额左下角的红色印章，显示书写者为潘氏仰熊，其为广东新丰县人。据村里的老人家说，这座祠堂新中国成立前后是作为学校使用的，新中国成立时有学生100多人。

鑑泉潘公祠的英雄故事

鑑泉潘公祠不是一座简单的宗祠，它不仅是村民红事、白事的聚集地，也是村民参与议事的重要场所。20世纪40年代初，在广州沦陷的日子里，山下村的村民多次在此开会，商讨与日寇周旋的对策，还曾与附近日寇进行近距离"驳火"，打退过日寇的进攻。这座结合了广府文化和客家文化特色的古建筑群，在日军侵占广州时期演绎过可歌可泣的英雄故事。2003年10月，世代住在三吉堂旁，当时75岁的潘岐平老人说，年少时他曾亲眼看见村民群策群力勇斗日军的场面。据潘岐平回忆，1938年，广州沦陷，花东镇山下村也无可幸免地成为日寇据点。一个晚上，8时许，村民听到距此7公里的太安市场（现新机场候机楼）有人声骚动。村民们以为是土匪来打劫，于是村头带领30多人带上"七九"步枪前往太安市场阻击捍卫。没想到"土匪"装备精良，在漆黑的夜色下，仅10多丈之遥的"土匪"先用机枪扫射村民，再动用迫击炮轰炸，炮声枪声响彻整个村庄。村民只好透过民宅墙体直径5厘米的枪眼，从屋内发枪袭击入侵者，有的还从枪眼中用长刀偷袭，也刺伤不少"土匪"。过了半小时，对面的机枪声越来越弱直至消失，原来"土匪"已全部溜走，村民无人伤亡。打了胜仗的村民回到祠堂，本想好好庆贺一下。谁知在山顶值班的乡长气喘吁吁地跑来告诉村头："那是日本鬼子，不是土匪！"众人吓了一大跳。当晚，村头马上召集村民，全村人在三吉堂祠堂门口召开紧急大会。村头严厉地说："大家要生死与共，15岁以上的男丁全部留下组建保卫队，有难同当，守护家园。"潘岐平打趣地说，那时他未满15岁，无须参加保卫队，一直与母亲坐在祠堂的偏厅待到天亮。到第二天早上八九点钟，一队日军才来到祠堂门口，强迫15岁以上的男女村民100多人集合在祠堂，并赶他们上山做工，天黑之前才把人放回。在那5年多的时间里，每月"鬼子"都会强迫村民把猪、鸡送到祠堂，点数后再运上山，供他们享用，"鬼子"还拉壮丁上山掘地、修战壕、建炮台。那次村民们袭击"鬼子"虽是误打误撞，也没给日军带来太大损失，但好歹还是出了口恶气。现在，每逢红事、白事，山下村村民还是按照老规矩聚集在三吉堂宗祠，或饮酒祝贺，或举杯拜祭。近年来，越来越多的村民搬离宗祠古建筑群，只剩下几名年过半百的老人留守，不少房子已年久失修，岌岌可危。

山下村潘氏的渊源

在当今中华姓氏人口排序中，潘姓是名列第52位的人口大姓，潘姓人徙居广东，大概始于唐代，至宋，徙居广东的潘姓人逐渐增多。据潘氏祖谱记载，今粤北清远地区的潘氏均由今新丰沙田分支而来，均属潘伯澜的裔孙。太祖伯澜公（潘伯澜）是粤北地区潘氏发展史上的关键人物，他生于明正统三年（1438）正月，卒于明弘治十年（1497），系潘氏的第八十八世祖。伯澜公乐善好施，德泽乡邻，百姓敬重，是当地颇具影响的家族。明成化四年（1468）因阻军役和徭役，与县令结仇，为避官祸，乃携眷远离故土，从嘉应（今梅州）兴宁县迁到粤北韶州（今韶关）翁源县南浦镇杨岸坝再创基业。数年后，家业重振，富甲乡里，身边三妻贤惠，膝下五子诚孝。伯澜公乐善好施，仗义疏财，百姓敬之爱之，凡事喜与公讼诉，方圆数里有求公办事者愈来愈众，以致县主无事可办，无法中饱私囊。县主怀恨在心，上疏

三吉堂民居

朝廷，污以事端，计陷伯澜公。时朝廷失察，于明弘治十年（1497）通令传讯伯澜公。伯澜公遂支散家人别处营生，独携长子与官兵相缠，终因寡不敌众，宅寨履为平地，稻谷烧成炭灰，这位刚烈的老人在与官兵搏斗中身负重伤而丧生。时至今日，相隔四百余年，"火烧米"（被火烧过的谷子）依然遍及房前屋后，得运者可见拾。

　　伯澜公生有五子，取名均带有"王"部旁，即玙、玟、玲、瑞、珠。据传，翁源南浦一战之后，长子玙公幸存，后徙江西赣江龙南墩头开基；陈氏太祖婆幸存，后随子二郎玟公、五子珠公携长郎玙公之子千及三郎玲公之子贤往长宁（即今新丰县）沙田镇新岭开基立业，从而开启了潘氏在新丰县境内的发展历史。伯澜公的后裔在新丰县内发展迅速，房支频出，该县有64个村庄均为潘姓人所居，人口众多，民国时期有"潘半县"之称。由于沙田是个典型的山区，山多田少，耕作条件十分艰苦，潘氏族人为了生存发展，便不断地分迁外地。除向新丰县内四处迁徙外，毗邻的今清远市域更成为这个家族的向往之地。故从明代后期开始，这个家族便不断地分迁到江西及粤之南雄、阳山、连州、清远、江门、增城、花县（今花都）、从化等地。至今裔盛嗣昌。山下村三吉堂的潘氏廷林公正是由长宁（今新丰县）新岭下移珠湖开基的。目前，有不少潘姓村民移居巴拿马，在外闯生活，是花都华侨的重要组成部分。俗语说："树大开岔，子大分家。"如伯澜公后裔迁至沙田新岭下、楼下开基创业后，因长宁（新丰县）"山高皇帝远"，地广人稀，土沃人和，适宜生存和发展，加上封建时代容许纳妾，鼓励多子多

福,人口迅速发展,仅500余年,很快向沙田、遥田、梅坑、小正、附城、马头、黄磅等附近60多个村庄分支繁衍。

荣誉市民潘冠华

潘冠华,花东镇山下村人,现为美籍华人,是香港中冠集团公司董事长。该集团拥有15个子公司,长期与美国、日本等国的大型企业从事贸易往来,后来大举进军国内房地产开发领域,斩获甚丰。潘冠华伉俪热衷公益事业,多年来,他们投入广州花都、韶关新丰两地的公益资金逾千万元,广受好评。为造福桑梓,他为"希望工程"屡献巨款,举凡公益事业无不鼎力支持。为重建岭南潘氏荥阳书院,他慨然献出巨资100多万元人民币,并亲自到实地进行考察。岭南潘氏荥阳书院,由潘廷楷1840年在广州市小马站流水井主持创建。该院成立后为弘扬地方历史文化、培养人才等方面做出巨大贡献。20世纪80年代,该书院被拆除,成为居民大楼。为"弘扬民族文化,展示荥阳风采",2006年4月,广东潘氏荥阳书院重建,新址位于美丽的新丰江源头云髻山脚下的新丰县城城西村张坑口,占地面积达2000多平方米。该书院设计美观大方,既有古色古香的品位,又充满现代气息。整个书院规建有两层,设有文化室、博物馆、声乐馆等场所,目前已成为新丰县旅游文化景观的一大亮点。

> **祠堂文化知识**
>
> **石栏杆栏板:**一般由石条制成,雕刻吉祥图案,作用有两种:一是在走廊、楼梯、台阶、桥上等具有很好的防护作用;二是在景区、园林、广场、寺院、别墅等场所起到美化装饰作用。

尚武之乡的今与昔

——象山村元福江公祠的变迁

◎罗祥林

花都区祠堂多建于明清时期。这个时期的岭南建筑,早已经形成浓郁的岭南风格和成熟的建筑艺术,无论是在建筑的设计,还是施工、用料和配饰上,都极其讲究。花东镇象山村元福江公祠正是建于这个时期,是一个比较典型的岭南建筑。

象山村元福江公祠

释名：重建祠堂以先人命名

花都区花东镇象山村因村后象山而得名，元福江公祠就在象山村村委会门口，村民对始建年代表述不一，该祠是江元福的后人买下了两座他姓宗祠重建，并以江元福的名字命名至今。

现存的元福江公祠主建筑三间三进，左侧有一列衬祠，均为镬耳山墙，主祠与衬祠中间有青云巷相连。主祠与衬祠共宽25.53米，纵深41.15米，建筑面积1051平方米。青砖墙，硬山顶，博古灰塑脊，碌灰筒瓦。前进头门前檐两条花岗石柱，左右山墙柱间各有虾公形石横梁，梁上有石狮子，门两边嵌1.7米花岗石，上有石额，刻"元福江公祠"。左右有花岗石镶嵌的包台。梁架斗拱、封檐板木刻花鸟鳌鱼、瑞兽、戏子人物，石雕工艺精美。后檐两石柱，十一架梁。前院天井无廊，花岗石四踏上中进。后院天井两廊为六架梁，花岗石三踏道上后进。中进前檐两石柱，厅四坤柱，后柱木刻对联"玉树发灵根叶阴象山三余茂；笔花延世泽香连湖水一枝芳"。柱间有屏风，中进十七架梁。后进十三架梁，前檐两石柱厅四坤甸柱，嵌木刻对联"氏族溯济阳，记从伯益开基，岳恍钟灵，远接长江分万派；云礽绵粤峤，还喜象山卜宅，堂颜思敬，重新旧址祝千秋"。全祠梁、柱、桁、桷、大门板均为马来西亚运回的坤甸木料，木刻、石雕工艺精致，整体保存完好。

据村里老人回忆，主建筑右侧原本也有一列衬祠，与现有的左侧衬祠规模相等，形成对称，只是在20世纪50年代被拆除了。而更早的时候，在元福江公祠被拆除的衬祠紧邻的右边，还有一座与江氏公祠同等规模的祠堂建筑，也在更早的时候被拆除了。

在当时，元福江公祠前面就是村民居住区，相隔

雕刻精美的柱子

只有一条巷道，祠堂活动因为周围场地的逼窄而受到掣肘。财大气粗的江元福后人当即决定，把现有的祠堂建筑向后移至附近的象山脚下，建筑材料大多用原有的。这样祠堂前有一大片场地，出门开阔；后有附近最高的山体，背有靠山。不论是用风水的眼光，还是从使用功能来说，这个决定都是十分英明的。祠堂后移后，在前面的空场中间，用花岗石建了一座观礼台，中间夹一大柱子，升起"武"旗，为武举人江万清树威。江元福的大儿子江凤翱后来迁到竹湖村，建了仕勤祖小祠堂，里面供奉着一把120斤重的大刀，即武举人江万清用过的。据花东老人说，江万清是竹湖人，也是江元福的后裔。打农会时仕勤祖小祠堂被烧，大刀也无处找寻下落。村里的孩子从接受启蒙教育开始，便进入元福江公祠读书。学习的费用和所聘教书先生的工资，也都是江元福及其后人资助的。进入民国时期，村里读书的孩子统一着军装上学，服装也由祠堂提供。后来由于孩子多起来，观礼台挡住了学生早操，才将其拆掉。

溯源：后来者反客为主

花东镇江姓有两条大村，象山村、利农村占了花东江姓的绝大部分。象山村现在居住的村民主要是江、王二姓。据说很多年以前，村里并没有姓江和姓王的，原本居住姚、劳两姓村民。当时从江村搬来两户人家居住，一户姓江的，靠卖瓦缸为业；随即又搬来一位姓王的，以撑船为生。江氏太祖公名江一龙，一龙公也是花山洛场的江姓始祖，花县东隅江姓基本上是一龙公后裔，已过万人。有传说，一龙公其父本姓何，不知当时何故犯下死罪，逃到此处河边，没船渡河，官兵追来查问其名姓，其父情急之中以手指河，官兵便问"是否姓江？"其父连声"嗯嗯"称是，后来便改何姓为江姓。不久，撑船的王姓人家又迁到高溪那边居住。江一龙兄弟四人，取名一龙、一凤、一虎、一豹。一凤去了元岗村，大跃进时期，一批河源江姓舞狮的人到花山舞狮，一打听得知，他们是从附近的珠湖村迁到河源的，是一凤的后人，与象山江氏同族同宗。在花东乡间的民俗里，旧时清明节都有分猪肉的习俗，但高溪的王姓村民，焚香祈福时，都保留了把香插入分到的猪肉里的习惯，以香喻为撑船的篙，取纪念先人靠撑船苦力兴家立业之意。

姚、劳两姓村民以姓氏区分，在村里毗邻盖起了各自的宗祠，姚祠居左，劳祠居右。在面积上，现在保留下来的元福江公祠，仅占当时姚、劳两座宗祠的三分之一。但是，江氏以同姓部落聚在一起，人丁兴盛起来，而姚、劳两姓村民人丁日稀，经济生活也江河日下。再以后，江、王二姓逐渐繁荣起来，势力日壮。而姚、劳两姓村民加速从这个村里消失了。这是当时的农业社会人口和经济社会发展演变的结果。

人物：民国政要江天铎

在中国近代史上，象山村出了一位民国政要，他就是江天铎。《花都文史》上记载：江天铎（1880～1940）民国政要、藏书家。字竞庵，一字靳盦，现广州市花都区花东镇象山村人。早年就读于日本早稻田大学，回国后主要从事行政及法律工作，历任民政部则例局纂修、京师高等警察学堂教习等。1912年后，任国会众议院议员兼徐世昌总统的法律顾问，1917年后先后任农商部次长、水利局总裁、扬子江水道讨论委员会副委员长、北京民国大学校长、内务部次长等，1927年被免职；后在上海从事律师行业，业余研习书法。1940年曾出任华北学院院长，同年逝世。

在抗战期间，日伪政权曾多次邀江天铎出任司法部长，他不为所动。生平曾获国民政府褒奖，所授一等大授嘉禾章，一等大授宝元嘉禾章，一等文虎章，瑞典皇室缯予二等太极章。

江天铎工于书法和诗文，收藏古籍和书画颇为知名，收藏书籍以集部为多。每收藏到佳本，则致书给藏书家伦明，以相炫耀。如曾收藏到元末明初张羽《张来仪集》，称其为元文第一；明储巏《储柴墟集》二集，储巏为明文学家唐顺之熟师，为文有法度。藏书家伦明记其"竞公中岁研书法，余事论文语语精。近得张储二家集，为言风格压元明"。其书法劲绝，自成一派。

江天铎的诗文和联对也非常出色，他生平作了不少有名的联对广为流传。如民国六年八月十八日，江天铎为云南起

江天铎像

义烈士追悼大会挽川中殉难诸人联：

落凤坡高，士元到此真无命；

筹边楼在，德裕而今尚有名。

还有，江天铎挽联悼蔡节母杨太君：

正命可前知，苦节卅年皈净土；

春晖争欲报，行窝几处失慈云。

淡出：现代人生活方式的选择

新中国成立后，为募集修缮管理经费，村里在村民聚集的中心区域成立了江氏宗祠善款募集处，有专人驻守。

近年来，外省各处江氏后人陆续有人前来清理江氏宗族族谱，交流族谱编写经验，也都是由募集处联络接洽。每回有人来，村民都会将交流的资料和活动照片张贴出来，这里俨然成了各地江氏宗族的活动站。募集处位于村子中心市场，是村里最热闹的地方，离元福江宗祠约一里路。如今募集处依然还在，但只剩下一间屋子，进门一堵墙将小屋隔成里外两部分，外面部分仅够放张条桌，墙上张贴着全国各处江氏后人宗族活动的启事；里面是募集处一个看守老人的卧室。这里平时只是偶尔有两桌老人在门槛下打

壁画《红旗捷报图》

会麻将,但也是本村人闲聊的热闹场所。村里人捐给祠堂的钱,村委会有专门的财务账簿记录着收支情况,开支的主要部分用于修缮祠堂。经济社也曾组织60岁以上老人吃庆寿饭。从近5年的收支记录看,元福江公祠收到的捐款,只开支了少量购置对联、炮仗、石灰和请人打扫卫生的费用,这也是祠堂正在退出人们生活的一个明证。

但老人吃庆寿饭和拜山祭祖的习俗一直被传承下来。2014年开始,象山村举办了第一届老人节,组织全村60岁以上老人吃庆寿饭,随后在2015年如期举办了第二届老人节。以往,老人吃庆寿饭是在重阳节,现在常常是按经济社来进行,有时是在春节前。2012年起,第15经济社江少游出资,请全社60岁以上老人吃饭。这成了一种最常见的模式,某社某人家中当年有喜事或者家兴业旺,便请老年的尊长吃饭,是很有脸面和喜庆的事。

拜山是在每年的清明进行。村里满20岁以上的成年男子,会轮流做头,来负责拜山的组织工作。那一天到来,满山都是人。空地上会支起几个大锅,煮好全村人的饭,不限饭量放开吃。有头人负责将煮好的猪肉、切菜和甘蔗段分到每个人的碗里,既为供品,也可食用。本地人称甘蔗段为"蔗咕碌",将甘蔗砍成小段,每段留有节(称之为眼)希望日子过得甜美,也希望甘蔗有眼,长出新枝,暗喻发人丁。拜山有固定的仪式,祭食物,念祭词,放鞭炮,集体拜祭江氏先人的墓碑。因为后来征地,村里人把墓碑迁到象山公园的一条坡路边。

现在去祭拜的人越来越少了,昔日那种满山是人的场景再也看不到了。祠堂祭祀和旧式的拜山活动逐渐淡出了象山村现代人的生活。

> **祠堂文化知识**
>
> **石敢当:** 又称泰山石敢当,旧时宅院外或街衢巷口建筑的小石碑,因碑上所刻字而故名,此风俗始盛于唐代,用意从最初的压不祥、辟邪发展到祛风、防水、辟邪、止煞、消灾等多方面。
>
> **三间两廊:** 典型的岭南传统民居建筑形制,主体建筑三开间,前带两廊和天井。其三间中为厅堂,两侧为房。两廊开门通外,屋面比主屋低,既利去水又有后来居上含义。屋顶内侧坡的雨水从四面流入天井,称为"四水归堂",正前方的"照壁"能挡住主屋财气不住外泄,构成一个既通风又开合自如的三合院。

杨柳岸边安新家
——杨荷高氏祠堂及其鲜为人知的故事

◎ 高金潮

杨荷高氏大宗祠坐落在花东镇杨二村，新中国成立前杨二村叫杨村，它旁边有一个自然村叫荷田村（现杨三村），新中国成立后两村合并，由杨村和荷田两个村名中各取

杨荷村高氏大宗祠

志清高公祠

一个字,故称杨荷。1978年前杨荷大队属花东,1979年归新成立的北兴人民公社管辖,随之又分为三个大队。1986年,随着政府体制的不断改革,由公社改为镇,村级体制由大队改为村民委员会,杨荷三个行政级大队改为杨一、杨二和杨三村民委员会。2005年,北兴、花侨、花东三镇合并为花东镇,杨一、杨二、杨三三个村民委员会保持不变至今。三个村委会同属杨荷,户籍人口约11000人,约有2000户,35个经济社(村民小组),地域范围约20平方公里。居民同属杨荷高姓祖先念七公的后裔。

念七公与高氏大宗祠

　　杨荷高氏始祖念七公,字号维贤。父亲师孔公生育有八个儿女(五男三女),念七公在家排行第七,名字由此而得。宋末元初,念七公由盐步西边窑(今佛山市南海区)迁徙于杨荷(杨村)开(祖)基创业。

　　念七公高维贤为何从南海迁徙到杨荷?据族谱记载,迄今七百余年前的宋末元初,有一年,念七公独生儿子少四公在南海西边窑与朝廷一官员发生争执,并以旗杆击落其门牙,事后为避朝廷派人捉拿,父子俩一合计,决定出逃他乡。念七公携夫人尹氏及儿子连夜出逃,沿流溪河岸边一路北上,来到一个名叫番禺上化乡慕德里司的地方避难,这个地方就是当年的杨村,现在的杨荷。那时,这一带都隶属番禺管辖,当时这里已有曾姓、钟姓、汤姓族人居住。

后来南海西边窑的兄弟将部分田地变卖，拿钱去与官员调停后，使少四公免于责罚。西边窑的兄弟们为找到念七公一家到处寻访，才得知念七公一家三口在番禺上化乡慕德里司居住。兄弟们来到这里后，刚好念七公外出未归，于是他们告知念七公的妻子尹氏夫人，朝廷追捕念七公父子之事已经平息，全家人可以回老家居住了。尹氏夫人对来寻的兄弟们说，我们一家来到这里，和曾姓、钟姓、汤姓的邻居都相处得很好，很融洽，经过开荒种地，现已有田地上三坵和下三坵，这里的土地很肥沃，种出的庄稼非常好。此外，还有条流溪河，鱼虾蟹十分丰富，所以我们一家决定不回故乡了，就在此开基创业，你们回去转告各位兄弟吧。

就这样，念七公成了高氏在杨荷的始祖了，因当时流溪河边、鱼塘边到处都生长很多杨柳树，故此念七公将此地起名叫"杨村"。

杨荷高氏大宗祠建于明末崇祯年间，迄今380多年，经历风雨沧桑，进行了三次重修。

宗祠坐北向南，三间三进，右路带一路建筑，以1.25米青云巷相隔，总面阔24.65米，总进深50.15米，建筑占地1236.2平方米，主体建筑为镬耳封火山墙，灰塑博古脊，碌灰筒瓦，青砖墙，祠堂前面有半月形风水鱼塘，右前面有古榕树一棵，大门前为宗祠的小广场。

头门面阔三间13.9米，进深两间8.8米，共十一架。前后各两根红砂岩石檐柱，四根坤甸木金柱，坤甸木梁架木雕工艺精巧。前廊梁架斗拱和封檐板木雕，花鸟、鳌鱼、瑞兽、戏曲人物，头门次间虾公梁上设石狮，异形斗拱。紧靠分心墙前立两根坤甸柱，柱间设石门额阴刻"高氏大宗祠"，主大门，洋什木结构，前门廊地面和步级均铺设花岗石。头门屋脊顶有精美灰雕、灰塑各种图案，双龙戏珠、鳌鱼等古色古香，凸显了岭南建筑文化的一大特色。

中堂面阔三间13.9米，进深三间10.9米，共十七架，前设四架轩廊。坤甸木金柱，设有木屏门，上悬"诒燕堂"木匾，金柱面横梁刻有"咸丰岁次辛酉年仲冬吉旦重修"。天井以花岗岩条石铺地，木金柱悬挂有木刻对联"杨荫绵长尚孝崇贤祖德光百代；荷香久远经文纬武孙谋裕千秋"，旁边小字"杨荷村高氏大宗祠重修落成志庆"，落款单位为"南海西樵联新鹅湖高永思堂裔孙敬贺"。东西墙上悬挂有木刻对联"杨地悬世泽复重修喜见古祠恢旧貌；荷盘裔子孙常继往欣看文物展新颜"，旁边小字"杨荷高氏大宗

高氏大宗祠内景

祠重修落成志庆"，落款"南海大沥区高边村众裔孙敬贺"。

在西面墙悬挂另有三副小对联，用木制板刻字，第一副对联"维贤公前三元及第重重现；贻燕堂后九子登科叠叠传"，旁书小字"高太祖维贤公祖祠重修落成志庆"，落款"清邑螺溪贵一二祖世代子宝志生祖后裔重立"；第二副对联"维贤公下三元及第源流远；贻燕堂上九子登科奕业长"，旁书小字"维贤祖祠重光志庆"，落款"清邑大隆村子孙敬献"；第三副对联"乔木发千枝岂非一本；长江分万脉总是同源"，旁书小字"高氏大宗祠重修竣工志庆"，落款"佛冈县龙山良甘村广全裔孙敬拜，汝荣手书，庚辰冬"。另设后堂前带两廊，七架人字顶，各两根六角形石檐柱。二廊墙均设门分别通中后堂，右廊墙上嵌有三块碑记，分别为明崇祯四年（1631）《番禺县杨村士民颂德碑》《禁谕碑》，以及清康熙二十六年（1687）《奉上批碑》。

后堂面阔三间13.9米，进深三间10.3米，共十七架坤甸木金柱，木雕工艺精致。中房设有木制雕刻双龙戏珠神楼，神楼均放置有九代祖先灵位，神楼前设有供奉放祭品的拜台和三个香炉供上香之用，堂内两金柱横梁悬挂一木刻牌匾"佑启后人"四个金灿灿大字。牌匾上角刻有小字"杨荷高氏大宗祠重修落成志庆"，右边落款"南海大沥高边村裔孙贺"。后堂前天井摆放一个花岗石香炉，地面铺设花岗岩石板，后堂屋脊顶分别有灰塑灰雕及花鸟鳌鱼动物栩栩如生。其次主体三进间大堂及头门墙行架下墙上画有精美的壁画，分别以山水、花鸟人物为内容等。

右路建筑为衬祠，三间四进，衬祠头门一间九檩，前为正门，宿入门头，入门左右为储物间，再入两廊左右为厨间，头门顶墙上有灰雕画。第二进为仪门拱门青砖墙，上有灰雕画；第三进中堂，进深三间共十七檩，前面为天井，第四进为后堂，进深三间共十五架。前带两廊，面阔三间，卷棚顶。祠祠建筑面积约423平方米。第一次重修是在咸丰岁次辛酉年仲冬，因墙体及结构风化。2000年12月，因宗祠的上盖桁木条被白蚁腐蚀，瓦面破烂不堪，并有坍塌的危险，应村民要求，进行了第二次修缮。当时主持修葺的人是杨二村的支部书记高镇坪，耗资40万元左右，所需资金由高姓宗亲兄弟和一些社会热心人士捐资，最终将宗祠重修完成。

2009年，祠堂开始了第三次重修。这次大重修是因为上盖瓦面和屋脊墙体都出现变形，屋脊顶的灰雕灰塑都已经退化，墙体多处开裂并有倒塌的危险，多处瓦面桁架斗拱变形，头门堂、中堂和后堂的坤甸金柱都有不同程度的歪斜，村民们强烈要求维修。重修前，村民成立了一个理事小组，由三条村的人员组成，专门负责宗祠的各项重修工作。大家经过商议，决定举杨荷全体宗亲兄弟之力，通过自愿捐资和海外宗亲侨胞、社会上的热心人士捐助，对杨荷高氏大宗祠进行大修葺。这次重修规模巨大：墙体歪斜的部分拆除重砌，砌好后重新打磨抛光；地面上原来用青砖铺的地面大部分都已经退化，粉砖石条也退化，造成地面凹凸不平，因而重新铺设了现代的花岗石条，使得地面平整而又坚实，难以风化；整座祠堂的上盖桁木条角板瓦片都全部拆卸下来清洗，角板重新涂上油漆，换上新的木料，将金字架的斗拱木梁重新摆设；屋脊上的灰雕灰塑和墙体上的壁画都重新描绘和重雕。重修后祠堂的内外格局焕然一新，凸显了修古复古的风貌。这次重修历时一年多时间，耗资130多万元。

祠堂修复后成为杨荷的历史建筑地标和风景线之一。每逢春节、中秋、清明节时期，有很多村民都自觉到祠堂里供奉祖先，同时经常有省内外的高姓宗亲和其他姓氏族人前来本宗祠进行参观、调研，一起研究古代建筑文化，为大家交流学习提供了一个很好的平台。2008年，该宗祠被花都区文广新局确定为花都区文物保护登记单位。

志清公与志清高公祠

志清高公祠位于花东镇杨三村，杨三村在新中国成立前叫荷田村（自然村），和杨一村、杨二村的高姓居民一样，其同属杨荷高姓始祖念七公的后裔。杨三村户籍居民人口约3450人，655户，14个经济社，地域范围约5平方公里。

据荷田高氏族谱记载，志清公明朝时期在清远佛冈河田居住，后随父帝养公从清远官路唇河田村（今为佛冈县龙山镇河田村）迁回杨村居住。志清公在清远居住

庑廊壁画《国色天香》

时感觉不太好，认为此非久居之地。与父商议返回老家。并将积蓄钱银藏于竹筒内，迁回杨村居住后，拿出钱银在新龙地西边圳购置十二石田地，开垦种植庄稼并居住下来。感觉此处环境优越，田土肥沃，有小溪河流，此乃风水宝地，志清公便将此地起名"新龙村"。但后来因众兄弟相劝，说这个名字不妥，志清公只好作罢。他看到此处田土肥沃，村前鱼塘像莲藕分布形状，塘中也有莲藕生长，于是将村名改为"荷田"，与曾经居住过的清远河田同音不同字，寓意又可以怀念远处清远河田的兄弟。志清高公的后裔从杨荷始祖念七公论排辈分，发展到现时大约30代，人口有3400多人。

志清高公祠建于清代光绪三年（1877），迄今约150年历史，坐北朝南，主体建筑占地933.46平方米，三间三进，左路建筑为衬祠，镬耳封火山墙，灰塑博古脊，碌灰筒瓦，青砖墙，前面有风水塘，右边鱼塘基有三棵木棉树，横边一棵小木棉树，并有松盘巷，柏荫巷，整体结构为砖木瓦结构，头门面阔三间14.2米，进深8.5米，共十一架，前廊梁架斗拱和土檐板木雕花鸟、鳌鱼、戏曲人物。次间虾公梁上设有石狮异形斗拱，墙楣壁画有《功名富贵》《群星会》《宴会瑶池》《山水花鸟》等，画工精美。石门额阴刻"志清高公祠"，石门墩浮雕狮子、麒麟、蝙蝠衔钱、鹿衔灵芝等图案，工艺精美，两次间砌花岗岩石包台（塾台）。

主门左右有木雕对联一副，为本村高海华撰联："天地有情成城众志春不老；古今

无尽江河永清水长流。"

中堂（孰伦堂）面阔三间14.2米，进深三间10.8米，共十三架，坤甸木金柱四条，后两条上有横梁下设有木屏门，中堂前带左右两廊，各面阔三间，花岗岩石柱，六架卷棚顶，前中间有天井，天井地面铺设花岗石条。

后堂面阔三间14.2米，进深三间10.3米，共十三架，坤甸木金柱四条，中间房设有双龙戏珠木雕神楼，神楼均放置有三代祖先灵位，第九世帝养公，第十世志清公、税清公、俊清公、德清公和第十一世观成公、二成公、三成公、四成公牌位座列在上。神楼前设有供奉放祭品的拜台和三个香炉供上香用。堂前左右为通廊，廊间通中堂砖拱为日字门，通后堂为月字门，实为"日月同辉"之象征，整座主体建筑四个月亮砖拱门，四个砖拱日字门。堂前为天井，天井中有香炉，地面铺设花岗石条。主体左面为松盘巷和衬祠分隔，右边为柏荫巷。柏荫巷的左右据长者所述，在民国期间是该祠堂的右衬祠，后来白蚁侵蚀而坍塌，坍塌后无继续重建，到了新中国成立后"大跃进人民公社"时期，被集体改建为其他用房，后来由本村二社所用直至现在，为二社公用场地。

衬祠在主体建筑的左面，松盘巷的东面，面阔8.5米，头门为凹入，左右为储物房，进深三间8.35米；第二进深为天井及厨房设置房，进深7.8米，其中有两条石柱，整个衬祠为青砖墙，镬耳封火山墙，灰塑博古脊，碌灰筒瓦，头门墙有精美的人物和花鸟画，衬祠整体建筑面积141平方米，地面铺设瓷砖，天井地铺花岗石条。

志清高公祠在"文化大革命"时期曾遭到破坏，在后堂前天井当时曾用钢筋混凝土捣制覆盖，整间祠堂作为广州市第二运输公司的轮胎仓库。1978年，市二运输公司的轮胎仓库撤出；1979年，杨荷大队分为三个大队，即杨一、杨二、杨三三个大队。当时分大队后，志清高公祠作为大队部。几年后，杨三大队在另一处建了新大队部，祠堂改为村办企业的工厂，办了几年后又停了下来，之后一直空置。2007年，应广大村民的提议，由杨三村委干部牵头，将志清高公祠重新修葺。由高灼强、高鉴尧、高浩常、高玉祥等人组成的理事小组，负责全面工作，工期为一年多时间，耗资80万元左右。所需重修资金由村民、社会热心人士、香港同胞和宗亲们捐资赞助。

目前，志清高公祠已经恢复原貌，达到了修古复古的要求。每逢春节、中秋、清明时期，村民都自觉地到祠堂里供奉祖先，同时该祠堂还是村里的醒狮练习场地和老人娱乐休闲中心。2008年，宗祠被花都区文广新局确定为花都区文物保护登记单位。

高氏大宗祠和志清高公祠都蕴含着丰富的岭南建筑文化元素，是研究元、明、清时期岭南建筑和民间工艺的珍贵实物，前者祠内的"三块碑记"是研究当地历史和花县建制的重要文字资料；后者据说在祠堂初建时后堂右通廊里立有《荷田村士民颂德碑》和《禁谕碑》石牌，如果还能保留下来的话，那更是弥足珍贵。

祠堂文化知识

四灵：古代传说中四大神兽，分别为青龙、白虎、朱雀、玄武，合称"四象"，分别守卫着东、西、南、北四方，有祛邪、避灾、祈福等作用。

塾台：也叫包台，一般位于祠堂前廊两侧。塾台在官府建筑中起礼仪的作用，在民间祠堂中是里长办公的地方，里长在此为村民写公文，左边台称私，右边台为塾，合称私塾。

石鼓：祠堂头门入口形似圆鼓的两块人工雕琢的石质构件，由抱枕石延伸而来，下部雕为须弥座，中间为鼓形，饰以花纹浮雕，上部透雕狮子，这是常见的样式，无功名者门前不可立。

炭步镇

一张岭南古建筑的名片

——记塱头村黄氏三祠堂

◎罗祥林　黄月华

花都区炭步镇塱头村是花都西隅最为突出的古村落,历经悠悠650多年历史文化的积聚和沉淀,被誉为"花都祠堂建筑组合第一村"。近年来,该村更被广东省文联、广东省民协认定为全省首批27个古村落之一。之后又被评为"中国历史文化名村""中国传统村落"。村里的古建筑坐北朝南,布局合理,排列整齐,规模宏大,总建筑占地6万多平方米。其中有200多座具有明清时期典型岭南建筑风貌的青砖古民居,30多座庄严肃穆

塱头村黄氏祖祠、云涯公祠、乡贤栎坡公祠

的古祠堂、古书室，20多条整齐有序的青石板古巷，那一面面彰显岁月沧桑，但依然坚实的青砖古墙，让人有一种恍如隔世的错觉。在这条远离烦嚣与浮躁的宁静古乡村，黄氏宗祠众多。让我们以富于代表性的黄氏祖祠、乡贤栎坡公祠、友兰公祠为例，去探寻塱头村人几百年生息的现场，还原他们生活的原态。

当你走进这三座祠堂，你就会发现有一种说不清的东西深深地吸引着你，震撼着你……

黄氏祖祠：七十多年办学不寻常

黄氏祖祠位于塱西社，相传是由先人黄宗善（即乐轩公）为纪念立村人黄仕明而亲手创建的，曾于清朝同治十年（1871）由塱东、塱中、塱西三社共同出资重建。重建后的黄氏祖祠坐北朝南，三间三进，总面阔13.5米，总进深48.7米，建筑占地682平方米。人字封火山墙，灰塑博古脊，碌灰筒瓦，青砖墙，红泥阶砖铺地。现祠堂内供奉着黄氏十一世祖黄宗善（1349～1404）的灵位。当年凡是刚成亲的新婚夫妇必须先到黄氏祖祠拜祭先人，在所有村民的心目中，祖祠的地位是至高无上的。

塱头村自古以来就有尊师重教的优良传统，为了使村中众多的适龄儿童能就近入学，大约在民国二十年（1931），村中毕业于法政大学的有为青年黄应新积极发起筹建塱头小学的倡议。在村民的支持下，黄应新决定将黄氏祖祠作为塱头小学的校址，在保留原有建筑的前提下，加建了一些课室、校舍，总占地面积1400多平方米。当时村中学历最高、知识最渊博的黄应新被推选为塱头小学的第一任校长。具有一定教学规模的塱头小学除了大大方便村中所有适龄儿童入学外，还有当时炭步镇的新太村、黄村、黄泥塘村的小孩都集中到这里上学，有教职员工十几人，学生有三四百人。每名学生每月交两斤米作为学费，每月则给以老师一定数量的稻谷作为教学的报酬。民国三十年（1941）前后，塱头小学的第二任、第三任、第四任校长分别由塱中社的黄孔博、黄宝山、黄守德担任。新中国成立前夕，时任巴江联防大队队长的黄应新又再兼任塱头小学校长。1949年10月新中国成立之后，塱头小学被政府接管，成为一间公立小学，校长是张远汉。

新中国成立后新太村、黄村及黄泥塘村都纷纷在自己村里办起了小学,塱头小学便再没有外村的学生就读,在此读书的全是本村的适龄儿童,学生人数有300多人,人数最多的时候有500多人。新中国成立后到20世纪80年代初期,学生读书的费用也很低,每学期只需要四块钱左右。因此一个家庭即使有两三个小孩读书,负担也不至于很重。由祠堂改建而成的塱头小学环境清幽,校内那三棵树龄在百年以上、高大挺拔的山稔树最为壮观,学生们最喜欢围坐在阴凉的大树底下读书和休闲。

计划生育政策实施后,村中入学的适龄儿童逐年减少,加上学校本来就是由古祠堂改建而成,后来又一直没有再投入更多的资金对学校进行修整、扩建,因教学场地不够理想,办学设施落后,越来越不符合新时期的办学要求。2005年9月,根据教育部门的要求,塱头小学并入炭步镇中心小学。

历经七十多年的办学历程,如今的黄氏祖祠就像一位饱经沧桑的长者,显得沉默和苍凉。虽然大门紧闭,再也听不到孩童琅琅的读书声和欢笑声,但这并不能抹杀它桃李满天下的辉煌过去。从这里毕业出去的学生如今遍布海内外,在各行各业都做出了自己的贡献。提起黄氏祖祠,他们都充满着深深的崇敬、感恩和怀念之情。

塱头古村为首批广东省古村落、中国历史文化名村、中国传统村落、国家"AAA"景区

乡贤栎坡公祠：耕读文化长盛不衰

乡贤栎坡公祠列于塱头村黄氏祖祠、云涯公祠、渔隐公祠、景徽公祠、留耕公祠等明清两代众多的古祠之中。元朝后期即有黄氏在这里建村。明代塱头村就有一批读书人中乡进士（即举人），在朝廷为官。塱头村读书出仕最为辉煌的，当属乡贤栎坡公祠所奉之主——黄皞。

乡贤栎坡公祠始建年代不详，清光绪元年（1875）重建，坐北朝南，三间两进，总面阔12.5米，总进深24.3米，建筑占地317平方米。人字山墙，碌灰筒瓦，青砖墙，红泥阶砖铺地。当时，始建选址往往注重风水，因此朝向常常不是正南正北，而是经风水师勘定的特殊角度。布局基地方正，负阴抱阳，符合风水观念中宅、村、城镇择址的基本原则和格局。祠堂门前是小广场，可供族人聚会，举行各种庆典，开敞的平地也烘托了祠堂的雄伟气势。祠堂入口为门廊式布局，大门两边常布置须弥座塾台，往日每有祭庆，即有乐师于此奏乐。进大门后，是增强私密性的屏门，也称"中门"或"挡中"，构成门厅，是传统广府祠堂常见的布局形式和设计手法。门厅后是天井。天井地坪标高略低，麻石条铺砌，设排水明沟。天井左右为侧厢或檐廊，四边的坡屋顶形成"四水归一"之势。天井后的中进是整座建筑主体的议事厅，这是全祠堂最大的单体建筑，满足族人聚会议事之功用，后间设屏风，以阻隔由议事厅向三进祠堂的视线。中进过后隔着狭窄的后院，供奉的是长房各代祖先。整体上看，乡贤栎坡公祠的平面布局和空间组织对外封闭，对内开敞，采用严谨的中轴对称布局，以寓含自明代以来倡导的伦理和礼制秩序，结合天井组织院落和建筑，跌宕起伏，井然有序，构成有机的整体。

黄皞生于明代正统五年（1440），明成化乙酉年（1465）举人，官至三品，任过云南左参政、江西布政使。他是村里的第一高官。其一生浮沉曲折，极富传奇。他为官时，正值宦官刘瑾司掌礼监。刘瑾四处活动，引进私党，镇压异己。正德年间，黄皞任云南左参政，遇上天灾，民不聊生，他请旨开仓赈灾，但奏章被刘瑾压下不报。黄皞不顾个人得失，毅然开仓放粮。刘瑾借机陷害，说他有违皇命，乘机贪污，黄皞被迫辞官回乡。后刘瑾事败被斩于午门，黄皞乃得到平反，得官云南左参政。世人皆称之为"铁汉公"。

辞官期间，黄皞出资为村里修建了一座石拱桥，并手书"青云"二字，刻嵌于桥侧,使河涌众多的塱头村有了大路出村。此桥历经500多年,两次重修,今日依然横亘于村头。黄皞在家严教七个儿子,有四个考中举人,一个考中明通进士,"七子五登科"的美誉流传至今。其子黄学裘中正德丙子科庚辰明通进士,任福建龙溪县学博,崇祀名宦祠。第五子黄学准高中举人,政绩突出,与父黄皞并称为"父子两乡贤"。黄皞告老回乡时,皇帝赐他一只金色木鹅,准他回乡顺巴江漂鹅三天,所经之地,两岸三里以内田地尽归其所有。

据说黄皞奉旨放鹅当天,地方官前来监放,负责记录流经地域。木鹅由巴江河的瓦窑墩入水,顺潮而上流经赤坭,到白坭后,正值河水由潮而汐,水面静止不动,木鹅也不再漂流。负责观察记录的地方官便到白坭墟吃饭休息。恰巧有个牧童见水中有只金色的木鹅,觉得十分新鲜好玩,便将它抱回放置缠岗村村前水塘里,让村里人观赏。木鹅失踪三天后,地方官才在缠岗村村前水塘里找到。此后几百年间,缠岗村村前水塘归塱头所有,耕塘者年年要向塱头村交租。后人评议,牧童的好奇心虽然致使一村倒霉失地,却挽救了沿江村民,避免了更大损失。当天江水急退,不是牧童将木鹅抱走,只怕木鹅漂入珠江流入南海,黄氏后人所占之地就更多了。木鹅后来供奉在黄氏祖祠内,1951年土改时,上缴给了广东省土地改革委员会。

从第十四世祖黄皞开始,塱头村的科名进入兴盛时期。黄皞父子通过读书考中举人,给本村后来子弟带来了极大鼓舞。由于村里读书的人多起来,加上塱头人勤劳致富,财力不薄,黄氏各房便兴起了办学的风气,书室书院一间间建造起来。村里建有20多座书院书室,在当时来说,这些书院、书室不仅宽大豪华,而且名称考究,语出典籍。

乡贤栎坡公祠

黄皞父子"七子五登科"的盛事之后,黄氏后人耕读文化长盛不衰。农业时代普世的人格理想,就是"穷则独善其身,达则兼济天下"。黄皞子侄后辈通过耕读、赶考、求仕,依靠取功名来实现"齐家"和"济天下"的人生理想。塱头人世代居此耕读生息,村里流传着一些读书人的精彩故事,最生动的要数黄皞父子"七子五登科""铁汉公亲题青云桥",之后还有"鹏早对诗识贤妻""黄泰永风雨遇红颜"等故事。这些故事中的主人公,不论是有大学问的状元,还是只读过3年私塾的放鸭仔,只因从小爱读书,人生便与众不同,获得各种机遇、奇遇乃至艳遇。这些读书人的故事,进一步激励后人以读书为荣,矢志科考,塱头村600年来人才辈出。

塱头村镬耳屋

20世纪90年代前,正是中国人口增长的高峰期。塱头村人口在这个时候增长了一倍。村里开始有人在紧邻古村的东面、北面,盖了砖混结构的楼房,陆续举家从古村旧房子里迁了出来。古村里的巷道,只偶尔回去走走,很多地方荒草没膝,或者一户整个院落里,杂草长得都没有站脚的空地方了。年轻人很少再走那些青石铺地的巷道了,也少去村里的祠堂。乡贤栎坡公祠只是大家心底一个承载过去岁月光荣与梦想的地方。对90后的年轻人来说,他们的生活与黄家世代先祖迥然不同,他们的人生,不再到祠堂读书、不再参加童试乡试、进京求仕,也不再养鱼放鹅、栽果种稻,绝大多数离开村子,走进城市。但这并不影响在许多岭南农村的旧风俗被传承下来,村里人照旧祭祀、做寿,春节、元宵节期间的投灯、舞狮这些民间传统活动,照样搞得火热。这些活动让当地祭祀和敬老摆酒席少不得的"塱头鱼酱、南乳焖猪肉、豉汁炆牛仔肉"三道名菜在村里流传几百年后,至今犹存。

乡贤栎坡公祠重修开光庆盛会

友兰公祠：鲜为人知的重修故事

友兰公祠供奉着塱头村十五世祖黄学基（1468～1529），号友兰，他是乡贤黄皞的长子。2002年9月，广州市人民政府把友兰公祠公布为文物保护单位。

友兰公祠坐北朝南，三间两进，总面阔12.2米，总进深39.4米，建筑面积502平方米，人字封火山墙，灰塑博古脊，碌灰筒瓦，青砖墙，花岗岩石脚，红泥阶砖铺地。门前地坪宽阔，有一口半月形的水塘。头门面阔三间12.2米，进深两间5.4米共9架，前廊双步，前后各有两根石檐柱，正脊以群狮灰塑图案作装饰，封檐板木刻成绸带状，混边纹饰繁复，精雕细琢，题材广泛，主要有梅竹雀鸟、宝鸭穿莲、鱼蟹丰收、蝶恋花、雀鹿图、兰花、葡萄等精美的图案，图案之间还有多种形式的诗句，其中有唐代诗人王之涣的《登鹳雀楼》、李白的《早发白帝城》、刘禹锡的《陋室铭》等诗人的名句，引人入胜。

前廊梁架为月梁做法，有如意纹饰柁墩承托斗拱。后檐柱为八角形的鸭屎石柱。挑头为青石人物雕刻，左右分别雕琢了"衣锦还乡""观音送子"等吉祥如意的图案。次间有虾公梁、石狮子、异形斗拱、雀替等精美石雕工艺。大门嵌宽1.9米的花岗岩门夹，石门额阳刻"友兰公祠"四个苍劲有力的大字，上款阳刻"嘉庆六年辛酉（1801）"，下款刻"孟冬吉旦重修"字样。设有中门，门面嵌了高1.2米的花岗岩石脚，红砂岩台基，有6级的花岗岩石级。第二进建有接旨亭，接旨亭建于祠堂之中，花都仅见，据说是皇帝封黄皞、黄学准为两乡贤，圣旨送达此地，后人故建接旨亭以纪念。接旨亭面阔一间3.9米，进深一间3.7米共九架。4根石金柱承重，歇山顶，花岗岩条石铺地。亭内悬挂"芳徽克绍"木牌匾。后堂面阔三间12.2米，进深三间8.2米共13架，前设4架轩廊。4根硬木金柱承重，柱础为鸭屎石质。后金柱间悬挂着"绍贤堂"木横匾，上款刻有"民国十六年岁次丁卯季冬吉日重修"，下款刻有"二十七传孙士芳书"字样。明间靠后墙壁上设有神坛，上挂设黄皞夫妇画像。后堂前带两庑，各面阔三间，六架梁卷棚顶，前设两架轩廊。天井阔5.4米，深9.4米，花岗岩条石铺地。

友兰公祠在黄皞一房后人的心目中是最有地位的，每家每户无论是娶媳妇，嫁女儿，摆满月酒，摆开灯酒，还是办白事，请亲朋好友吃饭，全都在宽敞的友兰公祠内进行。

友兰公祠气势恢宏，历经几百年的风雨侵蚀之后依然屹立不倒。究竟它建于何年何月，又是由谁亲手建造，已经无法查证，但据有关资料记载，村民曾在清朝嘉庆六年辛酉（1801）孟冬和民国十六年（1927）季冬对友兰公祠进行过重修。特别是民国十六年（1927）重修友兰公祠的情况虽鲜为人知，但仍可查证。

民国初期时，曾经富丽堂皇的友兰公祠已经变得破烂不堪，只剩下一个四处都漏风漏雨的烂屋架，祠堂内那个由当年黄皞后人为纪念乡贤黄皞及黄学准父子建造的接旨亭尤其显得孤零。日

友兰公祠接旨亭

益破败的友兰公祠让村民们看在眼里、急在心里，但是要重新修葺它必须花费一大笔钱，而当时属于友兰公名下的财产只有40亩土地，年收入也只有3000斤稻谷，折合当时的币值约200大洋。每年这么微薄的收入连一年一次例行的清明祭祖的经费都不够支出，更谈不上有多余的钱用来重修祠堂了。

为了不让祖先的产业毁于一旦，村民们想方设法筹措资金，首先自发成立了"摸督会"（类似于现在的基金会），每户村民都自觉地捐出5块大洋给"摸督会"，如果家里特别穷困的村民实在拿不出这笔钱，就承诺在重修祠堂时负责做些力所能及的义务劳动。很快"摸督会"便在村民的大力支持下筹措到2000多大洋。同时村民们都知道所谓"蛇无头不行"的道理，更何况村中要办一件重修祠堂这样的大事。于是他们一致推举当时村中经济实力最雄厚、最有威望的三位元老级人物来负责这项重大工作。三人分别是黄文驱，当时在广州做鞋的生意，开了一间名为彩生的鞋店；黄铭，因慈善为怀，人们又称他为菩萨铭，他也是在广州做鞋的生意，开了一间志生鞋店；黄理浩，当时在广州做砧板的生意。这三人都非常热心支持村中重建祠堂，各自慷慨解囊，共捐出了3000多大洋的善款，但加上之前村民自筹的2000多大洋，还是远远不够解决重建祠堂的费用，怎么办呢？三人开始四处奔波，千方百计发动其他做生意的朋友捐出善款，终于筹够了重建祠堂的费用。

友兰公祠

由于黄理浩做砧板的生意，对木材比较熟识，便由他来负责建筑材料的采购工作。经过多方打听，他找到了广州一间正在拆除的旧庙，他觉得那些粗实的木料用来修建友兰公祠再合适不过了，于是黄理浩买下这批木材。

一切准备就绪之后，友兰公祠在民国十六年（1927）冬正式动工重建，由村民黄伯琼负责规划设计，由当时远近闻名的步云村建筑师李学来负责祠堂的设计及修建工程。在大家的共同努力下，历时一年多，花费了12500多大洋，友兰公祠终于以全新的面貌展现在大家的面前。

春节村民的娱乐活动丰富多彩

在祠堂建好入伙当日，有20多个黄姓村落带礼物前来恭贺。公祠门前锣鼓喧天，群狮起舞，场面热闹非凡。塱头村备上佳肴美酒，连续5个晚上，大排宴席招待各方客人，还特意请来戏班表演粤剧助兴，热闹隆重的气氛让亲历者终生难忘。

祠堂文化知识

私塾： 也称书塾、家塾，我国古代社会一种开设于家庭、宗族或乡村内部的民间教学处所。是旧时私人所办的学校，是古代青少年真正读书受教育的场所，一般都是地方或私人所办，清代学塾发达，遍布城乡。塾师多为落第秀才或老童生，学生入学年龄不限。

梳式布局： 也称耙齿式布局，指村落由一列列房屋组成，像一把梳子或耙齿，南北有序，东西成行，使房子、巷道等纵横交错且富有规律，这种结构有防御、通风、纳阳、去水等作用。

骆氏丰碑在废墟上重生

——华岭村光禄大夫家庙重建记

◎刘 浪

气势庄严的门楼,引身直立的石狮,苍劲有力的匾额,古色古香的青砖墙壁,墙身绘制的种种壁画以及院内堆放的各类石料,都沐浴在秋日阳光的煦暖和明艳中。工人们

华岭村光禄大夫家庙

三三两两正在脚手架上忙碌着，偶尔有村民路过，都会禁不住驻足停留……这是光禄大夫家庙重建复原的施工现场。从门楼往右前方不过数米，几株合抱的大榕树下，一群老人坐在石条凳上，一边扯着闲话，一边深情地打量着

光禄大夫家庙石门额真迹

这座在废墟上一天天拔地而起的恢宏建筑，感觉似曾相识，但又有点陌生。光禄大夫家庙，这是老人们魂系梦牵、千呼万唤的家庙；这是几代村民心灵向往、精神膜拜的圣地；这更是散落于海内外的骆秉章后裔脑海中的一幅家乡风景画、一份记得住的乡愁！

光禄大夫家庙位于炭步镇华岭村，是清朝钦赐给花都区历史名人、一代中兴名臣骆秉章的家庙，清同治五年（1866），由朝廷出资建造。民国二十八年（1939），光禄大夫家庙遭日军烧毁，仅存遗址。2010年8月，光禄大夫家庙遗址被列为花都区不可移动文物保护单位。

2013年3月，在华岭村民、各地骆氏宗亲以及花都区文化界人士多年来要求重建光禄大夫家庙的民间呼吁和推动下，广州市文物考古研究所对现有遗址进行了详细的文物考证鉴定，经花都区有关部门批准并给予大力支持，由广州市人大代表、区政协委员、骆秉章研究会会长、骆秉章第六代后人骆鼎作为主要出资人，广州大学建筑和城市规划学院教授、岭南建筑流派主要代表人物汤国华博士担纲设计，在原址上复原光禄大夫家庙的宏大文化工程就此拉开帷幕。

钦赐的家庙：骆氏宗族的一份荣光

光禄大夫家庙背靠连绵起伏、郁郁葱葱的花岭（今华岭），前依一弯月牙形的池

塘，从古代建筑学的角度，正应了"前有照，后有靠"的风水要求，这说明当时的选址非常郑重。光禄大夫在清代是授予文职官员的荣誉职务，加赠对象为文官正一品。骆秉章（1793～1867），清朝大臣，原名俊，字吁门，号儒斋，炭步镇华岭村人。道光十二年（1832）进士，先后任翰林院编修迁江南道、四川道监察御史、湖南巡抚、四川总督、协办大学士等要职，和曾国藩、胡林翼、左宗棠、李鸿章等人并称为晚清八大中兴名臣。1867年11月病逝于成都。清政府赠"太子太傅"，入祀良祠，给谥号"文忠"。著有《骆文忠公奏议》《骆秉章自撰年谱》等，是中国近代史上很有影响力的人物。

骆秉章是花都区有史以来，正统体制内级别最高的官员，纵观其一生，他少年勤学，大器晚成。为了维护国家安定和统一，他往来征战，不遗余力，先后支持曾国藩组建湘军，重用提拔了左宗棠、刘蓉等人，又在四川大渡河边剿灭太平天国劲旅翼王石达开部。太平天国运动失败后，骆秉章虽然是四川总督，但是云南、贵州、陕西、甘肃等省的重要人事任命和政务安排，均会事先征求骆秉章的看法，其政治作用同权倾一时的曾国藩旗鼓相当，对当时的大清王朝都是至关重要。就其死后追谥来看，他和林则徐、胡林翼、李鸿章同被朝廷追谥"文忠"，名垂史册。由此，可以看出骆秉章当时军功卓著，地位显赫。即便以今人的眼光来看，在广东历史上，亦无几人可以超越。

骆秉章一生为官清正廉洁，追求"一帘花影云拖地，半夜书声月在天"和"官清安宅道如舍，宦游佳是右军山"的精神境界，留下了不少让人津津乐道的廉政故事。其中最为有名的就是在京师做御史时，凭借稽查户部银库案的清正廉洁名噪一时。道光二十年（1840），骆秉章以查库御史身份奉旨稽查户都银库。库官悄声贴耳说："按惯例，收取捐项时，以次充好，以少充足，并加收银两，大家一起分，你是查库御

保存下来的镇宅石狮

史，不足一年，就能得到二万两。"他断然拒绝："我已受朝廷俸禄，这些额外之财，我分文不收，也不想受人挟制。"骆秉章严格要求随从、库官、库丁，当面秤兑，不准索取分文，不准损公肥私。恩师潘世恩（时任吏部尚书）的亲戚开的"乾泰号"交税，过秤后

家庙前百年香樟树

少了25两，他知道后也督其补足税金。虽然遭到贪官污吏一再攻击、污蔑，但骆秉章仍得朝廷重用和百姓赞许。后来，道光皇帝召见时亦说："汝是年查库办得好，不独我知，人人皆知。……今有此案汝之名更显，若无此案，我亦不知汝……汝好好读书，好好做官，将来为国家办事。"由此，骆秉章放官外任湖北按察使、贵州和云南布政使，直至位居封疆。

骆秉章虽贵为一方地方大吏、湘军统帅，政绩显赫，却是一名两袖清风、廉洁奉公的官员，加上他平日慷慨大方，乐善好施，经常接济同僚和穷人，其清贫令人难以置信。他逝后，成都将军崇实问其侄治丧情形。其侄拿出骆秉章所有的家当，仅箱笥五六具。里面除官服外，其余衣服全是旧衣，其中还有粗布缝制的。余有银子八百两，每封都有藩司印花，证明全是官俸银。崇实大为感动，最后奉旨赏银五千两治丧，其侄方才有能力扶柩回乡。这在晚清政坛极为罕见。

清代大书法家，诗人何绍基曾为骆秉章写过一副挽联，曰"台馆饫清谭，一生学行惟虚己；疆圻资硕望，盖世勋名不爱钱"。道光十五年（1835）进士，骆秉章的亲家，次子骆天诒的岳父，曾官至河南布政使、东河河道总督的苏廷魁亦在《光禄大夫、太子太傅、协办大学士、四川总督、世袭一等轻车都尉骆文忠公神道碑铭》中写道："天祐

骆秉章举人旗杆夹

大清，笃生我公；起家以文，事君以忠；峩峩豸冠，吏詟其峻；帝旌尔廉，处膏不润……"也高度肯定了骆秉章的廉洁。而清王朝对骆秉章也一直有"本朝人品第一"的赞誉。可见，骆秉章的廉洁在当时得到从官方到民间的一致认可，已经是家喻户晓，有口皆碑的。

骆秉章晚年任四川总督之时，由于多年的征战奔波，身体每况愈下，尤其是严重的眼疾困扰着他。他先后多次要求还乡休养，但朝廷以国事为重，在多加抚慰之余，却迟迟不批准他的告假。1866年，在骆秉章离世的前一年，朝廷为彰显他的军功政绩，在其家乡花县花岭（亦称花峰），即现在的炭步镇华岭村钦赐光禄大夫家庙以示皇恩。据村中的老人回忆，当时，朝廷送来整箩的银两，并派专人监工督造。建成后的光禄大夫家庙坐南朝北，三间三进，总面阔30多米，总进深约45米，总建筑占地1000多平方米，除有正厅、耳房、天井、厢房、书房、后花园之外，还有钦赐家庙必有的门官厅、接旨亭、敕书厅、拜厅等。建筑上采用镬耳山墙、石湾陶脊、碌灰筒瓦、青砖墙，建筑庄严、气势宏伟、工艺精细，同时墙体还镶嵌有精美的木雕、砖雕、石雕、灰塑、陶塑、壁画等。

而据广州市文物考古研究所在实地考古中得出的结论：光禄大夫家庙坐西南朝东北，广三路，中路为主体建筑，阔三间，深三进，两侧有衬祠与主体建筑以青云巷相隔，中路建筑由头门、中座和后座组成，各进之间设天井，天井两侧筑廊或廊庑。衬祠各深三进，亦设有小天井，均以花岗岩条石铺地，墙体为青砖砌筑。这一切和村民们口口相传的记忆几乎完全吻合。

被毁的家庙：难以忘却的一种铭心之痛

光禄大夫家庙建成后，华岭村骆氏族人以此为莫大荣光，在庙中行祭祖、唱戏、集会、庆典等各种活动。此后，骆氏族人人丁兴旺。仅在骆秉章逝后，同治皇帝就封赏了其后人众多官职。据《大清穆宗毅皇帝同治实录》记载，骆秉章的长子骆天保著赏给郎中，服阕后分部行走；其次子骆天诒著赏给举人服阕后准其一体会试；其孙骆懋湘、骆懋勤、骆懋仁、骆懋勋、均著交部带领引见；其侄孙候选县丞骆肇铨著以知县发省即补。在一众骆氏子弟官运亨通之时，光禄大夫家庙也越来越成为后世族人心中的圣地。然而，谁也没有想到的是，这种兴盛持续没有太长时间，一场劫难伴随着战争悄然而至。

1939年，刚过完春节，一支原本驻扎在南海逢涌的日军来到花都，大行掠夺之事后，数百日军打道回府，却有两个鬼子因贪抓村民的鸡鸭而落单。三个途经此处的国民党士兵见有机可乘，便向鬼子开枪射击，当场打伤一人，击毙一人。枪声惊动了日军大队人马，于是日军开始整队向村中包抄进攻。三名国民党士兵边战边退，退至光禄大夫家庙门前求救。骆氏后人明知危险将至，但依然毫不犹豫地开门接纳了士兵，并拿来木梯放到后院，让他们一一翻墙而过，消失在后面的莽莽花岭山中。

日本兵发现是光禄大夫家庙的人放走了国民党士兵，便开始疯狂报复，不但搜捕出家里的八名男性，加以杀害，还放火烧毁了家庙。时隔六十多年，老人们的回忆涉及细枝末节，已经多有矛盾之处，也可能与事实不完全相符，但骆氏后人的这种家国情怀，总让人在听老人们声情并茂的讲述时，在不胜唏嘘的同时，生出几分感动。

家庙经此劫难，主体建筑几乎不复存在，余下的断壁残垣有幸保留了下来。直到20世纪六七年代，在一片"破四旧"的口号声中，村民们拆毁了剩余的家庙建筑。1995年，华岭村在原址上建起了小学，后又改建为办公室供村委会办公使用。

斗转星移，百年沧桑。家庙的很多文物开始零星散落于村中。田间地头和水沟渠道里，经常有家庙的物件和石料被发现。不知从何时起，有心的村民开始收集和

骆秉章进士旗杆夹

骆秉章像

保存这些遗物。也正是在这种宗族意识和祠堂情结的佑护下，今天的家庙依然完好地保留下两件最珍贵的文物。一件是"光禄大夫家庙"的大门石额，为顺德名士梁九图题写。梁九图（1816～1880），字福草，广东顺德人，咸丰、同治年间的社会名士、慈善家和诗人，也是岭南名园梁园的创建者之一，曾任刑部司狱。另一件是一对石狮，为一雄一雌，雌狮脚下还伏有一小狮。每只石狮约1.5米，连底座高2.8米，重0.9吨，造型昂首直视前方，表明家庙主人有着一定的身份和地位。日军烧毁家庙之后，这对石狮也被弃于野草乱石中。1965年，村民为保全石狮，将其埋于地下。1995年，村里建小学时将其挖出，重新立于家庙遗址门前至今。其间，有外地商人欲以25万元重金购往他处，被村民们拒绝。2014年3月，在广州市文化广电新闻出版局、广州日报社和大洋网共同举办的"寻找广州石狮子之最"活动中，经广大网友推荐，这对石狮因皇帝亲赐而显贵，更因经历多舛而传奇，有幸成为"广州石狮子之最"中的"最有身份"的石狮。

除此之外，在家庙右前方的大榕树下，现在依然保存着一对旗杆夹石，分别刻有"道光壬辰恩科第六十名进士钦点翰林院庶吉士骆秉章""光绪三十四年五月初九日奉旨特赏分部补用主事 臣骆毓枢敬立"的字样。苏廷魁在《光禄大夫、太子太傅、协办大学士、四川总督、世袭一等轻车都尉骆文忠公神道碑铭》史写道："骆公生于乾隆五十八年三月十八日，寿七十有五。先娶陈氏，后娶张氏，皆先公卒，赠一品夫人；再继室何氏，封一品夫人；副室崔氏。子二：长天保，张氏出；次天诒，崔氏出。女三，均适士族；孙四人：长懋湘、次懋勤、次懋仁、次懋勋，长子天保出；曾孙三人，长毓麟、次毓枢，长孙懋湘出；三毓贤，次孙懋勤出。"由此可以知道，立旗杆夹石的是骆秉章的曾孙。

在家庙施工过程中，施工人员又相继挖出隐埋在地下的多种石料和碑刻。2014年1月，广东民间工艺博物馆（陈家祠）馆长李卓祺，副馆长李继光等省、市专家一行来家庙考察，专家们饶有兴趣地对现场挖掘出的多块碑刻的寓意进行了一一辨析，指出石碑图案分别含有"宝鸭穿莲""平安福寿""双凤朝阳"和"左青龙右白虎"等的吉祥寓意，引发了大家的共鸣和赞叹。

重建的家庙：驳接中断的那一段历史

在近一个半世纪的岁月沧桑中，华岭村的村民始终对家庙心存一份崇敬，心怀一份念想，他们不但以各种方法，尽可能地保存了当年家庙散落的各种石料构件，阻挡了外来人员对家庙文物的觊觎，而且一直相互提醒和鼓励，要重建家庙，恢复家族的昔日荣光，驳接那段中断的历史。这份责任感和使命感在骆秉章的第六代后人骆鼎的身上体现得更为明显和沉重。

2011年11月16日，骆鼎作为发起人之一，和一群地方民间文化的爱好者和研究者一起，成立了骆秉章研究会。2013年6月7日，由骆秉章研究会主办，花都区民间文艺家协会和花都历史名人网协办的首届全国骆秉章学术研讨会在花都隆重举行。其间，与会的全国各地清史、湘军史、太平天国史研究专家们参观了光禄大夫家庙遗址，他们对重建光禄大夫家庙表现出了极大的热心和支持，并提出了重建复原工作中要注意的一些问题和建议。

2013年9月12日，光禄大夫家庙举行了奠基仪式，正式开工建设。当天，各地骆氏宗亲欢聚一堂，共襄胜

家庙重建奠基石

复原的光禄大夫祠牌坊

举。时任花都区委副书记钟国雄在致辞中表示，光禄大夫家庙重建修复不仅仅是骆氏宗亲光大门风，福荫子孙，泽被后人的一件大事，更是花都区打造文化品牌，推动地区历史文化传承和发展的一项重要举措，此项工程意义重大。

光禄大夫家庙总投资约1800万元，经过约一年的建设，已完成投资1000万元，家庙一、二进主体修复工作基本完成，全部工程计划于2015年底完成。值得一提的是，正在重修的光禄大夫家庙在青云巷门头用词上首次在左右门头上分别镌刻了"廉介""持躬"四字。此语出自《大清穆宗毅皇帝同治实录》（总计374卷）之39，为同治皇帝载淳对骆秉章离世所下诏书，原文为："丁酉。谕内阁、协办大学士四川总督骆秉章、忠诚亮直。清正勤明。由翰林洊擢卿阶。以廉介持躬，仰蒙宣宗成皇帝特达之知。"此四字意蕴深刻，耐人寻味，同时又较好地总结了骆公清廉、谦逊和辛劳的一生，可谓盖棺认定。

光禄大夫家庙建成后，将考虑建设骆秉章纪念馆，将其作为乡土历史和廉政文化教育的场所，让后人瞻仰和铭记一代乡贤，同时也为广州打造世界文化历史名城，花都区全面推进公共文化服务体系示范区创建工作做出自己的贡献。

作为骆氏后人，谈及光禄大夫家庙的重建，骆鼎感慨良多。他说，其实很早之前就想要重修家庙，但是环境不允许，所以一直没着手去做。现在区文化部门决定启动重建工程，作为主要捐资人，他将全力支持光禄大夫家庙的重建工作，争取早日完成工程建设任务。

谈到为何要重建光禄大夫家庙？骆鼎说到了一件事，骆秉章任四川总督之时，花县骆氏族人编了族谱，千里迢迢前往成都请他作序，一生历经战争匪患，生死荣辱的老人在这本《花峰骆氏谱》序中写

元宵节华岭村投灯活动

道：毋以智欺愚，毋以强凌弱，勿倚贵而骄贱，勿挟富而轻贫，勿以大而压小，勿以卑而侮尊，痛痒相关，庆吊必及，患难必救助，病疾相扶持……

作为一个一生有大爱和大义的人，骆秉章要求骆氏族人如此做人和处事，这也正是骆鼎捐资重建家庙的潜在动力和光禄大夫家庙承载的祠堂文化和宗族精神真实的再现！

祠堂文化知识

神龛：供奉神祇或祖先的灵牌的小阁，神龛大小依祠庙厅堂宽狭和神的数量而定。一般为木制而成，雕刻缠枝花草、瑞兽良禽、神仙故事等吉祥图案，金碧辉煌。

神楼：供奉神祇或祖先的楼阁，比神龛要高大，装饰要精美，一般为两层高。

上梁：指安装建筑物屋顶最高一根中梁的过程。通书上说，"上梁有如人之加冠"。中梁除了是建筑结构上重要位置外，还连接庙宇建构本身、天地、神灵与宗教人之间的关系。风水先生选择良辰吉时，期盼中梁支撑永保建筑物的坚实。

骆宾王后裔在这里安居

——记骆村骆氏家庙

◎ 江永强

"鹅、鹅、鹅,曲项向天歌。白毛浮绿水,红掌拨清波。"骆宾王这首《咏鹅》诗,相信很多花都人都耳熟能详,但可能没有多少人知道,炭步镇骆村就有骆宾王的后裔存在。

骆村骆氏家庙

骆宾王的后裔如何从浙江来到花都的呢？据介绍，骆村位于南海、三水、花都交界处。骆村过去曾叫"水坑村"，2015年，村常住人口2000多人，下辖东社，中社，西社。骆村背后的山叫华岭山，绵延十几公里，海拔200多米，郁郁葱葱。骆村就在山脚下建村。村西南面1000米左右，则是波涛滚滚的巴江，为骆村农业灌溉提供源源不断的水源，与华岭山合抱，所以，骆村依山傍水，山清水秀。

中华骆姓溯源

骆姓源出会稽，世绍内黄。依历史推衍，可能为夏禹王之后裔；而夏禹王又是黄帝的三子骆明的孙子。《山海经·海内经》记载："黄帝生骆明，骆明生白马，白马是为鲧。"鲧又是禹之父，可见骆明是中华民族人文初祖黄帝的儿子。

另有族谱介绍说，骆氏的一支最早出自夏王朝时期，也有记载者出自春秋时期的古齐国，亦即骆姓发源于今山东境内，齐都营丘就是骆姓最早的繁衍之地。此后，伴随着时代的变迁，骆姓逐渐迁往江南。江南的骆姓，有言出自齐太公之后，有言出自越王勾践之后，而当时的越国，是传自四千年前曾经中兴夏室的少康。由此推溯，此支骆姓应是夏禹的后代子孙。

先秦时期，骆姓不见于史。秦汉之际，见诸史册之骆姓有秦重泉人骆甲，东汉冯翊（今陕西大荔）人骆异孙，河南尹骆业，东汉末会稽乌伤（今浙江绍兴一带）人骆俊、骆统父子。这说明在魏晋以前，今北国之陕西，南国之浙江已有骆姓人定居。魏晋南北朝时期，永嘉之乱，五胡乱华，于是骆姓伴随其他士族，大批南下，与原居会稽之骆姓相融合，逐渐形成了骆姓会稽郡望。此后至隋唐，骆姓在今河南之洛阳、内黄等地繁衍迅猛。宋元两代，称盛于江浙一带的骆姓，播迁到今福建、广东，待成为闽粤两地的较大家族后，又逐渐播迁云贵等地。明初，山西骆姓作为明朝洪洞大槐树迁民姓氏之一，被分迁于浙江、河南、河北、山东、北京等地。明中叶以后，闽、粤等沿海省份之骆姓有渡海定居台湾者。清兵入关后，有八旗姓改为骆姓者，加之河北等省骆姓人入居京城，使北京之骆姓渐多。

如今，骆姓在全国分布较广，尤以广东、贵州、北京等省市多此姓。香港特别行政

雪轩骆公祠、观锡骆公祠

区、澳门特别行政区和台湾省也有骆姓存在。越南、朝鲜、韩国、日本、美国等地，均有骆氏族人分布。此外，汉族、彝族、白族、水族、土家族、布依族、仡佬族等也有此姓。

骆姓有什么名人？汉代有骆俊，陈留相；唐代有骆宾王，诗人；明代有骆文盛；清代有骆秉章，四川总督。这四人中，骆宾王、骆秉章和骆村密切相关。

道德公为入粤始祖

骆宾王（约638～684）字观光，是浙江婺州义乌县北一里骆家塘人。父讳履元，字申佑，号梅所。曾任青州博昌县令，殉职任上。骆宾王从小勤奋好学，天资过人，七岁能诗，称为神童，是初唐杰出的文学家、诗人。后与王勃、杨炯、卢照邻被称"初唐四杰"。又与富嘉谟并称"富骆"。著《骆临海集》，现存诗歌133首，盛传于世。由于骆宾王的诗文才华横溢，故有"四杰才名，三军韬略"之誉。

骆村跟骆宾王有莫大的关系，因为骆村的开山祖骆道德就是骆宾王的后人。那么骆道德怎么来到骆村的呢?"得姓始祖齐太公望子骆,食采内黄,遂为骆姓。四十三传唐骆宾王,世居义乌……"据骆村族谱记载,广东这一支骆氏的始祖道德君,是"初唐四杰"之一骆宾王的后人,官居中顺大夫转运使副使。骆道德讳"达元",字"道德",号"敬三",生于后唐天成丙戌年(926),卒于宋大中祥符二年(1009),享年八十四岁。在唐末,其由浙江金华府义乌县扬塘村吉安里率骆氏入粤,居番禺县高增,是骆氏入粤的始祖。道德公生二子,其中长子骆用文生于957年,次子骆用章生于960年。

后来,骆道德与次子骆用章迁居南海乌石冈。唐朝时还没有花县,骆村这个区域属于南海郡管辖。具体位置在骆村与唐美村农田交接地区一小山岗,离现在的骆村村委会大概1000米远。山岗只有10来米高。山岗上种满了树。上岗一侧有一仓库,四周都是农田。目前山岗上只留下一两处开山祖居住过的老屋的墙基。当初骆村始祖骆道德最早搬来乌石冈,居住了大概三百年,繁衍族人大概一百人,然后在元朝初移居水坑村——即现在靠着华岭山脚的骆村所在的位置。

当时的水坑村(骆村),还居住着钱、王等几个姓的族人。但是后来骆姓发展越来越大,而钱、王等几个姓的族人日渐衰落,在明清期间就搬迁到其他地方。这些姓族人遗留的祖屋,虽然已经破败,但是还有地基和墙脚。其他姓的人迁徙后,水坑村也就只剩下骆姓的人,当然,该村也称骆村了。

此外,骆道德与次子骆用章迁居花都骆村后,骆氏开枝散叶,繁衍到鹅冈(今横岗村侧山岗)一带。旧时,花县西南部的骆村、大涡、华岭、横岗、莲塘以及三水的五指斑、龙眼园村有"骆姓七庄"之称,这在骆秉章所写的"由一脉而衍七房"中有所验证。而目前花都炭步镇和赤坭镇的骆氏居民大约7000人。值得一提的是,骆氏始祖道德公死后,也是安葬在鹅冈,其坟墓保留至今,也是千年古墓了!一直以来,族人每隔两三年就集体前往举行隆重的祭拜仪式。

后来,骆村族人甚至发展到广西等地。笔者在《容县骆氏》查悉,在广西东南部的容县,邻接广东,浔江支流北流江流贯于此。晋置昌荡县,隋改普宁县,明改容州后改容县。容县骆氏系广东花县骆明伦支所传。骆氏开基容县黎村时间短,自初骆宇光兄在容县繁衍裂变仅数代而已,但现在已经枝繁叶茂,欣欣向荣,以前清进士,钦点云南大理府知府骆景宙为著。可见,骆氏后人处处人才辈出。

骆氏家庙已历二百多年

舞龙是该村一大特色

骆氏家庙在骆村的西社，建于清朝乾隆年间，建筑面积600多平方米。有二百多年历史，用于安放祖先神位、拜祭。1933年曾经重修。1945年之前一直作为拜祭祖先之用。1945年起改为骆村小学之用，直到1997年停止使用。1997年该祠堂又开始重修，至2009年，该祠堂重修好，并举办重光庆典。当时骆氏各地族人重聚骆村家庙，热闹非凡。《广州日报》当年2月9日报道，"农历正月十二，花都区炭步镇骆村锣鼓喧天，鞭炮齐鸣，村民们摆下千围酒席，兴高采烈地迎来上万名同宗同姓的兄弟姐妹。位于该村的骆氏家庙，历经百年沧桑，终于在近日重修完毕，并于正月十二举行了重光庆典，来自广东各地的上万名骆氏后裔赶赴骆村参加庆典……村中心，上万名骆氏后裔已在几处空地上坐满千席"。

祠堂正面为典型的岭南古村格局，祠堂前广场树立有两个旗杆夹，旗杆夹前种有两棵参天木棉，而木棉树前面为风水塘。祠堂与村一样依山傍水，坐北向南。为三路三进结构。有意思的是，左右两路只有一进偏房，并未与正路祠堂到第三进，形成"凸"字形布局。

祠堂基础以及正门前柱和虾公梁均为花岗岩石，其中右边虾公梁石色较新，明显为重修构件。与一般祠堂石刻对联和祠堂名字不同，骆氏家庙正门两侧为木板对联，上为阳刻金漆字"枝开乌石；叶衍鹅冈"，前面所述，乌石是指南海乌石冈（现在唐美村与骆村交界处地区），鹅冈（一说鹅岗）是指现在华岭村的鹅冈——飞鹅岭（位于横岗村侧）。

始祖道德公搬到乌石冈后，经过发展后在骆村立村。而他的十三孙健壮大约明初时期由乌石冈迁居花岭鹅冈，即如今的华岭村，并建村繁衍生息。所以说"枝开乌石；叶衍鹅冈"。

正门门楣上挂阳刻金漆字牌"骆氏家庙"。正门两扇木门上彩绘两个栩栩如生的门神。家庙为灰青砖瓦，屋顶飘檐较短，但有木雕挂檐。屋顶两侧为镬耳封火墙，屋顶正中建有博古屋脊，屋脊面灰塑吉祥物，第一进屋脊上建有彩色灰塑双龙戏珠以及花开富贵凤凰图。第二进屋脊上建有彩色灰塑貔貅，回头对望两颗宝珠。此外还有"如意吉祥"扇字以及花鸟图。并注明广西北海合浦李宏信塑。第三进屋脊上为双凤对双宝珠，左右为"福""禄"字，中间脊塑有"富贵绵长图"。以上灰塑栩栩如生，十分动人。

打开大门，进入家庙，正对的屏风两侧木柱有对联，联曰"由一脉而衍七房群穆群昭知水之有源木之有本；念前徽而垂后嗣视安而彝示训安於读安於耕"。相传这是骆秉章所撰，用以昭示后人念前人缔造之艰难而须慎终追远。也反映了骆秉章尽管受到过冷落，但他依旧追认骆村祖先。

第一进十分特别，为花岗岩平台（一般祠堂在门前两边）。第一进与第二进之间是天井，天井两侧是走廊。走廊比第一进低一级，天井又比走廊低一级。第一进走廊左侧为该祠堂"序言"，记载了该村始祖和源流开枝，以及2007~2009年重修家庙族人捐资情况。此外，还挂一牌，上有该村1905年所拍的家庙照片、2009年家庙重光时盛况的照片，还有骆氏祖上初唐"四杰之一"骆宾王的生平故事。可见其族人对骆宾王先祖族人的认可。走廊右侧为墙刻，刻文《骆氏家庙简介》，说明骆氏源流和骆氏家庙的情况。

第二进比第一进走廊高两级台阶。第二进和第三进墙壁挂有各村各房太公敬贺的对联。第三进后堂神台摆设有三级神位，放有道德太公木神像和神子牌。第三进正上方还挂"敦本堂"，说明骆村骆氏的堂号。

骆村名人逐个数

骆村风光旖旎，山水钟灵。古往今来，哺育了众多杰出人物。据传清代名臣骆秉章也是世出骆村。此外，骆村还出现了骆建刚、骆伯康、骆志雄、骆炎祥等众多名人。所以，族人有说骆氏"聚族岭南，勃于花县"一说。

据记载，晚清八大名臣之一，曾任湖南巡抚、四川总督的骆秉章；民国广东革命军东征时指挥炮兵攻下惠州城，打败陈炯明部，升任虎门要塞司令的骆伯廉；黄埔军校教

大头佛戏狮表演

官、浙江省保安司令、去台后任少将参谋的骆志雄；以及常驻联合国的泰国外交官骆炎祥皆是花县骆村人。

许多人知道，骆秉章（1793～1867）是花县华岭村人（今花都区炭步镇华岭村），在华岭村甚至有他的光禄大夫庙流传至今。但追根溯源，他却是骆村人。

据传，骆秉章出身坎坷，但勤奋耿直。其祖父原是骆村人，早年逝世，祖母因生活所迫，带着儿子骆成斋改嫁到佛山。骆成斋成长后娶妻生了骆俊（认祖归宗后才改称骆秉章）。因祖母是从花县改嫁而来，童年读书时受同学歧视，但他忍辱负重，勤奋苦读，十多岁参加南海县试得中第一名。有些考生因妒状告他不是南海县人，主考官因而取消了他的成绩，叫他回花县参加县试。转回骆村时，村中主事因其祖母已改嫁佛山，不在骆村出生而不允许其入族。就在这个关键时刻，华岭村骆族主事骆秉行将他收为小弟，他便入族华岭村，从而得以参加花县县试，得中庠生。之后乘风而上，考得省举人。花县各地骆姓村庄的人莫不高兴，认为骆秉章光宗耀祖，是骆姓人的光彩。很多骆姓村庄的村民都争先恐后地凑钱封利是（红包）给他，并设宴与骆族人共同庆贺。一百多年来，骆村繁衍的骆姓人家都口口相传着这样一首民谣："骆村举人华岭中，莲塘拜祖逞英雄。五指龙园烂衫都当尽，横岗大涡倒晒一山松。"这首民谣说的是当年的骆氏族人为骆秉章摆"高考庆功宴"的事，也侧面说明骆秉章祖籍骆村。

在骆氏家庙的广场上，竖立有两对旗杆夹，南边一侧为骆秉章旗杆夹两块，花岗岩石碑上右至左均书"同治六年钦赐协办大学士骆秉章立"。

民国十三年（1924）《花县志·人物志》提到一个名叫骆士弘的骆村人，他幼年读书用功，志向远大，后来在弘治乙卯年乡试、正德甲戌会试进士高中。

骆士弘（旧花县志为骆士宏），骆氏十七世，名阜号丫山。骆士弘祖居骆村西社，是观锡公的后裔。骆士弘于明朝弘治八年（公元1495年），以第七名的成绩考中举人，正德九年中进士。骆士弘受成化年间会元梁储（谥号文康）、弘治年间状元毛澄（谥号文简）的青睐，在正德九年（1514）甲戌科殿试中，以96名被赐同进士出身，钦点为遇缺即可补用的知县。骆士弘深受梁储等人的影响，淡泊名利，尤其对仕途不感兴趣，后来干脆回到家乡，隐居不做官。县志上记载他：惟于世外开青眼，懒为儿曹折此腰。又说：新酿瓮头原酒熟，一瓢沈醉曲肱眠。骆士弘夫妇年近一百岁，夫妻间相敬如宾。

骆村还有一个名人叫骆建刚，他的故事也是人尽皆知。骆建刚（一说骆建光）祖居在家庙东面，是三路两进的民居。说是民居，但是地基和一米多高的墙基都是用花岗岩制作。墙为坚硬的青砖。墙上的墙为花岗岩金钱字形的石窗，外窄内宽。加上其墙厚近半米，易守难攻。

据骆建刚后人，现年50多岁的骆佳熙介绍，祖上到他一代都是书香门第，他爷爷仍是秀才，他的书法也得祖上影响。家中较多珍贵历史文物，但历经文化大革命后，许多祖传的线装古书都付诸一炬，十分痛惜。后来，家族发展，亲人或出国，或外出，如今只有90多岁老母亲不愿离开祖屋，一个人厮守在这里。老人家16岁就从三水的范湖嫁来

骆建刚民宅

骆村，在骆村居住已近80年。

骆佳熙说其祖上的确风光过，能够有此大屋也是明证。在《悦城龙母庙志》中还发现骆建刚的记录："清乾隆年间，花县骆村骆建刚游羊城，路见遗金，拾还失主，人见其为人忠厚，出资助其到梧州经商。坐船经过悦城时，风雨大作，船倾帆危，忽见一青龙游至船边，盘曲在船沿上，遂风平浪静，船只安抵梧州。骆知是龙母安澜扶危，发达后捐资千金重建龙母庙。"

捐千金建龙母庙的骆建刚，他到底多有钱？可能那时候的骆氏族人才知道。而关于骆村骆氏，相信还有众多不为人知的动人故事，值得后人不断深入探究。

祠堂文化知识

山墙： 沿建筑物短轴方向布置的墙叫横墙，建筑物两端的横向外墙为山墙，主要与邻居的建筑隔开和防火，常见的形制有人字形、镬耳形、波浪形等。

山柱： 硬山或悬山式房屋建筑的山墙内，正中由台基上直通脊檩下的柱子称为山柱。

榫卯： 古代建筑、家具及其他木制器械的主要结构方式，是在两个构件上采用凹凸部位相结合的一种连接方式。凸出部分叫榫，凹进部分叫卯，榫卯的结合越有压力就会越牢固。

家庙巍峨万世芳

——记石湖村汤氏家庙

◎汤景林

    汤氏家庙位于炭步镇石湖村。石湖村因村前一河涌伴大湖，湖底全为大石，故定村名为石湖村，河涌名为石湖涌。汤氏家庙建于清同治十年（1871），距今已经有140余年历史，是大石湖三村共有的古文化瑰宝，1987年重修。

石湖村汤氏家庙

家庙缘起及建筑格局

汤氏家庙石门额

同治年间,忠孝两全、满腹经纶的坎头社汤金铭,得中拔贡生。为弘扬祖德,发起了建祖祠设想和号召,组织了筹建组,村人有钱出钱,有力出力。金铭公四处奔走,联系祖祠事务。经征诸宗亲,集思广益,认为村名来自村中之大石湖,所以家庙选址在大石湖畔之南。本村发源来自河南,故宜坐南向北。古时祖祠一般只能以宗祠、祖祠、公祠命名,但汤姓由于一世祖纲公起便为中卫大夫,后代连续皆有官爵,特别是六世祖丹山、龙山均为三品中议大夫,得皇恩赐建"汤氏家庙"殊荣,借以彰其祖德,荫其后人。因此族人决定:选址应在全村的中心地带,坐南向北以追怀故土,东迎紫气西沐彩霞,面对大湖以招财生息,背靠青山以利根基永固。定址后,周边留有广阔场地,几经族人努力,终于在同治十年(1871)完成家庙工程。

汤氏家庙为五间三进模式,主体门面宽41.5米,深度52.3米,主体占地3.5亩,另有附设偏房,合计占地面积近4亩。家庙大门宽2.83米,上有匾额阴刻"汤氏家庙"四个大字,上款为"同治十年辛未孟冬上浣立",下款为"十五世孙世光敬书"。大门左侧有2008年8月花都区文化广电新闻出版局颁发的"花都区登记保护文物单位"的牌匾。屋檐下的墙体上绘有壁画,封檐板、虾公梁、雀替、柁墩上雕龙画凤,精细奢华。

走进大门,左边墙上有门官,一个嵌入式神龛,记述1986年时因征地牵涉李刘太婆之迁坟和寻找五世祖观锡公祖坟事宜,右边墙上以云石刻有捐款芳名录。大天井为石板铺地,种有鸡蛋花等树木,两侧为抄手游廊。第二进厅房之间两条青云巷,厅中挂大红牌匾"垂裕堂",寓意垂名百世,裕满千秋。两柱上挂楹联一副"大学明新善齐家可治平；中庸仁智勇达道本常经"。此联既可励志，亦作南迁第十七世开始之后人排辈。第三进为祖堂，正中摆一香案，古时有神主位。由于汤氏家庙曾作垂裕小学校址几十年，内部格局多有改动，虽经1995年瓦面小维修，大的变动也不便恢复，略显残破。汤氏家庙现一般只在每年正月十六元宵游灯时才开门拜祭，届时香火鼎盛，万人汇聚，百狮拜庙，甚为壮观。

汤氏家庙为"炭步八景"之一，从当年诗人的吟咏中可见一斑：

家庙巍峨属姓汤，规模宏伟惹人看。
七十二门分大小，十八厅房九井场。
垂裕年年多俊杰，石湖代代众书香。
后人一展风云志，长青作史万流芳。

石湖汤氏溯源

汤氏源出轩辕黄帝。黄帝第四世孙帝喾，生次子契，因辅助大禹治水有功，被舜帝任为司徒，授封商丘，赐为子姓。契之第十四世孙子履，又名成汤，尊称天乙，始居于商丘之亳，是夏朝方伯。其时夏桀无道，民不聊生，子履施仁德于民，被黎庶拥为首领，经十一次征战，商汤灭夏，即历史上之成汤革命。后人感铭汤王厚德，以名谥姓，是为汤氏。古籍有云：夏商之末有谥法，尧舜禹汤皆名也。商汤王是上古"尧舜禹汤"四大名君之一，汤氏以此为豪。然则时移世易，汤氏曾为王族，后来周朝兴起，又经历代战乱，汤氏受扰良多，不少改姓迁徙，分布华夏大地。传至宋朝，汤氏聚居河南河北之中山郡、范阳郡较多，故汤姓主堂号中山堂，至第六次人口普查时，汤姓排名第九十位。

南宋时，因金人犯境，宋高宗南迁，时任淮东参议刑部山西清吏司员外郎，加封中卫大夫之汤纲，因战乱携弟汤维、汤统、汤纪等人，于绍兴三十二年（1162），南迁到南雄古驿道旁之始兴县牛田坊十四图沙水村暂住，众人因怀念故乡而将开封府祥符县之珠玑巷用来称呼暂居地。又至南宋开禧元年（1205），汤姓再度向南大迁徙，迁到顺德大良古塱横江，稍事休整，分赴各地。纲公到南海县和顺胭脂塘暂住数年后，纲公八十

梁架精美的木雕柁墩

三岁老逝。其第四子汤穆字缉熙号敬止，定居石湖村塘唇社。因村前有一河涌，河涌中有一大湖，湖底全为天然大石，故定村名为石湖村，河涌名为石湖涌。此处山清水秀，土地肥沃，实为耕读宜居宝地，开基至今已约八百年。

纲公之孙汤义字适中号联山，生四子，长子宽一早殇，次子宽二字公焕号居湖，留居石湖村，是石湖村之祖；三子宽三字公贵号悦湖，迁居石湖山村，为石湖山开基祖；四子宽四字公旋号隐湖，迁居茶塘村，是茶塘村开基祖。花都炭步三大汤姓村，全部追奉汤纲（生于1131年）为南迁后一世祖。后来炭步汤姓村皆开枝散叶，分赴各地繁衍。

在大石湖村之第五世祖汤观锡号三朝奉，生三子，即后来石湖三山大房。长子汤辅，号丹山，文武全才，诰授中议大夫；次子汤弼，号龙山，文武全才，加封中议大夫；三子汤佐，号瑞山。三山大房之后裔九社：丹山房边头社、中社、塘基头社；龙山房：塘唇社、坎头社、东向社、格桥社、赤岭社；瑞山房：杞岗社，瑞山后人大部分迁往清远洲心。现在为方便地域管理，原来之大石湖村分为三个行政村，即石南村（含塘唇、边头）、石湖村（含中社、塘基头、坎头、东向）、红峰村（含赤岭、格桥、杞岗）。

大石湖汤姓素有耕读遗风，人才辈出，代代有功名。其中：

六世祖汤弼，号龙山，观锡公次子，文武全才，元朝武举人，镇守中山海防廿六年。

七世祖汤铭，字仲容，丹山公长子，贡元。

八世祖汤伯成，仲容子，庠生。

九世祖直毓，号耕逸，伯成次子，贡生（中社）。

十世祖汤行素，名性方，渔隐次子，明永乐十二年（1414）甲午科举人，授江南江宁府溧阳县正堂，钦取山西刑部清吏司主事，后转员外郎，升陕西行军都副帅加封中宪大夫（边头社）。

十一世祖汤麟，字启瑞，号模庵，性方次子，南海庠生，明朝宣德壬子科副榜，徐闻县训导（边头社）。

汤乐素，贡生（中社）。

汤半耕，贡生（塘唇）。

汤石叟，贡生（中社）。

汤金铭，坎头社人，拔贡，汤氏家庙建设发起主持人。

汤允良，字俊三，清朝蓝翎五品奉直大夫（塘唇社）。

汤海山，五品顶戴蓝翎候选州同奉直大夫（塘唇社）。

汤国祯，号雨溪，清同治赏戴蓝翎五品衔光禄寺署正，奉直大夫（边头社）。

汤藻鎏，附贡加捐花翎五品衔，广东咨议局议员（边头社）。

汤藻芳，附贡加捐花翎五品衔，广东咨议局议员（边头社）。

还有边头社汤皆所等乡贤，爵禄石碑已失，记录收集不详。

人文典故及乡风民俗

一、汤允举、汤国祯兄弟的故事

边头社汤允举、汤国祯兄弟二人，少年睿智，长成从商，收入颇丰，但为人朴实，衣衫不华。以前，广州至白坭圩，只凭巴江河上一客船往还，船主独家生意，价高刻薄，乘客亦不敢妄言。一日，汤国祯因商务劳顿，偶感风寒，广州坐船回乡，欲坐较好位置小憩，征询船主求一通融，同船乘客亦美言相帮。船主见其衣冠朴素，奚落说你是何等人，若要好位子，除非你自己买船。汤国祯再三要求无果，知船主狗眼看人低，便说你如此不近人情，以后肯定要执笠（即失败破产）。几天后，允举、国祯兄弟买来豪华新船，并张贴告示：凡来回广州办事探亲者，一律免收船费，中途还派大包。因此，穷人们以后都争相乘坐此船，原来的狂妄船家生意萧条，只好自叹倒霉，退出航运。

汤允举、汤国祯兄弟乐善好施，造福乡梓。见本村至炭步圩，本村至五和圩之路，似九曲回肠，窄小泥泞，村人赶集，田间午餐，日晒雨淋，无处可避，于是自筹资金，沿途铺好麻石路，中间设一凉亭，义赠茶水，以利乡亲小憩。两兄弟修路筑亭义举，至今传为佳话。

二、龙山公暮年娶妻

六世祖龙山公，字粥，是观锡公次子，生于元朝大德乙巳年（1304）。文武双全，青年中举，受任驻守中山海防二十六年，加封中议大夫。虽则为政清廉，因元配曾氏持家有道，至龙山公功成归隐之日，薄有家财，有房屋数间，良田几十亩。当时元末明初乱世，元配所生长子应章，失落广州，生死未卜，女儿已嫁邻村。龙山归隐，独守田园，虽则衣食无忧，深感人生寂寞。女儿孝顺，阖府请老父同住，侍奉终老。龙山自忖，自己遗产终须女儿继承，便收拾细软，包裹好田房契约，至女儿家中。一日，两亲翁并坐石阶前，外孙叫吃饭。龙山公武将出身，体健敏捷应声而起，亲翁稍慢步迟。外孙扶起其爷说："我叫我爷，非呼你呀！"外孙童言无意，老人听者有心。龙山公心如压石，晚上辗转难眠，自思寄人篱下，非为久计。次日女儿几次叫吃饭，公皆说肚痛无胃口，并说以前凡遇此情况，便将上次给你那布包盖于肚腹，即可生效止痛。女儿便将契约包裹交回，少时腹痛即除。龙山公说：看来在此尚属不便，又怕麻烦亲家女婿，老人还是落叶归根为宜。于是别女而回，其时元配曾氏已逝，龙山有了续弦之意。

一日闲暇探女，偶见一姑娘在田间拾螺。龙山公与之调侃，问所拾之螺有仔吗？答：螺仔很多呀！龙山公满心欢喜，觉得回答意头很好，又思自己年近七十，虽有一子但多年失散，恐怕后继无人，若得此女，可解愁怀，于是偷偷将银两放于拾螺箩内便转回。姑娘回家后，父母问其银两原委，姑娘如实相陈，两老知女已受聘。又过几日，龙山公再次探女，饭后已天黑，只好留宿女儿家中。后见一老妇，拿着草灰箩进来，叫龙山公若要小便，拉到草灰箩便可。次日早晨，老妇拿回草灰箩，见箩之近处无水痕，远处则有水射深窝，甚喜。原来上次所见姑娘，与龙山公女儿之夫家是同村，早已认识龙山公，使人试其身体健康功能。于是姑娘父母同意将女儿许氏许配龙山公为淑德夫人，后人称之为田螺婆。田螺婆生下次子应韶字元音号碌石，官至承德郎，是坎头、赤岭、东向社之祖；三子应俏字元仪号泰山，是塘唇、格桥社之祖，从此龙山房枝繁叶茂，世代荣昌。龙山公暮年娶娇妻续香火的故事，也为后人称颂。龙山公暮年有诗：

元宵飘色游行在当地很有特色

　　　　老桂婆娑七十春，春来又发二枝新。
　　　　兴诗立礼凭谁教，凿井耕田也共勤。
　　　　感得儿孙传后裔，愧无羹饼奉先人。
　　　　呜呼老矣何烦恼，自有沾天雨露恩。

三、现代狮王汤祖宜

汤祖宜，石湖村中社人，8岁时就光着脚丫开始学习舞狮，迄今已有73个春秋。当年拜师学艺环境相当艰苦，师傅的严厉又近乎苛刻，很多师兄弟都忍受不了高强度的训练中途退出，只有他凭着良好的禀赋和顽强的毅力坚持了下来。很快，他成为师傅的得意高徒,在各大表演中担当主角,狮头狮尾都舞得惟妙惟肖,名震一方。

汤祖宜十九岁便当上石湖乡长,参加各级体育比赛,拿过多次奖项。他经常带领狮队去佛山、广州等地取经和交流,只要一见到新的招式和动作,他就会记录下来。然后,他会整理好照片和文字,博采众长,创作出适合自己狮队的招式。为了将舞狮艺术传承发扬下去,1968年,他自掏腰包在石湖村组建了石湖狮队,不收学费收徒授艺,他曾教出八代高徒。当时物质条件异常贫乏,甚至连狮头都没有,他们就用绳子绑着竹篓练习。每逢年节和庆典,这帮年轻人就活跃在祠堂和街巷,给大家带来喜庆和欢笑。从1968年到现在,石湖狮队为村民表演舞狮从不间断,不管是"文化大革命"前还是改革开放后,狮队已经成为石湖村民不可或缺的娱乐方式。

汤祖宜八十多岁依然身康体健,健步如飞。他首创女子狮队,强化游灯规模。多次参加醒狮汇演比赛,迭出奇招。汤祖宜为传承家乡风俗文化努力奉献,成为不可多得、受人敬重的长者。

四、乡风民俗

大石湖以前流行很多民俗,如端午扒龙船、中秋烧禾楼、太公分猪肉、中秋分鱼、重阳敬老宴、元宵、清明节联宗祭祖等,如今保存较好的有游灯和飘色。

石湖游灯时间,历史上定在每年的正月十六晚宴后,取十五月亮十六圆之意。以前各社在正月十六前各自本社游,正月十六整个大石湖村集中游遍九社。现在正月十六各社集体晚宴后,先到汤氏家庙拜祖,然后分散各回本社游。届时许多外出游子同时归宗省亲拜祖,万人欢庆,火树银花,鞭炮齐鸣,擂鼓舞狮,汤氏家庙内外壮观非凡。有《石湖游灯》记其盛况:

> 三山九社庆游灯,四海八方聚土声。
> 对酹祠堂千盏醉,同心敬祖万般情。
> 雄狮领路鸣鞭炮,擂鼓敲锣秉烛行。
> 老少元宵迎吉岁,烟花盛放报天庭。

仙鹤展翅 择水而居

——茶塘村汤氏宗祠探究

◎卢福汉

炭步镇西南禅炭公路西侧有一个古村落,名叫茶塘村。该村为汤氏一族单姓,于南宋开禧初年从南雄珠玑巷迁新会大良塱底村,不久便迁至南海汤村,嘉定年间再迁南海石湖(即花都石湖村),南宋末年其中一个分支从石湖迁出另立,在茶塘村繁衍生息

茶塘村是广东省第二批古村落

茶塘村祠堂群

700多年,发展到现在1800多人。汤氏秉承傍水而居传统,因茶亦为水,塘能容之,故名"茶塘"。2009年12月,茶塘村被广东省文联与民间文艺家协会公布为第二批广东省古村落。本文重点探究该村的汤氏宗祠。

立村传说

所谓溯本追源,介绍祠堂前必须先讲讲它的立村传说。相传,汤氏在石湖村繁衍生息几十年,氏族人口日渐繁盛,石湖始祖之孙汤逸时便谋划着寻觅他处结庐。一日,他站在一个叫白坭山的高地上,放眼四望,企求找到一方理想之地。忽见远处一群啁啾和鸣的仙鹤,在长空飘逸地飞舞着,最后降落在一处湖泊遍布的湿地,悠然自得地嬉戏,它们时而企足引颈、戏水欢歌,时而翩跹起舞、雀跃长啸,眼前景象如临仙境。汤逸时是一名贡生,读书人见多识广,见此祥和景象,不禁暗自思忖:鹤是一种长寿的仙禽,又是品德高尚的"一品鸟",既有仁者翩翩君子之风,又有高士的仙风道骨,世人常把修身洁行的人称为"鹤鸣之士",《诗经》云"鹤鸣于九皋,声闻于天",现在目见仙鹤飞临,实乃吉庆祥和之兆,此处必为瑞祥宜居之地,况且鹤习惯生活在河湖水泽,与我汤氏择水而居的命格十分相合!汤逸时越想越高兴,不禁迈开双腿,穿越田园,绕过湖泊,跨上河桥,朝着那仙鹤嬉戏的水泽走去。只见四周田畴广袤,河网纵横,湖泊点缀,草木葱茏,山、水、田、园相映成趣,周边环境和谐自然,的确是一方风水宝地。

于是，汤逸时决意搬迁，重建家业，也就有了茶塘村。

立村之初，汤逸时请来风水师布局，以"鹤"形对新村进行规划，村面背东面西、由北而南，北社为头项、中社为胸腹、南社为殿臀、臀前土墩为足趾，呈鹤立之状。自此，汤

洪圣古庙庄严的头门

氏便在这仙鹤和鸣共舞的茶塘村，安居乐业，繁衍生息。诗翁黄倚云根据茶塘的立村传说写下"茶溢芬芳定卜神通增鹤算；塘凝瑞霭应知得志奋龙飞"的对联，篆刻在茶塘村口的牌坊上。

汤氏宗祠

茶塘村建筑坐东朝西，呈梳式布局，前低后高，占地6万多平方米，现存较为完整的明清建筑约120座，其中以庙宇、祠堂、书室建筑最具特色。

茶塘村按正规规制建设的祠堂现存有7座，从北到南分别是敬止汤公祠、万成汤公祠、友峰汤公祠、允卿汤公祠、万常汤公祠、万良汤公祠、明峰汤公祠，祠堂广泛采用木雕、砖雕、石雕、灰塑、壁画等建筑装饰工艺，题材以神话传说、民间故事、吉祥图案为主，体现人们对和谐社会、太平盛世、幸福家庭、美好人生的强烈向往和热切追求。

由于朝廷为恐民间利用祠堂联乡结党危及朝廷而对祠堂管制更加严厉，而族房中男丁不满50人对建祠堂也有限制，于是民间便出现了大量以书院、书斋、书舍、书室、书塾和家塾等为名目的祠堂。这些以"书"字为名目的建筑，村民称之为"厅堂"（或"房厅"），其实就是严令之下祠堂的衍生物，与祠堂起着相同的作用。

茶塘村现存"厅堂"有肯堂书室、南寿家塾、元颖书舍、德余书舍、惠通书舍、文裕家塾、同风书舍、寅所书舍等14座,以肯堂书室、南寿家塾、元颖书舍等较为精良。其中,南寿家塾由村中举人汤雨时倡导筹建,在家塾成立了"江南会",以承继之前成立的"保寿堂"(即"长生会",是治办丧葬事的民间自愿互助团体)精神。这些建筑集思想、文化、艺术于一身,每一方寸都寄托着人们的美好愿望,蕴含着丰富的文化内涵和珍贵的历史信息。

随着社会进步和时代变迁,祠堂功能或失或缺,今天只有帮助人们寻根问祖、缅怀先祖、激励后人、互相协作的积极意义,对于调解社会矛盾、整合民族力量、凝聚民众之心、使社会和谐运行起着不可替代的作用。

先哲名贤

茶塘村立村之祖汤逸时为读书人,因此该村历来重教尊学,历史上多人考取功名。万良汤公祠前立有一副旗杆夹,主人汤雨时(1837~1911)为晚清举人,官至高明训导、南雄学正,是一位热心公益的乡绅,曾主政茶塘"乡约",筹建南寿家塾,成立"江南会"(即"长生会"),倡议扩建"广东十八汤会馆"(即位于现广州维新路桂香街1号的中山书院,始建于清

梁架精美的戏台人物木雕

嘉庆前）。这里，流传着他"一举成名满地油"的故事。

汤雨时出生在贫寒的家庭，父辈都是面朝黄土背朝天的农民，任凭劳苦耕作，每逢旱涝之灾，还是不能果腹。汤雨时还有一个弟弟，父亲在他很小的时候就过世了，全靠母

垂脊陶塑"日神"

垂脊陶塑"月神"

亲独自苦守着这个一贫如洗的家，常常靠邻里接济和赊借度日。村里一富户开了间杂货店，无计可思时，汤雨时母亲只好硬着头皮去赊借，店主见是同村同姓也就勉为其难，因此汤雨时一家成了该杂货店的赊借老户。

汤雨时自幼聪明好学，从小即胸怀大志，渴望通过勤奋读书，参加科举，考取功名，光宗耀祖。所谓"望子成龙"，母亲对汤雨时抱有极高的期望，虽然生活艰难还是生捱死抵、钻窿挖罅筹得学费供他到私塾念书。但是"学而优则仕"这条路走得实在是太艰难了！

明清时期，正式由朝廷举行的科考分为四级，即童试、乡试、会试、殿试，童试中的院试中者为秀才，乡试中者为"举人"（考第一为解元），会试中者为"贡士"（考第一为会元），殿试中者为"进士"（考第一为状元）。在参加正式科考以前，考生先要取得"入学"的资格，即成为"生员"，要通过"童子试"获取。"童子试"又分县试、府试、院试三个阶段，县试由知县主持在各县进行，通过后进行由府官员主持的府试，通过后便可以称为"童生"，参加由各省学政或学道主持的院试，通过院试的童生都被称为"生员"，俗称"秀才"，考生经过数轮的淘汰终于挤进了国考的台阶。

历经十数载寒窗，汤雨时终于考取了秀才，有些人终其一生还是童生，算是有"功名"了，他一家人十分高兴。但是，汤雨时比家人想得更深一层，当时的科举制度必须中了举人（又称为"孝廉"或"乡进士"），当了"老爷"，才能入仕为官。要实现人生的宏愿，必须继续忍受寒窗苦读之苦。汤雨时把自己的想法和打算告诉家人，母亲虽

然是一介女流，倒是个明白事理的人，全力支持儿子继续读书，更相信儿子将来肯定能高中。

汤雨时登程赴考时，母亲点灯上香拜祭祖先，求祖先保佑儿子高中。事有凑巧，一只老母鸡正好站在地伏上，像公鸡般引颈高声啼叫。民间一直有进门踩地伏的禁忌，母鸡为阴性而站在地伏上更是大不吉利，况且母鸡啼叫是乾坤颠倒的不祥之兆，这还得了？全家人面对这突如其来的怪异现象，个个惊呆了，瞠目结舌地看着母亲。这时，只见母亲从容不迫，双手合十，向着祖先神主牌祈祷，说出一句石破天惊的偈联：

神前点着灯，地伏鸡姆啼；

我儿登科士，必定状元归。

古语云："精诚所至，金石为开。"贡院放榜，汤雨时以第十三名中试。这时早有人家报喜，茶塘村人乐开了花，母亲更是喜不自胜，笑得见牙不见眼，手忙脚乱一阵子，才想起要给堂上祖先点灯上香答谢神恩。汤母来到神龛前，发现灯油早已用完，于是跑到杂货店想赊点生油。不料，由于上次赊欠的物品尚未清还，店主面有愠色，不太愿意再赊。母亲顿觉不知所措，急得团团转，边往回走边喃喃自语："这次祖先开眼，雨时终于高中了，都怪家穷无用，连灯油都没钱买，真是愧对列祖列宗啊！"店主听汤母这么一说，心感奇怪，忙步出柜台，硬扯着汤母要问个明白。汤母知道店主是个打破砂锅问到底的人，况且自己眼下急需生油点灯拜神，于是便把汤雨时中举的事告

茶塘村乡约

诉了他。店主
听罢，立刻满
面堆笑，把汤
母手中的油樽
抢过来，把油
壳伸进大油
埕，边恭维边
把生油往油樽
倒，过了一
会，汤母惊叫
"漏油啦！"

茶塘村洪圣诞盛会

店主才急忙停手，低头一看，只见地上生油漏了一大摊。此时，汤母拿过油樽，喜冲冲地赶回家点灯拜神了。自此，汤雨时"一举成名满地油"的传说成为佳话，一直流传至今。

俗语云："人无三代富，书有百年香。"汤雨时的后人发扬家风，秉承先志，在各个领域中多有建树，其中有以下佼佼者：

汤应燎（1874～1953），汤雨时次子，光绪年间秀才，民国期间在花县政府任书理，与乡绅汤拱球捐资、任文灿捐铺位，重建步云书院，后书院改作华侨义祠义冢。汤应燎曾为作德小学校董、茶塘乡长，参与执笔民国《花县志》。

汤祖耐（1901～1953），汤应燎六子，汤雨时之孙，参加过"二七"大罢工和广州起义，曾任五和乡长、炭步圩长，1933年创办作德小学，任名誉校长和校董，其后创办茶山市场和火柴厂，生产"飞机唛"牌火柴。

汤祖宪（1904～1982），汤应燎七子，汤雨时之孙，后用名汤学文。毕业于岭南大学（中山大学前身），曾任国民革命军第十九路军少尉连长。后转贵州航空学校。陈济棠主粤期间，汤祖宪任广州天河机场后勤部上校、燕塘黄埔军校空军战术代课教官。抗战期间，汤祖宪参加以美军为首的"驼峰"行动，抗击日军。抗战胜利后，汤祖宪回到茶塘村，任作德小学校长、巴江中学英语教员。

汤祖洪（1903～1960），汤应燎之侄，汤雨时之孙，在舅父朱兆莘（赤坭黄沙塘村人，民国外交要员）的资助下留学英国剑桥大学，获博士学位，毕业后回国效力，曾任国民政府西南政务委员会机要秘书。

茶塘村汤氏祠堂与各姓氏祠堂一样，就是一部地方文化史，它以生动、直观的实体，记录、承载和见证着各姓氏在此繁衍生息的漫长岁月。因此，我们要善待和保护好祠堂，使我们一代一代的人从中得到智慧，留住历史信息，留住乡愁！

祠堂文化知识

石狮： 狮子为佛家祥瑞灵兽，传说释迦牟尼出生时曾作狮子之吼，佛家认为佛是人中狮子，而狮子又是文殊菩萨的坐骑。其矫健雄壮之姿、震慑百兽之威和吼天动地之势，迎合了民众用之以驱邪避祸的心理需求，人们在庙祠衙署、皇陵古墓或豪门大宅前，常雕刻一对石狮镇守，用以辟邪消灾。

松鹤延年： 又叫松鹤同春、松鹤长春、松龄鹤寿、松鹤遐龄等，由松树、仙鹤组成图案，"松""鹤"均为长寿延年之物，画面以青松、仙鹤构成，寓意长寿吉祥。

藏龙聚气　名人辈出

——在藏书院村寻访谭氏"宗"迹

◎谭晓瑜

祠堂，这是一个与姓氏血脉延续息息相关的名字，在快节奏的现代人眼里，它们隐藏在偏远幽静的村庄里，显得那么平静甚至沉默，都市正在一日千里地发生着各种变化，但祠堂却依旧端庄肃穆地在现代化的语境下保持着它的威仪和稳重，忠厚地延续着一代又一代同宗同氏不老的人文香火。

藏书院村是第二批广东省古村落

花都谭氏主要分布于炭步镇藏书院村，目前仅居住于村中的农业人口就有1200余人，全部姓谭。据史料记载，藏书院村立村始祖是明朝朝凤公的第三子嘉靖公，于明末时期从沙龙村（今广州市白云区）迁居于此。当时嘉靖公择地立村于山清水秀、藏龙聚气之所，寓人寿年丰之意，取名为藏寿庄。村民尊师重教，以读书求取功名，一时间人才辈出，天下闻名。本村人数虽少，但读书之风极盛，于是被朝廷赐村名为"藏书院"，自此藏寿庄便更名为"藏书院"了。这是传说而已。

谭氏祖祠：曾经的小学热闹不在

　　走访藏书院村当日，正值盛夏六月，晴雨不定。一时阳光明媚，酷暑难当；一时又乌云密布，倾盆大雨瞬间降临。村落虽不大，但我们一行人却行走得十分缓慢艰难，好不容易到达谭氏祖祠。一眼望去，祖祠残旧、斑驳，不免让人有些失落和不安。专程带我们参观祠堂的藏书院村委谭潮基副书记，见我们满脚沾泥很是过意不去，顾不上自己被雨淋透的身子，满怀歉意地为我们打开祖祠大门。

　　进入祠堂内部，里面的情景更让我们唏嘘不已。整个祠堂的院落几乎荒废，放置着各种废弃的杂物，从两进的四方天井到祠堂的屋顶都长满了杂草。一同前来的村民说，目前祖祠因为残旧几乎不再使用了，平时就堆放一些不用的东西。怀着一份敬畏之情，我仍然仔细地探寻着这座祠堂。

　　祖祠总面阔约25米，总进深达约28米，建筑占地约716平方米。坐西南朝东北建筑，由门向里望，宽大开阔，仍不失威仪。整个建筑广三路，深两进，头门正脊虽已毁，但石门额阳刻的"谭氏祖祠"四个大字仍十分清晰，上款还刻有"光绪癸未（1883）重建"，下款刻有"新会国恩拜书"的字样，村民说史料已查不清具体的始建时间，只有这门额上注明了重修的年份。

　　祖祠为镬耳封火山墙，碌灰筒瓦，青砖石脚。大门镶嵌花岗岩门夹，前廊梁架、封檐板、挑头、墀头均雕刻戏曲人物、缠枝花草等纹饰图案。左次间山墙镶嵌砖雕门官神龛，四级石阶可防水漫祠堂。前廊三步四根硬木金柱，非常有气势，灰塑博古正脊上有山水树木、花草雀鸟等灰塑造型，前廊梁架及封檐板分别雕有荔枝、桃、菠萝、葡萄、南瓜、苦瓜、节瓜、丝瓜等瓜果花草图案，栩栩如生。虽历经岁月侵蚀，但仍完好地保存下来，清晰可见。从这些精美的壁画图案看，我们不难想象当年修建祖祠时，谭氏先祖们是何等用心。

祖祠天井由花岗岩条石铺地，左右路建筑为衬祠，与中路建筑的青云巷相隔而立。从整体造型上看，谭氏祖祠宽阔浑厚，仿佛一位慈祥老人，从容淡定地端坐厅前，以他的宽厚和朴实静守着岁月，尽管时光已暗淡了他的身躯，但古色古香的雕廊飞檐，在树影婆娑下显得那么从容。经过百年沧桑，依然保持着雍容端庄的古朴底蕴，让后者驻足凝望于他的时候，仍能感受到一份遗留于血脉间的温暖和风韵。

祠堂里的融融乡情

谭潮基告诉我们，谭氏祖祠现在虽然破败，但这里曾经是藏书院小学的校址，做了30多年的学校，培养了远近村民好几代的孩子。当年开了10多个班，附近横岗、华岭、大涡村的孩子都到这里读小学，为当地普及农村义务教育发挥了很大的作用。那时，这里非常热闹，每天百余名孩子在这里求学，书声琅琅。如今因祠堂年月过于长久，考虑到安全等因素才建了新校址，这里也才逐渐荒凉落寞起来。村民们也考虑到要重新修缮一次，因为这样的祖祠历经百年风雨还能矗立于此，是一件非常值得后人珍惜的事情，但由于修缮资金巨大，目前正在积极筹措中，希望有朝一日能让这座深藏先祖遗韵、承载宗亲血脉的老屋重现威仪，激活谭氏一族昔日的美好记忆。

谭氏宗祠：传承着家族的荣耀史

从谭氏祖祠出来，一路下行，绕过村前的炮楼，走进一字排开的藏书院古村落，谭

元宵节投灯

氏宗祠排列在氏族宗祠的最头一间，可见其地位超群。从外观和门面上看，谭氏宗祠明显比祖祠维护管理的要好很多，宗祠由外及里都显得整洁有序，气势不凡。门口张贴着族人迎娶新人的喜联，悬挂着"谭氏宗亲会"的徽标，足以证明宗祠仍在宗族里发挥着重要的联络作用。翻阅和查询了许多资料，均无法查找到宗祠的具体始建年代记录，只是从石门额阳刻的"谭氏宗祠"四字左上方刻有"光绪戊申年（1908）重修"字样。其坐西南朝东北向，按照本地祠堂传统风格建设成广三路，深三进的结构模式，总面阔约24米，总进深约39米，建筑面积约948平方米，依旧是人字封火山墙，灰塑博古脊，碌灰筒瓦，青砖墙，红泥阶砖铺地，而特别之处即全祠架梁用料均为坤甸木料，十分结实，至今毫无损坏。虾公梁有石狮、异形斗拱设计。前廊梁架雕刻工艺十分精湛，刻有花鸟、鳌鱼、瑞兽等图案，惟妙惟肖，墀头砖雕工艺精巧绝伦，青石挑头上雕刻戏曲人物更具传统文化特色，用以祭拜的门官神龛嵌在大门右侧山墙内。进入中堂，前设四架轩廊，后廊三步，四根坤甸木金柱，两根石前檐柱矗立堂中，支撑着整座祠堂的阔面，显得威仪四方。中堂前带两庑，总面阔三间，十二架卷棚顶，依旧是青云巷作四架轩廊，左右路衬祠作庑，天井则用花岗岩条石铺地，十分坚固，至今几无破损。宗祠的后堂面也有四根坤甸木金柱，上悬挂"敦睦堂"木横匾。正前方设有谭氏祖先神位，常年摆放了贡品，香火袅袅其间。

我们静默在这熏香弥漫的宗祠里，面对先祖神位心中充满敬畏，一座宗祠的血脉传承，也记录了整个宗族在百余年间，子孙昌盛，人才辈出的荣耀。

其中后人谭考平官拜清朝提督，而谭澧、谭仲仁、谭俊德、谭枝荣等均考中清朝举人，在古村落前（现村委会左前方）有两座标志着考中举人的"旗杆夹"，荣耀村楣，而考取贡生的人就更是不胜枚举。他们在各个方面为村民做出的贡献，流传至今。

元宵夜村民抬菩萨游灯

谭氏后人：耕读人家名人辈出

谭氏宗亲谭考平官至提督之位，在当时十分显赫。据村中老人口述，谭考平考取功名后为官一方，其为人谨慎，对管辖的军务、军饷等事宜管理十分严格，为官多年一直未在家乡置办任何房产、田地，是一位十分清廉的人。

谭氏后人中，考取举人的谭澧对家乡有深厚感情，尽管考取功名后在四川做官，仍不忘对家乡村务管理出谋献策，特别是治安管理方面特别用心。据村中老人说，他休假回乡时，每天凌晨便起床出村外巡查，如果碰到一些可疑的人在村中游荡，他便会派人找那些人谈话，久而久之，村里人都夸谭礼是村里的治安守护神。那段时间，村民安居乐业，治安特别好，甚至可以夜不闭户，生活十分太平安逸。

旧花县志中记载："谭志尹字文宇，水西司藏书院人，务本节俭，行谊端方，宅心宽恕，人有称贷不取文券，不忍相负乡邻……谭必显字毓明，志尹长子，隐居课子，孝养双亲，以正直推重乡里，己丑岁荒，谷贵每石价腾二有奇，行乞遍衢巷，尽捐所有以相济，后至家给不足，乡人笑之曰：舍己为人若是。毓明曰：人饥寒我饱暖不忍也。乡邻有亲丧，贫难无措，助之棺椁，间有古丧无人埋葬者，为捐资择地以葬之……"它记

谭生林将军

录了藏书院村的村民谭志尹、谭必显父子两人的部分事迹，可以说父子俩是古人的表率，当今的楷模。他们助人为乐、处处为别人着想，甚至把自己的东西、钱财都全部捐出去了，自家反而入不敷出，把自己的钱借给乡里搞建设，也不用写借据，连以前写下的都当众烧毁了。

在谭氏后裔中，出生于清代末期的谭生林是一位重量级人物，他17岁便投笔从戎，曾在粤军军士教导所就读，毕业后投奔国民革命军，先后历任排长、连长、营长、团长、副师长等职，授陆军少将衔，是一名英勇的抗日将领。

在卢沟桥事变发生后，谭生林在李汉魂部下先后任一五五师团长，（兼汕头市防空指挥官）、四六三旅旅长，民国二十八年（1939）升任为副师长，同年底在李汉魂调任广东省政府主席后被任命为广东省军管区司令部连阳（即连山、连县、阳山）自卫队总队长，抗战胜利后调任第二方面军司令部少将参议，兼任顺德日本战俘营管理处主任，退役后重新步入商海经商。

谭生林虽然位高至陆军少将，但他为官清正，处事中庸，不贪不占，虽为官多年，但在家乡并未置下多少产业，就连自己居住的祖屋也是十分简陋。他对家乡亲朋非常友善随和，灾荒之年，谭生林还命家人在祠堂门口架设两个大锅煮粥向村民布施，本村及邻近村的灾民都曾受其恩惠度过饥荒。如今，上了年纪的村中老者之间还记得谭生林如何教育后生的话，"一定要勤奋、认真读书，读到书才有出息，读到书才能报效国家，读到书才能光宗耀祖，如果读不到书只能是做牛仔、猪仔"。

谭生林在村中不仅人缘及口碑好，还热心支持家乡教育事业建设，1946年，他与同村的兄弟谭家礼（后任广西梧州市政协委员）将设在赤坭荷塘村的棠澍小学改办为巴江中学，巴江中学后来几经搬迁，由荷塘搬到三和庄，又搬到茶塘，后来再搬到炭步，改称为现在的花都第二中学。同年又在谭氏祖祠内开设了"藏书院小学"，捐赠了大部分的课桌、凳以及教学用具、教学图片等。开学典礼那天他们还邀请了当时国民党高级将领张发魁为学校题写了"藏书院小学"的横匾，只可惜那块牌匾后来因年代久远，据说先是被用作乒乓球桌，后来不知所踪，至今未再寻回。谭生林全家于1978年离开家乡，迁至美国定居，早几年已去世。

洪拳：非物质文化遗产上过央视

提及谭氏，不能不提及洪拳。2007年，中央电视台第4频道《走遍中国》专栏专程驱车前来藏书院村采访，采访内容为村的洪拳套路以及洪拳的延续及发展。当时，全国人民及海外华人都能在电视画面里欣赏到洪拳那坚如磐石虎虎生威的英姿。

村党支部书记谭杰才就是洪拳延续发展的带头人，大家观看了中央电视台拍摄的录像，只见谭杰才书记一招一式都恰到好处。洪拳，在藏书院村有相当长的历史，据村中长者回忆：洪拳是清朝康熙年间洪熙官独创的武术种类，以马步硬朗、出拳力重而著称，是南派拳术的佼佼者。年近九旬的老人谭仪聪说："广州地区谭氏五虎将之一谭苏腾便是本村谭氏后裔，武功非常了得，臂力过人，村中洪圣古庙那生铁铸造五百多斤的大香炉，他可以搬起来捧着走。"而另一个武林高手谭松芳也是一条硬汉子，他习洪拳，师承谭敏的高徒谭游，武功扎实，力大无穷，特别手力大得惊人，村中的父老说他手提两箩谷，双手左右伸直与肩平行，可以从村头的炮楼走到村尾的炮楼，据说他"掌风"非常厉害，只要他认真扎马运气，一掌打到厚厚的木屏风上，手掌未到，屏风已有裂痕了。

现在藏书院村练习洪拳的还有400多人，其中青少年80多人。为更好地传承这种武术文化，积极推动洪拳传承和延续发展，村民把习武练洪拳作为健身强体的运动方式。练习洪拳渐成风气，已成为当地

武术队员在祠堂前练功

中秋节烧禾楼

的一大文化特色。目前洪拳已被列入花都第二批非物质文化遗产。

追溯谭氏宗族一脉,后人文武人才辈出,可谓人丁兴旺,福泽乡民。虽然,更多的故事和事迹随岁月流逝,无声无息地淡出了历史的舞台,伴随先人远去,但在寻访谭氏先祖的踪迹里,我们期望后人能铭记他们或热心公益,或崇文重教,或习武报国的事迹,我们不仅希望通过祠堂这个存在的形式,在谭氏后人宗亲间传递这份崇敬之情,更期望更多的谭氏后裔能够秉承先祖遗训,将祖先的优良传统不断地传承下去。

祠堂文化知识

头门:祠堂建筑的头进,称为头门,为建筑的门面,极具装饰性。

踏跺:也叫踏跺石、级石,指的是条石踏步,即现在的台阶,位于宫殿、衙署、庙祠等建筑门前用长石材砌成,它不仅有台阶的功能,而且有助于处理从人工建筑到自然环境之间的过渡,大致有垂带踏跺、如意踏跺、御路踏跺三种形式。

金殿煌煌扬忠孝

——记文一村谭氏宗祠

◎ 谭晓瑜

文冈村位于花都区炭步镇的西南角，东临佛山市南海区里水镇，南接南海区狮山镇，西连佛山市三水区乐平镇。历史上，文冈村就是一块四季绿潮涌动的富庶之地，这里盛产的香芋和葱蒜更是颇受称道。文冈设文一、文二两个村委会，分文一、文二、渔民新村和石街巷4个自然村，村容整洁，自然风光旖旎，缘于数百年不衰的自然景色和丰富的绿色农副产品之诱惑，常年吸引着众多游客前来游玩。

文一村谭氏宗祠

谭氏溯源：谭氏立村已经六百余年

文一村谭氏先祖为谭文盛（又名岩隐），原居山东，后迁居湖南。北宋神宗元丰四年（1081）十月，他携家再从南雄珠玑巷迁至广州南海县三江都骆村堡，遂卜居陈暮坑山后（即炭步镇文冈良村）立村，村位坐东向西，立村后先后建有屋舍40余间，居住了45户人家，并建有祠堂。

立村260多年后，谭氏人丁繁衍兴旺，其间先后经历了十一代人。元顺帝至元庚辰（1340）十月十五日午时，谭宗远之子即第十二代族人谭如海带领家人分支移民到现在的文一村，距今有677年的历史。清代，在现在的文冈小学位置建起了谭氏宗祠。日军侵华前夕，原本在良村有谭氏先人居住，日军进入广州后，良村被战火烧成一片灰烬，只剩下一口水塘，村落从此不复存在。

谭氏宗祠：岭南建筑工艺研究的珍贵实物

谭氏宗祠坐落在文一村。文一村历史悠久，位于炭步镇西南部，处于炭步镇总体规划中"一带两轴"的岭西大道发展带的最南端，西面有芦苞涌，与佛山市南海区、三水区隔水相望。面积约3.72平方公里，下辖6个村民小组，是炭步镇的远郊村。村委会距离新华城区30公里，离炭步墟17公里，一条南北向贯穿的文大公路是村民出行的主要交通要道，村民以种植水稻、香芋、葱、蒜、花生以及鱼塘养殖为主，其中盛产的文冈槟榔香芋更是享誉四方，远近闻名。

谭氏宗祠不论从外观还是从规模上看，都可称得上是谭氏祠堂中的佼佼者，据现年78岁高龄的谭氏始祖岩隐公第二十九代孙谭汉成介绍，该祠堂建于清朝咸丰年间，宣统三年（1911）重修。面阔11.6米，总进深23.4米，面积271.4平方米。从祠堂外围远观，祠堂坐东朝西，三间三进，建筑硬山顶，人字山墙，灰塑博古脊，碌灰筒瓦，青砖石脚，前后院相连。

据介绍，前后两院都是谭氏宗祠的一部分，当时分属谭如海父子两人，其中前院是始祖谭如海长子谭清刚建的屋宇，原为"清刚公祠"，因祠堂内曾规划出一部分房间做氏族子弟读书之用，后人为宣传和传承家族崇文重教的良好家风，在重修祠堂时将前院更名为"文宪书舍"。前院是头门九架，二进即为仪门，"谭氏宗祠"四个大字书写得端正饱满，威仪有度。

进入宗祠内，见祠堂瓦面均为歇山顶，正脊饰有灰塑鳌鱼一对，入厅迎面竖立一个独特的牌坊，两柱单间重楼木石牌坊，高3米，宽3.4米，牌坊上是龙门枋

谭氏宗祠"景仰遗徽"牌坊

镶木牌匾，前面书"景仰遗徽"，后面书"宗访旧范"。将牌坊立在祠堂内的建筑形式在珠三角地区实属少见。村民谭兆祥介绍，谭氏宗祠内牌坊系为文胜祖太公膝下一个叫五郎的第三子所立。明朝永乐年间，五郎应征从戎，他英勇善战，屡建战功，后在战争中为国捐躯。皇帝为表彰五郎的英勇，特赐此匾，以示忠义。因捐躯战场，尸骨未归，于是族人在祠堂中竖立牌坊，立匾纪念，彰显英烈，典范后人。

穿过五郎牌坊，细观祠堂四周的壁画、木雕、砖雕等装饰工艺，无论是画工还是雕工都十分精美，如《渔樵耕读》《群贤共读》等壁画，惟妙惟肖地刻画了古人读书的场面，更突显先祖崇文重教的传统思想理念。值得一提的是，祠堂四周内外的装饰木雕、壁雕画面虽历经沧桑岁月，却至今均保存完好，除后人对祠堂的保护措施一直较为完善外，其主要原因是这些雕画的面层均以真金涂抹保护，真金的涂抹不但使祠堂壁画、雕花保存得更加完好，也使这些装饰更加绚丽华贵，金光闪闪，让祠堂成为名副其实镶嵌着真金的"金殿"，放眼环视，祠堂在暗光中泛动着金色的光亮，十分华丽。祠堂的后

壁画《叱石成羊》

堂高大宽敞,结构为十一架,后木金柱悬挂"追远堂",下方奉供着先祖牌位,香火缭绕,令后人思绪万千。

谭氏宗祠独特的建筑风格,保护完好的装饰工艺,目前已成为研究岭南建筑和民间工艺的珍贵实物,祠内的牌坊也是珠三角地区较为罕见的,有较高的研究价值。2002年7月,谭氏宗祠被公布为广州市文物保护单位。如今,该祠堂是谭氏宗族后人用于公共活动的主要场地,谭氏一族添丁嫁娶均在祠堂内参拜庆典,每年农历二月初、八月初的春秋二祭、拜太公等活动也如期在这里举办。7年前还恢复了清明节(即寒食节)的拜祭活动,分散于各村的谭氏后人宗亲都会回来参加祭拜,十分热闹。族亲们借此类祭拜节日相见,互道安康,加深情感和联系。

谭氏名人:正邪两分后人犹记

谭氏一族出了不少响当当的人物。

咸丰年间,本村出过一个叫谭蛟(又名秀刚)的举人,后来任潮州府训导。近代,还有一名叫谭海山的,是著名的省港大罢工发起人之一。当时他掌管海关要职,积极参与到大罢工的组织准备工作中。新中国成立后,为避追查,谭海山隐姓埋名于民间。后来国、共两党组织都派人寻找过他,但一直未能找到。一度曾有人说,在广西柳州中正中学门口遇见过他,他以卖烟为生,过着与世无争的贫民生活。

86岁的村民谭沾清虽双耳有些失聪,但思维清晰,据其讲述,清代,宗祠建成初期,门口原来其实有很多制作精美的木质高脚牌。有一个叫骆汉容的人,为了讨好官府,将高脚牌偷去运到温州用来建府正堂,后来这个府正堂成为日本人侵华期间的官府。

祠是祖宗神灵所依,墓是祖宗体魄所藏。如今的祠堂管理负责人谭兆祥告诉我们,宗祠是村落氏族文化的根,村落没有祠堂,氏族人群会有一种失落感,祠堂对氏族后人来说是不可或缺的宗族活动地,没有祠堂就等于没了祖宗的感觉。

穿行在祠堂肃穆又精美的世界里,看着岁月侵蚀留下的沧桑:那斑驳脱落的墙面、石头磨损的痕迹、凹凸不平的石阶、吱呀推动的木门、墙角边堆放着年代久远的柱础、柱廊上一道道绳痕……古老、封闭、宁静、生态、朴实、优美的历史环境风貌,天趣自成,是历史不曾湮灭的美。深受儒家思想影响的岭南人,讲究知书达礼,穷则独善其身,达则兼济天下,他们重视教育和文化传承,让耕读文化在氏族中世代相传。自古皇权不下县,正是由于祠堂的存在,靠士绅和宗族族长自治式管理的乡野,才可以自然生长并大放异彩。

木雕《松鹤延年》

祠堂文化知识

陶塑:这里特指石湾烧制的陶质雕塑,多用于祠堂正脊与垂脊的装饰。前期生产的装饰图案主要为花鸟、瑞兽、山水等吉祥图案,清末随着粤剧的发展,多以粤剧传统剧目中的历史故事、神话传说为题材,人称石湾公仔。

堂号:也叫郡号,郡是行政区域的建置,也是一个姓氏发祥的本源,后世深以源远流长,惧有所失,因此立"堂号"为信。包括郡望总堂号和自立堂号,书有堂号的匾额常悬挂于祠堂中堂之上,以彰扬祖先的功业道德,显示家族宗亲的特点,训诫子弟继承发扬先祖余烈。

流传甚广的"花县独脚任"
——水口村任氏祖祠初探

◎ 江永强

水口村位于花都区炭步镇西北面1.5公里，巴江河南岸。东临鸭一村，西接塱头村，北与平岭头村、赤坭镇相连，总面积约4.12平方公里，常住人口700多户。村中主要姓氏有任、钟、赖三姓。其中任姓有1000多人。

水口村任氏祖祠

任氏源发山东孔子门徒

2009年，族人任广荣根据搜集的《南朝乐安谱》《唐朝新安谱》《清朝兆麟辑本》《水口村任章惟辑本》等记载，理出了该村任氏的繁衍世代简明表。

据记载，中国任氏起源于山东。黄帝第二十五子禺阳以德受"封于任"，以国为姓，这就是称为东夷的小国——"任国"（今山东济宁市）。距今2600多年前的春秋时期就有这样一个小国，任氏族人祖上也是荣光。到春秋末六十四世，任不齐（南朝乐安谱的始世祖）"归桃乡"。也就是说，任姓始祖"禺阳"到六十四世任不齐，所经历过的时期是夏、商、周三个朝代，生活繁衍地点主要是在山东济宁东南150公里地域内。

而按照水口族人确认，任不齐为中国任始族人公认的任氏始祖。任不齐是周朝楚国人，生于周灵王二十七年三月，卒于周元王八年九月，即公元前545年～公元前468年，距今2500多年。任不齐字子选，是孔子七十二门徒之一。他身通六艺，精言诗礼。孔子卒三年（公元前476年），任不齐归桃乡故里。

任不齐传至五十八世，已经是南宋时期。大约淳熙年间（1174～1189），五十八世的任敔随叔任政南下。隐居于浈昌水口圩（今南雄县水口圩）。也即是说，任氏族人由江南迁往广东南雄水口圩（现在花都的水口村是否与其对应，值得深入研究），因1274年南宋朝廷血洗南雄，第五十八世的任敔又举家迁往香山（现中山市）。据《南雄县志》载："任敔（一说厂）嘉熙四年（1240）任保昌县知县。"（宋称南雄县为保昌县）。据《南雄县志》1992年版记载，今南雄县无任氏聚居。又据《南雄珠玑巷人南迁史话》载："据香山《任氏族谱》记载：过城任族祖鸿业，宋嘉熙进士，官保昌令，留居此土，继因兵燹，徙居香山。"

然而，水口并非迁往香山（今中山市）的任敔后代一支，而是同为五十八世的任敔兄弟任庚的后人。任庚怎么南迁的没有查证，但是很有可能是与任敔一起随任政（五十七世）南下，在南雄一段时间后，因避难任敔举家迁往中山市，而任庚则带着儿子任成（五十九世）南迁。他迁往哪里呢？因为任政已经迁往惠州，所以任庚带着儿子任成很可能南迁到了惠州。随后，任成的儿子任复（六十世）晚年带子迁往了鹤山麦村。

这在有关族谱有所记载：六十世任复"客游入粤，依族弟俦，居惠阳县，晚岁卜隐于新会古冈州今隶鹤山县古劳都麦村。长子勉之、次子守仁，俱居鹤山县"。任成的儿

后楼高大气派

子任复（六十世）迁往了鹤山麦村后，生儿子任勉之（六十一世），任勉之又生儿子任度（六十二世），任度成年后迁往了南海南村，生了儿子任应魁（六十三世）。再之后任应魁又迁到清远发展。在清远的任应魁生儿子任国才（六十四世），任国才于元末明初（1368年前后）从清远搬迁到水口村，入赘赖氏，成为水口任氏族人的一世始祖。

另有记载，先后进入广东定居的任氏有：五十八世任伟"归善祖"（归善故城在今惠阳县东北）、五十八世任伸"东莞始祖"、五十九世任逸"居花山"（花县）。

综上所述，从1174年开始至1241年（勉之的长子居让生于1241年），这60年期间从浙江钱塘县（今杭州市）大庆里的任氏祖辈先后进入广东，有以下几个地方：惠州（含惠阳县）、南雄县（后迁香山县）、东莞县、花县和鹤山县（后迁南海）。也就是说，如今的水口村任姓族人的先人溯源大概如此：发源于山东，经浙江—南雄，或同时期的惠州、惠阳—鹤山—清远（短暂时期），才到花都区炭步镇的水口村。这大概说明了如今的水口村任姓族人先祖来历。

许多人不知道，2200多年前建城的广州城，原来是任姓人主持所建。而且，当时的广州城名就以这个任姓人的名字命名——任嚣城。想想当年广州的城名，真是霸气十足。

任嚣，是任氏七世期间的任姓名人。在距今2000多年前。他肩负着开发岭南的重任，率领秦军挺进岭南。他文武兼备，治粤七年。那时候，赵佗也是他的部将。《史记·南越尉佗传》。史记太史公又云:"尉佗之王,本由任嚣。"怎么回事?当年秦朝濒于崩溃,这时任嚣也在广东病重。他急召在广东龙川任县令的部将赵佗付托后事说:"番禺负山险,阻南海,东西数千里,颇有国人相辅,此亦一州之主也,可以立国。"据记载,后人为纪念任嚣治粤功绩,在广州越秀山上建祠奉祀(今祠已毁)。又在广州干道上建"惠爱坊"纪念,即今"四牌楼"之一,今四牌楼已拆迁。

任氏立村的美丽故事

如果按照水口村一世祖搬迁时间,水口村于元末明初(约1368年)立村。而又有传说水口村于明朝永乐十八年(1420)建村,该是发展一段时期后才立村。但无论如何,水口立村已有600多年。

那为什么村名叫水口呢?据族谱记载"观其地形,左带巴江,右绕巨湖(湖已经开垦为田),前临江水(巴江),后枕中山(中洞山),极山川之胜,敏天地之精,由是名曰(风)水口"。

值得一提的是,水口村的任国才可能不是第一个迁到花都的任氏族人。因为有关族谱记载,第五十八世举家迁往香山(今中山市)的任敞的后人第五十九世的任逸曾迁到花山(即如今的花都区花山镇),但后来族谱遗失。所以,早年花县任姓都出自水口村。至今炭步和三水范湖镇一带,依然流传着"三水一棵菜(蔡),花县独脚任"。意思是当时佛山三水地区蔡姓人口众多,而花县任姓都来自水口一支。

任氏为什么会搬来水口村?如今在水口村老人中流传

梁架精美的木雕

水口村康公庙

的故事,反映了水口村的人文历史情况。任氏族人谈起祖先,都提到"任氏太公、赖氏太婆"的说法。按照常理,说起祖上,人们一般都是说男丁的来源,水口村任氏族人为什么会提一个太婆呢?原来,现在水口村的任姓族人,是入赘而来的。那当时是怎么入赘的呢,这其中有两个版本的故事。

一个版本说的是水口村当地原居民大都是姓赖的,没有任姓人士。任姓始祖本是个为赖姓打工的放牛仔,因得到有女无子的主人信任,招为入门女婿。后来,慢慢地赖姓衰落,只剩几家人,而任姓则人丁兴旺,反客为主,成为水口村的主要姓氏了。

另一个版本说的是元末明初,炭步赤坭一带仍属南海县,那时候,巴江河很宽阔,河两岸野草丛生,交通十分不便。水口任氏始祖任国才当时还是个青年才俊。他家住清远县龙塘村三家巷,父亲任应魁,是从南海西樵南村搬过来的。他父亲到了龙塘后,靠给别人打工度日,日子实在太艰难,就吩咐任国才去南村寻找祖父和叔父。由于当初任应魁离开南村时,是一路打工去清远的,具体路径也忘记了,只记得是朝西南方向去的。那天正是任国才应父亲之命前往南海寻找其祖父。任国才去到赤坭圩,刚好遇到圩日,附近四乡的村民都来赶圩。由于不认路,任国才只好四处问人。

"这时刚好走来一位十五六岁的姑娘,他喜出望外,随即放慢脚步,等候姑娘走近,上前施礼,询问往南海西樵怎么走。姑娘一时答不上来,见青年衣衫虽破旧,但模样很诚实,不似坏人,早有几分好感。她想了想,回答青年说:我家就在前面,不如到我家时,你问我父亲,也许他会告诉你。"(据任洪涛《水口村任氏溯源》)于是,任国才跟着去那姑娘家。有意思的是,在那赖姓姑娘带任国才回家的途中,桥被上涨的河水淹没了,过不去。这时候,任国才挺身而出,扶着赖氏姑娘一步一步涉水过了桥。回到赖屋社（当时未有水口村），赖氏姑娘向父母流露出对任国才的爱慕之意。于是，赖先生以"此去南海西樵山，路途十分遥远，且眼下洪水猛涨，到处的路都被水淹没，你一路劳累，不若在我家住几天，等洪水退了再走吧"为由，留下了任国才。任国才答应下来，住下后，并没有白吃白住，而是勤快干活。让正好没有儿子又缺劳力的赖先生萌生招他为婿的念头，他把意思向任国才表示后，任国才回清远告知父母，并得到同意。于是，任国才成了赖氏的上门女婿，也成了水口村任姓始祖。

后来，经过发展，水口村任氏发展过千人，成了水口村最大的姓氏。任姓族人还分支到了平岭头村、赤坭镇的连珠村、四会市龙甫镇营脚村（虎头岗）等。而赖氏发展却远远比不上任氏，如今只剩下为数不多的赖姓族人在水口村。这其实也反映了中国封建社会姓氏族群的变迁。尽管赖氏在水口发展式微，但是，水口村的任氏族人讲起祖上，必然要说太公国才，太婆赖氏，这说明该族人对祖先的敬奉。

这里还有个问题，任氏是入赘而来，那么原来的赖姓族人呢？笔者在黄皞撰、黄学准修的南海朗溪《黄氏族谱》中发现了一段文字："（十世）处士才兴，生于元，善经营，广蓄积。元季大乱，盗贼蜂起，能统率方里，助赖姓于水口立寨，以捍御之，一方赖之……"这里一是说明塱头村黄氏与水口村赖姓当时的友好关系，二是说明赖姓族人从元代已经立村。但赖姓从何而来，仍然需要进一步考证。

带后楼的祠堂岭南少见

任氏祖祠是水口村族人供奉祖先的祠堂。祠堂建于清咸丰二年（1852），而据祖祠中墙刻记载为始建于咸丰丙辰年（1856），准确时间还可以深入研究，但建设于咸丰年间是必定的，至今已有160多年的历史。祠堂约于1860年和2007年两次重修。

从任氏祖祠前方的风水塘望去，祠堂十分恢宏。任氏祖祠坐西向东，为三间三进带后楼。左右两路为侧房，现已经用作仓库。正路两侧有巷子，左右巷子前有木门，木门上门楣由花岗岩镶入，分别写有"仁义""厚德"。祠堂山墙皆为镬耳墙，独具特色。祠堂中路正面门上花岗岩石阴刻"任氏祖祠"四个大字。左右有对联一副，为"先贤世泽；左相家声"。据介绍，风水塘与祠堂之间的水泥广场上原有一对旗杆夹，刻有任氏

村头文塔

考取功名的人名。后来大约在"破四旧"期间拆毁。

祠堂墙基以及柱子全为花岗岩,花岗岩上有青砖砌墙。门前两侧为虾公梁,梁下有石刻组建,梁上有石狮子,左右对称。石狮子之上位木雕横楣。横楣两侧又有人物和花纹砖雕,十分精美。横楣之上就是粗实的木梁,木梁之上架着灰瓦。四进的屋顶都是龙船脊,而且有彩色灰塑。第一进屋顶龙船脊上为双蝙蝠抱大龙珠,第二进屋顶龙船脊上为双凤凰对莲花小珠,第三进屋顶龙船脊上为双金龙吐大龙柱,后楼屋顶龙船脊上无装饰物,但脊面依然有彩色灰塑。

走到祠堂门前,可感受其厚实气势。门前左边墙上挂有"广州登记保护文物单位——任氏祖祠"匾牌。在门口抬头仰望,沿着墙顶画满各种古代名图。推开大木门,正面又是一对红漆花纹木门屏风。屏风上刻"福禄寿"。两侧为花岗岩石础,圆木柱。进门祠堂,左侧挂有水口村任氏开宗谱,右侧墙则挂有镶在木框玻璃里的《任家傲——水口村重修祖祠礼赞》。

第一进与第二进之间为天井,天井两侧为侧廊。其他各进结构如此。第一进右侧廊用一大块黑石阴刻了"重修任氏祖祠捐资芳名榜",记载了该村乡贤慷慨解囊重修祖祠的事情和芳名。

第二进为"燕翼堂",昭示着水口任氏的堂号。"燕翼堂"两侧墙壁挂有族人重修祠堂时的照片。左侧的墙上有一空白框,框两侧有对联"满朝朱紫贵;尽是读书人"。据介绍,空白框原有一幅水口任氏名人"任文灿"的像,后因天气潮湿损坏。任文灿是谁?狮岭镇盘古王公园里盘古神坛两侧望柱留下了他撰写的对联,而他也可能是当时花邑最疼老婆的读书人。据记载,任文灿同治癸亥年(1863)生于水口村,自幼聪颖,在当时也是一名学霸。据任文灿《钦命四书诗题》记载，任文灿是光绪十六年庚寅科二甲第十四名进士，由皇帝钦点翰林院庶吉士。后来被诰封中宪大夫、奉政大夫、户部主事。

任文灿"世居花县水口乡，迁居连珠乡"。那么，任文灿为什么会迁居赤坭镇的连珠村呢？原来，这跟他疼老婆有关。据传，任文灿老婆李氏是赤坭镇新村人，属如今的赤坭镇蓝田村。李氏是该村"国学生逢亮翁之女"，也是书香门第，与任文灿算门当户对。但年轻的李氏十分娇贵，拜祖时都要由任文灿抱着或背着拜。任文灿疼老婆，一一照做。但那时候男尊女卑情况依旧存在，久而久之，村人对任文灿和李氏多有嘲讽取笑。听到这个村的人说她不好的话，李氏放下狠话，"从此不饮水口村的水"！面对生气的老婆，任文灿想到了带妻子回娘家，但那不是长久之计，怎么办？他忽然想到其叔叔已经迁往赤坭镇的连珠村发展。于是，带着老婆投靠了叔叔，并在连珠村定居下来。也有人说这个故事可信度不高，是水口村人编出来的，因为几百年一遇的任姓进士不能轻易让出，连珠村亦有几百年历史，其先祖应该迁去有好几代了。

第三进摆神台，供奉任姓先祖。两侧挂有多副木刻对联，都是各地宗亲在祠堂重修时送来的。

后楼为"宗贤阁"，是两层砖木结构高楼。祠堂内设后楼，在花都乃至珠三角都极为罕见。第二层门楣上挂有阳刻"宗贤阁"木牌，远远就可以望到。目测第四进高度估计有20多米，如果按最高建筑点算，任氏祖祠可能是花都乃至广州最高的祠堂。

宗贤阁里面第一层挂着中华任氏始祖任不齐像。像两侧挂着"懋赞经……"等

水口投灯闻名花都

28个字,这些字是水口一世祖开始定下的28个字辈。像前摆设、简易神台,让人供奉。所以,如果说第三进供奉水口当地开宗后的宗族先辈,那么后楼则是供奉远祖。这在一定程度上也反映了任氏族人对先辈的高度尊重和对根源的敬畏。

站在天井仰望,宗贤阁十分高大,仿佛到天的感觉。而沿着左侧的木楼梯可登上阁楼。二楼阁楼全用木板作为楼板,走到上面,咯咯作响。阁楼正中有木门,推开木门,可以饱览水口村的风景。正如门两侧对联"大览山川绵绵;宏开理学渊源"所说。

祠堂正前方是风水塘,巴江河从祠堂左侧蜿蜒前行,流向远处的东方。而祠堂右侧可看到任氏族人居住的村容村貌。

据村中老人介绍,水口村的扩大建设是按"凤凰之形"发展。其中有"凤颈""凤身""凤尾""凤左翼""凤右翼"。"凤颈"为北社,"凤身"有川巷社、巷尾社、元下社、红门楼、塘唇社,"凤左翼"为大围社,"凤右翼"为赖屋社,塘唇社的边缘到水口文笔塔再延伸至钟边村旁为"凤尾"。

而祠堂就建在水口村布局的重要的位置——北边的"凤头"。水口村几百年来延续着远古时代人们对凤凰的崇拜,凤凰居百鸟之首,象征美好与和平,而这也是水口村民的追求与信仰。所以将祖祠建在"凤头"之处,代表着村民对祖先的敬仰以及对美好与和平的向往。

约十年前,任氏祖祠与两侧仓库仍作为学校使用。附近村的孩子都到该祠堂上学。1944年,祠堂作为水口小学,1947年,更名为炭步第二中心小学,直到2006年撤校,历经62年。其间人多时曾有四五百学生,可见其兴旺。如今,祠堂前的篮球场篮球架依旧保留着作为学校设施的模样,只是任氏祖祠已经焕然一新,既是族人供奉先祖之处,也是族人婚庆等喜事酒席的举办地,成为族人开展传统活动、维系宗族感情和研究宗族文化的重要场所。

"超人聋仙任真汉"

旅居香港的大画家任真汉祖籍花县(现花都)水口村,有"超人聋仙"之誉,因他小时患脑炎致聋,凭着超人的毅力,战胜恶疾,成为画坛名家,兼之诗、书、鉴赏文物、小说、散文等诸领域均有不俗成就。他的博学多才，被晚辈同仁称为"超人聋仙"。

任真汉

1925年，18岁的任真汉师从当时名盛省港的绘画大师冯纲百和胡根天，得到了这两位名家指点，任真汉的绘画水平进步很快。1927年，任真汉的作品第一次参加广州市画家美术作品展览会。1927年底，任真汉东渡日本，进入东京京都关西美术学院攻读美术史论和学习油画。他在日本京都关西美术学院，研习西方油画技法，1929年创作的油画《露台》和1930年创作的《戏猫》入展东京美术展览。特别是1930年创作的油画《三等船舱》入选日本最大型的全国性第8届美术展览，深得美术界知名画家的好评。他在学院被老师称为"最勤奋的画家"，被日本文艺批评家称为"中国的西洋画家"。在日本，他已成著名画家。

1932年初，任真汉和一部份留学日本的同学，应冯纲百和胡根天之邀，到广州赤社美术研究会教授油画。他一边执教，一边潜心美术创作。他的作品多次被选入广东省美术作品展览。1937年，任真汉移居香港，得到著名画家徐悲鸿介绍，任《珠江日报》编辑。

有一位爱国的收藏家杨铨，得知任真汉是位古画鉴赏家，于是与任真汉结交为友，经常请任真汉帮他鉴别古代字画真伪。为了弄清数量众多的收藏品的年代、出版、真伪，杨铨请任真汉住在自己家里前后达三年多，与杨铨一起，把三百多件古画和数以千件的陶器、瓷器逐件鉴定清理包装，藏到密室之中，直至日军投降。任真汉不但是香港著名的爱国的诗、书、画名家，也是著名的文物鉴定家。

新中国建立后，1957年，任真汉作为香港爱国著名人士，被中央政府邀请参加北京"五一国际劳动节"庆祝大会观礼，返港后，任真汉动员杨铨把文物捐给新中国。在任真汉向内地博物部门介绍下，杨铨在50年代分期分批捐献了300多幅古代字画和300多件古代陶瓷品。

任真汉在上世纪50~70年代多次回大陆游览各地名胜古迹，精心创作，创作不少山水精品，得到国内外各报刊纷纷发表。他与旅居香港的岭南画派大师赵少昂、杨善深齐名，被称为"香江三大画师"。

百年不忘同根生

——记平岭头村任氏宗祠

◎ 郭利群　任洪涛

平岭头村位于花都区炭步镇西北6公里，田野开阔，绿树成荫。村后是双对岗，属中洞山，右有小岗，岗顶平坦，巴江河从村东边流过，"平岭头"的村名便由此而来。平岭头村户籍人口700多人，共约300户，分为四个经济社，单姓任。而外迁的平岭头村人

平岭头村任氏宗祠

口，远远多于在平岭头村的人数。村中有耕地、鱼塘、山林等，主要靠种植水稻、蔬菜、花卉和养殖业收入。近年来，平岭头村在各级政府的关心支持下，大力推进新农村建设和美丽乡村建设，村容村貌整洁干净，道路交通畅顺，卫生服务、休闲娱乐场所体系配套完善，全村呈现出幸福和谐的新景象。

宗祠建设：资金来自百年存款

清朝康熙年间，水口村民命伊公、宗立公、宗齐公、愈远公等人先后来平岭头村耕种。他们原是水口村的穷苦佃农，因为在此耕田离水口村较远，来回不方便，于是便在田间山旁搭起草棚暂住。他们勤劳耕作，辛苦经营，后来恰逢田主败落，便逐渐买下田地，在此建屋，安居乐业。命伊公便是平岭头村任氏的开基祖，他是水口村始祖国才公的十四世孙。

国才公是炭步镇水口村等一带的任氏始祖。国才公安家置业，勤耕苦作，繁衍子孙，经过600年的发展，除水口村外，分支出去的有四会市龙甫镇营脚村、贵州省沿河县晓景乡苦竹村、平岭头村等，后裔有万余人，可谓人丁兴旺，而平岭头村是重要的一支。康熙年间，自命伊公在平岭头定居至今，已有300多年历史。

命伊公在平岭头村开枝散叶，到道光年间，人口已达300多人，当时兴建宗祠，各房兄弟都有自己的祠堂，但却没有宗祠。为了团结同族兄弟，避免各房子孙疏薄情感，渐存隔阂，族人商议筹建平岭头任氏宗祠。但族里没有公款，族人生计艰难无法筹款，便设办了"文昌会"，由族人捐钱作底银，用底银生息积聚，作为日后建宗祠的款项。文昌会便是族人为筹建公款筑建宗祠的特殊情况下成立的。经过一百年的积聚，到了民国时期，文昌会存款已有10000多元，可以勉强建祠堂了。民国二十五年（1936），在归侨族人任家濠的慷慨捐助和族人齐心协力下，大家有钱捐钱，有力出力，于当年农历十一月择吉日升梁，经过八个月的时间建筑完成。其一砖一瓦、一椽一梁都凝聚了任氏族人对先辈的敬重，对后人不忘同根同源，相亲相敬的期望。

如今，任氏宗祠已有80年历史，虽经历了一些风雨，不比当日之新景，但更显出它的厚重。任氏宗祠原貌保存完好，门庭广阔，干净整洁，宗祠两进两廊，人字墙、博古

任氏宗祠与平岭人民会堂比邻

脊,脊上的灰塑仍清晰可辨,只是色彩在风雨的腐蚀下已渐渐褪色。大门有祠联"源同水口;枝发岭头",反映了平岭头村与水口村任氏兄弟的宗族关系。宗祠内楹联是"世德平兰盛;乡贤岭桂荣",该联嵌入了宗祠名称"平岭兰桂堂"。平岭头村任氏的字辈诗,前两句是:懋赞经猷臣烈焕,恩贻德业祖基长。后两句是:时逢显泰家声远,运启文明世泽昌。水口村、连珠村,以及四会市的龙甫镇营脚村的任氏基本都是按这副对联来排字辈的。平岭头村除任氏宗祠外,还有宗惠任宗祠、宗立任宗祠等,都是各房兄弟的分祠,现仍用作村中操办宴席。

从历史上看,平岭头村有两次较大的外迁高潮,一次是清末民初,因战争频繁,农村经济破坏严重,许多村民漂洋过海到越南、新加坡、马来西亚、美国等,也有去香港、澳门的,那时几乎每户人家都有人在境外定居。另一次是二十世纪八九十年代,当时花县靠近广州,经济发展较快,政府采取适度增加城市人口的政策,村民通过招工、购户口、办自理粮户口,迁到城里落户。据不完全统计,落户广州、新华等的平岭头任氏不少于600人。

办学兴教:基金会发挥积极作用

平岭头村立村时间并不算长,且地处偏僻,旧时村民贫困,读书人不多,没有什么达官贵人,商贾骚客。新中国成立后,随着国家教育事业的不断发展,平岭头村人的文化水平也不断提高,族人从商、从政、从军等情况时有出现。新中国成立初期,平岭头村开办了初级小学(1~3年级),后来又办了完全小学,使适龄儿童都能进入学校读书。家境好的以及成绩较好的,还可以升入高级小学(水口小学)、中学(花县第二中学)读书。随着社会的发展,族人到外地落户的也不少。一些事业成功的族人对家乡的发展念念不忘,热心公益事业。1996年,由热心族人牵头,经过一年的筹备,成立了"平岭头教育基金会"。基金会成立伊始,便得到了各方人士的支持。其中南海籍香港同胞任钻琼女士主动捐资5000元;平岭头籍的香港企业家任敬祥和父亲任活朋、弟弟任惠祥也大力支持基金会,捐助了不少的资金。在村干部以及热心族人的鼓励和带动下,村民、相关企业以及企业家纷纷慷慨解囊,共筹得捐款18万多元。据了解,平岭头村教育基金会是花都第一个村级教育基金会。1998年,基金会为平岭头小学更换设备,购置教材,使这所名不见经传的小学一跃成为炭步地区教学设施较好的学校。

教育基金会资金取之于民,用之于民,造福子孙。基金会每年取出存款利息,专项奖励平岭头小学安心教育事业、教学成绩显著的教师以及勤奋好学、品学兼优的学生。此外,除了奖励本村村民的子女,原籍在平岭头村的外迁人士子女,只要考上重点中学和各类大中专学校,亦同样给予奖励,奖励对象和金额由基金会研究决定。基金会的收支情况以及奖励名单每年张榜公布,显示公正、公开、公平的原则。基金会的成立对平岭头村鼓励族人认真学习、推动教育发展起到了积极作用。

独特习俗:在传承中渐渐演变

端午祭屈原。端午节来时,一般近河涌的村落都有划龙船的习俗,但平岭头村虽然在巴江河边,本村却没有龙舟队,举行龙舟赛时,龙舟也少游到平岭村段。平岭头村的村民往往是一家老小在端午节期间,带上香烛粽子到巴江河边拜祭,把粽子抛入江中。据说这样让鱼吃饱粽子,就不会吃屈原的尸体了。随后,老人浇水洗脸洗手,幼童则跳到河水里戏玩,洗过龙舟水,祛除百病,身体健康。

烧禾楼。这也是平岭头村在中秋佳节隆重举行的传统活动。中秋节当天,村民把瓦片、干柴集中起来,傍晚时分就在晒谷的禾坪用瓦片砌起大大小小锥形的禾楼,因瓦片

虾公梁石狮

成弧形，所以留出许多空隙。等月亮出来后，小孩开始烧禾楼，从锥形禾楼底部的入口塞入柴火，直到烧够一堆灰，就用长棒用力猛捣鼓，捣得炭灰从禾楼间隙不断飞出，红色的火星窜得很高，呈现一片辉煌、热烈的壮观美丽景象，引得村民大声喝彩。当然，随着人们生活水平的提高，中秋节的庆祝方式越来越多样化，烧禾楼的习俗渐渐少了，改为玩灯笼、放烟花、赏明月、吃月饼和田螺等，也其乐融融。

  人生礼俗。平岭头村的人生礼仪习俗一般有三个大阶段。首先是出生之礼。小孩刚出生，便在家门口挂一块生姜、一双筷子、龙眼叶或柚子叶，作为禁止外人进入的标志，还在门楣上挂婴儿父亲丢弃的一只鞋子，表示如有外人无意闯入，也可以为婴儿压惊。婴儿出生十二天时，即十二朝，便摆酒宴请亲友，还请有福气的老妇帮婴儿剃去胎发。胎发多用红丝扎好悬挂床头或收藏起来，可以避邪压惊。婴儿剃过头后，便换上新衣，让外婆抱着去拜祖先，让其他人抱着到街上、学校走走，祈福小孩走南闯北、读书聪明。小孩满月当天要去探外婆，日落前回到家。百天时做"百岁"礼，半岁左右，外婆要择日"担笼仔"，现一般送学步车或儿童单车。其次是结婚之礼，旧时父母包办婚姻，现代的婚嫁礼数许多已西化，但也保留了一些简化的旧礼制。如问生辰八字、礼期做礼、迎亲、闹洞房。新婚第二天早晨，新妇要拜祖先、拜公婆等。过去，除了正常的男婚女嫁之后，还有冥婚的习俗。如果男女未婚先亡，由双方父母或亲人主持，物色亡故对象，举行婚礼，形式和生者大体相同，双方家长称"仙亲"。最后是丧葬之礼。旧时平岭头村的丧葬礼仪传承土葬形式，现政府提倡火葬，简化了许多程序，制造和出售棺木的长生店也随之消失。

威水村史：曾经辉煌的粤剧演出经历

平岭头村是炭步一个依山傍水、风景秀丽的村庄，由于地理位置偏北，又远离墟镇，旧时村里的文化活动甚为缺乏。20世纪60年代初，村里的青少年们仅有的文化活动只是在月朗星稀的夜晚，围坐树脚井头边听被乡亲们尊称为"亨叔"的任绍亨讲《三国演义》，或齐聚在村口欣赏人称"阿坚"的青年用小提琴拉奏悠扬悦耳的广东音乐。后来，村里在广州买了一台电子管收音机，年轻人聚在一起收听音乐和粤曲也成为茶余饭后的必备娱乐活动。偶尔听说炭步墟放电影，特别是有广州的粤剧团来演出，许多村民还赶早吃过晚饭，便成群结队步行五公里去炭步会堂观看。当时村民全部的文化娱乐活动不过如此。

1967年，花县政府十分重视农村文化建设，炭步公社要求各村（当时称大队）建立文化室，大力开展文化文娱活动。平岭头村在村党支部的带领下，积极响应号召，建立了文化室。时任村党支部书记的任炳华找来了爱好粤曲粤剧的任炳亨、任国洪以及任绍春、任绍坚、任沃洪、任素娥等几位青年，商量文化室开展活动问题。经过热烈的讨论，大家一致认为村里许多青年人都喜欢粤曲、粤剧，村民又爱看"大戏"（即粤剧），建议成立粤剧团，一来可满足村民娱乐需要，提高他们的文化素质，二来又为弘扬岭南粤剧出一份绵薄之力。

"平岭青年业余粤剧团"就这样成立了。粤剧团没有委任团长，直接由村党支部领导，团部设在任氏宗祠，并请来本村曾派去广东粤剧院学习过的任焕贤及其工友袁达成两位前辈来"教路"（即传授经验）。在制定了剧团的基本架构和人员组成等之后，村里拨出经费，由任焕贤、任沃洪两叔侄前去广州购置扬琴、二胡、边助、南胡、椰胡、笛子以及锣、鼓、钹等乐器。任焕贤教族人掌板，打锣、鼓、钹。后剧团又请来塱溪村粤剧前辈来辅导，教学员走台步、拉山，教"唱、做、念、打"等粤剧基本功。那时每天晚上八时左右，剧团成员在此练习，祠堂热闹起来，琴声悠扬，粤韵绕梁。

除了学习传统的粤曲曲目，剧团还尝试排练现代粤剧。当时，花县文化馆大力支持农村文化室的建设，提供了一些反映当时农村农民生产、生活、表现农民热爱集体的现代粤剧剧本。剧团经过挑选，决定排练其中之一的粤剧《捉鸭风波》。此剧排练后，参加当年花县农村文艺汇演荣获了三等奖。

梁架木雕

　　初尝甜果让剧团各成员都信心倍增,其后还排演了《补锅》《一只破碗》《审椅》等粤剧。其中《伤疤恨》的表演最为成功。该剧有冲突,有悬念,有男女爱情,以喜剧结尾,可说是非常"有戏睇"的一出粤剧。剧团苦心排练,先是在本村演出,获得乡亲们的赞赏,再征集众人意见,对不足之处加以改进。1968年春,剧团在炭步会堂演出《伤疤恨》,演出时有一千多观众挤满了会堂,演员倾力演出,博得全场热烈的掌声和观众的大赞。从此剧团一鸣惊人,知名度大大提高。

　　在荣誉的背后,平岭青年业余粤剧团在发展中也遇到不少困难。团员白天劳作,晚上家务事多,虽然约定晚上八时左右开始排练,但常常有人姗姗来迟,甚至缺席,影响排练的进行,有时候甚至整晚都排练不成。剧团年轻人多,偶尔还有因小事而斗气的事情发生。面对这些困难,任绍亨常常和团员讲粤剧"八和会馆"的故事,(八和会馆是粤剧艺人于1889年建立的行会组织,它加强了戏行中人的团结,保障戏班营业正常开展。孙中山在广州、香港、澳门和海外进行民主革命活动时,不少八和会馆艺人参加同盟会,还资助过孙中山进行革命活动。)启迪大家以和为贵,全团要和谐才能出"好戏"。经过长辈的鼓舞,加上大家都是热爱粤剧之人,于是剧团又重现了团结活跃的局面。

　　再后来,剧团不满足于现代剧的排演,大胆地排练起古装剧来。古装粤剧注重"生、旦、净、末、丑",剧团因才选角,也有人毛遂自荐勇当主角的。剧团排演的第一出古装粤剧是《二堂放子》,第二出是《拜月记》,第三出是《胡不归》。三出古装剧都先后在本村演出,《胡不归》还到过赤坭水泥厂和钟边村演出,均获得好评。

　　粤剧团不仅起到了娱乐本村大众的作用,还丰富了炭步、赤坭两公社的娱乐活动。

那时许多村或电话预约，或派人来洽谈，诚邀剧团到他们村演出。其中1968~1969年是平岭青年业余粤剧团的全盛时期，随着水平不断提高，声名在外，剧团逐渐频繁到各地演出。后期的演出，还增加了歌舞和武术等节目，更加丰富了表演内容，增加了演出的观赏性。

剧团已小有名气，但自力更生、艰苦奋斗仍是剧团一贯的作风。剧团出演的交通工具只有自行车，不仅拉人还要拉乐器和道具。30多人的队伍，一路浩浩荡荡。村党支部书记任炳华每次都亲自"压阵"，鼓舞士气。一到现场，化妆的、布景的、搭棚架的立即各司其职。演出结束，全体人员协同合作，迅速撤布景、装乐器。有时遇到雨后返程，月黑风高，道路泥泞，队伍中就有人高声大喊："大家记住，黑泥、白石、光水氹！"（即黑色的是泥土、白色的是石头，发亮的是小水坑）尽管大家打醒精神小心骑车，但摔倒时有发生，弄得一身泥浆。出演虽然艰苦且没有报酬，团员们却毫无怨言，还乐此不疲。每次演出归来已是夜半时分，翌日各人照常出田劳作。

遗憾的是，到1969年底，由于当家花旦的结婚外嫁，人员变动，农村农业体制的变更等原因，剧团渐渐疏于排练，人员四散，最后也无以为继，停止了演出和排练。一晃40多年过去了，当年剧团的小生花旦都已变成两鬓如霜的老人。追忆往昔，他们对那段短暂而辉煌的剧团经历仍心潮澎湃，难以忘怀。

祠堂文化知识

趟栊门：是岭南祠堂建筑中非常特别的元素，是古老的"防盗门"，"趟"在粤语里有滑动着推的意思，左右开启，可以将屋里和屋外的空间隔开，凉风、清新空气和光线却照样可以进屋，兼有通风、采光、隐私和安全等方面的作用。

亭子：也称凉亭，用来点缀园林、驿站、岗岭等景观的一种小型建筑，盖在路旁或花园里供人休息、避雨、乘凉，面积较小，大多只有顶，没有墙。

骠骑将军的故乡

——访鸭湖村张氏祠堂

◎钱春华

  古榕参天,清风徐徐。丫髻山下,巴江河畔,一大片湖水边,坐落着炭步镇的鸭湖村。村名极富乡村气息,让人一瞬间想到鸭,想到湖,还有那养鸭的村民。在不求甚解的俗人眼里,鸭湖村不过是广东芸芸古村落中的一座。它临水而建的样式,它的种稻养鸭,似乎与别的村落没有什么不同。树木郁郁葱葱,湖水波澜不惊,民舍俨然,村道洁净,驻足此处,心胸豁然开朗,仿佛生活给予的负累都能放下了,大可以清静无为地享

鸭湖村张氏祖祠、让斋张公祠

受一番只有乡村才有的宁静与安逸。但是，如此宁静安逸的村庄确实有着宝贵的民间文化遗产和人文典故，等着有心人去挖掘和探访。

在炭步镇，几乎每个较大的村落都建有祠堂，有祖祠（供立村始祖），还有各房头的太公祠，本地人对纪念

鸭湖村张氏祖祠

先人十分重视，祠堂是各姓宗族祭祖、添丁、婚嫁和敬老的活动场所。

在鸭湖村，有着两座并肩而建的祠堂，分别是"张氏祖祠"和"让斋张公祠"。它们已存在了140多年，至今保存完好。每座祠堂的面积有900多平方米，加起来达1800多平方米。祠堂的单座面积，在花都众多祠堂中属于较大的，其中"张氏祖祠"是为纪念本族一位骠骑将军所建。

鸭湖村：张罗原本是一家

巴江河，其形状如一个"巴"字，鸭湖村，村如其名，"巴"字面前一只"鸭"。水是万物之源，巴江河养育了鸭湖村，从立村以来，村里以种稻和养鸭养鱼为生，生生不息，繁衍至今。

鸭湖村风光秀美，人情淳朴，生态环境好。历代相传，鸭湖村有着一个不一般的自然现象。那就是，当每年的冬天湖水干涸时，会从湖底飞起几只白鸭，也有说是金鸭，它们在湖中盘旋徘徊恋恋不舍。这几只鸭是夜晚从别处飞来落脚的，还是从湖底自己长出来的，都不得而知。因此，鸭湖村又曾经叫宝鸭湖村。

鸭一村和鸭湖村同属巴江水系，同靠丫髻山。两姓世代亲如一家，罗氏宗祠和张氏

张氏祖祠梁架木雕

宗祠的上联都是一模一样，就连罗张两姓的坟地，都是相连在一起，堪称今生在一起，黄泉也相伴。鸭一村和鸭湖村的故事很多，这要从他们的开基祖说起。

鸭湖张氏第二十六代后人张文祖向我们讲述了先祖开基的故事。张文祖说，在花都，称祖祠的祠堂很少，大概只有五六座，鸭湖村张氏的一世祖是张叔夜，可张叔夜并没有来过鸭湖。

据村里的老人借助族谱回忆，鸭湖村张氏的一世祖名张叔夜，字稽仲，生于北宋英宗治平二年（1065），卒于南宋高宗建炎元年（1127），享年62岁。他是北宋末年的开封（今属河南）人氏，少年时代就喜言兵事。徽宗大观中赐进士，累官至龙图阁学士，兼签书枢密院事。宣和中，在海州，他曾镇压宋江起义。在靖康元年（1126），金兵南下时，他带领骑兵断其归路奋勇抗金，终战死。张叔夜生二子，长子伯奋，次子仲熊。在靖康元年（1126），金兵南下时，二子随张叔夜起兵。伯奋生子尔孤，尔孤生两子，其次子名皋，字子江，子江公生于南宋隆兴元年（1163），做过浙江山阴令，后为广州太守，居广城福星巷。据族谱，凡属广东之子孙当以子江公为祖也。子江公生了四个儿子，长子居新会，次子居番禺市桥村，三子居广城，四子张仰华，娶番禺（现花都炭步）宝鸭湖村罗姓女子为妻，随妻到了宝鸭湖村。从这里就可看出，张叔夜和其儿子伯奋、仲熊，包括他的孙辈尔孤、曾孙子江，都没有来过花都，来花都开基的是张叔夜曾孙子江公的第四子张仰华。

张仰华在南宋末年因战乱一个人来到了鸭湖村教书，当时的鸭湖村为罗氏宗族聚居地，在热心的罗氏族人关心和救助下，张仰华得以立足，并娶了罗氏女成家立业。张仰华被鸭湖的张氏一脉称为四世祖。后来，随着时代的演变，鸭湖村变成鸭一村、鸭二村。鸭一村为罗氏聚居，鸭二村为张氏聚居。直到今天，提起鸭湖村，其实是指鸭二村。而鸭一村，今天仍然叫鸭一村。

过去，这两座祠堂一直是作为鸭湖小学校址。鸭湖张氏是一个非常重视教育的家族，从他们第一个来鸭湖的四世祖张仰华，到去花东李溪村开基的梅秀公都是读书人，鸭湖小学的教学质量也是蜚声在外，附近很多村民都将他们的子女送到这里读书。

让斋张公祠：宗祠建设传佳话

张仰华娶了罗氏女成家立业，被鸭湖的张氏一脉称为四世祖。张仰华与妻子生养了四个儿子，分别是长子庆一，居鸭湖，次子庆二，居从化，第三子庆四（有人说他前面有一个姐姐），第四子庆五。庆一生子庶五，号世文，庶五生子张柏庭。张柏庭号胜京，张柏庭有三子，分别是颐斋、忍斋、让斋。

让斋张公祠是张柏庭第三子张让斋的后人集资建起来的。

光绪元年（1875），张氏族人决定建一座祠堂，使自己这个宗族有个祭祖和议事的固定场所。经过发动，加上全族人的齐心协力，让斋张公祠在一年的时间里就建起来了。

祠堂建在人烟不多，背山望水的一处独立地域。这是因为祠堂和庙一样，从风水和民俗角度讲，神前庙后为孤煞之地，祠堂建成以后都属于四阴之地，周围不适合人居住。7年后，张氏祖祠也落成了。

让斋张公祠和张氏祖祠并排而立，门口的台阶有高低之分，张氏祖祠的台阶高，让斋张公祠的台阶平。

让斋张公祠坐北朝南，主体建筑三间三进，右侧带一路建筑。总面阔19.5米，总进深47.7米，建筑占地955平

让斋张公祠梁架木雕

方米。门前是开阔的水泥晒谷场，兼作体育运动场。主体建筑人字封火山墙，灰塑博古脊，碌灰筒瓦，青砖墙。全祠所有木柱、梁架、木门均为名贵的坤甸木料，门前三级石阶。

头门面阔三间13.1米，进深两间9.1米共十三架，前廊三步。两根坤甸木金柱，前、后各四根石檐柱。大门嵌宽1.7米花岗岩门夹，石门额阴刻"让斋张公祠"，上款刻"光绪元年四月"，下款刻"陈璞书"。前廊梁架斗拱、封檐板木雕鳌鱼、花鸟、瑞兽、戏台等。青石挑头雕刻戏曲人物。次间虾公梁上有石狮子、雕花异形斗拱，雕工精美。花岗岩石墙脚高1.5米，门前三级石阶。右侧山墙嵌门官神龛，砖雕工艺精美，保存完整。

中堂面阔三间13.1米，进深三间11米共十五架，前设四架轩廊。4根坤甸木金柱，前、后各两根石檐柱，三级石阶。中堂前带两廊，总面阔三间，六架卷棚顶。天井以花岗岩条石铺地。

后堂面阔三间13.1米，进深三间10.6米共十五架。4根坤甸木金柱，两根石前檐柱。堂前三级石阶。后堂前带两庑，卷棚顶，前设四架轩廊。天井以花岗岩条石铺地。

右侧建筑为衬祠，面阔4.2米，人字封火山墙，灰塑博古脊，碌灰筒瓦，青砖石脚，与主体建筑以宽1.8米的青云巷相连。衬祠檐下施有一组砖雕，工艺精美，保存完整。

该祠曾为鸭湖小学校址。衬祠天井用钢筋混凝土封顶，改建成课室。

骠骑将军：家族的荣光

让斋张公祠落成7年后，张氏族人又建了张氏祖祠，纪念他们的祖先骠骑将军张柏庭。因张柏庭的身份和地位，张氏祖祠修建的规格也较让斋张公祠高。

鸭湖张氏到第七世出了一位骠骑将军张柏庭，他是明洪武年间赐武进士出身、骠骑将军金吾大夫。张氏祖祠又称骠骑将军祠，建于清光绪七年（1881），1985年重修，坐北朝南，主体建筑三间三进，左侧带一路建筑。总面阔19.4米，总进深47.7米，建筑占地952平方米。门前是开阔的水泥晒谷场，兼作体育运动场。右侧是让斋张公祠。主体建筑人字封火山墙，灰塑博古脊，碌灰筒瓦，青砖墙。

头门面阔三间13.1米，进深两间9.1米共十三架，前廊三步。前设四根石檐柱，后设两根水泥檐柱。大门两侧镶嵌宽1.7米花岗石，石门额阴刻"张氏祖祠"，上款刻"光绪七年岁次辛巳季秋"，下款刻"新淦姚沛□书"。两次间虾公梁上有石狮子、异形斗拱，下有花岗岩石包台（墊台）。花岗岩石墙脚高1.5米，三级石阶。

张氏祖祠虾公梁石狮

两座祠堂最明显的区别是张氏祖祠的台阶高于让斋张公祠，并且，张氏祖祠门前两边各有墊台，这在等级森严的封建社会，没有身份和地位的人是没有资格这样做的。张柏庭是骠骑将军，战功显赫，而且是张让斋的父亲，他完全有资格享受这一荣耀。

骠骑将军最后战死沙场，遗体并未回到鸭湖村。他的一妻二妾，分别是谢氏、钟氏、许氏，都被朝廷封为三品淑人，她们在身后同他的衣冠长眠在鸭湖村东北角的田中（土名落地金钱）这座墓园里。2005年9月广州市人民政府公布为登记保护文物单位。2008年公布为市级文物保护单位。该墓是研究明代墓葬形式的实物资料。

张柏庭衣冠冢位于炭步镇鸭湖村东北角的田中（土名落地金钱）。始葬于明代，清光绪五年（1879）重修。坐北朝南。全墓总宽19.5米，总纵深41.1米，占地面积801.5平方米。坟头高2米多，墓面纵深11米，为交椅墓。居民国《花县志》记载："张柏庭，明洪武年间武进士出身，骠骑将军金吾大夫，花县炭步人也。"张柏庭的墓被淹没在荒草丛中。到了清光绪五年（1879），政府出资重修，使得他的墓规模巨大，主墙高2米多，墓面纵深十米，两山手共长18.1米。

家族标志：黑色狮子面具

黑色狮子面具是鸭湖张氏的特色之一，在鸭湖张氏祠堂，我们还发现一个有趣现象，那就是在祠堂第二进厅内的两边墙上，挂着七具黑狮面具。在其他祠堂，我们看到的狮子面具大都是彩色的，唯有这里的狮子面具全部是黑色。我国舞狮，大约开始于南北朝，分南狮和北狮。传统南狮分刘关张三种，即刘备、关羽、张飞，各自代表的颜色分为：刘备——黄色，代表贵气、祥和，关羽——红色，代表财富，黄红狮是文狮，张飞——黑色，代表霸气、勇猛，是武狮。据说，鸭湖这里狮子面具一定要黑色，否则不舞。原来他们的祖师爷张飞是黑脸，加上张柏庭是武进士，物与其主相得益彰。

20世纪30年代，鸭湖村遭遇了日军的烧杀抢掠，张氏祖祠的大门被烧毁，两座祠堂都遭到严重破坏。英勇的鸭湖村人不愧是武进士的后人，他们舍小家保祠堂，全村出动保卫两座张氏祠堂，使祠堂幸免于侵略者的火灾荼毒。遭到破坏的两座祠堂后来被重新修复。

到了20世纪50年代，鸭湖村的四座碉楼和围墙的青砖都被拆走，建了今天的花都二中新校舍。校舍围墙高2米，长约500米，砖的材质和建祠堂的一样，如今围墙只余下了一小片遗迹。

天后庙：昔日风光今不在

天后庙尚存，弃置多年，2016年该庙被人再次重修供奉香火。它位于炭步镇鸭湖村，为该村张氏和罗氏共同拥有的香火庙，内供奉天后。始建年代不详，清雍正七年（1729）、嘉庆五年（1800）、同治二年（1863）和光绪三十三年（1907）先后四次重修。坐东朝西，前临巴江，三间四进，总面阔12.5米，总进深26.2米，建筑占地343平方米。碌灰筒瓦，青砖墙。山门面阔三间12.5米，进深两间7.3米共十一架，前廊双步。前、后各两根石檐柱。次间有虾公梁、石狮和雕花异形斗拱。大门嵌花岗岩门夹，石门额被灰砂覆盖。前廊梁架有鳌鱼托脚、柁墩、斗拱，雕刻有戏剧人物、花草连枝等纹饰图案，工艺精细，保存较好。五岳山墙，花岗岩石墙脚。拜亭为十架卷棚顶，与山门、中殿成"勾连搭"。

中殿面阔三间12.5米，进深一间3.7米共六架卷棚顶。后殿面阔三间12.5米，进深三间8.3米共十一架。坤甸木金柱。后殿前带两廊，六架卷棚顶。右廊已坍塌。右廊有《重修天后庙碑记》，由县令应上苑撰写碑文，落款刻"雍正岁次己酉谷旦重修，辛亥季春吉旦勒石"。两廊封檐板木雕精细，表面仍保留金漆，保存较好。

后庙两侧原有衬祠。民国二十七年（1938），衬祠遭日本侵略军炮击损坏。1952年，衬祠拆除，建材运送花县二中建新校舍。过去，每年农历三月二十三为天后诞。如今的天后庙只有断墙残垣，里面供奉的众菩萨金身粉碎，只有入门的柱子上精雕细刻的竹子报安图，还在诉说着它往日的庄严和精致。

祠堂文化知识

枕墩： 传统建筑中位于上下两层梁枋之间，能将上梁承受的重量迅速传到下梁的木墩，称为枕墩。

挑头： 祠堂等传统建筑的檐柱上方正面向外悬空飘出的装饰物，称为挑头，一般为石雕吉祥图案。

透雕： 大体有两种形式，一是在浮雕的基础上，镂空其背景部分，或单面雕或双面雕，有边框的称"镂空花板"；二是介于圆雕和浮雕之间的一种雕塑形式，也称凹雕、镂空雕或者浮雕，镂空核雕也属于透雕的一种。

明祠惊艳传家世

——记鸭一村罗氏宗祠

◎ 罗 阳

  罗氏宗祠位于炭步镇鸭湖一村,构架精美,选材精良,风格独特,庄严肃穆,是花都少有的一座具有明代建筑风格的衙门式祠堂,它古韵悠长、历久弥新。

  走进罗氏宗祠,观赏其独具一格的建筑特色,聆听其漫长悠远的故事传奇……

鸭一村罗氏宗祠

百年古祠不寻常

罗氏宗祠历史悠久，文化底蕴深厚，始建年代不详，据村民推算，可能是明代末年建造的祠堂，是真正意义的古祠堂。于清道光五年（1825）重建，2007年重修。它已有几百年历史，虽历经风吹雨打，日晒雨淋，饱经沧桑，但在族人们的精心呵护下，至今仍不失瑰丽，屹立村中，担任着重要的角色。

衙门式大门

祠堂坐北朝南，有三间三进。总面阔13米，总进深42.4米，建筑占地573平方米。整个祠堂结构奇特，布局合理，充分体现了设计者的惊人智慧、建造师的精湛技术。大门前的石阶、地面均用浅青色的花岗岩石板铺砌。门后用灰色石板铺砌。两根石前檐柱，"分心槽"平面设计。祠堂内凡接近雨水的地方都用石板铺砌，其余地面则用阶砖铺砌。

罗氏宗祠大门两侧，不是用砖、石砌建，而是用板材建造，当地族人称作"衙门式"大门。人们站在这祠堂前面对望，在8米外是看不见门额上"罗氏宗祠"的牌匾。因为祠堂的前瞻下有一度前置的"门楣帘"构架垂下来，必须要走近祠堂门口，登上祠堂门口的石砌台阶，一级级上行，像晋见皇帝那样，先低首上前，再抬头观看，做出恭敬的姿态，才会看见门额上的牌匾以及牌匾上所刻写的文字，这就似乎有点官府衙门的威严。根据有关专家陈述，对于罗氏宗祠这种明代建筑风格，即具有衙门款式的氏族祠堂在花都是少见的。如此用意，呈现出古建筑的高超技艺和精湛的技术，足见宗祠设计者的别具匠心，是一座不寻常的古祠。

祠堂的门面宽5.6米，有四扇门扉。四扇门的左右两边门扉平时是不开的。平时只开关在中间的两扇门作通道出入，只有在过年或重大庆祝活动的时候，才会四扇门都打开，敞开大门。除了两边的侧门可以打开外，挡中也是可以拆卸的。大门前面的门额不是普通民间祠堂常见的花岗石打造，这座祠堂的门额上挂有木匾，大木匾上刻"罗氏宗祠"，这有点像广州陈家祠中陈氏书院前额上的挂木匾。上款刻"道光五年岁次乙丑"，下款刻"仲冬上浣吉旦重建"。（此匾为道光五年重建时的原件）。这也是与民间其他祠堂不同的。

对联为"丫山毓秀；湖海钟灵"，为罗乐之题。对联将"毓秀钟灵"分开来用，"丫山"是指村后面两三千米远的丫髻山；"湖海"就是指村前的小涌、鱼塘和村前面五六百米远的巴江河。有山，表示有"靠山"；有水，表示有出路，有钱财。俗称"有水头"，以前水路是重要的交通线路。

罗氏宗祠也有着与众多民间祠堂相仿的经历，宗祠都是由本氏族人筹建，其中蕴含有中华民族亲情，怀念和感铭祖先们创业，对后人的福荫、泽惠，呈现出特有的乡土气息和温馨人文情怀。祠堂在逢年过节、婚嫁喜庆、添丁祈愿、聚会筵宴、商议公事时用作活动场所。有时祠堂亦作为子弟求学之堂。

走进古色古香的罗氏宗祠，这里充满着古朴的气息。祠内的横梁及挡板均有雕梁刻画，木刻精美，青砖精砌。祠堂砖缝细腻，线条如丝，都是经过能工巧匠的悉心挑选磨砺。各种砖雕、石雕、木雕、灰塑、陶塑、壁画等，均采用上乘精良名贵之品。各种构图活灵活现，玲珑剔透，耐人寻味，将古时的风土人情表现得淋漓尽致，给人以浓浓的美感，同时展示了古代建筑工匠们的高水平、非凡的想象力，宛如回到了穿着长袍宽袖的明代，令人流连忘返。

雨中寻访罗氏宗祠，更显古韵悠悠、宁静清雅，堂内的梁架上，广布精美木雕。中堂前的左右带有两廊，两廊间有着精美的窗棂雕。从大门的屏风后进去，中间是天井，天井中间用白色的花岗岩石板铺砌两米宽，与前后地面一样高。即使滂沱大雨，漫地径流，走进天井也不会湿鞋。

祠堂的四壁是青砖建造。每一进都用石柱和木柱支撑，梁柱上有许多雕刻艺术品。有栩栩如生的人物、花、鸟、虫，墙壁上有许多古画和诗词。壁画雕刻着精美的花卉，活灵活现的禽鸟，祠堂建筑房梁上留下了一些木板雕镂艺术图画，若仔细欣赏，可以看到每一块作品都显得惟妙惟肖，足见雕刻者用心之专。

祠堂的屏风做得非常精致。柱上雕刻有对联："地枕丫山呈瑞色；门环湖水起文光。"屏风上雕刻有花、鸟等艺术品。两廊的墙上，重新绘图，有人物画，山水画。中堂的大梁为红色，"毓兰堂"的牌匾重新雕刻后更显高雅。毓兰堂下两木柱上挂有狮岭联珠坑罗五贵堂送来木板对联："发珠玑首领冯黄陈麦陆诸姓九十七名历险济艰尝独任；开基底分居广肇惠潮韶各郡百千万世支流派别尽同源。"后堂为重造祖宗罗三阳的神坛神位，挂有用木板雕刻的牌匾：百世同源（罗逸群题）。两柱有三水莲溏村罗世华堂送来的木板对联："春露秋霜本支行百世；蘋繁藻洁俎豆祝千年。"

罗氏宗祠内景

时光流逝，经历几百年的更替，在鸭一村已经有不少更为古老的祠堂从人们的视线中消失了，而罗氏宗祠以独特的建筑艺术，不寻常的设计风格，成为村中最为耀眼的一座古祠堂。它的存在，无疑是留给罗氏子孙的珍贵遗产。

修祠不改旧时样

如果把房子比作人，古祠堂该是白发苍颜的老者了。建筑是时间的容器，历经数百年风云变幻，罗氏宗祠这位老者同样也在岁月的洗礼、风雨的侵蚀中，渐渐消遁、剥离，经历了无数的变故。这座不寻常的祠堂，牵动着族人的心，人们把维修祠堂当成一件神圣的大事来做，哪怕是节衣缩食，也没有停止过对祠堂的修护。

鸭一村有八个经济社，以种植业为主要收入来源，有村民共1800多人，全部姓罗。近几年，村里大力发展种养业，一部分村民的生活水平得到了较大的提高，村里人办大小事都想到了祠堂，对祠堂的呵护就像爱护自己的家一样。大家有钱出钱，有力出力，全村人集资，乡贤罗杜宏父子踊跃捐款，几个月的时间里，就筹到50余万元，加上村委会投入30多万元，全村共筹资金80多万元，没有花政府一分钱。2007年，修复古祠的工程开工了。

为了确保修复后的祠堂依然保持原汁原味的古祠遗风，村委拟定"修旧如旧"方案进行全面修复。在施工前，村委会用了一年多的时间去实地考察，听专家提建议，请来了在修复古建筑方面有丰富经验的施工队担任此项工作，组织人员专程到珠江三角洲地区取经，认真考察和选购原材料。修祠所用的木料，全都是产自东北的杉木、红木，墙砖专门用仿古青砖以及青板花岗石，各种原材料精心选购或专门委托订制，还派人到各地去寻觅那些在旧建筑物上用的古砖瓦、雕塑件。

在修复时，施工队精心作业，如壁画无须再去描画，用水清洗干净即可；裂开缺角的石板黏补好，不随便丢弃；残损的花脊能不换尽量不换……。为了找几块与祠堂相同的古砖，施工队跑遍了整个广州地区。为了将艺术建材设法保留下来，他们千方百计到外地寻觅相仿的旧材料，如古砖、古陶塑、古石雕等，然后精心"移植"上去，做到看不出破绽。因年代久远，祠堂的一条十三米长的大梁被白蚁蛀空不得不换，他们就千方百计找来同样的木材，经专业处理后再将它整体提升三十五厘米，才将旧的大梁保留下来。祠堂后墙整体向前倾斜，严重偏位，若不及时修正，很快会倒塌。于是施工队将整面后墙矫正加固，为了保留原貌，连一块砖都没有拆。一旦发现有采用"破坏"的方式来修复祠堂的行为，专家马上勒令停工。

整个维修工作完全是按照省文物保护中心的图纸来施工，设计外观完全遵循修旧如旧的原则，就连滴水檐都和以前的一样。工程队光是收购各地拆旧楼剩下的明代砖和补丝缝砖就用了一个多月时间才完成。

曾看到许多旅游景点，一些古建筑原来的水磨青砖砌墙被抹成了水泥墙，还画上了白色整齐的墙线；古建筑屋顶的瓦片换成了瓷片或玻璃瓦，原本的青砖被随意丢弃，木刻被漆上了油漆，壁画被重新描画，这些善意的修复却让专家们感到痛心。崭新、好看了，然而却丢掉了古建筑的韵味。罗氏宗祠没有遭到这样的命运，对于文物来说，第一是抢救，然后加以保护，在此基础上合理利用。但有一个原则，就是一定要保留下历史信息，罗氏宗祠就保留了从明朝至现在的维修记录，体现了一条文化传承的脉络。罗氏宗祠的成功修护成为保护文物的一个成功经验范例。

罗氏族亲在古祠前共庆元宵佳节

修复后的罗氏宗祠旧貌换新颜,新貌还旧颜,雕梁画栋,古色古香,更显古朴典雅,还原了一百多年前的模样。祠堂内的砖雕、石雕、木雕、灰塑、陶塑、壁画,活灵活现,细致玲珑可见。这里的砖墙有着墨玉般的青色,质地细密光润,砖缝细如麻线,几乎看不到使用过灰浆的痕迹。祠堂的墙体维修得很好,与旧墙体协调一致,瓦面坚固整齐。脊梁上也按照旧貌重修好。祠堂前面的广阔场地加盖了瓷板,这是前所未有的。

如今的罗氏宗祠大部分用于婚嫁之事。逢到嫁娶日子,村民便会在此摆宴席,招待亲朋好友,场景甚为壮观。逢年过节,村民舞狮助兴,一派喜庆场面。平时的日子,是老人悠闲娱乐,小孩玩耍的地方。按村里的规矩,无论红白喜事,还是修路集资,都是在祠堂里办事,逢年过节,开灯游灯,全族人还要来这里给祖宗烧香。村民们说:"每年的重大节日,罗氏子孙都会在这里举行祭祖活动,尊宗敬祖、聆听族训,尽忠孝虔诚之愿。"

祠堂就像一个家的厅堂,以它独有的庄重,挺立于岁月长河之上,诠释曾经的繁华和历史的沧桑,它既是族人勤劳和智慧的结晶,又是饮水思源,不忘祖先的精神体现。

名人轶事传佳话

罗氏祖宗来自南雄珠玑巷，历经900多年，罗氏子孙发展到今天，遍布广东及海外各地。其族人较有出色者，清道光六年（1826）有罗廷翰，我们未找到罗廷翰的事迹，但近代商界名流罗华堂的记载倒是挺多。

罗华堂1874年出生，早年丧父，17岁在白坭河上的渡船上打工谋生，参与轮班踩踏那"车渡"上的转动踏轴，维持船只前进。

那时候，在白坭河上经营客渡业的业主是"永兆渡船公司"。渡船在江河航行时会有一些狂妄之徒截停渡船，实施勒收行水或打劫。一次夜间，渡船行经中途的"五和墟"附近，突然遭到匪徒截劫，罗华堂巧用点燃爆竹放入空置的煤油桶内，把爆响发光的火水桶抛到河面上去，恍如密集的枪声火光，匪徒惶恐而逃，渡船免受一劫。罗华堂因平素干活勤恳，很快被擢升"账房"一职，数年以后又升为"行船司理"。

清末民初，广州市的江河上只有"火船拖渡"运营，就是用安装了蒸汽机器的"火船"作为牵引船，拖带承载大量客货的大船在江河上运行。而同期西方已经出现了以蒸汽机作为动力的轮船。罗华堂知道后赶紧对公司经营的"白坭渡"实行改制，立即引进机动轮船拖船渡，免去了用人力踏木轮划船的艰辛。"拖渡"的船体大，容纳乘客及货物多，且航行速度快，乘客乘坐舒适便捷，使得渡船公司的业务倍增、获利丰厚。不久，罗华堂全面接手经营。他不断改进业务、扩充机械动力，事业日益兴旺发达，公司改名为"广东航业公司"，拥有各种渡船几十艘。

民国四年（1915）年夏天。淫雨成灾，北江水暴涨，清远决堤崩溃，花县西隅一带及番禺南海、广州城区顿成泽国。有史料记载，当时广州市城区繁华的西关水浸到门楣，连地势较高的长堤路一带也水浸过膝，居民灾情惨重。罗华堂挺身而出，协力救灾，还在广州航业界倡议合助赈济，多方向社会呼吁。罗华堂领衔组织救灾，出动公司轮船，协助搬迁转移往地势较高处的"大㘵岭"逃灾，一人承担解救本村乡民的灾情困难。施粥济饥、施医赠药，捞尸殡殓，安抚老幼弱者，事迹感人。灾民十分感谢罗华堂的大恩大德，他的故事一直流传在人们心中，成为一段佳话。

"欣赏一座古祠，犹如穿越一段历史的长廊；会晤一座古祠，犹如聆听一位苍老明世的长者心声。"祠堂是一部浓缩的家族史，记录着一个家族的血脉延续，凝结着无数族人的深深眷恋。同时，祠堂里的牌匾、族谱、对联、修祠碑记等，也记录着一个家族的荣辱兴衰。祠堂，犹如一扇历史之窗，透过它，可以看到一个宗族强大的生命力、原创力和再生力。人们守护的，不仅是一座座建筑物，更是守望着故乡，守护着根。

祠堂文化知识

天官：道教奉天、地、水三神叫三官，天官即其中之一，名为上元一品赐福天官，紫微大帝，由青黄白三气结成，每逢正月十五即下人间，校定人之罪福，故称"天官赐福"。民宅往往在天井照壁设天官神位。

天井：是宅院中房与房之间或房与围墙之间所围成的露天空地的称谓，是宅院的活肺，利于整座建筑纳阳、采光、通风。古人以"水为财"，宅院四周的屋檐水汇聚天井，引进地下排水口，称作"四水归堂"，寓为聚财。

拖廊：后寝与中堂天井之间两侧各有一连廊，俗称"拖廊"。

祖泽流芳步步高

——走进步云村李氏宗祠

◎ 成文耀

  李氏宗祠坐落于花都区炭步镇步云村，缓步来到宁谧的祠堂前面，是一口水面微澜的池塘。陈旧的祠堂门前，几位年迈的村妇在怡然自得地聊天。大门掩饰不住岁月的洗礼，门梁上斑驳的颜面，仿佛老人那张饱经风霜的脸。一阵微风吹过，飘飘的，竟吹起

步云村李氏宗祠

了宗祠的些许神秘。祠堂大门两边的"宴开红杏；学绍青莲"这副对联是为纪念先贤、激励后人所作。上联出自《今古奇观》中的典故《李谪仙醉草吓蛮书》，盛赞李白的才华；下联的"青莲"是指李族祖先、大诗人李白，"学绍"，是勉励后人要学习、继承和发扬李白等祖辈的盖世才华，并为李

李氏宗祠内景

族祖先的博学多才引以为荣。走进步云村李氏祠堂的大门，光阴瞬间轮回，门外是人间朗朗乾坤，门内却是悠悠千年历史。抚摸着祠堂的一根根楹柱，凝视高高在上的斗拱、雕栋、檐柱、屋脊，观赏雕刻在房顶木梁、窗棂和门楣之上的细腻纤巧、精美绝伦的鸟兽花草和古代戏文图案，一股怀古之情就滋生在心头了。

姓氏村史

据同行的步云村负责祠堂管理的李华远老人以及该村大学生村干部李俊文两人介绍，步云阁村原称云溪村，明朝建村，取名步头角。后因三水李姓有人入朝为官，村人视为荣耀，做一匾挂在村中祠堂纪念，上书"李成光状元及第"，称步云阁，后村庄也称步云，分南北二向（社）。坐落在丫髻山下，巴江河畔，隶属于花都区炭步镇，15世纪初叶建村，至今历经570多年。

据遗留部分族谱记载，云溪南社，于明永乐年间，由南海县山脚村义禄房第六代子孙李雨泉始居，并称雨泉公为步云阁南社之始祖。又据民间流传，500多年前，义禄房之第六代子孙李雨泉与其兄李月池，自南海县的山脚村，扶老携幼，一齐来到丫髻山下的巴江河边，以放鸭为生。后见此处依山傍水，土壤肥沃，河涌纵横，灌溉便利，便开垦

农田，种植水稻，边种边养，定居下来，世居此地繁衍生息，渐成村落，定名为云溪村。二兄月池定居北向，三弟雨泉则居南社，兄弟两人便成了步云阁村的始祖。两兄弟还有个大哥叫云岑，与其父李淑卿一起，留在山脚村，以耕田为生。因此，山脚村是步云阁村的祖宗发祥之地。云溪村后来更名为步云阁村，寓意子孙万代，直步青云，丁财两旺，步步高升。正是：讳号雨泉根系南海扶老携幼离山脚；堂名敦本族繁花邑披荆斩棘创步云。

从步云阁自月池、雨泉兄弟创始立村起，历经570多年，宗族发展到今天，已有二十二代。

南社宗族辈分排列，从雨泉公定为始祖起，共拟定了20传，并从第九代开始，形成了子祯公、子豪公、子敏公三大宗族房系。1~20传辈分排列名称为：祖德流芳福泽诒谋悠裕，后昆毓秀书香绍述绵长。21传以后的辈分排序，亦曾拟定。但由于历史原因，至今未曾找到，估计已经失传。在这次重新整理族谱中，经在一定范围内征询内行人士意见，最后由部分父老及有关人员研究，现已决定21~40传的辈分排序为：忠勇孝贤良雄才兴国运，仁义礼智信伟业证家声。从21传起，南社将按此对联排分各人辈分。

北社宗族辈分排序，从十四世起，拟定了十六流传，其名称如下：理学传家，宗功著美，谟猷绍嗣，祖泽流芳。

随着历史的推进，人口也不断增加。经过几百年的繁衍，截至2016年底，步云阁全村在册人口数140多人，510常住户，外来人员145人。近百多年来，步云阁村先后有100多人到了新加坡、马来西亚、越南、美国、加拿大、澳大利亚等国，有近百人移居香港、澳门地区。还有部分人移居人和南兴村、狮岭横坑、冯村。近几十年内，不少兄弟到新华、广州、佛山、韶关、湖南、台湾等地，从事工业、商业和其他行业，并在该处落户定居。

宗祠沧桑

步云阁村自明朝立村后，由于先贤艰苦创业，团结拼搏，加上地理环境优越，村庄渐成规模，至清光绪年间，全村已发展到七八百人，为了纪念先贤艰苦创业的丰功伟绩，为了子孙后代有一个良好的活动场所，当时村中父老商议，要兴建一座李氏宗祠。兴建偌大一座祠堂，资金从何而来？当时由于经济落后，村民收入不多，资金来源十分困难，但在氏族的强大精神动力鼓舞下，全村上下团结一心，有钱出钱，有力出力，除动用各房太公全部积蓄外，并将门口池塘和近百亩公偿田抵押给石湖村人，在筹集到整个工程所需大部分资金后，即到省城（广州）雇请有名设计师和建筑队伍，于1896年初破土动工，开始兴建李氏宗祠的宏大工程。

在兴建祠堂的过程中，由于资金缺口较大，全村村民群策群力，举家集资。其中，尤以十五代传人李英绍（开鞋铺）、李耀生（开咸杂铺），十六代传人李香垣（衙门官吏）、李洁生（开鞋铺）等人最为积极，他们除了捐出自己平日的积蓄外，还为兴建宗祠不辞劳苦，日夜奔波。经过近两年的艰苦努力，李氏宗祠终于在1897年年底顺利竣工，并定名"敦本堂"。从此，步云阁村人有了自己的宗祠。李氏宗祠以其巍峨的风姿，庄严肃穆的气势，焕发出熠熠光辉。

北社的宗祠亦是同一年破土动工，于次年同年建成。当时由于资金充足，其建筑材料比较讲究，使用花岗岩石较多，屋顶横梁杉角密度较大，瓦檐下全部画上精美图画，加上环境衬托，祖祠气势非凡，别具一番景致。

李氏宗祠自建成，便成为全村的活动中心，村中各项活动都在宗祠举办，每年清明拜山、春分日、秋分日，都由太公公尝支付，宴请全村男丁，婚庆嫁娶，新郎新娘穿上礼服，在民间乐队欢快的乐曲声中，参拜祖祠，并在祠堂摆酒设宴，款待各房亲朋，每逢春节，村中新生男丁开灯，则在祠堂摆设灯酒，请全村男丁饮用，由正月初一到十六，天天如此，好不热闹，还有每年举行的"礼斗"和十年一次的"打醮"，更让全村上下聚集祖祠，拜祭祖先，祈求来年风调雨顺，国泰民安。因此，李氏宗祠建成后，一直人气鼎盛，香火缭绕不断，李氏子孙丁财两旺，欣欣向荣，步云阁村成为巴江河畔的璀璨明珠，熠熠生辉。

社会在发展，时代在飞跃，经过几十年的艰苦努力，步云阁村人终于摆脱了贫困，走上了富裕之路。但是，由于种种原因，祖辈经过千辛万苦建造的历史文化遗产——李氏宗祠，在饱经风雨，长年失修后，残垣断壁，虫蛀蚁食，大门紧闭，岌岌可危。优秀的文化遗产和先辈艰苦创业的精神是无价之宝，必须发扬光大，代代相传。全体乡亲父老经过反复商议，决定重修李氏宗祠。于是以李达文、李党荣和李汝端、张燕英为牵头

梁架木雕

人的南北祠堂修缮委员会便应运而生，开展了组织策划发动捐资和重修施工的各项工作。2000年，春节刚过，南北两社重修祠堂的工作便相继开始。全村村民继承和发扬先贤艰苦创业的精神，捐资出力，慷慨解囊，充分体现了李氏兄弟的拳拳赤子之心。在捐资芳名榜上，南北两社以李党荣、李达文、李赞成等三人捐资最多，为全村兄弟做出了表率。几个月的组织发动，南北两社的捐资人数都接近500人，捐资款项都超过20万元。又经过几个月的紧张施工，两间祠堂的修缮相继完成，李氏宗祠又以崭新的面貌，屹立在巴江河畔。

　　2000年9月6日，步云阁村隆重举行重修李氏祠堂竣工庆典。当日，风和日丽，阳光普照，巴江河畔，彩旗招展，锣鼓喧天，一片喜气洋洋。上午11时起，来自南海市山脚、赤山、新北、鹤峰、和顺、大榄，白云区郭塘、滘心、珠江、南兴、罗汉塘、矮岗、良田，花都区成地、横坑、冯村等十几条村的李氏兄弟，先后到达步云阁，他们肩扛烧猪、贺联、镜画等贺礼，成群结队前来祝贺。15头醒狮，几百面彩旗，3000多人，欢聚在巴江河畔，使步云阁村成了彩旗的天下，人流的海洋。震耳欲聋的锣鼓声，鞭炮声以及人们的欢呼声，此起彼伏，连成一片，场面蔚为壮观，成为步云阁立村以来的第一次。为了庆贺李氏宗祠重修开光，村委会聘请专业厨师，筵开四百多席，宴请全村男女老少，李族兄弟和社会各界热心人士，共同讴歌太平盛世，畅叙兄弟情谊，互相祝福迈入新的世纪。

李氏名人轶事

李功宝。李功宝曾是黄埔军校第四期学员，在国民党63军任情报部主任，和平后调到63军驻广州办事处，级别达到副军级。李功宝在家中排行第二，他家有在军政界任职的家族传统，他为国民党效力时，其三弟在广州警官学校毕业，后在市桥当警察局局长。

那时市桥是李朗鸡（花名）的天下（李朗鸡，本名李辅群，俗称"市桥皇帝"，汪伪陆军中将，番禺护沙总队长，汪伪"和平救国军"旅长），李功宝三弟在李朗鸡手下做事，两人一里一外，应该讲一直都互相帮助。

1945年日军大势已去，李功宝与其三弟决定把握机会，捉拿李朗鸡。那时李朗鸡正筹备潜逃，李功宝让其三弟先稳住他，然后发动突袭，到多宝路"李公馆"逮捕李塱鸡。汉奸李朗鸡的落网，李功宝与其三弟功不可没。

李汉光。李汉光虽然大家都知道他的名字，但是没有人会第一时间唤他的大名，人们都叫他"李尾"，或者"阿尾"，或者"肥佬尾"。在粤语里，"尾"音合口调阳平，有点看不起或调侃的意味。这小乞丐长大后却成了了不得的人物，手下集结一班弟兄。初时李尾在广州做"烂仔"，劫了银行，被政府通缉，逃到新加坡。日军侵华，时局变动，1940年左右，李尾回国。

当时李功宝在国民党63军任情报部主任，得知李尾回来，念在同村兄弟，想用其长处。于是派人联络李尾，问他愿不愿意为国家立功，李尾爽快地拍打胸脯，说只要他能做到，就尽力而为。李功宝带他见军长张瑞贵，张瑞贵问他有什么本事捉日本兵。李尾说，要生擒可，要打死亦可。军长一拍掌说好，只要你能不断拿下日本兵，要什么条件尽管说。李尾说我要50支驳壳枪足矣。从此李尾担任63军前方杀敌大队长一职，果然如有神助，每隔几天，就擒回来一两个日本兵，绑完一个又一个。

民间流传最广是他劫得日军一艘小型炮舰的故事。这件事的策划人是李功宝，李尾用计执行。他早早就买通船家做内应，探听到某日火船要靠岸。李尾便带四五个弟兄，配好手枪，用一长麻包袋裹住一挺轻机枪。掐准时间，来到码头，果然，日本兵都离船进墟了，船里只有船家。李尾带着弟兄冲上日军的小炮舰，急急叫船家启动发动机，炮舰"突突"响着扬长而去，直奔炭步。他们把插在顶端的日本国旗扔了，换上青天白日满地红旗。村民挤到岸边，争相看李尾的意气风发，齐齐鼓掌。

这就是李尾，称得上智勇双全，胆大包天。传说他总穿一件松垮垮的对襟衫，敞着怀，驳壳枪藏在衣服内口袋，枪法准得惊人。他叫人把茶煲抛到半空，一拔枪茶煲就爆了；人往水塘里扔石头，那石头贴着水面飞出一丈多远，眼看要掉进水里，他扣动枪扳机，击中小石子。

三圣古庙

因为总与日军作对，李尾名声越来越大，日本人对他恨之入骨。1941~1942年间，日本人买通汉奸，假意接近他，请他吃饭，却在饭菜里下毒。饭吃完后李尾回家，不到一小时，毒发身亡。

老人说日军由汉奸带到村里来，李功宝女仆背着李尾七岁的儿子，被汉奸认出。日本兵便把小男孩揪出来，抛到半空，用刺刀捅死。李尾有三个老婆，却只单传一个儿子。一代草莽英雄，就此悲剧收场。

李彤，现住在香港，曾是黄埔军校第十三期江西分校的学员，官至营长，手下有400多人，李彤参军就是为了复仇。1938年冬，那年李彤18岁，广州失守后不久，日军就攻到花县炭步。一天上午，他站在江边，看到对岸日本兵从船里涌出，紧接着炮就往步云方向轰过来。祠堂被炮弹炸出一个大窟窿，村民作鸟兽散，各自逃命。炭步墟升起熊熊大火，昔日繁华的墟市被烧成一片焦土。

日军下午渡江，有汉奸带路，如入无人之境。他们一路任意杀人，李彤父亲第一个中枪，子弹从左到右穿过他身体，人一软就摔倒在地。村民纷纷沿田基河边逃跑。

李彤自己也在人堆中，肩膀撞着肩膀拼命跑，大约还有300米就要到江边了，怎么办？田基尽头是江，始终是死路一条。突然，他看到前方有个凹陷的坑，他顺势往坑里一跳，巧的是同时，紧挨着他跑的人中枪了。那个人是邻居阿拔，子弹穿心过肺，人一下扑到他身上，覆盖了他。

阿拔不声不响死去，流了很多血，把李彤整个人都泡湿了。李彤伏在坑里不敢动，追上来的日本兵以为两个人都死了，看也不看，往前面追去。

良久，终于听到日军脚步声渐行渐远，声响平伏，变成死寂。李彤方爬了起来，他成了

挑头鳌鱼石雕

在场唯一没有受伤的人。受枪击的村民，死了20多人，其余受或重或轻的伤，李彤第一时间找到受伤的父亲。那个恐怖的日子，给步云村人心里留下关于战争最黑暗的回忆。那场劫难过后，李彤参了军，加入到抗日的队伍。

射击是李彤的强项，抗战时有一段时间他在南昆山守弹药库，那儿地势险要，军火库里有废子弹，每天早晚有空他就用废弹对着树木练射击。他最擅长使用机关枪，军人互相比赛射击，他几乎没输过。

他大部分时间在增城、从化一带活动，参加过抗击日军最激烈的粤北、翁源两场战役。战斗中，一些村子全被日军放火烧成灰烬，连菜叶也被日军战马啃光。没有粮食，他试过扒灰里烧焦的苞谷，挖地下深处的菜根充饥。征战最远去过山东。从1939年到1945年，整整6年，他都在打仗。

 祠堂文化知识

投灯： 因"灯"与"丁"谐音，故民间有挂灯、投灯、游灯等习俗，目的是为了取得"添丁发财"的好意头，投灯大多在元宵节期间进行。

重情重义环山"龚"

——记环山村龚姓诸祠

◎ 刘武松

在花都与南海交界的地方,有座美丽的小山叫横山,亦称白虎山。山不高,但郁郁葱葱。山前有条灵动的河涌,涌不深,但鱼跃鸭欢。山下村庄名环山,这是花都龚姓宗亲的大本营,也是花都比较古老的村庄之一。

环山村龚氏太祖祠石门额

环山村以前不叫环山村。康熙《花县志》称"横山头",民国花县志称"环山头"隶属南海县金利都桃子堡。清康熙二十五年(1686)花县建置,横山头村及周边村庄划归花县,由炭步管辖。新中国成立后,横山头村改名为环山村,沿用至今。

立村已有七百年

环山龚姓立村始祖为南宋末年的景官公。景官公来自福建,因生活之故迁来广东,最先落脚在顺德沙滘,后迁至南海逢涌,最后定居环山村。

景官公立村700多年来,子孙开枝散叶,人丁兴旺。新增的后人环山而居,这也是新中国成立后将村名改为环山村的原因。据不完全统计,目前景官公后裔约为3000人,其中环山村2100多人,竹湖村160多人,横岗村320多人,下塘村100多人,另有300多人移居海外。

龚姓不算大姓,目前全国排名仅89位,在广东龚姓后裔更少,可龚姓有着悠久的历史。共工氏是上古伏羲时期已经存在的远古部落,神农氏炎帝时代居于江淮之间,其部落首领称共工。共工氏在夏朝之前是一支强大的部落,共工后有共氏。古代共、恭、龚三字通用,龚氏即共氏后裔。还有一种解释,共工之后分为两支,一支以共工属五行之水,加水为洪姓;另一支以因黄帝时代的共工氏之子句容,继承父职,为黄帝之土正,管理土地,其后因避难在共字之上加龙为龚氏。总而言之,龚姓来自共姓,共姓的始祖是出自共工氏。

五间宗祠话沧桑

环山龚氏及周边龚氏都建有宗祠,但环山龚氏太祖祠在抗日战争时期被日本鬼子烧毁,仅存"龚氏太祖祠"大理石祠匾置于福才龚公祠门前供后人瞻仰。环山及周边现存龚氏祠堂5间,分别是:环山村福崇龚公祠、福才龚公祠、义永龚公祠,江夏村龚氏公祠,竹湖村景善龚公祠。其中,尤以福才龚公祠和福崇龚公祠最具特色。

福才龚公祠是间老祠堂，建祠时间不详，重修于清同治八年（1869），后虽有整修，但基本骨架未动，现为花都区文物保护单位。走进祠堂，一股历史气息扑面而来。祠堂不大，三间两进，旁边外加一座小小的"帅府古庙"，古庙里比较冷静，香炉上零乱插着几根有些时日的小香。祠堂虽小，却是镬耳山墙，说明环山龚氏曾经也出过官人。屋脊采用博古架，由于年代久远，上面的灰塑已难辨认。

屋面铺满了红色小瓦，精致的瓦当清晰可见。大门上方"福才龚公祠"五个阴刻大字让人精神倍增。大门两侧虾公梁上各有一头大理石狮子作为承重，厚实而精美。最让人欣喜的是在大门右侧虾梁下，横卧着苍劲有力的"龚氏太祖祠"祠匾，从它发黑的祠匾中，我们仿佛看到了环山龚氏七百年厚重的历史。

而真正让人惊异的还是祠堂内的建筑和装饰。环视四周，在一片白灰刷过的祠壁上，我们依稀可以看到满壁精美的彩绘。从第一进入第二进的两边侧门上方，还保留着两幅彩绘，仔细一看，左边则写有"蹈矩"二字，右边花纹中写有"循规"二字。这是教育宗族子孙要遵守法度，不能违法违规违族。这样的设计在花都祠堂中还是第一次发现。

福崇龚公祠则是一间新建不久的祠堂。祠堂建制为三间两间，整个建筑很精美，彩绘很漂亮。最让人难忘的还是在祠堂祖堂里，祖宗牌位上方高悬着岐山黄氏赠送的"念念不忘"金色谢匾，以及谢匾旁悬挂的"福寿康宁慎宗更爱怀先哲；崇仁礼孝追远常思念表亲"的金色对联，这里面有一段故事，下文将专门讲述。它时刻告诉龚氏子孙，在岐山有他们的老姑婆，有他们的老表亲，环山龚氏和岐山黄氏两家的亲情将千秋万代，永远传承。

在福崇龚公祠广场靠近风水塘的地方，有棵百年榕树一直默默地陪伴

福才龚公祠

着龚氏祠堂,其龙形的天然造型更让游人结伴留影,流连忘返。据今年87岁的环山村老支书龚锦亨介绍,他出生前祠堂前就有这棵榕树了,后来虽然遭日本鬼子的破坏,但依然屹立不倒,成了环山龚氏刚毅不屈的象征。前些年,不少商人看中了这棵榕树,愿出资5万元,甚至更多的钱购买此树,有的还找了很多有权有势的说客给龚氏族人打招呼,得到的回答是"祠堂的树再多钱也不卖",终于使那些树贩子死了心。

福崇龚公祠

环山龚氏族人在宗祠建设中都很热心,很积极,有钱出钱,有力出力,很多宗亲都在生活并不富裕的情况下向祠堂捐款捐物,企业家龚锦棠更是一马当先,不但自己带头捐钱捐物,还积极奔走,广泛动员龚氏族人及社会人士为新祠建设出力,使福崇龚公祠顺利落成。

龚黄情义渊源长

环山龚氏牢记祖训,讲礼节,重情义。至今在当地还流传着"姑婆屋"的故事。

故事发生在600多年前的环山村。当年环山村民龚师胜之女许配给了岐山人黄德达为妻,不料姑婆还未过门,婆家却发生惨变。

话说元朝末年,岐山村黄氏三世祖黄元清生有五子,老二德广,老四德达。其家道颇为富有。当时德广已婚,德达尚未成家。德广心胸狭隘,生性贪婪,觊觎家产,视德达为眼中钉,经常借故欺负德达。

福才龚公祠内景

德达有正义感,他与同村好友抨击朝廷的言论被人告发,德达被官府捉拿,其中追杀他的人中有他的二哥黄德广。黄德广手持三叉快耙紧追不舍。德达自知非兄对手,决计逃往岳父家避难。谁知杀红眼的德广还不放过弟弟,竟一路追杀至巴江边。眼看弟弟就要逃走,狠心的德广还不甘心,他用飞耙击伤德达,德达负伤而逃,血染衣衫。

德达逃至岳父龚师胜家后,得到了龚家和全村人的帮助和关爱。在岳父一家的照料下,创伤很快得到治愈。后来,黄德达到了结婚年龄,按理应返回老家成婚,可当时仍受其兄迫害,有家不敢回,而按当时习俗,德达又不是上门女婿,也不能在岳父家成婚。多方权衡之下,龚家便出资在村外建了一间小屋,作为德达与妻子成婚之屋,这间小屋就叫"姑婆屋",作为龚、黄两姓亲情的见证,一直保留下来,直至抗战时期才被日军烧毁。

德达夫妻婚后恩爱,夫勤妻贤,在"姑婆屋"生儿育女,一住就是十多年,与龚氏族人相处很好,深得环山村民的喜爱。后来,元灭明兴,德达才带着妻子儿女迁回岐山,修治祖宗田园屋宇,繁衍生息。由于姑婆一家在环山居住期间得到了环山龚氏的关心和照顾,从而与环山龚氏结下了割舍不断的亲情,一直传承至今。如今,环山龚氏和岐山黄氏均以姑表相称,两姓间的亲情经久不衰,情深似海。

"无环山就无岐山,无岐山就无环山"这是一句来自环山龚氏和岐山黄氏村民的肺腑之言。长期以来,岐山姑婆的子孙后裔,深感太婆的父亲及环山龚氏恩重如山而感恩戴德,岐山黄氏和环山龚氏也像亲戚一样越走越近,越走越亲。

民国三年(1914),岐山黄氏得知环山村"大王庙"建成入伙,姑婆子孙兴高采烈送来了"念念不忘"的感恩横匾,要子孙后代永远记住环山村龚氏的恩情。环山村龚氏族

人对这块凝聚着
血亲友谊的牌匾
珍爱有加，虽然
大王庙在日寇的
焚烧中毁灭了，
可这块"念念不
忘"的牌匾却被
村民很好地保存
下来。后来，岐
山祖祠举行庆

龚氏公祠

典，环山龚氏后人也敲锣打鼓送去了"代代相传"的牌匾，表示龚氏后人决心将这份亲情永远传承。如今，这两块牌匾都高高挂在各自祠堂的祖堂正上方，成了见证龚、黄亲情的最珍贵的纪念物。

新中国成立后，龚黄两家亲情依旧，节日相互走动、有事相互帮助、有难相互支持成了龚黄两家的传统。1967年秋插的关键时刻，岐山村闻知环山村缺水稻种子和人畜劳力，马上组织自行车队送去稻种，不久又组织农耕队帮助环山村进行整田，保证了环山村秋插的按时完成。岐山村遇到困难，环山村同样也是及时伸出援手。有年岐山遇到大旱，抽水机器不够，环山村得知情况后，立马安排两台大型抽水机并配备技术人员到岐山村抽水一个多月，后又派出两台大型拖拉机帮助岐山村犁田耙田，使岐山抗旱问题得到圆满解决。

为了让这古老的亲情永远传承下去，环山龚氏和岐山黄氏相互约定，每隔三年双方要互访一次。每当探访之日，两个村庄彩旗飘扬，醒狮起舞，锣鼓喧天，村民们则兴高采烈，载歌载舞，欢迎前来探访的亲人。

龚氏家族的能人

龚氏家族历来重视祖训家训的提炼和传承，作为教育宗族子孙的传统教材，为龚姓的发展壮大提供了强大的精神支撑。目前,龚氏后人还时刻牢记八条家训和十则家箴。

家训包括"父慈子孝、兄友弟恭、抚孤恤寡、怜贫解难、勤修职业、俭朴节用、齐家正俗、睦族爱国"等八个方面,内容包括了做人的基本准则,是维系宗族和谐、发展进步的精神食粮。

家箴包括"敬祖宗、孝父母、宜兄弟、睦宗族、和夫妇、偕亲戚、崇节义、务本业、慎交游、恤孤独"十个方面。家箴内容比家训更具体,更实际,更具有操作性,它是教育家族子孙立身做人的具体要求。

由于有良好的家训家箴时刻警醒子孙,所以环山村龚氏族风家风具有强大的正能量,因此也孕育和造就了不少环山龚氏有用之才。龚汉超、龚锦亨、龚伯宪、龚乃新就是其中的典型代表。

龚汉超乃环山村西南片人,中共地下党员。他以教师身份作掩护,积极从事党的地下活动。1948年,为迎接解放军的到来,龚汉超被调往广州东北郊人民游击队任第二区指导员,转战广州东北郊。1949年,广州解放后,龚汉超任东江纵队东三支队六团禺北联乡办事处民政股长,继而调往《珠江农民报》编辑部。后又参加了清匪反霸、土地改革、整社整风等工作,历任县级干部。后被错划为右派,直至党的十一届三中全会后才得以平反。

龚伯宪乃环山村上社人,一生从事教育工作,是村里有名的绅士,德高望重的名人。1931年,他在龚乃新的支持下,创办了"景官学校",任校长。全校共设一至六年级,有学生180多人。他还根据抗日形势需要,在校成立了"环山中国童子军",组织了学校足球队,使景官学校成为炭步地区有名的学校。龚伯宪育子有方,三个儿子均学有所成。大儿子龚益曾任广州市粮食局长,二儿子龚新曾任广州市水产公司领导,三儿子龚怡是中山医科大学教授。

龚乃新乃环山村新村人,一心为公,积极为村民办好事,颇受村民敬仰。1925年,他创办了环溪市(类似现在的农贸市场),任市长及自治乡公所所长,和龚伯宪一起创办了"景官学校"。在任市长期间,他开动脑筋,开拓创新,制定了一系列行之有效的举措,使市场品种繁多,物价稳定,在很短的时间内就让环溪市场兴旺起来,使之成为远近闻名的乡村集市。

龚锦亨祖居环山,中共党员,今年87岁,是环山村的老党支部书记。从1957年开始任村党支部书记，至1983年调入镇政府任财政所副所长，他在村党支部书记的位置上勤勤恳恳、兢兢业业工作了26个春秋，为党的基层建设和村民服务做出了突出贡献。龚锦亨退休后，仍不顾年事已高，积极为环山村志和龚氏祠堂建设出谋划策，受到了龚氏子孙和全体村民的尊敬和爱戴。

环山村帅府古庙

祠堂文化知识

抬梁式：中国古代建筑木构架的主要形式。这种构架的特点是在柱顶或柱网上的水平铺作层上，沿房屋进深方向架数层叠架的梁，梁逐层缩短，层间垫短柱或木块，最上层梁中间立立脊瓜柱，形成三角形屋架。相邻屋架间，在各层梁的两端和最上层梁中间小柱上架檩，檩间架椽，构成双坡顶房屋的空间骨架。

台基：也称基座，是高出地面的建筑物底座，用以承托建筑物，并使其防潮、防腐，同时可弥补中国古建筑单体建筑不甚高大雄伟的欠缺。

筒瓦：俗称瓦筒，用于庙宇、祠堂、民宅建设的窄瓦片，呈半筒形，前端有凹凸的瓦舌，个别的筒瓦有瓦钉孔，一般以黏土为材料，经烧制成瓦。

走进古村的历史深处

——社岗村许氏宗祠初探

◎周 蓉

雨后的社岗村,空气特别清新。百年的老榕树在村间麻石古道旁郁郁葱葱,仿佛穿越光阴的时空隧道,人们走进了这个小小村落的历史深处。我带着好奇,在古色古香的社岗村,在庄严肃穆的许氏宗祠里徜徉。

社岗村许氏宗祠、康辅应元祖祠

清幽静谧的古村

社岗村,位于炭步镇东南5公里。明朝许姓人家始建村于小岗之上,因古时未立村,先立社(社稷坛),故名社岗。后来逐步扩展成中北、南元、新村三个自然村片。20世纪70年代,上社村、前社村和社岗村合称为三和乡,90年代社岗村从前社分离出来,成为行政村,而上社与前社改为自然村,归入了大坳行政村。严格地说,社岗的许氏宗祠是前社自然村与社岗村共有,而且前社在先。前社自然村与社岗村的村民都姓许,在册有2500人。社岗村有耕地2144亩,种水稻为主,兼种蔬菜。这是一个典型的南方小村庄,但是也像所有的村庄一样有着它的历史,它的故事。

走在社岗村,岁月的风尘洒落在那些长着青苔、布满沧桑的砖墙、门窗、麻石巷、池塘中,全村尚存百余间古民居,留有大屋、祠堂、牌坊、门楼等众多的各式古建筑。据说,社岗村完整地保存着明清以来传统的习俗,600多年间的风雨对小小的社岗村来说,似乎只是光阴的一瞬,它就这样自然如初地生活在光阴里,成为炭步镇保存较好的历史古村落。如果你细细地感受社岗村,会发现生活在这里的人们还依然保持着那份古朴的生活状态,让你不由得好奇地想追踪这个古村落的历史岁月。

雨后的阳光,一扫古村的沧桑,怀着一份明媚的心情走在麻石路上,经过行人日积月累的踩踏,麻石表面大都被磨得很平整。这些留下过不知多少代人脚印的麻石就像一面面镜子,或者像一本厚重的书籍,无言地记录着一个村庄的历史。这里没有喧嚣,没有蜂拥的人群,静得连远处村民之间小声的说话声都听得很清,甚至他们在门前池塘边洗刷的哗啦声也依稀可闻⋯⋯

古色古香的祠堂

走进社岗村,踏过宽阔的广场,许氏祠堂就出现在眼前。推开一扇厚重的大门,尽管因为有天井堂内会很光亮,但殿堂感觉仍是森严、肃穆。空地上长出了荒草、窗棂、屋里的陈设落满了灰尘,这祠堂经过了数百多年的风风雨雨,让人不胜唏嘘。

一个家族,是由一群同姓的个体组成。许氏宗祠就是许氏族人的家祠,也是社岗村

许氏宗祠内景

最古老的祠堂。祠堂占地666平方米,初建年代不详,清道光二十年(1840)重修,民国二十五年(1936)再次重修。坐西朝东,三间三进。祠堂有人字封火山墙,灰塑博古脊,碌灰筒瓦,青砖石脚,祠内雕梁画栋,天井是以花岗岩条石铺地。

祠堂头门面阔三间13.3米,进深两间8.74米共十一架。两根石前檐柱,两根鸭屎石后檐柱。次间设虾公梁、石狮、异形斗拱、雀替。前廊梁架、封檐板木雕卷草纹、戏曲人物图案。大门嵌宽1.9米花岗岩门夹,石门额阴刻"许氏宗祠",上款"道光岁次庚子",下款"仲秋吉旦重修"。花岗岩石脚高1.9米,台基高0.5米。中堂面阔三间13.3米,进深三间9米共十三架。正脊右侧博古灰塑缺失。坤甸木金柱。后金柱间原有木屏门已不存,现仅余两木柱和冰裂纹横披,红方砖铺地。前设三级石阶,中堂前带两庑,面阔三间,七架,人字顶。后堂面阔三间13.3米,进深三间9.2米共十三架。坤甸木金柱。前设三级石阶,后堂前带两庑,面阔三间,四架卷棚顶,前设两架轩廊。

祠堂建筑既渗透着时代的印记,又表现出浓郁的文化气息,属于典型的岭南祠堂建筑。新中国成立后直到1994年,许氏祠堂曾作为三和小学校舍使用。现已经被政府定为花都区登记保护的文物单位。祠堂古色古香,虽历经几百年风雨,略有破损,但仍然巍然屹立,以佑家声,以正家风,有述说不尽的历史沧桑。

祠堂一头连着家乡,一头连着茫茫的外乡,族人回乡祭拜,离乡辞行,红白喜事都在这里继续着,似水流年,一年复一年。"在过去,村里最好的建筑就是许氏祠堂,族人集中了物力、人力共同建造了它,祠堂不仅用于祭祀,也是大家的活动场所和村里的历史见证者。"村里的老者这样介绍。现在祠堂基本上空置了,天井等空地上甚至长出了矮矮的荒草,但祠堂祭祖这项活动却一直流传下来。每到清明、冬至,许姓的族人赶到许氏祠堂,点炮焚香祭奠祖先。许氏祠堂是社岗村的地标之一,它前面是宽阔的广场,周围有着郁郁葱葱的榕树,是典型的岭南建筑,作为乡村地标,自然也占据着最好的风水之地。

村里的老人回忆,据世代相传,他们许氏先祖最先是居住在河南中原的汉民,后来南迁到广东,并最终在社岗村定居下来,开枝散叶,繁衍生存,也有一些人外出南洋一带谋生。无论走到哪里,祖先的风姿遗训已经深植于南迁族人的内心,许氏宗祠成为他们的精神家园。

山墙壁画

许氏祠堂是许氏宗族祭拜场地,有着源远流长的历史,与村民的生活息息相关。尽管时常会在这里举办宴席,祠堂却不沉浸炊火油烟;虽然这里有生老病死,但它也不卷入悲欢离合。它就像是一个沉默的守护神,即便看尽春往秋来,繁荣落没,但是始终守护着村庄里的许姓人家,它是许氏宗族百世得以相连的精神纽带。

能人辈出的许氏家族

在社岗村这座拥有600多年历史的小村落里,从古至今,曾走出很多知名"乡贤",如明朝广东水陆总兵左提督许荩臣,清光绪十五年(1889)恩科举人许煜、秀才许薰等;原广东水利厅副厅长许绍宏,曾任省粮食厅督察的许丽峰,解放战争时期为国捐躯的许玉根,知名港商许锦佳,著名的珐琅制作大师许锐洪、许锐光兄弟等。村落虽小,却也是人才济济,成为后世许氏子孙为之自豪的事情。

爱国诗人许焜。许焜,社岗村人,晚清举人,学识渊博,时望很高,曾被选为广州最高学府之一学海堂书院学长,培养了不少人才,对广府地区的文化教育做出重要贡献。许焜是一位爱国的传统知识分子,我们已经无从了解他的博学,但是他在鸦片战争后,目睹国家的积贫积弱,官吏的懦弱无能,国家承受的屈辱,想必狠狠地刺激了这位学者,他以激昂愤恨的笔调为后人留下了《虎门望海歌》:

牂河之水自天来,流至扶胥不复回。帝怒东南门户势倾削,特使小虎大虎为之防。巩围海外增雄恢。振衣直上登峰巅。茫茫乎不如不知天之涵海海涵天。汪洋浩瀚无中边,岂比支流别派,可以中流砥柱障百川。我昔来游偕二客,时逢三月哉生魄。其时海水不扬波,未见鲸鲵纷跳踯,澄澜直望祈桑东,梯航万国时来同。夷人畏虎不怕视,所以历年临海殊称雄。独立茫茫,海山苍苍,鱼龙杂逮,鲲鹏翱翔。睹澄清兮万里,叹浩荡兮八荒。须臾日出走东海,但见宫蛟室生光芒。我于此游诧奇绝,饱看天空与海阔。俗儒虎作牖中见,醢鸡不识情难豁。此时胸中吞八九,但愿春江变春酒。归来衔杯话胜游,预约东坡赤壁后。何其鲸呿海添愁,年来沧海几横流。眈眈之势反相向,直令波罗庙上腥风飕,吾闻负隅拒险莫如虎,盘踞南天与终古。岂其跂果不驯,竟随气运以为主。呈嗟乎!十年两度此经过,转瞬沧桑奈若何;天教设险不能守,岂有地利无人和?我思昔游已不得,不禁拥被酸吟长短句,权作卧游歌。

还有许焜遗联:"东亚维新呈气象;山河依旧换文章。"反映的都是一个传统知识分子在面对国家积弱积贫和世界新格局的一种爱国的情操。他的故事,至今村人仍引以为傲。许焜的中举,自然也影响了社岗村的重视教育风气,自然要称"诗书人家"了。

屋脊灰塑

珐琅大师许氏兄弟。许锐洪（1907～1984）、许锐光（1913～1994），他们是同胞兄弟。据村里的老人回忆，他们原来家境殷实，后来家道中落，生活变得贫苦。为了生计，从小喜画画的许锐洪赴香港学习画画4年，学成后在香港成了一名画工，画花鸟、画婴儿背带图案和花瓶图案等，赚钱帮补家里。弟许锐光受兄长传授，也学会了绘画手艺。他和十多个炭步籍艺人在广州市大新路一带从事老式的烧青（珐琅）行业，逐渐成为集设计、绘图、选坯、上瓷等"一条龙"操作的工艺师傅。香港沦陷后，兵荒马乱，香港的工艺品市场萧条，兄许锐洪便回到家乡社岗务农。1938年广州沦陷后，许锐光也失业返乡务农。

许氏兄弟的作品《三英战吕布》

1958年初，国家处于经济困难时期，需开发中国传统工艺品出口，增加外汇收入。广东省工艺品进出公司派员寻访珐琅制作的老艺人，动员他们重新创业，开展珐琅生产。许氏兄弟发扬社岗村的传统，毫不犹豫响应国家号召，积极投身到珐琅工艺品制作的事业中。是年9月，炭步特种工艺烧青生产合作社成立，有社员18人。合作社在炭步圩租用一间几十平方米的村坊作厂房，许锐洪担任总设计，负责起板；许锐光担任车间主任，负责组织生产；社员自带粮食，自办伙房，克服了种种困难。生产资金不足，社员将每月工资作股份。珐琅事业红红火火地开展起来。1963年，该社改名炭步红星特种工艺烧瓷生产合作社，社员扩大到40人，生产场地扩展到数百平方，生产设施也得到很大的改善。许锐洪乘势而上，大胆改革，改变当年香港师傅所传授的呆板的图案画法，以生动活泼的山水虫鱼图案取而代之，并大胆改革工艺流程，采用以水调釉的先进方法，加快了生产进度。北京烧瓷厂和珐琅厂都派人前来取经。1964年产值首次突破10万元。随后几年，生产规模再次不断扩大，生产能力进一步提高。"文化大革命"期间，合作社曾一度停止了珐琅的生产，1971年恢复珐琅生产。在许氏兄弟的努力下，1974年，职工人数达200多人，由生产合作社改名炭步珐琅厂，厂址搬迁到四角围军营。许锐洪、许锐光兄弟等十几名老艺人年事已高，先后退休。许氏兄弟退休后仍然坚持在炭步公社珐琅厂工作。

许锐洪、许锐光在炭步珐琅厂工作16年，言传身教，毫无保留地把生产珐琅技术传授给年轻工人。先后培养了几十名珐琅厂工艺人员，这批人后来成为珐琅厂的技术中坚，为珐琅技艺的传承做出了重大的贡献。

正是有了像许氏兄弟这样将珐琅技艺无私传授，为广州留下了珐琅制作技艺的薪火，花都区的申遗项目广州珐琅制作技艺才能成为省级的非物质文化遗产。也正是有了像许氏兄弟一样平凡的社岗人的共同努力，这一珠三角平凡的田园村庄社岗逐渐变得富裕。

千百年的岁月悠然走过，从许氏宗祠里走出了不少仁人志士，但我们记得的，只能是极少数杰出的人，世代更替，祠堂古韵依然，唯有沧桑更增添了古老村庄无穷的魅力。社岗村，每天总有一些老人喜欢默默地坐在许氏祠堂门口的石墩上，守望着祖先留下来的建筑，回味家族曾经辉煌的历史。

绿树掩映的秀丽乡村风貌，富有岭南特色的景物，祠堂、老屋、榕树、池塘……那个传统意义上奉行耕读传家、聚族而居的社岗村也在时光变迁中，悄然发生改变，村民们纷纷盖起了现代小楼，有些人走出来，可能就永远不会回去了，只有那一直守护着许氏子孙的许氏祠堂，有人们永远不变的回忆，依旧是村民们记忆和乡愁的纽带，承载着沉甸甸的情感和那份归属感。

祠堂文化知识

望柱：古代大型建筑物及桥梁等，常有石栏杆相衬托，那些支撑石栏杆之间的石柱就叫望柱。望柱头部常雕有龙狮、莲花等吉祥纹饰，这些纹饰形式为圆雕和浮雕，统称为"望柱石雕"。

太师少师：是古代的官名。太师与太傅、太保合称三公，少师与少傅、少保合称三少。太师为三公之首，少师为三少之首，官位最为显赫。"狮"与"师"同音，民间常以大狮小狮造型喻太师少师，以象征高官厚禄、代代相传之意。

瓦当：屋檐最前端的一片瓦为瓦当，是传统建筑中筒瓦顶端下垂部分，即瓦面上带有花纹垂挂圆形的挡片，上刻有文字、图案，用以装饰美化和蔽护建筑物檐头。

十世悬壶有玄机

——文二村谢氏家族轶事

◎谢惠瑜　谢汉升

文二村距离城区30公里,离炭步镇城区17公里,属花都区西南部最边远的一个古村落,一条南北贯穿的文大公路是村民出行的交通要道。村面积5.72平方公里,现有2100多人、700多户人家、2000多亩耕地,下辖8个经济社,村民自古至今以种植水稻、

文二村谢氏宗祠

香芋、葱、蒜、花生以及鱼塘养殖为主业,其中种植香芋已有500多年的历史,属远近闻名的蔬菜村。

立村始祖谢子齐

文二村始祖谢子齐,原籍浙江省余姚县,娶妻戴氏,后娶妾陈氏、李氏。生有两个儿子,长子隐文、次子隐昭。谢子齐于南宋景定辛酉二年(1261)参加科举考中解元,南宋咸淳乙丑(1265)参加科举考中进士,在广西为官。退官归里后,由三水县院头村迁居羊城大钩市青紫坊,于宋瑞宗年间携家到广州府南海县三江都骆村堡文冈(即现在花都区文冈村),占卜选下宝地定居。

谢子齐中年入仕,多年为官,名气较大。不久,因权贵奸臣主宰朝政,忠奸不能同处,谢子齐给皇帝上奏,请求辞官回文冈享受隐居的乐趣。当时其妻戴氏带着儿子隐文、妾陈氏及所其生儿子隐昭操持家务,做事常常胜过男子。谢子齐去世前,令仆人扶起自己、执笔写下遗言,说明姓氏祖先起源,并嘱咐隐文、隐昭兄弟:"你们一定要好好侍奉生母、努力读书、继承先辈志向。"谢子齐于宋德祐元年乙亥二月十四日午时(1275)去世,终年41岁。十年后,即公元1286年,子齐公之妾陈氏带着亲生儿子隐昭回到娘家,即现今的三水区范湖镇园夏村定居,繁衍后代、开枝散叶,距今已有730年历史。隐昭的第十三世孙分支到赤坭镇的蓝田村定居,之后不久考中了秀才。子齐公长子的后代第九世琨琼公又从文冈谢氏迁往炭步镇横岗定居,现已传世13代,有十多户人家。

谢氏宗祠的变迁

子齐公后人为子齐公始祖首立祠堂"谢氏宗祠"始建于元朝泰定丙寅年(1326),距今已近700多年历史。宗祠坐落在东面的象岗山下西芦苞涌上,北面岗顶水塔下,与佛山的南海区、三水区隔水相望,现已成为炭步镇文冈小学内的建筑。谢氏宗祠重修于清代,坐北朝南,原为三间三进,现存两进。总面积12.8米,总进深25.3米,建筑占地

339平方米。硬山顶、人字墙（始建为镬耳墙）、碌灰筒瓦、青砖红石脚。全祠梁架、檩枋均采用坤甸木料，"文革"时期曾遭白蚁蛀腐，年久失修、已危在旦夕。

谢氏宗祠头门面阔三间12.8米，进深两间7.9米共十一架梁柱，两根石前檐柱。大门嵌宽1.8米花岗岩门夹，石门额饰以卷草纹边框，中间阳刻"谢氏宗祠"苍劲的行楷字体。前廊次间设虾公梁、石狮、异形斗拱、雀替、石脚高1.4米，内面为花岗岩、外面嵌红砂岩，台基高0.4米，门前三级石阶。中堂面阔三间12.8米、进深三间10.1米共十五架梁柱，坤甸木金柱。梁架柁墩、斗拱木雕卷云纹。中堂前带两庑、面阔三间，六架卷棚顶。前设两架轩廊，左右廊门门额灰塑有"凤举""鸿轩"字样。天井阔5.1米、深6.6米，以花岗岩条石铺地。

现门头脊已不存，中堂前两庑加建红砖墙，祠堂旁边弃置有红砂岩柱础，祠堂前一进左边墙外西面紧连的是文一村谭氏宗祠。祠堂墙外右边建有子齐公嫡孙谢朝义三世坟墓（前东北位置东西向）、曾长孙谢兰馨坟墓（中）、曾次孙谢兰蕙坟墓（下）和其妻坟墓（西）等祖先坟墓。祠堂前面左边种有一棵有85年历史的古榕。正前方约15米处开挖了有近500年历史的东西向水塘（长300米、宽15米，面积达4500平方米）。祠堂后进墙外的西面分别建有洪圣庙、光庙，风格独特、建筑宏伟。光庙的建筑面积500多平方米，洪圣庙的建筑面积300多平方米，为文一、文二两村三姓（谢、谭、钟）共用，已经有300多年历史，只是两庙都在"文革"后拆毁建校。

文冈芋头的传说

由于文冈土质含磷、钾矿物质较高，生产的香芋不仅个头大，且粉多、松化可口，用来做菜清香四溢，故又有"槟榔香芋"的美称，远近驰名。从明代中期开始成为朝廷贡品，明朝之后，"文冈槟榔香芋"也一度风靡宫廷餐桌。

有传说，清乾隆皇帝下江南的时候，因为走错路，来到了花县赤坭附近的村，刚好有个文冈村姑娘嫁到这里，生了孩子正在摆满月酒，其中有一道菜香芋扣肉香气四溢，乾隆皇帝远远就闻到了香味。时值正午，饥渴交迫的乾隆再也走不动了，被热心的村民请进去吃饭，乾隆皇帝吃了香芋扣肉之后大加赞赏，此后"文冈槟榔香芋"成为每年必

农户划小艇到市场出售香芋

须进贡的美食。乾隆皇帝下江南,来到了花县,还品尝了文岗芋头,这只是个民间杜撰的故事而已,现实中不可能有,从未有乾隆到过广东的记载。而种植槟榔香芋成为村民的致富之道,这确实是真的。

在坊间流行的关于槟榔香芋成名故事有两个版本,一个是:元末明初时期,文冈村一村民挑着两筐槟榔香芋到广州城区的城门楼集市摆卖,在他旁边一起摆卖的是江高镇一村民,他卖本地香芋。两村民的生意和平日一样,不温不火。时至晌午,前来光顾的人渐渐稀少,两人趁有空打开带来的午餐,才吃了几口饭,忽然有一队人马急急地冲入城门楼,两村民因正在吃饭避让不及,他们的笋筐被打翻了,香芋散落一地。由于香芋的个头、外形差不多。很难分辨,两村民在收拾时发生了争执,并引来了很多人旁观,守城楼的官兵也没办法。这时文冈村民对江高村民说:"拿一桶水来,把香芋放进水里,浮上来的都是我的,沉下去的都是你的。"江高村民一听暗自高兴:这么大的香芋放进水里肯定都会沉下去,那岂不是全都归我所有啦?不料香芋倒进水桶内,大部分都浮了上来,江高村民顿时目瞪口呆,简直不敢相信自己的眼睛,众人也觉得不可思议,百思不得其解。体积那么大的香芋,怎么会浮在水面,难道有神仙作法?文冈村民笑了:"我们文冈槟榔香芋虽然个头大,但粉多、心空,可以浮在水面。槟榔香芋是我们村特有的品种,吃起来特别香特别粉,口感特别好。"文冈村民的"特别解说"让现场的群众"特别好奇",笋筐里槟榔香芋也被一哄而上抢购而光了。自此,"文冈槟榔香芋"名声渐隆,到了明朝中期已成为朝廷的贡品了。另外一个版本是:文冈一村民和邻村南海官窖村一村民结伴坐船到东莞虎门卖香芋,不料行至珠江口附近遇到狂风暴雨导致翻船,船上的香芋全部落水。面对满江的香芋,船夫不知如何是好。文冈村民对船夫说:"你把浮在水面的香芋捞给我就行了,沉在水下的都是官窑佬的。"见船夫还在纳闷,文冈村民对本村特产做了一番解释,从此"文冈槟榔香芋"名声大振。尽管两个版本的时间地点不一样,但"文冈槟榔香芋"可以浮在水面、吃起来又香又粉、口感特别好的结论是一样的,这也是该香芋受到大众喜爱的原因。

关于文冈香芋的来历还有一个更玄妙的传说。相传500多年前,文冈村大面积暴发瘟疫,大部分村民一夜间染上了瘟病,有一个姓谢的郎中因为忙于为村民诊疗而疏忽了正在患病的父亲,他出诊回来已是子夜一点多,他父亲刚刚去世。谢医生自责自己不仅没有尽孝道全力为父亲治病,而且连最后一面都没有见到,感到十分愧疚,守灵时一直哭到天亮。这时又有一村民找他说家里老母亲病危要请他过去,谢医生二话没说就要出门,连妻子喊他为父亲选墓地的话都听不到。当弟弟拦住他要他答话他才丢下四个字:"等我回来。"便急急忙忙出门了。等他治疗完准备回家时已是下午4点钟了。谢医生走到半路,一个看上去年纪60多岁、头发花白、一副道士模样打扮的老者迎面走来,谢医生因为急着赶路没有留意,两人擦肩而过。不料那老者却喊住他,谢医生虽然每天接诊许多病人,但大都是本村或邻村的村民,基本都认得,而对这个老者却一点印象都没有,于是谢医生迟疑地问:"你是?"老者笑了:"谢医生真是贵人多忘事,你不记得了?前几年那个上山采药被毒蛇咬伤的人。"谢医生想起了,前几年刚过了春节,一天晚上有两个年轻人抬着一个衣衫褴褛、正在呻吟的老人找到谢医生家,说是被毒蛇咬伤了。谢医生连忙为他清洗伤口、敷药包扎,之后把一瓶珍藏的祖传药物交给一个年轻人,并教他如何给老人上药。不料这个年轻人却不肯拿,说:"不好意思,我身上没带银两。"谢医生说:"老人家是被一种我们土话叫'花颈乌'(过山峰)的毒蛇咬伤了,这种药是专治'花颈乌'的,他的情况很严重,不用药会没命的,你拿去吧,记住一定要按照我的办法用药,饮食要清淡,忌吃酸辣。"听了这番话,年轻人接过药,十分感激地和老人离开了。眼前这个老者和几年前那个老人完全两个模样,谢医生当然不认得了。老者问谢医生为何赶路赶得这么急,谢医生便告知原委,老者安慰了一番,说:"我是道士,略懂风水,现在刚刚从村后山出来,今早上山勘察时发现了一块风水宝地'葫芦笃'(葫芦底部),可旺行医九代,现在碰见你是行医的,又要找地方安葬刚去世的父亲,真是合计有缘。你先回家,等到今晚子时月上中天的时候,我会到你家和你一起将你父亲安葬到'葫芦笃',将来你的子孙就会因为行医而名震一方。"谢医生转悲为喜,当晚便在老道士的帮助下顺利把老父安葬到"葫芦笃"。临走时老道士把身上一块褐色的、呈榄核形的玛瑙解下来,交给谢医生:"你经常出外行医,带在身上吧,辟邪的。"谢医生言谢一番后便带在身上。

谢家有一亩地是种植香芋的,平时主要由谢医生的妻子谭氏管理,谢医生父亲去世的第二年中秋前夕,谭氏一早要带孩子回娘家送节,刚好这天前来治病的人较少,谭氏便叫谢医生抽空为香芋地施最后一次肥。谁知谢医生在施肥时不慎把玛瑙弄丢了,他找了半天没找到,急得满头大汗。谭氏回来后也帮忙找,夫妻俩一直找到天黑都没找到,正在互相埋怨之际,有三分香芋地突然间齐齐整整地下陷了,夫妻俩吓得赶紧回家。等到香芋快收成时,那三分地的香芋长得比其他地的香芋要高得很多,剩下的七分地的香芋也长得比村里其他土地的香芋要高一些。到了收获季节,谢医生家下陷的三分地出产的香芋个头特别大,每个可达4公斤以上,而且比其他香芋更加松软细滑、香甜可口。

正如那位道士的预言一样,谢医生的子孙均悬壶济世、救死扶伤,到了其第七代出了广州市地方志记录的珠三角"四大名医"之一的谢培初医生,他的医技医德医品名噪一时,有许多医患故事一度成为佳话。其子谢惠民在广州城区开设中医馆"谢惠和堂",是广州地区一个知名的中医品牌,他本人享受国务院特殊津贴,曾担任广州市政协委员,为弘扬国粹——传统中医文化而四处奔走。到了其孙辈更是人才辈出,谢琪乐、谢根乐、谢禧乐、谢端乐、谢球乐都是拥有执业医师资格的医生,他们治病救人的足迹遍布珠三角以及港澳地区,直到今天仍为世人所称道。谢坚业(丰阳)是谢医生第十代唯一的从医者。

祠堂文化知识

旺地: 建造房子之前举行的一种仪式。选好建房地址后,由"南无佬"以三牲茶酒祭神,"南无"作法,然后焚烧地契,说明该宅基地已经有主,最后燃放鞭炮驱邪旺地。

屋脊: 屋顶中间高起的部分。屋顶相对的斜坡或相对的两边之间顶端的交汇线。在我国古建筑的屋脊上,可以很容易看到一些神兽的造型,这就是人们所说的吻兽。吻兽是中国古建筑中屋脊兽饰的总称。

赤坭镇

朱氏公孙三举人

——记黄沙塘村干亭朱公祠

◎卢福汉

花都西隅的广清公路旁有一个古村落,名叫黄沙塘村。村民诸姓杂居,最多时有24姓,以黄、陈姓居多,均来自东莞。其中戴、汤姓先迁此立村,现户籍人口1200多人。

黄沙塘村干亭朱公祠

黄沙塘村依山临水，茂林拥翠，门迎巴江河，后枕大岭山，周边水塘河涌环绕，地势低洼，每逢大雨一过，遍地黄沙，故名黄沙塘。村后的大官坑河源自三坑水库，旧时河面开阔可以渡船，在没有修筑水库之前，每遇洪水泛滥，河堤经常崩塌，大片稻田受浸，村民受尽涝灾之苦。过去有民谣说："好天三日车头响（水车），一朝大雨水汪洋；放下禾镰无米煮，背井离家走他乡。"由于生活环境恶劣，村民多选择外出到港澳地区及东南亚谋生。虽然如此，村里却流传着"好女不出围"的古训，就是本村女子很少有嫁出外村的。现在，村民以养鱼与种果树为主业，全村3300多亩耕地大多为鱼塘与果林，农田占不到650亩。

干亭朱公祠

干亭朱公祠坐落于村面的中轴线上，建于清道光三年（1823），据说是该村举人朱桂芳所建，用以纪念朱氏迁居花县的二世祖朱干亭，以秉承先祖遗风，以示光前裕后，教育后辈缅怀祖德宗功，勉励子孙诗礼传家。祠堂规模不大，只有三间两进，工艺较为粗糙，装饰略显简陋，现存状况较差。由于该祠堂在新中国成立后被收归集体使用，做过生产队饭堂、牛栏等用途，后堂在20世纪70年代坍塌，直到落实政策返还给朱氏后人才得以重修，因此复原后的祠堂与原貌存在一定的差距。

祠堂前面是一口与村面等长的半月形水塘，面积约30亩，水面开阔深邃，一阵风吹过水面会激起微波荡漾，使村子充满灵动的气韵。祠堂前面宽阔的地坪上立着几块彰显朱氏功名的旗杆夹石，仿佛在向人们诉说着令人寻味的故事。

据《朱氏宗谱》记载，黄沙塘村朱氏是南宋理学家朱熹的后裔。朱熹祖籍徽州府婺源县（今江西）人，他的第八代后人朱敬斋于明朝嘉靖至隆庆年间，由东莞鳌峙塘村辗转迁到横沥半仙山村，并发展为五个族房。黄沙塘村朱氏始祖朱展鸿为半仙山村的第三族房，于清康熙年间从半仙山村迁至广州花县赤坭黄沙塘，在此地繁衍生息已经300多年。

说到朱氏先人，不得不说四世祖朱凤翔。据《花县志》（民国十三年本）记载，朱凤翔，号岐山，县学武生员。其体格魁梧，善于骑射，慷慨好义，有古游侠风。黄沙塘村由于地势低洼，为防涝灾，他出资在村前筑砌堤基，捍御水患，水涨的时候亲率乡亲

湛经家塾和村文化活动中心

巡视守护，不辞劳苦。曾经遇到巴江石角围决堤，大水成灾，全村田庐淹没，他毁家纾赈，使乡亲得以渡过危难。黄沙塘村距离白坭八里之遥，每到东河泛滥，小艇往来常遭覆没，他联合竹洞、田心、矮岭等村的乡绅，集资建造了东河十八乡桥，在桥上设风雨亭，后有人在亭上赋联一对"农忙切莫偷闲坐；路远仍须刻苦行"。如果大水盖过桥面，则由十八乡公款雇大艇两艘载人往来，不取分文，名叫"义渡"。他又在白坭创建十八乡社学，名叫"太平社学"，每月出题征文，奖励后进，文人因以蔚起。他一生好行善事，经常刊印一些导人向善的书籍送给乡邻，并在人多广众的地方宣讲行善的故事，乡亲被他的善举感化，渐渐形成淳厚古朴的民风。

公孙三举人

黄沙塘村虽是个地处偏僻、环境恶劣、毫不起眼的小村庄，但却是一个钟灵毓秀、藏风聚气、文脉兴盛的风水宝地，历史上出了多位文化名人，其中以朱桂芳、朱珩、朱兆莘"公孙三代举人"为最著。

举人，又称为"孝廉"，俗称"老爷"，有时也被称为"乡进士"，古代参加乡试（省考）者，一旦中举便可以参加会试（国考）并具备做官的资格，可以因此入仕为官。一般而言，一个村子、一个年代能出一个举人，已属不易，而处于花县西隅的穷乡僻壤，却出了公孙三代举人，确是凤毛麟角，实为罕见。因此，当时盛传"一门三举人"的佳话，为乡人津津乐道，朱氏亦成为县人读书进取的楷模。

朱桂芳，生卒年不详。号香圃，朱氏六世祖朱凤翔之孙。绩学能文，咸丰二年（1852）壬子科举人，多次参加会试未果而绝意官场，在家乡湛经家塾（俗称"湛经堂"）设课讲学。当时乡间盗窃现象每多发生，他选择一两个较为顽劣的进行劝诫，恩威并施，乡人畏威怀德，盗窃行为逐渐敛迹。

咸丰初年，当地贼匪遍地，社会动荡不安，他与花县籍刑部主事宋蔚谦创办"联平团局"，禁止百姓跟随贼匪，贼匪也不敢扰民，使得境内安宁，百姓安居。他自己平时非常俭省节约，但是对事关地方公益却毫不吝啬。黄沙塘村介于赤坭、白坭之间，往来的道路崎岖难行，他捐集巨款，在村东塘边建筑大路，方便行人。他为人宅心仁厚，有一年洪水为患，田园被淹，农田失收，他豁免了佃农的田租，还将预租款还给了佃农，帮他们渡过难关。他平生酷爱读书，尤其喜欢种树，在村东南五里土名叫"牛栏窟"的地方种植了万株松树，并在松林中建筑房舍，读书教子，归隐泉林，怡然自得，颇有陶翁飘然出世的风骨。

朱珩（1857~1927），号楚白，朱氏七世祖、朱桂芳之子。天生聪颖，幼承庭训，12岁即能下笔成文，有"神童"之称。清光绪十一年（1885）乙酉科举人，光绪二十一年（1895）乙未科进士，钦点刑部主事，历任知县、京师高等审判厅推事、民事庭庭长等职，熟悉经学及辽、金、元三史，并曾任国子助教及总理衙门舆图馆编辑，著有《元朝秘史》《中俄交界图说》《北徼水道考》《塞北路程补考》《中亚州俄属游记注》《三史国语解检韵》《元朝秘史补注》等。他自幼尊崇朱家修身治家之道，为人孝顺父母，尊敬兄长。曾说："印累绶若，扬名显亲，不如戏彩家居，较有至乐。"意思是高官厚禄光耀门楣，不如回家戏彩娱亲较为高兴。因为母亲年老，告假回乡侍奉母亲，十年不仕。在京师听闻兄长去世的噩耗，就好像手足被斩，悲不自胜，写下《归去来辞》以明志向，不久辞官归返故里，确是性情中人。

旧时，花县盛传"进士计救大烂财"的故事，那位救人的进士就是指朱珩。话说朱珩有个表弟叫麦财新，花名叫"大烂财"，家住离黄沙塘村不远的田心村，长得魁梧健壮，武艺高强，不畏权贵，好打不平。平时为附近店家当保镖，往来于广州及乡下圩镇之间，歹徒大多不敢近身。有一年，广东陆路提督侯臣置办了几船嫁妆，从广州走水路运往清远太平镇的马鞍村老家，一路派兵护送。大烂财听到消息，心想这定是贪官所敛

当年水井的水可供全村人饮用

的不义之财,何不抢来分给贫苦百姓。主意一定,立即约集同伴对嫁妆船跟踪拦截。当船行驶到赤坭巴江的矿垎时,官兵就在岸边打尖过夜。大烂财与同伴藏在竹林里,待夜深人静,大烂财对同伴说:"我的武功比你们好,我先上船,如得手,你们帮忙搬运财物;如失手,你们就赶快从竹林向里跑,千万不要落在官兵手里!"交代完,摸上船头,窥探船舱货物状况。不想兵头并没睡着,持剑与大烂财大打起来。这时,几条船的兵丁听见响动,点起灯笼火把操刀包围过来。大烂财见势不敌众,砍倒几个兵丁,飞身跳上岸,引诱官兵沿着竹林的反方向逃走,使竹林里的同伴得以脱险。大烂财被官兵穷追,一直逃到了黄沙塘村,躲进了表哥朱珩家,请求表哥想法救助。朱珩听完原委,吩咐家人将大烂财藏了起来,然后点起灯,穿上官服,坐在太师椅上抽起水烟筒。不一会,官兵追到了门前,气势汹汹地拍着门问:"看见贼么?"朱珩不慌不忙地打开宅门,质问兵头:"我家是父子举人,进士府第,哪来的贼?这里也由得你们乱闯?"兵头见眼前的人身着官服,心里便打起了鼓,心想自己反正是替人当差,犯不着得罪朝官,再说强龙也斗不过地头蛇,于是连忙给朱珩作揖赔不是,带着兵丁离开了朱家。大烂财终于安全脱险。

朱兆莘(1879~1932),字鼎青,朱氏八世祖、朱桂芳之孙、朱珩之子,民国外交要员。朱兆莘家中排行第三,大哥朱兆銮,曾任日本横滨领事仲理;二哥朱兆奎,曾任粤汉铁路局长。朱兆莘自幼秉持祖辈风范,加上青灯长卷苦读,17岁考取秀才,18岁补授廪生,肄业于广州广雅书院,后选送京师大学堂(现北京大学)优级师范馆,清光绪三十三年(1907)毕业时因名列优等,获钦点中书举人。同年获官费留学美国纽约大学、哥伦比亚大学,先后获得商科学士和法科硕士学位。民国元年(1912)膺选国会驻美华侨代表;翌年回国,加入中国国民党,被选为参议院华侨议员,兼任北京大学商科主任、总统府秘书、咨议等职,旋又被推为参议院外交委员会主席、宪法起草委员会委员。"二次革命"后,曾任厦门鼓浪屿会审会堂堂长。民国五年(1916)国会恢复,任参议员;翌年任总统府秘书长,旋入外交部,先后任驻旧金山总领事、驻英公使馆一等秘书,曾担任国际联盟理事会、万国禁烟会议中国代表。民国十四年(1925)任意大利全权公使,翌年兼任驻英国代办。民国十六年(1927)回国,历任国民政府外交部政务次长、西南五省外交特派员、广东省政府委员等。"九一八"事变后,任特种外交委员会委员。民国二十一年(1932)一月被聘为国难委员会委员,十二月十一日因食物中毒去世。

民国外交要员朱兆莘

朱兆莘当年留学美国,深受西方社会民主思想的影响,对政治改革与世界外交活动甚感兴趣,在工作中总想兢兢业业为国家和民族做点有益之事。下面就根据各个历史时期,对朱兆莘为国为民、不畏艰难险阻、从事对外交往的史实稍作述略。

20世纪20年代,朱兆莘曾先后出任驻英代办、驻意大利公使,美国公使兼国际联盟首席全权代表。在国际问题上和外交事务中,朱兆莘敢于面对现实,伸张正义,为维护国家主权、民族尊严和人民利益,本着国家民族的立场,力抗强权。朱兆莘在任驻英代办期间,在伦敦对中国留学生发表演说,抨击美国总统提出的"门户开放,机会均等"政策。在国际联盟讨论限制鸦片种植、禁止贩卖海洛因等毒品的专门会议上,作为国际联盟理事会与万国禁烟会议中国代表的身份发表演说,严厉谴责一些国家向中国及其他落后国家输出鸦片的罪行,在国际外交论坛上产生了深远的影响。

民国十六年(1927)八月,朱兆莘接南京国民政府的归国饬令。回国前在日内瓦发表宣言,声明向北京政府辞职,此后代表南京国民政府履行驻意大利公使及中国驻国际联盟理事会首席代表职责,并发表专题文章,阐明国民政府对华盛顿海军会议的立场和主张,又对新闻界散发书面声明,表示对国际联盟的期望,要求国联充分尊重中国的独立与主权,承认中国在国际上的地位。同年,朱兆莘任国民政府外交部政务次长,协助伍朝枢开展外交事务。也就是这一年,行驶在上海和四川万县之间的英国商船"太古轮"正停泊在万县附近江域,两艘中国官兵押运粮饷的木船驶近其间,英商船突然开足马力，鼓浪疾驰盘旋、水流湍急、巨浪翻腾，以致我国官船沉没，官兵死亡多人，损失惨重。当地驻军下令将英国商船扣留，驻长江的英国舰队恃强行凶，下令炮击万县，致使百姓生命财产严重损失。朱兆莘代表中国外交部发出外交照会，向英政府提出强烈抗议，并将事件真相公之于世，英政府只好被逼遵守国际法律准则，严惩长江英海军当局，并责令赔偿损失，这就是轰动一时的四川"万县事件"。

朱兆莘于民国十七年（1928）任西南五省外交特派员及粤海关监督，以智勇的外交手段与英、法等国家斡旋，得到欧洲十四国使团的同情和支持，收回江西九江租借及福建鼓浪屿以及维护西沙、南沙群岛的国家领土主权利益。翌年，朱兆莘代表外交部宣布治外法权和不平等条约，并收回海关关税自主权。此后广州珠江白鹅潭江面，外国进驻军舰及入口商船一律按外交公法及国际惯例执行。前广州净慧公园为外国人所占用，亦收回国有，广州沙面被列为英租界，沙面巡捕房规定一条禁律"中国人出入租借在东、西桥头需要搜身检查"亦得以废除，大长中国人志气，一洗清末外交史上软弱无能、崇洋媚外、卖国求荣的奇耻大辱。

"九一八"事变后，朱兆莘任对日特种外交委员会委员，蒋介石拟命其为驻日本公使，由于对蒋的独裁专制不满和对日本侵略者的仇恨，朱兆莘拒受此职。民国二十一年（1932）一月，蔡元培动议组织国难委员会，朱兆莘被聘为国难委员会议员，积极支持蔡元培的工作。

朱兆莘是近代中国一位爱国杰出的外交家，一生光明磊落，刚直不阿，内外兼修，通古博今，融贯中西，浑身洋溢着"腹有诗书气自华"的气度，在国际外交舞台上游刃有余，表现出中华民族的大无畏精神。日常生活中，朱兆莘却为人和善，平易近人，言谈风趣幽默，有人称他为"朱弥勒"，与同僚邻里相处融洽。朱兆莘一向关怀桑梓，与家乡常有往来，得知国民党军阀混战引起社会治安混乱，给予枪械支持家乡武装自卫，乡里治安得以安谧。当时的桂系部队来到黄沙塘村，亦不敢取百姓一针一线，秋毫无犯，鸡犬不惊。家乡常遭水患，朱兆莘出资雇人，在村前挖了一口30多亩的大水塘，有效解决了大雨水浸村问题。

朱兆莘遗裔颇多，其子如朱树星、朱树楠、朱树谋等均留学国外，皆博学多才，秉承父志。现朱氏后人多旅居香港及海外，颇有建树。1985年，政府落实清退侨房政策，退还朱氏祖屋四座，并邀请朱兆莘的儿子朱树元等回乡接收房屋。是年7月28日，朱氏兄弟偕同妻儿一起回乡，拜谒祠堂、家塾和祖居，在干亭朱公祠门前贴上"祖国富强旅外乡亲归故里；神州明治归侨儿女建家园"，在湛经家塾门前贴上"承先启后千秋盛；继往开来百业昌"，在祖居门口贴上"国恩家庆；人寿年丰"和"故乡情重同心爱国；桑梓谊深合力兴邦"等对联，抒发了朱氏当时对政府和家乡的感情。

听完黄沙塘村"公孙三举人"的故事，怀着对朱氏先人深深的景仰之情，不禁在干亭朱公祠前久久地驻足凝视，想象当年朱氏在村里筑祠挖塘立碑是何等的热闹和风光，但眼前的村子却历经风侵雨蚀略显破旧衰败，村民大多搬离村子更加显得寂静冷清，几块彰显朱氏荣耀的旗杆夹寂静地矗立在菜园边作围栏用，一阵风把开阔平静的塘水吹起层层的涟漪……俗语说得好，"人无三代富，书有百年香"，历史更替与新旧循环本来是自然规律，就像村里"好女不出围"的古训已经被打破，而穿境而过的巴江河仍在汩汩流淌……今天，黄沙塘"一门三举人"已成历史，但我想，朱氏后人一定会秉承先志，发扬家风，在不同的地方不同的领域，继续书写和创造更加精彩的传奇。

祠堂文化知识

五器：五等爵朝聘的礼器，是朝中职高掌权者在举行祭祀、宴飨、征伐及丧葬等礼仪活动中使用的器物。古代分公、侯、伯、子、男五等爵位，公为五等之首，其余大国称侯，小国称伯、子、男。

庑殿顶：即庑殿式屋顶，清代称庑殿或五脊殿，是各屋顶样式中等级最高的，明清时只有皇家和孔子殿堂才可以使用。庑殿顶是"四出水"的五脊四坡式，由一条正脊和四条垂脊共五脊组成，因此又称五脊殿。由于屋顶有四面斜坡，故又称四阿顶。

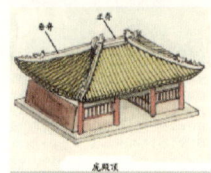

繁华落尽　过眼云烟

——寻访赤坭村三和庄进士第

◎张　婧

宋廷桢父子进士第坐落于赤坭村三和庄，清代道光年间，宋廷桢从剑岭村下宋屋迁至三和庄，取家族和顺之意而得名。赤坭村明末建村，因附近多赤红壤，泥土呈赤色而命名。赤坭村下辖6个自然村，现在的赤坭村是赤坭镇的附城村，该村户籍人口有1470人，外来人口200多人。由于东风日产汽车城工业园区的进驻，带动了赤坭村的经济发展，增加了村民的就业岗位，提高了村民的生活水平。

三和庄进士第

昔日风光不再

宋廷桢，字昌任，号金甫，剑岭村下宋屋人，生于清乾隆三十三年（1768），卒于道光十六年（1836），终年69岁。宋廷桢幼年就被称为才子，不幸的是他14岁就丧父。宋廷桢勤奋好学，凭着过人的才华，后来平步青云，陆续考取了嘉庆九年甲子科乡试副榜，嘉庆十三年戊辰恩科第十三名顺天举人，次年己巳恩科进士，成为花县立县后第一个进士。

宋廷桢的次子宋蔚谦，继承发扬了传统家风，努力读书，学业有成。道光二十年（1840）考取庚子科举人。咸丰二年（1852）考取壬子恩科进士，在"进士第"的大宅上，曾经悬挂过"父子进士"的牌匾。宋家自宋廷桢中了进士，宋蔚谦等陆续中举、中进士后才逐渐发家的。宋廷桢、宋蔚谦是花县唯一一对父子进士。

宋廷桢是钦点即用知县，赴任四川省任职四十年，先到汶川县做知县，后在营山、秀山、岳池、内江四县任知县，最后调往富顺县任知县。该县地处四川盆地，成都平原，物产富饶，钱粮充足。当地豪绅巨贾互相勾结，狼狈为奸，正所谓"三年清知县，十万雪花银"。传闻宋廷桢时值六十生辰，豪绅商贾称为其上寿，联袂祝贺，献宝献礼。在任期间，宋廷桢曾征聘清远、三水、南海、番禺、顺德各县能工巧匠，花去六年时间，在赤坭村三和庄兴工筹建规模宏大的九厅十八井进士第。传说承办施工的人从中大量贪污，宋廷桢的九厅十八井还未建好，他已经利用贪得之财在清远另外建了九厅十八井，早已进宅入伙了。

据说当年的进士第正厅三进，分前、中、后厅，两侧各四进，有花厅、书房、客厅、住宅、仓库、马厩、密室，以及逍遥阁、飘香馆、接月楼……所有门夹、墙角、台阶、天井、通道都用花岗石镶砌，外墙用统一规格的水磨砖，正厅大柱和所有梁架都是质地坚硬的坤甸木。这座大宅建成时，内外雕梁画栋，金碧辉煌，远近闻名，轰动一时。

一百多年过去，进士第逐渐没落荒芜。而今的进士第是2001年重修的。坐南朝北，原广三路，深三进，各路建筑之间以宽2.7米的青云巷相隔，建筑群总面阔56.6米，总进深51.3米，建筑占地2873平方米的"九厅十八井"，现右路建筑和左路二、三进建筑均已拆毁，仅存中路和左路前座的花厅。四面围墙围成宽84米、深82米的大院子，面积达

6860平方米，其中两侧和背面围墙均为高5米的夯土墙，正面围墙仅存残基。后围墙及墙上的一只镇宅石狮保存较好。

中路建筑三间三进，总面阔14.5米，总进深51.3米。镬耳封火山墙，碌灰筒瓦，灰塑博古脊，青砖石脚，方砖铺地，梁架均为坤甸木。头门面阔三间14.5米，进深三间10.6米共十五架。前后石檐柱。石门额上悬"进士第"木匾，落款"嘉庆十四年己巳岁；道光十一年辛卯岁立"。明间设中门，次间砌墙间房。门前五级石阶。中堂面阔三间14.5米，进深三间12.7米共十七架，前设四架轩廊。石前檐柱，坤甸木金柱，俗称八柱厅。门前五级石阶。中堂前带两廊，六架卷棚顶。后堂面阔三间14.5米，进深三间13.3米共十七架，前设四架轩廊。石前檐柱，坤甸木金柱。门前五级石阶。后堂前带两廊，四架卷棚顶。左路建筑前座为花厅，为宋氏族人玩乐的地方。采用五龙过脊的建筑形式，三间两进，总面阔18米，总进深16.6米，建筑占地300平方米。已拆除的二、三进是房主给四个儿子建造的居室及书房。

祠堂前有一口半月形的水塘。水塘与祠堂之间立着七对旗杆夹，刻记着宋氏家族的功名。其中四对的碑文分别为"嘉庆九年甲子科乡试中式第十四名副榜宋廷桢立""嘉庆十三年戊辰恩科顺天乡试中式第十三名举人宋廷桢立""嘉庆十四年己巳恩科会试中式第五十五名殿试第二甲第三十三名进士宋廷桢立""咸丰二年壬子恩科会试中式第一百二十名殿试第三甲第三名进士钦点刑部主事宋蔚谦立"，其余三对分别为宋氏举人和贡生旗杆夹。

2002年7月，三和庄进士第被广州市人民政府公布为文物保护单位。

墓葬打鼓岭

打鼓岭一带一直被人传为"好风水"，传闻有名的古墓也特别多，有不少的墓葬还是有功名的人士或其亲属。宋廷桢夫妇合葬墓就位于打鼓岭南麓，该墓土名称为"飞鹅落地"的山坡上。始葬于清道光十七年（1837），现墓为其四房子孙于光绪三十年（1904）将宋及三位夫人骨骸移来的合葬墓。因为从打鼓岭南方那个山梁以鸟瞰角度观看山岭似鸡爪，地理堪舆师就命名为"飞鹅落地"，中间山体比作飞鹅的身体，山梁像鹅颈，宋廷桢的墓就选择葬在"鹅头"处，左右两翼山梁比作张开的翅膀，如同飞翔落地的天鹅。

宋廷桢夫妇合葬墓的墓地规模颇大，从山坡上的"后土"到山脚的华表处全长

进士第牌匾，清廷诰封宋廷桢、宋蔚谦父子进士

56米，墓前两旗杆夹的距离为20米。墓茔分成四级，最上一级为后土，往下的三级渐次扩宽。后土为土丘形，上竖篆文"本山后土之神"石碑一方。往下10余米为第二级，中间竖有清嘉庆二十五年（1820）圣旨全文的刻石，呈展开三页的书卷式，两边刻有云龙，底座刻有双凤。再下14米是第三级，即墓室，为青砖砌筑的交椅墓，高1米，碑上端刻双凤朝阳图案，颇为精细。左右挂榜各有墓志铭一方。右边墓志铭高63厘米、宽82厘米、厚4厘米，碑文已残缺不全。左边墓志铭高70厘米、宽90厘米、厚6厘米，碑文共870字，刻记其功名获取年份，叙述墓主生平传略、卒葬年月。其反映了19世纪30年代花县的社会状况，颇具史料价值。

2002年7月，宋廷桢夫妇合葬墓被广州市人民政府公布为文物保护单位。

曾是日军的大本营

在打鼓岭的山脚下，最接近的民居就是三和庄。从赤坭墟登上打鼓岭，必然经过三和庄。三和庄的九厅十八井庄园环境好，空置闲设房舍又多，能与打鼓岭连成一片。因此，日军从军事需要考虑，精选了打鼓岭、三和庄作为广州北部重要防卫前沿。民国三十一年（1942），部分日军开进三和庄，从三和庄出发登上打鼓岭山头，三和庄因此成为日本侵略军在赤坭打鼓岭军事防卫线上的据点营地，也是日军的生活补给点。

日军还利用与打鼓岭相邻山头的有利地形地势进行布防。因为该地从古以来，是北

部的湖南、清远三水方向往广州的交通要道，也是珠江的支流北江、白坭河往广州的水路交通要道的关隘。日军盘踞三和庄打鼓岭，利用东部皇母村上的"皇母点兵"山头作为右翼，西部隔白坭河之中洞岭的牛牯岭山头作为左翼，并在两处的山顶都构筑了军事工事。

打鼓岭是在三和庄的后方，是三和庄村的背后靠山，乃风水之地。打鼓岭本身比它附近的山岭都高，主峰海拔290多米。主峰伸向其东部的一脉山梁，长条形山顶在打鼓岭侧看似"桥墩"。由于北坡陡峭，在接近主峰的地方是悬崖峭壁深谷，更有利防守。侵华日军就是利用打鼓岭这样特别的地形地势与三和庄联系的，三和庄作为大本营，日军每日为这里补给生活军用物品、弹药，有恃无恐。

1945年8月，抗日战争胜利，日本宣布无条件投降。日本侵略军从打鼓岭、三和庄的军事大本营撤走，三和庄的父子进士宅第才恢复往昔平静。

成多所学校校址

抗日战争胜利后，县立初中复办。花县西隅的初中教育亟待解决。当地的有识之士和知名人士们热心于家乡文化教育事业的发展，自发酝酿筹办一所中学，解决文化教育问题。当时，有身为广东省参议员、花县参议长的徐旭勋（赤坭剑岭徐屋人）、原国民党离职少将师长谭生林（炭步藏书院人）以及社会名士刘厚德（白坭国泰人）、徐甘澍（赤坭荷塘人）、袁方扬、谭家礼、汤超伍、张应乾、宋保怡等人齐心合力多方筹措，终于在花县西隅创办了"巴江中学"。

巴江中学学校董事会公推谭生林、徐旭勋为正副董事长。聘请毕业于燕京大学、在培英中学和穗港等地任教多年的刘厚德为巴江中学校长。徐甘澍捐出他在荷塘村原有"棠澍学校"（棠澍小学）校舍和一些校具作为巴江中学办校之用，并就近选屋解决学生宿舍。同时，赤坭乡乡长宋仲怡捐赠学生凳桌120套。时逢抗日战争胜利，花县县政府在"联合国善后救济物资"中拨些款项解决部分经费，乡公所拆除原日寇在打鼓岭等处军用仓库、炮楼碉堡工事的青砖材料全部拨给学校变卖集资办学。

1946年7月，花县私立巴江中学正式开学。1947年春，巴江中学搬往赤坭三和庄继续

进士第门前旗杆夹林

办学,以三和庄的"九厅十八井"私家宅第一部分屋舍为校舍,共三个班。秋季,学校又招得初一新生一个班,初二两个班,学生约170人。因为校舍紧傍民居,管理上有困难,其中用水就是个大问题。1948年暑期,巴江中学搬往炭步茶山学校继续办学。

巴江中学虽然是民间创办,但办学宗旨明确,教学工作严谨,校长和教师都资历高深,社会名望高,热心教育,不辞劳苦。学生纪律良好,学习刻苦,成绩优良。

1948年,经广东省教育厅批准,花县私立巴江中学转为"花县县立巴江中学"。1949年,花县解放。1950年3月,花县人民政府接管花县县立巴江中学,定名为花县第二中学。

1953年,广东省血吸虫病防治工作在花县白坭西部(今花都赤坭镇)展开。在赤坭墟义祠西部的窑墩坪专门建了房屋,收治患有血吸虫的病人住院治疗。后来血吸虫病防治工作取得成效,病人治愈出院,原设为病房的房舍留给赤坭卫生院使用。于是,政府就将县四小迁到三和庄进士第继续办学，原来在旧"永安泰"厂的赤坭卫生院搬到"华侨义祠"。

1956年，国家加快发展初中文化普及教育，根据上级指示，在三和庄的花县县立四小加戴上一顶附设初中班的"帽子"。1956年秋季增加初中招生，进士第又增加了读初中的班级，后来进士第发展成为花县赤坭中学。1969年，花县赤坭中学由初级中学改完全中学，另选校址重建。

祠堂文化知识

五岳山墙：封火山墙仿照徽派建筑马头墙形式，山墙分五层高低错落代表五岳，形成了高低错落的空间美感，民间称"五岳朝天"。

享堂：也称祭堂，供奉祖宗牌位或神鬼偶像的地方。祠堂是祭祀祖先的场所，享堂比祠堂范围大，除了供奉祖先牌位还祭祀神鬼偶像。

虾公梁：祠堂头门次间山墙与檐柱间的横梁，异形梁的一种，因梁截面形似一只虾公而得名，展示岭南河涌密布、鱼虾丰收的水乡文化，一般梁上设石狮柁墩承托檐梁。

手足同心创家业

——连珠村任氏宗祠的历史渊源

◎徐文锦

花都有三个行政村是任姓族群聚居点，分别是炭步镇水口村、平岭头村和赤坭镇连珠村。水口村任氏祖祠，平岭头和连珠村任氏宗祠，三间祠堂一脉相承，始发水口。其中，平岭头村的任氏开基祖是水口村的十四世，而连珠村的任氏则是水口村的十八世。

连珠村任氏宗祠

任氏太公　赖氏太婆

任氏宗祠俯瞰

对于花县任氏起源，都有比较统一的说法，就是"任氏太公、赖氏太婆"的传说。元末明初，炭步、赤坭一带仍属南海县。家住清远县龙塘村三家巷的任国才去南海西樵寻亲，邂逅了一个赖氏女子，因大雨涨水，任国才在赖姓女子家暂避几日。赖家有女无儿，正好缺劳力，赖老爷看见任国才模样周正，老实勤恳，便萌生招他为婿的念头。就这样，任国才成了赖氏的上门婿。这就是老人常说的"任氏太公、赖氏太婆"的来历。

1636年，任永泰携弟任锐兴从炭步水口村迁移到赤坭以放鹅放鸭、饲养家禽为生，由此建得连珠村。"连珠"得名是缘于村旁有三座山，犹如三颗润泽的珍珠紧密相连。连珠村位于山前大道路边，地处丘陵山岗地带，北面是三坑水库，依山傍水。几百年来，乡亲们过着面朝水田背朝天的农耕生活。村民大多姓任，另有少数钟姓村民，大家亲如手足，和睦相处。

任氏兄弟来连珠村之前，这里已经有了朱姓、龙姓。约400年过去，目前该村朱姓已经绝迹，姓龙的也只有二三十人，剩下的1000多人全都是任姓。据说，当时连珠龙姓外出的人较多，而且会做风箱，在村里比较吃得开，而任氏主要是放鸭耕田，生活比较贫困。那时村里有种风俗，生孩子多，较困难的人家会认一个经济条件较好的人家做"契爷"，也就是现在说的"干爹"，当时任氏的一个兄弟就给一个龙姓人家做了"契仔"。

任氏宗祠　文灿英彦

任氏宗祠作为连珠村任氏家族认祖归宗的标志建筑，历来为任氏族人拜祭祖先，喜庆聚会及议事的厅堂。

任氏宗祠建于清光绪十一年（1885），是清光绪十四戊子科进士任文灿本支的宗祠。祠堂坐北朝南，三间三进，总面阔12.3米，总进深38米。硬山顶，人字山墙，灰塑博古脊，碌灰筒瓦，青砖墙。脊上施有博古纹饰、山水松林、花草雀鸟等灰塑，精美绝伦。祠内有楹联："乐安启宇千年望；诸子朝宗万代兴。"

祠堂头门面阔三间12.3米，进深两间7.7米共十三架，有两根石前檐柱。次间建虾公梁，石狮，异形斗拱，雀替。大门两侧嵌花岗石，石门额阴刻"任氏宗祠"，上款"光绪十一仲冬谷旦"，下款"朱润芳敬书"。明间设中门，现存门柱和石下槛，花岗岩石墙脚。中堂面阔三间12.3米，进深三间8.2米共十五架。4根杉木金柱。后金柱间原有木屏门，现存上部横批通花。中堂前带两廊，面阔三间，六架卷棚顶。天井地铺花岗岩条石。后堂面阔三间12.3米，进深三间8.9米共十五架。4根杉木金柱。明间设有任氏祖先神位。后堂前带两庑，卷棚顶，前设四架轩廊。天井铺花岗岩条石。

在祠堂内墙上的《重修任氏宗祠碑记》里有记载连珠任氏的来源。"任氏始祖，源于有熊，来自东鲁，数典五千，禺阳少子，封国为任，以国为姓。先贤不齐，郡属乐安，宗枝繁衍。任族后裔，历来英彦辈出，宗贤助商汤，位登左相，英彦任光，助汉中兴，任氏复勉留居粤土鹤山麦村，宗贤居敬居南海南村，国才高祖，花邑生根，水口开宗，为连珠脉根。传至五世，永泰、裔兴兄弟两房，连珠开宗奠业。连珠任氏

任氏宗祠内景

祖先，为崇宗敬祖，慎终追远，俾得安灵有阁，聚族有堂，历尽艰辛，族人同心，积累资金，于光绪十一年（1885）创建任氏宗祠。先辈用心良苦，梁上藏有三经，灵验所至，四年之后，翰林文灿，进士及第，为官清廉，后人敬仰。由于年久失修，濒临坍塌，为缅怀祖先，弘扬祖德，以振家声。今逢盛世，国泰民安，族人倡议，各方响应，鼎力支持，慷慨捐资90余万元，于2007年孟春择吉日重修，历时近一载辛劳，终成宏愿。祖先安居，嗣子乐业，繁衍生息，与时俱进。为彰显贤人志士，勤碑刻铭，永存留念，谨录芳名，以供观瞻。"

宗祠内挂有清宫廷画任肯堂（任文灿）像，两侧有一副对联，写着"满朝朱紫贵；尽是读书人"。画像上方有番禺光绪进士张学华题写的褒记任文灿的事迹，石碑立于2008年8月。

历经坎坷　勤劳谋生

连珠村人很勤劳，早年这里家家户户都会做木工活儿，该村与白坭相接。也许是这个地方的土质好，新中国成立前，村里有人做瓦厂，其他村民就上山砍柴草卖给瓦厂烧瓦。村里还有一些小贩，从珠海挑来海味到各个墟去卖。做建筑的也有几十人。新中国成立后，白坭砖瓦厂也比较有名。过去，村里有一些男女漂洋过海到新加坡打工，干的都是些繁重的体力活，如挑泥、凿石等，十几年，甚至几十年才回乡一次。

抗日战争时期，连珠村也未能幸免，日本人向连珠村扔过炸弹。已退休回乡的任炽棠老人说起一件往事。大概是1944年，日军飞机又来村里轰炸，当时他的祖母背着他在院子里干活，一颗炸弹掉进了院子，但没有爆炸，祖孙逃过一劫。这颗炸弹一直到20世纪60年代才被民兵从墙角挖了出来。当时村里很多人被日本人抓去做挑夫，一些人一去不返。

新中国成立前，村里还有一个风俗，凡是男人娶的第二个老婆统称为"来"。连珠村的"来"有一个专门的组织，名叫"十友堂"。因为她们是继室，为了嫁到夫家不受气，保护自己权益，这些有着同样命运、有共同语言的妇女走到一起，耕田、插秧相互帮助，遇到纠纷出谋划策一起解决。平日里大家相互关照，该组织在村里说话颇有分量。

村民任炽棠说，村里原来还有一座庙，门额上写着"连珠古庙"。上面有一副对联，里面还有一首诗，只记得一句"甘露洒连珠"，其他的全忘了。每年元宵节，村民都要抬着庙里的菩萨围着村子游一圈，然后又放回庙里。1958年，村里响应上级号召搞大会堂，庙里的杉木梁柱被拆掉，用来建会堂了。

秘密基地　掩护革命

新中国成立前，任氏宗祠是连珠小学校址，抗战期间，党组织派出一批党员以教师为公开职业作掩护，在连珠的任氏祠堂秘密开展革命活动。他们白天给学生上课，晚上给农民夜校教书，宣传抗日救亡主张，还支持农民减租减息。作为当年地下党开展活动的根据地，任氏宗祠培养出不少骨干。当时地下党支部动员一批青年到中山石岐参加革命，仅一天夜里，就有30多个青年投奔革命。其中任柏松当了飞行员，后来留北京出任某部飞行大队长。

1948年，中共地下党员布列风（布耀康）、高其等在连珠小学以教师身份为掩护，进行革命宣传活动，他们教唱进步歌曲，宣传革命形势。当地乡贤为了家乡地下活动的顺利开展，不辞劳苦，甘于奉献。曾在广州沙河派出所工作的任文秀就曾在赤坭镇从事地下工作；热心家乡教育事业的任沃荣出钱出力办连珠学校，并聘请地下党员布唐等到校任教。1949年3月，许平等在连珠小学开展地下活动。当年8月，中共连珠村党支部在任氏宗祠成立，任氏宗祠成了党支部成员经常聚集的地方，此期间还成立了地下农会、妇女会、少年先锋队等组织，为迎接花县解放做了大量的工作。

至20世纪80年代，祠堂仍作连珠小学使用。

任氏名人　光宗耀祖

任氏迁入花县600多年，涌现出不少名人才子，他们勤奋好学，而且富有正义感，大都在民间享有较高的知名度。

任文灿画像

任文灿，出生于1863年，卒期不详，水口红门楼人，后迁居连珠村。任文灿是水口村十九世孙。光绪十四年（1888），戊子科顺天乡试第四十一名，两广总督张之洞授以"文魁"牌匾。光绪十五年（1889）戊子科会试第二百一十名进士。光绪十六年（1890）庚寅科，该科由光绪亲政恩科，共取进士三百二十六名，任文灿殿试为二甲第十四名（二甲取二十名）。该科殿试任文灿成绩排第十七名，被钦点翰林院庶吉士，后授户部主事。同年，任文灿赠给恩师"湛恩庞洪"牌匾（现存放在连珠村西头值原钟公祠）。

任氏宗祠外的广场上立有彰显任文灿功绩的旗杆夹石碑。至今当地还流传着任文灿考科举的故事。他起程上京赶考前夕，老婆不小心把油灯打翻在地上，油灯破了，油流了一地。老婆怕任文灿生气，自责不迭。谁知任文灿反而高兴地说，"好意头，好意头！我定会连中三甲！"老婆不解，任文灿解释："油灯打翻，油字倒转，岂不是三甲吗？"

任文灿家贫，上京赴考的盘缠，都是向任氏乡亲借的，他在京城任职之后，十分清廉，曾资助过任文灿的水口籍乡亲，从上海去北京探望任文灿。任文灿恳切地对乡亲说，我是清官，我管的这个部门，没有油水。任文灿回广东省亲，有关部门大张旗鼓迎接他，而他却到在广州从事印刷业的乡亲处借住了一晚。任文灿坐船回水口村祭祖，乡亲们在任氏祖祠到赖屋社巴江码头的路用木板铺好，以示对任文灿的欢迎。

佛山市南海区南村、花都水口村、连珠村，均立有彰显任文灿功绩的旗杆夹石碑。他兢兢业业为国为民服务20年，为官清廉，功勋卓著，德高望重，深受皇帝信任，先后被封为"奉政大夫""中宪大夫"，食禄终身，他的事迹实为后人所敬仰。

任霞飞，原名任焕辉，自幼爱好书画，有良好的艺术基础。民国二十六年（1937）往越南西贡，受雇于照相馆，开始钻研摄影艺术，步入摄影界。后来他在西贡开设包装设计店兼写招牌。当时埠内的花县老乡富商林一屏将原来的冰室扩建成一间颇具规模的酒店，名"冰家大酒店"，登报招写招牌，应招者众。后选中任霞飞所写的行书大字，但有人不服，认为有代作之疑。林一屏只好设席请任霞飞当众挥毫，以示清白。任霞飞欣然赴约，那苍劲古朴的行书大字使在场的人为之倾倒，因而使他所开的包装设计店的业务兴隆，经济收入渐丰。此后，他利用业余时间，登山涉水，游览名山大川，拍下不少珍贵的照片，摄影艺术日益进步。1955~1959年间，先后多次参加世界性的"沙龙摄影比赛"，均获好评。1958年，他参加在美国举办的世界摄影展览，荣获第6名，被评为世界摄影家十杰之一，并被吸收为美国摄影学会永久名誉会员。1959年，他在越南堤岸发动成立精武摄影学会，深受当地华侨支持。1982年冬，他移居澳大利亚，继续进行摄影创作。1986年以后曾多次回乡观光，以遂将家乡山水作为摄影创作内容的心愿。

任炳洪，在湖南某部队从事核材料研究，四十几岁就英年早逝。因所做工作涉及机密不为外人所知，但他的名字村里人至今还记得。

一代名医任灼华、任焕棠、任超玲。任焕棠、任灼华同时毕业于广东中医学校，毕业后回村行医。任灼华是花县四大名医之一，他性格活泼开朗，养了一匹马，还种上槐花树、梧桐树为马栖身，新中国成立后在赤坭医院工作。任焕棠性格沉稳，在白坭墟设点行医，主治儿科、妇科，深受附近民众的信任。任超玲，出生于越南，后跟爷爷回村生活，就读连珠小学。当时小学的课程是上午语文、算术，九时放学。爷爷为求生计，只能让超玲放弃下午的学习，回家帮忙务农。但他聪明过人，记忆力强，考到中山医科大学，大学期间品学兼优，留校任教讲授病理解剖学，博士学位，后定居美国。

任炳炎，1920年出生，其妻周君同是东江游击队队员，两人都曾在香港从事地下工作，后转回广州，在广州市委组织部工作，夫妻俩是离休干部。

任炽威，清华大学毕业，毕业后在国务院一机部工作，从事金属质量研究。

任焕平，有传说他是红黑两面派。为了革命，他参加共产党从事地下工作；为了深入敌后,他参加国民党,后在广州某派出所任职至离休。

任细祥,建立广州市三祥轩公司,从事建筑业、电子业,他关心家乡的新农村建设,多次资助家乡的公益事业。

任伟初,建立伟达公司,以皮革行业为主,发家不忘关心家乡的新农村建设。

祠堂文化知识

须弥座: 又名金刚座、须弥坛,原为安置佛与菩萨像的台座。后发展成建筑基座的装饰,一般用于宫殿、坛庙等高级建筑的基座,开始形式简单,由数道线脚与较高束腰组成,后来造型逐渐繁复,出现了莲瓣、卷纹等装饰。

悬山顶: 即悬山式屋顶,两坡顶的一种,特点是屋檐两端悬伸在山墙之外。悬山顶等级上低于庑殿顶和歇山顶,仅高于硬山顶,只用于民间建筑,悬山有一条正脊,四条垂脊,与硬山顶相比,悬山顶有利于防雨,而硬山顶有利于防风火,因此南方民居多用悬山,北方则多硬山。

歇山顶: 是由两坡顶加周围廊形成的屋面式样,它由正脊、四条垂脊、四条戗脊组成,故称九脊殿。由于其正脊两端到屋檐处中间折断了一次,分为垂脊和戗脊,好像歇了一歇,故名歇山顶。其上半部分为悬山顶或硬山顶的样式,而下半部分则为庑殿顶的样式。

风水独好后世昌

——记牛背岭村朱氏大宗祠

◎ 郭利群

  赤坭镇瑞岭村是远近闻名的盆景村，它以树桩盆景为主，是岭南盆景之乡。其中九里香盆景是瑞岭盆景的代表作，其制作技法精湛，造型独树一帜，继承了岭南派苍劲、自然、飘逸、豪放的艺术特点。1986年，英女皇伊丽莎白访华，原广东省省长叶选平把一盆栽种了60年的九里香树桩盆景送给她作为礼物，瑞岭盆景首次进入英国皇室，自此声名远播。而牛背岭村作为瑞岭村的四个自然村之一，盆景栽培亦是其重要的经济支柱。

瑞岭村朱氏大宗祠

风水宝地引人居

朱氏大宗祠内景

牛背岭朱氏开基祖法元公，原居住长宁县（现新丰县）金竹园下洞大窝村，康熙二十四年（1685），携子国宝公、国龙公、国选公到牛背岭落脚。为何在此落脚呢？原来先祖看中这里是"猛虎下山"和"天龙灌水"的风水宝地，日后定会五谷丰登、人才辈出。所谓"猛虎下山"，是指现在碧桂园和美林湖之间有个山坳，直冲牛背岭；"天龙灌水"指的是大沙河。大沙河已在1955年建成三坑水库。还有人认为，从狮岭的百夫田到牛背岭的山脉是一条龙脉，龙头正是牛背岭村后的禁岭。而关于牛背岭的风水好，还有一个故事，说的是在清朝，有个朝廷大官骑马沿着巴江河走到牛背岭村附近，他略懂风水，远远看到牛背岭村后的山脉，知道这是风水宝地，大人物不敢骑马经过，便下马而行。可走到大沙河时，他说，这是什么龙脉，都被这河给断了，害他行走了一大段路程，于是他又骑马而行。虽说龙脉已断，但新中国成立后政府兴修水利，把大沙河拦截起来修建了三坑水库，让牛背岭村民免受旱灾洪涝之苦，过上幸福生活。村民都说，水库大堤正好把两边的山相接，即是把龙脉连接起来了，日后朱氏后代定能繁荣昌盛。

且说法元公父子刚到此地，一片荒凉，野草丛生，他带领三子在此地开垦。之前牛背岭叫作牛队岭，是因为放牛经过这个地方时，牛随地势行走，刚好排行成队，所以人们称此地为牛队岭，后又称牛背岭，并沿用至今。法元公的三个儿子并未全留在牛背岭发展，国宝公迁四会大良岗，国龙公子孙迁从化太平镇渡头庄发展，国选公则留在了牛背岭，并生有三子，分别是玉源、玉享、玉庆。经过三代人四十多年的艰苦奋斗后，朱氏族人有了一定的家底，便向先到此地的姚氏购买田地和屋地。

朱氏向姚氏购买牛背岭屋场契原文保存完好,现在的朱氏大宗祠内墙上还挂有翻抄的契文,落款时间是雍正三年(1725)十月十四日。从那以后,朱氏族人有了属于自己的土地,更加发奋创业、开枝散叶、不断壮大。

国选公后嗣亦有部分迁英德、清远龙塘镇、番禺灯盏岗、广州花地湾、广西等地,而留在牛背岭的朱氏族人是人口最多的,在户牛背岭村人口有约700人,加上外迁的超过1000人。300多年历史能发展到如此多的人口,也算是人丁兴旺。

百年宗祠历风雨

朱氏族人在牛背岭村经过300多年的发展,人口初步具备一定规模,经济发展也跟上社会发展。1908年,有位外号为"阿甲"的地主家境殷实,在族中有一定威望,为感念先祖,不忘根源,便发动族人捐资筹建朱氏大宗祠,并请来地理名师指点,地理名师刚好看中对着禁岭的地盘。禁岭是龙脉的龙头,宗祠坐镇龙头,必然庇佑子孙后代兴旺发达。可当时那块地盘并不全属于朱氏,有部分是属于姚氏的。于是,朱氏族人好酒好菜招待姚氏族人,商议划地建祠堂之事。姚氏族人通情达理,支持朱氏修建宗祠,便划出朱氏所指出的地界让给朱姓人建祠堂。于是朱、姚相邻视如兄弟,彼此敬重,共同发展。

朱氏大宗祠的修建集族人之力量,有钱出钱,有力出力,尽量精工细雕。据说当时召集族人打磨修建祠堂的青砖,要求一人一天只能磨三个,做到尺寸一致,平整光滑。如今看该祠堂的青砖,仍

壁画《簪花四相》

祠堂前立朱珩进士旗杆夹

然有一种厚重之感。除了做工细，用料也是相当讲究。其中祠堂的八根柱子都是用名贵的坤甸木做成，至今质量还相当好。曾有人以每根柱子5万元的高价要买下造船，都被朱氏族人拒绝。

经过三年的精心筑建，牛背岭朱氏大宗祠于1911年落成，人字山墙，三间三进，总面积400多平方米，堂号"福善堂"，门前立有同姓兄弟朱珩的旗杆夹。朱氏大宗祠历经风雨，在抗战时期因地处偏僻，对日本人不构成威胁，所以祠堂幸于免难。"文革"时期，"福善堂"的木匾曾被取走，好在族人未雨绸缪，提前把所有壁画涂上石灰，后在重修祠堂的时候才把石灰铲去，墙上壁画虽无当日之精美，但也较好地保持原貌。

朱氏大宗祠还做过榨油厂的场地，虽没有受到重大破坏，但沧桑变化、风雨摧残，重修该祠堂很有必要。2011年，该祠堂百年庆典，牛背岭朱氏兄弟为凝聚兄弟情谊，使脉络血缘不间断，共同商议成立修缮祖祠理事小组，合力协调捐资，得到众同宗兄弟和政府的支持，共筹得款项40多万元，其中包含花都区文广新局支持的5万元修缮款。族人朱灼葵对同宗兄弟感恩、敬仰祖先，团结一致为牛背岭村朱氏大宗祠百年庆典出力有感而发，特作《朱氏大宗祠赋》。

附 朱灼葵《朱氏大宗祠赋》

百年重修落成喜赋

猛虎下山势，天龙灌水情，宝地牛背岭，福荫朱姓人，朱氏大宗祠。清花之交，依山傍水，环境优美，气候宜人，土地肥沃，一年四季，宜居宜耕。国选祖公，看中此地，金竹迁来，劈茅搭屋，垦荒为田，落业于此，三百年矣。

数百年来，兄弟和睦，团结友爱，共历沧桑，民风淳朴，刻苦耐劳，恭谦温良。人才辈出，贡献卓越，一百年前，宗人朱珩，登科进士，皇帝钦准，长居瑞岭。建造宗祠，树立围杆，以免民志。国雄武举，在朝为官，如此等等，光宗耀祖，历代楷模。

今朝盛世，天地人和；族人奋发，百业兴旺。或士或农，或工或商；成绩斐然，树树奇葩，无不娇艳。宗祠庇荫，后人成就；永记不忘，解囊捐资，修缮祠堂。古今美德，得以弘扬；宗祠修好，百年喜庆，欢聚一堂。祈我族人，同舟共济；和谐共处，百业辉煌；子孙后代，旭日朝阳。

联曰　岭崛藏宝，善积鹅湖弘祖训。
　　　瑞气呈祥，福披鹿洞振家声。

善哉，乐哉，宗祠百年重修葺，朱姓雄风今再现喜洋洋！

经历抗战苦难多

1937年，抗日战争爆发。1938年，广州沦陷。1942年，牛背岭村来了一群扛着枪、举着太阳旗的日本军人。村民从没见过日本军人，吓得不敢作声。日军召集全村人到朱氏大宗祠门前集中，拉出外号叫"大江水"的村民，要他指出隐藏在村里的游击队。日军不管"大江水"的苦苦哀求，在祠堂门前把"大江水"绑在长板凳上灌辣椒水。可是村里根本没有潜伏的游击队，"大江水"哪里能说出姓名。日军不相信，还是丧心病狂地不断给"大江水"灌辣椒水。可怜五十几岁的"大江水"就这样被日军折腾致死。

日军查不出游击队，又认为牛背岭村民对他们不构成威胁，就留村民如常生产，为他们提供物资。日军不定期进村，拉牛抢猪杀鸡的事情是家常便饭，搅得村民不得安宁。据朱灼葵老先生回忆，1945年初，日军面临战败，紧急撤退，到村里拉壮丁做挑夫、搜刮财物。那天，不满10岁的朱灼葵跟同学一起在学校读书，忽然收到学校通知，解散全体学生各自回家，并嘱咐跟紧父母。朱灼葵一路赶回家，走到半路，看到日军正在路边杀猪，他吓得跳进花生地，钻到红豆藤里，想躲避日军没想到屁股却露了出来。日军杀完猪，离开时发现豆藤里露出一个人屁股，就用枪撩开，发现是一个毛头小孩，气得左右扇了朱灼葵两巴掌才离开。

朱灼葵吓得魂不守舍，一路小跑回家，只见路上淌满了日军杀猪后留下的鲜血。当日如果朱灼葵年纪再稍大一些，免不了被抓去当壮丁做挑夫的厄运。当天，村里有6名青年被抓去当挑夫，只有一个叫朱金来的村民幸运地逃了回来。

朱金来和其他同伴随日军到达清远，渡北江时，他和同伴商议，趁渡江时逃走。等到半夜，到了约定时间，其他人却因白天做挑夫过于劳累睡着了。在日军严加看管中，朱金来不敢去叫醒他们，只好一人逃走。日军很快发现了朱金来逃走，立即追了上来。朱金来急中生智，跑到北江边，一跃跳进江水中。日军随即向江中开枪。朱金来跳江后并没有向江中游，而是游回岸边的水草丛中逃过一劫。等日军走后，朱金来马上上岸，凭记忆和询问路人，过了两三天才回到家乡，幸好有惊无险，新中国成立后他还当了赤坭供销社的主任，现仍然健在。

被抓去的人中还有个叫骄仔的，在中日交战中被日军当炮灰冲在前阵，后被俘虏，加入了中国人民解放军。新中国成立后，他参加了抗美援朝志愿军。在朝鲜战场上，骄仔偶遇同村族人志愿军飞行员朱肇和，两人得知是同村同宗兄弟，百感交集，互留了各自的部队番号和联系地址。没想到骄仔在战场上不幸牺牲，他的骨灰是朱肇和领回家乡的。还有一个叫朱河先的，新中国成立后回过一次村里，听说他当了解放军，此后，便没有消息。

重视教育出人才

牛背岭朱氏由国选公开基以后，祖祖辈辈勤耕苦作，虽处于落后偏远区域，但十分重视教育。1921年，为了让族中小孩接受教育，学习知识，族人集资筹办了国选书塾，位置就在朱氏大宗祠后面，地势高于大宗祠五个台阶。每当上学时间，学生走上台阶进入书塾，琅琅读书声随之而来。1927年，美国籍奇里牧师接办书塾教育，并转移教学地点，择址另建教学楼，改名为华南学校，其附有传播耶稣基督教的行为。1937年，日寇侵华，奇里牧师撤回美国，华南学校随之停办，学校也遭到不同程度的损坏。1945年，抗日战争胜利，奇里牧师再次回到牛背岭，在原地重建华南学校。1949年，全国解放，奇里再次撤回美国，政府接管学校，改校名为赤坭第四小学，1956年又改名为瑞岭小学。1975年，瑞岭小学生源增加，校舍残旧，不合办学要求，需要扩建校舍，学校发动校友、农民集资办学。当时，旅美乡贤朱菲比女士得知此消息后，从美国回家乡认捐办学，并提出恢复华南学校的校名，以扩大影响，后得到政府批准改为华南小学，并从原址迁到现在的校址。2014年政府确定华南小学为田心村、石坑村、上连珠、下连珠、丰群村等的中心学校，并下拨款项，全新规划，建现代化学校。

牛背岭朱氏族人重视教育，出了不少人

朱氏后人写下颂祖祠文

才，覆盖行政、军事、文化等多个行业。比如朱鸿明是新中国成立前最后一任副县长，也是1975年参与研究拆迁华南学校事宜的代表之一；朱肇和新中国成立后参军，成为飞行员，参加过朝鲜战争；朱育培在北京大学毕业后曾在辽宁图书馆工作，后被汕头大学聘任教授。

牛背岭朱氏大宗祠，真可谓风水独好后世昌。

祠堂文化知识

戏台：具有一定规模的祠堂，一般建有戏台。祠堂戏台一般都是面向寝堂，背靠大门，这种布局预示演剧首先是尊祖娱祖，"妥先灵以宗孝"。

喜上眉梢：又叫喜鹊登枝，喜鹊落在梅梢上，是传统建筑装饰常用的图案。喜鹊是一种吉祥鸟，鸣声喳喳，人们把它的叫声称为鹊喜，素有"喜鹊叫，喜事到"之民谚喜鹊被看作是喜兆。"梅梢"与"眉梢"同音，寓意人逢喜事精神爽，喜形于色好事多。

铁杖公后裔今安在

——田心村麦氏祠堂探究

◎ 邓静宜

沿花都的山前旅游大道西行,距盘古王公园不足一里处,有一条乡间小路,这条路直通赤坭镇的田心村。

田心村麦氏大宗祠

田心村人全部姓麦，现在有302户人家912人。改革开放后，村里的青壮年纷纷离开村子在外谋生，逢年过节才回家，因此，这个村尽管毗邻喧嚣的旅游大道，却别有一番宁静。左弯右拐，终于看到了田心村的麦氏大宗祠，宗祠的正门有一副对联："本宗从宿国；馀庆普田洲。"这副对联让人可追溯到距今1400多年前的那段历史。

麦氏大宗祠内景

麦氏始祖"铁杖公"

田心村麦氏来自南雄珠玑巷。有史记载的始祖铁杖公是一个极具传奇色彩的人物，传说中的他生得虎背熊腰、高大魁梧，专与贪官污吏作对，因惯用一杆铁杖，被当地百姓称为"铁杖公"。然而，这位大名鼎鼎的铁杖公据说原来并不是姓麦，而是姓何，他的父亲姓何名曾唯，个中原因还要从隋唐乱世纷争的年代说起。

据麦氏族谱载，当年，隋文帝招募天下英豪。铁杖公凭一杆铁杖，屡立奇功。国家安定后，隋文帝对将士论功行赏，当问到铁杖公意愿时，铁杖说："愿能日食斗麦足矣！"于是，隋文帝赐其麦姓，并赐官仪同三司，后封"宿国公"。麦氏始祖是从宿国公开始的，这就是"本宗从宿国"的联意所在。

宋代咸淳间，麦氏祖先必秀公兄弟五人带着麦氏一族200多人南迁至三水。麦氏先人在康熙二十五年（1686）设立花县时，由田心始祖善积公带领妻儿家眷，从三水的兔药来花县百夫田（今联星村）建居。有一日，善积公放鸭来到田心村，看到这个地方风水甚佳，认为此地"龙盘虎踞，旗鼓夹拱，仓库峙其后，玉带横于前，龙子坑九曲湾绕于明堂，鹤岭关锁于水口"，于是带四个儿子到田心立村，并遗书告诫后人："田心此地风水甚佳，三世后定能诞生贤哲。"果然，田心立村历经300多年，衍生2000多后人，散居海内外，绵延十三代。

田心村现时最多的是"著、远、声、前"字辈，"其"、"公"字的两辈人很多为了谋生，远走他乡。田心村在越南、柬埔寨、新加坡等国家的移民人数已发展到三百多人。目前，田心村人居住地区主要分布除广东省外，还有其他省市和港澳地区，以及越南、柬埔寨、新加坡、美国、法国、加拿大、澳大利亚、新西兰等国家。

人丁兴旺建祠堂

光绪年间，海禁逐步开放，村里有很多人跟随潮流或被"卖猪仔"到旧金山从事采矿、筑路、垦荒等苦力，后来这些人小有积蓄，把钱寄回家乡，带动了村经济的发展。这个时期是田心村经济最鼎盛的时期，当时全村拥有田地2000多亩，分别在赤坭、狮岭、清远等地。大部分人的生活也有不同程度的改善，多数人家按统一规格建造了三间两廊或五龙过脊的青砖瓦房。

光绪元年（1875），村中"封山育林"种植松树，把龟头垄岭、网顶岭至龙归田岭一带荒山都补种松树，并称网顶岭是田心村麦姓的"猛虎伏地形"风水岭，随着麦姓人丁兴旺，其他姓氏纷纷离开田心另谋居处，从此田心村就成麦家村了。

田心村最早的麦氏宗祠是在1800年建的，当时只有两进，因年久失修，残旧破损，而村里的人口越来越多，村中聚会祭祀，甚是拥挤。1893年，村里决定用青砖改建为三进的"麦氏大宗祠"。为使祠堂建筑质量做到最好，村里选择两个建筑队同时开工，其中一个队是黎村姓何的，另一个是本村的麦公振。他们把祠堂由南至北中间用屏障分开，相互都看不到对方的施工手法、进度、质量等，到全部完工后才把屏障拆除，结果双方质量不分上下，同时获奖。后来，善积公四个儿子的公祠，瑞云麦公祠、瑞贤麦公祠、瑞英麦公祠、瑞兴麦公祠相继建成。祠堂内的牌匾都是麦公惠结交的好友、书法家

瑞贤麦公祠

卢维庆所书，祠内壁画是书画家王雪舫所画。刚建成的麦氏大宗祠瑰丽壮观，屋顶雁翎飞檐，灰塑形象生动优美，里面的木雕、石刻、砖雕等精美绝伦，可是这些艺术珍品，在"文化大革命"时期破坏损毁严重，大部分至今无法复原。瑞云麦公祠"土改"时分给贫农，现已拆掉；瑞英麦公祠在抗战时期被日军飞机炸毁。

田心村目前尚存四座祠堂，前排是麦氏大宗祠、嘉祥麦公祠，后排是瑞贤麦公祠、豪斌麦公祠。祠堂前面是一片水塘，正对着麦氏大宗祠。麦氏大宗祠坐北朝南。三间三进，建筑占地439平方米。人字封火山墙，灰塑博古脊，碌灰筒瓦，青砖墙。祠内墙楣均绘有山水人物、花草雀鸟壁画，头门正脊灰塑有花草雀鸟、狮子蝙蝠。大门嵌花岗岩门夹，石门额阴刻"麦氏大宗祠"。中堂挂有"馀庆堂"木匾，门前左侧竖旗杆夹一对，上书"光绪乙未科会试中式第六十七名进士、殿试二甲第十七名、钦点花翎侍卫麦鸿威立"。另外嘉祥、瑞贤、豪斌三座公祠均是坐北朝南，建筑风格、用料基本一致。其中，嘉祥麦公祠前廊墙楣题有"民国十六年岁次丁卯冬月"。祠堂左侧有青云巷，巷门石额书"馀庆显"。豪斌麦公祠建筑占地216平方米，大门两侧嵌花岗石，石门额阳刻"豪斌麦公祠"。两根青砖前檐柱，4根坤甸木金柱，堂前三级石阶。明间设有神坛，神坛上悬挂"五福堂"木匾。瑞贤麦公祠建筑占地541平方米，前、后各两根石檐柱，五级石阶。大门嵌花岗岩门夹，石门额阴刻"瑞贤麦公祠"。田心村麦氏每年的祭祀、拜祖等活动大都在麦氏大宗祠举行，而村民议事、选举等，一般在瑞贤麦公祠进行。2005年9月，麦氏大宗祠和其他三座祠堂被公布为广州市登记保护文物单位。

内忧外患不安宁

1924年以前，田心村还是一个富裕村，但时逢乱世，村里屡遭抢劫，村民的耕牛、粮食、财物损失无数。加上村集体经济不景，收入一落千丈。

几次遭到盗匪抢劫后，为了防御盗贼，田心村在村的西、北边分别建起一座三层高的青砖楼房，称更楼，在村的东边用泥砖建了一座东门楼、一座魁星楼。村的南面是一条十米长、三米宽、五米高的"风水基"，实际上是打仗的掩体工程，每当发现匪情，即鸣锣通知乡团（当时的治安防卫队）和全村青工壮年男子迅速奔赴炮楼。战斗一打响，大炮楼内有人负责观察匪情指挥战斗。防御设施的建立，对村的安全起了重大作用。这座炮楼花了二百两白银，用青砖建筑，有五层高，炮楼墙体的厚度达一米多，两扇大门以石砌成，坚固无比。炮楼里面有水井、储藏室、伙房，可供全村几百人在里边生活一个星期。每当出现险情，全村的男女老少就往炮楼里跑，这座炮楼在当时可以说是铜墙铁壁，坚不可摧。

日军侵华时期，这座炮楼多次遭遇过飞机轰炸。有天上午7时许，日军3架飞机又一次飞到田心村上空，抛下40多枚炸弹，顷刻间，炸毁房屋50多间（其中瑞云公厅，瑞英公厅就是此时被炸毁），炸死家禽、牲畜无数，炸死逃避不及的妇女三人。1939年6月20日午夜，日军1000多人，日伪联防队几百人连夜进村，抢劫财物，强奸妇女，拉夫挑担，村中的麦著衿、麦远枢被拉走后杳无音信。日军在邻近各村的山头上修筑碉堡炮台，准备长期驻守，并强迫各村每天派人到山顶做苦工。麦著接受村中父老及村民委托为"村长"，负责与日寇联系，并带村民上山做苦工。某日，一名日军军官兽性大发，强奸了一名麦姓姑娘，麦著接上前搭救，当场被凶残的日军活活打死。村中在馀庆堂公偿田拨出村门口的两亩良田抚恤麦著接家人。

民国时期，田心村与竹洞村本来互有婚嫁，礼尚往来。但由于两村的村民在赤坭争夺商贸地盘经常发生争执，产生摩擦，新中国成立前曾引发一场震动全县的事件。

有一年，田心村有一个嫁到竹洞村的女子，不知何因突然死亡，男家没有通知死者的娘家就草草出殡。死者娘家人怀疑是男家害死的，因此要求开棺验尸。可能因技术原因，验不出是否被害致死。事后，两村提出决斗，双方约定日期

麦氏大宗祠两廊门楣灰塑

在赤坭文武庙门口的巴江河边决战。县府当时将这种民间聚众斗殴行为都定性为黑恶势力。于是截获此消息后，决心趁此机会把田心、竹洞两村的黑恶势力彻底铲除。麦氏闻讯不敢进入决斗地点，而邝氏刚好遇上剿黑的队伍。邝氏听剿黑队说"田心村的人已经逃到白坭去了，我们现在从水陆两路过去，在白坭消灭他们"的话后当即全部上船，当船驶到河中间时，剿黑队两名机枪手立即架起机枪向船上扫射，可怜邝氏那帮人还未搞清是怎么一回事，就被全部打死。

新中国成立后，两村在人民政府的调解下，化解了以往的恩怨，双方和好如初。

族谱留名的不凡人物

300多年来，田心村麦氏家族人才辈出，有感天动地的孝子，有为国捐躯的英烈，有天赋异禀的奇人，甚至还有一些不光彩的人物，在族谱里都一一有记载，这里着重介绍下面几位：

瑞云，替父坐牢的大孝子。善积公是田心村始祖，因经营私盐触犯刑律，被判坐监。他年仅16岁的大儿子瑞云，不忍年迈体弱的父亲受苦，代父领罪，结果病逝狱中。瑞贤、瑞英、瑞兴三兄弟不忍心长兄绝嗣，便让瑞贤的四子能斌奉祀香灯，拨出村西

14亩良田，加上原云公所有物业均由能斌承继，并立书为约各房收执，要求后世子孙永远遵守，不得争占。

麦文广，太平军中一名文武兼备、勇猛异常的年轻将领。为充实兵力，他回乡招兵。麦文广回乡的消息被清廷白坭联平局密探获悉，连夜派大队官兵把田心村紧紧包围。天刚亮，官兵就把全村男女老少赶到村东的晒谷场，要村人交出麦文广，否则烧村杀人。这时，只见麦文广毫无惧色地走出人群，大义凛然地说："我就是麦文广，好汉一人做事一人当，要剐要杀都可以，千万不要难为村中老少。"麦文广当即被绑送白坭联平局，经过整整一夜的严刑拷问，一无所获，无计可施，只得把麦文广押回田心村处死。在全村人面前，遍体鳞伤的麦文广被捆绑在晒谷场的木桩上，他口里塞着烂布，头发被剃光，头顶上放着一团浸透生油的棉花。两个刽子手举火把，点燃了麦文广头上的棉花，麦文广临死前仍怒视刽子手，其状惨不忍睹。

墙上壁画《南山添寿》

麦朝景，田心村"龙精虎猛"的后生仔。麦朝景自幼随父练武，十七八岁时已是武艺超群，跑起来能"跑直辫尾"，即奔跑速度之快能令脑后下垂的大辫横飞至平直。麦朝景仗着一身武功，经常在外闯祸。一天晚上，麦朝景陪父亲在家里闲谈到深夜，待父亲睡着了，麦朝景偷偷出门，连夜跑到清远抢劫村民财物，天明前跑回家里睡觉。第二天，有人告诉了他父亲这件事。当时他父亲摇头说："不会的，昨晚他陪我在家闲谈至深夜，现在还睡在房中没起床呢。"来人走后，父亲转念一想，如果没此事，人家怎敢乱说？他心生一计，两天后，他叫儿子连夜跑到清远的一个朋友家借件东西急用，要他天亮前赶回来。儿子不知是计，领命出发，果然天还没亮就借到东西回来了。父亲马上把儿子叫到跟前询问清远抢劫村民财物之事，麦朝景供认不讳。后来麦朝景因抢劫坐牢，病死在牢房里。

梁架戏台人物木雕柁墩

麦著访，田心村有名的"大耕家"。麦著访能准确预测到十几分钟以至四五天内的天气变化。1950年夏天的一个早晨，村里的工作队组织群众用麻袋装好粮食要送往粮仓，突然下起雨来，而且一下就是一天一夜，装好的一袋袋稻谷堆满祠堂，怎么办呢？有人建议去问麦著访。著访看看天说："今天雨难晴，只有中午12点至下午2点这段时间，雨会稍停一阵。"到了中午12点，雨真的停了，工作队马上集合群众出发送公粮，公粮刚送到粮仓，此时接近下午2点，果然又下起大雨。麦著访的神机妙算，被村人称之为"张天师"。

祠堂文化知识

阳刻：雕刻术语，是将笔画显示平面物体之上的立体线条，凸起的字为阳刻。

阴刻：与阳刻相反，将笔画显示平面物体之下的立体线条，凹陷下去的字即为阴字。

仪门：为礼仪之门，祠堂的仪门指进了大门之后第二重正门，平时关闭，人从两侧进出。有身份者进出或办喜庆事时仪门才打开。

日久他乡即故乡

——横沙村周氏宗祠散记

◎ 郭婉勋

周氏宗祠,高雅之堂,融和风俗,礼乐蒸尝,风雅颂尽显其中。周氏宗祠高出平地三尺有多,庄严气派。拾级而上,祠堂前,有一个红砖砌起来的小牌坊,叫作"祥安里"。牌坊接连的棚架爬满葡萄藤,翠绿的叶子郁郁葱葱,不禁让人浮想联翩。"周氏

横沙村周氏宗祠

宗祠"牌匾下一副崭新的楹联十分夺目,"濂溪绵世泽;郁水远腾芳"。周敦颐濂溪先生那"独爱莲"的章句,能叫人在夏日的炙烤下也觉神清气爽。

写满教化的无字书

周氏宗祠坐东南朝西北,三间三进。据测量,其总面阔25.2米,总进深43.1米,建筑占地1114平方米。中路建筑是人字封火山墙,灰塑博古脊,碌灰筒瓦,青砖石脚,尽显岭南建筑特色。

走近宗祠,头门面阔三间13.3米,进深两间8.1米共十三架,两根石制后檐柱。正脊施有博古纹和"狮群下山图"灰塑,左右两侧是花鸟山水图案。尽管经时光冲刷,颜色已剥落了,还是能看出花鸟的神态,陪同的周老伯告诉我们,重修时按照原来的轮廓来描画的,所以依旧保留雅致的风格。大门两侧嵌有花岗岩门夹,石门额阴刻"周氏宗祠",下款"汝钧书"。大门上印着威风凛凛的门神,目光锐利,有震慑之感。

中国传统伦理道德——忠信孝悌,是祠堂主要的教化内容。墙楣壁画是重建时候仿古并且结合时代元素创作而成,祠堂次间有虾公梁,上面有石狮、异形斗拱和梅花图案的雀替。石狮咧嘴龇然,尾巴高扬,十分活泼。这两头石狮本地人称"檐口狮子——叻到闷(尾)",意思是江山代有才人出,寓意人才济济。前廊梁架、封檐有鳌鱼瑞兽、缠枝瓜果、花草雀鸟、戏台人物、龙头等板雕,丰富多彩。其中就有形似菠萝的水果端放在刻着"囍"字的篮子上,热带风情洋溢。布设戏曲雕刻,是一种用戏剧来敬祖娱神的方式。青石挑头上雕塑的戏曲人物,仿佛看到天子喜庆佳节、文武百官祝贺、梁祝等传统戏台景象,十分传神生动。

大门内竖立着一扇巨型屏风,画着山水松鹤,展翅雄鹰的水墨画,"少小离家老大回,乡音无改鬓毛衰"两句让人耳熟能详的诗,更多地反映游子久别故乡的心情。祠堂明间设中门,花岗石台基,三级石阶。中堂面阔三间13.3米,进深三间9.7米共十五架。两根石前檐柱,四根坤甸木金柱。全祠木柱、梁架、大门均为坤甸木料。听周老伯说,当年木料从越南运来后全靠人工架立。如今机械化程度提高,架柱子用吊机显得容易多了。可是以前没有吊机,其中高超技艺只怕现在已经失传。后金柱间悬挂"世德堂"木

周氏宗祠大门

牌匾,牌匾下面立着祠堂里最大的一面屏风,上面有梅兰竹菊、高山流水、篆隶书法等书画,古色古香。两木柱嵌木刻对联"创业维艰须念先贤兴伟业;开拓不易训育后辈展宏图",充满着对后人忆苦思甜的循循善诱。除此之外,两面墙上还挂着共十二副楹联,为颂扬始祖周仲成,或教导子孙后代谨记栽树前人。中堂前带两廊,总面阔三间,六架卷棚。两廊梁架有鳌鱼、蝙蝠、花草等雕刻,精美独特。天井铺着花岗岩条石。

后堂的屏风也经翻新。画有《龙凤呈祥》《一帆风顺》图,书法字墨有点掉色,也是苍劲有力的。抬头望去,二进檐口"万福攸同",三进檐口则是"兰桂䕨芳",这里的"䕨",是带草头的,寓意子孙满堂,多子多福。后堂面阔三间13.3米,进深三间9.4米共十三架,四根坤甸木金柱。中央有周氏祖先神龛,陈列笾豆蒸尝等祭祀器皿。朱熹言:"慎终者,丧尽其礼;追远者,祭尽其诚。"后堂里高耸着的、摆放规整的神主牌,上上下下七排有多,肃穆庄严。后堂前带两庑,卷棚顶,前设四架轩廊。天井以花岗岩条石铺地。

从后堂走向祠堂的左右建筑——衬祠。后半部分的衬祠是1991年翻新新建的,前半部分则是原先即有。衬祠面阔4.3米,硬山顶,人字山墙,同样是灰塑博古脊,碌灰筒瓦,青砖石脚。别看衬祠偏于一隅,实则内有乾坤。衬祠里保存有最古老的壁画,这也跟壁画"藏"在阴凉遮风又挡雨的屋子里有关。虽然是大白天,衬祠里却是昏暗的,我们都得打开手电筒才能一探究竟。周老伯说,这里的壁画也是经过翻新上色的。当中落款"光绪己亥岁",清晰可辨。墙楣画有菊,还有象征荣华富贵的牡丹,色彩明媚。王安石《梅花》:"墙角数枝梅,凌寒独自开。遥知不是雪,为有暗香来。"范仲淹的《江上渔者》:"江上往来人,但爱鲈鱼美。君看一叶舟,出没风波里。"两者均为北宋变法改革的领头羊,然而都是不得意的。千年之后,历史尘封着,历史亦在重复,工艺者选此两诗是出于偶然,还是对变革先锋表达崇敬之意?便无从探究了。还有一幅《晚景移步》图,夕阳橘黄的色调映衬之下的远山近水,心旷神怡。衬祠的天井墙上刻着一副对联,"裁成蜀锦千丛艳,剪碎吴绫万朵齐",赞颂勤劳的工艺者。自给自足的自然经济里,只有大户人家才能雇得起纺织工。后来随着技术进步,纺织物才进入平常百姓家。天井的这副对联,足见人们对劳作的重视,多劳多得。衬祠里摆放着许多木凳木桌,周姓族人喜庆宴席时,衬祠便成了临时厨房和储物室。

衬祠与主体建筑以1.3米宽的青云巷相隔,分设在宗祠两边。青云巷笔直划一,以通风透气。两边青云巷的石门额上分别刻着"履中""蹈和",劝慰子孙为人稳重,不宜自负,也不能妄自菲薄。衬祠门口有一麒麟浮雕,也是有典故的。相传伦文叙与柳先开斗才,柳先开出"东鸟西飞,遍地凤凰难下足",伦文叙对"南麟北走,满山禽兽尽低头",其中的麟便是麒麟。伦文叙当年高中状元,如此也寓意仕途腾达。

慎终追远的往事

周氏宗祠建于清光绪元年(1875)。1991年重修,翻新并增补衬祠后半部分,1992年办入伙筵席。翻新造价达140万元,大部分是由热心侨乡和村里的乡亲聚集而来的。横沙村修建祠堂捐资芳名榜中,记叙了周氏宗祠重建始末。"盖闻慎宗追远,光宗耀祖,此乃子孙所当尽其责也。于光绪己亥年,始建周氏宗祠。端貌庄严,雄伟壮观,地灵人杰,巍峨矗立,以纪念先人之遗德,亦荫子孙之昌盛。建祠迄今,近百年矣。历经风雨,残缺损颜。众议全面修葺,增建衬祠,幸而一呼众诺,解囊乐捐,共襄善举。外侨港澳台及内地众乡亲,鼎力支持,一举集腋成裘,诚挚合作。修建顺利竣工,共奏全功,旧貌新颜,以显我硕族英雄壮志,谨篆刻芳名,永志功德。"

据花都赤坭镇志记载,1966年6月,"文化大革命"在本地区开始。8月,全社开展

横沙村栋宇周公祠、祐石周公祠并排建造

"破四旧、立四新",祠堂被视为封建社会的糟粕,村民用水泥填盖砖雕、粉刷壁画,毁坏了不少具有历史价值的文物。又经历各个时期的运动后,该祠堂后进里的神主牌全部被清走,祠堂也被用来做粮所仓库。土地改革,族田丧失,祠堂失去赖以生存的经济基础,成为农民集会、学习的场所。

20世纪80年代,"寻根热"悄然地在海峡两岸兴起。那时,文化认同成为海外华人共同面临的身份困惑。1987年,台湾开放了大陆探亲政策,台湾同胞赴大陆寻根,寻找祖根与血缘关系。不仅是港澳台,重洋之外的华侨都响应寻根的召唤,纷纷续家谱、修祠堂。赤坭镇横沙村的周氏宗祠也就是在这种背景之下,上下里外地翻新一回了。

周老伯拿出2015年才出版的族谱。族谱扉页印着篆体的《爱莲说》:"予独爱莲之出淤泥而不染,濯清涟而不妖,中通外直,不蔓不枝,香远益清,亭亭净植,可远观而不可亵玩焉。"周敦颐是周氏的先祖,程朱理学代表人,造诣之深厚,周氏子弟历来引以为傲。

族谱的第二个部分是家谱的序,把修族谱的前后经过清晰记叙。"夫我横沙村,乃汝南望族,濂溪后裔。立村六百多年,人丁兴旺,至今人口已达二千三百九十多人。但自新中国成立以来,特别是'文革'时期,村人所保存之族谱,散失迨尽,致后生晚辈不识辈分。而熟识族谱之长者,均已年逾古稀,逐渐凋谢。再过几年,恐将再无熟识情况、知根识源之人矣。有鉴于此,村委领导于是召集族耆老贤达人士及后辈精英,共同商议。佥谓：族谱若在我辈失修，既愧对乎祖先，亦贻羞于后代。应借广东周氏宗亲会编修周濂溪宗支源流分布谱之东风，组织人力重修我村族谱，以传后世，庶使后代子孙得以知根源，识辈分，能饮水思源，慎终追远。"

日久他乡即故乡

周氏太公祖籍湖南，后来南迁到南雄珠玑巷。南宋末年，氏族从南雄珠玑巷迁往各地。有的到顺德，有的到佛山……周氏宗祠始祖周仲成的先祖则去了南海石塘村（位于今南海和顺镇）。

说起南雄珠玑巷，赤坭镇有不少姓氏都可从那里寻宗问祖。《简明广东史》一书记录，宋代人口的大量南迁，始因战患。北方的少数民族，先后建立辽、金、元政权。辽军多次南下攻宋。金灭辽后，在1127年灭亡北宋后继续向南宋进攻。长期的战乱给中原以至江南地区造成严重破坏，百姓大量逃亡。因此，广南两路，也就是广东省境，相对安定的社会环境和大量尚未开垦的可耕地吸引了渴望安居乐业的人们。

横沙村周氏始祖周仲成，原本定居在石塘村中社。1340~1349年间，周仲成带领家人从石塘村迁到横沙村。当时横沙村还属南海县金利司，到清康熙二十五年（1686）设立了花县后，拨入水西司管辖。周氏宗祠祭祀的太公正是这位始祖。

翰墨书香，岭南风雅，宗庙祭祀，歌颂祖先，历史变迁，故土人情。周氏宗祠的风雅颂莫不散发着芬芳，叫人

栋宇周公祠内景

放慢脚步，品味与思考。行走于宗祠的廊庑、天井、青云巷，流连于横梁上的木雕、壁画、挑头、楹联，几乎每一个棱角都值得驻足凝望，皆因每一处都是别出心裁的工艺，凝聚着周氏子弟的心血、汗水。跟着周老伯走遍祠堂里外，天色已晚。傍晚时分，黄昏之下的周氏宗祠更添一份巍峨肃穆。

祠堂文化知识

硬山顶： 是两坡顶的一种，屋面不悬出山墙之外。特点是有一条正脊、四条垂脊，形成两面屋坡。左右侧面垒砌山墙，高出屋顶，屋面夹于两边山墙之间。从外形看，硬山顶屋面双坡。

圆雕： 又称立体雕，是指非压缩的、可以多方位多角度欣赏的三维立体雕塑，是艺术在雕件上的整体表现，要求雕刻者从前、后、左、右、上、中、下全方位进行雕塑，观赏者可以从不同角度看到物体的各个侧面。

先祖遗德护家园

——记莲塘村骆氏大宗祠

◎汪 琳

赤坎镇莲塘村由莲塘、陂塘、小迳、官坑四个自然村组成。因此，莲塘村既是行政村也是自然村，该篇主要写的是莲塘自然村的骆氏。

赤坎镇莲塘村立村已有600多年历史，建在开阔地，地处北江下游，土地肥沃，水体面积大，为典型的江南水乡，人们称之为"世外桃源"。因村附近水域中有一块陆地形似莲叶，村后小山丘像莲花而得名。村庄四周水塘连片，村中间及四周共有鱼塘9口，族

莲塘村2016年获评广东省古村落

人称之为"风水塘"。充足的水源,肥沃的土地,养育着一代代莲塘子民。莲塘村民大多姓骆,其余分别是卢、钟、邓、吴、黎、冼等姓。骆姓的民居向西而建,村面笔直,长约500米。整个村庄巷道迂回曲折极像八卦阵布局。莲塘村为后人留下的不仅仅是那些古建筑文化,还留下了以家训、族谱为主的丰厚的中华传统文化。

几经重修的骆氏大宗祠

莲塘村建有骆氏大宗祠,位于莲塘村村面中段,是村中主祠。两边建有祠堂,分别是北庄骆公祠、洪富骆公祠、泉石骆公祠,此外便是茶楼、当铺、售货店及民居。卢姓民居大多向南,钟姓民居则向东。据《广州市文物普查汇编·花都区卷》记载,骆氏大宗祠建于清代,清道光二年(1822)第一次重修。1998年,骆氏族人欲再次重修,因无足够资金,便组建筹建委员会,发出《维修倡议书》,其中写道:"世有宗祠,乃纪念先祖之功德,策励后人,发奋图强,以期光宗耀祖,垂于万代。仁敬祖已无产业资财,唯有依赖仁人。"《维修倡议书》还鼓励族人:"赞助一百元以下,红榜标名,一百元以上刻碑永记。"骆氏族人对先祖的尊崇和传承弘扬宗祠文化的责任感使倡议书得到响应,很快筹足资金,于次年备料、动工,仅几个月便重修完工。竣工后的祠堂面貌焕然一新,呈现一片光彩、兴旺、繁荣景象。

骆氏大宗祠坐东北朝西南,三间三进,面宽12.6米,进深28.6米,

骆氏大宗祠

莲塘村骆氏诸祠

建筑占地377平方米，人字封火山墙，砖木结构，雕梁画栋，灰塑古脊，碌灰筒瓦、青砖墙。头进大门嵌花岗岩门夹，石门门额阳刻"骆氏大宗祠"，上款刻"道光二年岁次午"，下款刻"葭月上浣谷旦重修"。木门楹联"岐山顾祖；曲水朝宗"。二进中堂，门额悬挂"懋德堂"牌匾，木雕仪门，墙壁绘宗氏图案，以先人故事为主，配以松、鹤、梅、兰、竹、菊，山水花鸟，隐含着福、禄、寿、喜、财，祝愿子嗣平安、吉祥、如意、幸福、健康、富贵。东墙壁还书"忠、孝、节、义"四个楷书大字，定为骆氏家训、行为规范。三进为享堂。

旧时的莲塘村（含莲塘、陂塘、官坑、小迳、门口坑、楠木树、鲤塘、中洞等自然村），是一个大村，骆氏宗族于清道光、咸丰、同治、光绪不同年代及至民国初年，相继建有骆氏祠堂21座，其中最有名望、影响最大的祠堂就数莲塘骆氏大宗祠。骆氏族人凡遇重大节日或重大事件，便聚齐于此，或祭祀或议事。

骆氏先人辗转而来

骆氏宗族最为传颂者当为"唐初四杰"之一的骆宾王。骆宾王的九世孙骆达元，字

辉千骆公祠

道德,唐末节度使,因后周兵乱不息,迁往南方,由浙江义乌迁居番禺高增,至宋代与子用章再迁居南海乌石岗。此地区于清中期改割成一县,即称花县,因而道德公应为广东骆氏始祖。

据乾隆五十七年(1792)骆氏二十世孙骆绍昌撰《莲塘骆氏小宗族谱》中的表述:道德公之耳孙十二世孙骆元杰之长子骆仁敬,才智非凡,志向远大,于明初来到莲塘,在游览该村时,只见该村"前迎胥江水,后拥三台山。左狮山,右岐岭。北川巴水,九曲江帆齐掩映;南屏和顺,一峰雁塔兆题名。远视西岭,虎冈守海;近观东浦,乌石捍门。气势非凡,粮仓清奇,文峰耸峙,苍翠秀丽,似涂一层油彩光彩照人,真乃风水宝地"。于是定居于此。自此"聚裘济美,堂构增辉,繁衍生息,励数百年"。莲塘骆氏族人,严尊祖训,崇尚耕读,亦农亦商,农耕文明得以世代延续。

骆仁敬,字济万,号端肃,生于元至正二十五年(1365)九月九日午时,卒于明景泰四年(1453)十月二十八日未时,享寿八十九岁。有两房夫人:植氏、丁氏。丁氏生四子:彦成、彦章、彦习、彦俊。自此,骆仁敬始称一世祖,亦是定居莲塘的骆氏始祖。后三世祖骆守仁,曾赋诗赞颂:"耳祖当年产胜区,由来百粤至番禺。从今整顿家乡业,自始相传于万斯。"后又有骆氏族人把这风水宝地绘成四幅风景画,并题字"羊城有八景,我莲塘有四景",每景都各有特色。其一"平田石峙",平田涧水中巨石嶙峋,名乌石,其石枕连数顷、中空外耸、台阁峥嵘、华表捍门,乃中流砥柱,其中景色极多,俨然可观。其二"营海三湾",古庙营汛,盐埠犹在,石岩西峙,岐屋居东,月从岩口而升,诸犬疑是火光,故有"长岐犬吠岩前月",可谓奇景。其三"迳水清幽",乃中洞岭西,有古庙遗联:云锁洞中迷去路;月临迳口访前踪。似曲水流觞,春夏云锁山头,风生雨骤;秋冬云归山谷,月朗星辉,古有"中洞云拖迟底龙"之说。其四"月映深潭",古有清浊二潭,今合二为一,仍有清浊之分,同一月而有两月之影,秋冬时,天虽旱而甘泉涌出,灌注近田,其水中鲤鲈鲮鳏等鱼类味鲜异常,真乃千古奇景。

骆秉章亲写骆氏家训

花都骆氏人才辈出,从清代至今以骆秉章为代表的有数十位知名人士成为社会栋梁或侨居海外创业而贡献社会。骆道德二十八世孙骆秉章为清咸丰、同治时期名臣,先后任湖南巡抚和四川总督,官居一品,死后追谥文忠,是中国近代史上一位风云人物,当他四十岁中进士时,为了光宗耀祖,各地骆氏族人都要迎接骆秉章回乡拜祖。拜祖时,除设祭品、大摆筵席以示庆贺外,还要给中举者一封大利是(大红包)表示恭贺和鼓励。莲塘村骆氏族姓为显示富有,人多钱多,争相献款,并大摆筵席。所以后来编成民谣:"骆村举人华岭中,莲塘拜祖逗英雄。五指龙园烂衫都当尽,横岗大窝倒晒一山松。"称颂莲塘村骆氏族人的富有与热心,从中可见一斑。

同治六年(1867)秋,骆秉章在成都任上病逝前,应邀亲自撰写了《花峰骆氏谱序》(简称《谱序》),在序中,他首先肯定族(家)谱与皇室之记国事一样重要,曰:则谓家之有谱,犹

陂塘骆氏宗祠

国之有史也。然后追述骆氏渊源自齐姜尚姜太公，直追述出自炎帝，原属神农华胄，故逾传远，而孙枝逾繁，人才逾盛，名人逾多。从东汉末年会稽太守骆骏及其之子东吴名将封平南将军阳亭侯骆统，至南朝陈文帝属下勇冠三军名将封临安县侯骆文牙，至初唐四杰之一的骆宾王。《谱序》继述岭南骆氏始祖宋初副节度使骆道德。道德公于五代时由浙江入粤，初居番禺，后迁居南海乌石岗，世为岭南故址。

《谱序》中的一段后来成为骆氏族人严格遵守的家训："继今以往，愿吾族人，务齐其家范而祖德是绍，毋以智而欺愚，毋以强而凌弱；毋以贵而骄贱，勿挟富而欺贫；莫以大而压小，莫以卑而侮尊。痛痒相关，庆吊必及；患难相求助，疾病相扶持。诚如是尊尊亲亲，播于四方，绳绳蛰蛰衍于万祀矣。"序中还告诫子孙：尊祖敬宗，积德行善，仁孝继志，劳心抚宇，加意振兴，发祥更远，无负宗祖。落款为：赐进士出身、诰光禄大夫换戴双眼花翎太子太保协办大学士兵部尚书四川总督部堂世袭一等轻车都尉骆秉章。

同治六年（1867）骆秉章在成都病亡，时年74岁。临终前，他还为子嗣取名辈分"二十字"：守业勤为本，存心厚乃长，家修敦典礼，庭献达文章。逝后，同治帝在《谕祭祝文》中盛赞骆秉章忠诚亮直、清正廉明，知为当代疆臣之冠，并恩赐入祀京师贤良祠，在四川和湖南建专祠纪念。

先祖遗德护佑美丽家乡

莲塘村骆氏族人传承先祖遗德，民风淳朴，人心宅厚，和善相处，资助为乐，尤其是历来崇尚尊师重教。古时的莲塘村以私塾为主。至今遗存书舍、书室和家塾就有10座之多。1940年始办小学，新中国成立后为发展教育，拟将祠堂暂作校舍。20世纪60年代初，村里将莲溪古廊遗址新建为莲塘校区。据《赤坭镇志》记载，莲塘小学始建时同建碑记，告知学子：文化教育乃各业发展根基，科学技术为四化实现关键。

莲塘村骆氏族人不仅重教育才，还注重尊敬老人，视老人为家乡宝贵财富。为了让老人宝贵韶光常在，健康幸福愉快欢度晚年，村里成立了"敬老会"，筹建了"老年人之家"，此举得到海内外骆氏族人纷纷响应，并以资捐赠，使近千名老人有了文化娱乐和强身健体的场地。

最近,莲塘村又从广州市炬坊农业有限公司引进无籽番石榴,计划投资500万元、占地305亩,建立国内首家无籽番石榴基地,用两年时间大力推广无籽番石榴种植。

莲塘村经骆氏和卢、钟等姓氏族数代人的共同努力,使古村换了新颜,不但是广州市的"鱼米之乡",还成为远近闻名的广州市重点蔬菜生产基地和广州市美丽乡村建设示范村。

莲塘村敬老晚宴

祠堂文化知识

檐柱: 是传统建筑檐下最外一列支撑屋檐的柱子,也叫外柱。用以支撑屋面出檐的柱子称为擎檐柱。

月洞门: 又称月门或月亮门,为中国古典园林与大型住宅中在院墙上开设的圆弧形洞门,因圆形如月而得名,既作为院与院之间的出入通道,又可透过门洞引入另一侧的景观,兼具实用性与装饰性。

家规家训旧俗新说
——记西边村夏氏宗祠

◎ 郭婉勋

  花都祠堂星罗棋布,分为南社和北社的夏氏宗祠就坐落在赤坭镇西边村。祠堂的大门上,写着"前程似锦"的对联红黑分明,与石门额上油漆斑驳的"夏氏宗祠"四个大字交相辉映。乍看宗祠,没有精美绝伦的雕刻,没有金碧辉煌的祭台。然而,其貌不扬的夏氏宗祠依旧牵动着千百游子的心。每逢清明,夏氏子弟会从四面八方赶回家乡拜

西边村北社夏氏宗祠

祖，供奉先人。清明是宗祠一年当中最热闹而隆重的日子。祠厅的角落里，百来条长凳脚对脚，堆叠成一座小山丘，旁边立着几十张折台。雄赳赳的醒狮默默地躺着，像在打盹

南社夏氏宗祠

似的，为不久之后的舞狮表演养精蓄锐。夏氏宗祠的醒狮可忙了，春节、元宵、嫁娶、满月各种喜庆节日，可都得上场舞一轮，活跃气氛。

一姓宗祠分两社

夏氏宗祠分南、北社，分别是所奉太公始祖夏载大小老婆各自子孙祭拜的地方。北社与南社背对背，祠堂外观相差不大，门前都有一片碧波悠悠的池塘。

南社坐东朝西，1840年时重建，历年重修。总面阔15.7米，总进深20.7米，建筑占地335平方米。主体建筑深两进，为镬耳封火山墙，灰塑博古脊，碌灰筒瓦，青砖墙。头门面阔三间，进深两间6.8米共十一架。正脊上塑有蝙蝠、梅花鹿、寿桃，两边嵌灰塑蝙蝠，取意福禄寿。大门两侧嵌花岗石，石门额阴刻"夏氏宗祠"，上款"道光二十年岁次立"，下款"戊子仲冬重建吉旦"。前廊墙楣绘有《李白斗酒图》《满地金钱》壁画，两侧为花鸟壁画。后堂面阔三间，进深三间8.1米共十五架。四根杉木金柱。堂前四级石阶。后堂前带两廊，六架卷棚。左路建筑是硬山顶，人字山墙，碌灰筒瓦，青砖墙，与主体建筑以宽1.1米青云巷相隔。重修时，瓦面改换成黄色琉璃瓦当。墙体扫水泥，画砖线。头门后檐改为钢筋混凝土柱。后堂天井改铺水泥地面。

镬耳山墙

北社则坐西朝东，分别于1848年和2000年重修。总面阔18米，总进深20.8米，建筑占地390平方米。建筑风格与南社相似。北社祠堂主体建筑深两进，右侧带一路建筑，头门面阔三间，进深两间6.6米共十一架，前廊三步。镬耳封火山墙，碌灰筒瓦，青砖墙。大门两侧嵌花岗石，石门额阴刻"夏氏宗祠"，上款"道光二十八年岁次立"，下款"戊申孟秋吉旦重修"。次间有虾公梁、石柁墩、异形斗拱。后堂面阔三间，进深三间8.3米共十三架。4根坤甸木金柱。镬耳封火山墙，灰塑博古脊，碌灰筒瓦，黄琉璃瓦当，青砖墙。正脊塑有山水、雀鸟、花草等造型。堂前三级石阶。明间设夏氏祖先神位。后堂前带两廊，六架卷棚。右路建筑为硬山顶，人字山墙，碌灰筒瓦，青砖墙。与主体建筑以宽1.5米青云巷相隔。重修时祠堂瓦面改换黄色琉璃瓦当。外墙扫水泥，画青砖线，内墙粉刷石灰水。头门正脊改建水泥博古脊。后堂天井地面改铺水泥。

偏厅是本善公书舍，位于夏氏宗祠东边。本善公书舍原是祠堂的书塾，现已成危楼。据夏氏的古稀老人回忆，书舍原本放置几尊菩萨供奉，在"破四旧"时都扔到池塘中，被流水冲走，不知下落。

夏氏族谱知古今

翻开1919年抄写的"夏氏族谱"，泛黄的扉页上写着"中华民国八年三月初五"，内容均是右起竖排，按照时间顺序记叙夏氏的前世今生。文字则为手写楷体，加上红色墨迹画圈句读，每一页都有些增删注释的痕迹。族谱分为简介、夏氏叙、夏氏族谱叙及附录、族谱等例、夏氏家谱共五章。历史家规祖训，完整无缺。

夏氏先人追溯到汉朝，他们的功绩在族谱中记载，"汉朝夏宽受书于申公，为阳城囚吏""唐朝夏芳庆系进士"。夏氏是大禹的后代，在浙江绍兴会稽开枝散叶。一世祖为宋朝的夏竦，是宋仁宗的辅相，负责礼乐文章。二世祖跟随宋高宗南渡到了浙江，后来游学，从浙江来到广东南雄珠玑巷。子弟之中有的侨居在浙江，有的在南海，开始分散五湖四海。"设立蒸尝，四房轮流祭祀"，可见其氏族之庞大。"汉唐宋元明，历代有名人"，除了初世祖夏竦，还有汉朝史部名人夏宽、元朝英宗时的尚书夏瑄、明朝永乐户部尚书夏元吉等。氏族曾经的辉煌，"朗如日月光华，远似山河带砺"。族谱使得后人能一览先人创业维艰，发扬传承精神，光大氏族荣光。"炳炳煌煌，不失乎昭穆条贯，后之贤者，亦有感乎斯谱"。

北社夏氏宗祠虾公梁如意石雕砣墩较独特

十八世祖夏载是宋朝时代人，侨居广东南雄保昌县牛田坊珠玑巷。1686年，花县建县，而夏氏北抵的松园夏西边，即为今日的花都赤坭镇西边村。其后，十四代夏英携部分老幼到现在花都的东镜村分房揾食，放鸭养鱼。每年清明东镜村的夏氏子弟也会回到西边村来祭祖，这也是后话。

在封建社会男耕女织的时代，生产力低下。房人的彼此合作组成社会单元，有助于保障物质生活，提高生活水平。宗祠一旁设有书舍，由祠堂维护，支持子弟学而优则仕，为氏族增光。祠堂的教化起着维系团结的作用，劝子弟念祖勉之情、宗亲之义，"宁厚无薄，宁亲无疏"。喜相庆，戚相怜，立家庙，设家塾，置义田，修族谱，凡此种种在以往皆是祠堂的义务所在，也正因如此，祠堂是人们生活中必不可少的议事处事场所。族谱倡导忠、孝、悌、忍、善，倡导仁、义、礼、智、信，更是劝导后辈与人友爱相处，远亲不如近邻。

家训家规是族谱的重要内容，夏氏族谱详细记录了十九条"例"，"一族谱必源流可据"，修族谱时必须实事求是，不可凭空捏造。其中"一戒犯讳"，指的是取名择字时，五世之内不能犯了父母兄伯叔的讳，规矩之严可见一斑。另外还有"敦孝悌、继嗣承祀、务本业、重人伦、和乡党、重农桑、尚节俭、隆学校、黜异端、讲法律、明礼让、训子弟、息诬告、诫匿逃"等，皆是与生活息息相关的为人处世道理。夏氏的家训家规，是小家也是大家的规训，充分体现夏氏家族昔日礼教严谨。当中提及孝悌时，是这么描写父母养育的良苦用心的，"审音察色，笑为之喜，啼为之忧，行动则跬步不离，疾痛则寝食俱废，以养以教，至于成人"，读起来至真至切，感人至深。讲到法律时，有"法有深意，律本人情"，可谓一语中的，发人深省。"人生十年曰幼学，二十曰弱冠，血气未定，知识渐开，训导惩戒，莫切于此时"，则是敦促教育小孩不能疏忽，及时让小孩明白事理，而不是认为小孩年纪尚轻便疏忽引导。

光宗耀祖夏重民

民国陆军中将、报业奇才夏重民

"我们家出了个孙中山契仔!"这是乡亲们引以为豪的，逢人便道。

有关夏重民的记载比比皆是，也正是在夏重民带领帮携之下，夏氏子弟中有许多国民党军官。

夏重民为北社后裔。1875年出生于西边村。因出生时家庭贫苦，父母把他送到广东孤儿院，给孤儿院收养。他小学就读于广州义育小学，中学在两广高等学堂、广州广府中学学习，后因经济所迫中途辍学，到义育学堂当老师。那时国人素文弱，民智闭塞，夏重民便提倡体育、创书报社及商业学堂，熏陶培养了不少士商。

1905年，美帝国主义者虐待华侨工人，夏重民愤然抵抗，美帝对他又恨又怕，逼迫粤督将他捉拿入狱。这激起了国人公愤，人们纷纷谴责粤督。粤督于是悄悄释放了夏重民。夏重民出狱的那天，万民涌于道上迎接，就为了能见上恩人一面。

后来，夏重民东渡日本，到早稻田大学留学，攻读经济、政治，并且加入了驻东京的中国革命同盟会。从此，他走上为了革命戎马一生的荆棘路。课余时间，他参加革命宣传，经常在《日华新报》撰文痛斥背党叛节之徒的种种罪行。1911年，革命军光复南京，夏重民回国担任《天铎报》撰述。他主张反对南北和议，力倡北伐，实现三民主义。

1912年1月，孙中山在南京就任临时大总统，夏重民入总统府任职，派为中国同盟会广东支部长。然而夏重民无法忍受陈炯明的跋扈专横而离粤，他们之间的恩怨也为随后的矛盾摩擦埋下伏笔。

1917年，孙中山派夏重民为中华革命党加拿大联络委员，任《新国民报》主笔。未几，夏重民组织并率领华侨义勇团团长及航空队回国。讨伐袁世凯时，夏重民被任为中华革命军总司令华侨义勇团团长及航空队司令，率队入山东，克服济南、潍县等数县。夏重民创办过《香港晨报》《上海晨报》，主持过《广州晨报》，经常在报刊中揭发逆党阴谋，针砭时事。

1917年，夏重民与同样为革命事业竭心尽力的邓惠芳喜结连理。从文载记录看得出来，夏重民与邓惠芳对革命怀有崇高的热忱，他们的价值观深受民主自由开放新思潮的影响。

1918年1月4日凌晨，孙中山为了惩戒桂系军阀莫荣思，指挥同安、豫章两舰炮轰观音山（今广州越秀山），其时夏重民追随孙中山，参与决策。历经讨伐桂军，克服广州，粤局势才得以稳定。胡汉文推荐夏重民任广三铁路局长。夏重民到任后，涤除积弊，录用女职员，路政一新。

1921年5月，孙中山在广州任非常大总统，在广西桂林设大本营，准备北伐。陈炯明暗中阻挠，拒绝粮饷供给。夏重民便将车费收入解送到大本营，并且在《广州晨报》揭发陈的奸计，陈炯明对夏重民怀恨在心。后来孙中山改道北伐，师抵肇庆，陈炯明带领部下欲往三水截击。夏重民侦悉，将车辆调离三水，陈炯明无法得逞。1922年6月，孙中山命夏重民兼任广三警备司令。加上以前与夏重民所生的矛盾，陈炯明欲谋害夏重民之心加重。6月15日深夜时分，陈炯明公开反对孙中山，在炮轰总统府前夕，唆使部下袭攻石围塘。夏重民在铁路局被逆将杨坤如逮住，遭到迫害，被抛入河中，牺牲时年仅38岁。

1924年，大元帅府追赠夏重民为陆军中将。孙中山写了《祭夏重民先生》，"黄岗先烈，花邑尤多。君生是邦，气同沆瀣"，并下命在石围塘建碑纪念这位英雄。国民政府拨款建纪念碑，胡汉文撰碑文，以示后人。1926年6月16日，孙中山曾派大本营建设部长林森到夏重民墓前致祭。

风俗礼庆一家亲

21世纪崇尚科学,许多民间习俗逐渐淡化,但在村中还保留着这么一些与起居生活息息相关的风俗习惯,犹如生命的绳索,一头系着古人,一头系着来者,相连相依,不曾丢失,也不会忘记。

每年的清明节,是夏氏祠堂的头等大节。那一天,房人祭拜祖先,远在他乡的宗亲也纷纷赶回来。按照祭祖流程,4月3日准备祭祖诸事宜,会煮粉角,俗称"清明角",或者会在门口插招魂柳、挂蒜头,买备好纸钱香烛。4日,正清的前一天,不在西边村的夏氏子弟,近至东镜村,远至香港、台湾地区,甚至国外,纷纷回来拜太公。"有钱出钱,有力出力",一些人负责供品,一些人专门舞狮,担烧猪,敲锣鼓,放鞭炮,好不热闹!

在外打拼的,会回家乡过年,探望亲人乡里。离村口不过百米的祠堂也自然而然成为到家的第一个歇脚点。乡亲们把从开年锅出炉的金黄香脆的零食拿出来款待来客,浓厚的家乡风味加上那亲切的人情味溢满祠堂,的确叫人流连。

春节期间则敲锣打鼓舞狮子,大小节目,全由夏氏家族一手包办。醒狮会去各家门前"采青"。"青"也就是一棵生菜加一个红包,寓意着新的一年生生猛猛,财源滚滚。年初二,祠堂会大摆筵席吃开年饭。女人们在侧厅宽敞的厨房里准备鸡肉鱼肉等各式菜肴。天井摆着十几张桌子,齐齐聚餐。正月初十,凡是上一年生了男孩的都要来祠堂旁边的本善公书舍起灯——"灯"与"丁"同音。摆灯酒也会选择在祠堂。元宵节夜晚,祠堂张灯结彩,挂灯笼赏灯笼。几乎整个过年,祠堂都是锣鼓喧天的。

平日里,要是谁要办婚宴的,也会到祠堂里摆。一来方便聚集乡亲,二来也可耳濡目染夏氏家族的礼仪。新郎新娘的舅父及主家长辈在上席就座,而且得等舅父上座后才能开席,所谓"天上雷公,地下舅公",尊重长辈,成家立室的人尤其需要懂。传统的婚嫁筵席九大簋,用的是红公鸡瓷碗。两碗木耳肴,又叫笋虾木耳炆猪肉;一碗冷盘烧肉,酸荞头或酸萝卜垫底;一碗冷盘白切鸡,咸菜或酸萝卜垫底;一碗猪皮,配黄芽白加胡椒粉；一碗粉丝，搭些许虾米、沙葛、芹菜；一碗上下水，猪杂、腐竹、配粉葛、红枣；一碗扣肉，猪肉夹香芋；一碗鱿鱼，配洋葱头或荷兰豆。这就是例牌的九大碗了。较富裕人家会加上烧鹅，蚝豉——取"好市"之意，发菜猪手——取"发财就手"之意，鱼则取"年年有余"的好意头。餐饮中，必须注意不能随便把鱼翻转。夏氏侨民较多，从前华侨摆设的顺风酒宴中，将碟内的蒸鱼翻转是旅途覆舟的不祥之兆。如果不慎将鱼翻转，要说一声"捞起"，是发家致富的意思，也可以说"翻身做主人"来冲掉忌讳。为了吉祥和避讳，一些肉菜也会改掉叫法。例如，因为"肝"与"干旱"的"干"同音，种田最怕遇上大旱，所以猪肝便改叫"猪润"。"舌"与"蚀本"的"蚀"同音，猪舌就改成"猪脷"。

除了婚宴，祠堂还是做生日的必选之地，60虚岁后，逢十年的诞辰，如60岁、70岁，叫"大生日"，老人家们也喜欢到祠堂摆上几围热闹热闹。

祠堂文化知识

鸭屎石：学名火山角砾岩，一种压实固结的火山碎屑岩，较多出现在明代，用于雕塑守墓兽或堆砌坟墓。

翼角：传统建筑屋檐的转角部分，因向上翘起，舒展如鸟翼而得名，主要用在屋顶相邻两坡屋檐之间。

御路踏跺：垂带踏跺的一种，一般用于宫殿与寺庙建筑，这种台阶中的斜道又称輂道、御路、陛石。用来铺设御路的石块就叫作陛石，常用汉白玉或大理石等珍贵的石料，雕饰有龙、云、山、海等精美纹样。

历经磨难诉悲欢

——楠木树村叶氏宗祠访谈

◎谭晓瑜

  炎炎夏日,我们驱车前往赤坭镇鲤塘村楠木树自然村寻访叶氏宗祠的历史文化。经过大约一个小时的辗转路程,终于到了村口。首先映入眼帘的是成片古老苍劲的大榕

鲤塘村楠木树自然村叶氏宗祠周边环境

树，它们连片地生长在村头，形成一个天然的树荫盖顶，近旁淙淙溪水绕着榕树林缓缓而流。树根盘错，有的像座椅，有的则像蜿蜒在小溪旁的龙蛇背脊，还有的树根像几条蛇缠抱在一起，盘绕成了树根桥，横跨小溪两边，自然成趣。浓密的树荫为村民提供了一个纳凉之处，村民聚集在树下乘凉聊天，过着简单、悠闲、恬静的田园农家生活。

叶氏宗祠就坐落在村口的大榕树林旁，两位叶氏老人早早地等候在榕树下，一见我们，便滔滔不绝地讲述起叶氏在此立村建祠的故事。

三毁三建的古祠堂

楠木树村地处赤坭南部，是赤坭鲤塘村属地管理的行政村。现年91岁高龄的叶秀希老人告诉我们，抗日战争之前这里叫南溪村，因有村边多条溪水环绕而得名。抗日战争后，因村前村后楠木成林，村民遂将其更名为楠木树村。楠木树村立村有500多年的历史，族人最早是从南海大布迁徙而来，先居住在赤坭的竹湖，后来见南溪水源丰沛，依山傍水，风水甚佳，则选址南溪立村建祠，繁衍生息至今。村内原居住着陈、吴、黎、叶、王五大姓氏族人。后来陈氏、王氏先后迁出，目前村内还有黎、叶、吴三个姓氏的后人500多人居住，其中叶氏人口最多，占村人口一半以上。

矗立在村口的叶氏宗祠从外观看，造型优美而古朴，占地面积约340多平方米，为二进式建筑，左手边有一更楼，是祠堂夜间巡更守卫的地方，具有防御功能。由更楼进入的后院是用来夜间圈放耕牛、储备粮食或存放生产生活用具的重地，外观墙体坚固，入口很小，闭合性非常好。据叶秀希老人介绍，当时更楼层高三层，高过祠堂所有建筑，站在上面可以远眺很远的地方，是很好的防御性建筑体，这样的设计充分体现了实用性和艺术性的完美结合，也是先祖生活智慧的体现。

进入祠堂正厅，门前前廊梁架、封檐板、挑头、墀头都雕刻着精美的石雕或传统的戏曲人物，立于正大门内的屏风门十分精美，通体雕花，上方悬挂"望重里开"四个风格敦厚的红色大字，进入大门即有穿越厚重历史的感受。穿过屏风门便是开阔的中庭，阳光从敞开的天井照射进来，整个祠堂内院的光线非常好，建筑风格沿袭了当时清朝时期本地祠堂的特有风格，墙体为封火山砌筑，碌灰筒瓦，青砖石脚，四周墙体绘饰着各

叶氏宗祠内景

种雀鸟花卉或历史典故装饰图案，栩栩如生。

后堂起名为"敦木堂"，供奉着叶氏十三代先祖牌位，堂内四根硬木堂柱，笔直而光滑，十分坚固。从整个建筑用材看，年份还十分新。叶氏祠堂自建成以来，经历了抗日战火、自然灾害和"文革"等，500年间曾三次被毁坏，后人先后三次筹钱修建，最后一次是十二年前做了全面修复，花费了几十万元，都是族人筹资建设完成。在修复时，以"修旧如旧"为原则，尽量保持了原来的古朴风貌，一些地方甚至只是在损毁原状上加以修补，目的是希望后人能铭记先祖经历的种种磨难，不忘艰辛，并能由此沿袭宗室血脉上的认同感。

恶霸作恶仍留痕

叶氏先祖在楠木树村扎根，立村逾数百年后逐渐人丁兴旺，也创下了一定的基业。正安居乐业之时，却被山贼恶霸盯上了。据叶秀希老人说，大约在清末期间，赤坭一带出了很多吃大烟（鸦片）的人，大部分都是一些地痞流氓，他们整天游手好闲，不劳而获。为了满足自己每天吃大烟的需要，就相互勾结在一起，不知从哪里购买了一批枪支刀具，结伙四处祸害乡里，成为乡村恶霸，每天分批到乡村各处强抢村民的东西，包括钱财、粮食和耕牛等，令人厌恶又害怕。家家户户一到晚上就赶紧锁紧大门，收藏好钱财、家畜和耕牛等，听到恶霸们到来，个个胆战心惊，生怕遭殃被抢。

叶氏宗祠当时立于村头,加上家境略为殷实,因此难免屡遭贼人恶霸盯上,但因为叶氏宗祠建筑牢固,又有更楼防御,贼人多次入门不得。有一天夜晚,贼人派来众多恶霸强行破门而入,用枪把叶氏长辈控制扣押,逼迫他们交出钱财,发现更楼内圈养着耕牛,贼心顿起,可是苦于无法打开更楼防御门,于是一不做二不休,几个人干脆用锄头、铁钎粗暴地从祠堂正厅连挖带砸打开一个大洞口进入,然后强行把牛给牵走了。叶秀希老人讲述这个经历的时候,还指着一个修补过的墙壁处说:"看,这个地方就是当时恶霸抢牛时砸开的,这个痕迹是后来修祠的时候补上的!"我们从平整的新墙上还真的可以看到一个被砸开的不规则的大洞口,有一人多高,可以想象当年叶氏先人经历了一个怎样令人恐惧的夜晚。

楠木树村门楼

日本侵华的苦难岁月

抗日战争时期,日军在赤坭一带驻军,总部设在竹湖,分部设在缠岗,门口坑村是日军设立的哨部,他们将整个乡村控制。据叶秀希和叶家玲两位老人讲述,当年日军入村时他们才十三四岁,日军驻军村子后,为了保障驻军安全就首先逼迫所有人将枪械之类的武器自动上缴,并把一些不太服从的人押到水井边,当着村民的面往嘴里灌井水,灌得那些村民肚子鼓起来后,又用脚踩在肚子上把水硬从嘴里压出来,被灌水的人很痛

门楼局部

苦，村民看了更加害怕，不敢反抗。

在收缴了村民的枪械武器后，日军就指定村里一个人作为与他们日常联络的人，将他们下达的命令通过联络人传达给村民。叶秀希和叶家玲两位老人当时尽管尚未成年，也被征去做苦力，帮日军搬运军事建筑材料。日军还强迫村民拆掉祠堂的砖石、木梁等用于他们的军事建筑，修建运输桥梁、公路，村里不少房屋因此被迫拆了搬到日军军营。为了收买村民人心，日军在强迫村民为其做苦力期间，会象征性地给每人每天发5元的交通券，当时大约可以兑换到一盒火柴的价格。而对一些不愿意尽心为他们干活的村民，日军会以军刀威胁，皮鞭"伺候"，进行残酷的镇压。

说到日军的残暴，叶秀希老人还讲述了一个真实发生的故事，他说当时在缠岗村有我们的游击队潜伏在村内，游击队趁日军不备袭击了日军哨所，结果遭到日军疯狂报复，他们烧掉了整个村子，村民居无定所，被迫纷纷逃离。大部分逃到了楠木树村来借住，靠帮当地村民耕种度日，直至日军战败撤退，才重新回到缠岗村重建家园。叶秀希老人回忆说，当时缠岗村有一个叫罗松的人，他双脚瘫痪不能行走，日军杀进村里冲入他家搜查的时候，他盖着被子坐在床上，恐惧地双手合十，不断向日军祈求饶命，可是日军听不懂他说什么，见他盖着被子，做着奇怪的动作，以为他要反抗，二话不说，上去就用军刀朝罗松腹部狠狠地一刀刺下去，罗松当场死亡，据说肠子都被捅了出来，场面十分悲惨。

叶秀希老人说到此处，眼含热泪，情绪非常激动，让我们深刻地感受到战争的残酷和给村民留下的难以抹去的伤痛记忆。

叔侄科考传佳话

现年94岁的叶家玲老人，虽然年逾九旬，但精神矍铄，思维活跃，口齿清晰。问起叶氏一族的"威水史"，他立刻兴奋地说起了两位科场扬名的先辈。他说叶氏非常重视训导后代读书，他们一边耕种，一边鼓励幼辈男丁坚持读书，并积极参加科举考试，出了不少秀才。其中族人叶超元考取咸丰年间的副贡，叶春元（又叫叶其臻）在光绪二十七年高中举人，叶春元后来还被任命为白坭墟署局局长职务，掌管白坭区域内的行政管理事务，为当地民众服务，口碑极好。

据叶家玲老人说，叶超元和叶春元两人是叔侄关系，当时科举是三年一考制，叶超元中的是副榜的十人之一。叶超元鼓励勤学又聪慧的侄子叶春元继续参加科考，结果叶春元也一举高中正榜解元，叔侄俩先后考取功名，在当地一时传为佳话。朝廷更御赐举人旗杆，立于祠堂前的池塘边。

叶家玲老人回忆说，那个夹旗杆的石座非常敦实厚重，朝廷御赐的举人旗杆也非常精美，高5丈，杆顶涂有显眼的绿色，举人旗在高处迎风摆动，远远的就可以看到，很是威风。后来日本人来了，逼迫村民拆除了旗杆底座石材用于军事建筑，以致现在这些宝贵的物品已踪迹全无了。

叶家玲老人用手指着曾经树立着举人旗杆的位置，眼里流露出无限的遗憾。

祠堂文化知识

渔樵耕读： 即渔夫、樵夫、农夫与书生，是农耕社会的四业，代表民间的基本生活方式，也是官宦表示退隐的生活象征，因此民间装饰常以此为题材。

宗祠： 即祠堂，是祭祀和供奉祖先的场所，是宗族的象征。

他们因姓氏而迁村

——蓝珠村吴氏宗祠散记

◎ 罗祥林

蓝珠是位于赤坭镇北部的一个集中聚居的自然村，属花都区赤坭镇竹洞村的一个经济社，距离赤坭镇5公里，面积2平方公里。蓝珠经济社东部山岭连绵，西北为盆地，南部地势低洼，土地肥沃，是一个山清水秀宜于居住的地方。蓝珠经济社现有约260人，有吴、黄、巫、陈四姓，吴姓最多，有200多人。

竹洞村蓝珠自然村吴氏宗祠

吴氏起源和立村故事

吴氏宗祠内景

我国宗族文化里有一个共同的现象，就是在记述自己的先祖和宗族出处时，常曰出自皇亲贵族，系出正统名门之后。不论正史开国之王，还是野史小国寡民，都有此好。蓝珠吴氏族谱也是这样记述自己的祖先，该族谱中记载，吴氏起源于周朝国姓姬，先祖即是姬氏先祖姬弃。

该族谱还载，周文王的伯父姬泰伯开辟了江南，建立吴国。泰伯无嗣，传位于弟弟姬仲雍。他们的后人以地为姓，吴姓由此而来。无锡便是吴姓发祥地，县城东南有泰伯庙，东北鸿山有泰伯墓。吴氏族谱还逐一细数历代吴氏名人，从吴王阖闾始，秦末农民起义领袖吴广，战国初期魏国大将吴起，唐代著名画家吴道子、著名道教学者吴筠，元代作曲家吴昌龄，清代散文学家吴敏树，近代书画家吴昌硕，等等，以此印证吴氏人才辈出。

蓝珠经济社立村可以追溯到清康熙年间，公认文显公为立村始祖。当时龙川县白马岗有一个叫吴文显的人，生于康熙丙午年（1666）正月十六日。1750年，因家境艰苦，便与几个同宗兄弟一路放鸭，迁徙到现在的蓝珠经济社附近，见此处有山有水，土地肥沃，便选址定居下来。当时选址也一波三折，先是选在田心村后一个叫网顶的地方，但客家话"吴"与"鱼"同音，吴姓住在有网的地方，这不是网住鱼了吗，鱼岂有活路？因为这种地名的禁忌，吴文显决定把定居地迁至巴江河边黄沙塘附近，但那个地方土匪出没，也不是理想的地方，这才迁到蓝珠定居下来，开垦荒地，种植耕耘，吴氏自此在蓝珠开枝散叶，繁衍后代，历世260多年。蓝珠吴氏后人，便尊吴文显为立村始祖，称文显公。

文显公为人好善乐施，曾向当时的花邑捐谷一万斤，资助修葺学校，当时的地方官员赠送他一块嘉奖匾牌，上书"望重里闬"，后代子孙视为殊荣，将之悬于吴氏祠堂一进正中堂上，至今犹在。

吴氏宗祠与岭南祠堂的同和异

蓝珠经济社建有吴氏宗祠，布局上与岭南一带的宗祠相同之处是，选择后高前低的走向，祠堂后面是民居，前面是一片开阔广场平地，便于开展宗族活动，广场之外是水塘，便于生活用水和日常浆洗。南方多雨，民居屋面之水，与祠堂排水汇合后，流经祠堂前面广场之下的暗沟，汇入水塘。这种后高前低、后屋前塘的村舍布局，使得吴氏后人有场地开展祭祀活动，又可以旱涝无忧，相当科学合理。

祠堂三间三进，是人字山墙，山墙从顶端的屋脊往两边滴水檐方向，用砖瓦各砌成一条镂空的飞龙。顶部的横梁用的是砖雕，重修后有的地方是砖混结构，有的外皮已经剥落，里面的红砖显露出来。主祠青砖墙，硬山顶，博古灰塑脊，碌灰布瓦。前进头门前檐两条花岗石柱，左右山墙柱间各有虾公形石横梁，梁上有石狮子，门两边嵌花岗石，上有石额，刻"吴氏宗祠"。左右有花岗石镶嵌的包台。梁架斗拱、封檐板木刻花鸟鳌鱼、瑞兽、戏曲人物，石雕工艺精美。内墙顶部也有人物故事彩画，人物形象饱满，丰姿约绰。后檐有两木柱作屏风，上有"望重里闬"横额。前院天井两厢有廊，花岗石四踏上中进。中进前檐两石柱，厅四坤柱，横额"留耕堂"。后院天井两廊为六架梁，花岗石三踏道上后进。后进立有"吴门堂上历代考妣宗亲之神位"。一般来说，花都各村的宗祠之中，或在壁间，或在柱上，均有对联，寄予追宗思远、教育子孙后代之意。篮坑村吴氏宗祠除有上述两块横额外，壁、柱虽然规整，但并无一副对联。近年来吴氏宗祠经过数次重修，一次是1947年，一次是1993年，一次是2006年。10年后的今天，虽因缺少专人的照看和维护，墙院略显杂芜，壁画也开始斑驳，但石阶木柱、灰墙黛瓦，依然归整肃穆，一派巍然宗室气象。

坚守的民俗与冷落的村庄

蓝珠村以种植水稻为主,花生、红薯、芋头、蔬菜等为次。因地势低洼,为赤坭地区出了名的患涝患旱村,民谣唱道:"好天三日车(水车)头响,蜘蛛屙尿浸村场。放下禾镰无米煮,一家大小泪涟涟。"吴文显当时选中蓝珠村这个地方,大概因为他是个鸭农,低洼地便于放鸭,却并不适宜于农业种植。村中族谱载,1915年、1931年,蓝珠村发生过两次最为严重的洪灾,巴江、西江两河同时泛滥,蓝珠村遭遇严重洪灾,农田水稻被冲,泥墙屋倒塌,人民流离失所。1940年遭遇大旱,两造失收,民不聊生,往外逃荒,1946又年遭日寇掠掳烧杀。饥饿的村民采竹籽而食,有的人因不消化导致便秘而死。但倔强不屈的吴氏后人敢于同恶劣的生存环境斗争,坚持不息耕作。直到1954年,兴建了三坑水库和一系列农田水利设施,蓝珠村这才实现了增产稳产,人民生活有了保障。

在两百多年漫长的农业村落生活方式中,蓝珠村人逐渐形成了一些奇特而有意思的生活禁忌。比如忌将碟内的鱼翻转,认为这是旅途中覆舟的不祥之兆;出入忌踏门槛,扫地忌从内向外,认为这都是破财之举;嫁娶、建屋上梁入伙、摆酒等喜庆之事,忌见孕妇或头发不整妇女;女儿女婿在岳父家不得同住一处;等等。这些禁忌,有些村民已经不再作为很重大的族规民风去遵守,而在上了年纪的人心目中,依然是一道不可逾越的鸿沟,依然在传承和坚守。

传承和坚守的,还有族中的祭祀活动。每年清明吴氏宗族大祭,全村老少聚集到吴氏宗祠,举行祭祖仪式,之后全村人,不分男女老少,皆到吴氏宗祠参加大聚餐。每当这个时候,散居各地的吴氏后人便自发聚拢来,那种血浓于水的血脉亲情让观者无不动容。狮岭陈迳村的同宗吴氏,常常派出代表前来蓝珠村参加清明的祭祀活动。

相传,当年与吴文显一同来蓝珠村的,还有他的同宗兄弟吴文贵、吴文梅。后来此二人迁到狮岭陈迳村,在那里开基立业。两百多年来,蓝珠村、陈迳村吴氏后人从未淡忘同宗之情,依然保持密切往来,共同祭祀吴氏先祖。每当此时,蓝珠村人都会热情招待陈迳村人。一些散居赤坭各地的吴氏后人,在清明这天,也零星赶来参加仪式。白坭村有一个叫吴秉承的人就是其中之一,祭祀那天,他会提鞭炮来村中燃放,表达一份同为吴氏后人的善意。蓝珠村人则家家户户送他年糕、糖果等年消品,同宗情谊让人由衷感动。祭祀活动结束之后,蓝珠经济社则把村里人各家各户捐献款项的数额、祭祀活动

虾公梁石狮柁墩

开支的数额等收支情况列出明细，请村里最有文化的人，在红纸上用楷书工工整整抄写好，张贴于吴氏宗祠门口，进行公示。

随着中国城镇化发展的进程不断向前推进，村里的一些年轻人不再满足于农业时代吴氏先祖几百年来所经历的生活方式，开始选择外出打工经商。村里的学校也迁到镇上去了，旧址改作他用，许多孩子就是从去镇上读小学、中学开始，进而到更远的广州市，或者更加遥远的外省大城市上大学，就在外面成家立业，重新开枝散叶。如今村里人摆酒，去宗祠里宴客也逐渐减少，或去酒店或承包给专门的喜宴团体，宗祠的天井里，生出一层细密的青草来。

祠堂文化知识

砖雕：是指在青砖上雕刻出人物、山水、花卉等图案，是传统建筑雕刻中很重要的一种艺术形式。砖雕多以浮雕为主，题材包括瑞兽良禽、花鸟鱼虫、戏剧人物等，镶嵌在山墙的墀头上，美轮美奂。

走马楼：是南方民居建筑中一种特有的建筑形式，是四周都有走廊可通行的楼屋。甚至骑马也可以在里面畅行无阻，因而得名。

柱础：俗称磉盘，是承受屋柱压力的基石，为使落地屋柱不至潮湿腐烂，并加强柱基的承压力，在柱脚上添上一块石墩，凡是木架结构的房屋，都设置柱础，柱础的式样和纹样也颇为丰富。

沧桑古祠听传奇

——瑞岭村矮岭姚氏祠堂略考

◎倪西赟

瑞岭村是花都区赤坭镇下辖的一个行政村,地处赤坭镇西北部,山前大道路边,面积约10.45平方公里,下辖20个经济社,总人口3066人,散居海外姚氏后裔2000多人。瑞玲村历来有"盆景之乡"之美誉,多年来,村民利用本地的特点,以盆景作为经济支

瑞岭村矮岭自然村姚氏祠堂

柱,生产的盆景以树木(树桩)盆景为主,九里香、榆树、福建茶、榕树是瑞岭盆景主要的应用树种,瑞岭盆景既继承了岭南派盆景的苍劲、自然、飘逸、豪放的特色,又形成了自己独特鲜明的艺术风格。瑞岭村有几座古老的宗祠,分散于各个下辖片区。姚氏宗祠位于瑞岭村下辖的片区矮岭自然村。

姚姓溯源

在姚氏宗祠,姚氏后裔姚海生、姚密营、姚焕军三位老人很热情接待了我们。在祠堂内的一张方桌前,几位老人小心翼翼拿出一本1991年的姚氏族谱,把矮岭姚氏的传奇故事,向我们娓娓道来。

矮岭姚氏,始于广东平远。平远姚氏的开基祖为景清公,其先祖居福建宁化。姚景清于宋朝末年任梅州驿丞,元初弃官归隐,居程乡韩莆都均田村(今梅县梅西)。他实

长裕姚公祠

施垦荒殖民，不及十年，口齿日繁。景清公生有四子，即祖德、祖隆、祖盛、祖章。长子迁居海阳（今潮州），四子移居江西虔州（今赣州），三子迁居平远石正，次子移居大柘。矮岭姚氏就是从平远大柘迁徙而来，长裕太公为矮岭姚氏始祖。

  长裕太公生于康熙八年（1669）九月十七日，太公由平原大柘迁至矮岭。由于矮岭地利优势较弱，与外界不通，附近村民以农耕为主。长裕太公刚好有一手造犁铧的手艺，于是便在矮岭专门以造犁为生。他打造的犁不仅锋利无比，非常耐用而且价格便宜公道，受到邻近村民的喜爱。长裕太公还把耕犁改用铁辕，省去犁箭，在犁梢中部挖孔槽，用木楔来固定铁辕和调节深浅，使犁身结构简化耐用而又不影响耕地功效，既延长了犁的使用时间，又节约了生产成本。长裕太公用自己的手艺养活了自己的儿孙，也让自己在矮岭深深扎下根来，子孙延绵不断。长裕太公自康熙年间由平远大柘迁居此地，至今已延续了远臣、心、常、贞、靖、卿、士、若、尹、良、史等十几代人，走过了350多年的历史长河。另外，由矮岭搬迁至石九冈、马鞍冈以及清远、南光、白沙、东屈、塱下等地的姚氏后裔，达数千人。

祠堂现状

  姚氏宗祠有两座。一座是姚氏宗祠，是所有姚氏祭拜的宗祠；另一座是长裕姚公祠，是矮岭姚氏祭拜的地方。两座祠堂依山傍水，风景风水极佳。

  姚氏宗祠也称"姚氏百家祠"，是所有姚氏（包括迁到其他地方的后裔）逢年过节来祭拜的地方。

  姚氏宗祠始建于清代，大门门楣上方刻"姚氏宗祠"四个大字，为姚氏秀才姚如熙书写。

  大门匾额上方绘有壁画《三星耍乐图》，描绘的是福星、禄星、寿星齐聚一堂的欢乐景象，象征幸福美满、大吉大利。《三星耍乐图》左右各有一幅"为善""做人"书法题字和《伏女传经》《五谷丰登》《鹿位高升》《连登鼎甲》等壁画，由李鉴泉绘。书法别具一格，壁画饶有意趣。

  姚氏宗祠前有一个宽阔的广场，人们会在这儿打球、晒谷、停车，据说这个广场以

长裕姚公祠内景

前是个很大的风水塘。

宗祠坐北朝南，三间两进，木质结构，其总面阔11.8米，总进深19米，建筑占地235平方米。由于当时条件限制，姚氏宗祠筹措资金相当困难，建成的宗祠面积并不大。中路建筑是人字封火山墙，硬山顶，灰塑博古脊，碌灰筒瓦，夯土墙基，尽显岭南建筑特色。头门面阔三间11.8米，进深两间6.1米共十一架。后堂面阔三间11.8米，进深三间7.4米共十三架，杉木金柱。后堂前带两廊，六架卷棚。宗祠内墙面改刷石灰水。

如今，姚氏宗祠主要的功能是用作举行祭拜或者举办酒席，酒席可摆放多达80围。祠堂日常为姚氏后裔纳凉、小憩之地。

长裕姚公祠在姚氏宗祠后面不远的地方，位于矮岭自然村大东片，是矮岭本村姚氏祭拜的地方。长裕太公于康熙年间由梅州平远木柘迁居于此地。

长裕姚公祠始建于清代，民国十六年（1927）重修，坐北朝南。门前有一口风水塘，站在风水塘南望，视野极佳，风景无限。在风水塘右侧，有一对旗杆夹石，是道光二十七年丁未岁赐予姚氏后裔明经进士姚炳文而立。

长裕姚公祠为三间三进，总面阔11.9米，总进深31.7米，建筑占地394平方米。人字封火山墙，灰塑博古脊屋顶，碌灰筒瓦，绿色琉璃瓦当，青砖墙，花岗岩石脚，红阶砖铺地。

祠堂分为三进。首进为准备拜祭用品之地。头门面阔12.5米，进深两间6.2米共十一架。封檐板木雕精细，前檐柱青石挑头雕刻了人物造型。前廊四步，梁架上柁墩、斗拱、雀替施有人物、花草等纹饰。虾公梁上有石狮、异形斗拱。大门嵌花岗岩门夹，石门额阴刻"长裕姚公祠"。

中间为中堂,面阔三间11.9米,进深三间7.5米共十三架。四根坤甸木金柱承重。一道大屏风立在中堂,由于年久失修,屏风不见,只有屏风下面石下槛,入内需行两边侧门。屏风上悬挂"裕兴堂"木横匾,落款为甲子年。中堂前带两廊,六架卷棚。天井辅花岗岩条石,中间嵌金钱地漏。

第三进为后堂,后堂面阔三间11.9米,进深三间7米共十三架。明间悬挂"兰桂腾芳"木横匾,落款为甲子年。堂前三级石阶。中间两幅青砖墙与山墙承重。后堂专供村民拜祭之用,内摆放有牌位、神像。

关于祠堂,还有一个习俗传说,就是祠堂里不能摆放死去的先人,村里抬死人也不能从祠堂门口经过,否则对祠堂、对姚氏的后人不利。流传"父不见子死,兄不能见弟亡"等说法,意思是小辈或者是比自己小的人死亡,长辈不宜出席他们的葬礼,否则会感到无尽的悲伤,易断肠,活不长等说法。长裕姚公祠一直延续这样的习俗至今。

"文化大革命"期间,长裕姚公祠遭到了人为破坏。首先是门口的旗杆石被人偷走,接着是祠堂门楣上面栩栩如生的壁画被人涂抹上水泥,旗杆石被姚氏族人竭力找回,壁画至今未能修复。此外,祠堂内墙壁上至今还保留着"文化大革命"时期的标语、口号。由于祠堂后来用作榨油厂,地上磨痕和斑驳的油迹至今清晰可见。祠堂内常年潮湿,地面积水严重,瓷砖上长满青苔,长裕姚公祠急需修葺和维护。

姚氏名人

每座祠堂都有难忘的经历,都有讲不完的故事。矮岭姚氏虽然没出现过惊天动地的大人物,但也有一些人和事温暖人心。

"姚氏宗祠"四个大字是清代秀才姚如熙当年所题写。姚如熙从小天资聪慧,且勤奋好学,年纪轻轻就扬名十里八乡。中秀才后,他原本想继续读书,考取更高的功名,光门耀祖。但他为人正直,看透了官场黑暗,知道为官难以施展自己的抱负。同时,他发现身边有很多人家生活困难,孩子不能读书,得不到很好的教育。于是,姚如熙选择了放弃功名,开办私塾教学,让更多穷苦孩子来读书。姚如熙这种做法深受乡亲欢迎,十里八乡的父老乡亲争相把自己的孩子送到他的私塾读书。姚如熙穷尽自己毕生精力，一心一意教书，使很多孩子得到了良好的教育。姚如熙死后，乡亲们非常悲痛，后事办得非常隆重。传说他的学生闻讯从四面八方赶来悼念，场面十分风光。

姚炳文，传说是道光朝"明经进士"。他少时喜读书，满腹经纶，考中秀才后，他踌躇满志，满以为能够顺利考取举人，但是，科举考试是一条充满荆棘和变数的道路。每次赶考，其中的艰难困苦，一般人难以承受。姚炳文每次考试，每次名落孙山。姚炳文倔强而执着，非要考取不可。但随着年龄越来越大，他还是一次次落榜。道光二十七年（1847），姚炳文已经70多岁了。主考官看到姚炳文这么大年纪还在考功名，十分惊奇和感叹，体谅其年老体弱，不宜继续再考，于是他上报朝廷，姚炳文被钦赐"明经进士"。

长裕姚公祠门前明经进士旗杆夹

姚敬修，新中国成立前曾任乡长、联民局长。他为人豪爽仗义。1926年，长裕姚公祠就是在姚敬修的呼吁奔走下，族人有钱出钱、有力出力而共同重修的。但是，长裕姚公祠在建成后有人说煞气较重，姚敬修为了驱邪避祸，便筹划了一个盛大的剪彩仪式。仪式上，有人递上已经准备好的剪刀。他没有接，而是从口袋里掏出一个明晃晃、锋利无比的刀子。只见他念念有词，然后把刀子含在自己口中，身子稍微弯曲，口中的刀子对准彩带，随后一个快速仰头，刀子一闪，彩带瞬间断开。姚氏子孙看到姚敬修如此剪彩，个个惊得目瞪口呆，因为谁都没有见过如此独特的剪彩方式。随后，大家报以热烈掌声。"口含利刃剪彩"，一时间传为佳话。

姚伟卿，是有名的手艺人。新中国成立前，矮岭姚氏部分子孙去香港闯荡，主要以帮人"理发"为生，姚伟卿就是当时比较出名的一位，他在香港站稳脚跟后连开了几家

"良友"理发店。据说姚伟卿剪发技术非常精湛，一招一式很有讲究，他剪发有这几个程序：一道洗，二道剃，三道修面，四道刮，五道掏耳，六道滚眼，七道弹刀，八道端头，九道洗脸，哈腰道声谢为第十道。剪一个头，理一个发，约费两小时。把客人侍弄得舒舒服服，而他自己也累得汗流浃背。有人说这样既赚不到钱，又累坏自己，何必呢？姚伟卿说，做人就要实实在在，手艺就要精工细作。姚伟卿虽然一天理不到几个头，但是慕名者从四面八方赶来，姚伟卿的理发店接待过当时不少名人。据说，李宗仁在姚伟卿那里理过发后还念念不忘，有一次还专门从台湾坐飞机来香港，到"良友"理发店找姚伟卿理发。

姚氏六世祖谦公画像

祠堂文化知识

昭穆：昭穆是我国古代的宗法制度，指宗庙或神主的辈次排列。古人在室内座次以东向为上，其次才是南向、北向和西向。故以师祖居中，东向；二世、四世、六世位于始祖的左方，朝南，称昭；三世、五世、七世位于右方，朝北，称穆。

藻井：传统建筑中室内顶棚的独特装饰部分。一般做成向上隆起的井状，有方形、多边形或圆形凹面，周围饰以各种花藻井纹、雕刻和彩绘。多用在宫殿、寺庙中的宝座、佛坛上方最重要部位，希望能借以压服火魔的作祟，以护祐建筑物的安全。

支摘窗：亦称和合窗，即上部可以支起，下部可以摘下之窗。其内亦有一层，上下均固定，但上部可依天气变化用纱、用纸糊饰，下部安装玻璃，以利室内采光。

九曲巴江燕过沙

——记石燕村赖氏宗祠

◎ 郭婉勋

"石燕过横沙,口含赤坭,飞入长流水,水东圳;鹧鸪离竹洞,嘴啄黄沙,回伴马蛟龙,龙珠坑。"这副楹联嵌有赤坭镇的多个地名,首个地名"石燕"说的是赤坭镇荷溪村的石燕自然村。石燕村引人入胜的赖氏宗祠就位于白虎头岭山脚下,它遥望着巴江河和丫髻山尖峰,见证了石燕村将近一百年的历史,如同那九曲回环的巴江,曲曲弯弯,奔流不息。

荷溪村下石燕自然村赖氏宗祠

民国初建，源于颍川

民国七年（1918），赖氏宗祠由当时的族长赖升堂主持修建，筹备资金达2000两白银。赖升堂文化高，经济富裕，还是个风水大师，祠堂的选址、建设当然是亲自上阵。祠堂坐西朝东，正对巴江河。主体建筑深两进，左侧一路建筑——衬祠，总面阔19.3米，总进深23

赖氏宗祠内景

米，建筑占地444平方米。祠堂为人字封火山墙，灰塑博古脊，碌灰筒瓦，青砖墙。头门面阔三间，进深两间7.4米共十一架。正脊饰有"五狮下山"灰塑，工艺精巧。大门两侧嵌花岗石，石门额阴刻"赖氏宗祠"，上款"民国戊午冬"，下方落款为"际熙"。赖际熙是增城人，清光绪进士，后来在香港大学任中文系主任。前廊画有《瑶池耍乐》《福禄寿三星图》等壁画，画工精细，表达民间延年益寿的愿望。次间有虾公梁、石狮、异形斗拱、雀替，造型独特。两青石挑头雕刻了戏曲人物，以戏剧娱神。前廊梁架、封檐板上木刻花鸟、瑞兽，活灵活现。两墀头上塑有花草雀鸟图案，生机活泼。明间原有屏风，现存两侧立柱、上部花架和石下槛。墙角用花岗岩石，有石台基，台阶三级。后堂面阔三间，进深三间8.6米共十五架。四根杉木金柱，后金柱间悬挂"厚德堂"木牌匾，上书"民国七年戊午冬"，下书"际熙书"。中央设神位。堂前三级石阶。后堂前带两廊，六架卷棚。天井以花岗岩条石铺地，祠内墙体粉刷石灰水。左路衬祠与主体建筑以宽1.8米青云巷相隔，衬祠门额刻着"起凤"两字。

祠堂门额下有一副对联"颍川绵世泽；粤海振家声"。赖氏来自颍川（今河南许州），在粤开枝散叶。据清远银盏坚堂公族谱转载，始祖赖国公，又名姬叔颍，系轩辕黄帝第29代古公之曾孙，文王十三子姬姓之后，武王克天下封叔颍为赖。春秋战国时，

赖氏宗祠堂号"厚德堂"

后世子孙遂以赖为姓，国为名，称赖国公。坚堂公是石燕赖氏太公的父亲，名文高，赖氏第103代。石燕赖氏太公名本玉（1463~1513），为赖氏第104代。本玉公从清远银盏迁往大份田村，后来搬到花县炭步水口赖屋向立村，由于世事多变，搬到现居住的石燕村已有500多年的历史。至今已是第24代传人。按照全国的排法则为第127代。自石燕第11代起开始使用族对"绍明贤扬上也广；仁义礼智信忠和"，后重立族对，"祖德荫绵长，家猷奕世昌；忠厚成家业，文章振国扬"。石燕由明宗、明升、兰桂、兰苏、兰英五大房组成。抗日战争前，村里有一部完整的族谱，抗日战争时由于逃难以致遗失。石燕村共有人口四五百人，现有户口约160人，晚上还留在村里的只有不到50人，十分清静。

石燕赖氏还有同宗同祖赖氏兄弟在附近的小迳村，清明拜山祭祖时会一起到清远银盏拜大太公。另外，在花都同宗不同祖的赖姓族人还有赤坭镇塘虱角和小乌石、炭步镇民主村和四角围及狮岭镇义山等。每年清明，大家会相约一同到河南息县包信镇拜祭始祖太公叔颖公，这也是全国赖氏宗亲的头等大事。

传奇村落，史上有名

石燕村是个史上有名的神奇村落，村史记录着不少传奇的故事。其中有两件值得一说。一是1979年10月，一架喷气式飞机进行单飞训练时，不慎在石燕水塘坠毁，驾驶员遇难，成为当年轰动一时的新闻。另一个则是明朝广东状元伦文叙夫人区氏墓的发现。该墓建在石燕村侧的白虎头岭。据说全座墓建包括墓碑、墓志、墓前的华表、石羊、石马、石虎等，都用红砂岩雕成，占地三亩多。伦文叙夫人区氏的墓志铭，长约0.8米，宽约0.6米，厚约0.1米，碑刻完整，品相上佳，上有文字1400字左右。该墓志铭碑文由明代增城哲学家、教育家、书法家湛若水撰写，这个墓志铭的发现经过颇具戏剧性。

在2010年的一个深夜，村里的狗吠个不停，村民循声行至白虎头岭，发现有人在鬼鬼祟祟挖着什么，见有人来便仓皇逃走。村民走近一看，这里被挖出了一个四五十厘米的洞，洞里有一块墨料石。大伙猜疑可能是有人盗墓，立即报案。赤坭派出所和文物部门人员赶到现场查看，当时嘱咐赖氏村民好好防护。谁知没过几天，盗墓者又来造访，幸好被村民发现。这块墨石为什么引来盗墓者虎视眈眈？花都区和广州市文物工作者一同来到白虎岭，挖出了这块墨石。去掉外面的石灰，撬开墨石一看，原来里面竟然包着伦文叙夫人区氏的墓志铭！明代状元伦文叙是广东赫赫有名的才子，他聪敏又好学，才气横溢，弘治二年（1489）23岁到省城就试入太学，弘治十二年（1499）33岁时在京考试，

伦文叙夫人区氏的墓志铭

列第一（会元），跟着参加殿试，又名列第一，做了状元，任翰林院编撰职，曾参与修玉牒（皇帝族谱）。正德八年（1513）出任顺天府主考。伦文叙三个儿子同为进士，其中伦文叙为状元，长子伦以谅为乡试解元，次子伦以训为会试会元，于是乡间流传"一

门四进士，父子魁三元"的美誉。

消息传开后，佛山的伦氏后人专程来到石燕探访，2014年还组织修葺古墓，仿造凿下墓志铭（原来的墓志铭已交由文物部门保管），每逢清明，成群结队的伦氏后人来到白虎头岭祭祖行山。为感赖氏村民保护文物有功，政府部门专门划拨五万元以维修赖氏宗祠。

村里还有一位名人大家不能忘怀，这就是赖凤石。赖凤石毕业于保定陆军速成学堂，是中国同盟会会员。赖凤石与蒋介石为同班同学，因二人事业同心，赖氏把自己的名字改为"凤石"。毕业后，赖凤石来粤，参加了蒋介石亲自领导的东征战役、北伐战役，尤其是在攻打丁泗桥时英勇善战，使敌军闻风丧胆，立下赫赫战功的赖凤石升任为粤军上校团长。因驻兵广东茂名县，又被委任为茂名县县长和绥靖团长。北伐胜利后，赖凤石曾回到家乡，出面解决了石燕同邻村平岭头村山岭分界线的问题，两村至今相安无事。乡亲父老对赖凤石十分敬重。赖凤石在任时勤勤恳恳，后患病不治，终年40岁。

在明代时期，本村镇江赖公在南京都督府为官。他为官清正廉明，办事公道，政绩甚佳，为人称道。民国时期，广州有四大名律师，石燕村就占了两个，是赖仲池、赖星池兄弟。有一年，民国政府陈济棠主政时，在西村建了一个士敏土厂（即水泥厂），该工厂占了石燕的土地而没给任何费用。赖氏兄弟帮家乡打了一场官司，并且大获全胜。官司打赢后，士敏土厂每年都要给石燕村交税。这场官司明确了石燕村渡口的位置，并在渡口处立了一块石碑，可惜在"文革"期间，渡口扩建，这块石碑被掩埋了。

天灾人祸，历历在目

"初三、十八，高低尽刮。十一、二十六最旱水。初二、十六，水大晏熟。初九蒙蒙，初十见光。初九、二十三当旱水。年三、二十四当生水。"赤坭人称"河"为"海"，去河边说成去海边，从《潮汐》这首谚语歌中，旁人也可对巴江河的汹涌险情略晓一二。从前的巴江河比现在的更加宽阔，更加波涛澎湃。赤坭常年发大水，再加上受芦苞、北江大堤水患侵扰，当地人民生活大受影响。民国四年（1915），特大洪水把北江大堤冲崩，白坭附近村庄被淹没，赤坭地区汪洋一片。稻田被淹、房屋倒塌多间，农民流离失所，这次破坏力极强的水灾史称"乙卯年大水"。

水太多是问题，水太少也是问题。吃水一度是石燕的老大难问题。1941～1942年的旱灾，刚好发生在日本袭扰石燕最严重的时候，屋漏偏逢连夜雨，仅在那一年中石燕便有四五十人不幸离世。

日军侵华时赖氏祠堂被烧过的木梁

除去天灾，赖氏宗祠还存有日寇入侵石燕的铁证。民国二十七年（1938）十月，日军飞机先后滥炸赤坭，实行扫荡。民国三十一年（1942），日军把广州外围封锁线扩展到赤坭、皇母、打鼓岭、中洞、白坭大岭脚等村，赤坭众多村中驻有日军，当中也包括现在的石燕。据村中的老人回忆，日本官兵进入祠堂看没东西能拆好拿，一怒之下一把大火扔向屏风，燃烧起熊熊烈焰。族人见状赶紧打水救火，好不容易才扑灭了，可是，屏风已经被烧掉了一大截，留下了无法弥补的伤痕。

如今，那带有焦灼痕迹的屏风历历在目，族人也没有给它翻新美化，就是为了让后人能铭记历史，珍惜当下来之不易的和平。在赖氏宗祠西北边100多米处，原本还有一座北帝庙，也是在日军侵略期间被烧毁夷平。当时，日军把从北帝庙拆下来的砖瓦搬到后背山的白虎头岭起炮台、建战壕。现在，在后背山上还能找到从前日军留下的战壕和炮台遗迹。

虾公梁石狮柁墩

尊师重教 不误学习

赖氏族人有尊师重教的好传统。1934年到日军入侵前，由当时的国民政府委派岑静平先生到石燕村办小学，本村子弟及邻村子弟在这里读书。抗日战争时期，因受战乱影响，原有的学校都停办了，抗日战争胜利后，村重设私塾。赖氏祠堂的私塾白天学文，由横沙村人周寿生先生和炭步瓦埗罗振书先生教文化课；晚上习武，私塾摇身一变成为武馆，摆满刀枪剑戟，由蓝田村拳师周敏教练武功，强身健体。"学到了才是自己的，才能护家护国！"怀着这种信念教育后代，赖氏子弟的成长并没有落后于他人。1952年秋并校并班，石燕办小学分校，分属横沙小学领导，教学走上正轨化轨道。1958年，学校增设了劳动课，师生边上课边生产，既耕田种地，又养鱼育猪，有时还到附近生产队支援收割。学校师生参加大搞高产，劳动冲击了教学，教学受到耽搁。

1966年6月，正值"文化大革命"。全县教师进行"拉练"训练，徒步游行县内各圩镇，学校停课闹革命。赤坭各校初中以上师生走出校门去"大串联"，"造反派"头头率领到全国各地"造反"。如此一来学生文化水平严重下降。

就在其他村闹革命时，石燕村没有随波逐流。祠堂当时成了存放谷物的仓库，便以衬祠作为教授文化课的课室。"文革"时期，黄庆球在石燕做老师，是一名公办教师。他是黄埔军校毕业生，国民党革命军的连长。抗日战争胜利之后告老还乡。黄先生写得一手好字,赖氏宗祠大门侧留下他当年的墨宝。黄先生摘抄的"中华人民共和国治安管理处罚条例",至今保留完好。当过国民党军官,后来做老师的黄先生,身份可以说是相当"可疑"的。然而,石燕村老老少少对其都十分尊重。黄老先生退休之后还在祠堂做了一段时间的老师,直到十年前才让家人接到城里去。

由于赖氏宗族的传统是尊师重教,赖姓子弟的读书抗战没有落下,"文革"也没有落下。20世纪90年代,该村获得金燕水泥厂征地补偿款100万元,也大多用于每年奖励高考成绩突出的子弟与资助贫困家庭孩子入学。

体育活动　多姿多彩

随着越来越多人搬到城里住,生源也渐渐少了。1976年"文化大革命"结束之后,村里的小孩纷纷到附近的小学读书,祠堂读书已成为尘封的往事。现在的祠堂更多是作为老人聚会、嫁女娶媳、寿宴起灯等喜庆日子的活动场所。

今天的赖氏祠堂大门左侧前,新架起了篮球架,每年举行的村际篮球赛给平静的祠堂增添了热闹的气氛。

新中国成立前,赤坭的民间体育运动主要是武术、舞狮子和赛龙舟,这几项传统体育运动至今依然风行。当年,赤坭有不少乡村都设有武馆,赖氏宗祠便是其中一个,武师组织青少年习武。"开盆"时,武士们腰间束着纱带,软鞭大钯,舞得虎虎生风,掌声与喝彩声此起彼伏。每逢春节,各村的狮子队纷纷到圩场、各村各户拜年"采青",沿途锣鼓喧天,鞭炮震耳欲聋。

每逢端午节,巴江河上便举行龙舟竞渡。大龙舟、小龙舟齐集巴江,进行赛龙夺锦。这些龙舟有来自炭步、新华的,还有的从番禺、顺德过来,热火朝天,各式各样的龙舟更是异彩纷呈。赢得比赛的龙舟能获得烧猪、烧鸭、烧鹅与红包,众人踊跃参与。在活动中,大家拧成一股绳,全力拼搏,四周围观的人群呐喊助威,那种热闹的场面现在已经看不到了。

20世纪50年代中期,自中国选手容国团夺得了世界乒乓球赛第一枚金牌后,乒乓球运动也在民间应运而生,木球台、水泥球台,村村都有。与此同时,赤坭还开始兴起了篮球热，各村都有篮球队。另外，还有一项现已绝迹的体育竞赛项目也广受当时青少年的喜爱，那便是投手榴弹，男女皆可参加。直到1981年，赤坭的运动会上，还保留有这项体育竞赛，此后便不再有了。

祠堂文化知识

柱廊：有顶盖，有廊台，有支柱或兼有一侧围护墙体的供人通行的建筑物，如长廊、回廊等。

阼阶宾阶：堂前有东西二阶，东阶供主人上下堂专用，称为主阶，也叫阼阶；西阶供来宾上下堂，称为宾阶。

"湛恩庞洪"赠恩师

——记连珠村值原钟公祠

◎ 郭婉勋

值原钟公祠始建于300多年前清朝年间，民国丁卯年（1927）重修，2002年2月由钟氏氏族定居于内地及海外的子弟集资重建。

祠堂坐北朝南，正对风水塘，主体建筑为一进两间构造，总面阔12米，总进深12米，人字封火山墙。入门有一天井，东边墙上挂一纪念石碑，记叙了2002年祠堂重建之事，以及仁人志士捐

连珠村值原钟公祠门额

赠芳名。西侧有一庑房作厨房，架着三口大灶。寝堂梁架为穿斗式结构，坤甸木木料，针打不入，坚硬无比。寝堂正中端放着祭台与香炉，一旁整齐摆有筵席用的碗碗碟碟。寝堂两侧墙上有一副族对楹联"始幼自永堂星惠怀召国廷振应朝如文成责广书；天开红色绍道本立贤儒应才多继起大业可安居"。

感怀春蚕蜡炬　报答恩师厚德

大堂上悬挂着任文灿题的牌匾

在值原钟公祠祭台上方，悬挂着一块杉木牌匾，上面书写着"湛恩庞洪"四个金漆大字，苍劲有力。原来的牌匾已经损毁，现在的牌匾是后人仿制重新制作的。尽管宗祠重建之后，粉刷一新，墙身也改成时兴的绿色瓷砖，然而这块诉说着历史的牌匾，依旧以其无可替代的厚重感，占据着祠堂的重要地位，时刻鞭策子孙要不懈努力，勤学苦练，莫忘感恩。

牌匾上的年份印鉴清晰可辨，光绪十六年（1890）。那一年，任文灿参加了光绪帝亲政的庚寅科。其时共取进士三百二十六名，任文灿获殿试二甲第十四名，该科成绩总排名为第十七名。任文灿是这里的学生，取得佳绩后，便立刻赠予恩师"湛恩庞洪"牌匾。任文灿为官清廉，不负众望。乡亲们都亲切称呼任文灿为"皇帝仔"。任氏宗祠就坐落于值原钟公祠的东边约200米处。"满朝朱紫贵，尽是读书人"，裱贴在清宫廷画——任肯堂画像两侧，是古人对后代穿越千年的循循善诱。任氏的祠堂中对值原钟公祠也有一番记载。

正是因为这块牌匾，占地115平方米左右的值原钟公祠得以保留。宗祠原本更大，为二进两间有衬祠，原有灰塑博古脊、青砖墙。现存以外的其他部分据闻都在新中国成立后，"土地改革"时期被划作了私人住宅，分给了村民。1973年，赤坭人民公社开展"斗私批修"、割"资本主义尾巴"等公有化运动，公有化运动中，祠堂更是首当其冲遭到破坏。

桃李不言，下自成蹊。相对于百米以外的显赫家族，钟氏祠堂曾经的老先生们如田垄上的农夫一般默默耕耘，"恩师"到底姓甚名谁，现在也无人知晓无从考证，这或许是后世对前人的亏欠，又或许淡泊名利的表现。据说在"破四旧""立四新"时，这块牌匾被用作疏通水流的拦坝木板。

任钟子弟如手足，习武革命齐护家

连珠村的钟氏与任氏虽不同姓氏，却如亲兄弟般团结友爱。民国初年，"清、花、三"（清远、花县、三水）为三不管地带，盗贼猖獗，黑夜抢劫的事常有发生。恶霸、土匪不时到村中洗劫耕牛、财物。为了自卫，村内会设立武馆，聘请教头带青壮年习武。钟氏祠堂虽然没有设立武馆，但子弟都到任氏组织的地方习武，齐心协力抵抗侵犯，保卫乡村安全。

各村武馆在后来也成为发动农民为抗日战斗的基地。民国三十六年（1947），中共地下党在连珠、白石一带活动，由布康、高佑杭等人领导，迎接解放军到来，发展组织、培养爱国青年参加革命。他们教唱进步歌曲，宣传革命形势。抗战期间，党组织派出一批党员以教师为公开职业作掩护，秘密开展革命活动。1949年3月，许平等在连珠小学以当教师作掩护，开展地下活动。8月，建立连珠村党支部，上下连珠均组织起地下农会。其宣传"坚持抗日，反对投降；坚持团结，反对分裂；坚持进步，反对倒退"三大政策思想。尽管抗日武装没有组织起来，却教育了一批青年参加革命，向人民群众宣传抗日救亡主张，还组织和支持农民减租减息，让进步思想得以传播。据老人家回忆，当时的老师会组织学生到三水学习，平时则一起在任氏祠堂进行教育。

回忆中的美食与美景

"啼莺两岸雨，归鹭一江烟。樵唱山山路，农歌处处田。"赤坭的自然环境得天独厚，素有"花县粮仓"之称。"炭步芋头赤坭种，莲塘粉葛顶呱呱……"是当地闻名的赤坭特产歌，其实赤坭的特产又何止这些？连珠村的大榄曾经也是远近驰名的赤坭特产。甘草榄生津解渴，乡亲们喜欢带上一两包出外。结果时摘一些，出外揣在裤兜里，农忙完之后呷几颗甘草榄，好不自在。后来因为发展，种大榄的田地让位于工业。

乌石幽奇是花县八景之一，不得不提连珠附近那一奇特的白灰石。乡亲们回忆道，以前到那块大石处游玩，石中藏幽洞，洞里泉水叮咚，犹如仙境一般。赤坭的矿产资源丰富，有石灰石、铁矿石、煤、水晶石等。丰富的自然资源引来各地商人窥探，1974～1975年，大石被商人炸碎，一块一块地运到广州钢铁厂卖了制电石。一而再再而三地开采，从前的石洞仙境整座山被挖空，慢慢变成当下平淡无奇的水潭。乡亲不由得叹息："如果当时好好保护，现在一定是避暑胜地！"乌石幽奇因为当地群众采石毁坏，不复存在，无独有偶，白石也遭受这般遭遇，当中原因实在发人深省。

祠堂文化知识

中堂：也称中厅，祠堂的二进为中堂。是举行祭祖仪式和宗族议事的主要处所，因此空间高大宽敞，陈设异常讲究，中间靠后位置设屏风门与寝堂阻隔。

正脊：又叫大脊、平脊，位于屋顶前后两坡相交处，是屋顶最高处的水平屋脊，正脊两端有吻兽或望兽，中间可以有宝瓶等装饰物。庑殿顶、歇山顶、悬山顶、硬山顶均有正脊。

照壁：设立在一组建筑院落大门的里面或者外面的一组墙壁，面对大门，起到屏障的作用，又称影壁或者照墙。不论是在门内或者门外的照壁，都是和进出大门的人打照面的，所以照壁又称影壁或者照墙。

梯面镇

高平门第　将相家声

——记汶塘村范氏宗祠

◎范剑锋　邝丽梅

在中国历史上，范姓源远流长。千百年来，祖居中原的范氏迁至全国各地，继而星散至世界五洲，特别是东南亚多个国家和地区。目前世界上范姓人口460多万。

汶塘村范氏宗祠

范氏祖先有个叫"士会"的，公元前593年，因战功升为中军元帅，执掌朝政。士会先得到封邑随（今山西介休），后来又得到封邑范（今河南范县），所以又称随会、范会。子孙遂以封邑范为姓，称范氏。范姓位列新百家姓第51位，约有468万人。

汶塘始祖廷选公为北宋名相范仲淹的第十八世孙，从程邑（今梅县）乔迁花邑（花县）汶塘，之后，十六岁的胞弟廷拔公到花邑探兄，也在此成家立业。从此范氏族人世代在花都（梯面，花山，芙蓉）、清远两地勤劳耕读，生息繁衍，迄今已有三百多年。如今廷选公、廷拔公的子孙达三千多人。

汶塘村村名的来由

要说位于花都区梯面镇王子山下的范氏宗祠，先要从王子山下的"汶塘村"的村名说起。

汶塘村原名叫溷堂村，据清嘉庆年间修订的《范氏族谱》介绍：北宋名相范仲淹的第十八世孙范廷选因到花邑（今花都）贸易，见地旷俗淳，比程邑（梅县）较易生活，于清康熙戊戌年（1718年）从程邑携眷侨迁花邑石下、汶塘和清远密斗塱。之后，十六岁的胞弟范廷拔也随哥哥定居于花邑。从此范氏族人在花都、清远两地勤劳耕读，生息繁衍，迄今已有300年。

300年前范廷选初到花邑，先置田庄于石下村（今花山镇石下村），后经王子山，见山高林密，犹世外桃源，精通风水的他见此地四绕环山，藏风聚气，一河两岸曲折迂回，正好把山下一分为二，S形的转弯位有两块巨圆石，就像一个大珍珠，形成一个太极图，而延伸下来的山脉又形成众龙戏珠。他见地形奇特便知是一块风水宝地，但对面有一座山形酷似狮子，当地人叫望天狮，正是狮子把水口。可惜山太高了，但他转念一想，正是鱼跃龙门，只要勤奋学习，一定能跃过龙门，从此辉煌腾达的，于是决定在此开山辟地，建家立业。

他站上王子山，迎风瞰视山下，见堂口深深，感念自己为生计四处漂泊，突然想起同宗先人范缜的"坠茵落溷"，遂起了"溷堂"这个村名，后为避免与高平堂的堂混淆，改为"溷塘"。（民国十三年本《花县志》同记此名）。但因"溷"与"汶"客家话读音相同，口口相传时误传为汶塘，并在解放后登记地名地址时登记为"汶塘"，一直沿用至今。

宗祠记录祖训遗德

汶塘村现有30多户村民，最繁盛时期这里曾居住上百户范氏后裔。汶塘村范氏现有两间祠堂，分别是花都区文物保护登记单位的范氏宗祠和镇杨范公祠。范氏宗祠于2012年重修，镇杨范公祠因村民搬迁无人管理，已经有点破旧了，祠堂内还保留有"进士""武魁"的牌匾。还有一间老屋叫"五龙过脊"，也叫"二字屋"。两个祠堂与老屋三者之间关系密切，互相映衬，不但相传有一段佳话，还是汶塘村一道靓丽的风景线。

范氏宗祠就是纪念汶塘村开基祖范氏廷选公的祠堂。范廷选（1678~1771），范仲淹第十八世孙，享年94岁，其墓葬于梯面高百丈山上，风水形曰"铁扇关门"，妻陈氏葬于梯面西坑村旁，风水形曰"黄金沙结岸"。范氏宗祠建在村路旁，大门嵌花岗岩门夹，石门额阴刻"范氏宗祠"，左边阴刻"新汉十年孟春吉旦立"（新汉十年的年份待考），右边阴刻"汤昭俭敬书"。祠堂两旁悬有楹联："高平世泽；将相家声"八个金黄大字，（此为2012年重修时新刻悬挂的，因以前挂有花梨木雕刻楹联"高平门第；将相家声"，在"四清"年代被清掉了）。

镇扬范公祠

整个旧古祠堂坐巽向乾，总面阔11.4米，总进深11.2米，建筑占地138平方米。青砖石脚，人字封火山墙，博古灰塑脊，碌灰筒瓦。天井以花岗岩条石铺地。前檐次间设花岗岩石虾公梁、异形斗拱、雀替。青石挑头雕戏曲人物图案。梁架斗拱、柁墩、雀替及封檐板均雕有卷草、人物图案。明间中门现仅余右侧木柱。花岗岩石脚，台基高0.5米，前设三级石阶。

中堂前设四架轩廊。石前檐柱，坤甸木柱。前柱间木雕"松鹤延年"图案，精致细

卷草装饰

腻。台基前设三级石阶。中堂前带两廊，面阔三间，六架卷棚顶。右廊壁画有"竹林七贤"等。进入旧祖古祠，虽然残旧但是还能够隐约看到一块古匾"高平堂"悬挂正中。

高平学派是北宋初范仲淹所创学派，此学派门生众多，治学泛通"六经"，尤重于易学，政治上提倡忧国忧民。"先天下之忧而忧，后天下之乐而乐"，遇事先想到国家、民众，后想到自己。主张讲信义，泛爱众，乐善好施，见人有困难，勇于帮助。同时，讲究孝道，爱护父母兄弟。认为"阳正于外，阴正于内。阴阳正而男女得位"，君子理家，要讲究礼义、孝悌，"圣人将成其国，必正其家。一人之家正，然后天下之家正。天下之家正，然后孝悌大兴焉。"此派还提倡节俭，不蓄积财产、营建居室，以义为贵。其后人学生为纪念范仲淹创立高平学派订做匾额"高平堂"。

范仲淹出将入相，高平学派是他诗词中人格人品的展示，为记此高贵品质，故有"高平门第，将相家声"的楹联，祠堂里"青钱世泽，范氏家风"的祖训更是随处可见，以示子孙不忘先祖范仲淹之《范仲淹家训百字铭》、《范仲淹告诫儿孙十要则》、《家戒十条》、《家训十则》等家规。

镇扬范公祠是纪念范廷选第四代孙范氏镇扬公的场所，位于范氏宗祠的右方，其墓葬于汶塘村口两公里的东石隆（地名），风水形曰"怀中抱月"，其妻王氏墓葬于吊谷上棚（地名），风水形曰"盘钱入柜。范氏镇扬公为人谨遵祖训，一生行善积德，品德清高，义气公道，他有八兄弟，排行第八，是幺儿，等轮到他成家立业时，几个哥哥早已有家有室了，为不影响哥哥的正常生活，也为了不影响兄弟间的感情，他选择净身出户，没有从分家中获得任何家产，真正白手兴家，"镇杨公分家，不取一根纱（纱：用

范氏老屋,名曰"五龙过脊",也称"二嗣屋",已有200年历史

于织布的线)"被传为佳话,并在当地广为流传。因属最小房,居于祖祠最右边,只用茅草搭建了一间简陋的茅寮(茅草棚),就出走清远源潭经营木炭生意,赚了第一桶金后,回来在搭茅寮的地方建了现在的老屋。

老屋坐辰向戌,正针,也就是坐东朝西(始建年份不详,推敲约为咸丰四年,即是1854年左右),一进一天井,面阔14.8米,深10米,建筑占地180平方米。青砖石脚,大门嵌花岗岩门夹,人字封火山墙,天井均以花岗岩条石铺地,因有5间房并列排序,名"五龙过脊",又因有两个厨房,也叫"二字屋"或"二嗣屋",建房时有两个儿子,所以设计了"二字屋"。门口右前方有一圆小山丘,象一个珍珠,相传是"飞龙抢珠"的风水格局。继而镇扬公开了票号、米铺,从此发迹,生意越做越大,广置田地于清远源潭、银盏和花都西坑、蒙田,随着第三个儿子出生,房子开始不够住,于光绪七年(1881)始建镇扬范公祠,光绪十年(1884)建成。

镇扬范公祠坐乙向辛兼辰戌,即是坐东朝西,风水形曰"辛入乾宫百万庄"。祠堂三间三进,三井四厅,上五下五加两横共28间房间。总面阔36米,总进深18米,建筑占地680平方米。青砖石脚,人字封火山墙,雕梁画栋,门前广场用大鹅卵石铺地。

镇扬范公祠是当时致富后建的,房址是往山边用人工挖泥挖出来的,挖出来的泥土填成了现在祠堂前的小广场,用时三年多才建成,从规模、结构、建材来看,在当时也是极尽奢华的。建好镇扬范公祠，也是自廷选公迁花邑以来范氏最鼎盛的时期了，据传当时广开票号、米铺、广置田地，当时富甲一方，镇扬范公祠内上五下五10间房全住着武师、地师（风水先生）、医师和先生（老师）等专门人才，用于专门教育培养范氏子女，范氏昌盛，一时无两，各种人才辈出，也就是那时培养出范昌时、范光裕、范锦锈、范金、范宠华等人才。现因村民搬迁无人管理，祠堂已经有点破旧了，雕樑画栋有些已坍塌，八仙过海等图案也已模糊不清了。

范氏宗祠、老屋、镇扬范公祠从左到右依次排开，门前有一河蜿蜒而过，并可见一圆形小山丘（珠形），风水形曰"三龙戏珠"。左青龙王子山高耸入云，右白虎弯角山（山名）如虎趴睡，前面狮子（山名：望天狮）把水口，是极佳的风水宝地。

范氏家风代代传

汶塘范氏当时已成名门望族，至范廷选主持家政时，已经九世没有分家拆产，居家数百人同灶共饮，长幼有序，和睦融合，从未因家事发生过矛盾与争执，州县多有褒奖，常有其他姓氏族人造访，问及治家之道。

代代传承的祖训、家训，被范氏家族视为家庭建设之本，族中尤其看重和睦家风的培养。正如范仲淹所云："治国之道，实由家治也。不为良相，只为良医。"在花都的《范氏族谱》中，便对"孝德"格外推崇，内写有"范仲淹家训百字铭"：除"弘扬祖德、世代传承"外，"孝敬双亲、友爱兄弟、训诲子侄、和睦乡里、尊敬长者、悯惜孤贫"均在其中，更明确指出族中"子孙众多，无甚亲疏""同乡共井，缓急相依"等具体做法。

范昌时，范廷选孙，他饱读诗书，天文、地理、医理，无所不通，为人不苟言笑，严毅刚正，幼辈都畏惮之，他就是于清嘉庆年间第一个修订的《范氏族谱》的。

范光裕，范昌时长子，国学生，武功了得，任花峰（花邑前身）总团练，当时盗贼滋起，土匪四乱，他义务组织民众团练，防盗防抢，顽强抗贼，受到政府府嘉奖。

范金（善字辈，号善杰）慈扬公嗣子，实为范光裕三子，清嘉庆邑增生（秀才），他学富五车，《范氏族谱》就是他在咸丰——同治年间第二次修订的，他多居于石下村，因为人正派,父慈子孝,兄友弟恭,与范昌时、范光裕爷父孙三代一门三杰,被附近村民广为传颂,孝义方面在民国十三年本《花县志》节孝表也有记载。

范铭扬,武秀才,据传武艺超群,据族谱记录,与范光裕一起顽强抵抗贼匪,另范铭扬虽为武夫,仍不忘孝道,仁义典范,多为村民主持公道,民国十三年本《花县志》节孝表有记载。

范镇扬,谨遵祖训,一生行善积德,品德清高,义气公道,勤耕苦读,诚信经营,广置田地,富甲一方,开启汶塘村最繁荣最富足最鼎盛的时期,也为之后汶塘村范氏的人才培养作出卓越的贡献,在族内享有极高地位。

范锦绣(善字辈,号善康),清嘉年间,汶塘村的白衣秀才(指不受朝廷俸禄的秀才),至今村里还流传着他的许多故事。据说范锦绣幼年随父母迁至王子山下汶塘村,励志苦读。经过长年苦读,范锦绣终于在全村人协助下考上了白衣秀才。范锦绣才高八斗,为贫苦的老百姓打官司分文不收,受到了村民的好评,另他主张以和为贵,一般情况下他只为村民应诉,且分文不取,他从不主诉,故他有"千金难买一字秉"的传说(秉:秉词,就是状告的状词)。范锦绣治家甚严,一生教导子女做人要正心修身、积德行善,家风清廉俭朴、乐善好施。

范宏华,宏字派,与范锦绣是俩叔侄,外号华佰,文武兼修,是抵抗贼匪的得力干将之一,在汶塘范氏族内一直流传这样一句话"华佰和锦绣,屁股扭一扭,皇帝眼眉也要皱三皱",足见他们足智多谋,满腹经纶。

科举时代,花都范氏家族曾出广东省武状元范飞龙(据说此人已经迁到清远佛冈,待考)。

王子山下汶塘村的地理环境

2012年2月12日，诗人范金赞来穗游览。在参观了汶塘村和范氏宗祠后，他写道："高平范氏源流长，宋相芳名传四方。岳阳楼记留千古，祖德良风万世传。"足见他当时寻访怀古的心情和崇拜先贤的至深情感。

三百多年后，王子山下后裔子孙渐多，遂左右拓展、毗连建屋，到清末渐成十八座屋宇。目前，当地范氏裔孙超过万人、分布世界各地。

如今范氏家风成了现代人日常生活的行为准则，变得更具有时代感。范氏家风就是在不断承前启后、继往开来之中，得以总结、提升、完善和发扬光大。

汶塘的风水传说

一、十五的元宵十六过

汶塘村是著名的人文景区，传说开山祖范廷选来到汶塘村，看到这里四面环山，地形像临沧。范氏祖先之所以选择汶塘村繁衍生息，是因为村的正中间有一条河流穿过，河水湍急，河流呈S形把山村一分为二，S形的转弯位有两块巨圆石，就像一个大珍珠，而延伸下来的山脉形成众龙戏珠之态，范氏祖先精通风水，看整个村庄形状像一个太极，认定是一块风水宝地，所以选择这里居住。

这条河既然是风水河，自然不能有丝毫改变。这条河水流湍急，虽说是好风水，但把村子一分为二，村民来往诸多不便。一河两岸只靠一条木桥通过，一发大水就会冲跨木桥、淹没庄稼、冲走牲畜，村民对它真是既爱又恨。

传说有一年春节，连日的大雨，河水的水位持续上涨，两岸村民整个春节都不能礼尚往来，眼看到了元宵，水位才下降了。元宵节这天，村民都来到河边杀鹅杀鸡，一河两岸又恢复了往日的热闹。

正当村民都在享受着节日的气氛时，天空突然乌云密布，下起了倾盆大雨，河水一下子就上涨了，村民还没来得及反应，杀好的鸡和鹅一下子被水冲走了。村头一户村民家的一个小男孩正在桥上玩耍，也被突如其来的洪水连人带桥给冲走了，喜庆的节日一下子被悲伤笼罩。

族长召集全族议事，决定节后再开一条河道，把河流分成两条支流，为河流减速泄洪。因破坏了风水,为表虔诚祈求平安,以后汶塘村每年的大年初一都吃素,元宵节从正月十五改为正月十六,这一习俗一直沿用至今。

二、锦绣打官司

汶塘范氏非常重视风水,从祠堂和墓葬的风水形制可见一斑。关于风水汶塘范氏族内一直流传这样一个故事:话说当时汶塘范氏族人在邻村蒙田村的村口约800米的地方安葬范氏昌韬公,穴位风水形曰"龙狮拜母",但遭到邻村某姓氏的极力反对,因穴位上面已有他们村的一贡生墓葬,穴位正好座落在贡生墓的墓界碑前,这本来是合法的(按当时大清律,界碑外为公众场所,不受界碑内的坟墓影响),但因安葬后,邻村担心影响风水,把界碑挖掉了,造成穴位安葬在界碑内的假象。邻村深知范氏文有锦绣,武有华佰,不敢怠慢,遂聘请了八位秀才联名写了一份状词,把范氏告上衙门,并提出如果范氏服输并自行把墓葬撤了,此事可当无。打官司的话,把汶塘弯角山旁边的毛竹山作赌注,如果输了就把毛竹山割让给范氏,但如果范氏输了,不但要把墓葬撤出,还应把弯角山割让给邻村。弯角山种满山茶,当时西坑烟、汶塘茶远近弛名(原花县志有介绍汶塘茶远销东南亚等地),邻村对此山早觊觎已久了,而且邻村某姓氏也希望通过赌注的形式能让范氏知难而退。范氏锦绣公接到状纸,连夜与华佰公商量,对状纸每字每句进行深究,了然于胸后,于次日凌晨赶往衙门应诉。

来到衙门,邻村聘请的八个秀才虚张声气,盛气凌人,想一下子吓住锦绣公,谁知锦绣公从容应诉,细细地问道:"不知众位所告何事?"

一秀才起身责问:"你可知你们范氏前坟叠葬?"锦绣反问:"何为前坟叠葬?"又一秀才说:"你范氏前坟越过我村姓氏界碑,侵占了我村姓氏的墓地。"锦绣继续反问:"既然我范氏葬坟在前,你村姓氏于后,叠葬也是你村姓氏叠葬,何来范氏坟叠葬于你村姓氏的坟呢?"八个秀才无言以对。原来邻村某姓氏所指的"前"是前面,指地方,范氏指的"前"是"……之前",指时间,但状词就是状词,一字不能改,故判邻村某姓氏败诉。

邻村某姓氏败了官司,按理应当割让毛竹山给范氏,但锦绣公还是本着以和为贵,以德服人,没有接收赔偿,只是稍加劝说,这让邻村某姓氏非常感激,从此换来两村一百多年和睦共处,两村互通嫁娶,再无纷争,匪乱时期还一起抵抗贼寇。

附：范仲淹（989——1052）《家训百字铭》全文：

"孝道当竭力，忠勇表丹诚；兄弟互相助，慈悲无过境。勤读圣贤书，尊师如重亲；礼义勿疏狂，逊让敦睦邻。敬长舆怀幼，怜恤孤寡贫；谦恭尚廉洁，绝戒骄傲情。字纸莫乱废，须报五谷恩；作事循天理，博爱惜生灵。处世行八德，修身率祖神；儿孙坚心守，成家种义根。"

祠堂文化知识

族谱： 又称家谱、宗谱，是一种以表谱形式，记载家族世系和重要人物事迹的书。

蒸偿： 指秋冬二祭，后泛指祭祀。由族人捐资购置数十亩以至百亩祭田，名曰"蒸偿"，归祠堂管理，作为四时祭祀、养老恤孤、尊贤奖学等费用。

紫气东来居花邑

——记民安村陈氏和陈氏宗祠

◎龙喜场

民安村位于梯面镇南部,面积9.6平方公里,下辖9个村民小组,户籍人口1400余人,主要有陈、温、张等姓氏。106国道穿村而过,接壤花山,交通相当便利。村里引进的大都为一些高科技、无污染的项目。走进民安村,一眼望去,是碧绿的田园,无边无际,瓜果飘香,蜂飞蝶舞。整洁的马路在田园里穿行,远处稀疏的房子,隐约可见。村里有两栋仿古建筑格外抢眼,青砖灰瓦,这就是新建的陈氏祖祠和焕荣公祠。

民安村陈氏祖祠

陈姓略考

陈姓历史悠久，大家较为熟悉的是秦末的陈胜、吴广起义。其实陈姓出自舜帝后裔陈胡公，目前陈姓人口已有几千万，是中国的一个大姓，在百家姓中排名也名列前茅。

据民安村陈氏祖祠内的《陈宅颍川堂族本序》记载："尝思水有源，木有根，人生在世，追远为先。况我陈姓，素出舜裔，蕃衍族人者矣。然而树大分枝，源长派别，列祖众多，难以悉述。但以永安县紫金原居芋坑村溯之，始祖陈大四郎公，妣萧氏八娘。二世祖法先公，祖妣曾氏妙缘。三世

灰塑《左伦》

灰塑《右相》

祖吾光一郎公，祖妣巫氏仙娘。四世祖际二郎公，祖妣张氏淑德孺人。于是生子三大房，长为士达公，次为士明公，幼为士登公。五世祖号元盛，即士明公，祖妣雷氏孺人。生子一大房，即六世祖文显公。文显祖从紫金县而来，迁居花邑，居于珠高布村。当是时也，年方十三岁，父母早亡，独立无助。"

六世祖文显公生于1685年，原籍广东省紫金县中坝镇芋坑村人，幼年父母双亡，家贫且孤。康熙三十七年（1698），文显公跟随伯父士达公、叔父士登公翻山涉水，不远千里，徒步到花县谋生。文显公自幼胸怀大志，勤俭持家，不辞劳苦，不畏艰辛，在珠高布建基立业，成家立室，生子八大房，即焕兴、焕荣、焕高、焕昌、焕宗、焕英、焕

祯、焕祥。供书教学，抚养成材，乃至儿孙科举成名。有联赞曰："溯永安瑞气传播花邑继承先祖数百载，源芋坑清水流注珠溪繁衍后裔逾千人。"

梯面镇民安村陈氏现有几百人。按辈分来排，依次是"仕、文、焕、其、世、佐、芳、廷、家、书、宏、启、庆"。字辈再续为"德建绍名定必昌，怀仁立志美声扬。云开永锡恩光泰，作学原良振万邦"。据陈氏族人介绍，民安村陈氏目前辈分最高的是廷字辈的老人，而辈分最小的是庆字辈的人，廷、家、书、宏、启、庆，相差五辈，辈分跨度比较大。如果严格按辈分来称呼的话，很有可能辈分低的比辈分高的年纪还要大。

梯面镇民安村陈氏，一部分已迁居外地。有的居住在中国香港，有的侨居美国、澳大利亚、巴拿马等国，有的甚至几代人都在国外定居了。但不论身在何处，永远不变的是根在中国，根在花都。虽然身在异域他乡，但有的陈氏后裔也在老家建了房子，哪怕一年三百六十天空在那里，心灵也有所归宿。民安村陈氏海外华侨较多，可见陈氏不畏艰险，踏踏实实，像一朵朵蒲公英，不论在哪，都能顽强地扎根下来。

陈氏祖祠

民安村陈氏有两间祠堂，一字排开，右边的为陈氏祖祠，左边的为焕荣公祠。六世祖文显公生子八大房，即焕兴、焕荣、焕高、焕昌、焕宗、焕英、焕祯、焕祥，可谓枝繁叶茂，根深蒂固，焕荣公为次子。

约乾隆三十年（1765），陈氏兴建三进式三厅四廊十二居室，安上祖牌神龛，宅院有祭祖和居住双功能之用。门前两条桅杆高耸，雄伟壮

陈氏祖祠内景

观，昭示着皇恩钦赐之荣耀。有联赞曰："紫气东来，福荫珠溪，勤俭持家，忠厚待人，先祖遗训，切记莫忘；青龙卷案，开族名山，连生八子，渔樵耕读，士农工商，各有所长。"另有一联："陈姓始于商朝晋播南国唐徙闽粤历代先祖英灵常阴祚；显公来自紫金清迁花邑业创珠溪世代后裔雄才俱昌荣。"这些都是对陈氏历史的生动写照。

然而，光阴荏苒，时光流逝，历经200多年的风吹雨打和虫侵蚁蚀，以及历史和人为的多方面因素，昔日的辉煌大厦已变得破烂不堪，往日的无限风光也已成残垣断壁。2013年初春，陈氏祠堂理事会成员牵头集资筹建祖祠，发动海内外兄弟姐妹，筹得资金近百万元。正是因为汇聚了陈氏的各方力量，才让祠堂得以顺利修建。

陈氏祖祠悬挂的祠联

2013年农历九月初九重阳佳节，择吉时兴工动土，破旧立新，至2014年底，陈氏祖祠竣工落成。

新建的陈氏祖祠三间三进，主体建筑面积400多平方米。青砖黑瓦，古色古香，是中国传统的四合院建筑结构。

走近陈氏祖祠，正门四个行楷蓝漆大字"陈氏祖祠"，让人肃然起敬。大门两边，一副隶书红底金字名联"文德传世；显祖扬名"，以文显公之名藏头，让人顿生敬仰之情。正门两根挺拔的白色石柱上，镌有一副金色对联："襟三合带九牛人杰地灵祯祥自此无量地；踞两龙迎百丈物华天宝福禄于斯庆有余。"

祖祠大门两侧的花岗岩梁上，各嵌有一只栩栩如生、惟妙惟肖的小石狮子，墙壁上端，则是美轮美奂、内容丰富的壁画。祠堂正门的脊饰，则是龙凤呈祥，龙凤中间则是一个圆圆的红色双喜字。这也是寓意着陈氏子孙龙凤呈祥，双喜临门。

祠内墙壁挂有一联："文嗣移居羊城勿忘宗功祖德厚千丈；显裔迁徙穗市常念故土

乡情长万里。"此联告诫陈氏子孙勿忘宗祖功德，常念故土乡情。

而在中间的圆柱上，一副以文显藏头的短联非常显眼："文呈椒颂；显兆年丰。"文体古朴，苍劲有力，寓意深远，表达了陈氏祈盼风调雨顺、吉祥如意的愿望。

陈氏祖祠的建成，象征着陈氏文显公后裔不论贫富，皆不忘祖德，不忘祖恩，秉承祖先勤劳、勇敢、智慧的精神，不断进取，发扬光大；也象征着陈氏文显公后裔团结一心，这种血浓于水的亲情，让陈氏族人紧密地凝聚在一起。

回望陈氏祖祠，让人难忘的还有左边墙上色彩亮丽的壁画《乐在其中》，一位长须老者捋须与童子对弈，笑意盈盈，也许，这就是陈氏乐观精神的折射吧。

焕荣公祠

六世祖文显公生子八大房，可谓枝繁叶茂。八大房中，唯焕昌公生子一大房，即其才公，早故无嗣，其他各房子孙发达。焕荣公是六世祖文显公次子，也是八大房中较为突出的一房。

焕荣公祠与陈氏祖祠相隔约两米，位于左边。焕荣公祠结构与风格与陈氏祖祠一致，也三间三进，长度与陈氏祖祠一致，只是宽度窄了1米左右，主体建筑面积也是400多平方米。

大门上端，也是四个苍劲有力的蓝漆大字"焕荣公祠"，大门两边没有镌刻对联，但门口的白色方形石柱上，镌刻有楷体镏金对联："祖德齐天福禄满堂椿萱并茂；公恩似海世世后裔兰桂腾芳。"

两边的石质横梁上，也是各有一只可爱的小石狮子。民间流传的说法，古人认为石狮子可以驱魔辟邪，抵御那些妖魔鬼怪之类带给人们的侵害。石狮子可以彰显权贵，古代在宫殿、王府、衙署、宅邸多用石狮子守门，显示主人的权势和尊贵。另外，石狮子也是古代建筑物中重要的装饰品，譬如北京卢沟桥共有石狮子485个，卢沟桥因石狮子而名扬四海，成为建筑艺术中的精品。

正门的脊饰也与陈氏祖祠一样，是龙凤呈祥的吉祥图案，中间一个圆形的红色双喜字。进门以后，朱漆柱子上的一副金字对联非常抢眼："瑞气盈门后裔德智永发昌盛；

荣华富贵丁财两旺福寿绵绵。"寓意焕荣公子孙发达，富贵双全。

焕荣公祠内的墙壁上，赫然镶嵌着一块红底的芳名表，即焕荣公祠重建后裔捐资芳名表。众人拾柴火焰高，正是凝聚了焕荣公后裔的力量，才让修建焕荣公祠的资金能迅速到位。

六世祖文显公生子八个，而唯独焕荣公单独修祠，说明焕荣公后裔也比较兴旺，内部团结，资金宽裕，集体荣誉感强。修建祠堂，需要付出很大的心血，正是因为像鉴迁和赞卿这样的慷慨之士，才让祠堂修建工作顺利进行。

焕荣公祠

在焕荣公祠的墙壁上，有联赞曰："荣华睿智天赐良机贵处气盈子孙繁衍家家盛；瑞发珠溪地利人和龙泉清秀世胄兴隆户户礽。"而在神龛两边的红漆大柱上，挂着一副显眼的黑底金字对联："荣膺蒲版；瑞发珠溪。"这些充分表现了焕荣公后裔对祖先由衷的赞美。

虽然焕荣公祠是在原来的旧房基础上重建的，砌的是仿古的青砖，盖的是仿古的瓦片，但已找不到旧房的半点痕迹。走进一看，感觉不到那种历史的厚重，扑面而来的是现代气息。就拿屏风上的浮雕来说，浅浅的，比较简约，和广州陈家祠的镂空木雕相比，已经有了较大的差别。

屋顶上的脊饰，色泽亮丽，多为瑞兽图案。天井屋檐周边的图案，也美轮美奂。也许，再过几百年，这些新建的祠堂也会成为历史文物，而到那时，这些充满现代气息的元素，恰恰成了判断历史年代的标志。

站在祠堂内，朝顶上望去，能看到祠堂后面郁郁葱葱的古树，而目光前望，便是陈氏列祖列宗的牌位。望古树，思古人，相信此时此刻，每一个陈氏的儿女都会牢记祖先功德，奋发向上，做个有用之人。

从祠堂内往外望去，是一片广阔的田园，绿油油的，迎面扑来的是一阵清新之风，风里还带着点香味。在这宁静的院落，远离尘世的喧嚣，此情此景，再也不必羡慕什么世外桃源了。当年陈氏祖先选址此处，建房立祠，定然有一定的道理。

再到祠外回眸，焕荣公祠外有两幅壁画。左边的是"武尉"，右边的是"文丞"。其实这是唐代的官制，一个县的行政长官称为"令"，县令以下有一名"丞"处理文事，有一名"尉"处理武事。文丞武尉即是辅助县令的官员。这两幅壁画做工精美，人物形态栩栩如生，惟妙惟肖。这也是在鼓励焕荣公后裔好好学习，奋发图强，将来好做官，做好官。

祠堂文化知识

俎豆： 古代祭祀、宴飨时盛食物用的礼器，亦泛指各种礼器，后引申为祭祀和崇奉之意。

正梁： 架在屋架或山墙上面最高的一根横木，也叫大梁、脊檩。

竹林七贤： 指晋代阮籍、嵇康、山涛、刘伶、阮咸、向秀和王戎七位名士，他们"相与友善，游于竹林"，隐身遁世，崇尚老庄，不拘礼法，纵酒酣歌，扶琴吟诗，寄情山水，表现出文人品行高洁、清逸淡远的生活情趣。此题材常作建筑装饰用。

附录1：2016年度花都区政协重点提案

关于重视祠堂在弘扬传统文化中作用的提案

一、案由

祠堂是家族议事、供奉祖先、传承礼德、团结族人的重要场所，是中国传统文化的浓缩版，是国学的核心载体，是大大小小"家族史"、琳琅满目的"地方志"，是家国天下传承的核心组成部分，在今天仍然起着不可估量的作用。

花都区目前350多座祠堂，随着村民进城、征地拆迁、三旧改造，祠堂数量在减少，宗祠历史在湮灭。尚存一些宗祠失管，人为摧毁、自然坍塌严重，情况堪忧。

二、意见和建议

（一）在城市更新改造中迁建一批祠堂。

我们要突破祠堂文化的传统认识。祠堂不光是农村凝固历史、凝固艺术，也是城市传承传统文化的根脉所在。在城乡一体化的建设中，不能丢弃精神家园。留住祠堂就是留住乡愁。在打造新城的同时，给百姓一个心灵的归宿，在改造旧村之际，予村民一个精神的家园。发掘祠堂文化，强化文化内涵建设，探求传统文化的魅力，是彻底摘掉"文化沙漠"帽子的可行路径，是"文化强区"关键切入点。在现实中，珠江新城的"猎德祠堂"、大学城的"岭南印象园"，都是神来之笔，在现代化大都市建筑群中起到画龙点睛的作用。所以，我们可以借中央商务区建设、农村连片开发、三旧改造的契机，在整村同姓村民集中安置区，规划迁建祠堂，给离开祖居地的村民留一个心灵的归宿，给新市民一个精神家园，更突显新城的文化内涵和厚重的历史传承。

（二）培育打造一批地方文化祠堂地标。

祠堂是地方经济发展水平的象征和民俗文化的代表，它"用自己存在的方式诠释时代文明"。作为中国民间保存最好的一种古建筑群体，祠堂文化与书院文化、庙宇文化等建构起地域性文化的立体形态。我们可以通过迁建、修葺、完善现存的300多座祠堂，梳理完善、培育提升一批符合省市要求、具有时代特点、可以更好传承传统文化的祠堂，让它们成为地方文化地标。

（三）盘活祠堂在精神文明创建中作用。

对不可移动的建筑要开发、利用和活化，将宗祠活动融入新的时代内容。针对现代社会功利浮躁、礼崩乐坏的现象呈现出的"孝道式微、家族淡漠、纲常失序"，将祠堂与农家书屋、村老年活动中心建设结合起来，充分利用祠堂文化资源，开展一些群众喜闻乐见、丰富多彩的"崇孝"、"尊礼"、"祭祖"、"寻根"活动，使其成为传承文明和思想美德的乡村文化阵地。聘请专家学者到祠堂开讲国学，宣扬"忠、孝、仁、义、礼、智、信"，开展乡村道德建设。同时，还可以在人员聚集的祠堂设置功德榜、能人榜、成才榜、寿星榜等，大力弘扬尊师重教、尊老爱幼、家庭和睦、邻里团结、勤劳致富、诚实守信、健康乐观的好传统，把祠堂变成为农村群众性精神文明建设和先进思想文化传播的主阵地。

（四）发挥祠堂在乡村旅游开发中的作用。

花东、花山、炭步、赤坭都是祠堂较集中的镇，而且特色明显。如华岭的光禄大夫家庙、藏书院的谭氏宗祠、塱头的黄氏宗祠分别是比较公认的花都历史上仕、武、商界的出色代表。一村一特色，一堂一品牌，将这些底蕴特色浓厚的古祠堂串联起来，建立资源共享机制，绘制花都祠堂旅游地图，打造祠堂特色旅游专线，配上乡间美食、农村特产，宣传花都，推动乡间旅游，传播传统文化。

（五）发挥祠堂在社会治理中的作用。

祠堂的文化活力，最根本在于它的群众性，它以同姓血亲为纽带，形成家族内部的凝聚力与亲和力。现今有些祠堂设立理事会、监事会、老人会等民间管理机构，其成员作为祠堂活动的"掌舵人"，在家族内具有较强影响力，在调解邻里纠纷、弘扬传统道德、传播正能量、引导家族爱国爱党等方面，起到积极作用，能对社会安定稳定做出积极贡献。

（六）发挥祠堂在统战工作中的凝心聚力作用。

祠堂文化让身在异乡的海内外宗亲记住乡愁，是海内外宗亲扯不断的根。以同宗同族为代表的祠堂文化，是获得文化归属感与共享感的直接媒介，对于海外移民与祖国家乡的关系，对于海峡两岸的文化认同和归属，具有现实意义与历史意义。

（七）重视祠堂在民间文化研究中作用。

政府购买民间智慧和成果，资助花都祠堂文化研究会等民间团体开展工作，收集出版祠堂文化资料，发掘和弘扬更多如庙宇、书院、碉楼等的乡土文化。

总之，建议借国家省市高度重视以祠堂文化为抓手的中国传统文化建设的契机，努力将将祠堂打造成传统文化和现代科学的教育阵地、村民管理平台、村民活动中心，让祠堂文化富有新的时代内涵，增加农村文化的新活力。

（提案人：全泰源）

附录2：2016年度花都区政协重点提案办理情况答复

关于花都区政协九届六次会议第087号提案的答复

（广州市花都区文化广电新闻出版局）

全泰源委员：

您好！您在花都区政协九届六次会议上提出的《关于重视祠堂在弘扬传统文化中作用的提案》（第087号）收悉。结合我局的工作职能，现答复如下：

弘扬传统文化是我局工作的重要方面，首先感谢您对我局工作的关心和支持！您提案所关注的重视祠堂在弘扬传统文化中的作用，切中时弊，具有重要的现实意义。您提出的办法很有建设性，对我局加强文物保护工作很有启发。祠堂是供奉祖先、家族议事、传承礼德、团结族人和研究传统风俗的重要场所。近几年来，我局根据上级的部署，在传承民俗文化，利用和活化祠堂方面做了大量工作。

一、近几年做的主要工作

（一）通过申报、修缮、监管，多措并举保护祠堂本体。

一是按照程序申报不可移动文物。为进一步做好祠堂文物保护工作，我局文物普查工作人员深入我区各行政村落，进行普遍调查，将有历史价值、保存现状较好的建筑，按规定的程序，组织专家论证、认定，并及时登记和公布，逐步落实各级文物保护单位的"四有"工作，即有划定保护范围和建设控制地带、有树立保护标志牌、有建立记录档案、有设置保护管理机构，从而使其更有效地受到我国文物保护相关法律法规的保护。目前我区有坛庙祠堂共306座，其中广州市花都区登记保护文物单位279座，广东省文物保护单位13座，广州市文物保护单位9座，广州市登记保护文物单位4座。二是做好祠堂修缮跟踪工作。通过有计划、按步骤地对文物进行抢救性维修，较好地实现了古村落文物完好率达到95%以上的目标。2015年花都区文物修缮资金109.846万元，其中祠堂修缮支出55万元。2016年，我局拨出专项经费，启动塱头村塱西社黄氏祖祠的修缮工作。花都副中心中轴线项目中，经实地勘察、专家论证程序，确定5处祠堂实施异地迁移重建，我局密切跟踪迁移重建工作，确保祠堂按照原形制、原结构、原材料、原工艺复建。三是做好文物安全的日常监管。2013年，根据广州市的统一要求和部署，我区组建了一支文物保护监督队伍，明确了监督员的权力与职责，建立了文物监管的长效机制，从而更有效地保障全区文物的安全。同时，区文物办工作人员不定时走访各处文物点，做好监管工作。目前，我区传统古村落内的文物点均安排监督员进行日常巡查，能够及时掌握其破坏情况及人为损坏行为，如发现盗窃、盗掘、非法经营、走私、破坏文物等紧急情况，能及时报执法部门开展相关查处工作。

（二）依托民间团体，挖掘祠堂文化内涵。

祠堂文化保护与传承的基础在民间，力量在民间。2014年，花都区专门成立了"祠堂文化研究会"，开设了"花都人"微信号，组织会员撰写区内各祠堂、姓氏的历史、风貌。成立后会员迅速增多，有的姓氏组团申请加入协会，宗族、姓氏祭祖、添丁等重大民俗活动邀请协会的主要成员参加，还委托协会成员编写或参与编写家谱、族谱。香港等地的宗亲会等团体也邀请协会参加相关活动。这从一个侧面反映出民众特别是农村对姓氏文化、祠堂文化、民俗文化的重视，促进了花都重大民俗、祠堂文化的挖掘和传承。目前，花都的祠堂文化研究会、作家协会、摄影家协会都将炭步镇塱头村设为主要活动基地，对炭步一带的"太公分猪肉"、"芋头节"等民俗活动，进行了有效的宣传与传承。此外，在春节等传统节日，我们还组织书法家协会、画家协会、文艺团体在祠堂开展为群众写春联、作画、送戏下乡等新民俗活动，通过这类群众喜闻乐见、乐于参与的活动，使平素冷清的乡村祠堂气氛活跃起来，将民俗文化以最有效的方式表现出来、推广开来、传承下来。

（三）盘活祠堂资源，引领农村精神文明创建。

2015年年，省文明办印发了《关于在全省开展文化祠堂建设工作的意见》，要求五年之内在全省建立1500座示范文化祠堂。我区认真贯彻省文明办的要求，将祠堂活动融入新的时代内容，使其成为农村群众性精神文明建设和先进思想文化传播的阵地，成为青少年爱国主义教育基地。近年来，我区在部分祠堂里设置道德讲堂，潜移默化地开展社会主义道德教育。在有刚正不阿的"铁汉公"之称的黄皞"乡贤栎坡公祠"开设廉政教育基地；在以孝道传家的塱头村"黄氏祖祠"前修建孝道文化主题园；在以诗礼传家的朱村宗祠前设立"家"字牌，将朱子家训立在宗祠前。2014年，花都成功地引入全国最大的国学培训机构明伦书院，定期在炭步镇塱头村向干部群众尤其是青少年讲授茶道、国学等中华民族传统文化，并在寒暑假开展国学夏令营。2015年，在花东镇水口营村以宏商公祠为馆体建筑，建设了商衍鎏商承祚陈列馆，定期在馆内开展书法教学，举办书法比赛等。通过这些民俗活动，让广大群众在参观学习过程中了解中国传统文化，了解家国发展历史，提升市民的道德素质，极大地增强了民俗文化的感染力。这两年，我区在创建广东省公共文化服务示范区工作中，开展重点文化室资源整合试点，推进基层文化室资源共享，完善基层文化室的各项功能，将基层文化室打造成综合性的文化服务中心。其中多个文化服务中心设立在祠堂里，进一步拓展了祠堂政策宣传、文化娱乐、体育健身、国民教育、农技推广、养老康复、便民服务等综合性的文化中心功能。

（四）发挥祠堂治理功能，助力全区大平安格局。

多年来，我区十分注重发挥宗氏祠堂在调解重大矛盾纠纷中的重要作用。特别在社会转型、体制转轨的新形势下，矛盾纠纷多发成为新常态，祠堂在社会治理中的作用日益凸显。祠堂活动"掌舵人"声望高，号召力强，是农村平安志愿者队伍的骨干力量。2015年，我区综治办出台了《花都区打造群防群治工作新常态促进社会管理新发展的实施方案》，提出要发动5万人的平安志愿者，建成专职联防队伍、村居平安志愿队伍等10支平安志愿者队伍。截止目前，已成功发动起3.7万人的平安志愿者，并制作下发红袖章3.7万个，平安志愿工作手册3.7万本，平安志愿者红帽子2.85万个，营造了良好的群防群治氛围。宗氏祠堂设立的民间机构，其成员作为村居平安志愿力量，已被广泛发动并利用。目前，宗氏祠堂成员作为平安创建宣传员、矛盾纠纷调解员、治安防范信息员、宗室文化讲解员等，广泛活跃在社会治理工作的每一个角落。2015年，区综治委对100名平安志愿者积极分子，进行通报表彰，部分宗氏祠堂成员也在表彰范围之内。下一步，综治办拟加大表彰力度，以奖代补，进一步发挥宗氏祠堂成员在社会治理工作中的作用，使其成为维护社会治安和谐稳定的重要辅助力量。

（五）激活祠堂文化魅力，促进乡村旅游发展。

近年来，我区利用自身优势发展乡村旅游，积极打造"一村一特色，一堂一品牌"，将底蕴特色浓厚的古村落串联起来，激活祠堂文化魅力，建立资源共享机制，打造乡村特色旅游专线，以发展促进保护，用旅游传播传统文化。花都现存规模较大、保存较为完整的古村落有20多个，其中省级以上的古村落10个。近日，我区塱头村和洛场村入选10个广州乡村旅游示范点。炭步镇是花都现存古村落最为集中的镇，其中塱头村2012年入选广东省最美古村落30强，2013年被列为第二批中国古村落，2014年入选中国历史文化名村，炭步镇也被列为广东省古村落文化保护基地。塱头村打造"古村落文化名片"为我区乡村旅游发展提供了宝贵的经验。一是结合美丽乡村建设，重点完善古村落的道路交通、水电、环卫等基础配套设施。二是以创建A级景区为抓手，高标准配套了游客服务中心、停车场、标识牌等旅游服务设施，并于2013年成功创建国家3A级旅游景区。三是项目带动提升，依靠市场和社会力量，引入国学培训机构明伦书院，把破旧闲置的古建筑打造成书画院、茶馆、沉香茶道等文化产业，赋予了古建筑新的功能。四是打造旅游品牌。先后举办了5届芋头文化节、古村落旅游文化节，3届荷花节和1次省级摄影大赛活动，还举办了海内外楹联大奖赛、炭步芋头与养生论坛和"芋头王拍卖"等多项文化活动。

二、存在的问题

我区祠堂文化保护与传承中存在的问题，不是一朝一夕形成，而是历经近几十年的积累与发展而日渐加重的。当前存在的主要问题是：

（一）宗祠数量快速减少。

随着近十几年来城乡一体化建设的深入推进，一个个村落尤其是传统古村落正在逐步被改造,宗族的象征宗祠也急剧减少。花都现有记载的建于明代的宗祠不超过十座。花东镇水口营村是有名的"末代探花村",清朝最后一个探花郎、著名学者、书法家商衍鎏就有一座"商氏宗祠",当年建筑精美、气势恢宏,门前耸立着三对探花、进士旗杆夹,但现在年久失修,只剩下残垣断瓦,杂草丛生,令人十分惋惜。这些宗祠的减少,伴随的是春秋大祭、开办私塾、宗族议事等家族民俗活动无地可办的局面。部分宗祠虽然拆后重建,但新宗祠对当地村民的道德教化、礼仪培养、文化熏陶等效果已大打折扣。

(二)宗祠风格在修缮中受到破坏。

目前我区常见的宗祠大多是近代在原址重建或修缮的。随着经济的发展和社会思想的多元与开放,村民的宗亲意识开始加强,在财力和政策允许的条件下,不少村民对本家族原有祠堂进行修缮。修缮祠堂本来是好事,但一些地方修缮时没有遵守文物保护原则,也没有聘请专业指导,以致一些新修的石雕、木雕、彩绘等工艺显得粗糙,还有很多原来色彩鲜艳的壁画、雕刻没有保存下来,出现了以墙砖、地砖、不锈钢等现代建筑风格和痕迹,让原有的古宗祠少了一份民俗文化积淀的韵味,失去了传统意义的历史价值和文化特色。

(三)宗祠历史记载日渐湮灭。

由于一些宗祠的历史少有文字记载,大多口口相传,随着知情老人相继离世,现在的居民离当年的历史已是渐行渐远。南宋末年,黄仕明为避战乱,带独子黄朝俸从珠玑巷南迁至炭步塱头立村,其过程曲折有趣,丰富多彩。十四祖黄皞刚正不阿、勤政为民的事迹也广为传颂。然而,这些故事现在的年轻人已知之甚少。改革开放以来,相当部分的村民外出打工,年轻人进城,生活多元化,村中的历史出现断层。2015年底,花都区文明办在打造塱头村的文化祠堂时,在收集乡贤的人物、故事、图片中,发现对该村历史熟悉的人所剩无几,知道历史的也只限于立村传说、奉旨放木鹅等少数的故事、人物,而大量的民俗、历史已经湮灭,无人知晓。

(四)部分宗祠建筑严重毁损。

我区绝大部分宗祠都在农村,一些小姓宗祠受保护力度不够,年久失修,破旧不堪。部分宗祠长期被闲置或废弃、疏于管理，甚至只剩下断壁残垣。有的宗祠原有家族力量已经式微或家族组织已经解体，无力再组织族人修整。一些宗祠被出租作为办公用房、工厂、宿舍、学校、仓库，被任意破坏。

三、有关建议

我局作为文物保护工作的主管部门，做好祠堂文化的保护与传承工作责无旁贷。我们一定认真履行职责，不断解决祠堂文化保护与传承工作中存在的种种问题，进一步发挥祠堂文化在花都建设中的积极作用，让全区人民放心。同时，我们在工作实践中也遇到一些需要协调有关部门和单位才能解决的矛盾。为此，我们提出如下建议：

（一）建议加大对基础文物、博物人才的培养支持力度。

文物工作牵涉范围广、涉及专业多，不仅需要熟悉历史、博物馆等方面的研究型人才，也需要精通法律、管理等方面的管理型人才。近年来，我区根据人才需要招录了一批知识性、专业性较强的文博人才，同时通过定期不定期组织相关人员参加培训以及引入有效的激励措施，对基层文物保护工作突出的人员实施奖励，促进了工作的有效性。但基础文物、文博人才的培养还相对薄弱，建议区政府加大对文博人才培养的支持力度，加大对文博机构、乡镇文化站等相关人员的专业知识和技能、文物保护常识以及文物保护相关法律法规的培训力度。

（二）建议加大对文物维护专项资金的配套支持。

从2008年开始，文物维护专项经费纳入区财政预算，为区内文物建筑尤其是祠堂类文物建筑的保护工作提供了必要的资金保障。但近年来，专项经费逐年减少。2016年，我区文物保护专项资金仅有约110万元。目前，全区登记各级不可移动文物共有554处，部分不可移动文物整体保存情况不容乐观。随着不可移动文物保护管理责任人保护文物意识的不断增强，不可移动文物修缮经费资助申请逐年增加，但由于该项经费不足，我局只能按照文物本体价值及"轻重缓急"的原则对部分急需修缮的文物点进行鼓励性资助，并逐年对部分破损文物进行修缮、保养，部分不可移动文物尚未得到及时的修缮保护。根据广州市相关文件，区承担文物保护资金每年不少于500万元。我区每年文物保护专项资金与此尚有很大距离,希望区政府能加大对文物专项资金方面的支持力度。

(三)建议重新明确花都区文物保护管理委员会及其成员单位。

花都区文物保护管理委员会于1994年成立,《关于成立花都市文物管理委员会的通知》(花办发〔1994〕18号)明确,成员单位有工商、公安、规划、国土、海关等相关部门,委员会办公室设在区洪秀全纪念馆(区博物馆)。由于历史原因,文物办长期挂靠在洪秀全纪念馆,由洪秀全纪念馆人员兼职办公,多年来文物管理工作权责不明。2015年底,我局成立了文物科,设立了相应的文物行政管理机构,承担相应的文物保护和管理职能,但仍缺乏专业行政管理人才。为认真贯彻落实《中华人民共和国文物保护法》、《中华人民共和国文物保护法实施条例》等法律、法规,根据《广州市文物保护规定》第四条的相关要求,当前需重新明确花都文物管理委员会及其成员单位,包括成立的法律依据、拟定成员名单、职责与办公室的设立,均需逐步理顺。

我局在弘扬祠堂文化、文物保护、文化产业开发等方面做了大量工作。特别是近年来,我区以创建广东省文化先进区为目标,实施文化惠民工程,促进文化创新发展,保障群众的基本文化权益,以文化软实力的提升促进全区经济社会发展。新形势下,我们对于祠堂文化的内涵和外延的认识都有所拓展,文物事业也面临新的机遇和挑战。我们决心通过资源整合,紧紧围绕"保护为主,抢救第一,合理利用,加强管理"的工作方针,努力开创文物保护新局面!

专次函复。

附录3：2016年度花都区政协重点提案视察简报

在不断开拓中赋予祠堂文化新的内涵

2016年6月28日，区政协学文委组织第一、二、十小组部分委员，花都区祠堂文化研究会部分专家共30多人，在区政协徐兆东、全泰源副主席的带领下，就《关于重视祠堂在弘扬传统文化中作用的提案》的办理落实情况，到花都区资政大夫祠进行视察座谈。

主办单位区文广新局、协办单位区城市更新局就提案的办理情况分别向委员们作了汇报。

据了解，我区现有坛庙祠堂306座，其中广州市花都区登记文物保护单位279座，广东省文物保护单位13座，广州市文物保护单位9座，广州市登记文物保护单位4座。为做好祠堂文物的保护工作，区文广新局做了大量的工作：一是认真按照程序进行申报，组织文物普查员深入调查，按规定的程序组织专家认证、认定，并及时登记和公布。落实"四有"：有规定保护范围和建设控制地带、有树立保护标志牌、有建立记录档案、有设置保护机构，从而使祠堂更有效地受到相关法律法规的保护；二是做好修缮跟踪工作。去年以来，区政府投入100多万元对文物进行修缮，仅祠堂修缮就投入55万元；三是加强对文物安全的日常监管。2013年我区组建了文物保护监督队伍，最近文广新局又成立了文物科，这些部门的建立，进一步落实了文物监管的长效机制，实现了古村落文物完好率达到95%以上的目标。

我区虽然对祠堂保护做了很多工作，取得了成绩，但对祠堂文化的保护和利用仍然存在宗祠数量快速减少，部分宗祠在重修中破坏了原有的风格，宗祠历史日渐湮灭，宗祠建筑的毁损伴随着传统建筑技艺的失传等问题。为此，政协委员及专家提出了如下建议：

1、加大对祠堂保护资金的投入。很多祠堂因为年久失修失去往日的风采，修缮投入的资金较大，资金的来源有两个渠道。一是政府的投入。在祠堂修缮中财政资金占的比重还是比较大的，关键是政府要重视，要看到效果。二是从民间筹集。一些村的祠堂修缮保护得好，资金主要来自民间，动员乡村的民众出资维护。

2、挖掘祠堂特色，拓展内涵，避免千祠一面。花都有300多座祠堂，每一座祠堂记载的是一个家族或一条村的迁移、创业等史实，乡村文化、家文化、孝道文化都离不开祠堂这个载体，根据每一个祠堂的特色、典故建立与众不同的建筑，可改变千祠一面的状况，在祠堂铭刻一个家族，一条村的变迁史，让后人了解祖先，外地人了解本地历史。

3、藉城市更新的契机，对祠堂实行迁建保护。农村城镇化。城中村改造等导致祠堂面临巨大的生存压力，在自然和人为的改造破坏下，祠堂逐步消失，乡土文化趋于式微。因此，在城市更新中，应把祠堂保护考虑在内，合理规划，迁建或新建一批祠堂，给离开祖居地的村民留一个心灵的归宿。

4、利用、活化现有的祠堂，对现有的祠堂实行应用保护。祠堂保护主要有生活、旅游、议事厅、讲堂等用途，可以参考一些地方的做法。一是打造成街区或会所，由商家投资，按照"修旧如旧"进行修复，作为会所加以保护，对连片的古村落和祠堂打造成街区，让人们在日常生活、休闲娱乐中感受历史文化；二是实施应用型保护，在部分祠堂设置道德讲堂，使之成为农村群众性精神文明建设和先进文化思想传播的重要阵地，青少年爱国主义教育的基地；三是绘制花都祠堂旅游地图，介绍各祠堂和沿途美食，农村特产，将这些有浓厚底蕴的文化点串联起来，突出花都农村特色，宣传花都，推动乡村旅游；四是由花都祠堂文化研究会牵头，联合各姓氏宗亲会，发掘乡土文化特色，传承推广良好的民俗民风，使祠堂成为政府连接农村群众的桥梁。

5、祠堂文化走进校园。文化的传承要从年轻一代开始，深度挖掘祠堂文化，让青少年了解祠堂本身的物质和非物质文化内涵，使祠堂、祠堂文化得到好的传承。

全泰源副主席最后作了总结发言，高度认同职能部门所采取的措施，也肯定了与会者发言的相关内容。他强调说：近年来国内外的各种媒体，存在一些负面的文化资讯，它们否定了历史，割裂了传统，混淆了是非，制造了内部矛盾，转移了事件焦点。面对敌对国家邪恶势力疯狂的文化殖民，必须要有人站出来说话，说些正面的、实事求是的、带有正能量的话，以引起大家的注意，从而真真正正地坚持道路自信、理论自信、制度自信和文化自信。这就是写该提案的初衷。可以说，这个提案是带着一个的公民历史使命感、责任感和家国情怀去写的。

正如新加坡知名政治学者郑永年曾评论说，今天的中国，一些人"既不了解西方，更不了解中国，就是拿着一些工具性的东西在那嚷"。要使中国不成为文化的流浪儿、精神的乞食者，必须唤醒中国文化中的优秀传统文化基因，同时又赋予其现代化的灵魂。所以，习近平总书记要求要"让收藏在禁宫里的文物、陈列在广阔大地上的遗产、书写在古籍里的文字都活起来"，并在2015年春节团拜会上说，家庭是社会的基本细胞，是人生的第一所学校。不论时代发生多大变化，不论生活格局发生多大变化，都要重视家庭建设，注重家庭、注重家教、注重家风。习近平总书记在这个全球华人最重要的传统佳节前讲这番话，"把每个人的'小家'提到和国家、天下同等重要的地位"，是建立"健康而强大的价值观"的勉励性信号。

祠堂文化虽然立足于姓氏根基，发展同姓为一宗，但是，天下百姓，寻根谒祖，又都是炎黄子孙，它一头连着百姓，一头延展到民族和国家。它倡导仁爱和合，排斥、拒绝民族矛盾和宗教之争，增进中华民族的认同感和凝聚力，倡导自强敬业，富涵革新求索，战胜危难、共同振兴的民族精神。习近平总书记曾举出了可以古为今用的15种优秀古代思想：包括天人合一、知行合一、以民为本、以德立人、清廉从政、勤勉奉公、求同存异、居安思危等等。这15种可以古为今用的优秀古代思想，在祠堂文化中，都能全面而透彻的体现出来。可以说，祠堂文化是我们民族优秀传统文化的独特部份，对于我们国家的统一和谐，民族的繁衍昌盛和华夏文明历千年而不断，都可以起到了积极的助推作用。特别是在当今西方势力力图西化、分化和殖民化，思想文化呈现多元的情况下，祠堂文化更显现它是一支化解社会矛盾，促进基层稳定，抵御西化侵害，守护民族优秀传统的坚强力量。所以，别看我们这些分布在山村里的小小祠堂，它所具有文化特质和功能如此之重要，它是老祖宗留给我们的好东西，而且世界上唯我独有。我们不要小视它。以小见大，高屋建瓴，才会体会其重大意义之所在。

当然，当代祠堂文化要对旧祠堂文化进行科学合理的扬弃。它已不是完全意义上的传统宗族祭祖场所，也不再是宗族内部的司法场所，它主要是保留了追思祖先的精神依托，成为村落中的公共空间。宗族祠堂等旧形式，在当代更多地作为文化形态保存下来。所以，祠堂文化要与时俱进，不照搬过去老套，也不再版翻新，而是能在接续中开拓，不断赋予新时期文化思想。通过深入挖掘传统文化中的精华部分，与时代特色结合，借助现代化的传播手段，让优秀传统文化在民众心里落地生根，民族复兴才有文化的坚实支撑。

如何弘扬祠堂文化？在思想上有正确导向，在行动上有正确规范；在措施上要顺应形势和社会经济发展的要求，增强民本思想和大局意识。具体要做到"三要"和"三戒"：一要祭祀祖宗，不忘祖德，团结宗亲；二要继承优秀传统，创新时代特色，以构建美德环境、和谐社会为引领；三要脚踏实地，真抓实干，为宗亲、为社会作贡献；三戒是：一戒利用祠堂活动，聚众干涉当地政事和做影响安定团结的事；二戒造成宗族异姓之间矛盾隔阂和群众纠纷，以大压小，以强凌弱；三戒祠堂成为聚众赌博等活动场所。

世事维艰，有文则兴。祠堂是一块社会文化阵地，特别需要强调党和政府的领导。我们祠堂建设的一切积极因素都要聚集到为实现国家富强、民族复兴"中国梦"的旗帜下，把祠堂建设提高到一个新水平，走向新的成功。

后 记

经过两年多时间的筹划和写作,《花都祠堂风韵》(上下卷)终于要与广大读者见面了。这是花都建县三百年来一部较全面、系统、厚重地宣传花都祠堂文化的著作。本书以图文并茂的形式,介绍了花都一百多座历史悠久、底蕴深厚的祠堂,它的可读性、史料性、前瞻性以及对于未来的价值性可以大体了然。

传统文化大多遗存在有历史的村镇古建筑中,它是无言的历史,只有深入挖掘才能取其精华,推陈出新,古为今用。作为民间保存下来的古建筑,花都祠堂留给后人的是弥足珍贵的史料和历久弥新的文化研究价值。它与花都人的社会生活息息相关。研究花都家族的迁徙、繁衍以及古建筑文化,最好的标本非祠堂莫属。鉴于此,花都祠堂文化研究会中40多名会员对我区现存的古祠堂进行了调查、撰写和拍摄、考证工作。他们走进古村落,走进古祠堂,走进那些白发苍苍的老人中间,尽最大的努力,用文字和图片描述曾经的那一段历史。

康熙二十五年(1686)花都建县,虽然只有300多年的历史,但它绝大部分时间属广州管辖,历史悠久,文化底蕴丰厚,它与中华民族的命运始终是联系在一起的。祠堂作为一个醒目的历史符号,在道德教育、文化传承、历史记录、社会良好风气营造方面有着不可估量的作用。祠堂文化包括了姓氏文化、家风家训、村史村情、先贤故事、乡风民俗、诗词楹联等,宗祠文化尤其是民俗文化的传承,更多是靠民间团体来实现。于是,有的放矢地整理祠堂资料、传承宗祠文化便成为我们祠堂文化研究工作者的责任和使命。

我们在采访中发现,花都祠堂历经沧桑,源远流长。这里不光有太平天国领袖洪秀全的宗祠，也有清代后期"八大名臣"骆秉章的家庙；既有甲午海战著名海军将领汤廷光、近代艺术大家白玉堂等青史留名的人物，更有寻常百姓的喜怒哀乐和爱恨情仇。除此之外，千百年来，花都老百姓在这块土地上演绎的各种生活大戏也是丰富多彩。如塱头村黄皞"公孙八科甲；父子两乡贤"的诗礼传家令人肃然起敬；炭步镇环山村与秀全街岐山村的600年姻亲故事让人泪流满面；三东村邓氏祖先勤奋创业言而有信的美德使人久久难忘；罗洞村华南农业大学卢永根院士捐800多万设"奖教助学基金会"令人击节赞叹，等等。让这些鲜为人知的故事浮出水面，一方面可以使花都的地方文化遗产得到系统的发掘和整理，一方面又可以使这些姓氏后人永远铭记祖宗和族人的业绩和仁德，并激励他们继续前行！

本书有一定的篇幅是对各祠堂的形态和结构的说明，这些对祠堂细节的描述，即使将来祠堂不复存在，也能依据文字进行复原。

本书尽可能忠于历史真实，记录具体客观，同时注重突出正面，突出特色，突出亮点。对事件或人物的记述，深入浅出，通俗易懂。在本书中，我们对各祠堂现状，各姓氏溯源以及记载的，或流传的迁徙原因等情况都作了叙述；各个祠堂的不同特点特色，姓氏中杰出人物及其流传故事，特别是与国运相关的事件在书中都有具体体现；相关民间传说传奇、民间工艺以及民风民俗更是蔚为大观，精彩纷呈。为了让广大读者对祠堂文化有更多的了解，我们通过民间收集、网上查找资料，列出200个与祠堂相关的建筑、物器、习俗等专用名词和称谓，对普及祠堂文化知识大有益处。

此书在采编过程中，为了挖掘蕴藏在民间最为鲜活的村志事件，作者群深度锲入原住民的生活，在村里进行现场采集，反复比较核对，确保记述尽量还原村志事件本来模样。使用材料尽量以公开出版的文献、族谱为准，不清晰的地方由专家审定。

不过，需要说明的是，《花都祠堂风韵》（上下卷）不能等同于与史志书籍，在体例和体裁上也不尽相同。首先，这本书是由花都一批文学爱好者和民间文化爱好者撰稿，同样是记录各祠堂所处的地理位置、姓氏及迁徙，氏族中杰出人物及其故事、传说和民俗，但他们的写作手法偏重于文学的笔调，虽然可读性较强，但在史料性方面略有欠缺。它只是尽量尊重历史的花都民间传闻轶事，或可称地方、家族记事，作为正史的补充和佐证。其次是作者了解花都祠堂情况有限，尽管强调要客观记录、评价历史事件和人物，但有些族谱有误，文章缺乏文献佐证而显得力度不足。三是很多素材来自村民

后记

口述和传言。由于年代久远，讲述人口述历史不够清晰，或者出于显耀宗族辉煌的心理，或移花接木，或张冠李戴，或牵强附会。一些讲述，在长期的流传过程中，很可能发生了变化，有些传说未免失真。尽管如此，本书仍然具有其独特的文史价值，很多内容都是第一次挖掘出来。对于同一事件的不同说法，将由后人考证和评说。

我们要感谢前人的付出，在写作中，参考了《花县志》《花都市志》《广州市文物普查汇编·花都区卷》《花都文史》以及各姓氏族谱等多种文献文史资料，正是借助于这些书籍和资料，在前人已经付出的基础上，《花都祠堂风韵》（上下卷）才能如此顺利出版。特别是得到了花都民间文艺方面的资深专家、86岁高龄的陈棣生老师的关心指导，在此深表感谢。

我们要感谢这些祠堂历史的讲述者。他们大都是八九十岁的老人，有的甚至是期颐之年，为了让我们写好祠堂，他们努力回忆当年的一事一物，全力以赴，全情投入，很令人感动。

我们要感谢全体作者和摄影者的努力。他们不辞辛劳，牺牲了无数个节假日、双休日，自贴交通费、伙食费，深入村落调查采风，获取第一手资料；回来后还要查阅史料，认真地撰稿、改稿，力求精益求精，使每一篇作品都得到族人签字认可。

我们要衷心感谢本书的合编单位花都区政协，"佐历史之证，补历史之缺，匡历史之误"是政协文史的独特功能，亲历、亲见、亲闻，是文史资料收集的渠道，多方式、多角度、宽领域，面向社会广泛征集各类文史资料，并允许多说并存是文史收集的原则。他们不仅在本书的论证、立项、编撰、出版及资金安排上做了大量的工作，而且还将"如何重视发挥祠堂在弘扬传统文化中的作用"列入了政协重点提案予以专项调研和视察，为本书的形成起到不可替代的作用。

本书的出版，还得到了花都区委宣传部、区文广新局、区文联等上级部门的大力支持，以及各部门的关心和帮助。

本书共收集花都祠堂文章88篇，涉及祠堂100余座，70多万字。除本书所写的祠堂外，还有一些祠堂因多种原因暂未能收录，我们的目标是将花都大部分登记在册、有文化历史底蕴的祠堂用较详细的文字记录下来，挖掘其丰富的内涵和价值，给后人留下一批宝贵的文化遗产。阅读本书不仅有助于加深对花都祠堂的建筑格局、历史传承和文化功能的认识，更可以了解到不同时期的花都地方先贤先哲的故事传说。我们希望这部具有浓郁的本土文化特色的书籍，能激发人们对传统文化遗产的热爱和对家乡的感情，使更多的人从中获得姓氏认同感和归属感。

  作为主编，本书的出版让我既兴奋又忐忑。兴奋的是，辛勤的汗水终于换来丰硕的成果；不安的是，由于祠堂文化浩如烟海，博大精深，而作者又非文史专业出身，水平参差不齐，加上时间有限，难免会出现错漏和缺失之处。在此，恳请广大读者指正。

广州市花都祠堂文化研究会会长：邓静宜

2016年12月

花都各祠堂姓氏宗亲主要讲述人

徐宝权	徐广烟	徐广平	徐永路	徐健湖	常绍芬	钟伯涛	钟桂潮	钟钜帮	钟维铰
刘兆权	杜志成	洪国华	毕沛焰	林锡泰	黄贤甫	朱伯辉	姚绍祯	姚海生	姚密营
姚焕军	杨权正	杨路昌	杨成显	杨广卫	梁礼法	梁国平	梁家如	梁用芬	曾广洪
曾广怀	邓创铁	邓创格	邓创洛	邓创郡	邓光宝	邓守枧	邓成豪	张渐龄	李春棠
张广桥	梁可权	毕伟豪	麦志明	钟其方	严宗嘉	刘耀年	刘伟镜	刘培灿	梁云伙
梁宜信	危日文	陈棣生	利霖平	黄彩容	江志新	江锦州	江永海	邝作操	王均锦
王仲伯	卢建峰	卢日启	熊永钳	卢永锋	卢岳流	卢云忠	梁联辉	胡瑞民	曾志光
庚玉昆	王栋财	张方敏	潘国强	谢伟峰	王汝冠	刘远伟	商志深	高金潮	江志均
骆鼎	黄振华	谭伦祥	谭潮基	李华远	徐海昌	许志文	汤景林	罗权光	罗启良
罗宏绍	龚锦亨	龚英良	龚锦棠	龚冠衡	张文祖	骆洲洪	骆添华	钟景飞	任广荣
任永祥	任保垣	宋建和	麦湛声	夏耀兴	周恭杭	骆国希	任潢荣	吴记明	邝锐星
黎润祥	朱建明	赖炳章	赖伟河	任炽棠	钟汝成	范伟南	范锡权	范天培	陈谨词
陈达崧	陈化文	宋炳峰	冯玉云	冯云峰	朱灼葵	（排名不分先后）			

还有少数未在名单之列的人员，在此一并感谢。

花萼相辉

上集

广州市文物考古研究院 广东省文物考古研究所 编
华南理工大学建筑学院

主编 冯永驱
副主编 石浩斌 朱海仁

花城出版社

图书在版编目（CIP）数据

花埭间香风卷. 上卷 / 邓辉宾主主编; 广州市花埭间香文化研究会, 花埭区地方志办公室习委员会编. —广州: 华南理工大学出版社, 2016.12

（花埭间香文化丛书）

ISBN 978-7-5623-5136-8

Ⅰ. ①花… Ⅱ. ①邓… Ⅲ. ①花卉—广州 Ⅳ. ①K928.75

中国版本图书馆 CIP 数据核字（2016）第309023号

花埭间香风卷（上卷）
Huadu Citang Fengyun（Shang Juan）

邓辉宾 主编

出版人: 卢家明

出版发行: 华南理工大学出版社
（广州五山华南理工大学17号楼, 邮编510640）
http://www.scutpress.com.cn   E-mail: scutcl3@scut.edu.cn
营销部电话: 020-87113487   87111048（传真）

策划编辑: 刘月花
责任编辑: 刘月花
印 刷 者: 广州市彩信印务有限公司
开　　本: 787 mm×960 mm 1/16 印张: 43.75 字数: 666千
版　　次: 2016年12月第1版   2016年12月第1次印刷
定　　价: 380.00元（上下卷）

版权所有　盗版必究   印装差错   负责调换

《花都祠堂风韵》编委会

领导小组	郭共添　陈家飞　邹　璇　汤浩昌　徐兆东
	全泰源　李君民　龙　敏　骆权灯　冯钰梅
	张佐明　曾永汉
顾　　问	陈棣生　胡力平
主　　编	邓静宜
副 主 编	卢福汉　刘兆江　刘　浪
摄　　影	刘兆江　关振伦
编　　委	谭晓瑜　胡文汉　倪西赟　张　仪　江　毅　郭利群
	江永强　罗祥林　龚越洪　徐文锦　陆志丹　钟伟彬
资　　料	雷亚梅　郭婉勋　余鸿浩
封面题字	李卓祺

序

  珠江三角洲地区诸村落聚族而居，血缘凝聚力量强大，慎终追远，育家族英才，祠堂、族谱、公尝、书院、山场体系完整。传统社会，各家族广置田产作为义田族田，其收益用于家族公共事务，无论春秋祭祀，还是抚恤族中鳏寡孤独，或者资助族人考取功名，都能够从族产中得到襄助与支持。祠堂，是一个家族的公共空间，它与族谱、祖墓、族产等一起，共同构成了凝聚家族力量的象征符号。在传统社会，对于维持地方社会的正常运转，发挥了重要的作用，具有不可替代的功能。

  祠堂的建构，与珠三角地区的族群来源以及明代以来国家制度的变迁有很大关系。据族谱记载与民间口耳相传，宋、元时期，中原人两次大规模南迁。一次在北宋末、南宋初，因避战乱，越过大庾岭至南雄寄寓；一次在宋末元初，他们的子孙后代，从南雄南下珠江流域一带。民间传说其祖先多在南宋时自中原南下，经南雄珠玑巷，最后落脚于珠江三角洲地区。经学者研究，明代中叶以后，随着珠江三角洲开发的加速，这一地区日益增多的新兴家族在沙田开发等方面的争夺日趋加剧，这些新兴的家族也越来越热衷于编造家族历史和谱系。珠江三角洲的许多家族，都声称是在南宋末年（一说北宋末南宋初），因胡妃（一说苏妃）潜逃出宫一事受到牵连，由南雄珠玑巷逃难迁到珠江三角洲定居的。①

  如果我们将族谱中的传说建构看作民众的历史记忆和宗族实践，它所代表的不是历史真实，而是情感真实，那么，我们就可以从历史真实与否的困扰中摆脱出来，充分理解明中叶以来珠江三角洲地区不同家族共同建构的珠玑巷传说。这一传说中蕴含的历史与结构关系，屈大均先生早有洞察，他指出珠玑巷只是中原迁粤人员寄托思念故乡的符号。

  吾广故家望族，其先人多从南雄珠玑巷而来。盖祥符有珠玑巷。宋南渡时诸朝臣从驾入岭，至止南雄，不忘枌榆所自，亦号其地为珠玑巷，如汉之新丰，以志故乡之思也。②

  这一传说的实质在于，明中叶以来，珠江三角洲地区的不同家族通过讲述一个共同的族源传说，以建构岭南边陲与华夏中原的谱系脉络，共同塑造珠江三角洲地区不同家族的集体记忆。从珠玑巷南迁的传说作为一个叙述框架，持续地限定、约束珠江三角洲地区人们关于

---

① 刘志伟：《祖先谱系的重构及其意义——珠江三角洲一个宗族的个案分析》，载《中国社会经济史研究》，1992年第4期。
② 屈大均：《广东新语》（上），中华书局1985年版，第49页。

祖先来源的记忆，而这一历史叙述的结构，则是反复地叙说、强化岭南边陲与华夏中原的渊源关系。

与民间传说相对应的，有其相关的社会制度背景。明嘉靖年间，随着官方改革家庙及祭祖制度，特别是允许庶民祭祀始祖，广府地区以此为契机普及宗祠，引发了祠堂建设的第一次高潮。此后，历朝历代，一直到民国年间，民间的祠堂代有建构。祠堂祭祀始祖的祭祀制度，需要有相关的历史谱系证明其祭祀的合法性。民间广为传颂的历史传说，也就是为社会制度的实践提供了神话的论证。虽然在20世纪50年代至80年代初期，祠堂的建造几乎停顿，但自20世纪90年代以来，中国南方地区又开始了持续不断的家族造谱、姓氏联修族谱、重建祠堂的活动。民间传说便为不断建筑祠堂等宗族运动提供了历史依据。

中华人民共和国成立以来，随着社会制度的变迁，宗族在地方社会中的功能与作用减弱。改革开放以后，国家的政策重新焕发了民间社会的力量。珠江三角洲一带率先通过家族联谊的方式，吸引港澳台地区居民回乡投资办厂、捐资助学，为珠江三角洲地区的经济腾飞和社会发展做出了重要贡献。家族，作为凝聚海内外华人的血缘纽带，在新时期的经济社会发展中，成为国家力量的重要补充。在这一过程中，祠堂的象征符号功能逐渐强化，家族成员都热衷于出资维护或者重建家族的祠堂。

近年来，随着大量乡村人口离乡离土，进入城市工作或定居，乡村逐渐空心化。许多村落家族的祠堂由于年久失修，濒于破败，与许多古村落一样，逐渐萧条冷清。所幸的是，随着人们生活水平的提高，以及对于传统文化重要性的认识不断加强，越来越多的人开始关注古村落的建筑以及传统生活方式的保护与传承，以此寄托他们的乡愁与怀念。在这一过程中，毫不讳言地说，不少人投身到古村落的保护当中，其目的不在于保护，而更多的是想借古村落赚钱。现在，花都祠堂文化研究会的这批热心人士，在这个功利和浮躁的时代，踏踏实实地从了解古村落、认识古村落、理解古村落开始，充分发掘古村落的社会、历史、文化、美学以及建筑价值；从最基本的资料积累做起，期望能够为古村落的保护提供有益的参考。窃以为，他们的努力，比那些不了解历史，盲目进行古村落开发的行为，更具有价值。我希望从这本祠堂文集开始，能够看到他们将理论和认知化为实际的操作，为花都古村落的保护、活化，做出他们应有的贡献。

刘晓春
广东省民间文艺家协会副主席
中山大学中国非物质文化遗产研究中心教授
2016年9月30日

目 录

■ 综 述

1/ 今天，我们怎样守望乡愁
　　　　——花都祠堂调查综述 ················· 邓静宜

■ 新华街

10/ 万千气象第一祠
　　　　——三华村资政大夫祠建筑群印象 ················· 卢福汉

18/ 探百年古祠　话徐氏脉源
　　　　——三华村徐氏诸祠堂侧记 ················· 黄永奎

25/ 古村古建品古韵
　　　　——三华村次华徐公祠掠影 ················· 黄烈荣

31/ 大唐边繁衍六百年
　　　　——记新华村厚之徐公祠 ················· 邓静宜

39/ 曾氏兄弟　花都兴业
　　　　——记莲塘村曾氏和曾氏祠堂 ················· 罗　马

44/ 百年沧桑话常氏
　　　　——记大陵村常氏大宗祠 ················· 常国煊

51/ 开枝散叶　自成一族
　　　　——记钟村钟氏祠堂 ················· 郭利群　钟桂潮

57/ 繁华街市藏古风
　　　　——田美村刘氏宗祠初探 ················· 刘武松

66/ 忠孝为宝　经史为田
　　　　——探访田美村杜氏宗祠 ················· 袁　野

■ 秀全街

74/ 孕育了天王的宗祠
　　　——记大㙟村官禄㙟洪氏宗祠 ······ 孔坤明　雷慕辉

84/ 花县一支"毕"
　　　——毕氏大宗祠和毕氏传说 ······ 郭利群　曾文娟

93/ 九里十庄话毕村
　　　——记毕村和毕氏文化 ······ 毕应胜

102/ 寻觅宗祠承载的家国情怀
　　　——马溪村林氏宗祠探究 ······ 林锡泰　邓浩雯　曾文娟

112/ 走进黄氏家族的时光机
　　　——岐山村黄氏宗祠探究 ······ 曾文娟　黄棣光　邓浩雯

119/ 新农村里长出的祠堂
　　　——探访朱村朱氏大宗祠 ······ 郭利群

126/ 人心是最好的风水
　　　——记马溪村姚氏诸祠堂 ······ 倪西赟　邓浩雯

■ 花城街

136/ 花都中轴线上的"望族"
　　　——罗洞村卢氏及祠堂略考 ······ 卢福汉

145/ 人文深厚"瑞鳣堂"
　　　——杨屋村杨氏大宗祠初探 ······ 冯书玉

153/ 梁氏好汉一条心
　　　——记三东村梁氏大宗祠 ······ 文丽俊　陆志丹

158/ 一半是繁华　一半是沧桑
　　　——记小东圃村邓氏古祠 ······ 邓静宜

167/ 乡风民俗说曾氏
　　　——记石岗村曾氏宗祠 ······ 曾昭财

■ 新雅街

174/ "天国运动"的发端地
　　——记莲花塘村汉生李公祠 …………………… 黄烈荣

179/ 南迁的张氏之后
　　——三向村联英张公祠侧记 …………………… 马　莉

185/ 南阳庄的红色记忆
　　——记清㘵村南阳庄张氏宗祠 ………………… 钱春华

190/ 古韵与秀美兼备的古建筑
　　——记邝家庄陈氏宗祠 ………………………… 胡　国

■ 狮岭镇

198/ 天国风云起云山
　　——寻找隐于城中村的南王祖祠 ……………… 卢福汉

207/ 讲述义山的往事
　　——记义山村钟氏宗祠 ………………………… 郭利群

216/ 紫石岗的演变
　　——探访合成村毕氏宗祠 ……………………… 黄月华

223/ 写满传奇的麦氏家族
　　——记联星村麦氏宗祠 ………………………… 黄月华

229/ 黎村的"谏官之后"
　　——记中心村静轩宋公祠 ……………………… 邓静宜

■ 花山镇

236/ 东边一条"江"
　　——小㘵村江氏大宗祠初考 …………………… 江永强

244/ 江氏源长故事多
　　——东华村仰山江公祠记 ……………………… 吕麒麟

250/ 侨乡古祠展新姿
　　——洛场村濯斯江公祠重生记 …………………………………… 谭晓瑜

257/ 尊师重教的平山"刘"
　　——记平山村刘氏大宗祠 ……………………………………… 刘武松

263/ 良好家风代代传
　　——平西村万青刘公祠探秘 …………………………………… 刘武松

269/ 革命英烈　刘氏双雄
　　——记两龙村秀林刘公祠 ……………………………………… 刘武松

275/ 百年宗祠论古今
　　——记和郁村王氏大宗祠 ……………………………………… 徐文锦

282/ 从知行农民学校到"空心"祠堂
　　——东湖村王氏宗祠的变迁 ………………………… 徐文锦　袁文婷

287/ 这座祠堂不寻常
　　——记永明村税恩严公祠 ……………………………………… 侯丽佳

293/ 钟灵毓秀　名人辈出
　　——记花都利氏家族 ………………………………… 陈棣生　胡力平

301/ 始祖成谜　传说动人
　　——东湖村梁氏大宗祠探秘 …………………………………… 黄永奎

308/ 别具一格　与众不同
　　——记平山村危氏大宗祠 ……………………………………… 常国煊

315/ "红色农运"的大本营
　　——记元田村卢氏宗祠 ………………………………………… 徐文锦

320/ 文武双全　安民保家
　　——走进东湖村邝氏大宗祠 …………………………………… 邝丽梅

今天，我们怎样守望乡愁

——花都祠堂调查综述

◎邓静宜

2014年10月，习近平总书记在北京主持召开文艺工作座谈会上说："'求木之长者，必固其根本；欲流之远者，必浚其泉源。'中华优秀传统文化是中华民族的精神命脉，是涵养社会主义核心价值观的重要源泉，也是我们在世界文化激荡中站稳脚跟的坚实根基。"中华民族在长期实践中培育和形成了崇仁爱、重民本、守诚信、讲辩证、尚和合、求大同等思想规范，形成了自强不息、敬业乐群、扶正扬善、扶危济困、见义勇为、孝老爱亲等传统美德。这些思想规范和传统美德，不论过去还是现在，都有其永不褪色的价值。

祠堂文化，就是中华民族传统文化的一个重要组成部分，中国历史发展到今天，祠堂文化的起落兴衰与之紧密相随。早期，建造祠堂是皇室的特权，庶民没有资格建。民间祠堂从西汉开始出现，但一直遭到严格禁锢。直到1536年，明嘉靖下诏"许民间皆得联宗立庙"，宗族祠堂忽如雨后春笋，蓬勃而发。到了清中期，珠江三角洲地区经济迅速发展，带动了广东的社会、经济、文化的进步。为规范社会秩序，为光耀门楣，为凝聚宗亲，岭南民间纷纷建祠立庙。处在珠江三角洲北端的花县（今广州市花都区）深受这股风潮的影响，各姓氏祠堂遍地开花。如今，虽然历经几百年的岁月沧桑，这些祠堂多数得到保护和传承，也有小部分已是千疮百孔，断壁残垣，甚至湮灭消失，但任凭世纪交替，荣枯盛衰，祠堂作为一个醒目的历史符号，直接见证了历史更迭，仍然起着不可估量的作用。此乃大规模调研和采访记述花都祠堂文化，编撰本书的初衷。

一、花都祠堂的特点

花都区目前尚存300多座祠堂，它与花都人的社会生活息息相关。民间研究花都人家族的迁徙、繁衍以及古建筑文化，非祠堂莫属。花都祠堂除极少数在市中心外，大部分都分布在城郊或农村188个行政村中，汇聚了毕、徐、黄、江、刘、王、汤、卢等200多个姓氏家族。

■ **祠堂留下了家国兴衰的印记**

花都于康熙二十五年（1686）建县，虽然建县只有300多年，但这块土地有人居住已有2000多年历史，而且它与中华民族的命运始终是联系在一起的。

千百年来，花都这片土地上英雄辈出。远的不说，在中国近代几次巨大变革的风口浪尖上，都有不少花都人的身影，这里影响最大的莫过于将清王朝搅得风雨飘摇的太平天国领袖洪秀全，以及晚清名臣骆秉章。这两位花都老乡，在战场上杀得你死我活，而他们两家的祠堂相隔不到30里。这里还出了清末民初甲午海战著名海军将领汤廷光、民国外交次长朱兆莘、民国陆军少将谭生林、辛亥革命斗士徐维扬、抗日将军宋士台、教育家利寅、艺术大家白玉堂，还有中国共产党领导的农民运动领袖王福三等人物，这些名字在岭南，甚至在中国的发展史上灿若星河，流传青史，他们的根系都来自花都，他们的宗祠就静静地屹立在花都这片土地上。

集之徐公祠看起来毫不起眼，然而它却是中国同盟会广东番花分会旧址。赤坭黄沙塘村干亭朱公祠是近代外交家朱兆莘的祖祠，这里留下了朱桂芳、朱珩、朱兆莘祖孙三代文化名人的遗迹。建于清嘉庆年间的赤坭村三和庄祠堂，因宋廷桢与其子先后考取进士（被称"父子进士"），故该祠堂以"进士第"扬名。日军侵华时期，祠堂作为村里的标志性建筑，多次遭遇过日军飞机轰炸，一些精美的祠堂被炸毁，或者被拆了建炮楼。如赤坭田心村麦氏宗祠的瑞云公厅、瑞英公厅就是在日军侵华期间被炸毁，国仇家恨在祠堂留下了深刻的印记。

■ **祠堂展示了历史社会风貌**

花都区内的祠堂大多建于明清两代，但保存下来的基本上是清代的，建于明代的祠堂不超过十座。每一座祠堂，都记载着始迁祖先的由来、家族艰苦创业的历程，展示了不同时期的政治、经济和社会风貌，具有丰富的人文底蕴，给后人留下了不可多得的史料。

看祠堂的规模，便可知家族之势。清朝同治年间，三华村人徐方正、徐表正深得朝廷赏识，徐方正的祖父徐德魁、父亲徐时显被皇帝封为"资政大夫"，徐表正的父亲徐时亮封为"奉直大夫"。徐方正、徐表正为显耀皇恩浩荡，特建祠纪念，这就是号称"花都第一祠堂"的资政大夫祠建筑群。资政大夫祠建筑群为广州地区最大的带圣旨牌坊的祠堂群，集资政大夫祠、南山书院、亨之徐公祠以及旁系水仙古庙于一体，占地近2万平方米，建设年代比广州著名的陈家祠还要早25年。

在花都，规模最为宏大的当数炭步塱头村祠堂群，它以明清古祠堂群、古书院书室群蜚声海内外。至今保存完整的青砖建筑有近200座，有祠堂、书室、书院、炮楼、门楼共30多处。友兰公祠内还建有接旨亭，这在一般祠堂极为少见，上面记载了明朝正德年间黄皞为官廉洁清正的历史。另有黄氏祖祠、乡贤栎坡公祠、云涯公祠、景徽公祠、渔隐公祠、留耕公祠等祠堂，极大地呈现出当时社会的风貌。

20世纪20年代，花县第一届农民协会在九湖乡王氏大宗祠成立了，掀起一场声势浩大的农民运动，成为全国最早的农民运动中心之一。在彭湃、阮啸仙、王福三等人的领导下，这场运动蓬勃发展，打击了封建势力，支援了广州起义，在中国近代史上留下了浓重的一笔。

■ **祠堂是传承民族优秀道德文化和民俗文化的场所**

祠堂是祭祖活动的重要场所，每逢节庆，人们都不忘从各地赶来拜祭祖先，各姓氏祖先留下来的家风家训更是在后人中广为流传。目前，花都的朱氏祠堂、范氏祠堂依然分别保留着祖先的《朱子家训》、范仲淹的《家训百字铭》等修身治家之道的碑铭。这对鼓励花都姓氏宗亲继承和发扬中华民族以和为贵、敦睦乡谊的中华优秀思想文化，发挥祠堂文化的劝善育人功能，具有十分重要的作用。

■ 祠堂是集各种民间艺术形式之大成

花都祠堂大都是岭南特色的人字山墙或镬耳封火山墙、灰塑龙船脊或灰塑博古脊、花岗岩石脚、三间两进或三进结构的典型清代岭南民间宗祠式建筑。每座祠堂都少不了雕刻、灰塑和壁画，花、鸟、虫、鱼以及人物等嵌砌于祠堂各建筑构件之上，融书院文化、祠堂文化、宗教文化和雕刻艺术为一体，留给后人弥足珍贵的建筑标本和艺术瑰宝，令人叹为观止。

这些祠堂大到整体框架设计，小到门墩、石柱的制作，都十分讲究。木雕、砖雕、石雕、灰塑、壁画等随处可见，门楼砖墙、斗拱、窗框等大多雕刻了人物、飞禽、花草虫鱼等图案，表达了人们祈求喜庆、吉祥的愿望。祠堂幢幢相接，以古朴清幽的巷道相通，既独立又相对统一，在岭南建筑中独树一帜。

二、花都祠堂保护存在的问题

2014年7月，花都祠堂文化研究会正式成立，目前有近百名会员，他们对花都现有的祠堂展开了全面的调查研究。从保护情况来看，大部分祠堂保护得较好，尤其是一些大姓祠堂有专人看守，而少数祠堂因资金、人力等问题，无人看管，出现毁坏情况。纵观这些祠堂，发现存在一些共性问题。

■ 因城市的扩展，祠堂数量日趋减少

随着城市的扩展，土地的征收，新旧改造等城市化运动，拆了很多祠堂。花都原来每条村少则几座，多则十几座祠堂，但现在数量越来越少，这将对传统文化的传承和发展造成损失。祠堂所特有的文化遗存、先贤故事，对市民的道德教化、礼仪培养、文化熏陶等精神文明建设方面起着不可估量的作用。随着祠堂数量的减少，这些作用被削弱了，即使是拆除后重建，其效果也会大打折扣。

■ 异地重建改建修葺，破坏了祠堂原有风格

过去的祠堂，各种工艺，如砖雕、木雕、灰塑等工艺十分精细，建筑材料也很考究，如外墙大多用花岗岩石基、青砖墙，内部多用穿斗、瓜柱，或斗拱与梁架接榫，梁

柱用榫铆相接，重叠有致。厅堂的梁枋、托架、雀替、门窗格扇、橡头抱柱等都刻满了花饰，细腻精致。而今很多重建后的祠堂，石雕、木雕、彩绘显得粗糙呆板，还有很多色彩鲜艳内涵丰富的壁画、雕刻没有保存下来，取而代之的是现代瓷砖贴面。

■ **缺少文字记载，祠堂的历史不完整**

由于一些宗祠的历史少有文字记载，大多口口相传，随着知情老人相继离世，现在的人与当年的历史已是渐行渐远。由于口述不清晰，个别人为了显耀宗族的辉煌，以讹传讹，未免失真。上述现状致使不少历史故事渐渐失传。改革开放以来，相当部分的人外出打工，年轻人进城，生活多元化，村中的历史也出现断层。积极挖掘抢救缺失和现存的宗祠文化是花都政府各级相关部门的一项重要任务。

■ **城镇化发展的速度加快，祠堂损毁严重**

城市化进程的加快，农村更加萧条，花都绝大部分祠堂都在农村，要很好的保护不容易，特别是一些小姓祠堂的保护力度不够。这些祠堂长期无人管理，有些已是残垣断瓦，破旧不堪，任其人为或自然摧残塌毁。一些农村，村民已全部迁到城里居住，整座村子空无一人，祠堂只剩下杂草丛生中的墙根，不用多少年，这些残墙断垣将越来越少直至消失，一旦失去，无论付出多大的代价都难以挽回。还有一些祠堂因年久失修，出现霉烂、蚁蛀、墙面开裂等情况，难以保存。

■ **资金缺乏，祠堂管理难以到位**

全区普查登记在册的不可移动文物550多处，祠堂占了50%以上。近两年，区政府先后拨出文物维修专款，对一些急需维修的文物进行抢救性修葺，但用在修缮祠堂方面的经费少之又少。由于文物法规定，非国有不可移动文物由所有人负责修缮、保养，而祠堂大多为家族共同拥有，所有人为家族群体且资金缺乏，文物专项经费有限，因此只能按照"轻重缓急"的原则对部分急需修缮的文物进行鼓励性资助。政府的三级融资办法，对庞大的祠堂群来说显然是杯水车薪。

位于炭步镇石湖村的汤氏家庙，建于清同治十年（1871），1987年重修。原祠堂建筑体量庞大，广三路，中路深四进，左右各有三进衬祠，现存中路三进，衬祠仅存二进，原接旨亭已毁。在汤氏家庙墓碑合志中记载，祠堂始祖汤观锡和次子汤龙山均为宋中议大夫、长子汤丹山为中宪大夫。汤氏家庙的规模和建筑风格也是花都祠堂极少见的精品，这样一间美轮美奂的祠堂，由于近年来，农村人口大批进城，常住居民急剧减少，祠堂内杂草丛生，呈现一片衰败景象。因乏人看管，祠堂内的一些精美建筑物件时常被人偷窃和损毁，实在令人惋惜。

三、花都祠堂保护的对策与建议

每一座宗祠记载的不仅是一个家族的迁徙史、创业史，更是一部微缩的社会发展史。乡间文化、家族文化、孝道文化，都不能离开祠堂这个载体，我们呼吁各级政府加大对祠堂文化的抢救保护和传承工作，建议如下：

■ 作出总体专项规划

按照轻重缓急、循序渐进的原则，分期分批，与建设新农村的工作相结合进行祠堂文化的抢救保护和传承工作。

■ 将宗祠活动融入新的时代内容

祠堂是维系家族的纽带，是缅怀祖先、族人聚会、沟通宗亲友情、增强族人凝聚力的地方。每年清明节的祭祖活动，一些远离故土的族人，都会在此时回到家乡，祭拜祖先，认祖归宗。将举办庆典、祭祀祖先等事项都在祠堂进行，并且将它仪式化，既能让村民得到文化熏陶，又能物尽其用。

■ 让各文化团体进祠堂活动

将各类文化活动与祠堂文化结合起来。比如摄影家协会可在村祠堂为村民拍摄全家福；书法家、画家可下乡为村民题写春联、作画。文艺团体送戏下乡可将祠堂作为主要的演出场所，还有作品展览、图书推介、健康讲座等都可以在祠堂举行。将特色比较鲜明、人口相对集中、知名度较高的中心村文化祠堂在一年四季举办不同形式的、丰富多彩的活动，可使平素冷清的乡村祠堂气氛变得活跃起来。

■ 发挥祠堂在开发旅游和其他活化项目中的作用

近年来，炭步塱头村、花东港头村等，吸引了区内外游客的关注。这两个古村落有大量的宗祠，对花都区旅游发展具有一定的促进作用。花都的乡村，不但风景宜人，而且有着物产特产丰富、乡风民俗浓郁、民俗民间文化及非物质文化遗产遗存多等特点，宗祠文化值得挖掘、弘扬和传承。如炭步镇的塱头村，充分利用原有的古建筑，吸引外来的文化产业加以充分利用和活化。2013年，国内享有盛名的明伦书院将总部迁入炭步塱头村，专门开设国学精品课程。如今，在古树环抱、池水微澜的塱头村，不时传来琅琅的读书声。私塾，这种我国古代社会开设于家庭、宗族或乡村内部的教育机构，在消失了一个甲子后仿佛又重现了。政府管理部门应从中得到启发，进一步挖掘历史建筑的人文价值，使文物保护真正贴近时代，贴近百姓生活，让文化遗产焕发新的生命力。

■ 在修复和重建中保留古祠堂的特色

有些祠堂因年代久远，而且地处偏僻，利用困难。多年来风吹雨淋，摇摇欲坠。然而，这些祠堂都是每一个宗族少则十几代、多则几十代人传下来的家族财产，承载着一个家族的历史，不能坐视颓坏。并且，当年制作这些工艺的能工巧匠已不在人世，精美的壁画和雕塑一旦毁坏便彻底消失，无法复原。

鸭一村罗氏宗祠是花都少有的具有典型的明代建筑风格的衙门式祠堂，它最大的特点就是人在外面看不见宗祠的牌匾，必须迈上台阶，先低头再抬头，才能看见牌匾和上面的字。这座祠堂始建年代不详，于道光五年（1825）重建，2007年重修。无论是屏风、大门还是石柱，用料都是名贵的。然而，受历代战争和运动的摧残，这座古老的宗祠先后做过村委办公室、工厂、学校，整座建筑摇摇欲坠。在修复时，施工队按照"修旧如旧"的原则处理，如壁画无须再去描画，只用水清洗干净即可，残损的花脊能不换尽量不换，鸭一村罗氏宗祠被公认为是一个成功修复的范例。

然而，目前更多的情况是，许多古建筑原来水磨青砖砌墙被抹成了水泥墙，屋顶换成了琉璃瓦，木雕上了油漆，壁画被重新描绘，恰恰是这些善意的修复造成"建筑性破坏"，让专家们痛心。对于文物来说，第一是抢救，然后加以保护，在此基础上合理利用。但有一个原则，就是一定要保留下历史信息，体现文化传承的脉络。建议在祠堂修复和重建的过程中，在每一个祠堂前面建立一个标志性的建筑，勒碑刻铭，以最传统的方式记住一件事或者一个人，这样，可以使该姓氏的历史得到固化，既可改变千祠一面的状况，又可将该村重大的历史变成永恒，让后人了解祖先，外地人了解本地历史。

■ **结集出版祠堂文化书籍，以利于抢救、保护、利用和传承**

花都祠堂文化研究会目前结集出版的《花都祠堂风韵》（上下卷）就是在做这项工作，追本溯源、数典念祖，唤起社会各界人士共同抢救保护传承祠堂文化，对繁荣花都文化，促进两个文明建设，都会产生良好作用，这也是一件推动本地文化发展、利国利民、功在千秋的大好事。

祠堂，以血缘关系为纽带，保持着我们与祖先心灵的沟通。它吸引着千千万万的游子，不忘归家的路。当我们穿行在这些古老的祠堂群落之中，那些精美绝伦、历史悠久至今仍风韵犹存的廊柱、斗拱、壁画、灰塑、砖雕，无一不显现岁月给它留下的沧桑和绚丽。当人们被世俗蒙蔽了双眼，不如到祠堂来看一看，在祖先的牌位前思考，听听先祖的遗训，在传统智慧的引导下，寻找到精神的家园和心灵的归宿。

新华街

万千气象第一祠

——三华村资政大夫祠建筑群印象

◎卢福汉

广东人重视修建祠堂的习俗远近闻名,历代以来留下众多的祠堂。花县人追随社会风尚,星罗棋布的祠堂几乎遍布各乡村,现保存较好的有300多座。这些祠堂虽历经岁月沧桑,饱受大自然风雨侵蚀、战乱冲击、人祸破坏,依然耸立在村中重要的位置,成为村民慎终追远、饮水思源的精神家园。花都众多祠堂中,资政大夫祠建筑群是一组具有鲜明岭南文化特色的传统建筑,不论在建筑规模还是建筑艺术上,均居花都现存古建筑之首。

三华村资政大夫祠建筑群

家世显赫称望族

三华村徐氏族谱名为《东海南徐》，是由于徐氏发源地以今天江苏徐州（古称徐国）为中心，遍布旧时统称为东海的鲁南、苏北（江苏镇江，古代称南徐）及浙江沿海一带，是当地的一个大姓大族，所以后裔们也以"东海堂"作为堂号，以"东海南徐"代表自

资政大夫祠门楼

己的根源。徐姓后人共同供奉的祖先是徐稚，豫章郡人（即今江西南昌），是东汉时期著名的高士贤人，耕种为业，清贫自乐，淡泊自爱，广采博学，高风亮节，乐于助人，屡次授官，均不赴任，人称"南州高士"。南北方诸多徐姓家谱表明，徐氏大多数是由江西迁出而繁衍的。

据三华徐氏族谱载，该村徐氏一族原籍江西南昌府，到了第二十八世徐信（字德孚，号泽江）因授官肇庆中书台谏而落籍广东，成为本族入粤始祖。泽江公生宗善、宗理、宗远三子，宗善居肇庆南岸，宗理居南海茅州，宗远授官南海县主簿，见"巴由之境，地广民稀"，于北宋元丰八年（1085）来此辟田构宇而居，名其庐曰"三华"，成为三华村徐氏肇基始祖，三华立村已有932年历史。

三华村徐氏立村之初是文人辈出、官运亨通，却人丁单薄，从宗远始连续八代为官，但八代单传，香火摇曳。譬如，二世祖徐淳为绍兴元年举人出身、授官盐运司同知，三世祖徐球为举人出身、授官国子监助教，四世祖徐起授官国学博士宣教，五世祖徐汝能授官浙江余杭县丞簿尉，六世祖徐梦德授官留守判官、徐梦冲授官理宗朝提督，七世祖徐孔孙为举人出身、授官礼部员外郎，八世祖徐国正授官南康府判。到了第九代

连生六子，徐氏一族开枝散叶，家族逐步庞大，逐渐析分成中华、西华、元华、东华四里。之后，居地不断扩展，先后拆分到大唐边、大华、兴华、五华、公益、茶园、大陵莲溪、小东圃、狮岭东边、赤坭荷塘和锦山等地立庄，以及拓展到省城泮塘、南海紫洞、顺德容奇、清远、博罗平蕉岭等地，现花都境内徐姓人口约3万人。

祠院堂皇冠花都

资政大夫祠建筑群建于清同治年间，由资政大夫祠、亨之徐公祠、南山书院和水仙古庙组成，简称"两祠一院一庙"，以现存规模大、建筑规格高、装饰工艺精而成为花都祠院之冠。

一是规模大。建筑群从东到西由资政大夫祠、南山书院、亨之徐公祠组成，其间以宽2.3米的青云巷相隔，巷道用5列花岗石并排铺砌，笔直幽深、层层递进。资政大夫祠右侧还有一路建筑。资政大夫祠及南山书院后面相距6米处，建有两座毗连的后楼。建筑群总面宽56.7米、总进深57.1米（不含后楼），总建筑面积3500平方米。门前有广场，广场前有一口半月形水塘，总占地面积2.21万平方米。水仙古庙在建筑群的东侧，三间四进，左右两个衬祠，精美的人字山墙很陡很高，增强了高低跌宕、错落有致

资政大夫祠资政大夫牌坊

的空间美感，与资政大夫祠建筑群高大气派的镬耳山墙形成鲜明对比，两者相互辉映，融为了一个完美的整体。

二是规格高。资政大夫祠是三华村兵部郎中衔的徐方正为敕封资政大夫的祖父徐德魁、父亲徐时显而建造。南山书院是兵部主事衔徐表正为被封为奉直大夫的父亲徐时亮而建造。据史料记载，咸丰初年，花县城遭红巾军（书中提到的红巾军均指陈金釭领导的"大洪国"士兵）严重破坏，徐表正的父亲徐时亮在咸丰五年推举为孝廉方正，他积极联系众乡绅捐款重修花县城。咸丰、同治年间，国家发生多次重大水灾，徐方正、徐表正等乡绅不惜捐巨资赈灾，被朝廷多次记"河功"，获得朝廷的封诰，于是建造了高规格的祠堂书院流芳后世。这"一祠一院"都建有圣旨牌坊，资政大夫牌坊是三间四柱四楼青石牌坊，奉直大夫牌坊是三间三楼砖石牌坊，上面都雕刻了"圣旨"，是花都首个设有两座圣旨牌坊的建筑群。

南山书院奉直大夫牌坊

三是工艺精。建筑群广泛施有砖雕、石雕、木雕、壁画等装饰工艺，大到屋顶山墙的碌筒、屋脊的博古灰塑、头门的破子棂栏栅、牌坊的抱鼓石等，小到梁架柁墩、墀头、挑头、雀替、封檐板及牌坊的斗拱等构件，工艺都非常精细，构图十分准确，造型惟妙惟肖，动态栩栩如生，使整个建筑群琳琅满目、富丽堂皇。

三华水乡渺踪迹

过去，三华村是典型的岭南水乡，地势低凹洼下，河涌水网交错，湖泊沼泽连片。

奉直大夫牌坊精美的砖雕

三华徐氏族人根据村落环境,将村落设计为"蟹形"格局,以中华里为蟹身,元华、西华则为"蟹钳",蟹以水草为居,与水乡环境相协调,能够庇佑徐氏繁荣兴旺,子孙延绵。徐氏大宗祠前有两口水井,即是"蟹眼",是村子的灵魂之处。每逢大水一到,村子便被包围在一片汪洋之中,犹如一只巨型的螃蟹浮游于水。村民回忆说,民国乙卯年(1915年)大水,三华水浸4米,村民全都爬上了屋顶。

三华村的西面有两条河流,一为沙海,即现在的天马河,沙海的水面比村面还高,全凭一条名为"高坐"的堤坝作拦护。一为泥河,位于现107国道的位置,与沙海并列而流,流经农新桥前有一道水闸,控制水情,最后流向大陵注入巴江。村子东面也有一条河流,从大华一直向南流向三华,在贴近村子的时候突然改道,向西蜿蜒,在中华里的北面经过,然后并入泥河。泥河上,有一座名为"高桥"的花岗石拱桥,连接"高坐",村民在此桥进出"高坐"。"高坐"上种满二三百年树龄的荔枝树,南起大陵

高耸的镬耳山墙轮廓优美、庄严气派

屋顶正脊、垂脊广施灰塑,极具装饰美感

中堂为族人议事场所

村，北至乐同村，全都是小山丘状的荔枝树，每到六月蝉鸣荔熟时，满树流丹，一河倒影，蔚为壮观，可惜荔枝基上世纪70年代被毁了。

现在，中华里前面是连片的鱼塘。之前，这里却是一大片的沼泽地，名为"塱堆林"，沼泽地一直延绵到现在的铁路东土名为"白沙田"一带，以前很多野鸭、水鸡、白鹭、鹌鹑等，只能种晚造禾。村北是土名为"后底林"的一大片沼泽地，河坦种满了水翁树，一到夏天，村里小孩爬树摘水翁花，晒干煲水，能清热解毒，祛暑生津，消滞利湿，村民常用于治产后风。

庙貌巍峨祀水仙

花都位于珠三角冲积平原，境内有多条河流途经，水患时有发生，因此，旧时几乎村村都建有庙宇，大多供奉北帝、洪圣、天后等水神，祈求风调雨顺、国泰民安。三华村是典型的岭南水乡，也有一座古庙，但供奉的不是北帝、洪圣和天后，而是一位名为

晋金吾上将军何侍御史的历史人物,称水仙古庙。这里,流传着一个神话般的传说:

相传,古时三华村村民素有罾春水鱼的习俗。一个和暖的春日,一个叫徐镇的村民从清晨到下午,大半天一条小鱼都没罾到,心中非常纳闷,本想收罾,但心有不忿,于是趁着夜幕来临落最后一罾。这次起罾,手感与之前的完全不同,鱼罾好沉啊,村民心想,这一罾可能是大鱼了。鱼罾露出水面,并没见什么大鱼,而是拖出一个木箱。出于好奇,村民打开木箱,依稀看见箱内装着一个灵牌,上面写着:何绍基御史之灵位。箱内装着一盒茶树种籽。村民见状,想起村中相传关于自己太公与番禺沙湾何御史交情甚笃、曾有生死之约的传说,原来这个木箱竟载着何御史的英灵,随着沙海逆流而上,践约而来。于是,村中父老便商量集资,在村头建起这座水仙古庙予以祀奉,此后信众很多,香火甚盛。

古庙正门的对联"柏府秋霜留史笔;蓬壶春水寄仙踪。"为这个故事提供了见证。"柏府秋霜"道出水仙的身份,汉时御史府邸前列柏树,后世因而称御史台为柏台、柏府或柏署,又因御史纠察非法,威严如肃杀秋霜,所以御史台又有霜台之称。"蓬壶春水"指的是蓬莱春水把御史英灵带到三华,成就了水仙诚信践约的传奇。

村民把何御史的生辰九月初九定为"御史大王诞",每年这一天,在水仙古庙前搭

三华村水仙庙

棚做大戏，形成村中酬神娱民的一大特色节庆活动。还有，村民把茶籽种在土名"白沙田"之东的高地中，后形成一片茶园，位置就是现在的公益村茶园自然村，所产茶叶清香回甘，口感甚佳，名为"水仙茶"。

2002年7月，资政大夫祠建筑群公布为广东省文物保护单位；2009年，三华村获评广东省第二批古村落，村落的保护纳入花都建设规划；2014年，资政大夫祠"大夫胜迹"获评花都新八景；2016年，广州民俗博物馆破土动工，预计2018年将建成对外开放。新的历史时期，资政大夫祠将依托古村落的保护规划、依托"花都八景"的宣传推广、依托民俗博物馆的立项建设，焕发出更加迷人的光彩，成为南粤古祠一张新名片。

祠堂文化知识

暗八仙：指八仙所持的八件法器组成的纹饰，汉钟离持扇、吕洞宾持剑、张果老持渔鼓、曹国舅持玉板、铁拐李持葫芦、韩湘子持箫、蓝采和持花篮、何仙姑持荷花，俗称"暗八仙"。有祝颂长寿、神通广大的寓意。

案台：指的是书桌、文案，即长条形的桌子或架起来代替桌子用的长木板。

鳌鱼吞脊：是指以鳌鱼设在龙船脊两端的脊饰，鳌鱼口衔屋脊两端。鳌鱼因好吞火降雨而为人们偏爱，常用于珠三角建筑的脊饰，有避火消灾之功，又有独占鳌头之意。

探百年古祠　话徐氏脉源

——三华村徐氏诸祠堂侧记

◎黄永奎

三华村位于花都区新华街，距今已有数百年历史，村民多姓徐。其中徐氏大宗祠是三华村徐氏族人的合族祠，供奉的是三华村的开村始祖徐宗远。在徐氏大宗祠，徐氏第29代后人、90多岁的徐深勤老人向我们讲述了徐氏宗族的脉源以及徐氏大宗祠、默奄徐公祠及其他徐氏祠堂的前世今生。

三华村徐氏大宗祠

生生不息的徐氏脉源

徐氏的姓氏主要出自嬴姓。相传徐氏的始祖若木公是伯益之子。伯益生大廉、若木二人。若木蒙父荫,被封于徐,他建立了徐国(即江苏西北部及安徽西北部),于是徐国后人便以国名为姓。

徐国历经了夏、商、周三个朝代,皆为诸侯国。周穆王的时候传到了徐国的三十二世孙徐君偃,历史在这里有一个小插

默奄徐公祠

曲。徐君偃这个人聪慧绝顶,爱民如子,深受百姓的爱戴。由于周穆王喜欢云游四方,不爱问国家大事,所以埋怨他的诸侯甚多,徐君偃便产生了要取代周穆王的野心,于是他自称为徐偃王,率领各路联军向周国进军,周穆王知道这个消息后大惊失色,火速返回京城调兵镇压。徐偃王打了败仗,落荒而逃,于是躲进了彭城(今徐州)一带的深山中。因为他深得民心,很多百姓跟随他来到山中。这座山后来就叫作徐山,徐君偃在此开山种田,遂又成一方霸业。

春秋时期,徐国被楚国打败,国力从此日渐衰退,周敬王八年的时候,徐国被吴国所灭,从此,徐国的后裔仍以国名为姓,四处流亡,薪火相传。

当初若木被封的徐国,是徐氏家族最早的发源地。后来徐氏家族纷纷向北迁徙。东汉前,已有徐氏迁至甘肃等地。在汉桓帝时,若木的玄孙六十七世徐稚公迁往江西南昌府,二世祖泊公迁到浙江衢州府龙游镇,三世祖永、盛、洪、奇、攀五位祖公,分居于浙江绍兴及江西南昌。徐氏家族大致经

徐氏大宗祠石雕门墩

默奄徐公祠砖石牌坊

过秦汉魏晋南北朝乃至隋唐诸朝代北迁,在中国的北方山东、河南及江苏等省一带形成了多处徐氏望郡,特别是在山东繁衍最为旺盛。

徐姓大举南迁是在魏晋至隋唐时期。宋代以来,徐氏族人才开始大量向西南云、贵、川等地区迁徙繁衍。宋末,徐姓一部分人再由江西石城县迁福建汀州、上杭、连城;一部分人由江西南昌迁至广东南雄珠玑巷。当时,因为战乱和饥荒,广东南雄珠玑巷便成为很多南迁人的暂居地。然而,这里只是暂时的寄居地,徐氏族人后来继续南迁,才慢慢来到广州、南海、顺德、东莞、新会、德庆、高要、阳江、鹤山等地。

经久流传的立村故事

宋仁宗皇祐年间,徐氏族人已传到八十六世。其中有一个聪明绝顶的小伙子,名叫徐泽江,此人勤奋好学,三更灯火五更鸡,终于考中进士,光宗耀祖,后来官拜中书台谏。徐泽江娶董氏为妻,并生有三子:长子取名宗善、次子取名宗理、三子取名宗远。徐泽江授官中书台谏,带着三个儿子,从江南富庶之地来到广东南雄珠玑巷,成为当地徐氏入粤始祖。他的三个儿子有勇有谋,深受徐泽江的喜爱,他们继承父亲衣钵,纷纷南徙立派拓展。长子宗善授官肇庆总戎,脉衍南岸房,后裔分布于南海白水塘,顺德伦教、马村、南畔、东莞、新会、德庆、高要、阳江、鹤山、开平、以及恩平等地;次子宗理好学著书,脉衍茅洲房,后裔分布于南海茅洲及清远、石城、灵山、三水等地;三子宗远授官南海主簿,脉衍三华房,后裔分布于花都三华村、五华村、公益、大华、新华,广州泮塘、龙归北村,南海紫洞、谭头、河顺、官窑,顺德容奇、马村,博罗市镇平等地。这三个南迁支流便在这些地方开枝繁衍。据考证，至今居住在花都区三华村的徐氏族人皆为徐宗远的后代。

据徐氏族谱记载，在此之前徐姓族人在南雄保昌县居住，徐宗远生于宋仁宗至和二年（1055）乙未二月初十，卒于宋徽宗崇宁五年（1106），享年52岁。在北宋元丰八年（1085）曾被朝廷任命为南海县主簿，后来家业不断壮大。据坊间一些老人传闻，徐宗远在官场浸润多年，厌倦了官场的尔虞我诈，早有退隐之意，但难以找到安家养老之所。一日，他和管家骑马郊游，便来

默奄徐公祠砖雕《衣锦还乡》

到了南海北部，由于马匹受惊，与管家失散。一路狂奔，便来到一处荒芜之地。此时口渴，便下马寻水。他走出半里多地，忽见一片树林，徐宗远大喜，转过树林之后，眼前豁然开朗，一个村子映入眼帘，一片鱼米稻花景象，俨然世外桃源。村中只住着几户人家，见有外人到来，就端茶倒水，杀鸡宰羊，盛情款待，好生热情。徐宗远见村人和蔼可亲，村落风景旖旎如画，便有了隐居此地之意。回去不久便辞官，携家眷来到此地，花费大批银两买下了大片的田地，开荒种地，过上了逍遥自在的生活。徐宗远还在村前开了一家茶楼，为了纪念自己当初来此地觅茶，村人热情接待之好意。茶楼对本村百姓免费服务，分文不收，因此得到老百姓的一致称赞。由于徐宗远在家里排行第三，又做过官，德高望重，家业又大，村中人敬称他为"三爷"，拥为"头领"，徐宗远后人把村子越扩越大，命名为"三华"，三华村由此而得名。这些描写大多来自村民的口口相传，而族谱记载的三华来历则是源于村中的一座大型建筑，这座大屋的屋脊上竖了一块牌，上面写着"三华庐"三个大字。

蔚为壮观的徐氏祠堂

经过数百年的历史变迁，如今的三华村由中华、西华、东华、元华四个经济社组成，约4.5平方公里。三华村人杰地灵，徐氏代代人才辈出。

三华村祠堂众多,形成一定的规模,各有各的故事。

徐氏大宗祠。始建于清朝初期,为三华村人纪念徐氏开村始祖徐宗远所建。乾隆五十八年(1793)重修,1878年遭受雷击,光绪八年(1882)再次重修。迄今为止,房屋的很多建筑构件仍能比较完整地反映不同时期的风格和建筑特征。比如,鳌鱼雀替、虾公梁上的石麒麟、挑头等建筑构件都采用了广州当地一种叫作"鸭屎石"的石料,这是明代广泛使用的建筑材料。祠堂前廊的木梁采用月梁做法,梁的底部雕刻着精美的花纹,属于乾隆年间制作,而头门的檐柱做工精美,线条复杂,又为光绪年间的建筑工艺特征。祠堂的第二进为三门五楼砖石牌坊,上面有乾隆五年(1740)的花县知县宋镐(此人为山东青州人,出身进士,乾隆五年任花县知县)题写的"派演东明""世德作求"字样。

默奄徐公祠。默奄是十一世祖继本公之次子,生于明英宗正统四年(1439),卒于明武宗正德七年(1512),享年74岁。祠建于清初,何人所建,已不详。祠堂内同样有一座三门五楼砖石牌坊,上面刻有"百花富贵"砖雕字样,相当精美,在古村落的祠堂里极为罕见。据徐深勤老人说,听父辈所讲,是徐氏十几代的后人所建,在同治二年(1863)曾经重修过。

资政大夫祠。清代同治年间,三华村人徐方正、徐表正深得朝廷赏识。同治皇帝把徐方正的祖父徐德魁、父亲徐时显封为"资政大夫",把徐表正的父亲徐时亮封为"奉直大夫"。在三华村的西面,徐方正建造了资政大夫祠,徐表正则建造了南山书院,徐氏后代又续建了亨之徐公祠。这些建筑的建造年代比广州著名的陈家祠还要早20多年,它们规模庞大,集资政大夫祠、南山书院、亨之徐公祠以及旁系水仙古庙于一体,是广州地区最大的带圣旨牌坊的祠堂建筑群,融书院文化、祠堂文化、民间信仰文化一体,令人叹为观止。

次华徐公祠。建于清朝光绪二十年(1894),位于资政大夫祠建筑群

集之徐公祠

的东南部,与大夫祠拥有共同的庭院、共同的围墙,是三华村中最为漂亮、色彩最为鲜艳的祠堂之一,是古祠重修的典范。主体建筑坐北朝南,为典型清代岭南民间祠堂式艺术建筑,总面阔12.6米,总进深34.1米,建筑占地448平方米。青砖墙,花岗岩墙脚。墙脊上盖青黄相间的陶瓦。镬耳外侧灰塑祥云,建筑中大量使用灰塑饰物,工艺精湛,有惟妙惟肖的动植物花卉、戏曲人物、风景山水等图案。

集之徐公祠。该祠堂让三华村人引以为豪,最具有革命色彩。它位于三华村中华社,坐北朝南,三间两进,总面阔12米,总进深38.5米,建筑占地462平方米。距后堂4.2米的是后楼,面阔三间12米,进深14.3米,楼高两层共10米,共十七架,前设四架轩廊。两次间砌墙间房。镬耳封火山墙,灰塑博古脊,青砖墙,红泥阶砖铺地。祠的后楼为中国同盟会广东番花分会旧址。

1909年秋,三华村人徐维扬受同盟会南方支部派遣,回乡发展会员,建立组织。该年9月下旬,分会正式成立。分会机关就设在三华村"集之徐公祠"的后楼上,黄兴曾几次秘密到此指导。在次年年初举行的广州新军起义中,分会承担了提前运械入城的重任,分会成员们时而借婚嫁喜事,藏械弹于礼物之中,将炸药伪装成"礼酒",用瓦埕密封;时而伪装送葬,藏枪弹于棺木之中。徐维扬本人就曾亲扮"孝子"垂泪举幡,以达到掩人耳目之目的。就这样,广州新军起义所需的部分械弹,由集之徐公祠送出,一批批运入广州城内。

1910年2月12日,广州新军起义爆发,徐维扬亲自率同盟会番花分会敢死队赴广州增援,然而,尚未入城,新军起义已失败,遂中止了行动。

1911年4月27日,震惊中外的辛亥革命广州起义爆发,徐维扬率领番花同盟分会敢死队员百余人赶赴广州参战,因清军已戒严,进城者只有四十多人,番花同盟分会敢死队员奋勇杀敌,牺牲的18人中有16人为徐姓人,三华村因此被后人称为"英雄村"。民国九年(1920)孙中山重返广州后,特派老同盟会员张继赴三华村徐公祠凭吊,并送来他的亲笔题词"毁家纾难,功在党国",以及胡汉民、黄兴的题词,张继也书赠"大风起兮云飞扬,威加海内兮归故乡"的题词。孙中山就任非常大总统时,任徐维扬为中将参军。此后,徐维

辛亥广州起义花县"敢死队"骨干徐维扬

郁山徐公祠

扬历任粤汉铁路护路司令兼粤汉铁路总巡、粤汉铁路局局长等职，1938年，他被推为广东民众抗日自卫统率委员会委员，曾被派往雷州、连州打土匪，因作战英勇声震岭南，给予了土匪致命的打击，因此，提到徐维扬，土匪便闻风丧胆。

郁山徐公祠。位于三华村西华社，建于清光绪十九年（1893年），它坐北朝南，镬耳封火山墙，碌灰筒瓦，青砖墙。

郁山徐公祠建筑精美，梁体雕花，封檐板雕刻戏曲人物、瑞兽、花鸟等纹饰。前廊墙楣绘《醉酒琴棋》和花鸟等壁画。上世纪50年代，村里有文化人用毛笔将《中华人民共和国宪法》抄于祠堂的外墙上，便于村民熟记，时隔多年仍让人记忆犹新。

岁月悠悠，时移世易。如今，数百年过去了，这些古朴典雅，具有丰厚历史底蕴的祠堂仍然屹立在三华村，用它们的沧桑向人们彰显着厚重的徐氏文化，诉说着徐氏宗族的传奇故事。真可谓："徐氏先贤脉源长，代代风骨出栋梁。百年古祠历风雨，古稀白发说沧桑。"

祠堂文化知识

八仙：为道教中汉钟离、吕洞宾、张果老、曹国舅、铁拐李、韩湘子、蓝采和、何仙姑等八位仙人的总称，八仙之名相传始于元代，他们手中各执一法器，常以"八仙贺寿""八仙过海"组合，有祝颂高寿、神通广大的寓意。

板瓦：俗称瓦片，并非平板，而是带有弧度，由筒形陶坯四剖或六剖制成，即弧度为圆筒的四分之一或六分之一，瓦面较宽，弯曲度较小，是覆盖屋顶用的一种大瓦。

古村古建品古韵

——三华村次华徐公祠掠影

◎黄烈荣

新华街三华村地理位置得天独厚,交通极为方便。东有京广铁路贯穿而过,西面是107国道广清高速,武广高速铁路也经过该村。村东南方就是中心城区新华街,商业旺地,车水马龙,热闹非凡。三华村虽地处闹市,但村内却别有天地,仍然保留了昔日宁静安逸的环境。新旧建筑错落有致,小巷古朴清幽,绿树成荫,古榕婆娑。村内鱼塘星罗棋布,清风徐来时波光涟漪,宛若天上繁星;风平浪静时水明若镜,村中景物倒映其中,美不胜收。

三华村次华徐公祠

祠堂沧桑

梁架木雕《英雄会》

徐次华是三华徐氏的第十五世，他本人在家谱上记载不多，但次华徐公祠是三华村中最为漂亮，色彩最为鲜艳的祠堂之一，是古祠重修的典范，修旧如旧，既重现了当年风采，又以新的姿态出现在人们的眼前。

次华徐公祠始建于清朝光绪二十年（1894），建祠至今已有100多年历史。其间经历了风风雨雨和战争的洗礼。抗日战争时期，三华村惨遭日寇蹂躏，祠堂被日军强占，成日军军营数年之久。抗战胜利后，由民国花县政府借用。新中国成立后，祠堂先后用作厂房仓库和工人宿舍。

20世纪60年代，在"文化大革命"和"破四旧"的浪潮中，众多的古文物遇到史无前例的破坏，祠堂也难逃厄运。祠堂山门石刻、灰塑博古脊、镬耳封火山墙、青砖墙、各种雕刻和雕塑等残破不堪，墙壁上还残留了不少"文革"时期的标语和口号。70年代，祠堂又成为纸厂的厂房、仓库，周围到处都是堆积如山的木柴、废纸。

改革开放以来，文物保护工作才受到文化部门的重视，广州市、花都区文化部门一直关注着三华村的古建筑群，各级部门投入了大批人力物力和大量资金，对古建筑进行普查登记和维护修葺。宣传文化部门和三华村通力合作，社会各界大力支持，使包括次华徐公祠在内的整个资政大夫祠建筑群重获新生，并且对外开放。

祠堂概貌

次华徐祠堂位于资政大夫祠建筑群的东南部，与大夫祠拥有共同的庭院、共同的围墙。次华徐公祠与资政大夫祠古建筑群一起进行了全面的修缮，与资政大夫祠合为一体，使花都新八景之一的"大夫胜迹"锦上添花。

头门壁画《诗礼传家》

祠堂主体建筑坐北朝南，为三间三进布设的典型清代岭南民间宗祠式艺术建筑。总面阔12.6米，总进深34.1米，建筑占地448平方米。

祠堂采用抬梁柱式砖瓦结构，镬耳封火山墙。镬耳在古建筑中是一种身份显贵的象征，建筑物气势雄伟，厅堂轩昂，庭院幽雅，院内古树众多，有百年龙眼树和苹婆树，苹婆树又称"凤眼果"，与龙眼树一起，寓意"龙凤呈祥"。苹婆树是十分罕见的珍稀品种，每年六七月间，苹婆树开始挂果，果实可以生食，味清甜爽脆；也可以熟食，粉绵糯香。庭院内还有金鱼池和清风亭，规划别致。

祠堂大门前是一口十多亩的鱼塘，鱼塘岸基是铺水泥路面的村道，村道有树叶茂盛的百年古榕、龙眼树，大门西侧的青砖围墙旁是高大而浓密的勒杜鹃。祠堂门前的空地用花岗石板铺砌，两侧用青砖拼成人字形花纹的小广场。

从鱼塘南端的堤岸可以隐约看见，祠堂屋顶半圆弧形的镬耳群，祠堂的其他部位藏在绿树丛中，倒影映在宁静如镜的水面上，好像一幅美轮美奂的风景画。

走近祠堂，又是另一番景致。眼前的建筑物不仅仅是一座建筑物，更是一座艺术精品，一座岭南艺术的典范。砖木结构的古建筑群造工十分精细，青砖墙、花岗岩墙脚，整座祠堂所用的每一块砖都需经过仔细打磨，砖的六个面、十二条边都经过严格的检验才能用于墙上，砌墙用的石灰也经反复舂捣、筛选，以增强黏结度，保证砖缝如线，整齐美观清晰，墙体坚固无比。

三进三间的次华徐公祠两边三对弧线形十分优美的镬耳山墙，墙脊上盖青黄相间的陶瓦，对比十分强烈和醒目。镬耳外侧灰塑祥云，工艺精湛，有惟妙惟肖的动植物花卉、戏曲人物、风景山水图案。

祠堂工艺

在以青灰、黑白为主的古建筑中，色彩最鲜艳、最为漂亮的就是灰塑了，灰塑大都采用大红大绿的艳丽色彩，使庄严肃穆的古祠锦上添花。

灰塑作品有福禄寿考、渔樵耕读、走兽飞禽、仙鹤拜寿、连（莲）年有余（鱼）、龙、凤、狮子、梅花鹿、麒麟、喜鹊等。灰塑中那吐玉书的麒麟，讲述的是大圣人孔子诞生的典故。松竹梅代表岁寒三友，佛手象征多福，成双成对的寿桃寓意长寿，蝙蝠代表幸福，所有图纹蕴含吉祥如意、福禄寿考的美好愿望。

在每组景和图案之间，巧妙地留出装饰性通风孔，从而减轻大风对龙船脊装饰物的冲击，使其长年不倒，可谓用心良苦。灰塑是老百姓对美好幸福生活的向往和追求，是浓厚的民间的色彩文化的体现。传统的灰塑，上色采用的都是矿物染料，可经历百年，而且色泽明亮。灰塑使重新修葺的次华徐公祠在众多的祠堂中，更为耀

廊门门楣灰塑《福临门》

屋脊灰塑《暗八仙》

眼，使大夫祠建筑群更加美丽。左右两侧封火山墙前端飞檐（挑头）各有一男女陶塑神像。女的手持照妖镜，注视前方；男的呈金鸡独立姿势，仙风道骨，气度不凡。瓦面是碌灰筒瓦，屋顶上的横梁紧密整齐排列。人字形的瓦面，排水方便。

祠堂头门面阔三间12.6米，进深两间7.9米共十一架，前后各有石檐柱。前廊梁架及封檐板是镂空木雕雕刻的戏曲人物、鳌鱼、花鸟、瑞兽、仙桃等花纹，绳边繁集，工艺精湛，前檐四根花岗岩方形石柱，安装在多层菱形石基柱础上，中间两根石柱，柱身靠檐前方各有一尊青石雕像，左右两根石柱柱身的相应位置则有双人青石雕像。虾公梁上异形斗拱各有相互呼应的石狮，梁下与石柱交汇处有成双成对的仙桃石雕，正中大门嵌花岗岩门夹，门槛左右突出两石凳、石凳前方浮雕小石狮。石门额阴刻"次华徐公祠"五个行书字体，填充蓝色颜料，字体清秀、清晰、别具一格，与石门阴刻笔画粗犷正楷字体成鲜明对比。上款刻"光绪甲午孟春吉旦"，下款刻"典试粤西使者少芗劳肇光书"。门夹内有两扇朱漆大门，一对金色门环，前廊正中设有四级花岗石阶。前廊三面墙顶部有长长的壁画，有人物典故，书画诗词，因年代久远有些字画已经模糊，但依稀可辨，其中正面墙上有"文姬归汉"图，描写了东汉末年蔡文姬归汉时的动人场面，山边松树旁，蔡文姬骑在马上，路旁百姓夹道相送。还有"诗礼传家"图，讲述了尊老爱幼，彬彬有礼的画面：老人家端坐桌前，小孩手捧托盘，托盘上有美食。画中还有读书场面：壁画之间是诗词、书法作品。

祠堂西侧有一漆黑小门，门额上"扳桂"二字为蓝底白字，边框装饰为黄色水果浮雕，外衬绿叶。门顶上有瓦檐，正脊上有山石鲜花图案灰塑装饰。

次华徐公祠不愧为清代岭南民间艺术建筑的又一典范，修葺一新的祠堂，与资政大夫祠一样集广东民间建筑装饰艺术之大成，砖雕、石雕、木雕、灰塑、陶塑等，手法夸张，工艺精湛，精致玲珑，栩栩如生。

抱鼓石：指位于传统建筑入口、形似圆鼓的两块人工雕琢的石制构件，属于门枕石的一种，因它有一个犹如抱鼓的形态承托于石座之上而得名。

拜亭：又称仪亭、接旨亭、香亭、抱印亭等，位于中堂之前并与中堂明间相接，通常以四根角柱支撑而不设墙体，一般采用较特别的屋顶形式，如重檐歇山或卷棚歇山，高大轩敞。

大唐边繁衍六百年

——记新华村厚之徐公祠

◎ 邓静宜

新华村位于新华街建设南路旁，下辖四个生产队，在册人口1870多人，是个典型的城中村。新华村又叫大唐边，大唐边的名气比新华村更响。说起新华村，一些人还有些懵，然而一说到大唐边，大家就会恍然大悟——哦，就是花都湖边上的那个村！的确，花都湖的建成，给新华村带来了崭新的变化。在这里，人们看到的是安静祥和的景象：百年宗祠门前，一条小河紧连着美丽的花都湖。老人们在大榕树下聊天，孩子们在村口嬉戏。一年四季，天的蓝、花的红、草的绿、树的黄，各种色彩在这里轮番变幻，构成了村中亮丽的风景。

新华村厚之徐公祠

徐氏家族传说多

新中国成立前,新华村人全部姓徐,与三华村的徐氏一脉相承。他们的祖先是三华村的开村始祖徐宗远。徐泽江生有三子:长子宗善、次子宗理、三子宗远。三子宗远后人最多,分布于花都的三华、五华、公益、大华、新华、东边等村和广州珠三角等地。600多年前,三华村的九世祖徐厚之带着老婆孩子来到一个僻壤之地,这个地方当时叫上番禺瓦窑大唐,旁边还有个小村,叫寨边,于是合称为"大唐边"。这个村名一叫就是600多年,一直到1944年,大唐边改名新华村。

徐厚之的父亲国正公一共生了六个儿子,有五个存活,这五兄弟分别是天福、祖福、胜福、善长、善可(因老四景福早夭,后面两兄弟不能继"福"字辈)。五兄弟的排号分别对应孔子的仁义礼智信。据族谱,老三胜福,字厚之,生于元朝仁宗延祐五年(1318),卒于明朝洪武十年(1377),享年60岁。厚之徐公祠的堂号是"崇礼堂"。

三华村最早叫三华店,以经营小吃和茶业为主。过去,这里是去京赴考的学子和生意人走南闯北的必经之路。这一带的徐姓分布有11条村,几百年的繁衍,徐姓开枝散叶成了花县的望族。从三华始祖宗远公算起,全村已繁衍了33代。

新华徐氏有很多有趣的传说,笔者记录了两个都是有关太婆的故事。东边村旁有一块土名叫管岗的山坟地,那里葬有公元1569年去世的毕氏太婆。以前,东边村新婚夫妇都会去拜毕氏太婆,祭拜后大多生儿子,后来周边的人收到消息,也去这里拜,也大多生儿子。可有个人看见山坟旁有个西瓜,就捡来吃了,结果回村的路上翻车跌落鱼塘。后来,凡在坟旁挖鱼塘、种果树的人都没有好下场。新中国成立后,很长一段时间没有祭拜毕氏太婆这一风俗了,坟墓也早已荒芜,直到完全被泥土覆盖。2000年,政府规划在这里搞建设,开发商不知地下有坟,结果挖掘机到了这里无法前进,强行向前就死火,只能后退。开发商无计可施,只好绕过这里施工。2015年清明,新华村后人祭拜了毕氏太婆后决定择日迁坟。在2015年农历五月二十九日这天,动用了大小两台挖掘机,将毕氏太婆的遗骸面朝秀全水库安葬。一切弄完后,这些怪现象不再发生。

还有一个传说是,十八世胜贤公早逝,由周氏太婆把梓泳、梓裕两兄弟带大,一家人三餐不饱。兄弟俩人穷志不短,一有时间就去花果山拾柴割草。有一天,两兄弟在割草的地方发现了一大缸黄金和七小缸白银,俗称"七星伴月"。他们把黄金和白银放进粪筐，上面用草盖住，用这种办法陆续把这些金银拿回家。有了钱后，他们也不露富，继续装穷。周氏太婆的父亲是个做建筑生意的，从来都看不起两个穷外孙，也不接济这母子三人。一天，周氏太婆约好父亲和亲戚们吃饭，吃饭时，周氏太婆说想给两兄弟盖房。她父亲一听满脸鄙夷，说如果两兄弟能出得起工钱，他宁愿送建筑材料。周氏太婆立即说两兄弟能出工钱，只要父亲出材料。她父亲以为这两个外孙还是穷光蛋，不可能拿出这笔钱，就一口答应了。结果周氏太婆为兄弟俩建了七间五梁过脊大屋，所用的材料几乎让周氏太婆的父亲破产。

梓泳、梓裕两兄弟结婚后，一共生了七个男丁，可谓人丁兴旺。

厚之徐公祠头门

祠堂历经沧桑

祠堂是村民最熟悉的地方，一直以来，村里嫁女娶媳、孙子满月等大小喜事都会在这里举办。据村人说，新华村原来有四座祠堂和书室，分别称厚之、高岗、月溪、丽丰，现仅存厚之徐公祠和高岗书室。村里还有一间观音古庙，始建时间不详，民国八年重修，1958年被毁。

厚之徐祠堂建于同治六年（1867），150多年来，这座祠堂经历了三次维修，民国三十七年（1948）重修一次，1983年小修一次，2001年大修一次。

祠堂坐北朝南，三间三进，总面阔13.6米，总进深45.7米，建筑占地644平方米。人字封火山墙，灰塑龙船脊，碌灰筒瓦，青砖墙。头门面阔三间13.6米，进深两间8.1米，共十一架，前廊三步。次间有虾公梁、石狮和雕花异形斗拱，大门嵌宽1.9米花岗岩门夹，石门额阴刻"厚之徐公祠"，上款刻"同治六年丁卯吉旦建"，下款刻"何子权书"。明间设有中门，花岗岩石脚，对角方砖铺地，四级石阶。坤甸木金柱，前金柱间悬挂"崇礼堂"木横匾，后金柱间有屏门。中堂前带两廊。

两侧青云巷左右巷门楼石额两侧有修改，原来正面左边刻有"日月流芳"，右边是"浩气长存"。2001年重修时，左边改成了"孝悌"，右边为"忠信"。祠堂左侧是高岗书室。2001重修时，头门正脊和墀头的灰塑被翻新重塑，祠内壁画按原样重绘。

在《花都历代楹联与碑刻》和《广州市文物普查汇编·花都区卷》中，厚之徐祠堂的堂号写的都是"崇正堂"。这主要是2001年祠堂大修，瓦面、墙壁等十处经过修缮，当时把"崇礼堂"误写成"崇正堂"，几年后才更正。祠堂内还有一块石，记载名人恩科状元第十六名举人的字样，2001年维修时没有考证名人的意识，结果把名字删除掉了。

建这间祠堂的有功之臣是徐朝均。他的后人曾从国外带回一本徐氏家谱，上面记载了徐朝均建祠堂的一些细节和为村里立下的汗马功劳。据了解，徐朝均的后代90%都在国外，分布在美国、德国、加拿大、澳大利亚、越南等地。最早的一批海外华侨是靠做搬运工起家。

在近代革命中，新华的徐氏和他们的同宗兄弟一样，涌现出了很多的革命志士。在辛亥革命广州起义中，三华、大华、公益等村徐姓出了16位烈士，新华村也有10多人参加了这场起义，但没有人员伤亡。

新华村人自古就有尊师重教的好传统，厚之徐公祠在很长一段时间都是作为学校而

虾公梁石狮驼墩

存在，先后有同德堂小学、新华小学、新华镇一小等校名，教学质量良好。据族谱记载，这个村应科中举有多人，20世纪60年代，村里出了中大、暨大等多个名牌大学的大学生，这在当时是非常了不起的。翻开新华徐氏的历史，徐姓俊彦可谓星光熠熠。从民国至今，几十个徐姓子弟在各行各业声名远播。他们中有民国初

梁架木雕《文丞武蔚》

年担任宋子文英文翻译的徐鉴怡，有香港中文大学电子工程教授徐孔达，有香港渣打银行的高管徐锡祥。有的还任职于北京卫戍区、科学院上海研究院、广西财政厅、中山大学等，徐姓子弟遍布政工商学各界。

2004年，厚之祖二十七传徐耀霖写下了村训，具体内容是："毒品缠身，盖世英雄投末路；十赌九输，当今家富走穷途；贪赃枉法，财迷心窍难赦罪；淫为首恶，色字头上一把刀；偷抢拐骗，多行不义必自毙；游手好闲，金山银山也亏空；兄弟争财，外人耻笑被欺负；妯娌吵闹，有理也要让三分；上下三村，团结合作共发展；左邻右舍，相互关照胜远亲；尊老爱幼，夫妻和睦万事兴；勤学进取，敢于竞争创辉煌。"村训成为新华村村民的行为规范。

富村昔日的苦难

新华村的人很自豪，总是说祖宗留下的好风水，让他们过上了好日子。确实，跟周边相比，新华村被人称作富豪村。因为紧邻城市，该村的大部分土地早在20年前已陆陆

续续被国家征用,全村面积只有400亩地,是目前全区面积最小的村。村里的经济原来是靠出租商铺、卖水果和饮食为主。如今,商铺经过改造升级,提升为太子商业步行街,集体经济收入大幅提高,村民的分红也相当可观,排在花都区的前十名之列。

昔日的新华村曾有着苦难深重的历史。据老辈新华村民说,民国初期,村里经济还不错,村里有民兴、财兴、振兴、永兴、情兴5间规模不小的私人毛巾厂,沿街的店铺也开得非常兴盛。到了新街火车站落成后,南来北往的人多了,人员混杂,加上东北部的匪患,社会一下变得复杂起来。尤其是在20世纪二三十年代,整个花县的治安形势相当恶劣,当时有"稗子多过禾"的说法,意思是土匪比好人还多。

当时徐氏家族也出现过不少打家劫舍的"稗子"。至今还流传着这样一个段子:某日,花县县长在茶楼饮茶,一土匪竟敢上前,一手按住腰间的手榴弹,一手摸着县长的后脑勺,满不在乎地打招呼:"噢,你就是县长啊!"面对土匪无赖的羞辱,县长竟然不敢出声。

针对土匪横行的状况,徐氏成立了治安会,实行村民自治。把村里凡做过土匪,有打家劫舍行为的子弟一律赶出徐姓村子,5年之后,如果能改造好,可以回乡;如恶习不改,则永远赶出族门。发现一个严惩一个。如此一来,村里的风气大有改观。

1939年,日军占领花县,侵略者在渔翁潭村集中。这一年,国民党中央军打死一名日本军官,并在大唐边架起高射机枪,击落了一架日军飞机,跌落在新街铁路西,以后这里就被人们称为飞机塘。日本人遭到打击后伺机报复,四处烧杀抢掠,无恶不作。新华村便成了一个重灾区。

1939年正月十七,日本人在新华村放火烧了几天几夜。全村90%的建筑被毁坏,近300人死于这场灾难。说来奇怪,在全村所有的建筑中,只有厚之徐公祠保存完好,除有一根柱子被火燎过一节外,其余完整无缺。日本人将祠堂做了指挥所,还在祠堂旁挖了一个地下室,可容纳200人。不烧厚之徐公祠有几个说法,其中一个说法是日本人也认为秦朝东渡东瀛的徐福是他们的祖先,不过笔者觉得最主要的还是厚之徐公祠是日军的指挥据点的原因。

被日本人洗劫一空的新华村,哀鸿遍野,民不聊生,家家户户穷困潦倒。日子实在过不下去,村里派人去邻村借粮借谷种,结果都空手而归。大家都处于困难中,拿不出更多的物资救济他人。于是,村里一批有勇有谋的青年,成立了"集祖堂",想方设法筹集钱粮,靠"集祖堂"一班人的智慧和努力,新华村终于渡过了难关。

过去,村民买卖经营经常去雅瑶聚龙市场,1942年,大陵、三华两个徐姓村民因买卖与当地村民发生口角,结果一去无回头。徐氏族长大发雷霆,立即召集几大房商议,提出建一个自己的市场。通过发动村民集资,他们低价购买了新街火车站对面的一百亩良田,在这里兴建新华市场。新华市场1943年动工,1944年建成。徐氏几大房规定,凡本村人经营买卖生意一律要到新华市场交易,并派人把守路口维持治安。如有人在新华市场方圆五公里内被抢财物,不管是本村人还是外乡人,都可以赔付70%给事主。

传统民俗特色浓

新华徐氏与三华、大华、公益等村的徐氏是一脉相承的,他们的民俗也大多相同。过去,三华村都会汇聚各村的徐姓子弟举行各种活动。从三华出户到大唐边开基的徐厚之后人在每年的端午龙舟赛中,大唐边的龙船"大唐"号,醒狮"同德堂"都表现出众。

徐氏后人的节庆日中,御史大王诞是最热闹的风俗之一。每年的农历九月初九,全村老少都聚集在一起,在村西水仙古庙举行供奉水仙的隆重祭祀活动,搭戏台演大戏,敲锣打鼓舞醒狮,从初八晚上开始,连续3~8天,祈求风调雨顺,国泰民安。这个活动至今已有数百年。新中国成立前,新华村一直都有派人参加这项活动。

新华村村内设有武馆,由武术教练组织青少年习武、学舞狮。过去民间有一句话:"花县一支毕,徐氏打第一",意思是说花县人口最多的村庄是毕村,武功最出色的是徐氏兄弟。民国初期,新

屋顶飞檐、垂带灰塑《卷草》造型生动、线条流畅

门楼灰塑

华村醒狮队"同德堂"年年参与民间的舞狮大赛。"文革"期间这项民俗活动暂停了，直到1983年，新华醒狮队再成立，至今都没有中断。

至于演粤剧，那内容就更多了，1954年，新华市场十年志庆，请来了当时最红的粤港明星出场。当年这些明星非常大牌，除了省城和香港之外，哪里都请不动，有"省港帮不落乡"的说法，但新华村一些人门路广、底气足、经济实力雄厚，一批红遍岭南的粤剧泰斗，如红线女、马师曾等都被请到这里来表演。演出的剧目有《三娘教子》《平贵别窑》《包公案》《和为贵》《西河会》《天姬送子》《六月雪》《六国大封相》等，这些有教育意义的古戏，借古喻今，对社会的稳定和谐非常有意义，这些活动一直流传至今，成为花都宝贵的民俗文化之一。

祠堂文化知识

壁画：是墙壁上的绘画艺术，主要在祠堂的大门之上、厅堂内、两廊的墙檐下绘制，是人们寄托美好愿望、祈福致祥、延续家风、美化建筑的一种艺术形式。

蝙蝠：因"蝠"与"福"谐音因而成为好运气和幸福的象征，人们常以五只蝙蝠表示长寿、富裕、幸福、美德、健康五种天赐之福，配上寿桃寓意五福献寿，配上铜钱寓意福在眼前，配上日出或海浪寓意福如东海，与天官一起寓意天官赐福，与鹿、桃或寿眉一起寓意福禄寿全。

曾氏兄弟　花都兴业

——记莲塘村曾氏和曾氏祠堂

◎罗　马

　　花都区新华街莲塘村共有两座曾氏祠堂，均建于清朝咸丰年间。经过数百年的沧桑变化，两座祠堂都已经变得破旧凋败。2009年，曾氏族人出钱出力，重新修缮了这两座祠堂，复原了原来的面貌。

莲塘村文孙曾公祠

莲塘曾氏的来历

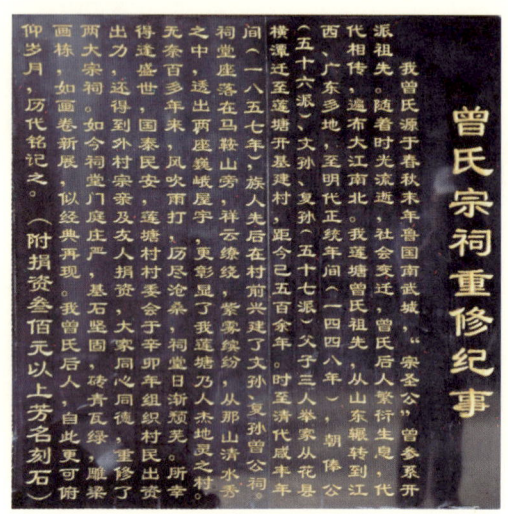

祠堂重修纪事碑

莲塘村曾氏先祖原先一直在山东省济宁地区嘉祥县生活。由一世祖曾子在嘉祥县繁衍至十五世。西汉末年,王莽篡权,曾氏一族为躲避战乱,由十五世祖据公带队,族人一共2000多人向南逃亡。一直逃到江西省吉安地区才安顿下来,在当地繁衍至四十六世。曾氏一家为避战乱南下南雄,所走的道路不经珠玑巷,而是由江西宝昌里的方向进入南雄。第四十六世植公得封为南雄太守。从第四十七世说公开始,曾氏迁往珠江三角洲。说公定居广州甜水巷,后来被封为管理广东、广西盐务的盐官,在怀集县办理公务。卸任后,说公原本打算回江西颐养天年,不过,他走到南雄时便生了重病,经治疗无效去世,葬于宝昌里。说公之子第四十八世泉公过世后,原葬于广州南湖,后迁往现在的花都山前大道。泉公一共有四个儿子,大儿子炳公、二儿子怀公、三儿子机公、四儿子权公。第四十九世机公这个分支,往下繁衍是第五十世洁公、第五十一世骏公、第五十二世铎公、第五十三世宜举、第五十四世约道、第五十五世宗亲、第五十六世朝俸,朝俸在南海生活过,生有两个儿子,大的叫文孙,小的叫复孙。

文孙、复孙均在南海出生。后来,文孙先随父亲朝俸从南海到现花县新华的横潭做生意,再到莲塘村定居。由于经营有方,文孙和父亲的生意做得比较好,随后,弟弟复

文孙曾公祠屋脊灰塑《福禄寿》

孙也来到莲塘村生活，父子三人就团聚在一起了。后来，第五十六世朝俸过世，埋葬在佛冈县高坪墟，也有一些后人为他守墓，迁往高坪墟居住。如今，当地的曾氏后人已有2000多人。

从曾氏一世祖发展到现在，莲塘曾氏一共有

复孙曾公祠

85代了。目前，莲塘村曾氏一族共有6000多人，其中属于文孙后代的有1000多人，属于复孙后代的有4000多人。可惜的是，从第57世之后，便没有族谱了。因此，这之后的世系，基本上就没有留下什么线索。

曾氏祠堂的变迁

据曾氏宗祠重修纪事记载，莲塘曾氏源于春秋末年鲁国南武城，"宗圣公"曾参系开派祖先。随着时光流逝，社会变迁，曾氏后人繁衍生息，代代相传，遍布中国大江南北。莲塘曾氏祖先，从山东辗转到江西、广东等地，至明代正统年间，朝俸公，加上他的儿子文孙、复孙父子三人举家从今花都横潭迁至莲塘开基建村，距今已经有500余年。时至清代咸丰年间，曾氏族人先后在村前兴建了文孙、复孙曾公祠。

祠堂坐落在马鞍山旁，祥云缭绕，紫雾缤纷，从那山清水秀之中，透出两座巍峨屋宇，更彰显了莲塘乃人杰地灵之村。无奈百多年来，风吹雨打，历尽沧桑，祠堂日渐颓芜。所幸得逢盛世，国泰民安，莲塘村委会于2011年组织村民出资出力，还得到外村宗亲及友人捐资，大家同心同德，重修了两大宗祠。如今祠堂门庭庄严，基石坚固，砖青瓦黛，雕梁画栋，如画卷新展，似经典再现。

两座曾氏祠堂当中，复孙曾祠堂前有一个很大的荷花池，文孙祠堂前则没有。两座祠堂大门前，左右两边均立有一个硕大的石鼓，从石鼓上的文字可以看出，这些石鼓是来自广西的曾氏宗亲捐赠的。在两座祠堂前面的小广场上，均竖立有状元旗杆，旗杆用很厚实的石头做基础，上面还刻有图纹，是精美的石雕工艺品。

两座祠堂的建筑结构大方、厚重，祠堂里面的墙上挂满了楹联、牌匾和锦旗，都是祠堂落成时宗亲所赠送的贺礼。祠堂的墙上，还刻有捐资建祠堂的热心人士的名字，留下了特殊的纪念意义。祠堂屋顶用灰塑制作了精美的花鸟图案，造型栩栩如生。

曾氏祠堂的特点

莲塘村曾氏祠堂有几个显著特点：

一是建有两个亲兄弟的祠堂。莲塘村的祠堂有两座，一座是兄文孙的祠堂，一座是弟复孙的祠堂。这两座祠堂相隔不远。复孙的祠堂离迎宾大道近一些，文孙的祠堂则靠近村里面一侧。

二是祠堂内的楹联特别多，粗略统计共有数十条，这些楹联，既将曾氏一族发展的渊源进行了很好的概括，也寄托了后人对于先人的缅怀之情，以及对未来曾氏发展的美好祝愿。而且，这些楹联很多都是祠堂落成时曾氏族人送来道贺的礼物，因此都经过族人精心准备，有的言辞华美，有的书法了得，是岭南传统文化精髓的写照。

比如，佛冈三江曾宗亲赠的"天下斯文宗一贯；古今乔木第三家"、清远龙塘茶湖塘宗亲兄敬贺的"天水育英才德传千秋文章炳蔚爵封流芳；复孙展宏图骏业百世造就辉煌荣耀光宗"、新华大陵村莲溪

复孙曾公祠祠联

社上陵经济社裔孙同贺的"三省吾身孔丘弟子治国平天下；一脉相承儒教名贤忠恕勉后人"、马溪东秀岗"明德堂"敬贺的"莲里生辉人杰地灵宗祠重光传万世；塘村显瑞龙腾凤飞圣祖恩泽福绵长"、番禺曾边村敬贺的"沂水本同源子孙敬仰儒家宣六经传圣道；宗支原一脉昆仲秉承先绪奉三省绍书香"、坭心塘"裕昆堂"敬赠的"复开世业宗亲永固缘族兴隆绵后裔；孙荫子孙大展鸿图荣华富贵振前徽"、南海大沥曾大学堂风雅同人敬贺的"宝地显宗灵棠棣同辉气象堂皇恢祖业；名村多俊杰芝兰并茂源流不息育英才"等。

仔细研读这些楹联，可以发现曾氏一族发展的一些脉络，也可以从中品味出中国汉语言文化的独特魅力。

埠头石雕《衣锦荣归》

祠堂文化知识

匾额： 悬挂于门屏上作装饰之用，反映建筑物名称和性质，是表达人们义理、情感之类的文学艺术形式，是古建筑的必然组成部分，相当于古建筑的眼睛。

博风板： 又称搏缝板、封山板，常用于歇山顶和悬山顶建筑。这些建筑的屋顶两端伸出山墙之外，为了防风雪，用木条钉在檩条顶端，也起到遮挡桁（檩）头的作用。

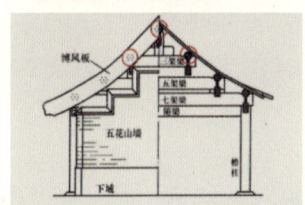

百年沧桑话常氏

——记大陵村常氏大宗祠

◎常国煊

常氏大宗祠坐落在花都区新华街大陵村中陵社,宗祠大门上方,一块花岗岩阴文刻着"常氏大宗祠"五个苍劲有力的楷书,落款是"同治岁在壬申孟秋谷旦立"。常氏大宗祠坐北朝南,门前开阔,正前方是一口鱼塘,祠堂长度约37米,宽12米,总面积450多平方米,原来的祠堂正门口悬挂着一副对联"闽欧崇哲学;汉鼎铸功勋"。这座恢宏的古建筑虽然历经了140多年的沧桑岁月,却保留得颇为完整。

大陵村常氏宗祠

宗祠现状

祠堂的大门是坤甸木制作，高2.90米，脚门高0.90米，门口宽1.70米，可惜那两扇坤甸大门被侵华日寇放火烧了一部分，现在看见的大门其实有四分之一是用杉木修补过的。宗祠三间三进，镬耳山墙，均为"九顺一横"大青砖结构，大方砖铺地，碌灰筒瓦，博古灰塑脊，存有不少已经模糊不清的古典人物或花鸟。进了大门口第一进，原来有一扇屏风挡着天井，现屏风已毁坏，进门便见天井。天井接第一进北瓦面和第二进南瓦面以及两边走廊的雨水，排水口从西边排出；天井两边连着走廊，走廊与天井之间有两根圆形石柱，石柱下面的石墩制造精美别致，上面两个圆鼓中间揸腰，下边是八角方底。天井南边的石柱又别具一格，是方形柱，柱的四边留槽，石墩也是方形的，比柱大一圈，双揸腰。祠堂的第二进是正殿大厅，有四根坤甸金柱，柱墩和天井圆柱石墩基本相同。原来的正殿大厅后方是一面靠背大屏风，多扇屏风门，屏风上方一块大木匾上书"肇彝堂"三个大字，但该屏风和牌匾均不知所踪了。从第二进上第三进要经过两边的半月门，又见一个天井，它比第一个略小。第三进是后殿，比正殿略小，后殿是原来放祖先灵牌的地方，灵牌前有一张大型拜桌，可供多户人家一起放祭品和拜祭。但当年的神主灵牌和拜桌等都在"破四旧"时被毁，再加上"文化大革命"的"洗礼"，祠堂遭遇了极大的破坏，博古脊灰塑的人物花鸟被铲，灰塑砖雕也被毁得差不多，就连正门上方那"常氏大宗祠"几个阴文石刻字也被水泥填没。

常氏大宗祠在新中国成立前曾用作学校，"三达学校"就以常氏大宗祠作校址，该校在县里很有名。前廊原用木栅栏围着，刷着蓝颜色，颇显气派，后被一场龙卷风所毁。新中国成立初，"土改"工作队进村，祠堂经常用作会场。晚上还做过夜校，笔者当时才十二三岁，曾在夜校当过"扫盲"的小老师。农业合作化之后，它的前二进做了中陵社华东队的仓库，第三进做了华西队和华北队的粮仓。改革开放之后，农村有了翻天覆地的变化，祠堂也基本恢复了原貌。当时本村有人在祠堂办起了文化娱乐场所。比如，除了设图书室外，桌球室、电子游戏也进入了祠堂经营，但这些娱乐项目时间一久会影响学生，群众对经营者有意见，家长们经常跑到祠堂找子女。后来经营者也不想得罪自己的叔伯、婶母，只好关门撤走。

祠堂另一个功能就是开办练武馆。新中国成立前就曾邀请过白云区石龙镇沙塘村的谭游师傅来教武术，当时来学武术的人非常踊跃，学"三叉桂耙"的有常灼榕、常福来，学长棍的有常锦澄，学双刀的有常学燎，学"横头凳"的有常湛沂等，他们都是利用农闲晚饭后来到常氏大宗祠跟谭游师傅学习武术。当时，学武的目的除了强身健体之外，主要是为了自卫。因为中陵村较小，男丁长期以来都不足一千人，如果没有出众的武术人才是会被别村的人欺负的，同时也容易被强盗作为偷抢的对象。所以，武馆当时非常兴旺，教武术的师傅很负责，习武的人也很多，而且非常积极。

现在常氏大宗祠还承担着三项主要任务：一是本村常姓族人嫁娶开筵设席的场所；二是练习舞狮以及武术表演的排练场地；三是节假日文艺演出的场地。

常姓溯源

常姓来源传说有两种：一是原为姬姓的周文王第九个儿子卫康叔，受封于"常地"，其子孙以邑为姓；二是皇帝的宰相常先的后人。在广东地区，常姓人较少。其实，从全国来看，常姓族人不算少，据2005年《新百家姓》资料，常姓人排在第87位。

常氏大宗祠是广东一带常姓族人的祖祠，据85岁的常绍芬老人说，广东是"单常独毕"[①]，但凡广东地区姓常的都是由这个祠堂的祖先分支出去的，而这里的常姓族人的开基祖是常有庆，大号肇彝，由明朝景泰至成化年间从江西省吉安府吉水县井头村与一毕姓和潘姓两人（传说是三师徒，姓常的是师傅兼老板，毕、潘二姓两人是伙计与徒弟，也有合作伙伴之说。此传说有误，据毕氏族谱记载，毕村在明朝之前就已迁村）舞猴卖艺南迁，后来到了广东，最先在南海县麻奢落脚，后来又到过清塘，到五世曰仁祖才来到了花县大陵村中陵社繁衍至今。有诗为证："江湖走尽过南湾，海岛经过西游山。千般艰险山岩路，运不通时到处难。欲想回家来相聚，身上无钱鬓已斑。"

[①] 近日由于曾参加过全国常氏宗亲会的湛江常姓族人常肖荣来大陵村寻宗访问才知道广东其实并非"单常独毕"。湛江吴川市樟铺镇常屋村就有常氏族人750多人，他们的远祖为唐末宰相常衮，开基祖为凤岗、凤山两兄弟，从福建迁移至今已有400年左右了。另一处是湛江遂溪县河头镇后沟村，也有常姓族人250多人，他们是出自吴川市一脉，迁居遂溪县河头镇后沟村也有200多年。

常、毕二姓的祖先耍猴卖艺来到广州，一向相处和谐。不管现在说是师徒关系或老板与伙计关系也好，当时他们两家还是非常合得来的。后来慢慢有所发展了，就难免有些摩擦。所谓"天下无不散之筵席"，他们请来了一位道行非凡的地理先生为他们找地方落脚，立村繁衍后代。那地理先生经过多日的查找选定了两个地方：一个叫"金线吊芙蓉"，另一个叫"倒泻箩蟹"。姓毕的让姓常的先选，姓常的觉得"金线吊芙蓉"名字响亮而且好听，便选了现在大陵村中陵社这个地方，谁知"金线吊芙蓉"只是好听而实际上不利繁衍后代；而姓毕的选了"倒泻箩蟹"之后，日后发展迅速，人丁兴旺，正如倒泻箩蟹那样四散乱爬，四处发展。因而现在毕姓的后人，不单在毕村、乐同、大坵甚至狮岭也有不少毕姓后人，而常姓后人总是跳不出中陵社，到现在为止，其男丁人数也只是一千人左右，至于那姓潘的，据说就在南海自立门户了。

　　大陵村常姓的族人也有在结婚时使用字派起个名字的传统，他们的字派一共40个字："有德政保曰，梅悦晓光生。沛先则士君，贤英宏建业。富贵荣华瑞，仁义礼智才。道立文章显，世远利名长。"因此以前的人一般都有两个名字，一个是乳名，一个是结婚时或准备结婚时找全村最有文化的人按字派的排列顺序起个大号，一直沿袭到新中国成立初期。后来一些人认为太迂腐，这个传统就逐渐淡化了。近四五十年，按字派起名的人少之又少，不过最近有些人又想恢复传统，前年有一户常姓族人添了男孙，按顺序排列到"贵"字派，可知已经22传了。

❀ 常姓名人 ❀

　　常姓族人大部分以务农为主，也有一些习武、从商、从医或干其他工作的，这里仅举几例。

　　学武有名的有常澄锦，他当时也是在谭游师傅的门下学武。由于他非常努力，师傅教的套路很快便掌握了，于是他边学边开自己的武馆。其舞狮子技艺相当出众。一次，在新华市（现在花都区新华街所在地）有"一口青"很高（"一口青"也叫"一棵青"，是指南方舞醒狮都用一棵生菜连捆着一封利是，或吊着或绑在横头凳下，或用盆盖着，主要是考验舞狮人的技艺和功夫深浅），很多路过的狮子都只能"张士贵打摩天岭——望下便走"而常澄锦当时是打了四层膊马（最底一层是八仙桌）才采到那口青，说起这事时，现在86岁的常时洛老人还津津乐道，他说是亲眼见的，当时简直轰动了整个新华市。至于有人传说常澄锦采"一口青"时，托着狮头踏着盆沿边舞边起单脚，可能是一些夸张传说吧。如果是真的话，那他的轻功就太厉害了。

从商比较成功的有远近闻名的凉茶鼻祖常炯堂（1888～1974），他原名常炯坤，为人老实敦厚，勤劳俭朴，早年也是在家务农的，后来靠他一手创出来的"快应茶"起家，最兴旺时在广州附近就有15间分店之多。新中国成立后，常炯堂的快应茶与王老吉凉茶等合并为"广东凉茶"。其实常炯堂能够把普通的凉茶做大做成功是有一套的。首先他了解当时广大群众，特别是劳苦大众穷得连三餐温饱也未能解决，他们哪有钱寻医看病呢，一般有点头晕身热，农村的人大多数都是就地取材，拔几样生草药煲一两次便应付过去了。常炯堂知道那便是他要的"凉茶"，因此，他的"快应茶"也就应运而生，再加上那个时候他就懂得做宣传广告，他和王老吉凉茶都曾请人穿彩衣，吹着喇叭，敲锣打鼓做广告。

常炯堂知悭识俭，就算事业成功，他也不像有些人乱挥霍。记得和他打过工的人都说他是"孤寒财主"，不过"孤寒"归"孤寒"，应该用的钱他还是用的。比如，抗战胜利那年，他便花大钱专门从广州请了一场电影回本村放映以表庆祝。那个年代，花县一个小村庄请人来放电影是件了不起的大事。另外他还赞助了不少钱，买了几大捆铁丝网把常姓的中陵社沿着风水基团团围住，为村庄的安全起到了不小的作用，只可惜他那"快应茶"的凉茶品牌没有后人传承，这不能不说是件憾事。

学医较有名的是常子贞（又名常便节，大号常英元），是个老中医，膝下有六男六女，其中六男便有五个子承父业，并颇有建树。

常定邦，又名常达夫（1890～1969），排行第二，他曾在新民埠（现在新华街新街蔬菜批发市场附近）开"大益堂"药店，自己在药店坐诊。他那药店开张的自撰联尤为精彩："大辟园林，遣君子，种银花，不许金缨摇半夏；益精卫国，愿三军，征草寇，岂容木贼匿常山。"这副全是中药名的对联当时到处传颂。20世纪五六十年代，他曾在乐同圩卫生站坐诊至退休。常定邦才思敏捷，文采过人。有一年他在本村任教，他的一副迎娶新娘的对联使这位才子的名气不胫而走。当时男女结婚，男方迎娶新娘时要由男方出一上联用"彩旗"的形式送到女方，然后再由女方根据男方上联的内容对下联，又以"彩旗"的形式回赠。那年是大陵常姓男子娶田美杜姓女孩,常定邦的上联是"十口便为田,土木繁荣生的美"。当时常定邦怕对方对得不工整,便写好下联暗中送去,如果对不上则用他下联:"一人成器大,平原广阔尽为陵"。原来这副对联不但暗藏大陵与田美联姻,而且连常姓与杜姓也暗藏其中,的确堪称一副佳对。

还有一次,村中一位做石灰窑的兄弟叫他帮忙在卖石灰的地方题诗一首,只见他提笔沉思片刻然后一挥而就:"宝藏深处今见天,丰谷五登年复年。窑设新街偏西面,有人帮衬便行前。石块入窑经火炼,灰烧到透可肥田。发财也要求公道,客来取货价从廉。"原来那位兄弟的石灰窑叫"宝丰窑",仔细一看,常定邦题的是一首藏头诗"宝丰窑有石灰发客"。

常定邦可说是多才多艺,书法以楷书见长,可惜传世不多,现在仅存村里武术队那个大木箱上面"常肇彝堂"几个楷书便是他的笔迹。常定邦练就一身铁头功,年轻时经常头碎青砖,新中国成立后村里开文艺晚会,他都会不请自来,必然即兴表演,他要观众随便拾一块完整的砖,验过不是作假的之后,再气运丹田,用力拍到自己的头上,手起砖落,砖头应声一分为二。后来到了20世纪60年代,他还要逞强表演,节目主持人觉得他太老了,怕出意外便和观众一起制止他的好胜行为。

常定邦为人耿直、豪爽、好打不平,在家里也是天不怕地不怕的,有一年他拔枪打父亲,事后有关当局传常定邦到案,他不慌不忙从口袋掏出两张女人照片说:"我知你们会问我为什么父亲都敢打,其实我不是真的打,要是真的打一枪必死无疑,我只是向天开枪,警吓他一下,因为他轻妻重妾。"这样当局不但没有处理常定邦,反将他的父亲拘留和处罚。

常定材(又名常栋石)排行第三,也是个老中医,曾在广州抗日路(现在的和平路)设馆行医,颇负盛名。新中国成立后,回到原籍,在大陵卫生站服务于本村及附近的群众,在20世纪60年代他治眼疾堪称一流,来找他看眼疾的人络绎不绝,经常要排长队挂号看病。有些来看病的人来时还看不到东西,滴过他秘制的眼药水之后便可以看到东西了,人们都连连称赞遇到神医圣手。

常定君(又名常伯炎)排行第六,他除了得到父亲的祖传之外,20世纪50年代已经是40多岁的他还被联合诊所派往省中医学院进修。毕业后,他主攻中西医结合疗法。20世纪五六十年代时曾当选为花县人大代表,后来被派往狮岭镇长岗卫生所,在那里有

10多年的工作经历。因而长岗、石岗、罗仙、杨屋、东边村一带上了年纪的老人家提起常医生,几乎个个竖起大拇指称赞,特别是一些妇女,有的说"只要被常医生把把脉,小孩的病便差不多好了八成"。常定君医生的名字可以说是名噪一时。

常定彪、常定安去了香港,也是从事中医行业,他们很少回故乡,有些从香港回来的乡亲都说他们干得不错。

常氏族人虽未出什么大官,但在当地县、镇(公社)当干部的也有不少,常咏基算是常氏族人的干部之长者。二十世纪七八十年代时已经是十七级干部。1931年,他出生于大陵村中陵社,毕业于勤勤学校(广州师范学校前身),在学校就参加了中共领导的学生组织。

新中国成立后,他由组织安排前往北京中央团校学习,并加入了中国共产党,学成回到广州后就职于共青团系统。分别在越秀区团委、团市委等部门工作过。20世纪60年代伊始,他进入了中共广州市委工作。

海外常氏族人较为出息并颇有名气的应算是常庚源,他身高1.8米,自幼习武,四肢粗壮,力大如牛,是块习武的好料子。常庚源因家境贫寒而于20世纪20年代便漂洋过海到了新加坡谋生,当初以为家族在新加坡有很多物业可以继承,但发现只是一些胡椒和橡胶树。由于经营困难,销路也不大,常庚源便收拾残局转去马来西亚发展。

在马来西亚,常庚源开设武馆授徒,收的徒弟有二三百人。二十世纪七八十年代,印尼和越南相继排华,常庚源曾到各车站、码头看看是否有常姓族人逃来避难,并吩咐他的手下:"凡是姓常的,不管是谁都要好好地接待。"他为人豪爽,武术馆也较为出名,因而当上了当地华人醒狮团的团长。

祠堂文化知识

博古架:室内陈列古玩珍宝的多层木架,每层形状不规则,中分不同样式的许多层小格,格内可陈设各种古玩、器皿,前后均敞开,无板壁封挡,便于从各个位置观赏架上放置的器物。

博古脊:借鉴博古架的艺术形式,采用灰塑艺术装饰屋脊,造型丰富,寓意吉祥,极具美学内涵,脊饰由最初压住瓦片和房脊收口的功能逐步发展成装饰美化的作用。

开枝散叶 自成一族

——记钟村钟氏祠堂

◎郭利群 钟桂潮

钟村并不是一个行政村，而是新华街新街村下属的一个自然村。钟村经济社有6个生产队，面积约10万平方米，村民有500多户，2000人左右，村民大多数姓钟。作为花都曾经的繁华之地和交通要津，钟村有着丰富的历史故事。如今，广州北站新城规划约10平

钟村钟氏大宗祠、玉成钟公祠

方公里，将作为广河高铁、广湛高铁的始发站，建成后将是普铁、高铁、城轨的铁路交会站，并成为亚太地区大型综合交通枢纽之一。而钟村部分区域恰好在规划之内，钟村将迎来重大的发展机遇。

立村故事

明末清初，南海大沥龙腹村钟骏豪的第三个儿子钟玉成随母亲欧阳氏外出谋生，走到现钟村的这个地方，觉得环境不错就安定下来。玉成公便成为钟村的开基祖，至今约有500年的历史。而钟玉成的两个哥哥钟金成和钟宝成则留在大沥。钟村钟氏族谱失传，据说新中国成立前，掌管族谱的族人把族谱卷走，以至于到现在钟氏族谱下落不明。因年代久远，钟氏的历史资料散失不详。笔者通过村中老人介绍以及祠堂牌位的文字记载，了解到一些情况。

据老人所述，玉成公和母亲初到现钟村这个地方，人生地不熟，靠给人打砖瓦、看牛为生，生活艰苦。但玉成公勤恳老实，后被四和村的有钱人曾氏看中，认他做契仔（干儿子）。从那以后，玉成公不再被认为是外乡人，他有了社会地位，也有了田地。于是，他更加勤恳，努力发家置业。经过钟氏人代代相传，如今开枝散叶，自成一族，成为新街村重要的一个姓氏。钟村开始并没有名字，后来因一间小卖铺而叫铺头村，又因钟氏族人越发壮大，便改名为钟村，并沿用至今。

钟氏祠堂

钟村有两座并联的祠堂，一座是钟氏大宗祠，另一座是为开基祖而建的玉成钟公祠。钟村的祠堂见证着历史的变迁。据了解，原钟氏大宗祠始建于明朝，墙基由稀有的红砂岩建成。日寇侵华期间，日军把钟氏大宗祠的砖头、木块、横梁等拆掉，用于修建军营和碉堡，并放火烧毁了祠堂。后一直未复建，原址现已用作修建村道。而现作为钟氏大宗祠和玉成钟公祠前身的琼甫钟公祠和伯俊钟公祠则作为日军的大本营而保存。

玉成公有三子，分别是肖兄、肖弟、肖义，其孙琼甫、侄子伯俊分别修建有琼甫钟公祠和伯俊钟公祠，两座祠堂并联一起。伯俊钟公祠于清道光二十年（1840）重建，坐西向东，三间三进，建筑面积431平方米。琼甫钟公祠始建年代不详，钟村祠堂因年久失修，呈现破落之景，2007年8月，钟氏族人为追宗溯源，由时任村委书记钟国伦牵头，筹集善款并商量决定，将琼甫钟公祠按原有地基规模修建为钟氏大宗祠，并把顶梁柱升高60厘米；伯俊钟公祠则改建为玉成钟公祠。如今，琼甫钟公祠和伯俊钟公祠的牌匾镶嵌在钟氏大宗祠后座的墙上，但因牌匾不全，伯俊钟公祠的建设时间已不可辨。

2008年2月2日（农历十二月二十七日），春节来临之际，钟氏大宗祠和玉成钟公祠重建落成，来自该村及海内外的宗亲3000多人欢聚一堂，共庆钟氏宗祠重光，村民自发组成文艺演出队表演节目，还专门从佛山请来"少年黄飞鸿"醒狮队表演，并给村民发利是，提前过年，共叙兄弟情义。

墀头砖雕

如今的钟氏大宗祠和玉成钟公祠屹立在钟村，庄严又不失典雅。钟氏大宗祠三进三间格局，博古脊、人字墙，虾公梁上的石狮子栩栩如生。祠堂前的广场上有两只强壮威武的石狮子正对着玉成钟公祠，一公一母两相对望分置于入口两侧，左边是雄狮，前右足握着一圆球；右边是母狮，前左足握有小狮。狮子是兽中之王，霸气之兽，祠堂前摆设狮子，有尊贵和威严、辟邪显威风的作用。广场边上有旗杆夹，是为狮岭义山村钟克猷而立。

钟克猷勤奋苦读，取得功名，钦赐翰林院编修职，官阶四品。旧时修建祠堂严格，需要族人出名人或大官才有资格，钟村便借同姓兄弟狮岭义山村钟克猷的名气，修建钟氏大宗祠。而事实上，钟村钟氏属于钟姓接系分支，义山村钟氏则属于钟姓烈系分支，但钟氏兄弟一家亲，他们仍然保持良好的兄弟关系。

据村中老人讲述，位于钟村南面的新街河边原有一座600平方米的洪圣古庙，修建年代不详，新中国成立前香火旺盛，附近来此上香求佛的村民络绎不绝，后在1952年，村里因兴修水利缺乏建筑材料，将其拆除，从此古庙不复存在。

曾是交通要道

钟村曾经是花都重要的交通要道。流经钟村有一条新街河，是白坭水下游水量最大的一条支流，具有防洪排涝的功能。新街河是一条运输河，新街渡就位于钟村辖区内。洪秀全故乡官禄㘵村曾流传一首民谣："官禄㘵，官禄㘵，食粥送薯芋；乌蝇咬粒饭，追到新街渡。"可见新街渡是当时水上交通的重要码头，也因此新街渡曾带给钟村一时的繁华。对于新街渡的繁华景象，曾有人作此描写："这是个很具岭南特色的地方，村四围有防盗匪的碉楼，街道上有门前标写着'谈话处'的鸦片烟馆、众多经营香烛纸箔的铺面，家家供奉着天后圣母，还有吃小狗的习俗，有枝叶独异的南方植物等。"

1916年，粤汉铁路南段建成通车，途经钟村。据80岁老人钟沛洪讲述，他常听父亲回忆起，粤汉铁路通车那天，第一次听到火车鸣笛声，村中的大人小孩都非常好奇，纷纷到铁路边观看。而当时，他父亲也才10岁。

20世纪二三十年代，钟村依托新街渡的交通优势，商业繁荣，但治安问题也随之而来，偷、抢村民财物的事时有发生，族人生命安全受到威胁。族中热心商人，怡安百货用品的钟老板得知此情况后，发动族中经商有钱人筹资在钟村四周修建了四个炮楼，并买枪支安排人在炮楼值班，保证族人的安全。这些善举得到族人的大加赞许。

抗战轶事

抗日战争时期，钟村成了重灾区。

1937年，当时钟沛洪刚出生不到一个月，长大后听父亲讲述抗战往事。日本人深知宗祠对族人的重要性，所以他们首要目标是烧毁钟氏大宗祠，霸占其他宗祠作为大本营，以示威严。除此之外，日本人无恶不作，烧民房，抓民众，村民们吓得四处逃难。钟沛洪母亲抱着他，随逃难的村民一起跑到炭步钟边村钟氏兄弟处，过了两天，得知村中慢慢平静下来，才敢回去。

日本人霸占新街村，目的是想堵住中国人通过粤汉铁路、新街渡运输物资，截断通道，并以钟村为中线，西南方向是日军的驻地，而村民则被赶到另一边临时居住，同时还以发良民证为由强迫村民归顺他们，稳定民心，并要求村民给他们养马、种田等。其中有一个十岁的男孩名叫

墙上的灰塑装饰

钟阳九，发良民证时日军看他良民证上写着"钟阳九十岁"，便上下打量钟阳九，然后边骂边给他一个大耳光，意思是"你个毛头小孩竟然说自己九十岁！"手无寸铁的村民受难于日军，却也难以反抗，只能在他们的暴虐下屈服。

钟氏族人虽然表面对日军无可奈何，内心却满腔热血，目睹自己的家乡、亲人被日军糟蹋，原本美好的生活被破坏，有些青壮年便悄悄地进行地下活动，钟耀炳便是他们的其中一员。1924年出生的钟耀炳，日军入侵的时候才13岁，他虽年少却机智勇敢，与同村族人钟伯祥一起密谋商量，趁敌人不留意的时候偷偷进入日军的营房，把枪支拿出

来给村民，以组织抗战活动。钟耀炳的壮举被大家所熟知，1950年他被收编到花县县大队工作，可参加工作后不久，便在狮岭剿匪战斗中壮烈牺牲，后被追认为烈士。如今，花都烈士陵园的英雄碑上刻着他的名字。

钟沛洪老人经历过抗日战争，死里逃生。在他十二三岁的时候，父亲因病去世，留下母亲和一个弟弟，他成为家中的顶梁柱，年纪轻轻就帮人干苦活来养家。他勤劳不怕苦，后加入村里的青年队，成为主力队员，在一日只能吃四两（旧时16两为1市斤）米饭的情况下，仍然努力参加社会建设活动。艰苦的岁月终于过去，如今，钟村族人过上了美好的生活。

现钟村有位80多岁高龄的老党员钟伯滔，曾在1958年至1989年间任新街村党支部书记，是带领钟村村民发家致富的领头人。钟伯滔曾在1978年当选为全国人大代表，出席当年2月26日至3月5日在北京召开的第五届全国人民代表大会。20世纪60年代，当时的湖南省委领导带领干部来广东参观学习农业生产经验，也来到了钟村，对钟村的工作给予了肯定和赞赏。

祠堂文化知识

波浪形山墙：也称水纹山墙，造型起伏有致，讲究对称，起伏多为三级，实际是镬耳墙的变形，又像古代的官帽，因此有镇火避灾之功，有步步高升之意。

祠联：用于祠堂的对联，分别悬挂在大门两侧、柱子或两侧墙壁上，用以昭示先贤的美德和丰功伟绩，传递宗族思想及行为规范，具有敦亲睦族、弘扬正道、启迪后人、催人向上的重要作用。

繁华街市藏古风

——田美村刘氏宗祠初探

◎ 刘武松

只要路过花都区新华街曙光路的人,都会被马路中段东侧一栋青砖黑瓦仿古建筑所吸引,这就是花都有名的田美村刘氏宗祠。刘氏宗祠坐落在高楼林立的城市中心,主体建筑面积1000多平方米,是中国传统的四合院建筑结构。

田美村刘氏宗祠

刘氏宗祠全景

走近田美刘氏宗祠，首先映入眼帘的是两根高大挺拔的旗杆，那是岭南刘氏家族的荣耀。旗杆夹上镌刻着"钦点殿试二甲第三名刘凤翔御前花翎侍卫，光绪二十年甲午恩科会试第三名"（刘凤翔是南海人，岭南有借同姓同宗名人光耀门楣之风）。旗杆之间建有长方形水池，内置石山，为风水之池，祈求刘氏子孙五谷丰登、长盛不衰。水池靠宗祠一边，建有祭祖台，形似古代官帽。台上设有香炉，那是宗祠举办重大活动时祭祖焚香的地方。

绕过祭祖台，走过广场，便是宗祠主体建筑了。听田美刘氏老人讲，老祠堂前原来有个很大的水塘，城市扩建后成了现在的曙光路。

宗祠闹市添美景

田美刘氏很注重宗祠建设，100多年前就在田美村建起了名为"藜照堂"的刘氏宗祠，由于年久失修，20世纪60年代被龙卷风吹垮，一直没人重修。1983年，原刘氏宗祠地方改建为田美第二小学；2005年，田美第一、第二小学合并，第二小学迁往第一小学。后经广大刘氏宗亲强烈要求，最后决定在原田美二小校址（田美刘氏宗祠旧址）上复建田美刘氏宗祠。

田美刘氏宗祠的重建，由刘炽伙、刘钢多、刘端源、刘兆权和刘端田等田美刘氏宗亲鼎力筹划和推进，得到了国内外刘氏宗亲的大力支持。他们有钱出钱，有力出力，经过一年多的努力，一座古朴、宏伟、庄严的田美刘氏宗祠重新坐落在繁华的新华街曙光路中段，成了花都城区的一大人文景观。

　　刘氏宗祠于2006年2月奠基，2007年11月竣工，同月17日举办了盛大的落成庆典。有8个国家和地区、12个省市代表团和附近刘氏兄弟及关、张、赵、马、黄等异姓兄弟几十个村的代表参加了庆典。为什么庆典仪式会有关、张、赵、马、黄等异姓？这源于刘关张（刘备、关羽、张飞）桃园三结义和刘备手下五虎将（关羽、张飞、赵云、马超、黄忠）的故事。庆典还特地邀请了世界刘氏联谊会主席、马来西亚工商联合会署理会长、拿督刘南辉宗长，文莱关英才主席、江西老红军刘嘉祺宗长等担任主祭，设筵3680席，连庆3天，盛况空前，热闹非凡，影响之大，史无前例。

　　宗祠为三间三进两衬祠制式，镬耳封火山墙，砖木结构，青砖黑瓦，古色古香，属于典型的岭南祠堂建筑风格。

　　宗祠大门宽大气派，"刘氏宗祠"四个蓝漆大字让人肃然起敬，更让人敬仰的还是大门两边那副苍劲有力、享誉中外的名联"彭城世胄；蔾照家声"。此联向世人昭示：田美刘氏，源自彭城（今徐州），刘邦后裔，赫赫皇族。在宗祠大门的两侧左右各有一条花岗岩虾公梁，格外显目，加上由狮子承重，融艺术与力学为一体，充分体现了我国古代建筑的科学和精美。

　　祠堂屋脊装饰更是美轮美奂。整条屋脊以博古架为基调，以灰塑图案为主，不但雕塑了许多花草人物故事，还在屋脊上雕塑了一对活灵活现、口吐红珠、尾指苍穹的金色鳌鱼，预示着刘家子孙事业发达，独占鳌头。

　　祠堂衬祠上的灰塑壁画也是栩栩如生，让人流连忘返。右边衬祠灰塑为"麒麟吐书"，黑色的背景下，一头威猛的金色麒麟散开四肢，张开金口，吐出了一卷图书，教育刘氏后人要刻苦用功，发奋读书，考取功名，光宗耀祖。在麒麟的四周，还有五只翩翩起舞的蝙蝠，预示着五福临门，福星高照，护佑刘氏世代昌盛。

　　左边衬祠壁画为"五伦全图"。墙壁上雕塑着五只形态各异的神兽，她们分别代表着"君臣、父子、兄弟、夫妇、朋友"这五种人伦关系。告诫刘氏后人要遵循"君臣有义，父子有亲，夫妇有别，长幼有序，朋友有信"的伦理道德，为国家、为社会、为家族、为家庭做出自己的贡献。

祠堂内的灰塑壁画更是随处可见，集中反映了刘氏家族的辉煌和荣耀。其中有汉高祖刘邦"斩蛇起义"、东汉开国皇帝刘秀"勤于政事"、三国蜀汉昭烈皇帝刘备"桃园结义"等脍炙人口的故事。

走进宗祠大门，走过第一座天井，就进入了藜照堂。"藜照堂"是刘氏宗祠最为著名的堂号，堂号来自刘向燃藜夜读的典故。藜是一种植物，可燃。刘向为楚元王刘交（刘邦之弟）的四世孙，彭城人，西汉著名文学家和经学家。

传说有一天，刘向在天禄阁校书至深夜，当烛尽灯灭之后，仍不肯就寝，就在暗室中背诵经书。忽有一黄衣老者，手拄青藜杖叩门而进，接着将手中青藜杖顶端一吹，藜杖竟然燃烧起来，发出光芒，照亮了暗室。刘向见状，对老人肃然起敬，并施礼相迎，询问老人尊姓大名。老人答道："我乃太乙之精，闻知卯金氏之子好学，特来视察。现赠你《洪范五行》之文。"老人说完，从怀中取出一卷简牍，传授给刘向。此后，刘向果然成为一代著名学者宗师，在中国文化史上建立了不朽伟业。

刘氏后人为了纪念这一燃藜夜读的神奇传说，鼓励族人发奋读书，就以"藜照堂"

内景

作为堂号。

缘出这一典故的刘姓堂号，除了"藜照堂"外，还有很多，诸如青藜堂、藜阁堂、燃藜堂、光藜堂、藜光堂、尚藜堂、宝藜堂、天禄堂、禄阁堂、校书堂、太乙堂、传经堂、授经堂等。藜照堂及与此相近的堂号，不只在刘向后裔彭城刘氏宗派中，在中国南北各地各宗派刘氏后裔中都被广泛使用，该堂号已成了刘姓的标志之一。

中堂

堂内除了高悬房顶的"藜照堂"三个镏金黑漆大字外，并无他物，唯有十来幅巨联满堂增辉。其中有副对联让人过目不忘"上下五千年刘氏后裔人才辈出兴家国；方圆千万里彭城子嗣名流争艳振陶唐"。此联气势磅礴、情深意长，自豪之情跃然纸上，不失为一副好联。藜照堂后面就是祭祖堂。抬头望去，"共铸汉魂"四个古隶苍劲有力，动人心魄，不得不令你想起四百多年汉朝江山的巍峨，大汉王朝的强盛和"犯我大汉天威者，虽远必诛"的霸气。

刘族家训发人深省

刘氏宗祠供奉的是田美刘氏祖先牌位，其中有刘氏太始祖源明公、田美刘氏大明开基祖元卿公、田美刘氏大明二世祖满堂公及田美刘氏大明三世祖德山公、万山公、富山公和茂山公的牌位。

祖先牌位前设有祭坛，供田美刘氏子孙逢年过节或操办婚事祭祖之用。在祖先牌位的右侧，还悬挂着一张刘广传夫妇的画像。刘广传为刘开七之子，开七公被广东刘氏族人共尊为入粤始祖。

据文献资料记载，开七公乃汉高祖刘邦重孙中山靖王刘胜后裔，中祖为蜀汉昭烈皇帝刘备。福建汀州府（今三明市）人，南宋末年任广东潮州都统制，镇守粤东，保境安民，屡建奇功，后在歼灭黄彦章贼寇的战斗中不幸遭贼暗算，为国捐躯。国家为表彰开七公的丰功伟绩，将其厚葬于广东梅州兴宁北厢，并建祠纪念。其祠规模宏大，建制庄严，布局对称，气势磅礴，是兴宁市重点文物保护单位。

广传公于南宋嘉定元年出生在福建汀州府，27岁登进士第，官授江西瑞金县令，后擢迁为奉议郎（正四品），卒于京职。娶妻马夫人、杨夫人。生14子：巨源、巨渌、巨洲、巨渊、巨海、巨浪、巨波、巨涟、巨江、巨淮、巨河、巨汉、巨浩、巨深。其中三县令、五道府、二大夫、一提学、一都运、一按察、一京师九门大都督。田美刘氏为广传公第十二子巨汉公后裔。现在花都刘氏，基本为广传公之后裔。

广传公所生十四子及其后裔之所以能发扬光大，成为全球最重要、最庞大、最具开拓精神的宗族，主要原因就在于刘氏家族有严格的家训。刘氏家训共13条，即"敦孝弟、睦亲族、和乡邻、明礼让、务本业、端士品、隆师道、修坟墓、戒争讼、戒赌博、戒淫恶、戒犯上、戒轻谱"，条条富有哲理，句句发人深省。

在田美刘氏祖堂里，还有一副温馨感人、宗情浓溢、催人奋进的对联"一脉系宗枝共绘宏图田美扬鞭致富路；千秋承祖荫同操伟业五丰跃马达康途"。此联镶嵌了"五丰""田美"这两条村名，暗示了他们的渊源，更显示了他们相互鼓励，相互支持，共同发展，共创辉煌的雄心和壮志。

庄主招婿留美名

说起田美刘氏的来历，还有一段"庄主招婿"的佳话。在1545年前后（明朝嘉靖年间），田美村还没有刘氏，这里住着邓氏家族。有天中午，田美来了一位卖缸的小伙子，由于天热肚饿，就坐在邓庄主门前休息。邓庄主是位大好人，发现这位帅气憨实的卖缸青年后，连忙叫人倒水送茶，好生热情。

就这样一来二往，这位卖缸的小伙子慢慢和田美村的人混熟了，同时也赢得了邓氏族人的好评。不久由邓庄主做媒，将本族一位邓氏女孩嫁给了这位卖缸青年。这位卖缸青年就是身居神山五丰村（今白云区江高镇）的刘满堂，其父刘元卿则为田美刘氏的开基始祖。

满堂公老家条件不好,田少地瘦,日子过得艰难。满堂公的妻子过不惯这样艰苦的生活,每次回娘家都要向家人族人哭诉。女儿的困境终于打动了家人和邓氏族人,他们同意满堂公一家迁来田美生活。于是,满堂公便在田美村安营扎寨,开始了新的生活。所以田美邓氏和田美刘氏是翁婿关系,世代友好。

满堂公老实、勤奋,脑子又活,深得田美村人的信任和帮助。没几年工夫,他就在田美扎下了根,并生下了德山、万山、富山、茂山4个儿子。再经过几百年生息繁衍、开枝散叶,终于成为广州刘氏的一支旺族。到目前为止,满堂公后人已达5400多人,本村3700多人,分支到从化左村及其他地方1700多人。

中堂悬挂的祠联

爱国爱民传佳话

几百年来,田美刘氏爱国爱家,坚强团结,不屈不挠,敢于与外来侵略者进行殊死搏斗,留下了许多可歌可泣的爱国护村故事。早在清末广州三元里抗英斗争中,就有许多田美刘氏族人奋战的身影。

特别是在抗日战争时期,田美刘氏更是不惧日寇淫威,积极配合国军与日寇作战。有次,他们配合国军便衣队,成功将汉奸曾辉击毙于老鼠庄前的河涌下。日寇为了报复田美刘氏,竟将刘氏族人全部赶至宗祠广场,周边架起机枪,场内布满狼狗,追查配合国军击毙汉奸的村民。在机枪和刺刀面前,田美刘氏族人大义凛然,视死如归,没有一人告密。日寇恼羞成怒,竟向手无寸铁的群众开枪扫射,有4人当场壮烈牺牲,另有不少刘氏族人受伤,连村边拴在树上的几头大水牛也纷纷扯断绳索向村外狂奔,可见日寇之残酷。据田美刘氏老人反映,整个抗日战争时期,光田美刘氏一族就有几十人被日寇迫害致死,在田美的土地上有日本侵略者永远还不清的血债。

日本兵杀人还不解恨,还对田美刘氏宗祠下了毒手。他们用军马绑绳将刘氏宗祠拉倒,砖石和房梁则运去修筑炮楼,对付国军和抗日群众。

新中国成立后,田美刘氏枝繁叶茂,人丁兴旺,团结和谐,发展迅猛,很快就成为花都乃至广州刘氏宗亲的一支旺族,成为花都农村经济发展的一面旗帜。在田美刘氏近年发展壮大的过程中,有两位族人受到了田美刘氏的普遍称赞。一位是原村党支部书记刘炽伙,一位是村医刘德烈。

1952年出生的刘炽伙曾在部队服役4年,退伍后就进入了村委班子,先后任民兵营长、团支部书记,1989年被选为村长,同年还被选为花都区人大代表,2005年任村党支部书记。刘炽伙为人正派,工作能力强,他以"为官一任,造福乡村"为己任,带领村委一班人为田美经济腾飞做出了突出贡献。其事迹先后被《广东楷模》《时代先锋》《南粤风采》等刊物发表,还被省市有关单位评为"推动广东农村经济发展带头人"。

同时,刘炽伙热心宗祠建设,积极为广州刘氏联谊会的组建日夜奔走,并兼任广州刘氏联谊会会长。为了早日修复田美刘氏宗祠,他动员各方力量,带头和发动广大刘氏宗亲捐钱捐物,仅花了一年多的时间,就复建了让无数路人称赞不已的田美刘氏宗祠。

村医刘德烈(1937~2011)出生于医生世家,受父辈的影响,从小就对医学产生了浓厚兴趣,他喜欢钻研《本草纲目》,立志当一名好医生。由于家庭困难,他没有正规系统学习过中医,但他虚心好学,积极向老中医学习,很快就积累了丰富的中医理论和实践经验,后来被推荐到村里当了一名村医,成了村里信得过的"赤脚医生"。农村医疗制度改革后,刘德烈又办起了私人诊所,继续为村民和外来务工人员服务。私人诊所收入微薄,但他还经常免费为困难村民和孤寡老人看病治病,深受好评。

几十年的从医经验使刘德烈的医术日臻成熟,成了远近闻名的老中医,每周都有从珠海、清远、顺德、东莞等地慕名而来的患者,他总是热情接待,认真诊断,受到了病人的普遍称赞。有位患者还为刘德烈医生写下了一首赞美诗"从事行医六十载，诚恳待人品德高。医术高明传四方，留得美誉在人间"，这就是对刘德烈医生最好的评价。

如今，田美刘氏乘着改革开放，特别是创建全国文明城市的东风，已经走上了致富的康庄大道。昔日破房连片的农村，现在已经变成了高楼林立

墙楣灰塑《五伦全图》

的城区；昔日手头紧巴的村民，现在很多已是腰缠万贯的老板。田美刘氏的变化，离不开地理优势，更离不开田美刘氏的勤劳和奋发。

田美刘氏的巨大变化不但引来了邻近宗亲的热捧，还引起了原国家主席刘少奇长女刘爱琴女士的关注。2009年11月26日，刘爱琴女士专程从北京来到田美刘氏宗祠参观访问，对田美刘氏宗祠建设和经济发展大加赞赏，并希望田美刘氏传承刘氏先祖治家创业精神，再接再厉，勇攀高峰，为刘氏家族增光添彩。

祠堂文化知识

墀头： 山墙的侧面在连檐与拔檐砖之间嵌放一块雕刻花纹或人物的戗脊砖，有很强的美化装饰作用。

彩绘： 常用于传统建筑上绘制的装饰画，主要绘于梁和枋、柱头、窗棂、门扇、雀替、斗拱、墙壁、天花、瓜筒、角梁、椽子、栏杆等建筑木构件上，以梁枋部位为主，成语"雕梁画栋"由此而来。

忠孝为宝　经史为田

——探访田美村杜氏宗祠

◎袁　野

杜氏宗祠坐落在新华街田美村曙光路旁。一个阳光明媚的秋日，在热闹的村庄里兜兜转转，越过"回味园"，穿过一个狭小的胡同，来到一池秋水前，一座古色古香的祠堂临池而立，"杜氏宗祠"四个大字映入眼帘。大门两侧写着"宝田世胄；诗酒家声"，颇有气势。

田美村杜氏宗祠

祖宗之物不可弃

杜氏宗祠始建于哪一年已无从考证。清道光八年（1828）重建，光绪十八年（1892）重修过一次，历经百年，垣残瓦漏。1995年，祠堂第二次重修。2008年，被定为花都区登记保护文物单位。据祠堂里一位老人介绍，祠堂后面原来是一片龙眼园，旁边还有风水池。不难想象，当时一定郁郁葱葱，散发着幽雅静谧的庄严气息。现在，祠堂后面仍有两棵超过百年的龙眼树，祠堂前面的一棵不久前被雷劈中，黑色苍老的树干显得很凄凉，老人感叹说："老祖宗留下的好东西，我们后人尽最大努力能保存多久就保存多久。"

杜氏宗祠全为青砖墙建造，木雕精美，造工精细，据说祠堂原来设计为三进两衬，由于祠堂北边几户人家可能比较穷困，所以只建成了一边衬祠，杜氏中的老人多次叮嘱后辈，有条件一定要完成北边衬祠的建造工作，但由于种种原因直到现在仍未建成。

祠堂的木雕是少有的精致，正门左右雕刻的分别是两台戏"郭子仪祝寿"和"荆轲刺秦王"。人物栩栩如生，物品繁复有序。祠堂在刚解放时期用作供销社，1958年"大跃进"时期又作为临时安置点，几经变迁，人多事杂，部分木雕已被毁掉，但仍看得出木雕的内容。

走进门内，有点眼花缭乱，边墙上被壁画和诗文排得满满的，李白、杜甫、张志和、白居易的千古绝唱，用白底黑字表达得张扬又醒目。壁画有《公孙玩乐图》《景阳冈》《龙女牧羊》《玉麟全图》以及一些花鸟鱼虫，重新粉刷描绘后色彩很鲜艳，与陈旧的灰沙墙形成鲜明对比。

二进门内，"崇敬堂"三个字充分表达了杜氏后人敬宗念祖、饮水思源的至情。屋中四根木柱支撑着屋梁，也支撑着杜氏子孙团结互助、奋发图强的精神。

再往里走到三进门，就是供奉祖宗牌位的地方了，左右各有一扇石门，门头上分别刻着"桂馥"和"兰馨"，寄托着祖宗对儿孙显贵发达的期望和儿孙们祈求祖宗保佑后代繁荣昌盛的深切意愿。

站在祠堂中间朝外看，门前房顶上是二龙戏珠，在蓝天白云的映衬下，好不热闹，据说这是1995年重新修建的时候加上去的。门后房顶上则是一艘船，寓意老祖宗是乘船牧鸭而来。

前廊梁架精美的木雕

关于杜氏宗祠两边山墙上无大"镬耳"、门前无旗杆之说,一些人认为是族里没有出过举人以上的大官。据族里老前辈们说,祠堂门前原来至少有两条以上旗杆,有石凿字碑,以石砌方台而竖之,现已不见踪影。现在宝田小学围墙内左侧仍然存放着一块碑,上书"光绪二十一年第四名举人杜逢春殿试钦点蓝翎侍卫"。另外族谱中科甲儒士芳名中亦有多举人,(当然,族谱中提到的多名举人也有东莞的、南海的,包括上述的武进士等。)所以无旗杆之说不成立。至于无大"镬耳"之说,据族里老人解析:祖先杜文广当初为牧鸭而来,由白沙用小船顺河而上,故祠堂中、后座脊均造成船只模样;另说杜姓与渡谐音,不能在镬(死水一潭)中行驶而被困,所以山墙不建成"镬耳"状。

源远流长六百年

田美也叫田溪,原属番禺地,清朝于康熙二十五年(1686)建立花县,田美划入其范围,为南部与番禺县接壤的边界乡村。田美新村和番禺邝家庄农田交错,并无明显的界限标记,村里旧日武馆的醒狮、大鼓、彩旗和牌旗等物,都用"花邑田溪"字样标识所属乡族。现在的田美在称谓上和文字应用方面,虽另有"田溪"的别名,但现时的田美仍是正式名称。

花都田美杜氏历来以南海白沙杜旻智(号磐天)为始祖,四世祖杜文广(号公卿),于元朝至正二十年(1360)从南海白沙牧鸭而来,到田美时大约25岁,去世于明朝永乐十七年(1419),享年85岁。文广祖在田美生有两子,长子杜德食,次子杜福缘,现田美杜氏均为福缘祖之后。

田美杜氏族谱重修于1925年(自始祖到十五传),由二十一世祖杜蔚文先生修编印刷而成。如今的《花县田美杜氏族谱》重修于1989年，距蔚文公所修的族谱有65年，从十六世续起到二十八传止，历时200余年。原本旻智始祖及上代世亲来自何处、何时南迁白沙牧鸭，族谱中有详细记载，但明朝英宗年间南海因战乱波及白沙，祠堂被烧，族谱被毁。现在只知道田美杜氏先祖在南宋高宗绍兴年间（1131～1162）开始由中原南迁逃避战乱。旻智始祖生于南宋嘉定六年（1213），随父母到处流亡奔走，最后由南雄珠玑巷南下经冈州大良迁徙移居至白沙开族，再由四世祖杜文广来田美。

杜氏族人定居田美后有较大发展，特别是在明朝中期出现了不少科甲儒士，但在明朝后期，据说在马鞍岗西北有一朱姓村落，人多、村大，且当时是朱家天下，恃势凌人，附近村均受其欺压，田美村也深受其害。后来到清朝顺治年间，朱村参加反清复明被清兵剿灭，又适逢时疫，使得朱村烟销人没。此后田美杜氏在清朝初期至中期迎来大发展，尤其是在清朝顺治到道光年间发展最为迅速，产生举人、庠士、国学生多人。随着人丁的兴旺，官衔增多，财富也增多，地域也迅速增大至几千亩地，围绕旧村，出现了田美新村和多个小村庄。

据估计，出自杜文广名下现杜氏人口超过万人，约3000人户籍在田美村。清朝中后期直至日寇侵华，战乱繁多，人员外迁较为广泛。许多迁至国外、省外或省内其他地方，当官的也多落户他乡，族谱记载的不详细，也不全面，大都是听老人述说。如有记载的十二世祖杜致中在高州石城县做官，其子孙也居住在石城，其余在广西、河南、河北、浙江等地的科甲儒士大多情况类似。省内有高州、番禺、虎门、广州、阳春、从化等地。另外，迁至国外的也不少，如十六世杜如深、杜如江，旅居越南，后代不详；杜如漳居广州也情况不详，二十三世仍有居越南、马来西亚、印度尼西亚、美国、中国香港等地，以及新中国成立后因工作、读书、工业发展等迁出户口的，还有迁回南海、白沙的。可谓枝繁叶茂，源远流长。

灰塑门官

"宝田"精神永传承

关于"宝田"二字的由来，据说杜孟前辈于北宋徽宗时在汴京（今河南开封）为太学生。当时童贯为太师，手握兵权，蔡京为尚书，二人专横跋扈，排斥贤能，引致国力衰败，杜孟前辈愤然而归不仕，并以"忠孝为吾家之宝，经史为吾家之田"训勉后辈为职志。此后，杜氏宗族均以此为家（族）训，勉励后辈，简称为"宝田"精神，并且作为教育培养人才的方向，名传中华大地。

田美第一小学的前身是田美宝田小学，主要创办人是杜蔚文先生。1932年春天破土兴建，1933年秋落成。杜蔚文原来在新村办起宝田书院并任教，可他在宝田小学刚落成就去世了。宝田小学落成后由杜材光先生任校董主席，杜湛津任名誉校长，燕塘军校副校长杜益谦任名誉校董主席。

学校建成后成为一所当时为数极少的正规学校，当时建校的经费，主要来源于大家集资，同时又得到旅越华侨和香港同胞的资助。校舍三进式，后楼为两层，均为青砖钢筋架瓦房，学校占地面积7亩，除占地两亩多的校舍外，其余皆为果园，果园以种植荔枝为主，现学校尚存荔枝十几棵。另外，学校有养学田25亩，均列入学校资产。学校有教师五六人，均毕业于南海师范学院，采取正规课本教学，除主课外，还有美术、音乐、体育各科。学校设有图书室、阅览室、成绩展览室及文具小合作社，有篮球、排球、足球、双杠、单杠、秋千等运动场所。当时学校招收的学生以本族子弟为主，也招收部分族外学生，甚至邻村学生，越南华侨也有送子弟回来就读的。

精美的虾公梁石雕和封檐板木雕

1938年秋天，花县沦陷，宝田小学成了日军的驻地，学校两层高的石脚青砖后楼被毁，砖瓦木石都被搬去筑堡垒、填马路，前两排校舍的墙壁开了不少枪洞，学校被迫停办。

1945年秋，抗战胜利，杜材光先生从粤北回到花县，与杜仲佳、杜锡光、杜熙文共同拟写宝田小学记事，订出捐册，深得内外乡亲大力捐助。当时，杜湛津在和平县任县长，也筹集一部分资金送回来，从而得以修复校舍，重置教学设备，学校就这样复办起来。

新中国成立后，全县私办学校逐步转为公办，改变过去一村一族的落后办学状况，学校一年年扩大，后来设了分校。宝田小学也改为田美正校。1983年，田美乡拨出了50多万元专款，又得到内外乡亲的捐助，在田美正校和分校各建一座三层教学大楼和一座三层教师住宅楼，并完善了学校的教学设备。1984年，经上级有关部门批准，把田美正校改为田美第一小学，分校改为田美第二小学。1991年又由村集资把后楼建成一座水泥框架结构三层楼。2014年，新校区建成，宝田小学也作为文物交还给杜氏管理。

尚武之乡传奇多

杜氏先祖们一直有练武的传统，并形成习武风气，特别是在农闲时节，族人每天晚上都到祠堂练武。据统计，杜氏族人中产生武举人、武庠士等有十多人。村中有不少练就一身好武功的人，有些成了教头开武馆，甚至到外村教授武功。清朝咸丰、同治年间，有两位习武之人对杜氏影响较大。族人称为"旧村白毛敬，新村大头蘸"，两人均力大过人，武功高强。

"白毛敬"名为杜敬贤。当年收割稻谷时，一些村民比较贫困，没有打禾石可用，他仗义到邻村去借，但邻村不借，于是他晚上去偷取。打禾石为花岗岩石打造，每块重百余斤，杜敬贤左右手各抓一块行走，邻村人见状也不敢追赶。后邻村告官府，派兵前来捉人，他还戏弄官府，以石坎斟茶递给官兵，官兵惧怕而走，他还把马后腿抓住并扭断，惹来官兵围村大祸，官府把杜敬贤抓到县府。

祠堂召开老者会议商讨，决定派人去县衙请愿，要求放人。因60岁以上老人不多，所以祠堂决定50岁以上的都去，结果几百人带齐竹帽、蓑衣、油盐，挑着担，排着队出发，据说队伍由田美村排到龙口村。结果官府把杜敬贤无罪放回，此后杜氏凡50岁以上的人就可以到祠堂吃饭，在花县影响甚大，"田美佬担家，50岁上祠堂"成了佳话。

"大头蘸"名叫杜蘸芳。他头大三粗，武功高强，特别是内功了得。田美村与杨屋村向来友好，某年杨屋村办喜庆事，请田美村舞狮助兴。虽为助兴，但也不乏比试技艺

传神的挑头石雕

之色彩，进村则要拜祠堂。杨屋村人多，轮番挑战、刁难、起哄，使田美狮队无法开锣。当时已近傍晚，带队人连忙派人回村请"抬斗"把"大头蘸"请到现场。"大头蘸"赶到现场，二话没说，撑起狮头，定神，只走两三步，众人目瞪口呆，杨屋村主事马上叫停，并拱手施礼，斟茶致谢。原来"大头蘸"只走两三步，祠堂方阶砖块便碎裂下陷，如果再走下去，会碎裂更多。

在民国时期，广州郊区萝岗多姓共村，也有杜氏子弟居住，但人少，经常被人欺凌，常发生道路不给走、排灌受阻等事件。田美村杜锡光、杜志爽到萝岗村教授杜氏族人武功，强身健体，再次遭遇欺凌事件时，逢打必胜，再也不受欺负了。萝岗杜氏每年同田美杜氏回白沙祭祖，从未间断。

另有杜氏族人杜周维因征战有功被授官职，住广州杜家巷。每当杜氏族人去广州办事，无处落脚时都可以随时找他，有困难也可以请他帮忙，有的小孩子打出杜周维的名字就会得到照顾，甚至民间出现笑谈：小孩子如果去广州找警察，就说是杜周维的仔，保证能够解决问题。

民国时期，陈济棠对花县情有独钟，在花县置田买地，又把母亲葬于花县，把花县作为第二故乡。当时的田美非常繁荣。原因之一是杜益谦为陈济棠幕僚，是广州燕塘军校的副校长、中将军衔，民国五年（1916）在保定陆军军官学校与白崇禧、张治中、何健等同期毕业。杜益谦先生非常支持杜氏宗族的发展，当时去燕塘军校学习的杜氏子弟有杜东米、杜煜基、杜炽贞等10多人。在1930年前后杜蔚文等筹建宝田学校时，杜益谦先生个人捐资白银千余两，并亲自为学校题写横额校名。

祠堂文化知识

衬祠：位于祠堂两侧，是祠堂的附属建筑，一般用来供奉一些对本家族有恩或有功的已故族外人士，或者用作家族在祠堂摆宴的厨房。

秀全街

孕育了天王的宗祠

——记大㘵村官禄㘵洪氏宗祠

◎孔坤明　雷慕辉

洪氏宗祠位于花都区秀全街大㘵村官禄㘵自然村,现有1000余人,230余户。祠堂始建于清代,1854年遭清军烧毁,1911年重修,为太平天国领袖洪秀全祖祠。1959年洪氏宗祠与洪秀全故居一起辟为洪秀全故居纪念馆。

大㘵村官禄㘵自然村洪氏宗祠

建筑布局与装饰

洪氏宗祠坐落于洪秀全故居西侧，坐北朝南，前有风水塘。祠堂为单路三间两进四合院式布局，东西宽12.4米，南北深24.3米，总面积264平方米。碌灰筒瓦，硬山顶，龙船脊，砖木石结构。

首进迎面两根石柱，石柱与两侧山墙之间为两根花岗岩虾公梁，每根虾公梁两端各有石质云纹雀替一个，上有石狮云纹柁橔，上承屋檐。我国南方潮湿多雨，外围梁柱柁橔等构件均采用石质，不像北方的以木质为主。屋檐下红色木质封檐板雕菊花纹，左右墀头饰有菊花、荷花、文玩砖雕。大门上嵌石匾额，阴刻"洪氏宗祠"，上款为"宣统三年辛亥"，下款为"孟秋吉旦重修"。门前木匾上有郭沫若手书"广东省花县洪秀全纪念馆"。

大门匾额上方绘有壁画《蓬莱宴乐图》，图中的八仙在一棵大树下或倚或坐，鼓瑟啸歌，饮酒谈笑，表达了超然物外、怡然自得的人生理想。《蓬莱宴乐图》左右各有一幅山水小品，布局设色大同小异。三幅作品用黄色边框连为一体，仿佛黄绫装裱的手卷，饶有意趣。

左右墙体上方亦有手卷式壁画各一，为避免与门额上方壁画雷同，添加了书法。左边壁画题为《风尘三侠》，配以书法"春景桃花对岸红，夏时荷叶满池中。秋风丹桂香千里，冬雪寒梅伴老松"。书画亦用蓝色花边衬成书画合一的手卷形式。壁画署款杨贯亭。杨贯亭为清末民初民间画师，对比洪氏宗祠的书法与绘画风格，当出自杨贯亭一人之手。右边壁画为《白鹅换经》，有杨贯亭署款，配以书法"昨夜风开露井桃，未央前殿月轮高；平阳歌舞新承宠，帘外春寒赐锦袍。"两边山墙的屋檐下也有花鸟壁画各一，均有题诗，亦有杨贯亭署款。

进入大门是仪门，两根木柱夹两扇格扇门，柱与门均为朱红油漆，非常喜庆。仪门为礼仪之门，一为表示威仪，平常不开，重大活动才开。二为遮挡视线之用，避免进入大门对祠堂内景象一览无遗。仪门格心雕竹石纹，绦环板雕卷草花卉纹，裙板雕菊花山石纹。

穿过仪门，便是天井。中国传统风水认为"山主人丁水主财"，体现在建筑观念中讲究轻易不让水直接外流，而以天井聚之再排到外面，是谓"四水归堂"。天井两边是

洪秀全故居

游廊，游廊方形砖柱上悬挂木刻楹联一副，上联为"祖宗源流本同一脉"，下联为"孙枝发叶蔓及九洲"，上款为"送给洪秀全故乡众宗亲留念"，下款为"英德大湾洪屋众宗侄敬送一九八九己巳年春节"。

经过游廊耳门便是祠堂的中心位置——祖堂。祖堂由四根大红木柱上承人字形梁架，当中摆放着带玻璃罩的洪秀全在花县革命活动的沙盘模型。墙前正中摆放神案、神龛。神案上供奉洪氏十一至十六世考妣牌位，神龛顶雕"双龙戏珠"纹，额刻"敦煌堂"，当为追念洪姓发祥地"敦煌"，正中刻"洪门堂上历代始高曾祖考妣宗亲祖位"，两边刻对联"由嘉应徙杨梅祖德宗功经之营之力图官禄之基础；籍花峰贯花邑光前裕后耕也学也恢宏敦煌之遗风"，概述花都洪氏的迁徙经历及耕读立身的祖训。此外，在墙边及柱间摆放了火炮、土枪、刀叉之类的兵器，勾起对当年洪秀全太平天国运动的无限遐思。

洪氏源流与迁徙

洪姓原为共工氏，共姓源出上古神农氏炎帝。西周时共姓两个封地（即共伯的共国和扬侯的洪洞国）分别在今河南辉县和山西洪洞。东汉共勋（敦煌人），因平黄巾寇功封武阳侯，子共普（生于东汉顺帝汉安二年，即143年）东汉灵帝时为长乐从官史，食邑三百户。时宦官曹节矫诏诛陈蕃、窦武，共普怕受牵连，祸及性命，因此弃官从父偕隐，徙居青州（今山东省青州市），因感于水德，添水于左，易"共"为"洪"，从此共氏易姓为洪，始祖为洪普，洪氏以洪普世居地敦煌为郡望。普公四世孙宗祥公迁居彭城（今江苏省徐州市），后裔于西晋怀帝永嘉之乱中南迁京口（今镇江），东晋安帝时迁新安郡遂安县（今杭州市淳安县）。此后在各种战乱中，辗转经由江西、福建而入广东。南宋名臣洪皓的曾孙洪璞出任福建泉州府晋江县县尉，举家迁到晋江。元末社会动荡，唯岭南较安定，洪璞的第十世孙洪贵生徙潮州汤田坉心，成为洪氏迁入广东的始祖。裔孙念九郎公再徙居嘉应州（今梅州市）石坑堡，约清康熙年间念九郎公之十一世孙洆三公再转移花县（今花都区）福源水村，其第五代后人洪镜扬携子女再迁官禄㘵村，洆三公为花县洪氏一世祖。洪秀全便是洪氏迁入广东梅县后的第十六世孙、洪皓之二十六世孙、普公之六十六世孙，也即是迁到花县洪洆三公的第六代。

花都洪氏主要名人

洪秀全（1814~1864），太平天国运动的领袖。父洪镜扬，母王氏。兄弟姐妹5人，长兄洪仁发，次兄洪仁达，姐姐洪辛英，妹妹洪宣娇。洪秀全原名洪仁坤，小名火秀，清嘉庆十八年十二月初十（1814年1月1日）生于广东花县（今广州市花都区）福源水村，后来移居到官禄㘵村。

洪秀全7岁起在村中书塾上学，熟读四书五经等古籍，但四次都在童生试中的广州院试失败落选。1836年，洪秀全开始宣传他所理解的基督教教义，称之为"拜上帝会"。1844年，洪秀全和好友冯云山至广西一带传教。洪不久返回广东，冯留下发展，在当地的信徒日增。1845年至1846年，在家乡的洪秀全写下《原道救世歌》《原道醒世训》《原道觉世训》《百正歌》等作品。其后，洪秀全再到广西会合冯云山，在广西桂平建立了"拜上帝会"，吸收了杨秀清、萧朝贵、韦昌辉等2000人为会员，并陆续制定拜上帝会的规条及仪式。由于洪秀全的拜上帝会与地方政府的矛盾日渐加深，洪秀全等人在1850年决定反清并加紧做好各项准备。

纪念馆广场的洪秀全铜像

1851年1月11日，洪秀全召集2万余人在广西金田村正式宣布起义，建号太平天国，与杨秀清、冯云山、萧朝贵、韦昌辉、石达开等组成领导核心。清廷闻讯，调集兵力进行"围剿"。3月23日，洪秀全在武宣东乡自称"天王"，并分封杨秀清为中军主将，萧朝贵为前军主将，冯云山为后军主将，韦昌辉为右军主将，石达开为左军主将。5月16日由东乡突围北上象州，因遭清军堵截，折回金田地区，被包围。9月下旬，突围北上攻占永安（蒙山），粉碎清军围攻。太平军在永安一面抗击清军进攻，一面进行军政建设。12月，天王洪秀全封杨秀清为东王，萧朝贵为西王，冯云山为南王，韦昌辉为北王，石达开为翼王，所封各王，俱受东王节制。

1852年4月5日，太平军自永安突围，攻桂林不下，转攻全州，冯云山中炮身亡。后折入湖南道州（道县），在此整顿队伍，增修战具，制备军火，并做出"专意金陵，据为根本"的战略决策。8月10日，弃道州东进，占郴州，建立"土营"。9月攻长沙，萧朝贵阵亡。12月占岳州（岳阳），建立水营。1853年1月攻下武昌，震动清廷。2月9日，洪秀全等率领号称50万众、船1万余艘，夹江东下，连克九江、安庆、芜湖，势如破竹。3月19日占领江南重镇江宁（南京），并将其定为都城，改称天京。旋派军两支攻占镇江、扬州，与天京形成犄角之势。

太平军攻占江宁后不久，清军即赶来堵截。钦差大臣向荣率万余人在天京城东建立江南大营，阻扼太平军东出苏、常；钦差大臣琦善率万余人在扬州外围建立江北大营，遏止太平军北上中原。同时拟南北配合，伺机夺占天京。洪秀全、杨秀清决定固守天京，同时派兵北伐京师，西征长江中游。

1853年5月13日，天官副丞相林凤祥和地官正丞相李开芳等率领2万余人由浦口出发进行北伐，经过两年奋战，于1855年5月31日几乎全军覆没，李开芳被俘。在北伐的同时，1853年6月3日，春官正丞相胡以晃、夏官副丞相赖汉英等率战船千余艘、步军两三万人，由天京溯江而上，开始西征。1855年8月，芜湖失守，镇江危急，天京外围的军事形势日趋严重。是年底，洪秀全、杨秀清决定从西征战场调兵回救。1856年3月，石达开奉命率西征主力回救天京，西征作战结束，基本实现预定战略目标。

1856年8月，杨秀清居功自傲，逼洪秀全封他为"万岁"，洪秀全密令韦昌辉、石达开回京相救。9月初，杨秀清及其部属数万人被韦昌辉残杀。合朝文武迎石达开到京辅政。石达开因遭洪秀全疑忌，于1857年5月负气出走，率数万将士脱离天朝，独立作战。虽继续反清，但远离根据地，于1863年6月在四川大渡河畔覆灭。经此"内讧"，太平天国受到极大损害，军事形势不断恶化，武汉、九江相继失守，湖北、江西根据地大部分丢失，只有安徽战场控制地区略有扩大，太平天国开始衰败。

1862年，湘军进逼雨花台围困南京城，形势急转直下，天京附近据点逐一陷落。李秀成知道天京难以久守，向洪秀全建议放弃天京，转战中原，被洪秀全拒绝。面对困境，洪秀全没有采取适当的对策，却向将士宣称将有天兵下凡，驱走清兵。

1864年6月1日，洪秀全病逝，其子洪天贵福继承其位。臣属用锦绣绸缎包裹尸体，藏在宫内，秘不发丧，10余日后方宣之于众。7月19日，湘军轰塌天京太平门附近城墙10余丈，蜂拥入城，其他方向的湘军也缘梯而入，城内太平军或战死，或自焚，无一降者。天京的陷落，标志着太平天国农民运动的失败。分散在长江南北各个战场上的数十万太平军，仍英勇顽强地抗击清军的进攻，至1868年全部平息。

太平天国革命是中国历史上规模最大的农民革命，从1851年起共坚持了14年，势力扩展到18省，有力地打击了清王朝的封建统治和外国的侵略，促进了封建社会的崩溃，阻止了中国殖民化的进程，在中国历史上留下极其重要的一页。孙中山在《太平天国战史》序中称："朱元璋、洪秀全各起自布衣，提三尺剑，驱逐异胡，即位于南京。朱明不数年，奄有汉家故土，传世数百，而皇祀弗衰；洪朝不十余年，及身而亡。无识者特唱种种谬说，是朱非洪，是盖以成功论豪杰也。"毛泽东称"洪秀全等人代表了在中国共产党出世之前向西方寻找真理的一派人物"。

传说中洪秀全青年时手植的龙眼树

洪天贵福（1849~1864），太平天国天王洪秀全长子，初名天贵，后加"福"字。登极后，玉玺于名下横刻有"真主"二字，清方又误称为"福瑱"。生母赖莲英，花县民主村赖屋人。咸丰十年（1860）起，洪天贵福以幼主名义发布诏旨。1864年6月6日继位登极称"幼天王"。1864年7月天京失陷，洪天贵福逃出天京（今江苏南京），到达浙江湖州。8月末洪天贵福与当地太平军从湖州出走，打算会合江西的太平军后北上中原。部队沿途被清军紧追，10月9日部队在江西被击溃，洪天贵福在附近地区流浪多日，10月25日在江西石城荒山之中被清军俘获，11月18日在南昌被沈葆桢下令凌迟处死，年仅16岁。

洪天光。天王洪秀全第三子，与天明同岁生而稍长，母为天王第十二妻，姓氏不可考。后与天明同封，爵光王，戊午8年，定尊号为光王王三殿下永岁。天京失陷后不知所终。

洪天明。天王洪秀全第四子，生于甲寅4年，母吴氏，吴氏为天王第十九妻。年渐长，封明王，戊午8年，定尊号为明王王四殿下永岁。天京失陷后不知所终。

洪仁发（~1864）。洪秀全长兄，早年在家种田。1850年全家赴广西参加金田团营，后参加太平天国起义。初封国宗。1856年，杨、韦内讧后，洪秀全疑忌异姓诸王，封他为安王，与其弟洪仁达参与政事，挟制石达开。石达开出走后，削去王爵，改封天安，后又封为信王。1864年7月，天京失陷后，死于乱军之中。

洪仁达（～1864）。洪秀全次兄，早年在家务农。1850年，在洪秀全的号召下，洪仁发、洪仁达全家赴广西参加金田团营。1851年，金田起义，洪秀全建立太平天国，封洪仁达为国宗。1857年，杨、韦内讧后，洪秀全疑忌异姓诸王，封其为福王，封长兄洪仁发为安王，共同参与政事，挟制石达开，致使石达开愤怨出走。石达开出走后，削去王爵，改封天福，后改封为勇王，擅权纳贿，肆行无忌。1864年7月，天京失陷后，被清军所俘。8月5日，被凌迟处死。

洪仁玕。太平天国后期主要领导者，字益谦（一作谦益），号吉甫，洪秀全族弟。1843年参加拜上帝会。金田起义后，洪仁玕1852年曾被捕，脱险后转至香港。直至1860年4月辗转到达天京。5月，被洪秀全封为精忠军师、干王，总理太平天国朝政。执政之年，作《资政新篇》，提出一套统筹全局的革新方案，由于客观条件限制，所以没有也不可能付诸实施。后又策划和组织了东征和西征，虽取得某些进展，但终未成功。洪秀全死后，洪仁玕虽辅佐幼天王，却已无力回天。1864年7月，天京陷落，洪仁玕与幼天王辗转于安徽、浙江、江西。10月兵败石城，洪仁玕与幼天王等相继被俘。11月23日，洪仁玕于南昌就义。

洪葵元。天京陷落时，一位传教士乘乱带出了天王的三个族侄：幼玕王洪葵元，琅王洪绍元和瑛王洪春魁。三人被传教士带出天京后，过桥时跌落水中失散。玕王和琅王在水中载沉载浮，顺水而下二十余里，悄悄上岸。两人变卖琅王所藏的金银，终于抵达广东。为了谋生，二十余岁的洪葵元不得不做了一个养鸭工。后身份败露，洪葵元被人告发到官府。此时，德国牧师黎力基施以援手，假装洪葵元是他的仆人而顺利带走他，旋即送到教会所办的李朗书院读书。此后，洪葵元娶妻生子，隐身人海。当再次被清朝缉捕时，他带着妻子远渡重洋，到南美洲圭亚那做传教士谋生。此后洪葵元在美洲授徒为业，当妻子过世后，续娶了一个黑人女子，他的儿子则成了一家汽车行老板。

洪绍元。幼琅王洪绍元逃到了香港，改名洪明，先以卖咸鱼为生，此后，身材魁梧、武艺出众的他进入港英政府警察署。他又在自己所居住的红磡，开设了一个药铺"广济局"，在晚清光绪年间回花县官禄㘵。其后人洪贞祥在民国时任美国威斯康新州州长，洪威灵是美国儿科博士。

洪其元，字春魁。逃离天京后失散的瑛王洪春魁，逃到香港后改名为洪和，自卖"猪仔"到古巴做了一个鸟粪工。数年后洪和回到广东香港，在英国轮船上做了一个厨师，航行40载后在香港悬壶济世，专治奇难杂症，并加入了会党洪门，被推举为首领。1901年洪和又改名洪全福。在广州发动起义，事泄未举而败，洪其元再次流亡，先隐居九龙，后避居新加坡，其后人为文莱首富客籍商会会长。

天王后裔的传说

流落淮南说。1864年7月，湘军攻陷天京后，为了力保天王一承血脉，几个宫廷护卫护着天王的一个王妃和不到十岁的儿子来喜，乔装打扮混入逃难人群。在逃难过程中，护卫见大势已去，席卷所带财物各自散去。王妃母子历经劫难一路乞讨来到高皇程家湾（今淮南市高皇镇庵台村）。由于长期的流浪漂泊，王妃不幸病倒，一对程氏老夫妇将二人好心收留。在老人的精心照顾下，王妃病情得以康复。程氏老人育有四子，老三无子，老四媳妇早年过世，留下一个4岁男孩无人照料。王妃便在乡邻们撮合下为四儿子程凤彩照料孩子（程文康），来喜过继给老三，并取名程文起。程文起（来喜）落户淮南后育有五男二女，其子女又各有繁衍，至2005年，这支洪氏后裔已近300人。

关于洪氏后代的秘密，一直在家族代代相传，秘不外宣。直到1984年由朱平先生撰写的《王妃落难记》，刊登在当时的《江淮农民文艺报》上，才首次向社会披露。1996年，《新安晚报》记者张书喜采写的《天王洪秀全后代传奇》，刊于1997年2月的香港《前哨》月刊上，引起了极大关注。

从1984年起，洪秀全四代曾孙程东让开始着手家族的正本清源、认祖归宗。由于年代久远，认祖归宗的物证只有曾祖父程文起小时候佩戴的一枚太平天国宫廷中的钱币和九链环，还有就是上辈老人们的证言。1985年，程东让将老人证言录音和整理的其他材料寄往广东花县洪秀全纪念馆，表达了他们认祖归宗、正本清源的迫切心愿。1985年4月，广东花县洪秀全故居纪念馆复信称："根据提供的情况，推算其繁衍代数是符合年代要求的。"此后，洪秀全故居纪念馆有关人员及洪氏宗亲族人数次去淮实地考证。程东让也数次前往广东与宗亲沟通交流。2005年，新版《洪氏族谱》将淮南这支洪秀全后裔近300人正式录入。从此，在洪氏族谱中，洪秀全一脉增添了枝繁叶茂的延续，其中有洪秀全四代曾孙原安徽省高级人民法院申告庭庭长程东让、一生从事公安工作的程东谦和从事司法工作的程东思等几位老人。

流入日本说。据传，在太平天国天京被清军攻陷的前夕，洪秀全把一批眷属用船运往上海，让他们经吴淞口逃往日本。日寇侵华时期，在洪秀全的故乡——花县官禄㘵村，发生过这样几件事：

某年，一名叫矢野兴的日本领事馆随员，专程拜访官禄㘵村，并自称是洪秀全的后裔，他的祖先就是太平天国起义失败后逃往日本的。

1943年，日军华南总指挥部特务机关长洪矢崎义郎，率领一支马队来到官禄㘵村。在日兵搀扶下，三跪九叩，边拜边泣地叩进洪氏宗祠。据他说自己是洪秀全的后裔，小时候听祖母嘱咐说：你们的祖先是广东花县官禄㘵村人，如果有机会到中国，就一定要去拜祭祖先。当时，洪矢崎义郎还借走了高祖洪英伦夫妇画像以及族谱，说要给在日本的洪氏后裔传阅，并承诺不久原物归还。但后来归还的只是复制品（原件现藏南京博物馆）。

日寇侵华时期，驻花县的日军拆毁洪氏宗祠，用其砖木修建炮台。洪氏族人洪镜元跑到广州找到洪矢崎义郎求助。洪矢崎义郎马上命令日军停止行动，并好好修复洪氏宗祠。此后，日军再也不到官禄㘵村骚扰。

> **祠堂文化知识**
>
> **出煞：** 新房入伙前举行的一种仪式。由"南无佬"完成，先在新房用蜡烛摆上七星阵，然后念经作法，在房子四角喷火驱邪，然后烧地契，安房主祖先神位，过程中房主在不停添香烛烧纸钱，目的是把房子的污秽物祛除。

花县一支"毕"

——毕氏大宗祠和毕氏传说

◎郭利群　曾文娟

提起花都的毕姓,人们都会脱口而出:花县一支毕。据说花都(原称花县)的毕姓,乃至广东省的毕姓,十有八九出自毕村。毕氏大宗祠门口立着两面有二百多年历史的大石鼓,宗祠前一片碧绿荷塘,清风徐徐,飘来阵阵荷香。走进宗祠大门,门前一幅醒目对联"大名世胄;多绩流风",驻足观看的同时不禁让人遐思:究竟毕氏的祖先来自何地?毕村如何发展壮大的?有哪些毕氏后人留芳千古?毕村这个古老村落给人们平添了些神秘与好奇。

毕村毕氏大宗祠

毕村始祖毕文江

毕族从河南迁徙安徽的凤阳，江西的广信、吉安等。其中毕元就、毕元新兄弟安居于江西省吉安府吉水县水井头村。

有传说，在宋太宗淳化二年（991），毕文江携家眷离开吉水，跨大庾岭，过梅关、珠玑巷不留步，望南粤瑞气祥云，到广州经商。失意后，毕文江定居乌坭涌（现广州白云区太和镇谢家庄）。

祠堂旁一棵百年芒果树

毕文江想离开乌坭涌另择地发展家业，但又不知道选哪里好，于是找来风水先生。风水先生嘱咐他带上一只大公鸡，沿路找，只要公鸡一啼，就在那里立脚。

毕文江按照风水先生的嘱咐去做，带着公鸡一只，连行数日，来到现在毕村老村的地方，即太平埗，雄鸡不断啼叫，于是居住下来。当时太平埗有陈、周、邓、罗、黄、叶、郑等姓人居住，到了明清时，毕氏人口猛增，繁荣昌盛，子孙科举得意，官达朝堂。毕族的声望越来越大，于是买田置地，毕氏家族的土地下至岐山大陵，北至狮岭冯村，纵横田亩阡陌连。毕家的繁昌富贵，其他诸姓日渐衰微收缩，陆续迁往其他地方。黄姓虽然留下，但人数极少。至清朝康熙二十四年（1685）三月，该地正式竖起毕村名号，太平埗旧号渐渐消失。

元朝时期，毕村毕氏家族不断壮大，已有族人迁往南海等地。留在毕村的族人勤劳耕作，开垦了不少土地，至清康熙年间，本族人口居住一处过于密集，且有些开垦的耕地遥远，于是自二十三世祖开始，经族人商议，定下新规，鼓励分居，拓立新庄。按规矩，凡哪户人家迁出的，族里分田十亩免租十年，帮其建三间两廊大屋一座。于是，毕

内景

村的范围越扩越大,形成十里十庄。十里即指九潭里、敦仁里、南头里、流书里、下园里（现下园里已迁往乐同村古塘三岗岭庄）、东安里、月塘里、冠溪里、昌仁里、横沥里；十庄分为上五庄和下五庄，上五庄是紫石岗、张屋村、西瓜岭、下迳庄、豸场；下五庄是赤珠岗、米岗、大坭、古塘、九塘。毕村人口发展最快的时期当属新中国成立后，原来7000余人的毕村发展至今已有3万人（含华侨）。昔日，毕村西瑞云山下有座古寺叫隆兴寺（有别称龙归寺），是毕南杰于宋徽宗年间扩建，环境优美，依山带水，香火鼎盛，僧徒不少，朝夕会食，以击钟为信号。

毕村是花都最古老的村落。它有深厚的历史文化底蕴，有土特产"广记"腊味和毕村糯米糍，有一圩一市、一庵一寺。三年一次游灯，五年一次摆大会。每年正月十二日，全村大摆筵席。毕村曾有四座庙宇：冠山庙、洪圣庙、八角庙、白庙，有三个神诞都要做大戏庆贺，非常热闹。

值得一提的是毕村正月十二的流水席习俗。何谓流水席？顾名思义应该是流动宴席。但是，以前吃饭并不像现在有转盘餐桌，所以只能是人流动。按传统，吃饭时人们应该规规矩矩地坐在固定的位置吃，但流水席上，各席的菜式有不同，赴宴者根据自己喜好，可以越席、换席，随意走动，品尝各席菜式风味。这种流水席每年正月十二在祠堂举行，村中凡十六岁以上的男性都可以参加。流水席的来历，跟毕村名人毕煊有关。毕煊在朝为官后，受得恩宠，皇帝下旨恩赐毕氏兄弟每年正月十二摆酒设宴联欢，共聚一堂享用美食，而一切开支由国库承担。毕煊去世后，毕村人保留了这个习俗。

毕村习俗多多，除此之外还有冠山庙三月三做戏、公酌宴饮、公宴祈福、堂庆还神，以芥菜煲猪肉为主要菜式的毕氏祖宗菜等，这些习俗给后人留下了不少温暖的记忆。

宗祠记录知古今

古时的毕村一直保持着崇文重教的传统，毕氏人文荟萃，曾出现"一门七进士，四代六居官"的辉煌，但族里没有一座宗祠。1851年，敦仁里举人毕展翎聚集人力物力，建立了毕氏大宗祠，此后祠堂成了本族人崇宗念祖和文化活动场所。到了光绪年间，古塘新庄的建筑师毕修志牵头，对毕氏大宗祠进行了修建，对大宗祠起到了一定的保护作用。

毕氏大宗祠自上世纪五六十年代起，曾经被当作国家粮仓、玩具厂、纸厂……因年久失修，断壁残垣，满目疮痍。2009年秋冬，宗族决定重修大宗祠。毕氏人集思广益，有力出力，有钱出钱，慷慨捐资筹得300万元用于重修毕氏大宗祠。2013年，毕氏大宗祠原貌重光，并举行了盛大的庆祝活动。远近毕氏兄弟共聚一堂，大摆喜宴。一时间宗祠门前庭外，人头涌动，络绎不绝，大家欢欢喜喜，共叙宗亲情谊。

重修后的毕氏大宗祠可以说是广东省最大的毕氏祠堂，由大宗祠、中任宗祠、吉江书舍组成。整个宗祠用地面积有2828平方米，其中建筑面积是1448平方米，广场面积为930平方米，另外还有450平方米的空地绿化。三幅对联分别是大宗祠的"大名世胄；多绩流风"，中任宗祠的"一门七进士；四代六居官"，吉江书舍的"吉江盛桃李；书舍萃英才"，对联内容简洁但却不失大气。毕氏大宗祠是花都区文物保护单位，它不仅记录着毕氏宗族史，更是宝贵的毕村文化符号。迈入毕氏大宗祠，除了宽敞宏大，顿时还让人感受到浓郁的文化气息。

大宗祠和中任宗祠都是三进式，三间两廊，青砖绿瓦，重修时既保留了原有的建筑，也修复了残缺的地方。宗祠壁画、灰塑等显而易见又颇有特色。毕氏大

祠堂前旗杆夹

大宗祠内的农家书屋

宗祠《教子朝天图》壁画彰显了毕氏族人的重教育、守礼法、讲忠孝的传统美德。祠堂内墙上所挂图文以及碑刻记载了毕氏族人以及毕氏大宗祠的历史变迁。毕氏大宗祠的中门牌匾诗云：中门开启日，金榜题名时。此外，宗祠还设有矮脚门，据说矮脚门只为符合1933年出生、三代同堂的夫妇所开，这样的夫妇在今天的毕村仍有一对。

毕氏族人崇文重教，从吉江书舍就能深深体会到。吉江书舍的书柜上摆满各种书籍，许多是族人捐赠的，也有购入的。教科书、读书笔记、天文科学地理等，包罗万象，琳琅满目。书桌干净整齐，书舍两头大门敞开，连着广场和天井，温柔的轻风穿过书舍，不仅有来自莲池的清香，更有阵阵的书香。

祠堂旁设有办公室，供看护宗祠的人员以及接待探访之人用。负责打理毕氏大宗祠的毕沛焰如今已七十多岁，他对毕村的历史了解较多，也非常细心认真地整理收集关于毕村的历史资料，只要有来人了解毕村历史，他总是毫不保留地讲述，把毕村的威水史口口相传下去。

人才辈出耀家门

从宋朝时代毕文江南下创立"花邑一支毕"，到今天已经是千年历史，毕村一直保持崇文重教的传统，可谓人文荟萃，人才辈出。毕氏大宗祠的旗杆石数量之多，是花都区其他宗祠少有的，虽然有些是重新补建，但也有不少是有百年历史的。其中立在第一位的是毕氏大宗祠创建者毕展翎的旗杆石。虽自清朝以来，已经历风风雨雨，但至今仍然字迹清晰，辨认如初。祠堂内的毕族名人录，显示毕村共有"一解元，九进士，二十六名举人，五十二名秀才"，正如人们常说毕村"朝朝面君科科有，毕族只缺一状元"。

说到毕村名人雅士，当然首推毕煊。毕煊生于明朝，相传是兰花精托世，其体香远远可闻。他从小学习诗经，天资聪颖，下笔成章，十五岁便上京应试。到京城后，因试期未到，去京郊一间庙宇参观，刚好遇到太后来参神拜佛，因无处可避，便藏在神台底下。太后刚进庙内，闻到一股异香，问庙祝今日添置什么花卉，为何如此清香？庙祝说如往常一样，太后暗思，异香从何来呢？即命令随员四下搜查，发现一少年藏于神台之下，太后即唤他出来，问及情由，见其一表人才，非常爱惜，便当即认作契仔。应试揭榜后，毕煊中了进士。嘉靖帝对他非常重用，官至礼部观政授承德郎户部主事。后奏本回乡完婚，嘉靖帝赐旨迎亲，赐大罗伞一把，御扇两把，灯笼两个，灯笼上写"文武世家"四个大字，并降旨毕煊回乡后，步行三天，所经过土地，全属其所有。毕煊做官后，造福家乡。为解决洪涝干旱之灾，毕煊开拓了大风塘，还决定开凿一条由大风塘至炭步巴江的水路运输交通要道，但由于英年早逝，未能如愿。

说到为毕村做巨大贡献的人，村民都会竖起大拇指提到一个人——毕汝逵，他也被毕氏后人尊称大禹胜。看他名号，可以看出是跟治水有关。毕汝逵生于道光至光绪年间，祖宗三代贫穷，以种植甘蔗为生。因种植的甘蔗时常被人偷窃，毕汝逵便在蔗田搭小草棚以看守。在一个天黑风高的夜晚，偶遇被太平军打败，躲避追兵的两广总督，总督受重伤，毕汝逵把他藏起来，并为其疗伤，帮他脱离险境。十几年后，太平天国败落，总督官复原职，他念想毕汝逵的救命之恩，便坐着大轿敲锣打鼓去找毕汝逵报恩。自此，毕汝逵家肥屋富，财禄并有，称为近代百年毕村最显赫的人物。此传说在毕村和周边广为流传，但也有研究者指出这段传说没有事实依据不足取信。

毕汝逵心系家乡建设，当时毕村海，即现在的

拱形廊门

天马河，从流书、东安、月塘等村社边上流过，由于河沙淤塞，每逢春夏雨季便河水泛滥成灾，冲毁农田房屋，给毕村人民带来巨大灾害。毕汝逵为本族兄弟和子孙后代着想，与邻乡异姓做好改流交涉，然后带领本族兄弟改河换道另开新河。在当时完全依靠人力的客观条件下，全族人齐心协力，经过几年的努力，终于把河改道。我们现在看到的天马河流经毕村附近样子，其实是经改道而成的。毕汝逵还组织族人在河堤上种植荔枝树，牢固河堤，从此毕村免除水患。毕村人为了永远纪念毕汝逵治水的功劳，就尊称他为大禹胜，意思是他治水的功劳胜过古代大禹治水的功劳。

毕廷拱是明朝进士，他与伦文叙、海瑞、梁储为广东四大才子，明朝嘉靖为表彰此四君，在广州立四个牌楼。1949年前，广州有个地方叫"四牌楼"就是如此来历，现在还有条小街叫毕公巷。

毕于祯，明朝举人，授江西省吉安府福县教谕，署庐陵、万安二县事，聘为四川典

毕氏族人在祠堂摆喜宴

毕氏族人在大宗祠相聚

试总裁,坠授江西瑞州高安县知县兼明慈惠士民,南京西城兵马正指挥使,他奉旨前往江西分宜查抄严嵩家,被嘉靖皇帝钦赐铜麒麟一只,铜鹤一对。铜麒麟到现在还保存在本村。

　　毕发达,九谭里人,绿林好汉,一生行侠仗义,曾经在广州沙面战乱中救过孙中山。

　　生于当代的毕禧精通中医,擅长艾灸。曾经有一位大官身患重病,许多医生束手无策,后来大官的家人找到毕禧。毕禧医治时并非对症下药,而是开了医治另一种疾病的方子,大官家人顿觉不解,毕禧解释他是针对大官将要转变的病症而开药,大官喝了毕禧的药方后,药到病除。

　　白玉堂,原名毕焜生,又名毕钊南。白玉堂1901年出生于毕村官溪乡昌仁里的一个海员工人家里,3岁时随亲人往香港,6岁回乡读书,11岁失学。他是怎样成为粤剧演员的呢?最初是他堂兄毕钊銮(《广州文史》记载又名毕劲持,艺名黄种美)引他入戏行的。毕钊銮10多岁时跟着叔父,即是白玉堂的父亲一起当海员工人,加入进步海员工人组织联义社。他自小爱好粤剧,数年后,厌倦了海员生活,改行当粤剧演员,在粤剧发展上有不少贡献,被称为粤剧工人运动的先驱。1913年,毕钊銮回乡看到堂弟毕钊南失学在家,又见他酷爱粤剧,天生好喉底,于是便带他入戏班学戏。白玉堂12岁入戏班,经过严师指点,加上自己勤奋好学,很快就登台演出。他最先是在白驹荣的戏班里演出,取艺名靓南。到19岁就首任正印小生,以后又成为文武生。有一次,他参加《五鼠

粤剧名演员白玉堂

闹东京》一剧演出，饰锦毛鼠白玉堂，演得维妙维肖，大受观众称赞，遂为粤剧界所器重，从此改艺名为白玉堂，因他排行第三，同行和同村兄弟又尊称他为"三哥"。白玉堂在粤剧界作风正派、为人正直、严于律己，逐渐闻名，成为20世纪三四十年代粤剧名演员，对省港粤剧的发展做出了贡献。

白玉堂成名后，曾多次回花县演出，为家乡的粤剧爱好者传授戏艺。在他的影响下，花县曾经一度掀起演唱粤剧的热潮，有力地推动了粤剧在花县的发展。1949年，他最后一次回乡演出时，花县已有50多个业余粤剧演出队。他老家有一个半脱产粤剧团，农忙耕田，农闲排戏到附近四乡演出，团里的主要演员都曾经得到白玉堂的指导，这个团是花县众多演出队中水平最高的之一。

在那本红色的毕氏族谱里，记述300多年的毕族历史，包括毕姓起源、繁衍、生息、迁徙、荣衰、分支、世系、源流、别传、都望、堂号、宗法、家训、名人、宗族文化等。它的序言写道：一个民族，如果不懂它的历史，就不懂得热爱这个民族。一个姓氏和宗族，如果不懂得这个姓氏和宗族的历史，就不懂得热爱这个姓氏和宗族。

诚如斯言。

祠堂文化知识

穿斗式：又称立贴式，其特点是沿房屋的进深方向按檩数立一排柱，每柱上架一檩，檩上布椽，屋面荷载直接由檩传至柱。每排柱子靠穿透柱身的穿枋横向贯穿起来，成一木品构架。

椽子：屋顶斜木的一种，是屋面基层的最底层构件，垂直安放在檩木之上。

九里十庄话毕村

——记毕村和毕氏文化

◎毕应胜

　　毕村，位于花都区秀全街。毕氏始祖毕文江，年方二十七岁，于991年，从江西省吉安府水井头村步出家门，一路跋山涉水，游商来到广州府，寄寓番禺县狮岭司之乌泥涌（现广州白云区谢家庄）。1111年，第六世祖毕南杰，又从乌泥涌分支，迁到太平坜（今毕村）定居。

毕村全景图（毕应胜　摄）

太平墟其时已有陈姓、周姓、邓姓、王姓、罗姓等姓氏居住，经历数百年之繁衍，到明清时期，毕氏族人已是万子千孙，族群庞大，且科场得意，官至朝廷，毕族声望，声震神州，地域亦不断扩大，其余各姓因此陆续离开太平墟。直至清康熙二十四年（1685），太平墟竖起毕氏旗号，毕村由此得名。毕氏地域广阔，族老一直鼓励晚辈开枝散叶，走出毕村，拓立新庄。祖宗规定，凡迁出毕村者，赐公尝田十亩，免租十年，赠三间两廊大屋一座。于是，毕村之外便先后出现了紫石岗、张屋村、西瓜岭、下迳、豸场五个自然庄，称上五庄；还有古塘、米岗、大埔、赤珠岗、九塘五个自然庄，称下五庄。毕村本土又分为十里，即九潭里、昌仁里、横沥里、敦仁里、月塘里、冠溪里、南头里、流书里、东安里、下园里。后来下园里迁往古塘三岗岭庄，之后，毕村便有了"九里十庄"之美誉。

毕村经历了千百年繁衍，已成了花都较大的姓氏之一。毕村九里十庄现有毕氏族人近三万人，六千余户。花都毕氏族人不仅生活于九里十庄，现已繁衍到世界各地以及中国香港、澳门、台湾等地区。东南亚国家如越南、马来西亚等毕氏族人还在当地成立了毕氏宗亲会，越南还建了毕氏宗祠。可见毕村族人虽然身在异乡，但心系故土，子孙后代，不忘祖宗。

毕氏大宗祠、中任宗祠

古老的毕村,为花都留下了丰富的人文古迹和宝贵的文化史料。毕村深厚的历史文化,为毕村的历史创造了辉煌,也为花都的历史写下了丰厚的一页。

从立村文化看先祖的大智大慧

据清代《毕氏族谱》记载,第六世祖毕南杰,于宋政和元年(1111)从乌泥涌分支,来到太平埗(今毕村)定居后,秉承毕氏祖训,克勤克俭,修身齐家,用自身的大智大慧,参照古代部落建制布局,绘就开创宗业的宏大蓝图,其规划可谓深谋远略,气势恢宏,要把毕村建成有"一圩一市,一庵一寺,一行一当,祖庙宗祠"的大村名族。立村少不了寺庙祠堂,宋徽宗宣和四年(1122),经十一年艰苦努力的毕南杰家族,已在太平埗打下了坚实的基础,在建大叶塘圩的同时,又在村西三里外的瑞云岭下扩建隆兴寺。此后,族人按照祖先的远景规划,先后建起了毕村市头,慧明庵堂,怡顺当铺,玄坛古庙等与族人息息相关的庙堂圩市,毕氏族人足不出村即可满足日常生活精神生活需要,为毕氏族人的繁衍生息营造了良好的生存空间,并为毕村的迅速发展壮大提供了精神物质保障。毕村的立村模式及其独特的构思,在花都乡村历史上是绝无仅有的,为花都历史上的立村建制树立了榜样。

从祖训家训文化看毕村的传统美德

中华民族具有许多传统美德,而"仁、义、礼、智、信"是传统美德的核心价值理念和基础要求。毕氏祖先在立村制定宏图大略的同时,在家庭传统道德教育方面从长计议,又深思熟虑,严格按照中国传统美德制定毕氏祖训家规,使毕氏族人在成长过程中得到良好的教育与修为。虽然族谱没有完整地将祖宗的祖训记录传承下来,根据族人后来整理,可用八个字来概括,即"忠孝、谦让、诚信、节俭"。这八个字充分体现了中国传统美德的思想内涵,更体现了毕氏族人的智慧。毕氏族人就是秉承这样的祖训理念,修身齐家,团结互助,艰苦创业,从而开拓了九里十庄,繁衍后代。

毕村族人的传统美德在清康熙年间编纂的首部《花县志》中，就有生动、具体的记载。《花县志》"人物篇"记载了12位花县值得褒扬的人物，其中毕氏占了4名，都是褒扬了他们在孝敬父母、悉心培育子女、勤奋好学等方面的美德。如明代进士毕廷拱，其父亲毕愚教子有方，毕廷拱25岁中举人后，连续九次上京赴考，直到53岁，会试中正德辛未科（1511）四十名进士，殿试二甲第八十六名，任福建司刑部观政。七年壬申选南京户部山西清吏司主事。69岁致仕还乡时，受嘉靖皇恩宠，在广州西门正街立恩荣牌楼一座。父亲毕愚也受嘉靖皇诰赠，敕曰："尔毕愚，乃礼部主客清吏司主事毕廷拱之父，先代旧家，名乡良士。居敦德义，克延世泽之休；训切诗书，式启贤郎之贵。国有庆典，恩及群臣，推厥本源，宜加褒恤。兹特赠为承德郎、礼部主客清吏司主事，显报鸿恩，益延来胤。"表彰毕愚忠厚传家，秉持仁德尚义的家风，因此能够延续祖宗的遗泽；教导诗书，启迪学问，为毕廷拱后来取得的成就奠定了基础。又如，清代的毕鸣相、毕汝济父子，父亲刻苦攻读，18岁时为取得功名，"闭门读书，日夜不辍，稍欲睡即去坐，倚柱站立沉思"，可见其读书是何等的用功刻苦；儿子毕汝济对父母孝顺有加，后来还成了秀才。而汝济的两个儿子受父辈及祖辈的影响，也是刻苦攻读、孝顺父母。毕汝济的两个儿子桂郎、桂芳，由于得到良好的家庭教育和传统美德的熏陶，桂郎成为庠生，桂芳成为花县岁贡生（县学中每年选送生员升入国子监就读）。

毕氏的祖训家训在毕村的发展壮大中有着重要的意义，如家训中的"孝、悌、忠、信、礼、义、廉、耻"，为了族人便于记忆，编成了一首诗，使族人易记和便于理解。可见毕氏的祖训家训在花县是富有代表性的。

从寺庙祠堂文化看毕村的历史底蕴

据不完全统计，近千年以来，毕村九里十庄先后兴建了七十余座祠堂、寺庙、私塾、书屋等，成为花都历史文化的亮点。第六世祖毕南杰自乌泥涌到太平埗（后改称毕村）立村时，第一件事就是扩建隆兴寺，用去稻谷二十万斛，方横三百方丈，可容二百余僧人常驻。隆兴寺成为当时规模最大和香火鼎盛的寺庙。之后族人又在毕村市头侧建了洪圣古庙，在流书里西北建了观音古庙和玄坛庙，在横沥里后冠山麓建起了冠山古庙等。冠山古庙不但造工精美，风格独特，更是远近闻名，是毕村最值得骄傲的人文古建筑。每逢农历三月初三或重阳节、春节和演大戏时，冠山庙便人山人海，热闹非凡，拜祭的、做买卖的、看戏的、游玩的，一

赤峰公祠

连数日人流不断，是四乡八里民众最为向往的庙宇之一。毕村的祠堂庙宇不但数量多、规模大、历史悠久，而且建筑工艺精湛，颇具岭南特色，富有历史与艺术参考价值。毕村九里十庄，庄庄里里均有公祠与书屋，有的庄和里仅公祠就有四五座，最为著名的宗祠有毕氏大宗祠、环清公祠、赤峰公祠、南庄公祠、中任公祠等。毕氏大宗祠位于毕村东安里，建于咸丰元年（1851），为毕村的祖祠。该宗祠坐南朝北，主体建筑深三进，右侧带一路建筑，总面阔21.7米，总进深40.8米，建筑占地904平方米。碌灰筒瓦，青砖墙。头门面阔三间14.4米，进深两间6.8米共九架，前廊三步。前、后各有两根石檐柱。人字封火山墙。次间有虾公梁、石狮、石斗棋，青石挑头雕有戏剧人物，造型逼真。前廊梁架、封檐板遍刻花纹图案，

吉江书舍

世禄公祠

工艺精巧。大门嵌花岗岩门夹，石门额阳刻"毕氏大宗祠"，上款刻"辛亥仲秋"，下款刻"熊景星书"。门两侧设有石鼓、门墩。中堂面阔三间14.4米，进深三间9.5米共十三架。两根石前檐柱，坤甸木金柱。人字封火山墙，灰塑博古脊。两次间门头有圆拱形灰塑纹饰。中堂前天井以地砖铺地。后堂面阔三间14.4米，进深三间9.2米共十三架。两根石前檐柱，坤甸木金柱。镬耳封火山墙，灰塑博古脊，后墙前天井以地砖铺地，右路建筑人字封火山墙，碌灰筒瓦，青砖墙，与主体建筑以1.7米宽青云巷桐隔。祠堂曾做粮仓，部分结构曾改变原貌。2011年族人集资重修，毕氏大宗祠重现昔日光彩。

中任公祠，与毕氏宗祠相连。始建于清代，坐南朝北，三间三进，总面阔14.6米，总进深40.8米，建筑占地612平方米。人字封火山墙，灰塑博古脊，碌灰筒瓦，青砖墙。头门面阔三间14.6米，进深两间6.8米共九架，前廊三步。大门镶嵌宽2.3米花岗岩门夹，石门额阳刻"中任宗祠"。前廊次间有虾公梁、石狮和异型斗棋。门内左侧山墙内嵌砖雕门官神龛，上刻"守职"，对联刻"门栽兰桂秀；官亨口穧丰"。神龛周边雕有缠枝花草等纹饰。中堂面阔三间14.6米，进深三间10.1米共十三架。坤甸木金柱，莲花形复合石柱础。前廊梁架工艺较精细，梁底刻有花草纹饰，柁墩雕饰戏剧人物图案，托脚木刻鳌鱼造型。两次间正面石门额分别刻"入孝""出悌"，背后分别刻"止肃""来雍"。后堂面阔三间14.6米，进深三间9.3米共十三架。前后各两根石檐柱，坤甸木金柱，莲花形复合石柱础。祠堂曾做仓库，2011年族人集资重修开光。

毕村众多的祠堂、寺庙、私塾、书屋，是毕氏族人劳动智慧的结晶，也是毕氏族人对祖先景仰以及耕读兼备的体现。如今，虽然大部分古建筑已被拆毁或残旧，但保留下来的仍然散发着动人的魅力。

从历代科举看毕村的人才辈出

毕村族人在历朝的科举制中，涌现了一大批俊才杰士，不但为族人带来了荣耀，也为族人繁衍壮大起到了巨大的推动作用。我们通过族谱、史志等搜集整理，初步统计毕村立村以来共出了9名进士、

赤珠岗毕氏宗祠

26名举人、52名秀才。最为出色的为元、明朝代，共出了6名进士。其中毕思聪、毕思明为亲兄弟，毕思明中乙卯科（1315）武进士，毕思聪中辛酉科（1321）文进士，毕思明的孙子毕彦英中解元，而毕彦英的两个儿子原瑞、原显，继承父亲勤学上进精神，原瑞中元朝至正戊子科（1348）文进士，官至北京巡抚部员，原显中至正辛卯科（1351）武进士，任江南凤阳府中军营守备。仅仅数十年间，一家人便出了4位进士、1位解元，在中国科举史上也是少有的。两对亲兄弟，相隔数十年，一文一武，真可谓"大名世胄，文武家声"。

还有明朝的毕廷拱、毕煊、毕于祯等，高中之后受到了皇上的恩宠。毕廷拱中正德辛未科进士后任福建司刑部观政。他的才华及总理、操持事务勤勉不懈怠精神，受到朝廷的重用。毕煊是继毕廷拱之后又一进士。毕煊生于明正德己巳年（1509），他天资聪敏，据清康熙《花县志》及清代《毕氏族谱》手抄本记载，毕煊"其天资聪敏，一览辄记"，年甫二

毕廷拱题"却金坊记"碑刻，石碑现藏东莞市博物馆（毕应胜 摄）

十三岁,中嘉靖辛卯科(1531)举人,次年赴京应试,中壬辰科(1532)进士。国母及嘉靖皇对毕煊器重,官至礼部观政。而举人毕于祯虽然未中进士,而任职于南京西城兵马正指挥使期间,皇上下圣旨,命其率兵前往江西分宜抄严嵩老家。嘉靖皇念其有功,赐予毕于祯铜麒麟一只,铜鹤一对。铜麒麟一只保存至今,成为毕村的国宝级圣物。毕村众多的文人俊杰,曾声震四方,不但是毕村的骄傲,也是花县的骄傲。毕村是科举制度中取得功名最多的村庄。

嘉靖皇赐赠毕于祯的铜麒麟,现存于毕村(毕应胜 摄)

从粤剧文化看毕村的艺术声誉

在花都提起粤剧,人们总会说到毕村昌仁里,说到白玉堂。在民国初年到新中国成立前夕,毕村的粤剧艺人扬名省港澳。毕村粤剧的繁荣源于毕村的悠久历史,族人众多,对文化艺术的需求热切。在毕村,听粤曲、看大戏成了族人必然的娱乐。特别是在封建社会里,文化艺术的单一更是促使看大戏、听粤曲成了当时广大族人追求艺术享受的主流。一年之中,族人能看到一两场大戏是一件奢侈的事情。因此,毕村出粤剧艺人,且出了富有影响力的粤剧艺人就不足为奇了。清末民初,出名的粤剧艺人均出自毕村的昌仁里。如毕钊銮(艺名黄种美)、毕钊棠(艺名白云龙),在民国初年其名声便饮誉港澳地区,被称为粤剧界的"大佬官"。而其堂弟毕钊南(艺名白玉堂)更

传统醒狮表演

是长江后浪推前浪，青出于蓝而胜于蓝。毕钊南1901年出生于昌仁里，3岁时随亲人去香港，6岁回乡读书，11岁辍学，跟堂兄"黄种美"学戏。由于毕钊南富有演戏天分，而且自身勤学苦练，每天苦练扎马、翻跟斗、跑圆台、耍棍棒、吊嗓子，不到一年，12岁的毕钊南便登台演出，演一些兵卒、喽啰之类。到15岁时已相貌堂堂，演技大有长进，

毕村乡亲观看盛会

到19岁时已执掌正印小生。1922年，毕钊南在演《五鼠闹东京》中饰锦毛鼠"白玉堂"一举成名，从此便以"白玉堂"为自己的艺名。毕钊南成名后，不忘家乡父老的厚爱，多次返乡演出，最后一次在1949年回花县演了10多场。几十年的粤剧生涯，白玉堂成为饮誉东南亚的著名粤剧艺术家，与当时的著名粤剧艺术家马师曾、薛觉先等齐名。

如今，花都的粤剧文化仍然红火，全区有10多个粤剧私伙局。毕村昌仁里至今仍崇尚粤剧之风，昌仁里的鳌东粤剧社成为花都10多个私伙局之一。粤剧文化在花都长盛不衰，与毕村的粤剧文化繁荣有着密切的引领关系。

毕村深厚的历史文化远不止以上几个方面，经过千百年来的时间积淀，毕村在花都的历史上留下了丰富的文化瑰宝。如毕村的饮食文化、节庆文化、习俗文化等，都是值得我们去挖掘、去探讨和借鉴的。

祠堂文化知识

垂脊：在歇山顶、悬山顶、硬山顶的建筑上自正脊两端沿着前后坡向下。垂脊上有垂兽作饰物。其中歇山顶垂兽在垂脊下端，其余则在垂脊中间偏下的地方。

寻觅宗祠承载的家国情怀

——马溪村林氏宗祠探究

◎林锡泰　邓浩雯　曾文娟

　　林氏宗祠位于花都区秀全街马溪村西河经济社。宗祠三间三进,另带后楼,总面阔12.4米,总进深52.7米,建筑占地653平方米。远眺,祥气贯天;近瞻,恢宏若殿;内览,古韵浪漫。我们走近林氏宗祠,寻觅宗祠所承载的古往今来,笃敬林氏后人的家国情怀。

马溪村林氏宗祠

莆田一脉

莆田世系，晋安林之最大支派，其家族繁盛，为继西河、济南、下邳、晋安林之后第五个发祥地。开基祖林茂，字汝盛，隋开皇文帝二年任右丞，次年，由晋安迁居莆田之北螺村（今芦浦），为莆田世系始祖。林茂之后，长盛久茂，名人显仕，难能列数。七世孙林披，字茂则，一作茂彦。自幼聪明，一览辄记，手写六经及百家子史千余卷读之。唐天宝十一年，年方二十，以明经擢第，授建州将乐令，历惠刺史，谪授临丁郡曹。该地"多鬼"，林披作《无鬼论》，邪魔为之敛迹，授临汀别驾，知州汀别驾，知州事。功绩显著，御史李栖筠奏明皇帝，授予太詹事兼苏州别驾，赐紫金袋，官至上柱国。林披生有九子，均明经及第，俱任刺史（州牧），兄弟九人，号称"九牧"，世代显赫，家声广播，世泽绵远，被称为"莆田九牧"、"九牧林家"。"九牧"后裔昌盛，散居别地繁衍。

马溪西河，莆田一脉。自林茂由晋安徙居莆田，至林原德迁次儒山（广东惠州府归善县，即今惠阳县），共24世。林原德（宗泗公）之子林思礼再由儒山迁居广府北马步坳（今马溪），繁衍至今共27代，计700年。

宗祠史话

林氏宗祠坐落于村后山西麓。后山古称巴由山，是方钟灵毓秀的风水宝地，"巴山胜概"于此，宋机宜文字陈玺及元枢副使陈大谟父子俩葬于焉，相传是当时的一大胜景。宗祠前有一口塘，村民谓之"莲藕塘"，呈半月形，状如墨砚，与镇龙岭紧连。镇龙岭上如官印，下似印台，秀才林耀门美之为"蟠龙吉地"。相传，建祠时为免日后惹事，招徕不腆，着意盖低前檐，欲见"林氏宗祠"四字，需走近距台阶七米处方能看见。这就是"远望不见，近看方可"的传说。

宗祠始建于清康熙二十七年（1688），为村民捐资所建。其时衿耆集酌，议建宗祠，定式每两官银捐银二大元，每丁捐银一两，另帮工五日。相传宗祠为三间两进，而且多为半截青砖。宗祠落成祀典后，凡子孙轮值乘棚者，捐银二两五钱作宗祠修缮之

门前旗杆夹

用。乾隆十四年（1749），宗祠倾坏，复行重建，由三间两进改为三间三进。同治九年（1870）重修。宗祠坐东朝西，面阔12.4米，深40.6米，建筑占地503平方米。镬耳封火山墙，碌灰筒瓦，灰塑博古脊，青砖墙，红阶砖铺地。头门阔三间12.4米，进深两间8.2米共十一架，前廊三步，前后石檐柱。前廊梁架有鳌鱼托脚，柁墩木雕戏曲人物，梁底雕花。虾公梁上有石狮、异形斗拱。墀头砖雕精美。石门额上阳刻"林氏宗祠"，上款刻"同治庚午重修"，下款刻"宗侄召棠"（林召棠为清道光年间状元，广东吴川人）。面脚嵌花岗岩，六级花岗石阶。中堂面阔三间12.4米，进深三间9.7米，共十三架，前设四架轩廊。石檐柱硬木金柱。后金间原有屏门，现仅存石下槛，上悬"笃敬堂"木横匾。三级石阶。中堂前带两廊，各面阔三间，门架卷棚顶。天井花岗岩条石铺地。后堂面阔三间12.4米，进深三间9.7米共十三架，方身石金柱。堂前五级石阶。后堂前带无庑，由后堂右次间有小门进后楼（2004年重建后时开通）。后楼是族人捐资，始建于民国十一年（1922），宗祠建筑雄伟，配套完善，是当地一间比较出色的祠堂。1952年土改时分与村民，20世纪70年代后期拆毁，2004年集资重建。楼高二层，面阔三间13.2米，进深一间7.6米共11檩，脊高13米。右次间楼梯上一楼，后楼前带两廊，面阔

5.1米，六架卷棚顶。

宗祠旁有一泉井，村民称之为大祠堂井。井台沿皆为花岗岩，井台呈正方形，边长2.1米，井口圆形，外径0.85米，内径0.58米，近千村民，汲之不尽。井水清冽，相传新来媳妇，越饮越靓，为建国前西河八景之一，誉为"美人照镜"。

林氏宗祠2014年5月兴工重建，宗祠保持原形制和建筑风貌，2015年1月重光庆典。中堂前右轩廊立有《重建林氏宗祠碑记》，碑曰："宗祠之设，盖在追远。乡邑间阎，罔不于此加意焉。吾祖思礼林公，宋末元初，自惠州府归善县黄埔乡之斯开基，迄今七百年许。康熙廿七年（1870），肇建林氏宗祠，乾隆十四年（1749）重建，同治九年（1870）重修，2004年小缮。重修洎今，历百余年风剥雨蚀，业已墙倾梁蛀，危然将坍矣。族人乡贤目兹，皆议重建。2014年3月中旬，组建宗祠重建筹委会，4月下旬，族人宗亲慷慨解囊，5月8日谷旦，典祭举事，翌年元月竣建。"宗祠三间三进，另带后楼，总面阔12.4米，总进深52.7米，建筑占地653平方米。远眺，祥气贯天；近瞻，恢宏若殿；内览，古韵流漫。

林氏宗祠祠联

逢年过节，林氏宗祠必挂祠联。联曰：西河世泽；东鲁儒风。

话说周朝成王至景王年间，以林载、林磋、林放至林述等为代表的林氏族人，在河南、山东、河北、山西一带繁衍生息。由于这地区位于古黄河的淇水之西，并且先后三次设立西河郡，故这一时期的林氏族人，称为"西河林氏"。马溪西河林氏以"笃敬堂"（林氏宗祠堂号）问礼，承传家风族范，自号"西河"，以志先祖，故称西河。"西河世泽，东鲁儒风"出自东鲁问礼堂。林放，字子

林氏宗祠旁的古井，人称"美人照镜"
井水清澈甘甜，至今村民仍取水使用

屋梁上的石狮

丘，春秋时代鲁国人，是孔子七十二贤人之一，周景王封林放为鲁国大夫。放公子孙繁衍众多，支派播九州。其后裔建"问礼堂"，称"问礼家声"，堂联："问礼深知本，传家重家声；西河世泽，东鲁儒风。"林氏宗祠以"问礼堂"联为祠联，可见西河林氏对礼乐的尊崇。

西河林氏，历代崇尚文翰，常以"双桂家声"自勉。双桂家声的掌故源于唐朝贞元年间（791），九牧林氏的二牧藻公和六牧蕴公，兄弟同科赴考，应试度梨岭，同发誓进取，后林藻中进士，林蕴中明经，归时题诗："曾向岭头题姓字，不穿杨叶不言归。而今各折一枝桂，同向梨岭联影飞"。世称双桂家声。联云："九龙绵世泽；双桂振家声"。

镇龙古庙祈平安

马溪位于巴江河畔，地势低洼，暴雨和洪水对村民的安全和生产造成极大的危害，每逢连场大雨或巴江河涨潮，农作物甚至村民房舍经常被水淹没，因此村民饱受涝灾之苦，为祈求风调雨顺、国泰民安，村民便募集资金修筑庙宇，祭祀司水之神。据传，马溪最多时共有4座庙宇，经历了数百年的风雨洗礼，现仅存西河的镇龙古庙。

镇龙古庙，属西河林姓所有，位于镇龙岭南麓，坐北朝南，三间两进，始建于清嘉庆年间，于光绪二十五年（1899）重建，主要奉祀北帝、洪圣、天后三位神灵，祈望北帝把北方的好水滋养南方，祈望洪圣保佑南海水不扬波，祈望天后庇荫本姓宗亲趋吉避凶。据本村乡绅林耀门撰写的《重建镇龙古庙碑记》载，"若我族镇龙庙者，位厥坎方，门惟离向，枕冈之胁，席河之唇……庙之得名义有所本，大抵龙蟠吉地，正龙脉之相生，龙绘帝衣，庆龙光之上觐，故为神龙之盘聚，爰取号于镇龙"，道出了古庙的方位及名称来由。

古庙广泛饰以石雕、砖雕、木雕、陶塑、灰塑、壁画等工艺，以镬耳冲天凤翅状山墙最为特色，整座庙宇金碧辉煌，琳琅满目。其中，古庙所有柱子均刻有楹联，大门两侧有石刻楹联"北极宣威南滨溥利；莆田肇迹梓里承恩"，前檐石柱刻楹联"接巴水枕镇冈庙貌堂皇光日月；拱离明司坎

镇龙古庙

德圣恩浩荡沛江河"，前殿后金柱木刻楹联"宝殿庄严百族报功崇祀事；神灵昭显万年戴德沐恩波"，后殿前金柱木刻楹联"阵阵香烟化作祥云环宝座；煌煌灯火浑如列宿拱宸居"，后殿后金柱木刻楹联"北极宣威天上星辰化作人间霖雨；南薰毖醑湖边风月荡平海外波澜"等等，均为光绪年间重建时所设，主要是歌颂所祀神灵至尊至圣和福泽万民的功绩。

名人俊彦

俗语云："一方水土养一方人"，马溪历来文脉兴盛，史上名人迭现，乡绅商贾、军营将校、农运志士、学士名医等英才辈出。该村镇龙古庙碑记有"况乎地之灵奇，必钟人之秀杰"之句，诠释了马溪"地灵人秀"的文化意蕴。

一门四杰林耀门　在马溪，流传着"一门四杰"的佳话，说的是本村乡绅林耀门的家事，他虽是秀才出身，然而家风承继，教导有方，儿孙或从政经商，或行军打仗，多有建树，其中四个孙子获得少将以上军衔。

林耀门（1864～？）名荣章，字作忠，号秉均，别字耀门，他生于香港，父亲林庆祥在香港从商，创业有成，倡创香港东华医院，可惜英年早逝。林耀门9岁失怙，随母汤

氏返乡，孝亲友弟，勤学苦读，县试得第三，闾里竞贺。林耀门21岁设教于村，后移馆五和圩，教学誉声传播，得桃李数千，热心公益，倡议募款修筑村路、社坛、镇龙古庙、宗祠后楼、海仔尾桥、沙　桥、横涌桥等，族人景仰，四乡赞誉。

林耀门生有多名儿女，其中次子林卓淇（1892～1944）少承父志，热心公益，服务社会，曾任本县第三区区长、田亩陈报处主任等职，后弃政从商，先后在省城及本县赤坭圩开设桃李园酒家、安宁酒家及广州酒家。六子林卓炘（～1937），广东省西江讲武堂毕业，历任国民革命军第十九路军排、连、营、团长等职，曾参加上海"一·二八"抗战，1935年调任南京中央军事委员会上校咨议。1937年对日全面抗战肇始，积极参与抗日行动，一次在行途中遇日机空袭辞世。

林耀门的孙辈更是秉承祖训，奋发上进，各有建树，其中以辉年、铸年、桂年和伟年为最著，均获得少将以上军衔。林辉年（1911～1990），是林卓淇长子，字泽长，号传仁。年少投笔从戎，进入黄埔军官学校，毕业于七期步科，继入陆军大学特别班第七期深造，曾参与淞沪战役、粤北战役、苏北战役、孟良崮战役等，历任排、连、营、团长，1949年任国军一六三师师长，晋升陆军少将，1953年退伍后从事教育工作。林铸年（1917～1998），是林卓淇次子，字涤长，号传义。曾在花县师范学校、广州市立国民大学就读，1933年考入燕塘军校十二期炮科，1942年进陆军大学十九期正则班。曾参加湘西战役、孟良崮战役、苏北战役、徐蚌会战及闽江口战役等。授陆军中将衔。1957年考取美国陆军参谋大学，与时任越南总统阮文绍同班深造。林桂年（1925～），是林卓淇幼子，字沛长，号传礼。毕业于广东省立黄埔中正中学、海军军官学校四十二年班、海军指挥参谋大学正规班十七期等，历任舰长、战队长、参谋长、少将舰队长等职务，林伟年（1923～），林卓炘之子，陆军军官学校步科、陆军指挥参谋大学毕业，抗日战争时期，历任排长、连长、上尉情报主任，历经长沙一、二次会战，常德、长衡、湘西会战，是常德

林伟年近照

会战300余幸存者之一。1945年9月，执行对日军第三师团所属一个联队缴械受降任务。1949年底随国军去台，现居住台湾。

一般而言，一个村落、一个时代能出一个将校，已属不易，而处于偏僻之地的马溪，却出了"一门四杰"，确是凤毛麟角，实为罕见。因此，当时"一门四杰"的佳话为乡人津津乐道，林耀门一家亦成为邑人学习进取的楷模。

农运志士林宝宸 虽然是"同饮一江水，共住一条村"，农运志士林宝宸所走的路与林耀门一家却是何等的迥异。

农运烈士林宝宸

林宝宸（1881~1924）又名林炽，马溪村人。少年时期，深受民间流传的太平天国反清故事影响，长大后在父亲于横潭圩开设的波记茶居打理生意，后因生意惨淡茶居倒闭，随父回村租田耕种。宣统元年（1909），中国同盟会会员徐维扬偕莫纪彭回花县，在三华村成立番花分会，林宝宸参加了同盟会，并被选入"敢死队"，参加了辛亥"三·二九"黄花岗起义，失败后携眷逃往暹罗（今泰国）做云吞面生意。

1915年，林宝宸组织旅泰华侨回国参加讨伐粤督军龙济光，失败后举家避迁下芳村，再迁招村北外约，靠租地主土地耕作。1923年前后，目睹农民在地主压榨下灾难深重，重新开始对农民宣传鼓动，组织起来反抗压迫。积极串联谭康、黄佳等，共商筹建农会，决定以堂众为基础，分头发动群众，并写信给附近各乡农民，吁请共同行动。1924年夏天，结识彭湃、阮啸仙等，进一步接受反帝反封建的思想教育，积极开展宣传发动工作，会员人数由开始筹备时的10多人增加到100多人。后在彭、阮的指导帮助下，于1924年7月，在广州芳村谢家祠召开广州市郊第一区农民协会会议，成立了广州市郊区第一个农会，被选为该会执行委员长。

在党领导下，农会开展反对土豪劣绅、拒交苛捐杂税、减租减息等斗争，取得了显著成果。在短短几个月内，入会人数猛增到上千户，农民自卫军也跟着建立起来。林宝宸不仅主动为农民争取经济利益，而且积极为农民争取政治权利。1924年，广州市在选举市长时，当局仅规定广州的工会、商会、教育会等各团体有选举权，唯独农会没有。

林宝宸对此非常气愤，毅然领导农民力争参加市选，组织发动"广州市郊区农民协会力争市长选举权"的请愿和示威游行，得到农民群众的热烈响应和各界群众的同情支持，终于取得了胜利。

联团总局局长彭础立对林宝宸积极开展农运十分不安和憎恨，不惜拿巨款收买凶手杀害林宝宸，扬言"非杀林宝宸，无以灭农会"。林宝宸听到便慷慨地说："吾早已身许农民耳，我能死，农会当益发展也"。1924年12月13日下午，林宝宸在招村北外约离家约二十多步远，遭到彭础立指使的联团总局稽查枪杀，身中九弹，壮烈牺牲，时年43岁。

名医林文亭

1925年7月31日，广东省农民协会发文公葬林宝宸，盛赞林宝宸"为农民利益奋斗而牺牲，在中国农民运动史上具有最大的价值"。8月12日，举行隆重的公祭大会，阮啸仙在会上号召大家学习烈士无私无畏的革命精神。林宝宸被葬在红花岗，广东省农民协会立下石刻碑记。新中国成立后，国家民政部向其家属发给烈士证书。

林宝宸育有三男二女，牺牲后，长子林章于1929年携眷返回马溪原籍，嫡孙林广祯一直居住在村里，重孙散居于广州、加拿大、香港等地。

杏林高手林氏父子 林文亭是广州著名的眼科医生。他非常热心家乡公益事业，虽身在省城，却时时关心家乡时事，参与筹建镇龙古庙和重修祠堂，"乙卯大水"为乡人捐款，回乡建祖居时，出资修筑了西河的村道与巷道，赢得济美家声。其子林月初（1893～1975）自小随父学医，尽得其真传。他于1917年毕业于广东中医教员养成所，随后在广州海珠南路挂牌行医。林月初对内、难、易诸经颇有研究，治外感尊崇，尤擅湿温；辨杂病床宗《金匮》，旁猎诸家，并悉心于脉学。尤可贵者，诊疾论病，能尽量融汇新知，从不墨守一家之言，故在临床上卓有成效。1963年，林月初被聘在越秀区中医研究室工作。

林月初行医60年，他一生恪守医德，一般不在家里给人看病，怕被误认为利用自己的名声搞"秘捞"，对医院造成影响。林月初生有五子四女（其中二子夭折），长子林学钊、三子林学铨均为医生，四子林学伦在广州汽配厂退休，五子林学标毕业于清华大学后移居美国……后辈子孙都各有建树，散居在广州、香港、海外及花都等。

碧空英雄林琛光 林琛光（～1937），1931年"九·一八"事变，目睹国步维艰，愤而赴欧攻读航空学校，1936年学业期满，毅然投奔祖国，加入空军队列，保卫祖国领空。1937年"八·一二"沪战爆发，南京保卫战开始，琛光受命驾机与敌机空战，不幸机撞南京紫金山殉国。

学界翘楚林杰生 林杰生生于香港，专长为血液学及肿瘤学。美国加州大学戴维斯分校癌症中心生物化学和分子医学系的教授，系主任。发表了超过280篇同行评审文章，并获颁14项发明专利。

名医林月初

祠堂文化知识

垂花门：是古代建筑院落内部的门，因其檐柱不落地，垂吊在屋檐下，称为垂柱，其下有一垂珠，通常彩绘为花瓣的形式，故被称为垂花门。

垂带踏跺：踏跺的一种，在踏跺两侧由台基至地面斜置设置"垂带石"，是一种很工整的台阶，一般位于衙署、祠庙正中的阶下，起到很好的装饰衬托作用。

丹墀：指宫殿、衙署或祠庙前的台阶。古时，宫殿前的石阶因以红色涂饰，故名丹墀。

走进黄氏家族的时光机

——岐山村黄氏宗祠探究

◎曾文娟　黄棣光　邓浩雯

花都区秀全街岐山村，历经700多年。这里青山相拥，碧水环绕，悠久的建村历史、厚重的宗祠文化，令这一方土地成了灵秀之地。

岐山村大部分的村民姓黄，村里有座黄氏宗祠，初建时间不详，留有文字记载的是在清朝时期与2012年分别进行过两次重修。走进黄氏祠堂，就像走进了一台时光机，把这个家族儿女的故事一幕幕显现在面前。

岐山村黄氏宗祠

黄氏溯源：自古黄姓多孝子

史料记载，黄姓是以国名为姓。据唐高宗咸亨元年（670）皇帝圣旨，称黄姓氏族出于轩辕黄帝第六代孙——陆终公的次子惠连公，惠连公受封于黄国，其后代子孙被冠以黄姓。后人立惠连公为授姓大始祖，其子南陆公为一世祖。

岐山村建村始祖黄逊余祖籍河南洛阳。"靖康之难"

黄氏宗祠内景

时，其祖先为避战乱，随宋高宗南渡，避地于韶关南雄沙水村珠玑巷。到黄逊余这一代，遇元兵日逼，当时身为朝廷宣义郎的黄逊余弃官，携家迁徙于当今的岐山境内。

自古黄氏多孝子，"孝"是黄姓的家风。当年黄逊余从南雄沙水村南下时，与兄弟等众人，带着先人黄俊禄及其夫人包氏、米氏骨骸长途跋涉，先是辗转来到番禺定居，并马不停蹄，找寻胜地安葬先人。有一天，黄逊余等人来到番禺狮岭司芙蓉地界，一个叫羊屎塘的地方，这里群山起伏，丘陵遍布，绵延十余里。众人皆认为是风水宝地，于是放下先人骨骸，请人开穴修坟。坟坑未及挖好，有人发觉装着先人骨骸的金塔布满蜜蜂，驱之不散，而且蜜蜂越聚越多，渐渐地形成一个巨大的蜂球。众人大惊，不敢靠近，更不能将塔移动分毫。面对此景，有人建议用火烧，有人建议用药喷，但多数人认为是天意，不能火烧药喷，于是就地依山势堆土连蜂球一起埋葬。令众人称奇的是，埋葬时没有一只蜜蜂飞走，也没有一人被蜂所蜇。自黄逊余与兄弟将先人骨骸安放好后，黄姓子孙遍布各地繁衍迅速，到明末清初，已达数万人之众。于是，黄逊余后人集资将坟墓周边田产地块全部购下，并立下石碑、石界，安排了一位守墓人员，防止有人毁墓或偷葬。当年的守墓人员安家后，逐渐发展为一个村，叫羊屎塘村。有人认为"羊屎塘"村名不雅，遂改名为杨诗塘。而坟地，也习惯叫蜜王地了。

宗祠重建：传承一段感人故事

　　岐山黄氏宗祠是花都区重要宗祠之一，为纪念700多年前黄逊余及其历代黄氏先人之处。现存的黄氏宗祠始建年代不详，重修于距今160多年的清朝道光年间。随着时代的变迁，宗祠低矮潮湿，天面木料部分已霉烂，四周墙壁多处开裂，有倒塌之险，抢修刻不容缓。2009年，岐山黄氏一族有识之士力倡重建，上敬祖宗下贻子孙。于是在村委会与热心族人的努力下，有钱出钱，有力出力，万众一心，2010年，黄氏宗祠开始重建。2011年11月11日，黄氏宗祠重建落成庆典，按旧俗举行重光仪式。根据岐山黄氏族例，三代同堂见四代者优先拜祭。

　　黄氏宗祠庆典当日来祝贺的40余村兄弟宗亲、周边邻里异姓兄弟中，最让人印象深刻的是2000多位炭步镇环山村的表亲举族前来祝贺朝拜。岐山黄氏宗祠后堂上方挂有一块匾牌，上面写着"代代相传"。环山人与岐山人的深厚表亲情谊，早在600多年前已建立。而在环山村的龚氏大宗祠内，也悬挂着一块"念念不忘"的匾牌。匾牌是岐山村人送的，历数百年而不毁，匾牌的故事代代相传。

　　故事起源于元朝年间，当年各种赋税多如牛毛，人民不堪重负，纷纷起而反抗。其时，岐山人黄元清，膝下五个儿子，均是习文练武之人，其中老四黄德达，最有正义感，常与同村好友抨击朝政，被人告到县衙。县衙一方面禀告上司，说是有人意欲谋反，一方面命黄元清绑子投案。黄元清无奈，命第二子黄德广协同官兵捉拿黄德达以及同伴。早有

墙上悬挂的祠联

野心独占家产的黄德广，十分卖力捉人。

德达不敌，只好逃跑，德广穷追不舍。德达经马溪，过东秀，来到巴江边。此时前无退路，后有追兵，正谓"赶狗入穷巷"，德达"扑通"一声跳入河中，游向对岸。县官要德广下江捉人，德广举起手中的三叉耙，对准德达掷去。只听"哎呀"一声，飞耙正中德达，德达仰卧江中，随波逐流。官兵以为德达必死，便回县衙复命。

再说德达其实是受伤装死，他见县官退去，便负伤潜游，历尽艰辛，终到彼岸，一上岸便晕倒在江边。德达的消息被其准岳父——南海金利都桃子堡横山头村（如今的环山村）村主龚师胜得知，他立刻派人救德达。自此德达便在横山头村住下，并与未婚妻完婚。岐山黄元清知悉后，对外封锁一切消息，不准村民对外宣扬。德达在岳父家住了下来，与妻子生下儿子，儿子又生下孙子。到朱元璋建立明朝时，德达携家人回到岐山村。德达长孙黄仲宾中举后回家祭祖，写下"念念不忘"横匾送到横山头村，要子孙永记横山头村的恩情。

历史一刻：见证六百年姻亲

2011年，当环山村民得知岐山黄氏宗祠重光庆典日期，村委一班人在80多岁高龄的老支书龚锦亨的倡导下，郑重其事地召开了十三房龚姓村民代表会议，研究决定，按旧风俗举族前来祝贺。把600多年的姻亲关系，再次隆重地展现于世人面前，体现两村"念念不忘，代代相传"的深厚感情。在黄氏宗祠落成仪式上，环山村表亲按旧俗循礼由族老长者领头进祠朝拜。

两村深厚的情谊，在600多年后的今天，感情依然如初。岐山黄氏宗祠重光，里面祭祀着岐山的祖先及龚氏太婆，现居住在岐山的几千村民，95%以上都是龚氏太婆的后人。环山村是"龚氏太婆"的娘家，理所当然地按"妹家头"即娘家风俗前去恭贺。更为感人的是，凡能走动的老人、幼儿共两千余男女老少，扛着横匾、长联（模型），浩浩荡荡举族前来朝拜，此情此景感人至深。

2000多环山村民完全按旧俗进祠拜祭。当日，彩旗招展，锣鼓喧天，族老长者，新衣礼服，排头引领，挑着糕点果品、礼炮醇酒，抬着金猪，醒狮随后，循序步入新祠拜祭。在中国传统礼教、礼仪风俗几近消失的今天，外来文化侵占熏染的大环境下，能全程再现岭南宗祠文化、慎终追远的礼仪风俗，十分难得和可贵。

黄氏名人：家国情怀永相传

逊余公在岐山定居下来后，700多年来，岐山人才辈出，较为知名的有黄士龙和黄荣威等人。

开邑乡贤黄士龙。在岐山村歧南十七队东向门楼的门额上，有一块匾牌，匾牌上面用篆书阴刻"乡贤故里"几个大字。这块匾牌是清朝遗物，是当时花县县衙偕同本县知名士绅所送的，匾牌的含义是要人们永远怀念为拓荒县治"化盗贼为良民，变猺蛮为善俗"并终身为之奋斗的开邑乡贤黄士龙。匾牌虽历经多年风雨及各种政治运动的洗刷，但仍完好无损保存着，远远就能看到，足见人民群众对有利于民、有功于世的人永远怀念的崇敬心情。

黄士龙，明末清初人，自幼喜爱读书，生性十分聪敏，读书过目成诵。四五岁时已是出了名的"神童"，凡事要问个为什么，喜欢追根溯源，并且要弄个水落石出。

岐山村西南面有一条江，叫巴江，是珠江支流。雨季，巴江周围必成泽国，水患连连。江边建有古庙一座，是纪念妈祖的，叫天后庙，人们到庙祈求风调雨顺、国泰民安。庙外江边水闸壁上，树立一块记述建庙缘起及功德芳名等石碑，有几百字，竖式石刻，由于潮涨潮落之缘故，极少有人能把碑文全读出来，那时，黄士龙才十来岁，老师考他，他竟能一字不漏，全部背出，一时传为佳话。

清朝康熙十一年（1672），黄士龙考取举人。当时，花县地处番禺、清远、从化、南海、三水等县交错接壤的三不管地带，东、西、北三面，万山环峙，山深谷窈，口隘林丛，盗贼依险凭陵，筑寨为窝，称花山寨。他们四处劫掠，致使环山数百里、路荒人灭，弥目荆棘。朝廷派兵来剿，盗贼暂且分散隐藏，或转往别处；官兵一旦离开，盗匪依然如故；清兵屡征无效，人民流离失所，实为数邑居民之大患。

黄士龙目睹惨状，心怀桑梓，急群众之所急，想尽千方百计，决心化盗贼为良民，变猺蛮为善俗，毅然上书条陈御盗保民之策，倡议建县。他向当时的广东巡抚李士桢进

门额"乡贤故里"纪念黄士龙

《建县条议》，陈述建县好处：量割数县难治之地，尽辟万山连垣之区，建城而守，设官而治，使王法可达于阻，采矿土可征其赋；而设立县治，官既不得辞责，民自不得为非；人迹时常往来，官兵随地盘诘，则永绝盗贼之源，长享平宁之乐，达到长治久安。在他的努力推动下，康熙二十四年（1685）十二月十八日，皇上下旨准奏："花山地区应设县治"，康熙二十五年（1686）正月，由南海、番禺县正式划割出边远户口、田地、山塘、丁赋等拨归花县，调三水县知县王永名为首任知县，接管设于横潭街之狮岭巡检司。新设水西巡检司于炭步街，筹建花县县城。选择城址，鸠工庀材，黄士龙均亲自策划，成为开邑乡贤。黄士龙擅长诗文，花县建立次年，评"花县八景"，黄士龙逐景撰诗颂之，雅韵长存至今。后来皇上下旨"授黄士龙为四川苍溪县知县"。

爱国将领黄荣威。清朝道光年间，中英鸦片战争爆发，两广总督林则徐带领广东军民反击英军入侵。在粤海之战，时任第四号红单炮船管带（船长）的是来自岐山村的黄荣威，他在战争中指挥若定，在自己炮船被英军击中的情况下，还疾驰破船，向英舰冲去，顽强与敌人战斗。接近敌舰时，炮火连发，频频击中敌舰。敌人被视死如归的勇士吓破了胆，急忙调转船头，向外海逃去。林则徐非常赞赏黄荣威的表现，他感叹地说：

"假如个个都像黄荣威,敌人哪有遗类呢?"黄荣威还娴于韬略,常致力于军事研究,著有《武备志节要》等多部、多卷书籍。虽为一介武夫,他亦常吟哦,他的《偶成》和《读留侯世家》等诗句,被收录于旧花县志中。

祠堂文化知识

丹凤朝阳: 又称朝阳鸣凤、双凤朝阳。传说凤为鸟中之王,象征和平祥瑞、美好幸福。丹凤向阳,前景光明,喻有可喜之事,又喻贤才盛世。

碉楼: 因形似碉堡而得名,是一种特殊的民居建筑,建筑风格中西合璧,有很强的防御作用。花都洛场村有近50座碉楼,大多建于清末民初,由旅美华侨回乡建造。

新农村里长出的祠堂

——探访朱村朱氏大宗祠

◎ 郭利群

在花都城区西郊，天马河畔，与花都汽车产业基地相连的是一片鳞次栉比的现代化小区。这里有个因拆迁而建起的现代化新农村——朱村。朱村原属新华街，后划分至秀全街，含5个经济社。2009年，为配合区政府经济建设规划，开始拆迁。如今的朱村新村

朱村朱氏大宗祠

是原朱村村民的安置小区，区内集住宅、商业、学校、配套公建等一体，总共400多户，乡居人口约1500人。

朱氏宗祠　独具特色

朱氏大宗祠位于朱村新村的东边，从大门进入往左转，经过村民休闲娱乐区，就到达了崭新的宗祠前。该祠无论是规模还是建设特色，在花都区内都排在前列。宗祠门庭广阔，有一个300平方米的风水池，池中间有一只石雕龙头大龟，龟背盘着一条蛇，龟蛇合体，谓玄武之神，是风水物。池边广场上立着两处旗杆夹，刻着"光绪乙未科会试中式第三十七名赐同进士出身……"等字样，旗杆上的旗帜迎风飘扬。

朱氏大宗祠于2013年3月31日建成开祭，造价900多万元，主体面积有1000多平方米，加上风水塘等相配套建筑约2000平方米。

朱村原本有朱氏祠堂五六间。原朱氏大宗祠，三进规模，历史悠久，建设时年已失考。新建的朱氏大宗祠，三进规模，为园林胜景。"门庭开豁，后有靠山；藏风得水，紫气东来。"朱氏大宗祠重建志铭于斯记载。原刻有"咸丰三年仲冬"的朱氏大宗祠牌匾仍放置在现在的宗祠中。

宗祠大门前左右两边各有一棵青松，大门"两朝天子；一代圣人"的对联非常醒目，显示着朱氏祖先显赫的历史背景。当打开宗祠大门和宗祠内屏风，从正门外一眼望去，从朱氏祖先牌位到大红柱、"敬一堂"牌匾，层层叠叠，气势恢弘。宗祠内挂满宗祠建成庆典当日千筵盛开、宾客过万的照片，还有从各地前来祝贺的朱氏宗亲赠送的对联、牌匾。墙上刻有《朱熹夫子家训》《朱氏源流歌》等，告诫朱氏后人不忘祖宗，学会做事做人。

朱氏大宗祠的灰塑是一大亮点，不仅做工精巧，颜色鲜亮，栩栩如生，而且融入了许多寓意和故事，从灰塑里可以欣赏到许多内涵故事。如宗祠的每进屋顶都有一对鳌鱼（龙头鱼身），传说鳌鱼是鲤鱼误吞龙珠变成，寓意独占鳌头；还有双龙托珠，象征着人们对美好生活的追求；石榴、茄瓜寓意多子多福等。除此之外，还有太白醉酒、知音图、桃园结义、加官晋爵等灰塑作品。这些灰塑作品凹凸鲜明，立体感强，非常精美。

朱氏大宗祠虽然是最近几年修建的,但并未像有些宗祠用瓷砖贴墙的现代方式,仍然是青砖砌墙,壁画亦是人工绘画,反映了许多朱氏人物故事。

朱氏家族　源远流长

朱村姓氏纯粹,全村只有一个姓。据村中老人讲述及族谱记载,元朝末,朱村开基祖朱有礼的祖辈从珠玑巷到新会开基创业,后至朱有礼同辈兄弟九人,风华正茂,踌躇满志,在禺北地方做生意,立足岐山附近的黄埔墟,购置田地,命名朱氏塱。因朱氏塱地势偏低,屡受洪涝灾害,便向北迁移两里,依山定居,与曾、冼、何等多个姓同住朱村,和睦共荣,开枝散叶,流传至今已有29世,约600年历史。清朝时期,朱村非朱姓族

朱氏大宗祠风水塘

人陆续迁往他乡,曾姓迁到坭心村,何姓迁往外地,惟朱氏凭此发祥之地,代代相传,垦荒造田,自强不息。到清末民初,许多朱村人士迁往南洋谋生,形成一种风气。至今,朱村旅居海外的华侨人数比居住在国内的人数还要多。

1952年后,朱村村民发挥智慧,不畏艰辛,大兴水利,修建了金钟水库,用于灌溉村里大部分土地。自从有了水库,以往世代轮番抗旱的劳苦一去不复返。此外,还修筑陵朱防洪大堤,从朱村蜿蜒至天马河岸,建有大型排洪泵站,辖区数千亩,受益几条村。朱村耕地广阔,五谷丰登,人们过着安居乐业的生活。

开基祖朱有礼墓葬大坭村后山,妣陈氏夫人墓葬白云区大岭村。在花都区内的赤坭镇也有朱姓,但人口少,花都朱姓人口惟朱村较多。

朱氏祖辈　千古留名

说起朱姓名人,一般人都能数出几个。从朱氏大宗祠"两朝天子;一代圣人",以及新村大门的"朱裔远肇周封史称有帝有侯有文有武;村基重开福地民庆宜生宜聚宜寿宜兴"等对联可以看出,朱氏家族人才辈出,出了许多对社会发展产生深远影响的人物。大宗祠内祖先牌位左边依次挂着后梁皇帝朱温、明太祖朱元璋、大洪安国公朱子儒的画像,右边依次是文公朱熹、朱村始祖朱贵公以及民国政府外交次长朱兆莘。

朱熹是宋朝著名的理学家、思想家、哲学家、教育家、诗人,闽学派的代表人物,儒学大师,和孔孟并提,称为"朱子"。他在学术上造诣非常深、影响很大,是宋代理学思想集大成者,其思想被尊奉为官学,功绩为后世所称道,宋以后科考,皆以朱熹学说为标准答案。梁太祖朱温、明太祖朱元璋都是历史上的皇帝。

在朱村开基祖朱有礼的后代中,也有不少名人,其中就有被朱村人尊称"大勇士"的朱子儒。据村中老人回忆及族谱记载,清朝道光至咸丰年间,朱村有个显赫人物叫朱子儒,他与洪秀全同一时期,两人曾有来往。洪秀全在广西金田起义,朱子儒在家乡发动民众起义,两人互相呼应,对太平天国农民起义起到一定的影响,被后世称为"大洪国安国公",名垂朱氏史册。

朱子儒出生于武术世家,祖父朱帝裔是洪拳创始人洪熙官门下弟子,父亲朱福年轻得家传，在当时是小有名气的洪拳拳师。朱村人秉承先祖理学家朱熹以礼传家的遗风，到了朱帝裔这一代不但以文见长，而且以武称强，可谓文武双全，因此族中不缺有名望的武师。嘉庆二十五年（1820），朱福晚年得子，非常高兴，给小孩取名"子儒"，意在不仅让孩子习武，也要学文，继承祖宗儒家理念，以书礼传家。朱子儒从小得到父亲的武功训练，十余年后，长得一表人才。相传他体格魁梧，两道剑眉浓而上翘，一双大眼睛炯炯有神，脸色红润，山根高而鼻梁直。"准头厚如猪肝吊胆，双耳宽大且有垂珠，唇红齿白，好一个关云长再世，孙仲谋再生。"族谱赞颂道。

朱子儒武功了得，手里总是握着一把重七八十斤的关刀。据说每逢新春佳节，朱福一家必在祠堂门前空地为族人表演，并以朱子儒为主，其他徒弟次之，逐一上场。朱子儒毫不畏惧，不仅手举几百斤花岗岩条石，用肚子顶千斤重物，还用头连续把砖头撞碎。他们的表演吸引了许多人来观看，不仅有本村的，邻村的也闻声而来看热闹，围观者多达千人。朱子儒的名字也因此传遍附近乡村。

道光二十一年（1841），英军入侵广州，清兵战败，广州失陷。英军到处奸淫掳掠，屠杀百姓，挖掘坟墓。三元里附近群众义愤填膺，自发组成"平英团"奋起抗击入侵英军。当时，朱福已年迈，便吩咐朱子儒与收山弟子杨星郎带领花县天地会会众，参加平英团，在牛栏岗以及包围四方炮台之役，立功不少。当时清王朝腐朽不堪，卖国求荣，对外割地赔款，对内加紧压榨，人民生活在水深火热中。太平天国农民运动领袖洪秀全在本村策划反清大计，潜心著述革命理论，并与冯云山等人创立"拜上帝会"，准备聚众起义。有人告密到政府，当时花县知县张起鹍派人捉拿乱党，洪秀全得知后，马上请朱子儒出面调解，因为要抓的人正是朱福的徒弟。朱子儒深明大义，为其说情，平息了事件。因此，朱子儒与洪秀全有一面之缘。

咸丰元年（1851），洪秀全、冯云山率会众于广西金田起义，建号"太平天国"，洪秀全又在武宣县东乡称"天王"。消息传来，极大地鼓舞了花县各会众，他们纷纷起义，策应太平天国革命运动。因朱子儒为洪秀全讲过情面，张起鹍怀疑朱福是拜上帝会会员，1852年派兵围剿朱村。朱福年迈被捕，朱子儒正好外出，侥幸逃过一劫。后来，清廷以反清罪杀害朱福，烧毁朱氏祠堂屋宇。官兵全村排查，只要见到有"朱"字的祠堂就烧，最后只有一间没有带"朱"字的朱氏宗祠留存下来。后来，清政府又担心朱子儒借机聚众谋反，为安抚民众，清政府又重建被焚祠堂，以息事宁人。

朱子儒目睹杀父焚家惨变，无家可归，官逼民反，遂与当时三水县陈金釭密谋，在1853年六月初二，率领天地会会众，在丫髻山竖起义旗。起义军旋即转战三水芦苞，占据芦苞都司署，各地贫苦群众纷纷响应，没过几日，起义军已超万人。朱子儒、陈金釭带领起义军，转战广州、南海、花县、清远等地，并伸延到湖南郴州，有力地打击和牵制了清廷在广东的武装力量，为金田起义后太平军顺利进军打下了坚实基础。

1857年10月，天地会占领怀集，以"大洪"为国号，陈金釭在怀集城自称南兴王，封朱子儒为"安国公"。1861年3月27日，大洪国起义军攻下信宜城，将信宜定为大洪国首府。朱子儒在这场战役中被清兵炮火击中，受伤致残。于是，陈金釭封郑金为帅，统领三军。郑金素有野心，在取得大洪国军事指挥权后，于1863年9月公开派人向清朝广东陆路提督昆寿乞降。同年10月30日，他命部下杀死陈金釭、朱子儒，拿着两个首级，正式向清政府投降。至此，历时11年的大洪国农民起义运动跟太平天国运动一样，悲壮惨烈地以失败而告终。

朱村流传着一段同姓兄弟朱桂芳祖孙三人参加科举考试的佳话，即"紫坭三图一甲"。清咸丰年间，赤坭镇黄沙塘村的朱氏朱桂芳，发奋读书，知书达礼，意在考取功名。后朱桂芳于咸丰壬子科乡试中式第三名举人，其子朱珩、孙朱兆莘亦取得功名。朱珩于1885年中举，1895年中进士，官任刑部主事，1919年任河北平安县县长，后辞官归田，对元史颇有研究。朱珩善诗文，回乡后到处观光，有感而发，传世诗词多篇。

朱氏大宗祠中堂

朱兆莘是清末举人，毕业于京师大学堂，后被派往美国留学，兼办华侨学务，在美获硕士学位，曾任驻旧金山总领事，后任驻意大利全权公使、国民政府特种外委会委员、外交部政务次长等。其画像亦挂在朱氏大宗祠，为朱氏后人的学习榜样。

朱村人正如朱熹家训里教育和指导的"诗书不可不学,礼义不可不知,子孙不可不教……",朱村子孙后代始终遵循祖先教诲,人行天道,天人同道,使朱氏宗亲源远流长,万世兴盛。

朱村大门

祠堂文化知识

大门:也称头门,是祠堂正面最重要的单体建筑,一般写有祠堂的名号,也是进入祠堂内部的礼仪性入口和中轴线序列上的第一座建筑,因此需表现出堂堂正正的气象。

地坪:广府人称地堂,位于村面建筑物之前水塘之后,使用三合土分层夯实,地面因日晒雨淋而日久弥坚,常用作晒谷豆花生、喜庆日摆酒等用地。

斗拱:中国建筑特有的一种结构。在立柱和横梁交接处,从柱顶上加的一层层探出成弓形的承重结构叫拱,拱与拱之间垫的方形木块叫斗,合称斗拱。

人心是最好的风水

——记马溪村姚氏诸祠堂

◎倪西赟 邓浩雯

马溪村位于花都区新华街西南7公里处,现属秀全街管辖。民国期间为马溪乡,1954年为马溪农业合作社,1957年为马溪大队,1983年复名马溪乡,1985年改马溪村至今。

马溪村振全姚公祠

马溪村原总面积6.5平方公里，国家征用3.4平方公里，现在剩3.1平方公里，辖内共有西湖、南岳、西河、位育、东秀5个经济社，以姚姓、黎姓、林姓、曾姓等姓氏为主。另有润城工业区、东秀工业区2个工业园片区。辖区本地户籍人口数量共3200余人。

振全姚公祠前旗杆夹

马溪村祠堂众多，各氏祠堂布局多数环绕小山而建，在绿树中间若隐若现。祠堂、里巷、书舍遍布，有两个保存较完好的古建筑群，分别是西河社古建筑群和位育社古建筑群。民居多为青砖、泥砖和土坯结构，建筑年代多为清末民初。

马溪古祠堂建筑群依山而建，为秀全街之一大村落。其村落有巴山胜概、华安里、深水里、安贤里、仁和里、中和里、福安里、聚星里、庆云里、兴和里等里巷。

目前，马溪姚氏属南岳、西湖两个经济社，位居旧村与岐山接壤，面积为马溪村面积的一半。现马溪姚氏海内外子孙约有2000人。

姚氏祠堂古朴典雅

姚绍桢是马溪村姚氏家族德高望重的一位老人。据姚老先生介绍，马溪村姚氏公祠，大大小小共有12座，例如姚氏宗祠、南岳宗祠（已拆）、南渭姚公祠、淮阳姚公祠、裔广姚公祠、振全姚公祠和最近在原基础上重建的西湖姚公祠等。

姚氏祠堂依山而建，连成一片，前面有一个很大的风水塘。若从马溪村街口直入，

裔广姚公祠

首先看到的是淮阳姚公祠。淮阳姚公祠始建于乾隆壬子年，裔广姚公祠紧邻淮阳姚公祠，始建于光绪三十四年（1908），由于祠堂修葺不及时，略显陈旧。接下来是振全姚公祠，始建于道光年间，在一列祠堂中最为华丽。南渭姚公祠始建于光绪年间，端立在道路旁边的丁字路口，祠堂前有棵大树，大树紧邻南岳大街，可直接通往农贸市场。远观祠堂群，青色的外观，给人静穆端庄的感觉。西湖姚公祠位于祠堂最北边，嘉庆二年（1797）始建，2014年重建。

8座祠堂中，以振全姚公祠最大。该祠坐东南朝西北，三间三进，总面阔22米，总进深30米，建筑占地660平方米。镬耳封火山墙，博古脊屋顶，碌灰筒瓦，青砖墙，花岗岩石脚，红阶砖铺地。

祠堂分为三进。首进为准备拜祭用品之地。面阔22米，进深3间7.5米，前廊四步，梁架上柁墩、斗拱、雀替施有人物、花草等纹饰。前廊两柱石线条繁杂，正脊灰塑龙凤戏珠、花鸟等纹饰。虾公梁上有石狮、异形斗拱，挑头为青石人物雕刻。大门嵌花岗岩门夹，石门额阴刻"振全姚公祠"。门面花岗岩石脚高2.1米，前廊两次间设有墊台。

中间为中堂，面阔22米，进深三间14.5米。四根硬木金柱承重。一道大屏风立在中堂，入内需行两边侧门。正脊灰塑狮兽、花鸟等纹饰。两次间半月形侧门上施有"蝙蝠吊金钱"等灰塑纹饰。

第三进为后堂，面阔22米，进深三间8.8米。中间两幅青砖墙与山墙承重。前廊梁架柁墩、斗拱、雀替，施有流云、人物、花草等纹饰图案。

后堂专供村民拜祭之用，内设历代祖先牌位，其格局雄伟，结构工艺精湛，雕有鱼虾蟹、飞禽走兽、花草树木、苍松翠竹、日月披星等。

振全姚公祠在新中国成立后作为马溪高级农业社大队部，亦曾作为初级小学。振全姚公祠前庭宽敞，村里每逢过节，大型活动或者唱戏，多在此举行。如今，前庭广场成为族人办酒席的最佳场地。

当然，姚氏家族非常重视文化，除了修建祠堂，还有五间书舍。其中，广福书舍距今已有200多年历史，石匾额的字还保存完好。可见，姚氏子孙读书之风盛行。

姚氏是一个古老的姓氏

岁月悠悠，沧海桑田。

在中华文明的历史长河里，姓氏文化源远流长。"姓氏者，标示家族血缘之符号也"。《通志·氏族略》曰：三代（夏商周）以前，姓氏分而为二，男子称氏，妇人（女子）称姓。

据史料记载，姚姓起源于公元前两千多年前的母系氏族社会，是中国四大古姓之一。

姚氏始祖为五帝之一的虞舜，舜（有虞氏，名重华）生于姚墟，他的后裔子孙便以地为氏，称为姚氏。

姚氏是一个多民族、多源流的姓氏群体。先秦时期，姚姓主要的活动地区在河南、山东地区。秦汉两晋时，姚姓正支迁吴兴郡，其余迁到北方各地、东南各省；西北羌族姚姓的兴起和进入中原，大大扩增了姚姓人群的数量；同时甘肃洮水地区的姚姓南下四川和西南地区。唐朝的两次南下移民东南，姚姓开始进入福建，宋朝时进入广东，在广东的姚姓又以潮汕地区最为集中。

祠堂虾公梁上的石狮散落在地堂边

西湖姚公祠

目前，姚姓在全国的分布主要集中于浙江、安徽、广东、江苏四省，在宋版《百家姓》中排第101位，在2007年中国百家姓氏中排行第51位。

关于马溪村姚姓起源，亦有几个不同版本的说法：一种说法是南宋年间，姚姓宏基祖率五子（东源、南岳、西湖、北海、中龄）自福建莆田徙居姚村，是为马溪立村之始，村名谓之马步坳，至今已繁衍27代。一种说法是姚宏基祖率五子自福建莆田入粤，先进入东莞望牛岗居住，其子孙再迁徙马溪建村。还有一种说法是姚宏基祖率五子先到梅州平远，他的后人南岳、西湖两兄弟再迁马溪建村；东源、北海、中龄三兄弟分别分散于新街望岗村、岐山村、江村荷布、大田定居。

据姚氏后人姚绍桢老先生讲，由于姚氏族人曾在宋末元初参加了反对元朝统治的活动，因而遭到残酷镇压。姚氏为了更好地保护族人避免受到牵连，甚至把族谱毁掉，加上四处走散，以至于花都马溪村姚氏，没有详实的家谱记载。姚氏到底从何迁居而来，至今未能证实。

人心是最好的风水

每座祠堂门前都有一个风水塘。在传统民居风俗中，门前有塘至关重要，"塘之蓄水，足以荫地脉，养真气"，故"池塘"有养人蓄财的寓意。

在姚氏祠堂前，有一个非常大的风水塘，风水塘的左侧绿树成荫，亭亭华盖。树下是石桌石凳，供村里人乘凉下棋。风水塘中间有一处凉亭，凉亭里面亦有石凳石椅，供村里人休闲。

在振全姚公祠门前有一口古井，据说有两三百年历史。古井不深，提一水桶，不必用绳，伸臂可及。井壁内的石壁上，长满青苔，石缝间长着青草。阳光斜照在井壁上，映出井水清澈透底。适逢有三三两两村民，端来一盆衣服，在井边洗衣。她们说着话，聊着天，慢慢悠悠，让人感觉时光倒流。

姚老先生突然问我："此井有何不同？"我望井，没有发现此井与其他井有什么不同。姚老先生见我不懂其中奥妙，于是笑着对我说："你看，此井是不是长方形？"果然如此，我点头称是。"大多数古井井口为圆形，此井为何是长方形？"我问。姚老先生给我讲了一个小故事：原来，这口井以前也是圆形的口。一天，有两户人家的牛溜达到井边，不知何故，两头牛打斗起来。由于井边的路比较窄，两头牛在打斗的过程中，有一头牛退到井边，一下掉进了这口古井里。这头牛后来虽然被救上来，但是伤痕累累，不能用来耕地拉车了。牛的主人非常伤心，另外一头牛的主人也很歉疚。为了避免牛或者人再掉进井里，姚氏族人就想了一个办法，用长石条铺在井口上，把圆形井口改成长方形井口，仅留一只水

南渭姚公祠

桶的尺寸。这样，村民可以站在井边的石条上打水，不用担心滑下去，也不用担心牲畜掉下去。

一件小小的事情，反映了姚氏族人的悲悯、博爱之心。这让我想起了一句话：人心才是最好的风水。

姚氏旗杆石

在振全姚公祠门口有两对旗杆石，旗杆石基座历经风雨显得沧桑。

据姚老先生介绍，石基座在20世纪50年代兴修水利时被拆。为了保护文物不遭到破坏，姚氏后人就把石基座沉到祠堂前面的风水塘里，"文化大革命"后才被捞上来。

石基座上面的旗杆石是新的，上面写着"状元及第"。旗杆石基座有四面，靠里的一面没刻图案，相对的两面分别刻着麒麟、狮子和鳌鱼。

据史料记载，姚氏"恩科状元"是清朝武状元姚大宁。

姚大宁（1772～1807）字允盛，和顺大文教村人。自幼弃儒学武，精骑射。清乾隆六十年（1795）乡试武举。嘉庆四年（1799），兵部会试进士。便殿御试时破格发给9箭令射皆中，赐甲第一名武状元，奖给头等侍卫服和黄金甲铠。

村民旧屋

姚大宁七岁时就非常喜好读书，至弱冠却受困于童试，屡试通不过。于是其便弃文从武，从致力于儒学改为学骑射、练马枪、翘关、负重等技勇工夫。

乾隆六十年（1795），姚大宁经过充分的准备，参加了广东省乡试，其无论长垛、马步箭，还是翘关、负重等技艺，样样曲尽其妙。通过外场

马溪村全貌

考试及内场式策论之后,姚大宁考中举人,名登武科皇榜。凡新科武举皆荣赴"鹰扬宴",以此表示中举即威武如鹰之飞扬的意思。

第二年,各省武举会试京城。姚大宁应武科兵部会试,内、外考场成绩俱佳。会试揭榜后,姚大宁榜上有名。合格者还要先参加武殿试内场考试。

嘉庆六年(1801)冬,姚大宁参加内场考试。自1796年开始推行武会试复试,复试不合格者罚傍殿试一科,三次复试不合格者除名。十一月,皇帝亲御紫光阁,阅试中试武举王鸿仪等五十四名马步射。御试前,先由王子骑马射箭作示范。轮到姚大宁时,御试更殿,打破常规,特予其九枝箭,但见其发发中的,场上连连叫好。之后,嘉庆帝亲临西苑门外中南海紫光阁御试武举的勇技。外场试包括马术、步箭、开弓、舞刀、掇石等。在太和殿,传胪大典上,嘉庆皇帝钦点姚大宁一甲第一名。高中武状元的姚大宁身着高等侍卫服,头带御赐黄金铠甲,回乡里省觐,荣耀至极。

姚大宁是武状元,其殿试策对试卷留存于世。应试所作对策文,主要是强调武功的重要性。姚大宁先谈古往今来帝王要内修文德,又要外重武功,方能安邦定国。接着,其赞颂嘉庆皇帝"仁符帝范,义式王斧",登基即位不久已经"遐迩清宁,中外只福"。最后其谦逊地称自己才疏学浅,有负于圣望。只盼国家"治益求治,安益求安"。

姚大宁殿试策对简单明了，其文239字，不少于策文最少200字之基数，符合制义定制。其书法规范，对策文从字顺，言简意赅。因清朝武科举一贯忽视文才，更重技勇，故姚大宁此策对文章当为上乘之作。

嘉庆十二年（1807），姚大宁扈从圣驾秋狩猎，外出古北口，因中风寒病，回京后不久，不治身亡。

姚大宁明明是南海人，为何在马溪振全姚公祠前的旗杆石上要写"恩科状元及第"呢？我百思不解。姚老先生说，也许姚氏的祖先与姚大宁有过来往联络，也许是天下姚氏是一家，还有人说姚大宁是南岳公的后人，其祖辈迁往南海居住。族人以姚大宁为榜样，鼓励后人建功立业而竖此碑吧！

岁月静好，祠堂安老。姚氏古祠堂建筑群，历经了几百年风雨沧桑，今天仍然完好，很是让人感到欣慰。

祠堂文化知识

斗枋：在檐柱柱头之间，形如抬梁构架中的额枋。

滴水瓦：底瓦于檐口处，下端有下垂之圆尖形瓦片，以利流水外泄，保护檐口下的木构架及墙体少受雨淋。烧制之前，被绘上植物或花卉图案，兼具美学与实用效果。

鸱吻：又叫螭吻、鸱尾，是传统建筑物的脊梁上的一个设计。龙生九子，鸱吻为其中之一，在险要处咬定屋脊，展翼昂扬风雨中，遂成殿脊两端的吞脊兽，用以镇邪之物以避火，使脊垄既稳固又不渗水。

花城街

花都中轴线上的"望族"

——罗洞村卢氏及祠堂略考

◎卢福汉

罗洞村在花县（今广州市花都区花城街），建县之前名为番禺县罗宁村，建县后改名为罗洞村。村民大多姓卢，卢氏于明永乐元年（1403）从现在的广州市白云区神山镇迁来，新中国成立后，由于人口繁多，罗洞村拆分为两村行政，一个以长岗圩为名叫长岗村，一个以罗洞村与仙贝村合称罗仙村，"人民公社"时期曾分别改名为解放大队和抗美大队，原属狮岭镇管辖，2014年花都行政区域调整时划归花城街，现处于花都的主城区发展轴内。两村人口共有8100多人。

罗仙村罗山卢公祠

随着花都主城区发展轴的确立，罗洞村成了黄金宝地，但也面临着城市发展问题的巨大挑战。村民在此生活了几百年，经过数十代人的传承与发展，积淀了灿烂的地方文化，留下了丰富的文物遗存，形成了多彩的民俗风情，延续了绵长的文明印记。走进村子，处处萦绕着独特的乡音，凝结着淳朴的乡情，承载着浓重的乡愁，我想这正是地方灿烂文化

罗山卢公祠头门

的重要载体，是地方悠久历史的有力见证。去年，万达文化旅游城已经征收了罗仙村14个经济社的农田房屋和长岗村400多亩农田，这些已经存在数百年的村庄不久就会消失，那些矗立在村中最醒目位置、建筑装饰最为华丽的祠堂命运如何呢？笔者以罗洞村卢氏祠堂为重点，进行了深入的走访。

卢氏世系

翻开《花县罗洞卢氏族谱》，从一世祖傒公开始，卢氏支派瓜瓞绵延，枝叶繁衍，居地不断扩展，遍布北方各地。后到了六十五世祖卢肇元（字胜依，宋淳祐六年丙午科中试武状元，镇守汾州）晚年辞官迁往广东省南雄保昌县沙水村牛田坊妻弟李福荣处暂住，后定居珠玑巷，为卢氏在广东的开基始祖。

珠玑巷因为"胡妃之难"而饱受兵灾之苦，到处哀鸿遍野，民不聊生，人们纷纷往南迁徙避居岭南。卢肇元之孙卢渊（字少九）、卢穆（字明远）、卢镜（字智亮）、卢睿（字明达）兄弟四人，与珠玑巷的三十余姓，于南宋咸淳九年（1273）三月十六日启程南下，至四月十五日抵达冈州大良（今顺德），后分迁至番禺县神山乡（今广州市白

云区神山镇）定居。这里，我们只列卢穆一房的繁衍世系，他生了卢松、卢椿、卢桂和卢梓四子，此为三世祖。其中，卢桂生下元凯、元子、元辅、元亨、元勋五子，卢梓生下九畴、十畴、俊德、俊辅四子，此为四世祖。从落籍神山的第四世祖开始，子孙便四处扩充居地，南到广州冼村、中山、东莞、顺德、南海、珠海斗门，西南到恩平、新会、鹤山，东到增城、从化、博罗，西至三水、阳江、怀集、广西，北达清远，居地遍布华南，人口不断繁衍壮大。

这里，主要介绍两支迁徙分居的队伍。一支是四世祖卢元辅迁移至现珠海市金鼎镇北山村开居，卢元辅第四子又到该镇外沙村落户，传至二十一世祖卢耀显，生下长女卢慕贞，也就是孙中山先生的原配夫人。神山卢氏大宗祠于民国年间重修，卢慕贞与儿子孙科给宗祠赠送了"爱慕宁亲"匾额。中山文化学者李伯新在《默默支持孙中山革命的卢慕贞》一文中写道："卢氏是一位具有中国传统女性优良美德的母亲，一手承担养育儿女的责任，又孝顺侍奉家翁家姑，照料姊母程氏生活。一个小脚女人，承担这么多的繁重家务，还为孙中山的革命活动担风险。她使孙中山减少了家庭的后顾之忧，把精神集中到革命事业上。"乡人亦赞卢慕贞"孝敬贤淑，闻于乡党"，给予卢慕贞夫人很高的评价。另一支是四世祖卢元子、卢什畴等于明永乐元年（1403）迁至番禺县罗宁村（即花县罗洞村）开居。卢什畴为乡进士出身，在乡试中获亚魁授文林郎职，不久受任福建省莆田县知县，村中只留下小部分家眷，而笔者正是什畴公的后裔。因此，罗洞村卢氏主要介绍卢元子一房，到了五世祖卢昌善，家族已经在省城四牌楼豪畔街做米铺生意，名"永昌号"，后米铺改为"善昌家塾"。七世祖卢东沼生下长子八世祖卢裴真（生于明正德初年）、次子八世祖卢裴政（1508～1557），以后一脉相承，子孙并茂，繁衍生息，至今已经600余年历史。

卢氏祠堂

祠堂是纪念和祭拜族人先祖之堂，是宗族血脉认同的硬性标志。清学者屈大均说："岭南之著姓右族，于广州为盛。广之世，于乡为盛，其土沃而人繁，或一乡一姓，或一二三姓……其大小祖皆有祠，代为堂构，以壮丽相高。每千人一族，祠数十所；小姓单家,族人不满百者,亦有祠数所。其曰大宗祠者,始祖之庙也。"

罗洞村卢氏秉承"饮水思源,慎终追远"的传统美德,在此生活数百年间,构筑了不少祠堂,后因自然及人为的毁坏而湮灭,现仅存罗山卢公祠、纯斋卢公祠、慎衷卢公祠、嘉儒卢公祠和政平卢公祠五座祠堂。

论建筑年代,要数罗山

罗山卢公祠内景

卢公祠、纯斋卢公祠最为久远,这是立村以来最古老的祠堂。这两座祠堂是卢氏族人为纪念八世祖卢裴真(字罗山)、卢裴政(字纯斋)两兄弟而建,罗山卢公祠位于现在的罗仙村,纯斋卢公祠位于现在的长岗村。始建于明代,清嘉庆三年(1798)扩建成四进,清道光二十年(1840)、民国十年(1921)和2004年三次重修。尤其是最近一次重修,对原已荒废的罗山卢公祠进行了全新修葺,纯斋卢公祠亦复原了仪门的"望出范阳"牌坊,重光后的祠堂焕发异彩,熠熠生辉。虽然,两座祠堂现属于不同的两个行政村,但是它们却是同期建设、同期扩充、同期维修,体现了罗洞卢氏一脉相连、繁衍昌盛,也标志着罗洞卢氏敬祖爱宗、孝悌家风。民国期间,本村乡绅耆老,为子孙后代前途着想,倡议将两公祠改为小学,用以教化族人。可惜时局动荡,卢沟桥事变后,侵华日军的飞机轰炸全村,两间祠堂都被投过炸弹,罗山卢公祠后墙及厨房墙壁被炸得千疮百孔,纯斋卢公祠的仪门四鼓石牌坊亦被炸毁,学校无奈暂停数年。抗战胜利后,学校继而办之。罗洞小学于1978年从纯斋卢公祠撤出,搬到了长岗圩的现址;罗仙小学于1991年从罗山卢公祠撤出,搬到新校区。两间祠堂完成了校舍使命,追溯数十年,两祠培育拔萃英才,数不胜数。现在,同治九年(1870)庚午科武举人卢平威、光绪十八年(1892)壬辰钦点翰林院庶吉士卢维庆、光绪二十九年(1903)考选庚子科恩贡生一名卢应台等三块彰显卢氏功名的旗杆夹,还静静矗立在两座祠堂前面的地坪上。

论装饰工艺，则要数嘉儒卢公祠最为精湛。它位于罗仙村烧猪林庄。卢嘉儒为纯斋公一脉的第十七世祖。始建年代不详，民国二十五年（1936）和2010年两度重修。普遍采用陶塑、木雕、石雕、灰塑、壁画等装饰工艺，题材主要以神话传说、民间故事、吉祥图案等为主，均出自名家之手，显得富丽堂皇、琳琅满目。屋脊、墀头、青云巷门楼等广泛采用石湾彩釉陶塑，垂脊彩陶狮子色彩斑斓，造型精美，憨态可掬；正脊所饰的石湾琉璃瓦脊造型繁复，人物千姿百态，栩栩如生，为清代石湾陶塑名店"文如璧"所制。前檐梁架、柁墩、斗拱等木结构通雕戏曲故事、戏台建筑造型，工艺精湛，细腻别致。衬祠一组木雕花罩尤为精美，五格透雕有蝙蝠、葡萄、花草图案的横披，两侧隔扇裙板浮雕牡丹花、蝴蝶图案，心屉透雕梅花、玉兰、喜鹊，保存完好。门墩有石雕"麒麟吐书""丹凤朝阳"等图案，饰竹节纹，造型生动，寓意吉祥。衬祠施有灰塑《五伦全图》，祠堂遍施《琴棋最乐》《教子朝天》《蓬莱仙境》《榴子富贵》《剪桐封弟》《福寿双全》《松芝益寿》《松鹤延年》《独占花魁》等壁画，这些灰塑和壁画都蕴含美好的意境，均为佛山灰塑名家布根泉所作，塑形准确，画风独特，保存完好。烧猪林庄在主城区发展轴的建设中被征收，该祠堂要易地重建，但愿施工队在文物部门的指导下，能将祠堂的装饰工艺完好保存，使卢氏后辈能再睹祠堂的风采。

此外，慎衷卢公祠位于罗仙村坑美社，建于清代，民国九年（1920）和1985年两次重修，祠堂主人卢养贤（1580～1651），字慎衷，纯斋公之孙。政平卢公祠位于罗仙村君义庄，建于清代，民国二十五年（1936）重修，祠堂主人卢君义，字政平，为罗山公一脉第十七世祖。

名人先哲

几百年的文明积淀、数十代人的文化传承，罗洞村确是钟灵毓秀之地，涌现出众多的优秀人才。这里主要介绍近现代的其中几位佼佼者。

卢廷壮（1863～1946），为卢氏什畴房二十五世祖，也是笔者的太公。卢廷壮自小体弱多病，常年咳嗽不止，终日病态恹恹，吃尽民间偏方仍不见效，被乡人称作"内伤仔"（"痨病"的俗称）。卢廷壮父亲33岁才中年得子，卢廷壮18岁时他父亲就过世了，留下孤儿寡母甚是凄凉。不久，卢廷壮母亲经多方打听得知清远飞霞洞的道士医术了得，于是在丈夫"三七"过后，带着儿子徒步上飞霞洞求医，寻找药到回春、延绵子嗣的最后机会。一天，在荒岭上路遇一位白发婆婆，被问起缘由，竟得到一张家传秘方（记得主药为紫贝天葵煲老鸭，药引在相传中遗忘了）。母子俩正转过头来道谢，婆婆眨眼间就不见了。母子俩认定是遇到神仙搭救，于是中途折返。吃了一个月的秘方药后，奇迹发生了，卢廷壮像是脱胎换骨一样，变得红皮赤壮、精神焕发，缠绕了18年的顽疾终于痊愈了！

虽然如此，由于久病家贫兼人单势薄，卢廷壮的日子过得甚为艰难，近30岁才娶妻生子，妻子是一位比丈夫小一岁、极为普通的农家女子。卢廷壮发家致富的具体情形不是很清楚，但是有几方面是令人十分敬佩的：一是卢廷壮夫妇非常能吃苦耐劳，他平时经常戽泥鳅捉黄鳝到省城卖，然后再从省城挑棉花回来打棉胎出售，而妻子则是一位养猪能手，一年到头大猪小猪一窝窝地出栏。二是他非常有经济头脑，把手上松动的资金以最快速度转化为资产，而且把经济学常识运用到生活上。日军侵华时他把长房嫡孙一家送到南洋去，规避了战乱带来灭族的风险。三是他很有冒险和创新精神，日军侵华时，村里几家富户把粮食贱卖举家到香港避难，他把粮食全部买过来囤积起来，后来卖了个好价钱，资产翻了好几番。十多年间，他把一块块田地买下，把一座座房子盖起，

重阳佳节，长岗村在纯斋卢公祠为长者设宴（江永生摄）

把一间间铺头经营得红火，到了儿女成家立业之时，已经拥有多个商铺、数十间房屋和上百亩良田。卢廷壮谨记神仙搭救的恩情，把商号取名"义记"，做生意"义"字当头、童叟无欺，平时与人为善、乐善好施，乡里多次发生旱涝灾害，他都慷慨接济乡邻，还经常接待上山砍柴或路过的行人来家喝茶吃饭，人们尊称他为"义记壮"。他凭着坚忍不拔的毅力、精明独到的头脑和开拓创新的精神，经过十多年不懈的努力，由一个贫病交加、几乎绝后的"内伤仔"，蜕变成一个家境殷实、人人敬重的乡绅名流。现在，"义记壮"的后人已经繁衍到第六代共三四百人，卢廷壮自强不息的故事一直激励着族人奋发向上，努力进取。

卢国棉（1898~1954），香港著名律师兼商人，为卢氏纯斋房第二十一世祖。其父幼年家贫，辗转至香港谋生，先在一家海味店当伙计，因为为人诚实勤恳，在香港得以立足，后经营南兴隆、广兴隆生猪栏，逐渐发家致富。卢国棉在家乡罗洞村出生，自小在村里念私塾，16岁到香港继续求学，毕业于皇仁书院。民国七年（1918）起，入职律师行，开始投身法律界。与此同时，他在商业方面也有很大发展，除继续经营广兴隆生猪栏外，又创办了香港肉食公司、全记鲜鱼栏，并与邑人合办同安牛栏，控制市面牛肉价格，抵制联行抬价，使居民能买到价格公平的牛肉。民国二十八年（1939），被选为香港华商总会值理。

卢国棉素来热心公益事业，民国二十四年（1935），钟声慈善社创办人陈绍棠敦请他主办该社的游泳场，卢国棉蝉联泳场主任六届，是连任该职最长的人，后又任该社社委及慈善股正股长、华商筹赈会常务委员。抗战期间，卢国棉积极参与赈济筹款、义卖献金等活动，当选为商业通济公会副主席，出席香港赈济华南难民联席会议暨香港群众公益会，兼由赈联会选派，代表港澳出席募集寒衣大会，还历任香港各侨团的义务法律咨询，悉心为侨服务。

卢国棉对梓里极为关心，历任侨港花县同乡会主席20多年，还任罗英小学（今罗洞小学）名誉校长多年，对发展家乡的教育事业颇有贡献。民国二十年（1931），县内发生特大水灾，他积极发动旅港乡亲筹款救济受灾村民生活，并发动兴修和加固堤围，帮助县内民众渡过难关，重建家园。

卢国棉有两子四女，长子卢永经，旅美，曾在三藩市银行工作，现居纽约。次子卢永根，作物遗传学家、中国科学院院士、华南农业大学教授。女儿卢美君、卢美芬、卢秀芬和卢秀梅分别在美国、中国香港定居，曾从事商业或医学和医学教育工作。

卢永根（1930～），作物遗传学家，中国科学院院士，华南农业大学教授，八届全国政协委员，旅港乡贤卢国棉次子。长期从事作物遗传学的研究和教学工作，研究领域包括稻的遗传资源、稻的经济性状遗传、稻的雄性不育遗传和栽培稻的杂种不育性遗传等方面。主持总结中国水稻品种的光温生态研究工作并参加撰写《中国水稻品种的光温生态》，获1978年全国科学大会奖。在水稻遗传资源、水稻半矮生性、雄性不育性、杂种不育性与亲和性等

中科院院士卢永根

方面的遗传研究，取得了很大进展。特别是提出水稻"特异亲和基因"的新学术观点以及应用"特异亲和基因"克服籼粳亚种间不育性的设想，被业界认为是对栽培稻杂种不育性和亲和性比较完整和系统的新认识，在理论上有所创新，对水稻育种实践具有指导意义。

卢永根出生在香港一个中产家庭。1936年入读香港粤华中学附属小学，接受较好的香港教育，是一个不折不扣的"香港仔"。1941年，太平洋战争爆发，香港被日军占领。卢永根被父亲送回老家罗洞村避难，而花县当时也属于沦陷区。卢永根自小接受香港殖民地教育，民族意识本来比较淡薄，但此时目睹日军凶残，深刻体会到战争对人民生活的影响，感受到当亡国奴的苦楚，他的民族意识开始觉醒。在乡下待了将近两年之后，卢永根返回香港读书。1947年12月，卢永根加入中共地下党的外围组织"新民主主义青年同志会"，1949年8月9日在香港加入中国共产党。同期，接受党组织的安排回到内地，在岭南大学读书和从事革命工作，迎接广州解放。就这样，一位自小接受英式教育的"香港仔"成了年轻的革命者。

"文化大革命"初期，卢永根被戴上"死不悔改走资派兼反动学术权威"的帽子，被下放到广东翁城干校，在那里度过了10年时光，直到1978年才迁回广州。1983年，卢永根担任华南农学院院长。

2015年5月6日，85岁高龄的卢永根和长兄卢永经秉承先父热心教育的精神，将祖辈遗留下来的位于长岗圩的两家商铺捐赠给罗洞小学，商铺租金收入用作奖教奖学。在当

天举行的房屋捐赠签字暨成立卢国棉和梁爱莲伉俪基金仪式上，卢永根对现场的学生们说："只有你们成长了，国家有人才了，祖国才能变得更强大！"他表示，教育是强国之路，教育事业兴旺，祖国才会强大发展。他勉励家乡学子们，要努力学习，天天向上，把自己培养成有理想、有道德、有文化、有纪律的公民，为实现中华民族伟大复兴的中国梦贡献自己的力量。

2017年3月14日，87岁高龄的卢永根偕夫人徐雪宾将多年积蓄800多万元捐给华南农业大学，设立"卢永根·徐雪宾教育基金"，用于奖励华南农业大学农学院品学兼优的贫困生和忠诚于教学科研的教师。此等高风亮节，令人景仰。

卢耀河（1940～），在香港出生，为卢氏纯斋房第二十二世裔孙。香港商人，花都政协港澳委员。在香港经营饮食服务业，在香港美孚、沙田等地开设海洋肉食中心、海港肉食中心等多家食品店、酒家，生意颇有发展。1993年，与人合资回乡投资开发房地产，兴建"金狮花园"，后创办"旺记"饮食，关心桑梓，多次捐资支持家乡办学及其他公益事业，现任侨港花都同乡会主席。

……

或许，罗洞村卢氏先祖做梦都未曾想到他们的居住地竟成了花都城区发展的中轴线，不久这片热土将发生翻天覆地的变化，成为花都新城区文化商业的核心，成为华南地区文化旅游的龙头，成为广州最醒目的文化地标之一。不过，作为世代居住于此的村民来说，这就意味着延绵了几百年的乡土记忆将从此中断，绵长的乡愁只能在梦中寻觅，这确实令人唏嘘叹息。尤幸，象征村民精神家园的祠堂将易地原样恢复，村民在心灵上多少能够得到寄托和慰藉。

祠堂文化知识

额枋：额，匾额；枋，两柱之间起联系作用的横木，断面一般为矩形。是古代汉族建筑中柱子上端联络与承重的水平构件。

耳房：主房屋旁边加盖的小房屋。正房的两侧还各有一间或两间进深、高度都偏小的房间，如同挂在正房两侧的两只耳朵，故称耳房。里面多放杂物，不住人。

人文深厚"瑞鱣堂"

——杨屋村杨氏大宗祠初探

◎冯书玉

  杨屋村是杨一村、杨二村的合称,隶属花都区花城街。北有平步大道,南有永发大道,东有建设北路,杨赤线穿越村中心,交通便利,人口集中。在近年城镇化推进过程中,常住人口已近万人。杨屋村还是出名的侨乡,在美国、加拿大、秘鲁、中国香港等地都有杨屋村后人居住,其中仅秘鲁就有杨屋村后代200多人。

杨屋村杨氏大宗祠

立村始祖杨大庭

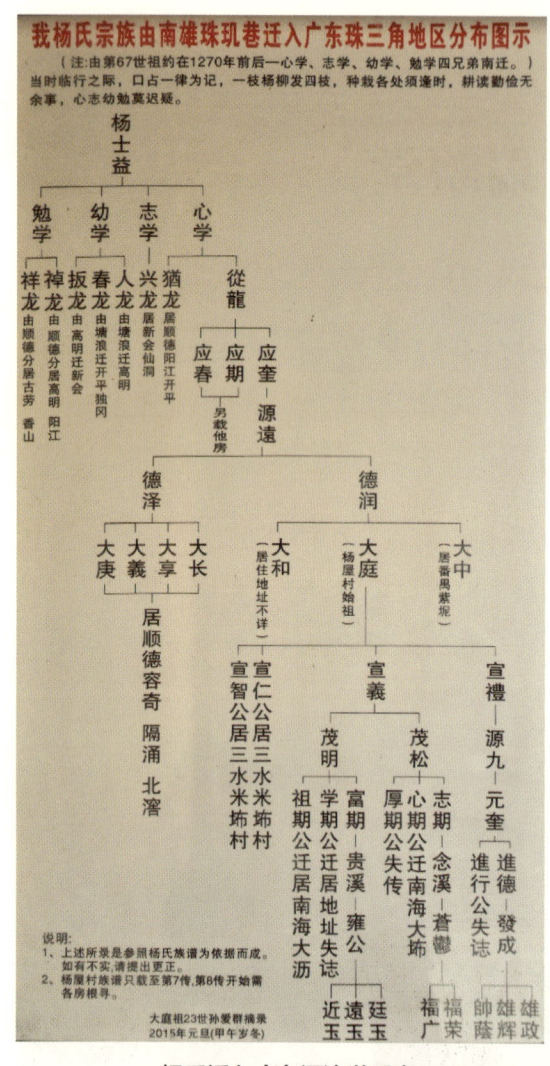

杨氏迁入广东源流世系表

杨屋村先祖溯自杨氏第六十三世杨辂公，其从钱塘江移居到江西吉安吉水，共育九子，第七个儿子杨云宽由庐陵（今江西吉安）移居海阳（今广东潮州市），杨云宽的孙子杨仕益则由海阳移居南雄府保昌县牛田坊珠玑巷。杨仕益娶妻陈氏，育四子，杨心学、杨志学、杨幼学、杨勉学。

据说，宋朝咸淳年间，有皇妃逃出宫，潜藏于南雄珠玑巷，巷人皆惊惧，曰私藏皇妃罪莫大焉，将必有诛戮之及。当时，牛田坊五十八村居，数万之众，无不怨嗟惶惶，杨家四子也陷入惊恐，不得不"变谋远徙"，但事起倥偬，恐迁之后各地分居，再无相聚，后代子孙无从知晓自己同出一本，在临行之际，口占律诗一首："一枝杨柳发四枝，种栽各处须逢时。耕读勤俭无余事，心志幼勉莫迟疑。"四人名字藏在这首律诗里，诗刻于竹，竹子断开四片，四兄弟各执其一，作为日后相见或后代认祖归宗的凭证。

杨家四兄弟腰插刻诗竹片，泪别父母。与九十七家人一道，砍竹结排，顺北江飘流南下。逃离之际，途遇惊涛巨浪，竹排打散，沉水者无数，先祖庇佑，杨氏四兄弟皆幸免，且未走散。

杨家四兄弟逃离南雄故土之后，在开平卜地筑居，娶妻生子，繁衍生息。杨家四兄弟共生八子，按辈分皆为"龙"字辈，故有"四学八龙"之说。随着朝代更替，四兄弟八龙子也不断迁移,散居珠江三角洲,仅其广东支系就有诗赞:"太祖南雄珠玑巷,枝叶繁衍永绵长。分散远年难稽考,发族开枝各远昌。高明新会香山县,开平肇邑及独冈。大坳顺德兼仙洞,恩平新化共阳江。仙井容奇连隔涌,登名古博兴塘浪。

精巧的木结构梁架

鹤山米布同东莞,古劳花县蚌湖乡。"诗中的花县一支就是指广州花都区杨屋村里的杨氏家族。

杨大庭是杨姓第七十二世祖,被公认为花县杨屋村杨姓之开基始祖,事实上,杨大庭生前家族的最后居住地是番禺米埗,其本人从未在杨屋村生活居住过。

杨大庭娶妻二房,各生二子。大房汤氏生二子,杨宣礼,杨宣义;二房(副室)郑氏生二子,杨宣仁,杨宣智。

元朝末年,政治腐败、权臣干政、民族矛盾激化,农民起义不断。杨大庭一家生活越来越艰辛,迫于生计,他不得不四处奔波,挣钱养活一家老少。据杨氏族谱记载,杨大庭生辰不详,卒于大元某年的乌石村。

杨大庭死后,养家的重担落在了长子杨宣礼身上,他带着弟弟杨宣义开始四处讨饭,明洪武二年(1369)途经黄竹坑(现杨屋村),受村民热情相待。杨屋村三面环山,土地肥沃,适于耕种,河流绕村而过,灌溉水源充足,且民风淳朴,善良勤劳。兄弟俩商量后,决定不再远行,就地垦荒围田,建房造屋,开基创业。

杨宣礼、杨宣义兄弟俩落户黄竹坑(现杨屋村)时,"与百家姓同居,厥后,我两房子孙繁衍",人丁兴旺,家族不断壮大,而其他姓氏有的后人单薄,越来越少,断了香火,有的迁徙异地他乡。据传,历史上曾有一段时间,颜、钟、胡全部改姓为杨,杨姓彻底成为黄竹坑大户,遂改名杨屋村。

屋脊灰塑《三星拱照》

宗祠堂号"瑞鳣堂"

杨屋村共有三座宗祠,分别是杨氏大宗祠、宣礼杨公祠、宣义杨公祠。

杨氏大宗祠建于清朝光绪六年(1880),方位坐东向西,与宣义杨公祠并排建造,父左子右,正门略向南偏,而宣义杨公祠正门略有北偏,个中渊源后人无从知晓,但毋庸置疑,先人必是请过堪舆名师精心设计,定是基于兴家族旺的风水布局。

杨氏大宗祠建筑群由主祠堂、衬祠、青云巷组成,主祠形制为一路三进三开间,两侧建有青云巷和衬祠,呈中轴对称。旧时,除祭祀、庆典等活动外,祠堂大门紧锁,想入祠堂则须由两边青云巷进内。现在则全部敞开,是村民休闲娱乐的好去处。

跨进主祠大门,是一片宽敞阔绰、通光性极好的天井,一具四扇双面雕花屏风,将祠堂隔分成前后两个部分,屏风后面则是一小天井,跨过小天井是后堂,主要是祭拜祖先的祀厅,"入门三踏到神前",祀厅贴后墙设木造开放式雕刻神龛,分层供奉着杨屋村先祖的牌位,以此感念先祖恩泽与庇佑,表达对先人的怀念和敬重。

"瑞鳣堂"是杨氏大宗祠堂号,旧时珠三角一带,杨姓族人聚会时,凡提"瑞鳣堂"皆指花县杨屋村宗亲。同时也是杨屋村人用以慎终追远,弘扬祖德,敦宗睦族的标志符号。其由祖上汉时杨震"三鳣堂"演变而来。牌匾悬挂于屏风顶端,是整个建筑组合的中心位置。

祠堂格局严谨，三间三进，地理方正，它像一台时光机，默默诉说着久经的沧桑；朱门、青砖、木梁、飞檐翘角、楹联、巨匾高悬，夺人眼目，彰显着曾经的繁华；祠堂内雕梁画栋，杨氏历史人物活灵活现，仿佛向后人展示着杨氏家族的传奇身世。

宗祠墙壁主体砌青砖，基础垫麻石。前堂中堂屋顶有灰塑雕像。中堂四根梁柱为坤甸木，其余均为钢筋混凝土，地面铺设花岗岩石。整栋建筑除部分青砖和坤甸木、灰塑还记录着祠堂建造时的辉煌外，其余构件已呈20世纪80年代修缮时的时代印记。比如，钢筋混凝土梁柱、瓷砖拼连的壁画，以及壁画所讲述的"八仙过海""杨家将""百鸟归巢""完璧归赵"这些现代人耳熟能详的传说故事，无时不在拉近祠堂与我们的距离。

听杨屋村老人讲，坤甸木是当时珠三角一带造船、大户人家建造祠堂的上好木材。杨氏大宗祠原来所有的柱和部分梁均由坤甸木建造，见证着当年杨屋村族人家业丰厚，富甲一方。

杨氏大宗祠在历史上曾有一段时间用作学校，后来随着学生增多，房屋不够用，则在1978年推倒主祠堂左边的衬祠，在原址上建成两层小楼，当时称为杨大庭小学。直到今天，左边衬祠仍是两层小楼，成为村民食堂，同时也对外营业。右边衬祠则仍保留原貌，作存放杂物之用。现在的杨氏大宗祠已列为花都区登记保护的文物单位，也是村里老人活动中心。杨屋村原村委干部杨权正介绍说，不少旅居海外的村人，还时不时会打听老祠堂的现状，祠堂已成为维系散布在世界各地杨氏后人的纽带。

大名鼎鼎杨屋人

洪拳传人杨星郎。杨星郎是杨屋村人，1830年出生，从小师从朱福之子朱子儒，朱福是洪熙官的第一批徒弟，岭南洪拳"前五虎之一"，同时也是广东天地会早期的核心人物。1854年，杨星郎随朱子儒参加花县天地会起义，战场上屡立战功。1894年农历六月二十四日，清兵进犯三元里牛栏岗，被杨星郎的单刀藤盾队伏击，解除了对江村天地会的威胁。1857年，天地会出现内奸，不久，杨星郎的师傅朱子儒遇害，杨星郎则秘回

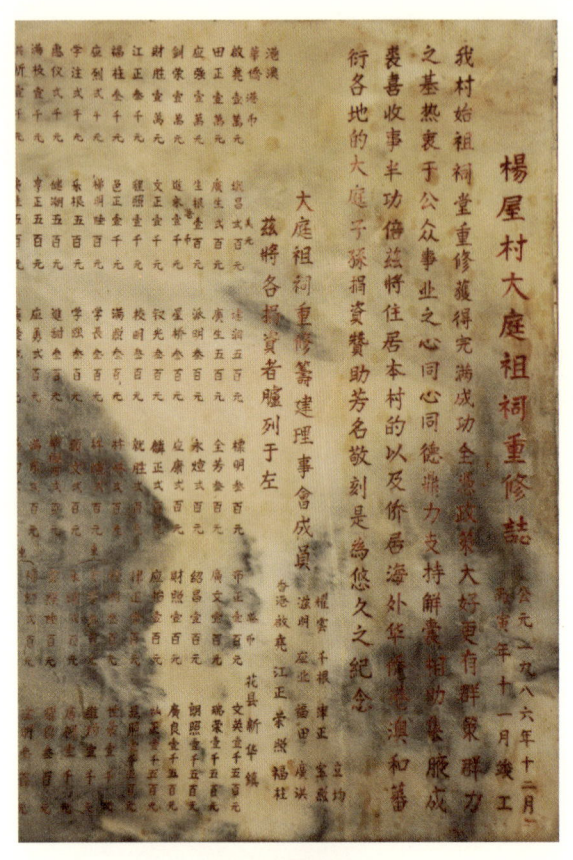

杨氏大宗祠重修志

花县杨屋村,以授洪拳为业,开馆授徒,分别在杨屋村、花山镇大珠村开武馆,传授洪拳至终老。被后人亲切称为郎公。据《狮岭镇志》记载:"狮岭镇杨一村德滋里杨绍湛老人家中保存了六代曾叔祖杨星郎使用过的腰刀。这把腰刀曾在起义战斗中使用过,特别是在三元里牛栏岗伏击清军总兵崔大同时立下战功。"现此刀保存在官禄㘵洪秀全故居纪念馆里。还有一把80多斤重的大刀和一双军靴,已下落不明。

花山镇大珠村人武举欧阳清是杨星郎的高徒,其后人欧阳泉、欧阳券被推崇为大珠村洪拳师祖。他们练的铁线拳、三线拳、快拳、连桥拳、双攻拳等拳术套路,以及长棍、大刀、三齿耙、双刀、藤牌刀等器械套路均受传于杨屋村的杨星郎。直到现在,杨屋村、大珠村仍有一大批武术爱好者痴练洪拳,开设武馆,培育后人。很遗憾的是"文化大革命"的时候没人敢公开练武,拳术套路,器械套路因此而失传,特别是杨星郎的关公斩蔡阳刀法失去真传。

后人为纪念杨星郎,建庙一所,位处中华里,起名郎圣庙,后人常有拜祭,香火不断,"文化大革命"时被当成"四旧"破坏。

旅美华侨杨活正。清朝后期,美国加州发现了黄金,大量华人加入淘金队伍。杨活正六兄弟的祖父就是最早一批加入淘金队伍的华人。像当时的许多年轻人一样,年轻的祖父辞别亲人,用"竹升"(即扁担)背着行囊,从黄埔古港登船,踏上寻金之旅。杨活正祖父吃尽苦头,同时也创造了传奇,不久将其儿子杨祯明也带去了美国,后来杨活正六兄弟先后去了加州。

民国三十五年(1946)前,杨屋村杨章瑛建私塾,对村里孩子进行儒家教育。新中国成立后，该私塾改名为杨屋小学，地址设在杨氏大宗祠堂西衬祠内，后来，村里又零星建几所小学，但均无法满足不断增加的孩子求学需求。1978年推倒主祠堂左边的衬祠，在原址上建成两层小楼做小学校舍之用，当时称为杨大庭小学。不足几

祠堂成为村民休闲娱乐的好去处

年，随着学生的增多，校舍又出现紧张。

正当杨屋村人为择址建校资金不足而一筹莫展时，杨屋村旅美华侨杨活正回国省亲，顺便考察之前捐款修建杨一村中华里排水渠等灌溉水系设施建设情况。

当杨活正了解到家乡建造小学缺乏资金，当场表示非常愿意为家乡教育事业做点事。返回美国加州后，杨活正六兄弟开始筹款，并委托香港同胞、同为杨屋村人的杨章瑛带回建校。在杨氏兄弟的捐款资助下，1990年杨屋第一小学落成。后来，六兄弟又陆续为学校的体育馆、教师宿舍楼、电教楼的建设筹款，前后共计捐款600万元人民币。

为感念六兄弟的无私捐助，杨屋村第一村小学的体育馆、教学楼均以杨活正父亲杨祯明命名，分别为"祯明电教楼""祯明体育馆"。同时，学校墙壁上也悬挂有六兄弟头像，以及"美国加州文化中心杨氏宗亲功德无量、千古流芳"的刻字。后来，杨二村小学建设时，杨活正兄弟又捐资30万美金。

奥运冠军杨伊琳。杨伊琳的家位于杨屋村草弄二十一巷2号，像众多城中村一样，巷道逼仄深幽。听村干部说，杨伊琳获世界冠军后，花都区政府奖励其家人两套商品房，所以旧屋现已无人居住。出生于1992年的杨伊琳，遗传着杨氏族人特有的精练、机灵基因，如同她的老师评价"从小就显露天生体操潜质，身体线条优美，动作流畅，空翻舒展，动作连接和转体姿势漂亮"，尤其是高低杠，无论是外形还是动作，被称为"小霍尔金娜"。

杨伊琳

2001年,杨伊琳在广州市第13届青少年运动会上,与队友配合获得团体冠军,而她个人在高杠上获得第三名;2003年加入省队;2005年在云南举行的全国青少年体操锦标赛上,她一人独得跳马和高低杠两枚金牌;2007年进入国家队;2008年获体操世界杯天津站高低杠冠军,2008年北京奥运会获女子全能、高低杠铜牌,奥运会女子体操团体金牌;2010年杨伊琳担任广州亚运会火炬传递广东省广州市首棒火炬手;2012年9月就读于北京体育大学竞技体育系;2013年,杨伊琳光荣退役。

祠堂文化知识

二甲加官: 科举制度分乡试、会试、殿试,乡试中试者为举人,会试中试者为贡士,殿试中试者分一、二、三甲,一甲为状元、榜眼、探花,赐进士及第;二甲若干人,赐进士出身;三甲若干人,赐同进士出身。因鸭字旁有"甲"字、鸡冠花的"冠"与"官"谐音,故传统建筑常以"鸭""鸡冠花"的纹饰比喻士子在殿试中连登榜首、金榜题名、晋爵加官。

舫: 是仿照船的造型,在水面上建造起来的一种船型建筑物,供人们游玩、设宴、观赏水景。

封火山墙: 是一种屋顶与墙山的组合形式,其山墙高出屋顶,呈人字形、镬耳形或波浪形,起封火作用,有效防止火灾蔓延,故得名。

梁氏好汉一条心

——记三东村梁氏大宗祠

◎文丽俊　陆志丹

三东村，有着700多年的悠久历史，其村名由"三辊村"和"东圃村"各取头字合并而成。元朝至元十七年（1280），三辊梁姓先民由位于今广州市郊白云区的蓼岗村一路跋涉，迁来花都。数百春秋无痕，如今全村已发展成面积5.8平方公里、人口6000余人的大村，主要有梁、邓、徐等姓氏。

三东村梁氏大宗祠

宗贤梁公祠

三东村向来以经济昌盛、文化繁荣在花都地区闻名。早在硝烟弥漫的抗日战争年代，三东人审时度势，集天时地利人和之优势，建立了名噪一时的"三辆墟"。据村中老者回忆，当年三辆墟百业俱兴，来往商贾人流如织，其兴旺程度在花县乃至禺北，无其他墟市可与之媲美，这给三东村的经济发展注入新鲜的活力并奠定了坚实的基础。20世纪30年代，旅美华侨邓开堤、邓象玖先生慷慨捐资，兴办树人小学，不仅从旧私塾时代跨入公办学校时代，还开创了女子上学的先河。随后梁姓族人也先后兴办崇德小学、传圣小学，三东村自此大步迈进了崇文重教的文化之村行列。21世纪伊始，三东村还因崭新的村貌和卓越的人文被评为2001年度全国精神文明建设示范点，全国各地及海内外同胞前来参观，络绎不绝，成为一时佳话。

岁月荏苒，历史淹没在无声的时间长廊里。祠堂，作为承载宗族血脉的场所，凝聚族人团结的纽带，折射出乡情文化的耀眼光芒。梁氏大宗祠，建于清道光二十九年（1849）。远观祠堂，门前两旁8棵枝繁叶茂的大榕树首先映入眼帘，这是邻村的同族兄弟在祠堂修建时赠送的，代表包容和情谊永存。再往前，左右两侧各有两块精雕细刻的花岗岩石碑矗立于一米多高的正方形石柱基上面，正方形石柱基上面刻有瑞兽和人像，麒麟伏于石碑之顶。两石中间立有十几米高的红色不锈钢围杆。最引人注目的是石碑上刻着的"钦点"（横行）"状元及第"（竖行），落款：梁耀枢立。石碑的后面还记有：钦点同治辛未科会试，中二百二十三名进士，恭应殿试一甲第一名，钦点状元及第。想不到梁氏祖先藏龙卧虎，有如此出类拔萃之先人！据资料记载，梁耀枢是顺德人氏，清代广东三大状元之一。三东村梁姓族人便在村前立下此石碑和旗杆夹，激励后辈发奋读书，光耀门楣。梁氏大宗祠不仅是花都地区梁氏最古老的祠堂之一，珠江三角洲很多分散的梁姓族人还认定此祠为宗。

梁氏大宗祠两间三进，碌灰筒瓦，灰塑色彩斑斓，砖雕和彩画栩栩如生，整座建筑看上去典雅而富丽。祠堂保存完好，2004年经重修后更是大放异彩。花都一直流传着"田美庙，三东祠"的说法，三东祠指的就是梁氏大宗祠。细细观察，门墙的花岗岩接缝几近完美，质地优良，遥想当年用材之高贵，做工之讲究，让人心生敬仰。祠堂重修后，室内地台加高了38厘米，整体提升了98厘米，显得更加气势宏伟，庄严威武。

梁氏家族人才辈出，从古至今在文教、军政、商贾行业出现了无数出类拔萃的人物，有的还颇具传奇色彩。

据村中老人所述，抗日战争时期，有个叫梁广全的好汉曾名噪一时。梁广全，毕业于广东工学院体育专科，曾在村中担任私塾老师。当时的国民党政府左派势力是积极抗日的，国难当头，正是用人时候，看中了威

梁氏大宗祠门前竖立清代状元梁耀枢
"状元及第"旗杆夹

武健硕的梁广全，特封其为当地的抗日游击队中队长。在那段艰难岁月里，盗匪横行，日寇肆虐，百姓在担惊受怕、水深火热中饱受煎熬，梁广全率领的这支游击队无疑成了村民的定心丸。抗战期间，日军途经三东村实施抢掠，致多名村民死伤，人神共愤。幸好梁姓族人能团结一致抵抗外敌。至今让三东村人津津乐道的一件事是，梁广全曾冒着生命危险率领游击队去拦截日军的火车。当时，游击队获悉日军有一批军械运往前线，途经广州北上，梁广全率游击队当机立断做足准备，深夜便埋伏在列车必经之路狮岭大迳铁轨两旁。后来，虽因意外情况被日军发现，游击队员们无功而返，却也打击了日军的嚣张气焰，振奋了民族精神。还有一次，梁广全等人被悍匪王德华围困在一楼房内数日，幸得当时号称"天下第一军"的国民党新一军从天而降，击退了匪徒，让三东村村民见识了新一军的神勇风采。

梁文忠，是另一名传奇人物。老人们至今记得当时有句流行的话是"天上雷公，地下梁文忠"，梁文忠是三东村人心目中的保护神。他在抗日战争时期担任三辘的乡长，用自己聪敏善辩和随机应变的特殊方式，把日军对村民的伤害降到了最低程度。梁文忠懂日语，能与日军流利地对话交流，光凭这点就占了优势。比如，三东村人在外谋生时被日军抓捕，梁文忠只要一得到消息就马上会上门与日军交涉，为村民担保，求得放人。再比如，得知日伪联防队要进村，梁文忠会提前通知村中的游击队临时回避，避免枪战时伤及无辜。由于梁文忠宅心仁厚，竭尽所能地施展自己的聪明才智，保护三东村村民的安全，所以，尽管三东村地处封锁线附近，但反而是受伤害最少的村庄。梁文忠爱护村民的声誉不胫而走，邻村的群众有困难寻求帮助时，他也从不推诿。

在梁氏大宗祠里，墙上悬挂的一块大红漆木匾特别引人注目，上面用正楷书写的"兄弟同根"四个大字，很有震撼力。原来是祠堂重修时，社亭村的梁氏宗亲赠送的。祠堂的墙壁上一字排开摆放着多幅其他村庄的梁氏宗亲赠送的山水画，有横潭村、新楼村等。梁氏一族虽然分散各地，但人数最集中的还要算三东村，各地的梁氏无不把三东村当成自己的"根据地"和"老巢"。听老人们说，新中国成立后，北兴京塘村梁姓村民有一次与邻村发生矛盾，双方相持不下之时梁姓派人来三东村求助，三东村人二话不说，请出有一定声望的族长前去解围。天南地北，梁氏的宗亲血脉情怀总是紧紧地维系在一起，有难同当，有喜同贺，永远是一个大家庭。

宗贤梁公祠屋脊灰塑

值得一提的是，在2004年梁氏大宗祠重修过程中，梁氏子孙后裔一呼百应，众志成城，短时间内便筹得120多万元，让祠堂重放异彩。早在20世纪70年代初期，三东村精明能干的梁氏就抓住市场先机，投身建筑行业，以梁可烈为首组建了70多个工程队，千余村民跟随左右，工程队的足迹遍布各地，蜚声广州。20世纪80年代以后，梁汝强、梁全礼等在竞争中脱颖而出，成为广州地区建筑和房地产行业的精英翘楚。如今，梁汝强的骏威集团公司开发的优质楼盘在花都已是家喻户晓。祠堂筹集资金时，这些成功人士鼎力支持，香港及海外同胞慷慨解囊，展现出梁氏一族同根同脉的强大实力。

祠堂，是固化的宗亲文化艺术的地方。三东村的梁氏大宗祠向世人传递着族人团结、勇敢、聪明、勤奋的正能量，鼓舞着一代代的子孙发扬先人的优秀品质，长江后浪推前浪。

宗贤梁公祠垂脊灰塑麒麟

> **祠堂文化知识**
>
> **封檐板**：指在檐口或山墙顶部外侧的挑檐处钉置的木板，雕刻花鸟鱼虫、瑞兽良禽、人物楼阁等纹饰，既使檐条端部和望板免受雨水侵袭，又增加建筑物的美感。
>
> **风水塘**：指村落或祠堂门前的水塘，传承古代泮池的形式，呈半月形，寓意风生水起。认为水主族运财源，若水抱宗门，家族必定人丁财运两旺。

一半是繁华　一半是沧桑

——记小东圃村邓氏古祠

◎邓静宜

花城街三东村属下的小东圃自然村,是一个被人称为谜一样的古村。村不大,但古朴典雅。村头有门楼,站在楼台上,可以看到一片青色的屋顶和屋脊上的各种灰塑小兽。村内条条小巷通向前广场,常住人口1333人,占了整个三东村人口的三分之一以上。移民海外和外迁人口也有1000多人,村民绝大部分姓邓。花都很多村都有邓姓,如

三东村小东圃自然村祠堂群

新华街的田美、花城街的罗仙、新雅街的旧村等，小东圃村的邓姓较多，而且比较有名。最早的邓姓于清康熙年间从广州白云区井岗村迁移至此，迄今立村已300多年。透过一幢幢老旧的建筑，一块块青砖碧瓦，一条条麻石铺垫的巷路，你能领略到村落曾经的繁华和邓氏家族昔日的辉煌。

"小金山"的由来

小东圃村邓氏始祖朝任公，出生于井岗村（今属广州市白云区）的一户普通人家。因井岗村地势低洼，加上连年水涝，使得住户生计大受影响。清康熙年间，不堪水患侵扰的朝任公决定出走他乡。当时他挑着一对箩筐，前筐装着年幼的儿子，后筐塞满了一家的行李，妻子谭氏和一个兄弟紧随其后，构成了一幅小东圃邓氏赴异乡开基创业的初始画卷。

据记载，朝任公立村的首选之地并不是现址，而是距离此地几公里的西北边，即现在的花城街长岗村。立村之前都要请人看风水，风水先生看过之后告诉他，这块地好是好，不过要三百年之后才会发。朝任公觉得三百年太久，他希望在有生之年能看到家族兴旺，于是另择他处，选中了小东圃这个地方。可这里不像长岗村那样土地空旷，它周围都有老村，朝任公只能"打村钉"，即村中之村。地契上明确规定，这个"钉子"有土岗三个，垌地一方，即大岭、燕子岭、小螺岭，大垌。

朝任公去世后葬在燕子岭，后来这座山岭改称朝任公岭。太公坟在燕子岭的一面山坡上，坡下有一处洼地。族人也请了风水大师看过，风水师给了"寒牛不出栏"几个字，意思是朝任公的后人会像一头冬天里的牛一样，不用出栏，都有好吃好住好生活，这话果然应验。

邓氏立村后，当年坐在前筐的大儿子世长公出了一个传奇，让小东圃村有了"小金山"之称。世长公从小给人打工，店里做的是春米榨油等生意，老板是南海里水人。有一天，老板对世长公说："我要回家几天，你好好看店。"世长公答应了，一个人尽心尽力打理小店，等待老板回来。然而，一天过去了，两天过去了，三天过去了，转眼间，两个多月都过去了，老板都还没有回来，而且没有半点音讯。世长公终于等不住了，他亲自跑到南海的里水找老板。结果让他大吃一惊，老板家里空无一人，邻居告诉他，老板在两个多月前就去世了，他的妻子也早就不在人世。世长公问老板家里还有什么人，邻居说只有一个女儿，被叔叔领走了。世长公找到女孩的叔叔家，女孩很小，才几岁。世长公对女孩的叔叔说："你们好好把她养大，我每月按时送生活费给你们。"世长公说话算数，不但每月给女孩的叔叔送生活费，还在女孩出嫁的时候送去了丰厚的嫁妆。

世长公继续努力经营小店，多年过去，生意大有起色。为了扩大生产，他要再建舂米槽，想不到在挖地坑时竟然挖出了一大坛白银。在扩大生意致富后，为了改善村里的居住和交通条件，他在村里由东到西，建了一条街的青砖屋、麻石巷。

邓氏家族延续几代，在清中叶时到了鼎盛时期。邓氏后人不但在仕途上官运亨通，在经济上也是富甲一方。几代人中，相继有多人在朝为官，同时在四周有钱庄、当铺，各种规模大小不等的手工作坊，成为粤中北部一带的名门望族。

古祠的沧桑历史

祠堂塀头，精美的砖雕

邓氏家族有了为官和商业做根基，便在村里大兴土木。小东圃村现存庙宇、祠堂、民居类建筑有100多座，从村容村貌上也可看出当年邓家的气势。小东圃的建筑采用"井"字形布局，每栋相连，采光、通风系统设计良好，这在当时是非常了不起的。

最值得一看的还是该村保留下来的三座古祠堂，分别是仁圃邓公祠、中宪大夫祠，奉政大夫祠。一个小村竟然有两座大夫祠，可见当时这个村的辉煌。邓氏中宪大夫和奉政大夫是亲兄弟，开基祖朝任公的玄孙，都属于封建社会的中上阶层。三座建筑风格基本相同，群体建筑坐北朝南，祠后有一大花园,鸟语花香,豪华显现。其中,中宪大夫祠全部采用东南亚进口的坤甸木,是花都区少有的坤甸木结构祠堂。

这三座祠堂呈矩形布局,砖木结构,雕梁画栋,前庭后院,在当时都是最先进的建筑方式。坤甸木材质硬重,置于潮湿处不会腐蚀。至今,这几座祠堂里的石雕、木雕图案清晰可见,风格具浓郁的岭南色彩。福、禄、寿、喜、财五大题材均采用山水花鸟、亭台楼阁、人物故事、梅兰竹菊等图案来表现,反映了邓氏祖先对平安、如意、美满、幸福、健康、财富的追求和憧憬。

仁㘵邓公祠建于清道光二十七年(1847)。主体建筑三间两进,左路建筑为衬祠,总面阔18米,总进深22.5米,建筑占地416平方米。硬山顶,灰塑博古脊,碌灰筒瓦,青砖墙。大门嵌花岗岩门夹,石门额阴刻"仁㘵邓公祠"。后堂四根红木金柱承重,明间设有神位。后堂前带两廊,八架卷棚顶,天井采用花岗岩条石铺砌。

中宪大夫祠建于清光绪二十一年(1895)。主体建筑三间两进,左路建筑为衬祠,总面阔19.6米,总进深23.1米,建筑占地465平方米。人字封火山墙,碌灰筒瓦,青砖墙,红阶砖铺地。前后有6根石檐柱,虾公梁上有石狮、异形斗拱。封檐板雕刻花鸟纹饰。前廊梁架遍雕戏台、戏曲人物等图案,层次复杂,有斗拱、鳌鱼托脚。

奉政大夫祠建于清光绪二十三年(1897)。主体建筑三间两进,右路建筑为衬祠,总面阔18米,总进深23.7米,建筑占地436平方米。人字封火山墙,灰塑博古脊,碌灰筒瓦,青砖墙,红阶砖铺地。前后各有两根石檐柱,正脊塑有九狮下山及花鸟纹饰灰塑。前廊梁架施鳌鱼托脚,斗拱雕花,雕刻亭台楼阁、戏曲人物。其匾额由晚清著名书画家梁九图写。

据说,邓家在筹建中宪大夫祠前,族人到广州和粤北遍访名宅高祠,请名师设计祠堂。

奉政大夫祠石雕

前廊梁架纷繁复杂的木雕

清光绪十八年（1892）秋收之后，中宪大夫祠开始兴建。那年，农民们生活艰难，又值农闲时节，前来筑基的民工非常多。原来取土的池塘被修整成了风水塘，可养鱼，种荷花，一直到光绪二十一年（1895）秋天，中宪大夫祠才落成，整整三年。按当时每垒基层砖花费白银50两计算，仅修建祠堂一项所用白银就达2万两。这座别致、精巧、古朴典雅的祠堂，除了让人领略到建筑之美，也是财富和身份的象征。

除了上述三座祠堂，小东圃村过去还有维杰公祠堂、佰臻公祠堂、世长祠堂等。近百年来，小东圃的祠堂三度遭到重创：一次是抗日战争时期，日军拆掉祠堂坤甸木大门用于构建炮台，祠堂屋脊被日军炮弹击中，导致上面的石雕遭受严重损坏。当时，邓家人沿用了一副对联"通经登世第；策仗振家声"挂在门上，以示抗日决心。第二次是20世纪50年代的一场大旱，众多祠堂被拆砖修筑水利设施，除了现存的三间祠堂，其余都拆光了，连祠堂前的多座石碑也拆了送到水利工地。第三次就是文化大革命时期，祠堂上的一些精美的木雕被毁坏。

2015年底，看到村中老祠堂外墙面已斑驳，木结构霉烂、蚁巢成灾、屋顶漏雨、墙面裂缝达一指多宽，邓氏后人痛心不已，一位村民上书给有关部门，陈述小东圃村老祠堂因年久失修的现状，引起了有关部门的关注。

破败的祠堂可以重修，但消失的祠堂只能永远存在人们的记忆里。最可惜的就是维杰公祠堂的消失，因为它记录的是一个消除阋墙，维系亲缘，宗族和平共处的一个实例和象征。

邓氏有两位祖先福安公和浩儒公，两人是亲兄弟，他们的父亲就是维杰公。福安公和浩儒公虽是亲兄弟，却因一些纠纷产生矛盾，导致两家人几代鲜有往来。两家后人陆续来到小东圃村，仍是互相斗气，看对方不顺眼。后来，村里一位颇有威望的人觉得同宗兄弟应该相亲相爱，和睦敦谊，他提议在村里的中心位置，重新建一个祠堂，用两房人共同的先人维杰公来命名。他的建议得到了大家的一致响应，维杰公祠很快建好了。从此以后，两先祖的后人兄弟团结，永远和好，再也没有不愉快的事情发生。可如今，维杰公祠堂早已夷为平地，人们在这上面建起了工厂。村里的老人说，虽然祠堂不在了，但是祠堂的故事及其意义会继续通过邓氏后人口耳相传，特别是其孝老爱亲，淳朴善良的品德一直被保留至今。村里人每年都要全村出动，先拜太公，再拜其他祖先。1986年，始祖朝任公的坟墓再次重修，挖出的墓碑上有嘉庆年邓氏五大房重修的字样。棺椁打开，朝任公骸骨颜色金黄，说明这一带的土质和风水良好，村里人没有惊动太公，原样将棺椁盖好，然后用水泥封上。

值得一提的是，在部分祠堂消失的同时，村头却有一座洪圣古庙神奇地保留了下来。古庙建成于清咸丰四年（1854），民国三十七年（1948）重修，坐北朝南，三间三进，总面阔9.6米，总进深25.5米。建筑面积259平方米。人字封火山墙，灰塑博古脊，碌灰筒瓦，绿琉璃瓦当、滴水、青砖墙。正脊嵌陶制"二龙戏珠"纹饰，现仅存二龙头部。

尊师重教有传统

小东圃村经济以小康经济为主，几百年来，村民以勤奋耕读、精于工艺著称。近百年来，村里做大生意的不多，但做木匠、泥水、弹棉花等的手艺人却不少，特别是弹棉花、打棉被的技术，一些老花都人都记得这样的顺口溜："莲塘的甘蔗，小埗的冬瓜，田美的蛤蚂，小东圃的花。"而这个"花"指的是棉花。弹棉花是小东圃人的强项，鼎盛时，几乎家家户户都做弹棉花的生意。新中国成立后村里还有几个棉胎厂，生产的棉胎供应给全花县及广州市部分郊区，知名度很高。

为防子弟误入歧途，在清末民初期间，当时社会上存在着"一代穷，二代富，三代挺胸大揭肚，四代拆屋卖庭柱"的不良风气，邓氏族人对一个毒、一个赌的严重后果看得尤为真切，专门写了一副用来警醒后人的对联，在乡约保留至今。上联是"鸦片三分盖世英雄归绝路",下联是"摊皮四正富家子弟入穷途"。在一代又一代人的耳濡目染下,村里人靠劳动和技术以及经商做生意走正当途径勤劳致富,村民们注重品行教育,循规蹈矩,从来没有出现恶霸和偷抢现象。

说起尊师重教的历史,小东圃村更是可圈可点。立村伊始,村里就建起了朝任书塾,用于子孙的文化教育。为了让更多的子弟读上书,20世纪30年代中期,由旅美华侨小东圃人邓象玖、邓开堤等人捐资、集资,新建了占地约3000平方米的树人小学。树人小学建筑面积约2300平方米,是一座漂亮的西式教学楼。教学楼设计美观,布局合理实用,是按照当时美国先进的教育理念兴建的,除课室外,还设有办公室、教师宿舍、礼堂、花园等。教学楼门前两边的花圃种有洋紫荆树,宽阔的广场上有两棵红棉树。树人小学的校名和红棉树寄寓着前人对后代的殷切期望,即"十年树木,百年树人"。在20世纪40年代,邓氏家族有两名子弟在中山大学就读,并且许多人都投身于教育事业的建设中。据统计,在20世纪五六十年代,小东圃村就有50多个老师,是花都出教师较多的村。1929年,毕业于两广最高师范学堂、广东省第一批公派越南任教的邓锡荣回国倡议筹办花县中学,成为花县中学的创始人和花县新民主主义时期的教育科长、花县乡村师范中学第一任校长兼教导主任。《羊城晚报》的资深媒体人微音在一篇纪念文章中,讲述了20世纪80年代初的广东省省委书记、曾任新华社社长兼《人民日报》社总编辑的吴冷西,于1942年在花县树人小学教书,以教师身份作掩护从事革命活动的往事。

有了美丽的校园,宗祠还高薪聘学历较高、教学能力强的人担任老师,为了让每个人尽可能接受教育,还给村里贫困家庭提供免费受教育的机会。小东圃村文化教育兴旺,很大程度上离不开华侨的支持和帮助。村里的华侨很多,他们都是早年为谋生计远走他乡的同族

木雕《石榴》

人，对于家乡和文教体育等的建设不遗余力，除了在家乡遇上自然灾害的时候，捐钱买粮接济乡亲外，主要就是支持教育了。

为了让子弟们能够得到德智体全面发展，宗祠还专门在学校配置了篮球架、单杠、双杠、滑梯等体育运动设施和器材，让学生强身健体，学校的体育课是村里专门聘请参加过国际赛事的运动员来任教。这一切使得村里体育事业得到很好的发展，水平也有显著的提升。小东圃村在新中国成立前就有女子篮球队，在花都和整个广州都曾拿到好名次，在20世纪40年代后期，小东圃村的男子篮球队在全县运动会上多次荣获冠军头衔，新中国成立初期，该村有两名优秀的篮球队员入选花县第一届体委篮球队。

家族的风云人物

沧桑三百年，两位大夫的事迹已无人清楚，但近百年村里邓姓的风云人物，人们却如数家珍。

抗战时期，小东圃出了两位国民党军队的团长，一位炮兵团长，一位步兵团长。其中步兵团长邓开醒就读于黄埔军校。抗日战争时期，他所在的团驻防夏茅。当时社会动荡不安，社会不良风气较为严重，小东圃村因村民心地善良，民风淳厚，被称为"娘仔村"，在乱世时期，经常被周边的一些烂仔无赖欺负。在不得已情况下，他们求助于驻防在夏茅的本家兄弟。邓开醒了解情况后，找到这帮地痞混混，警告他们如果再有这样恃强凌弱的事情发生，就对他们毫不客气，这一番话狠狠地震慑了周边的地痞流氓，小东圃村也得以恢复往日的宁静。

还有一位是美籍华侨邓开堤（1892~1944），清宣统元年（1909），邓开堤到加拿大温哥华做矿工，后转到美国旧金山做杂工。第一次世界大战爆发时，他应考被录取到美国西雅图航空公司当民航驾驶员。民国二十三年（1934）回国，与人合股在广州兴办中国火柴厂，后去香港，香港沦陷后返乡，他曾倡议集资建成树人小学。民国二十八年（1939）家乡大旱，他将家中所存的两万斤稻谷捐出救灾，煮粥救济村民，并动员海外乡亲募捐帮助村民度过荒年。他还建造了一些保留至今的西式建筑，其中村里有一座坐北朝南的四层青砖楼房"怡园"，（也称"堤楼"），就是邓开堤在民国二十三年

（1934）回乡建造的。

小东圃村离休干部比较多。如曾经参加过中共地下党活动的邓婉华、老革命邓达邑、邓创福。他们早年参加革命，在新民主主义革命和社会主义建设中，在花都的政商科教文卫等多个领域，都做出了较大的贡献。

如今，花都进入了新的发展时期，按照新区发展规划宏图，小东圃村临近花都中轴线，迎来了前所未有的大好时机，邓氏子孙亦将借助这个契机，一步步实现自身和祖先的梦想。小东圃村不仅仅会延续昨日的辉煌，还将创造一个更加美好的明天。

祠堂文化知识

浮雕： 是雕塑与绘画结合的产物，在一块平板上雕刻要塑造的形象，使它脱离原来材料的平面，靠透视等因素来表现三维空间，并只供一面或两面观看。

飞檐： 中国特有的建筑檐部形式，屋角的檐部向上翘起，若飞举之势，常用在亭台楼阁、宫殿、庙宇等建筑的屋顶转角处。四角翘伸，形如飞鸟展翅，轻盈活泼，所以常被称为飞檐翘角。

凤喜牡丹： 又称凤穿牡丹、牡丹引凤。凤是"四灵"之一，也是百鸟之王，传说凤出则国运昌隆；牡丹为百花之王，具国色天姿。以此为建筑装饰题材，象征祥瑞富贵，寓意美满幸福。

乡风民俗说曾氏

——记石岗村曾氏宗祠

◎ 曾昭财

石岗村地处花都区花城街中部,下设13个经济社,现已全部纳入花都区中轴线建设项目范围,截至2015年,常住人口4000多人,旅居海外的石岗人士约2000多人,共有19个姓氏,其中"曾"为最大姓氏。

石岗村曾氏宗祠

曾氏溯源

曾氏宗祠后堂

石岗曾氏源自山东武城曾氏，宗圣公曾参是武城曾氏的开派祖先。曾参，俗称曾子，字子舆，春秋末鲁国南武城人（今山东省济宁市嘉祥县满硐乡南武山村，一说山东省临沂市平邑县魏庄乡南武村），十六岁拜孔子为师。《大戴礼记》对其言行记载甚详，相传《大学》一书是他所著，后世尊为"宗圣"，并与孔子、孟子、颜子（颜回）、孔伋（子思）共称为"五大圣人"。

因避西汉末年王莽之乱，十五派孙曾据率宗族千余人自山东南迁至庐陵县（治所在今江西省吉安市西南）之吉阳乡。而据2015年《武城曾氏重修族谱》记载，四十六派孙曾植"官承务郎，居吉水兰溪，宋宣和中避青苗害，遁徙东粤，路经南雄保昌遂家之，后复诏为南雄太守，为徙粤初祖"，这是先祖由江苏吉阳迁往广东南雄的记载。随后，曾植长子曾公说徙广州城甜水巷（旧为南海甜水巷）并定居繁衍，也由"番禺庠生，居渔潭，葬渔潭屋场左边"可知，曾参第五十三派孙曾祥吉（生三子）已定居渔潭。

据村中众多曾氏长者述，留税祖当年是看养鸭子从渔潭来到了石岗，后来觉得这里宜居宜衍，于是迁往石岗村并娶当地黄氏生下了四子，是石岗曾氏始祖。而从《武城曾氏重修族谱》中"衍居花都新华镇石岗"（此处有误，石岗村从未归属过新华镇，是原属狮岭镇、今属花城街）可知，曾祥吉三子曾厚兴也在石岗居住，加之曾留税是独子，由此可以推断，曾留税当年是携父亲曾厚兴来到石岗定居的。

留税祖四子依长幼次序分别是曾帝宁、曾帝养、曾帝聪、曾帝昌，据长者讲述，四子曾帝昌从小过继到大珠村（现花山镇五星一带）并于当地繁衍后代，其后人与石岗曾氏基本没有来往。

曾氏宗祠

曾氏后人为先祖修建了祠堂，分别是曾氏宗祠、帝养曾公祠、帝聪曾公祠和税清曾公祠（帝聪长子）。

曾氏宗祠坐落在西荣里，始建于清道光二十七年（1847），坐北朝南，两间两进，总面宽约12米，总进深约18.5米，建筑面积大概为250平方

帝聪曾公祠

米。镬耳封火山墙，青砖墙，头门面正脊灰塑"双龙戏珠"图案，垂兽为一对石狮。前檐柱挑头为花鸟造型灰塑，墙楣壁画有"瑶池耍乐图""藩溪垂钓""刘伶斗酒"等。石门额上阴刻"曾氏宗祠"四字，上款"道光丁未冬吉日立"，下款"七十传孙文治敬书"，门口悬有一副"留芳百世；税显千秋"的木质楹联。

曾氏宗祠正门后有一道屏门，以黑色为主，刻有金漆花鸟图。后堂后金柱间悬"三在堂"木匾，落款为"癸巳二零一三年立秋重修"，寓意定居石岗的帝宁、帝养、帝聪三个儿子共聚一堂、不离不弃，寄望后人同舟共济、永远团结。后堂还悬挂"文魁""国魁"两幅牌匾。2008年，曾氏宗祠被公布为花都区登记保护文物单位。

岁月无情，经历了数年的风雨洗刷和办学办厂，曾氏宗祠也出现了内部改动、顶漏墙破、画褪梁损的状况。为了再现祠堂的风采，曾氏族人决定一并对曾氏宗祠、帝养祖祠、帝聪祖祠进行一次复原型大修。此次重修由村支部书记曾昭棉主持，共发动族人和社会各界筹得善款约167万元，其中椰林酒家捐资50万元，族人曾永汉、曾广琪、曾昭棉分别捐资20万元、10万元、20万元。从2013年立秋动工到2014年重阳节完工，历时一年左右，对曾氏宗祠的顶瓦、梁柱、部分墙体等进行了修葺，同时重建了屏门、新塑了祠堂内的屋檐壁画，这就是我们目前所见的曾氏宗祠。

新中国成立前，全村或者全宗族共同拥有的建筑少之又少，而祠堂就是最重要的建筑之一。曾氏宗祠历经170年，为村里人提供了聚众议事、学子修学等场所，见证了历史的种种变迁。

村中曾经有上祠堂议事的民俗。宗族中由德高望重的老人组成理事会，一旦遇到与宗族相关的重大事情要商议、表决，包括调解纠纷、制定宗规、研究发展等，理事会就会召集全村60岁以上的曾氏男丁到曾氏宗祠开展旁听、讨论、表决工作。关于早年上祠堂的具体议事议程，村中老人均表示当时还小，直至这项民俗取消也未参加过。

石岗村1950年以前没有一所正式的学校，各个自然庄只有由教书先生自己开设、管理、经营的私塾。1949年，帝养曾公祠由徐汪（坚雄）当私塾老师，税清曾公祠由曾令干当私塾教师。为了避免国民政府进村督学巡查，各所私塾联合起来，名为同福小学，聘曾广博为名誉校长，当时学生人数不到100人。1950年开始创办石岗小学，但没有校址，只好借用曾氏宗祠、帝养曾公祠两个祠堂当学校，直至1986年建成现在的石岗小学。

改革开放初期，村中成立留税祖理事会，负责管理曾氏宗祠、衔接与宗亲的交流活动，组织本村曾氏族人前往燕子伴横梁（山名）、天心塘（山名）拜祭周氏太婆（美公妻子）和留税祖等，但成立初期一直没有经费来源。二十世纪八九十年代，理事会为了增加运作经费，恰恰又碰上了改革开放办厂创实业的春风，于是决定把曾氏宗祠外租，先后用作制衣、五金等多行业的工厂。

民俗趣闻

起丁。新中国成立前，当一户人家或者多户人家有男丁（丁仔）出生，"丁仔"家庭就会独力或合力集中于两个时间在祠堂举办庆祝活动。第一个时间是正月初四（帝养祖房系）或正月初五（帝聪祖房系），主要是请同宗男丁吃慈姑、猪肉，叫饮庆丁；第二个时间是正月十五，主要也是用全盒盛着慈姑、腊肉（有老人忆述是吃鸡、猪肉）宴请同房系男丁，还有分猪肉环节，叫食全盒。这里有两点要说明，第一，起丁活动全由"丁仔"家庭承办，如果是贫苦人家，那么负担不言而知，举办起丁将遥遥无期，甚至不了了之；第二，只有举办过起丁活动的男丁才有资格参加其他"丁仔"的起丁活动，包括分猪肉。而分猪肉的顺序不是按辈分的长幼，也不是按年龄的大小，而是根据谁先举办完起丁活动谁就先分得猪肉的顺序。以此看来，起丁不只是家庭添丁的庆祝活动，更是族人一种对同宗男丁认可的重要仪式，用曾广槐老人的话来讲就是"入册"。

帝聪曾公祠内景

猪屎会。据曾纪恩、曾昭芬两位老人回忆，新中国成立前，化学肥料还没出现，猪粪是农作物生长的一种好肥料，大伙都抢着捡，于是村里出现了"猪屎会"这个民间组织，负责统筹猪粪的使用，且基本每个自然村都有自己的"猪屎会"。以西荣里为例，"猪屎会"每五天举行一次竞投，以价高者得的原则投出未来五天全西荣里猪粪的使用人，并在辖区内外形成了相关的约定：养猪户白天不得圈养猪，要在西荣里范围内放养；"猪屎会"掌管全年中标者所付竞价，并在每年年底用这笔款项回购西荣里内标价最低的猪，然后把猪肉分到每家每户，而且养猪户得到的猪肉要多于其他人；自然村与自然村之间主要道路用篱笆等物限制猪的活动范围，捡猪粪的人也不得越界捡猪粪。另外，其他自然村"猪屎会"还肩负着救济穷人、安置路中无人认领死尸等社会责任，尽显仁爱之心。

旗杆夹与蟋蟀。据村里个别老人回忆，很久之前，曾氏宗祠前是一块草地，草地上有六七块旗杆夹石，但只记得其中两块分别刻有"曾冠忠""曾纪亮"等字眼，后因时代变迁，这些旗杆夹石也了无踪影，更无人知晓旗杆夹是因何人何事而立，只知道当年日本侵略军骑兵经过宗祠，看到旗杆夹都会下马而行，仅此而已。还有个小传说，说的是在曾氏宗祠范围内抓到的蟋蟀，如果拿去打斗，必定能胜。

武举人与大铁刀。有部分长者回忆，村内曾出现过一把大铁刀，有60公斤左右，但是物主无人知晓。后来从曾纪强老人口中得知，刀主人名叫曾国旋，曾中武举人，后来

帝聪曾公祠屋顶垂脊灰塑狮子

大铁刀在土地改革的时候,被公社没收用作炼钢炼铁。曾国旋中举后,家家户户、无论穷富都要向他进奉,却得不到一点好处,大家私底下产生了怨言。因此流传一句白话打油诗:"宁望隔壁人车水,不望隔壁人中举。"意思是说邻居用水车灌溉水田,水也会从小洞渗流到自家田里,从中有得益,这是可盼的事情;但若是邻居中了举人,自家不得不进奉,却一点实质性的好处都没有。

"祖德庇荫人寿年丰永世乐,儿孙受福燕舞莺歌丽日呈。"石岗村正处于花都区经济、社会发展的大浪潮之中,中轴线项目建设将给这里带来翻天覆地的变化,屹立170年的曾氏宗祠也即将经历着前所未有的大变迁,但曾氏人坚信,无论村里有怎样的变化,幸福美好的生活正一天天向他们走来!

祠堂文化知识

福禄寿: 传说福星给人施赐幸福,禄星掌管人间荣禄,寿星给人增寿。将福禄寿三星一并奉祀,象征吉祥幸福、财禄亨通和健康长寿,此题材常见于建筑装饰工艺中。

格心棂花: 即花结图案门窗,它通常装饰在门窗格心的四周,在棂花中起连接作用,往往与其他棂花样式一道,组成一幅多样式的门窗格心棂花图案。

新雅街

"天国运动"的发端地
——记莲花塘村汉生李公祠

◎黄烈荣

在全国的姓氏排列中,李姓是大姓之一,但在花都不算大姓,在新雅街团结村有一个姓李的自然村,叫莲花塘村。这个村有1000多人。近年来,李姓不断发展,现在已经派生为三队、四队和西北向庄。其中三队李姓以光先公后裔为主,四队李姓以汉生公后裔为主。

团结村莲花塘自然村汉生李公祠

汉生李公祠

汉生李公祠建于清代，1991年重修。祠堂坐西朝东，为三间两进，总面阔11.2米，总进深19.3米，建筑占地222平方米，具有悬山顶，人字山墙，碌灰筒瓦。祠堂以三合土夯筑土墙基，青砖砌墙。祠内用红阶砖铺地。大门有花岗石门楣，石门额上阴刻"汉生李公祠"字样。两次间砌成了厢房。后堂前带两廊，为七檩人字顶。

次间有虾公梁、石狮、异形斗拱等，灰塑已经斑驳模糊。门面上的壁画和诗章，是采用现代的拼贴书画瓷片组成。据说，原旧祠堂未拆前还有左路、右路建筑。重建的祠堂，左路不建了，留下一幅空地。祠堂的主体外墙全部不作批荡，所以在屋外一眼就见到墙体红砖裸露，显得粗糙，色泽斑斑。2016年，祠堂左侧的空地上建了一幢民房，紧贴着祠堂只有一缝之隔。在右路，建有一间矮小的厢房，厢房前面作了白色的批荡，挨近祠堂的一侧开了一个门，用作仓库、厨房。

1851年1月11日，花县（今花都区）的洪秀全等人在广西桂平县金田村发动起义，起义长达14年、纵横十几个省，这就是震惊中外的太平天国革命运动开始。

此前洪秀全作为塾师，曾到省城广州参加过科举考试并落第。清道光二十三年（1843），洪秀全再到广州赴考，他在街头遇到教会组织派发宣传品《劝世良言》。考试又一次失败后，洪秀全回到了家乡，继续执教于莲花塘村的汉生李公祠。其间，他从《劝世良言》教义中得到启发，开始利用宗教形式，开展革命活动。

莲花塘李姓溯源

宋朝末年，蒙古人入侵，李氏祖先大部分向南迁徙，形成岭南李姓家族体系。李联公是为李氏入粤始祖，现在的莲花塘村李姓，有族谱资料可查，认为他们的一世祖是当时居福建的火德公。

火德公原名炳凤，号闽海。宋宁宗开禧二年（1206）十一月八日生于福建宁化县石壁村，20余岁时，因山川狭小，耕作不利，难以发展而迁稔田乡丰朗里。火德公原配伍氏，火德至60岁，伍氏未有生养。

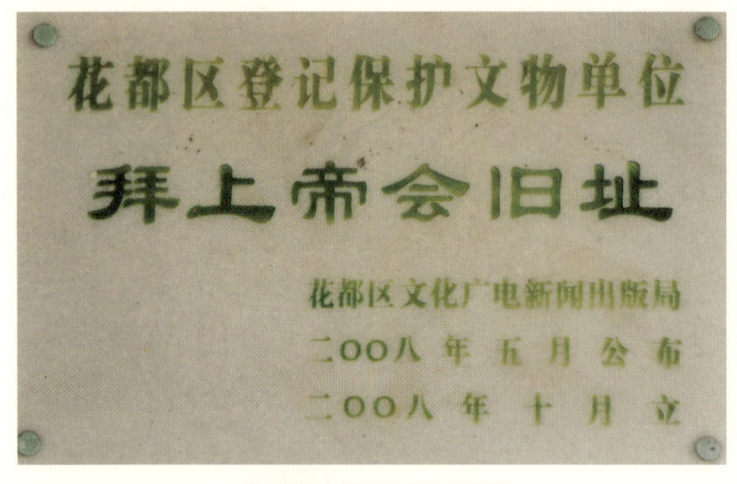

太平天国"拜上帝会旧址"

据他们的族谱记载,火德公也算富有,是乐善诚实的人。有一次出行在外,路过一处,遭路边一户人家犬吠,并被该户悍妇无端痛骂,诅咒他老衰绝后。火德回到家里,闷闷不乐,茶饭不进。妻子伍氏问他何事如此忧伤,火德将原委告诉了伍氏。伍氏也很同情,她向丈夫解慰,说:"我们两人无子女,我赞成你再娶妾侍,就可以生儿育女。"火德听到伍氏的劝解,顿时转忧为喜,于是就托媒寻找对象。媒婆格外殷勤,找到了一家陈姓。陈姓家也知道火德的情况,认为可以把女儿许配给他。不过,火德已经60岁的人了,还有没有精力呢?陈母想办法要考察火德,她约请火德来家里作客,热情款待了火德一番。火德离开陈家后,陈母赶忙去观察她设的"局"。陈母见那尿桶里所装饰的草木灰中有深深的"井穴"后,就满心欢喜地说,火德尚有足够精力,愿意将女儿嫁给他。但有一个条件:在前来迎娶之时要摆七桌银子送来才行。

火德听到这个消息,起初感到为难,后来他想到了应付的对策。迎亲之日,迎亲人等到了陈家门口,他就让人把所有的银子摆到第一张漆桌上面。陈母见状,认为李家不守信诺,要拒之。李家的人遂向陈母作和气解释,陈母无奈,感到是吉日良宵,也不好再推搪了,陈氏女嫁给了火德。后来,陈氏生下儿子,李家就有后了。

莲花塘村李氏火德公为一世祖,十一世瑱公在明朝时期从福建迁广东南雄珠玑巷,再迁新丰长宁长仙。以山种艰难不易发展,迁往平原的松园村定居。至十六世李汉生迁徙至今广州市花都区新雅街莲花塘村立基。因该地有一口池塘,所以称莲花塘;还有一座小山丘,叫莲花岭。由于当时迁此的除汉生外,还有李姓光先、连先和日先三个同辈兄弟,各自都不是同一父母世系的,所以在莲花塘村早年共有四座祠堂。随着时间的推移,现只留下汉生李公祠和光先李公祠,都是近年重修的。

莲花塘掠影

据传，李姓迁徙莲花塘时，当时该村已有姓黄的人家居住。李姓来莲花塘后人丁增长很快，于是黄氏就迁到别的地方去了。

与大部分农村一样，莲花塘也很贫穷，耕地面积少、产量低，一造仅有三四百斤收成。因为当地的水资源缺乏，百姓饱受旱灾之累，村里的水井要打很深，吸水要用长长的竹竿连带"井斗"打水。直到新中国成立后，政府重视水利事业，在李溪建造流溪河拦河坝水利工程，引流溪河水经莲花塘一带，莲花塘村受益甚大，农田产量大大提高，每亩产量一造可以达七八百斤。

日寇侵华期间，莲花塘曾遭到侵扰，日本人在莲花塘岭设防，强迫百姓在莲花岭山坡挖战壕。当地百姓李成赞等人被日本兵残酷殴打、灌水、大石压腹等迫害。如今，该地仍有当年日本人的战壕遗迹。

在20世纪的20～40年代，莲花塘有不少人远渡南洋，到马来西亚、巴拿马等地谋生。有些人赚了钱，回家乡买田起屋。到50年代，旅居马来西亚的人基本上都陆续返回故里，现在村里还有好几个从马来西亚回来的老人健在。

新中国成立前，莲花塘曾有一些村民在自己的耕地上种植罂粟，但种植面积不大。据村里老人讲述，当时种罂粟者都有两把专用的小刀，其中一把的尖端有小岔口，用它划破罂粟果实的表皮，再用另一把有刮子的小刀，把乳胶刮、拨到一个小盅，然后熬炼成黑色的"鸦片膏"，外面有人上门收购。罂粟的果实里，有很多仿如"苋菜"的种籽，有人用来炒食、煲汤用。莲花塘人并无"吸毒"传闻，那些罂粟植株普遍当作柴禾一烧了之，有的人则用其叶充烟叶，或用其叶涂擦口腔、牙龈，据说有减轻牙痛之功效。

解放后，政府禁止种植罂粟，在种的罂粟全部被铲除烧毁。

李敬芳与洪秀全

当年，李敬芳（曾用名李敬书）与洪秀全是姑表兄弟。两人亲密相处，性情相近，志趣投合。李敬芳的家富有，房舍是"五龙过脊"两进，中间有天井，天井内还有一眼

"拜上帝会"创立者洪秀全雕像

水井。洪秀全搞革命活动期间，发动李敬芳共同创立"拜上帝会"，得到李敬芳在行动上和经济上的大力支持。那时，在"光先李公祠"旁曾有一间小屋，是个铁匠铺。李敬芳他们在这里秘密打造了起义用的武器，又打造了两把青锋宝剑。一把左剑，一把右剑。左剑是洪秀全用的，右剑是李敬芳用的，合称为"诛妖剑"。

洪秀全写有《咏剑诗》一首："手持三尺定山河，四海为家共饮和。擒尽妖邪投地网，收残奸宄落天罗。东南西北敦皇极，日月星辰奏凯歌。虎啸龙吟光世界，太平一统乐如何。"

洪秀全的拜上帝会在广西桂平县金田村起义之后，节节胜利，继续北上，打到金陵建立首都后又挥师南下。老人们传说，李敬芳南下到清远的海螺滩处被害。传说李敬芳有六个儿子，全部逃奔到暹罗（泰国的旧称）隐姓埋名，艰难谋生，后来只有一个儿子的后裔回归，在广州市泰康路隐居。

在二十世纪六七十年代，有位自称暨南大学的韩姓学者曾到莲花塘村寻访李敬芳故居。据他所言，当年李敬芳差先锋李长成携带那一把"诛妖剑"交给他的后人，想打听一下能否找到。可李敬芳当年的家早已被清军烧毁夷为平地，后人也全无音讯了，从何而找呢。不过，大家想到当年李敬芳家中的天井处有一眼水井，于是便到此井边想碰一下运气。大家合力淘挖已被填埋的水井，结果虽未见青锋剑，但当时掘出烟嘴一个，是呈黄色的象牙品；有笔架一座，为玉器；还有一把一尺多长的弯形腰刀，闪耀着银白色的光，光洁如新。

现在，当年李敬芳旧居遗址处，已经有人建造楼房居住了。

祠堂文化知识

隔扇： 常见于神龛两侧。格扇分上下两部分，上部为透光的通花格子，称格眼或花心，下部实心木格称裙板，花心和裙板之间称环板。

南迁的张氏之后

——三向村联英张公祠侧记

◎马 莉

联英张公祠位于花都区雅瑶镇三向村。始建年代不详,清光绪十三年(1887)、2003年先后两次重修。祠堂坐南朝北,主体建筑三间两进,左路建筑为衬祠。总面阔18.2米,总进深25.4米,建筑占地480平方米。

三向村联英张公祠

联英张公祠内景

全祠梁架均采用坤甸木料,祠内壁画、砖雕等工艺精美。头门进深两间共十一架,明间设有中门;后堂进深三间共十三架,前带两廊,明间设有张氏历代祖先牌位;大堂上梁高悬"慎省堂"三个大字。左路衬祠二进。主体建筑硬山顶,碌灰筒瓦,青砖墙。雕花封檐板,前檐柱花岗岩方柱,虾公梁上有石狮及异形装斗拱。前檐柱头有祖先庇佑图,后方廊三步,梁架用瓜柱。联英张公祠在村中格局井井有条。门外是热闹而稍显混乱的城乡接合部,祠堂却自有一派秩序井然、闹中取静的安然。

走进祠堂里,有许多张氏子嗣后人在那里休憩。听闻我们想深入了解祠堂的文化和历史人物时,他们很自豪地说,这是张氏后裔为纪念先祖而建的宗祠,虽然隐身于市郊,但所祭祀的却是唐代名相张九龄。

张氏白发老人张广桥对我们说,提到张九龄,很多人都会有如雷贯耳的感觉,但他和我们广东的渊源却鲜为人知。

张九龄的后裔

张广桥从家里拿出了他们的《张氏家谱》,开始讲述他们的由来——

张姓始祖是黄帝长子少昊的第五子挥,他在叔叔颛顼与共工氏的权力争夺中发挥了重要的作用——发明了弓矢,他的子孙被赐姓为"张",随着韩、赵、魏三家分晋,张氏族人开始散居黄河流域。魏晋南北朝,中原经历了273年的打打杀杀,很多张姓族人分成两股迁徙,一是投靠张骏在西北建立的前凉国,二是跨越五岭来到了相对安定的岭南。

公元605年,隋炀帝开凿通济渠的同时,带后宫、诸王、卫队等大量人群沿运河巡视南方,沿途花费许多资金,征调许多人民。当时张氏家族121代德雄公带领子孙从浙江迁居到韶关。据清人屈大均的《广东新语》记载，那个时候南雄县城敬宗巷迁入一张姓人家，户主叫张彻，彻生兴，后裔繁衍极快。传至张昌时，七世同居，他们和睦相处。地方官将其孝义之行上报朝廷。唐宝历元年（825），皇帝李湛赐给张昌珠玑条环，以旌表其孝义。李湛死后，庙号敬宗，张昌遂改所居之地敬宗巷为珠玑巷，一则避讳，更有不忘皇恩的意思。张氏子孙万代，为国栋梁。文经武纬，愈远愈昌。珠玑巷张氏因生活空间有限，自唐代开始就不断向西邻迁徙，其中以南宋末年逃难式的大南迁最有名。据传，在宋咸淳、德祐年间，元兵进逼广东，为了逃避战祸，珠玑巷以贡生罗贵为首的33姓97家人拖儿带女，从南雄出发，沿浈水到韶州，再从韶州沿北江南下到广州，其后裔分处珠江三角洲各地。为了纪念这次南迁，并示不忘其祖，聚居广州城的原南雄籍人将其所居住的街道改名珠玑巷。

岭南历史上第一位宰相——张九龄，他曾祖父张君政担任韶州别驾。按照现在的说法张九龄也是个官二代，他祖父张子虔是信宜县录事参军，父亲张弘愈是新兴县县丞。他学识渊博，经过严格的科举考试成为进士，刚好又遇到了一位同宗，时任宰相张说。才华出众、直言敢谏、不徇私枉法、不趋炎附势的张九龄深得张说赏识和提携，论谱叙辈下来，居然两人还是同宗。张九龄后来官居宰相，是"开元盛世"的贤相。张九龄风度出众，在被李林甫暗算罢相后，唐玄宗对宰相推荐的人，都要问"风度得如九龄否"，由此可见张九龄在玄宗心目中的位置，是一般人不可超越的。

张姓族人迁居韶关很长时间。后来，张九龄的后人逐渐南迁广州，现在白云区石井街，番禺区石碁镇，从化市江浦街、良口镇，黄埔区的穗东街、黄埔街都有张九龄的后裔居住。张广桥说，他们这一支也是张九龄的后人。

3000字的张氏家训

1880年左右，联英张公祠所在的这一支张氏，从良口镇（今广州从化区）迁移到三向村（今广州花都区新雅街）。光绪年间，张氏族人建立了自己的祠堂——慎省堂。在祠堂里，主要是由族中的长者或有学识者主持召开大小会议，召集族人传达和议论国事，商议庆典祭祀，解决族事、家事纷争的地方。慎省堂在三向村已走过了辉煌的130多

联英张公祠壁画《汝阳醉酒图》

个春秋,积淀了深厚的历史人文。

张氏家谱中记载着一则长达3000字的家训,其中一段这样写道——

"笃忠敬言,急公守法。人之祖先,原本同纲。繁衍生计,迁徙各方。近者是邻,远者为乡。百姓如是,况且族党。劝我族人,友睦乡党。以和为贵,仁厚谦让。缓急通义,庆吊礼往。艺业相扶,困难相帮。邻里之间,互为守望。哀矜孤寡,顾照幼长。不弄是非,多忍多让。莫欺贫弱,勿恃豪强。为人处世,需求名芳。忌人说短,怕指脊梁。品端行正,受人敬仰。胡作非为,定遭祸殃。劝我族人,正大明光。非理之事,不为不想。不义之财,莫贪莫枉。酗酒吸烟,宜戒不倡。偷抢讹诈,赌博嫖娼。聚众殴斗,诬告诽谤。此事作为,触犯律章。禁之止之,免讼公堂。"

这则家训是张氏族人立身做人的原则和信念。

张广桥说到,张氏后人对家训看得很重,世世代代相承,不得违背。清代,张氏后人原本在广州府有不少做官之人,面对国家内忧外患的形势,张氏族人挺身而出,纾危救难。但由于清政府的无能,张氏后人不但没有得到官府的认可,反而由于为人耿直,不会趋炎附势,而受到了当权者的打压和迫害,这对张氏打击很大,导致张家好多人不愿意在朝为官,不再为政府效力。

后来,心灰意冷的张氏后人为了避祸,带领着自己的家人,远离喧闹的城市,搬迁到偏远的小山村,开始了新的生活。

张发奎来祠堂寻根

张发奎（1896～1980），字向华，广东始兴人。中国国民党军陆军二级上将。曾一度为孙中山随身侍卫。民国九年（1920）奔赴漳州"援闽粤军"任中尉副官。抗日战争胜利后，辞职到香港定居，直至1980年3月10日病逝，终年85岁。

张发奎1912年考入广东陆军小学堂，参加中国同盟会。1916年毕业于武昌陆军第二军官预备学校，回粤军由排长逐级升至旅长。1925年冬任国民革命军第四军第12师师长，次年参加北伐战争，在攻占汀泗桥、武昌城等作战中，因有战功升任被誉为铁军的第四军军长。

张发奎一生戎马，但颇重视文化教育，曾在家乡创办风度小学，于四战区创办志锐中学，培养了不少热血青年。张发奎将军在香港病逝时，时任全国人大常务委员会委员长的叶剑英元帅曾发唁电给其亲属对其逝世表示哀悼。

"乱世出英雄"的张发奎，是韶关市始兴县隘子镇彩岭村客家人，是张氏同枝同脉。当年，张九龄的父亲张弘愈曾置田产于始兴清化，故有部分后人聚居始兴。在军务繁忙中，张发奎听说了联英张公祠，曾一度前来张氏大宗祠认亲寻祖。据张广桥介绍，听说张发奎来了，三向村张氏家族里的不少热血青年，都跟着他表示要去当兵，报效国家。虽然，当时有不少老人不愿意让自己的孩子去当兵，但是张氏家族历来在家训中有"国家有难，匹夫有责"的训言，于是不少人跟着张发奎参加了北伐，参加了抗日。只可惜的是，他们中没有一个人再回到这个村里来。

张氏族人协力剿匪

花县档案资料曾有记载："本县土匪在三四月间（指1950年）最猖狂，大小共14股，人数共约520人。"其时，花县解放不久，南下大军全力参加解放海南岛的战斗，后方力量出现暂时空缺。为了巩固新生的人民政权，维持地方治安，花县人民政府高度警惕，除建立了县公安营之外，指示各乡人民政府饬令各保出人出枪组织乡武装常备队，时刻备战。此时，当地受"好男不当兵"的思想影响，农民没有发动起来参与剿匪。

梁架木雕

1950年4月底,人民解放军388和396团会师花县,在人民政府的宣传和号召下,张氏族人放下思想包袱,一个个铁血男儿勇敢地站了出来,积极参与部队声势浩大的清剿运动。

当时的广州郊区(后称白云区,今属花都区新雅街)三向村与花县相邻之处,有一条河,河对面有很多山,人烟稀少,地势险峻,在山路不通的情况下,就是那些土匪窝藏的好地方。

一个对山上地形较为熟悉的张氏老人为了配合解放军的清剿,扮作一个采药人,走向深山,进入土匪窝里去查看情况。在老人提供的情报帮助下,解放军一举歼灭了这股拼凑起来的亡命之徒。

张广桥说起这段故事,虽然语焉不详,但是脸上洋溢着身为张氏人的荣耀和自豪之情。

祠堂文化知识

高堂: 在古代的家庭里,父母的居室被称为堂屋,处于一家正中的位置,而堂屋的地面和屋顶相对比其他房间要高一些。古代的子辈为尊敬父母,在外人面前不直说父母而称"高堂"。故用高堂指父母居处,或代称父母。

飞罩: 也称花罩,常用镂空的木格或雕花板做成,采用浮雕、透雕等手法,饰以缠枝花草、鸟兽鱼虫、神话故事等吉祥图案,以表现出古拙、玲珑、清静、雅洁的艺术效果。悬装于屋内部,依附于柱间或梁下,使两柱门形成拱门状,用于室内装饰和隔断。

阁楼: 楼房的空间比较高,在中间再重新制作一层楼板,将房间隔分为上下两层,上层即位于房屋坡顶下的部分,叫阁楼。

南阳庄的红色记忆

——记清㘵村南阳庄张氏宗祠

◎钱春华

南阳庄张氏祠堂建于清道光九年（1829），民国十四年（1925）重修，1989年再次重修。坐北朝南，三间两进，总面阔10.9米，总进深18米，建筑占地205平方米。悬山顶，碌灰筒瓦，门面为青砖墙，其余为泥砖墙，墙体批灰砂粉刷石灰水。后堂前带两

清㘵村南阳庄张氏宗祠

廊,六架卷棚顶。祠堂左侧为敬君家塾,建于清光绪三十一年(1905),坐北朝南,三间两进,总面阔12.1米,总进深10米,建筑占地129平方米,建筑风格与祠堂相同。

在祠堂进门处的左手边,挂着一块牌匾,写着"花都区登记保护文物单位花县乡村教育实验区基础学校旧址"落款单位是:花都区文化广电新闻出版局。祠堂旁边还有一块小牌匾,写着祠堂的具体位置:"南阳庆一街七巷2号。"张氏祠堂虽然显得旧陋,但它的门额上阴刻的"张氏宗祠"四个大字却非常醒目。这座祠堂在花都众多祠堂中显得非常普通,但却见证了抗日时期地下党和敌后武工队的历史,有着光荣的红色印记。

张氏:来自东莞蚝江村

新雅街清㘵村南阳庄居民以张姓为主,有村民400人左右,一个小自然村却有多人居住海外,仅到越南谋生的就有100多人。关于南阳庄的始祖,据族谱记载,张氏先祖为张九龄之弟张九皋之后,东莞县尉张如见为始祖(讳岘)。张如见原居住在东莞皇村镇蚝岗村(现在叫蚝江村),他是九世祖世良公第四子忠庆之后,传至德杰公为十八世。其孙广发、广进、广兴三兄弟于清康熙年间(1662~1722)迁来南阳庄。南阳庄的先辈在1938年前,每年都有人回东莞蚝岗祭祖,并存有民国壬戌十一年春重刊之《东莞张氏如见堂族谱》一套,共32卷本。后因经历时变已佚,仅存24卷、25卷、29卷,计三卷。1986年清明期间,南阳村20多人回蚝江村祭祖,得到张氏兄弟的热情接待,座谈间得知他们仍存有旧族谱,于是将有关当年德杰派之底册拿回存阅,为修谱提供了世系历史资料。后来,南阳庄人又获悉,在广州市文德路广州中山图书馆孙中山文献馆内藏存有《东莞张氏族谱》两套,编写1993年版《广东花县南阳庄张氏德杰祖族谱》的作者张耀培曾到该馆查阅到《东莞张氏如见堂族谱》(见《广东族谱》目录第47页)。

据村中90岁高龄的张渐龄老人讲述,张姓祖先从东莞蚝江村迁来,来此的原因大概是避难,具体情况不详。据老人们推测,祖上应是有准备的举家迁居于此,不是仓促而来,他们来到此地以后,随着人口繁衍而立村,建了宗族祠堂,就是这座张氏祠堂,它除了具备祠堂的祭祖、办红白喜事功能外,最令人津津乐道的是开门办学。

祠堂：为抗战培养革命力量

民国二十六年（1937），抗日战争爆发。花县御侮救亡会在清㘵村（今花都区新华街）南阳庄成立。同年9月，御侮救亡会与广东省教育厅、中国社会教育社、中山大学教育研究所共同发起筹办花县乡村教育实验学校。这是第一次在张氏宗祠办学。教育方针是面向贫困农村，免收学费、课本费和作业用品费，利于贫苦学生就读。总部设在南阳村龙翔市的跃云书院，青年学校设在花山镇龙口村的江氏宗祠，基础学校设在南阳庄的张氏宗祠。基础学校有儿童班60多人、少年班40多人，其中儿童班在敬君家塾上课。开设的课程有国语、数学，各课程始终贯穿融合抗日救亡主题，注重理论与实践结合。此外，在教授文化课的同时，学校还会组织学员进行军事训练、传授先进的农业技术等。除了给学生授课，老师们还积极到各个乡村宣传抗日，凝聚抗日力量。

基础学校在抗战期间组成抗日少年先锋队，并组织宣传队伍利用课余时间开展救亡宣传工作。花县被日本侵略占据前夕，实验区全体教职员工带着南阳庄抗日少年团11人，跟随中山大学、师范学院撤出花县，继续进行抗日宣传。

张渐龄老人回忆，他上少年班时10岁，每天就是识字、唱抗日歌曲，老师都是中山大学的青年学生，他们的身份大多是地下党，借教师这一职业组织自卫队宣传抗日。

壁画《瑶池耍乐》

1938年，国民党军中老将伍观淇领导民兵自卫队在南阳庄组织抗日活动，张渐龄的父亲在这场战斗中牺牲了，时年34岁。后来，日军攻陷南阳庄，学校老师陆续去了延安。其中有一个女老师叫刘月环，教了他一年功课后也去了延安。解放后，这位女教师改名刘雨青，回到广东佛山，后还特意要求调回花都商业系统工作。

1945年9月，从南阳庄出去的地下工作者张耀培按党的指示，由英德转回南阳庄。11月，北江支队野火大队长潘亮平带领胡灼华、张皎如等同志来到南阳庄，住到张健（张耀刚）家。他们奉命在张氏宗祠重新开办学校，即南阳基础学校，这是张氏祠堂第二次开门办学。这次办学，除了得到南阳庄的大力支持，大家还分头到清埗下面的各个乡村去募捐经费。经过一番努力，学校才重新开办起来，并附设升中班，由张耀培任校长，潘亮平任教导主任，教师都由来自五湖四海的革命者担任。利用学校这个平台，张健（张耀刚）从事地下工作，并到外面发展地下组织，在莲塘团结了一百多人的革命力量。

学校办起来以后，他们把教育宣传工作与教师的地下活动斗争紧密结合起来，宣传革命道理，学校也成了革命人士的接待站，在当地培养了一批青年骨干。

张健：南阳庄坚定的革命者

在张氏祠堂旁边，有一座不起眼的房屋，它是当年中共的地下交通站，是中共地下广州市委领导的广州北郊花县武工队的联络活动据点，也是地下党员张健的祖屋。

张健，原名张耀刚，1925年出生于南阳庄一个农民的家庭，祖父给地主当过十二年的长工。张健13岁时被选为少年团团长，在南阳庄基础学校读书时，他和同学们日夜排练白话剧，高唱抗日革命歌曲，宣传抗日。正当他革命激情高涨时，父亲张万扬因积劳成疾不幸病逝，抛下他和弟妹四个未成年的孩子，靠母亲与祖母拉扯着艰难过活。1938年10月，在中共地下党老师的带领下，张健离开南阳庄，与张耀培、曾明、袁铎泉等十多个同学被保送到当时设在仁化县的省立韶州师范学校公费读书。

1945年春，抗日战争胜利前夕，21岁的张健接受党"回乡隐蔽，建立交通站"的指示和任务回到南阳庄，以教师的身份从事地下工作。地下工作经费不足，必须靠个人克服。张健不能向家人表明地下党的身份，为了开展工作，自己当教师挣的钱不拿回家不说，还把家里唯一的水牛卖了，给路过的革命同志做盘缠，成了祖母眼中的"败家子"。

1948年10月，全国解放在即，为了打击敌人，迎接解放军南下，张健按照中共广州市委指示，成立武工队，以南阳庄为据点，并按市委指示，这支武装队伍定名为广州北郊花县武工队。武工队下设3个中队，苏尧任大队长，曾明任政委，张健任副大队长兼一中队长，曾光任三中队长，薛海光任二中队长。苏尧主要在广州工作，是张健的单线联系人。武工队发展很快，共有120多人，轻机枪六挺，猪笼机轮一挺、短枪、长枪共60多支武器。这支武工队的成立和工作的开展，为迎接和配合中国人民解放军的南下，为花县的解放写下了历史性的一页。

新中国成立后，为加强地方政权的巩固和建设，武工队被编入花县公安营第三连，张健任第三连副连长，后再编入中国人民解放军花县大队三中队任队长。新中国成立初期，花县不少地方反动气焰嚣张，土匪横行，不时攻打区、乡政府，杀害革命同志，这支武工队虽然名称转变了，但仍然参与执行清匪反霸的行动，为民除害。后来，张健任县委农村部部长，他工作雷厉风行，体察民情，能切实为基层解决实际问题。在"八字"运动和"土改"时，被誉为"花县五虎将"之一。

值得一提的是，张健的妻子谭慕斯是花县解放后的第一任女法官，在法院工作了11年。1946年春，她奉命从"北支"到南阳庄基础学校任教，以教师的身份从事地下革命活动，并一直资助过往同志的生活和交通盘缠，直到花县解放。1946年冬，她与张健结为夫妇。多年来，他们一家三代10口人，同住在30平方米的平房里，家境清贫，但同甘共苦，相濡以沫。

一座祠堂只有承载了历史才显厚重，而承载了这一段红色史迹的祠堂更使人敬重。南阳庄没有出过举人，没有出过巨商，但新中国成立后，出了不少大学生。一个村庄，是民众生活的乐园；一座祠堂，是联系宗亲的心灵园地。草青青，山悠悠，曾有的烈火丹心，都成了昨日远去的浪波。但是，那段烽火岁月，那些焦虑时刻，那些无法言说的辛酸和苦涩，都留待后人怀念和评说。

古韵与秀美兼备的古建筑

——记邝家庄陈氏宗祠

◎ 胡 国

邝家庄村位于新雅街的东部,南连新村,北接花都湖,东邻新华街田美村,西通三向村。全村5个经济社,874户,2654人,外来人口1000多人。村庄因邝氏最先在此聚居,故名。村子地形特殊,前有风水塘,后有山嘴岭、尾底岭、矮岗岭、老虎岭,这些山岗像一条龙,村子也因此曾得名龙湖村。1949年后恢复今名。村庄地处新街河和花都

邝家庄陈氏宗祠

湖南岸，已经与花都中心城区连成一片。其中1570亩耕地，1500亩山林，村庄面积430亩，有山有水，有森林，有田园，有湖泊，依山傍水，绿树成荫，俨然一幅风光旖旎的田园山水画。2012年，邝家庄村被花都区定为全区美丽乡村建设的八个试点村之一。2015年，又入选广东省第二批名镇名村。

村民在祠堂休闲

立村已有三百年

邝家庄村的历史大约三百年，在花都村落中不算长。

笔者一行来到陈氏宗祠，里面坐着几位七八十岁以上的老人，其中两人还在理发。他们是陈保剑（94岁）、陈保敬（74岁）、陈保杰（78岁）。当我们说明来意，他们就七嘴八舌说开了，"老祖宗是河南的""是从东莞迁来的""是康熙时迁来的"……

我们又去村委会办公室采访，遇上陈孔相、梁可权等村干部、村民代表，接着交谈。陈保敬老人还送了一份《陈氏族谱》复印件。

事后，经过整理采访记录，查阅历史文献，进行考证分析，邝家庄立村历史至少有300年，在清朝康熙年间就已有村落。但陈氏宗祠修复碑文上记载，清朝甲辰年（1722）立村，这显然有误：一是甲辰年不是1722年，而是1724年，这年正好是雍正二年，康熙已于1722年底驾崩。二是陈氏先祖陈日进到邝家庄创业之前，此地已有邝氏居民定居。

邝家庄为何不姓邝

邝家庄立村历史不少于三百年，它是邝氏人开基立业的，村子因此得名邝家庄。

以前，或许很多人不知道邝家庄，特别是第一次听说后，自然会问："邝家庄人为什么不姓邝？"其实，这也是笔者久存的疑问。

采访中得知，邝家庄最早的原住居民不是陈氏，也不是李氏，而是邝氏。

"那为什么现在没有姓邝的呢？"几位老人说，当时，邝家在村里是大户，陈、李、梁、刘、江等姓氏都是邝氏的仆人，后来，这几个姓氏势力大了，邝家觉得难以立足，于是移民他乡。当然，仅仅为口头传说而已，至于结论如何，还有待历史文献的考证。

早先，邝家庄为"七大姓"，后由于经济社会发展和人口的迁徙等原因，现在村里仍有陈、李、梁、刘、江、何、袁等姓。不过，村内大姓是以陈、李为主，其中陈姓1100多人，李姓1000人。

邝家庄人对长者非常尊重，已成习惯。每年的正月十五，都要在祠堂摆大宴，宴请村里的老人家。只要年龄达到50岁以上的男女村民，都可以参加。50岁以上女性参加宴会，这在其他村较为少见，也可以说明邝家庄人对女性老人的尊敬。

陈氏宗祠"广味"浓

陈氏宗祠位于邝家庄，2008年被列为花都区登记保护文物单位。旁有李氏宗祠、梁氏宗祠，前面是一口秀美的风水塘，此乃"以水为财"习俗的反映。水塘边种有大榕树，使榕树下的空地成为仅次于宗祠重要的民间文化传播场所。但宗祠是整个村落的精神核心。陈氏宗祠建于清代，具体时间不详，先后于清宣统三年（1911）和1997年重修。

陈氏宗祠的门联："颍水家声远；川流世泽长。"从楹联的构成看，其文学性和艺术性都很一般，此乃陈氏颍川堂固定对联，也是陈氏宗祠的通用对联，没有什么创新、出彩之处。当然，楹联言简意深，对仗工整，平仄协调。

对这个门对的诠释，"颍水"，水名，在河南许昌；"家声"，家族名声；"世泽"，祖先的遗泽。主要指地位、权势、财产等。《孟子·离娄下》："君子之泽，五

陈氏宗祠屋脊陶塑《戏台人物》

世而斩。"(明)吴承恩《挽陈拙翁（诗）》："龙楼动褒表，世泽正丕丕。"(清)姚衡《寒秀草堂笔记·卷三》："余既识其前后岁月；而慨夫能守世泽之难也。"为嵌字联之鹤顶格，将"颍""川"两字置于联首，点明颍川这一地名，而颍川堂是陈氏家族的一个重要派别。门对大意是：陈氏颍川堂家族屡出名人，家族兴旺发达；这个家族德高望重的名人，像河水一样川流不息。

陈氏宗祠的"广味"挺浓，据《广州市文物普查汇编·花都区卷》记载："坐西北朝东南，广三路，深两进，总面阔23.1米，总进深20.9米，建筑占地499平方米。人字封火山墙，石湾琉璃瓦脊，碌灰筒瓦，青砖墙。"

宗祠头门面阔三间12.3米，进深两间7米共十一架。正脊施有花鸟、人物、鳌鱼等装饰，工艺精美。前廊梁架及封檐板雕刻戏曲人物、花鸟等图案。次间虾公梁上设石狮、异形斗拱。墀头砖雕饰人物、瑞兽、花鸟等图案，造型生动活泼。石门额阴刻"陈氏宗祠"，上款刻"辛亥冬月吉旦"，下款刻"区为柏拜书"。墙楣绘有《白鹅换经》《风尘三侠》等壁画，保存完好。

后堂面阔三间12.3米，进深三间8.3米共十三架。正脊灰塑"松鹤延年""孔雀开屏"等图案。坤甸木金柱，上悬"盛德堂"木匾，上款"庚辰年仲秋吉旦"，下款"陈氏子孙后裔仝立"。后堂前带两廊，六架卷棚顶。左右路建筑各面阔4.2米，与中路建筑以宽1.2米青云巷相隔。

为何说它"广味"挺浓？因为硬山顶、博古脊、琉璃脊、青砖墙、灰塑等广府元素明显，还有广三路，深两进，青云巷，让人一看就知道这是广府人的宗祠。不要小看高出屋顶的人字封火山墙，它能起到防火防盗的作用，同时也达到一种很好的装饰效果。因为它简洁实用，成本又低，在村落中尤显风姿，故民间多采用之。

宗祠两侧各有一条青云巷，取"平步青云"之意。青云巷又称冷巷、火巷、水巷等，具有通风、防火、排水、采光、晒晾、交通、栽种花木等功能。

反映岭南风情的石雕、木雕、砖雕和灰塑、壁画等工艺，陈氏宗祠表现出十足古韵，艺术价值也高。

雕刻表现在正脊上有花鸟、人物、鳌鱼等装饰上，工艺精美。还有前廊梁架及封檐板雕刻戏曲人物、花鸟等图案；次间虾公梁上设石狮、异形斗拱；墀头砖雕饰人物、瑞兽、花鸟等图案，造型都很生动活泼。祠堂门外梁上散发着金光的木雕，匠人们的精湛手艺令人惊叹。

灰塑又叫灰批，是岭南地区传统建筑装饰工艺。材料以石灰为主，作品依附于建筑墙壁上沿和屋脊上或其他建筑工艺上，多用于祠堂、寺庙和豪门大宅。2008年，灰塑被列入第二批国家级非物质文化遗产名录。灰塑工艺精细、立体感强、色彩丰富；题材广泛，通俗易懂，多为人们喜闻乐见的人物、花鸟、虫鱼、瑞兽、山水及书法。如陈氏宗祠的"松鹤延年""孔雀开屏"等图案，采用灰塑工艺，栩栩如生，且保存完好。

"松鹤延年"，松在道教文化中象征着不死，即长生不死；鹤，在道教文化中也象征着不死，且还有志存高远之意。松、鹤两个仙物结合，寓意人如松鹤般高洁、长寿。

"孔雀开屏"，表现祥瑞之兆，取材于传说故事。传说中的孔雀开屏只有在太平盛世才出现，此意为渴望家族吉祥幸福，实际上是中华民族向往和平幸福的传统心态的写照。

宗祠的《白鹅换经》《风尘三侠》等壁画，绘在墙楣，保存完好。这两幅壁画很有意思。《白鹅换经》取材于民间故事，说东晋大书法家王羲之和道士以字换鹅的故事。《风尘三侠》取材于唐人传奇《虬髯客传》和《隋唐演义》的民间故事，说的是红拂女、李靖、虬髯客三位侠客结义,帮助李世民打天下的故事。

邝家庄人属于典型的广府文化圈,说粤语(广州话),吃粤菜,祠堂宴请,品粤剧、粤曲,节俗婚嫁、饮食风俗皆为广府民俗。民居建筑,有别于粤东客家民居、潮汕民居,为广府民居。

但因其历史、地理原因,又有一些不同于周边的风俗习惯,如白云区不少地方盛行舞火龙、舞水龙等民俗活动,而邝家庄却因村后山岗似龙,有龙湖村说法,故只有舞狮活动,陈氏宗祠墙角就放有舞狮的道具。

陈氏宗祠垂脊上的陶塑狮子

又如,邝家庄地处新街河边,按理说应有"扒龙舟"的习俗,但却恰恰相反,也是因村庄的地形、地名皆因有龙的元素,故村民从不组织活动,也不出舟——因为这不吉利。龙在他们的心中,占据至高无上的地位。

邝家庄人喜欢制作臭屁醋。臭屁醋,又名"长寿醋"。珠三角地区的居民中不少人都有制作、饮食臭屁醋的习惯,据说有2000多年的历史。为何叫"臭屁醋"呢?因醋汤有一股臭屁味,那是一种令人难忘的独特味道。如果长期饮用,则可延年益寿,故又名"长寿醋"。村民们都会制作一些臭屁醋,以备自用。至于食用方法,那有很多,可以放不同的材料下去煮着吃,通常的做法是煲汤,因夏季湿热,喝上一碗,健脾开胃,消解暑气,滋补生津,有益健康。这在当地是妇女"坐月子"的补品。

世外桃源今不在

花都湖公园没有修建之前,一条新街河将邝家庄挡在南面,加之那时雅瑶镇属于白云区管辖,地处偏僻,交通不便,邝家庄自然而然是一个边远小村庄。村庄三面环田,一面环水，与外界的接触比较少，就像一个世外桃源。那时，知道"邝家庄"的人不多，真有点"只知秦汉，不知魏晋"的感觉。

但自从花都湖公园开放后，骑自行车，或步行进入花都湖时，邝家庄有两个入口直通：湿地园入口、凤凰南路入口。邝家庄成了必由之路，名声也就大起来了。

美丽乡村的建设，使泥泞的村道，变成了沥青路，迎面而来的是种植的草地带来的大片的绿色。春天的清晨，这里总是会有一层薄雾在上面，如梦如幻。村里建起文化广场，修葺后的邝家庄村委会办公大楼，保留当年的休息亭和榕树，宗祠前的风水塘原本其貌不扬，如今被打造成半月形的碧绿池水，成了村庄的"心脏"，村子沿山而建，一条马路——龙湖路贯穿村子，就像一座天然的小公园。

花都湖公园就在旁边，那是一座利用山水资源，以绿化为主，形成防洪防旱与城市景观互为联动的亲水型生态长廊，力求保留历史特色风貌，并融入本土文化元素，集自然保护、旅游、教育和市民休闲娱乐等功能于一体的城市滨河公园，成为市民常去的休闲地方。它是花都的"心肺"，是花都一张亮丽的名片。

花都湖公园已与邝家庄融为一体，这是邝家庄的资源，也是邝家庄的优势。

当我们穿行花都湖，陶醉于它的美丽；当我们走过邝家庄，享受它的宁静；当我们驻足陈氏宗祠大门口，那些古韵和秀美便扑面而来。

祠堂文化知识

阁： 一种架空的小楼房，通常是四周设隔扇或栏杆回廊的楼。

公偿： 由族人捐资添置田地产业，形成族人共同拥有的"基金"，不仅能够保障修祠祭祖之用，而且还能扶贫助学，解决族人经济困难，激励后人求学上进。

 **供桌：** 俗称神台，祭祀时常供设香炉和摆放供品，故名供桌。

狮岭镇

天国风云起云山

——寻找隐于城中村的南王祖祠

◎卢福汉

笔者曾于20世纪八九十年代在狮岭中学教了五年书,对周边的环境很熟悉。在离开狮岭二十多年后再次走进了狮岭圩东侧的联合村,昔日柑橙满园、小屋炊烟的山村,变成了高楼接踵、车水马龙的闹市,在村里,我们寻访了被幢幢高楼包围的冯氏祠堂,还见到天国南王冯云山的后人。

联合村西群社冯氏大宗祠

隐于城中村的冯氏祠堂

　　祠堂是祖先灵魂的栖息之所，是家族共同祭祀祖先的神圣地方。狮岭冯氏有感于先祖开基创业的艰难，有感于族人离乡别井的辛酸，有感于客居人心凝聚的渴望，在狮岭扎下根基后，纷纷构筑宗祠奉祀祖先，教育后辈数典勿忘祖。现联合村冯氏祠堂有五六座，唯冯氏大宗祠、贞定冯公祠是清代的文物建筑，其余都是后期重建的。

　　冯氏大宗祠位于西群社，奉祀迁居狮岭始祖冯尧贵与冯璋全的祖父冯万兴，建于清康熙二年（1663），于乾隆四十六年（1781）、道光年间、咸丰年间和1996年四度重修。坐东北朝西南，三间三进，施有木雕、砖雕、石雕、灰塑、壁画等装饰工艺，体量宏大，气派辉煌。贞定冯公祠位于新联社，始建年代不详，清光绪七年（1881）重建，1987年重修，坐北朝南，三间两进，无论是规模还是建筑工艺都比不上冯氏大宗祠。然而，贞定冯公祠却是太平天国南王冯云山的祖祠，奉祀王冯云山的曾祖父冯蕙。

　　两座祠堂最为引人注目的是祠堂柱子大多挂有对联，仔细品读，它们上下平仄押韵，骈偶对仗工整，意境隽永深远，典故寓意绵长，或记录姓氏渊源，或反映迁徙历史，或歌颂祖先德范，或感铭贤哲高风，或书写祠堂辉煌，或表达美好愿望，蕴涵着大量的历史信息，对于寻根溯源、弘扬祖德、传承家风、训勉后昆等很受启迪，也使祠堂弥漫浓厚的文化气息和翰墨书香。走进祠堂犹如春风拂面暖阳当空，一种对祖先景仰、对故土眷恋、对国家热爱的感情油然而生。

　　贞定冯公祠大门对联曰："凌云世泽；大树家声。"上联的典故指北宋大臣冯京，他志存高远，在乡试、会试、殿试中连中"三元"（解元、会元、状元），成为中国1300多年科举史上17位连中三元者中一个，的确是凤毛麟角，他还留下"两娶宰相女，三魁天下元"的千古佳话和"错把冯京当马凉"的传奇故事；下联的典故指东汉开国名将冯异，他不贪名不图利，于诸将论功讨赏时，常退避于大树下，被冠以"大树将军"雅号。此联寄予冯氏后人要传承冯京的凌云壮志和冯异的声名美誉。

　　贞定冯公祠前檐柱对联曰："气象喜维新双柱巍峨异卜门闾大启；规模增式廓一堂定教礼党同齐生光。"描写祠堂扩建重光的盛况。

　　贞定冯公祠仪门两侧对联曰："万派本同源自古心田先祖种；兴隆终有日从今福地后人耕。"先人将人的内心喻为一块田地，内心藏着善与恶的种子，田地下种会长五谷

贞定冯公祠

莨稗，善与恶在内心也随缘滋长，耕种好心田，要让它长出五谷，成为积善人家，而不是长出莨稗，玷污族望。因此，"心田先祖种，福地后人耕"，浓缩了先辈的殷切期盼与良好愿望，希望子孙后代能够承前启后，将祖先的那一份善良之心守护好，将祖先创下的辉煌业绩发扬光大。诚如大宗祠中堂屏门两侧柱对联所云："易癸丁而筑新居宗望人杰地灵再振凌云世泽；复艮坤文功武尉宇垂后裔还期重兴大树家声。"希望族中能再出现冯京、冯异那样的人才，长绵世泽，丕振家声。

贞定冯公祠后堂金柱对联曰："祖居始平郡由秦越而入广东千百年传代成周一脉；姓肇毕公高自唐宋以至大清十六国维先冯氏三元。"记录了冯氏的起源以及广东冯氏的迁徙历史。后堂有一神楼，供奉冯门历代祖先神位。神楼两侧对联曰："祖德覃敷绵世泽；宗功显赫振家声。"盛赞历代祖先的丰功伟绩。

贞定冯公祠头门屏风两侧对联曰："贞定裔孙一脉同源千秋合；公祠后代繁衍发展万载长。"此联为嵌名联，上下联前两个字连读就是"贞定公祠"，上下联相互对应，提高了联对的趣味性和感染力，寄予冯氏繁衍壮大生生不息的愿望。后堂前金柱对联曰："廷栋谋生落花邑螽斯蛰蛰和地久；子孙安居在狮峰瓜瓞绵绵共天长。"廷栋，名蕙，即是贞定。"螽斯蛰蛰，瓜瓞绵绵"来源于《诗经》，《初学琼林》有"可爱者子孙之多，若螽斯之蛰蛰；堪羡者后人之盛，如瓜瓞之绵绵"之句，比喻子孙繁衍，有才有德，绵绵不绝，颂赞冯贞定开基不易的功德。后堂后金柱对联曰："祖源龙川迁徙花县艰苦创业精神代代接；宗由瑶坑落业狮岭勤劳节俭家风世世扬。"记录了冯氏从龙川瑶坑至花县狮岭的迁徙过程，寄予冯氏将"艰苦创业精神"和"勤劳节俭家风"世代传承发扬。后堂神台两侧对联曰："祖德扶持千载茂；宗功庇佑万年昌。"希望冯氏在祖先功德的扶持庇佑下千载茂盛，万世昌隆。

客家人迫于战乱等因素，从中原迁徙到南方，历经艰辛。生存条件的艰难，更需要精神支持，最有力的精神力量来自于宗族内部的团结，这时用祠堂这个祖宗的旗号来团结族人，就显得恰到好处了。

大树家声的狮岭冯氏

狮岭冯氏像岭南其他姓氏一样，有着漫长的迁徙历史。他们原居于福建宁化石壁，先后播迁武平象洞及广东平远、丰顺、长乐等地，最后于龙川定居。从福建宁化发轫至龙川定居，第二十四世祖冯万兴的孙子冯尧贵与冯璋全为狮岭冯氏的始祖。

《花县志》载，花县建县前，此地为番禺、清远、从化等县错壤交界之所，属"三不治"之地，数十年来，土匪流寇在重山密林设"花山寨""踞为巢穴，劫掠乡村，流毒行旅，以致妇子抛离，田地荒芜"，北部山区更是杳无人烟，为使"流亡复归本土""四民乐业"，清廷贴出告示，鼓励边邻百姓来花县垦荒种地。于是，粤东地区的梅县、河源、惠州、龙川、紫金等地区的客家山民便纷纷迁往花县，形成一个移民小高潮。狮岭冯氏就是在这个时期从龙川陆续迁居花县、清远等地，包括现在狮岭的大埗、水头龙、双龙、狮岭尾、闪壁、迳口、泗合、六横、西群、陈迳等村，以及大坳林益村，清远山心、太平、龙塘、银盏等地。

这里只表一支，就是冯尧贵房十一世祖冯蕙。冯蕙（1685~1735）字廷栋，号贞定。于清康熙四十九年（1710）由龙川县赤光镇瑶坑村迁花县狮岭尾村居住。冯蕙的六子为其立有家祠一座，即贞定冯公祠。十二世祖冯宗禄，字光宗，例授州司马，生十三世祖冯捷瑗、冯捷珊两兄弟，捷瑗居狮岭尾，捷珊住水头龙。冯捷瑗即是冯英联，也就是冯云山的父亲。

冯云山故居遗址

中国太平天国研究学者陈周棠教授在20世纪70年代围绕冯云山的家世问题曾多次到花县采访，本地学者王鉴波也多次采访太平天国将领的后人，综合他们的采访记录，查看了《狮岭冯氏族谱》，我们还原了冯云山一脉的状况：冯云山在家乡生有七个子女，只养活了三个，长子冯瑞明，次子冯瑞科，女儿冯僧娇。冯瑞明在逃亡过程中被捕杀，没有留下后代。冯瑞科随堂兄出逃，沿途乞食，先后到了清远、香港、上海、罗浮山等地，最后回到花县狮岭尾，生下三个子女，长女冯社英，儿子冯金玉、冯金文。冯僧娇排行第七，人称老七姐，嫁到马岭村，她的孙子叫王锦章，常与冯家往来。冯瑞科女儿冯社英嫁到前进村，她儿子罗国华亦与冯家常有来往。冯金玉无嗣，抱养一个女儿叫冯彩意，嫁到大㙟村，前年去世时98岁。冯金文生有一子名冯记生，冯记生出生不久堂姐就出嫁了。冯记生生了四个子女，分别是冯新伟、冯新林、冯新永和冯秋爱，目前已经繁衍到第二十世，形成了30多口的大家庭。

我们在狮岭敬老院见到了冯记生老伯。冯老伯出生于1931年农历四月初一，前两年中风导致左手不灵便。小儿媳在敬老院当院长，为了方便照顾，接冯老伯住了进来。

冯老伯虽然曾经中风，但是思维还比较清晰，口齿还算伶俐，表情十分丰富，客家话、白话不时转换，听家人说他还会讲普通话。在陈述中，他时而痛哭流涕，时而哽咽难语，时而破涕为笑，老人深藏的记忆、过往的辛酸、复杂的情感瞬间全被释放出来。冯老伯说，高祖冯英联有"三莲妻""九绍子"，他先后娶了莲花塘李敬芳的姑姑李莲、三和庄宋廷桢的堂妹宋莲、官禄㘵洪秀全的姑姑洪莲为妻，他的三位妻子为他生了九个儿子，为"绍"字辈，其中第八子"绍光"即是冯云山。高祖有两头家，宋莲与其所生的三个儿子住在狮岭尾，洪莲与李莲的孩子住在禾落地，冯云山为洪莲所生。说起自己青少年时期的经历，老人更是涕泪交零，他说禾落地的祖屋被清兵烧毁，在狮岭尾只有一间茅寮栖身,父亲冯金文与前进村的外甥在今广州白云区神山帮人剃头,自己从小就帮大户人家看牛。12岁时与母亲、大姨边乞食边到神山寻找父亲,经过逕口时被日本仔发现追杀,母亲为掩护儿子被日本仔当场打死,自己被子弹打穿了左胸与左臂,死里逃生,被大姨背了回来。父亲冯金文后来回到狮岭尾剃头,没有地方住,就睡在贞定公祠的角楼里,不小心摔了下来,不久就去世了,当时自己才14岁,被同族伯娘陈冠娇收养。他后来到了赤坭瑞岭一个叫黄高仔的人家里当长工,一直到新中国成立后才回乡分田地。

冯老伯思维还很清晰,不时提起了曾经采访过他的人,如原洪秀全纪念馆馆长欧阳国、上文提到的陈周棠、王鉴波,以及武汉大学历史系的学生,等等。

太平天国开基者冯云山

冯云山(1815~1852) 又名乙龙,族名绍光,是太平天国运动的开基者、拜上帝会的创立者、金田起义的领导者之一。他不仅与洪秀全一起创立了宣传农民运动的思想武器——拜上帝会,而且亲手缔造了紫荆山区根据地,为轰动全国、震撼世界的金田起义做好准备。可以说,太平天国农民运动的爆发,是冯云山开创紫荆山区根据地的直接结果,没有冯云山就没有天平天国运动。因此,人们公认冯云山是太平天国农民运动第一位开基人,在太平天国早期历史上,他的实际作用在洪秀全之上。

冯云山与洪秀全的家庭背景完全不同。他出生在"家道殷实"、不愁吃穿的家庭,家乡禾落地背后的山林、前面几十亩水田尽是他家所有,所住房子有"九厅十八井"之大,这决定了他青少年时有优越的读书环境。他天资聪明,自幼博览群书,经史、兵法、天文、地理、历算等样样皆晓,本可以通过科举进入仕途。是什么境遇促使他义无反顾地走上向封建统治者叫板造反的道路?是什么信念支撑着他在绝境

冯云山像

中孤身作战建立了紫荆山区根据地？是什么原因使他在永安封王时甘于人后做了第二个"大树将军"呢？

王鉴波在《花都文史》（第一辑）发表了题为《冯云山的出生及早年事迹》的文章，说冯云山被"二娘"宋莲诬告在"孔圣人"面前撒尿，存心冒犯，告上县衙，知县判决"云山斗胆冒犯圣人，出族，永不准应科举试。"我们姑且不去考证冯云山的科举之路，也不问他与封建思想背道而驰的原因，冯云山是知道造反会被株连九族的，但统领民众思想的武器"拜上帝会"还是横空出世了，为金田起义奠定基础的紫荆山区根据地还是诞生了，震撼中原大地的太平天国农民运动还是爆发了。

冯云山与洪秀全、洪仁玕在禾落地门前的石角潭举行了洗礼仪式，表示"洗除罪恶，去旧从新"，立志建立一个"有田同耕，有饭同吃，有衣同穿，有钱同使""无处不均匀，无人不饱暖"的"人间天国"。

刚开始，冯云山与洪秀全力图在家乡发展壮大"拜上帝会"的势力，但是效果不理想，反而遭到嘲笑。于是，在1844年春天，他和洪秀全一起离乡，辗转来到广西贵县赐谷村，在洪秀全表兄家落脚，到秋天发展了100多信徒，取得一定的成效。而这时，洪秀全与冯云山的意见产生了分歧，洪秀全认为在广西传教的成效没有达到预期目标，便以表兄难以长期供给他们生活为由，提出停止在贵县的活动返回广东。而冯云山似乎看到了以赐谷村为中心的100多信徒是实现他人生理想的希望，坚持要留在广西，"专心致意于传教事业，决不回粤"。这一场争论，导致了洪秀全与冯云山于贵县赐谷村分手，过后三年中，两人音讯不通，各自独立活动。

冯云山独自一人留在广西，很快转移到桂平紫荆山这个生活极为艰苦的地区，在这里开创革命基地。紫荆山形势险要，"层峦叠嶂，易于出没"，进可攻退可守，因地处数县交界，不仅清廷统治力量较薄弱，而且是壮、瑶、汉各族农民居住的地方。他们"种田种山"或"种山烧炭"，世世代代挣扎在饥饿线上，农民不断起义反抗，阶级斗争基础较好。

1844年11月，囊空如洗的冯云山进入紫荆山的古林社。他"举目无亲，典借无路"，全凭着自己的意志、毅力和未来宏愿鼓舞，去开拓艰苦的革命事业。他放下架子，脱掉长衫，替人担泥挑土、割禾打谷或靠拾粪卖钱度日。在做苦工的日子里，他曾吟诗道："孤寒到此把身藏，举目无亲也着忙；拾粪生涯来度日，他年得志姓名扬。"不管生活多么艰苦，他的革命志向从不动摇。他那种坚忍不拔、百折不挠的可贵精神，后来在《天情道理书》中被称赞为："历山河之险阻，尝风雨之艰难，去国离乡，抛妻弃子，数年之间，仆仆风尘，几经劳瘁。"字里行间显露着人们对他开创基业的深深感动，流露出人们对这位执着坚毅的领袖的深深敬意。后来，他被雇主曾槐英推荐到紫荆山大冲曾玉珍家教书。在他做塾师时曾在书房门口贴了"暂借荆山栖彩凤；聊将紫水活蛟龙"一联，他把自己比作"彩凤""蛟龙"，满怀革命抱负，栖荆山，游紫水，借塾师的职业为掩护，开展艰难卓著的群众工作。他为天国大业的奠基工作，做出了巨大贡献，在他"历尽艰辛，坚耐到底"的非凡努力下，到1847年上半年，紫荆山区的信徒已发展到2000多人，杨秀清、萧朝贵、秦日纲等先后入会，成为拜上帝会早期的领导核心，紫荆山区成了太平天国运动的摇篮。

冯云山"善于用兵"，在金田起义时任前导副军师，领后军主将，亲临前线，出生入死，处处显示出卓绝的军事才能，使敌人也不得不承认"洪秀全、冯云山二人均善用兵""（冯云山）用兵诡谲，几于不测""凶悍诡诈，久历戎行者不独未见，并所未闻"。他善于改革创新，吸取了古代《周礼》中关于周代兵法的要义，编制了《太平天目》，制定了一套太平军严密的组织形式；在狱中创制了《太平天历》，施行于太平天国管辖地区，在长江流域实行14年之久，这是中国行阳历之始，也是世界用四季历法的首创。还有，《太平官制》《太平礼制》等统领文献均出自其手。

太平天国文献《醒世文》说他："南翼军师为辅佐，前导开国扶圣君，克取省郡如反掌，开疆

冯云山后人冯记生接受采访

拓土功劳深。"陈玉成在被俘后与清朝官员谈话，认为天国将领大多是庸才，只有两人例外，即冯云山和石达开。李秀成在供词中说："谋立创国者，出南王之谋，前做事者，皆南王也。"太平天国军民为他的惊人功绩赞叹："如此奇才，向非天生，何以至此！"

1852年4月，太平军从桂林北出，这位被史家评为"其忠勇才德与智谋器度实为太平天国之第一人"的开创者，不幸在经过全州城时中炮牺牲，带着对天国无限的憧憬和不舍，永远地离开了挚爱的天国事业。洪秀全痛哭流涕，直到1859年册封洪仁玕时仍说"志同南王，历久弥坚！"流露出对冯云山的深切怀念。对冯云山的不幸牺牲，论史者称为："使其不死于是役，将必可辅佐天王，裁制东王，调和各王，而于帷幄之中创谋建议领导大业以底于成。"他的死，确实是关系到太平天国的兴亡，可惜啊！

历史的长河送走了昨天，战争的硝烟早已散尽，天国将领们追求的理想已经实现。作为太平天国的策源地，花都应该理直气壮地宣传这段光荣的历史，大张旗鼓地去歌颂为天国事业牺牲的英雄。在洪秀全的故乡官禄㘵，洪秀全故居定为全国重点文物保护单位，洪秀全故居纪念馆前两年也落成了。冯云山的祖屋禾落地离官禄㘵不到五里路，虽然就在红棉大道边上，却仍然是丛林闭锁、荒草萋萋，只剩得断碑一块、残墙数堵，让前来凭吊与哀思的人更加唏嘘不已！

祠堂文化知识

挂灯：旧时凡在春节前生下男婴的人家，将所定制的纸灯下面挂几个小纸袋，放些红枣、慈姑、花生、橘子等"意头"食物，在春节期间把灯分别拿到祠堂、社稷和家中悬挂。在祠堂登记挂灯后，小孩即可参与清明"太公分猪肉"。

挂落：是传统建筑中额枋下的一种构件，常用镂空的木格或雕花板做成，也可由细小的木条搭接而成，用作装饰或同时划分室内空间，两端下垂比飞罩稍高。

瓜筒：室内承重木构件，既能修饰房屋有关构件之间的衔接处，又能给室内环境增添艺术美感。

讲述义山的往事

——记义山村钟氏宗祠

◎ 郭利群

穿行车水马龙的狮岭皮革城,走过安静的乡村公路,进入义山村。在一口周围修好护栏,铺上石砖的池塘边,一座宗祠凛然静立,这便是钟氏宗祠。站在祠堂前,我们仿佛在听一位老人给我们讲述义山村那些鲜为人知的故事。

义山村钟氏宗祠

一座历史悠长的宗祠

义山钟氏宗祠位于狮岭镇义山村七队,始建于大清乾隆辛丑年(1781),光绪年间重建,是为纪念花都钟氏小宗十三世祖坤玉公而建。宗祠坐西面东,占地面积418平方米,为仿古三间三进式,属钢筋水泥砖混合结构,是一座既有古典风格,又有现代气息的建筑物。1965年8月,祠堂曾拆除第二、第三进改建为教室,只保留第一进,剩下100平方米左右。到了1971年小学搬迁,宗祠改为村的文化娱乐活动中心,供村民休闲参观。1985年,为敬祖联宗,敦亲睦族,村里父老会号召重建宗祠,发动村民自愿筹得款项2万多元,按照原来格局重建祠堂。2008年,祠堂由于年久失修,再次筹资重修。2012年,村里集资60万元对宗祠进行全面修葺,墙壁全部换上瓷片,使宗祠内外焕然一新。

祠堂宽敞明亮,深浅适度,高低宜人,其中设施充满浓厚的文化气息,展现出钟姓历史风貌。自古以来,钟氏一族人才辈出,在中华文化发展史上做出过伟大的贡献,尤其在音乐、诗文、书法、绘画、教育等方面。早在春秋时代,就有音乐世家钟仪、钟建、钟子期,其中钟子期"高山流水遇知音"的故事,就是千古传颂的佳话。

据史料记载,康熙二十七年(1688),钟氏孔太婆带领儿子铭清和五个孙辈从长乐(现五华)迁到狮岭墟西部的官田地区创业。孔太婆是殷实之家,到官田后看到周边是一个小平原,土地肥沃,人烟稀少,一家人都喜欢上这个好地方,便购买田地,开基创业。孔太婆是一位精明的妇女,以耕读立业,她根据五个孙子的性格、能力和爱好等特点进行合理分工,有耕耘田地的,有经商买卖的,有管理畜牧业的等。五个孙子中,坤玉公精于钻研、亲力亲为、不怕辛劳,被分配管理畜牧业。

几年后,坤玉公畜牧业的发展已经肥猪满栏,牛羊满山。为了更好发展,他又带领牧童到离官田不远的山岭放牧。此山共有五个山头,树林茂密,青草遍地,方圆有数万亩之阔。坤玉在此放牧一段时间后,曾想把牛羊赶往更远的地方,但牛羊又主动跑回原来的山坡。坤玉对山头进行认真察看,认为此地适合放牧,便决定在此开基创业,并将此地取名为叫羊茸山,后改为羊依山。后世族人觉得此名土俗,经全族人商议,一致同意改为杨义山,即现在的义山村。钟氏坤玉即是义山村的开基祖。

钟氏宗祠周围风景秀丽,对面绿山环绕,门前池塘流碧。宗祠旁边还有一个篮球场,供村民休闲运动。走近宗祠,一眼看去,宗祠虽算不上宏伟,但不失精致。瓦脊的双龙戏珠栩栩如生,壁画有《大展宏图》《五福临门》《福寿双全》等。正门的"高山流水；舞鹤飞鸿"金色大字对联格外醒目。上联典指春秋时楚琴师伯牙和樵夫钟子期得遇成为知音的典故。下联典指三国曹魏时钟繇书法成就极高,晋武帝称其

钟氏宗祠内景

书法"飞鸿戏海,舞鹤游天"。钟氏许多宗祠都以此典故作宗祠对联,以缅怀祖先,勉励后人。

进入宗祠,在一进和二进之间的天井左侧发现与其他宗祠的不同之处。有一口水池,涓涓细流从水池源源不断流出。相传此泉自古就有,坤玉公放牧时常引牛羊在此喝水解渴,后人在选址修建钟氏宗祠时便以此泉为风水宝地。光绪年间,钟氏宗祠计划按原地基重建,坤玉公后代有人认为宗祠方向不对,导致本房兄弟发展不好,要求将宗祠坐向从东向北偏一米。但当墙脚砌到半米高左右时,泉水忽然断流。族人大慌,忙拆墙脚按原地基建设。从那以后,钟氏宗祠几经修建,但从未改变过坐向,泉水也从来没有断流过。

一方人才辈出的古老土地

据义山村老人讲述,钟氏宗祠门前原有两座用花岗岩石板砌成的旗杆石,有四米高,其中座基高约两米,基台是长宽各四米的正方形。座基上竖立着两块高约两米、宽约七十厘米的石板,石板上凿有一小方孔,作为固定旗杆之用。曾经在旗杆石上竖立着旗杆,远远就能望见。旗杆石不是随便能建的,它是科举功名的象征,族里有人科举考

取功名后，才能在宗祠前立旗杆，光耀门楣，同时作为后人学习的榜样，激励后人积极进取。钟氏宗祠的旗杆石是为四品翰林院编修官钟克猷而建。

据义山村人钟同安编著的《杨义山前珠翠绕》记载："光绪年间，义山村有一个叫钟克猷的读书人，多次进京考试都名落孙山。有一次考试，光绪帝亲临考场，见到一位考生两鬓斑白，年约六十，身体健壮，神采奕奕，引起了光绪帝的关注，便叫随员拿考生的试卷来看，见其书写刚健有力，笔画秀丽，文章结构新颖，观点头头是道。光绪帝心生欢喜，问道：'你年岁不小，以前曾否来京考试？'考生答曰：'曾考三次。'光绪帝顿感蹊跷，又问考生籍贯姓氏，考生答曰：'岭南广东人氏，姓钟名克猷。'光绪帝即叫人找来其前科试卷，经详细查阅考卷后，露出笑容，免去钟克猷当场考试，赐其翰林院编修职，官阶四品。"这段文字艺术加工过于明显，不足为信。史学家说，钟克猷是光绪十七年钦赐举人，不可能三次进京应考，光绪帝更不可能见到60岁的钟克猷。但钟克猷在花都史志上确有记载，云山宫等许多庙宇、祠堂都有他的题字。

据史料得知，钟克猷以高寿赐官，六十八岁的时候才进乡学，钦赐举人时已经76岁了。根据《大清会典》嘉庆五年规定，乡试恩贡、拔贡、副贡、岁贡七十岁以上终场者，赐举人。当时钟克猷已七十多岁，虽然没有出贡，但满头白发，又远在粤东，主考官感其真诚，所以报请朝廷，被钦赐举人。但钟克猷被钦赐举人后还继续赶考，于是被赏了一个翰林院检讨。入翰林院是读书人最高待遇，钟克猷虽然是客籍人，但他的旗杆夹石，在多座钟氏祠堂均有。翰林院检讨对钟克猷来说仅是一个荣誉的虚衔，没有实际官职，但民间以福寿双全视之，尤其是他读书毅力，在民间是一个很好励志故事。钟氏宗祠的旗杆石上刻着"钦赐翰林院编修，光绪十六年壬辰科，钟克猷立"等字。

据说以前花县县太爷上任或卸任都是乘船而来，坐船而去，县太爷到官田路过钟氏大宗祠时，也要下轿步行七步才上轿赶路。钟克猷发迹后，不忘关心家乡发展，非常重视家乡的教育，鼓励乡人读书。民国初年，德国人在义山村所属的鹿坑建教堂，办了一间小学校和一间简易师范学校以宣传基督教义，凡是教徒的子弟入读这两间学校均免费，有困难的教友家庭还可减免食宿费。远近的许多教徒子弟都到鹿坑教堂学校读书，但义山村的学童不去那里读书，原因是钟克猷看到外国人侵略中国欺侮中国百姓，又见义和团反对外国侵略行动，深有感慨。他反对德国人在鹿坑建教堂，也反对村民就读教堂学校。所以，偌大的义山村极少有人入教，村童也不去教堂读书。后来，义山村人决定在钟氏宗祠内自己办学,请村里有学识的人做教师,每个学生一年只需交六斤稻谷的学费。义山小学开办早,在民国初年已是一间完全小学。义山村的适龄学童全部入学,一般读到小学毕业,在当时花县来说是很难得的。

一段可歌可泣的红色历史

钟氏落户义山村以来,以耕读传家、忠孝育人、精诚团结深得人们的赞赏。在解放战争中,钟氏进步青年拥护中国共产党,受到当地进步人士和中共禺南武工队的关注。1948年7月,广东禺南地区遭国民党反动派大扫荡,中共党组织受到不同程度的破坏。番禺县工委为了保存党的力量,决定除留下身份较隐蔽的几个党员外,其余人员均分散到各地区进行隐蔽活动。同年8月,原禺南武工队党支部宣传委员骆展翔按照指示,前往地处清远、三水、花县边界的赤坭、狮岭一带开展工作,他以教师职业为掩护,来到义山村教学,成为钟氏宗祠义山小学的教师。骆展翔对当地情况进行了摸查,发现当地还没有党员,便着手发展党组织,先后秘密发展了进步青年钟世海、钟锡麟入党。

1949年春,上级党组织为加强这里的力量,又增派了中大学生、中共预备党员陈元泰前来协助开展工作。同年4月,中共杨义山支部在义山钟氏宗祠宣告成立。钟世海在《中共杨义山支部活动情况的几点补充》一文中回忆了支部成立的情况,在1948年年底到1949年年初,上级提出组织武装斗争,他当时是冯村乡第一中心小学教导主任,以教书为名,开展地下工作。为加强这个点的力量,上级决定增派陈元泰来工作。陈元泰来后,加上他共有4个党员。于是,杨义

神奇的井

山支部在1949年4月成立了,骆展翔为书记,钟世海和陈元泰分别为组织委员和宣传委员。

5月,根据形势的发展需要,在支部的领导下,成立了杨义山地下农会,发展农会会员50多人,农会主席由在杨义山小学做校工的钟世桂担任。此外,在支部成员的努力下,周边的下巴水村、中洞村、闪壁村、黎

村民拜盘古

村、锦山等地也相继成立了地下农会和地下农会小组。党支部积极领导觉醒的农民群众开展反"三征"(征粮、征兵、征税)斗争,并秘密组建人民武装,成立了武工队,骆展翔任武工队长、李剑平任副队长,直接受南三花工委指挥。武工队成员多是官田村一带的贫苦农民。为配合斗争,支部还办了一个以陈元泰为负责人的油印室,其间印发了大量的传单、布告、信件和文章,对唤醒群众,瓦解敌人起了积极作用。到了6月,支部又发展了钟春生、钟世桂、钟志成三人入党,壮大支部力量,分工钟志城专门负责做青年学生工作。还成立了以陈元泰为书记的新民主主义青年团杨义山支部,发展了钟坚(女)、钟同安、徐连卿(女)等人加入新民主主义青年团。团支部成员积极协助游击队开展工作,为队伍输送了一批团员骨干。9月,杨义山党团支部成员奉命编入人民游击队,离开杨义山村,支部活动停止。

开展革命活动并不容易,其间也遭遇了许多困难。据钟世海回忆,有一次他们提出在杨义山村组织枪支保管委员会,把领导权和枪支掌握在农会手里,但遭到村中反动势力的反对;村中的保长还恐吓钟世海等人,但钟世海他们不畏强暴,团结一致,坚持抗争,打击了反动势力的嚣张气焰。

杨义山支部成立以后,充分调动一切积极因素,在党团发展、群众组织、地方武装、统战、迎接南下大军等一系列工作中做出了贡献,他们播下的革命火种在义山村一

带人民群众的心中深深扎根。他们走后，义山村的人们仍然坚持革命斗争，唤醒民众，瓦解敌人，为花县解放做出了重要贡献。

如今，钟氏宗祠墙上宣传栏记载着当年中共杨义山党支部成立的历史事件和人物。学校经常组织小学生到宗祠参观，为学生讲述当年历史，义山村的红色光荣事迹村里的每个人都耳熟能详，并引以为豪。

一个享誉世界的创业传奇

钟氏子孙秉承了客家人勤劳勇敢、开拓进取的优良传统。清朝末年，生产滞后，天灾人祸国力衰微，民不聊生，义山农民失去很多耕地。为了生存，义山农民另谋生路。当时花县有一种手工业叫"栏干带"，是用于装饰衣服和捆扎工业品，织造机器并不复杂，用木料做成，一人一机。义山村人勇于尝试，在自家干起了织带子的活，把织好的带子包装好送去市场换钱，以渡过难关。据说还有不少人因此发家，建起了火砖大屋供子孙享有，当时义山村的几位读书人，也都出自织"栏干带"发家的家庭。

新中国成立后，曾在广州国民政府做过警长的钟守文回到家乡，他不想耕田，便做起了生意。1958年，他被聘到生产队做财务助理，后到狮岭公社供销科工作，他利用自己的才华和人脉关系，为当地经济发展做出了不小贡献。1969年，他调到花东公社工作了3年。1978年改革开放，钟守文又回归自由职业。他见识广，看村里生产力低下，便向当时生产队队长钟其光提出把车皮袋作为副业引进来，提高生产力，搞活村里经济。

车皮袋要技术、资金、人力等，怎么解决呢？为解决资金问题，钟守文他们向银行贷款3万元。资金问题解决了，说干就干，1979年5月，他们招募了村里十几名妇女，请村里的裁缝钟锦全、钟根林做师傅教妇女车皮袋，最后选出十名优秀的妇女做工人，义山村二队环球牌手袋厂成立了。钟守文通过同学李生其的关系在广东省百货批发公司拿到一份皮袋加工订单，经过两三个月的时间，第一批500个环球牌皮袋出产了。当时李生其是百货批发公司的经理，他们把第一批皮袋以5元一个销给百货批发公司，但因工人不熟练，制作时间长，又浪费了很多原材料，第一批并没有赚钱。第二批又生产了1000个皮袋，以同样的价格销往百货公司。正当手袋厂开始有点起色的时候，第三批的2000个

义山村的新农村建设

手袋因质量不合格,被批发公司退回。

看着退回的手袋,钟守文他们想出另外一个办法,发动村民以5元一个皮袋的价格领皮袋自行兜售,盈亏自负。村民不怕辛苦,领了皮袋走街串巷,为了打开销路,村民还到广州城卖皮袋。3个月后,全部皮袋销完,村民们也赚了钱。由此,钟守文打开了思路,1979年12月,他们将半成品和原材料下放,让村民自愿承包拿回家里做。当时第一批包括钟锦全、钟记荣、刘文彩(妇女队长)三个家庭承包。两三个月时间,三个家庭就赚了钱,刚好过春节,一家欢欢喜喜。有人尝到了甜头,其他村民也主动起来。1980年,为了鼓励村民,生产队规定自愿承包车皮袋的每人一年交回720元给生产队,生产队年终分给每人6000分的工分,当时就有15人以家庭为单位承包车皮袋,家庭小作坊开始慢慢展开。到了1983年,全村72户,有50户开起了小作坊,同时也带动了联合村、前进村、乌石等周边的亲戚朋友。

经过将近四十年的发展,义山村的皮革皮具产业,不但带动村民走上产业化道路,也带动了狮岭皮革皮具产业的发展。如今,狮岭皮革皮具产业成为花都发展最早、集聚程度最高、产业链最完善的产业之一,具有设计、生产、销售、运转、信息交流的配套产业，享有"世界皮具看中国，中国皮具看狮岭"的美誉。皮具箱包营销市场辐射全国各地乃至世界五大洲136个国家和地区。

喝水不忘挖井人，狮岭皮革皮具今天所取得的成就，得益于义山钟氏子孙。

祠堂文化知识

瓜柱：又称蜀柱、脊瓜柱，指梁柱中两层梁间的短柱和支承脊檩的短柱。

瓜瓞绵绵：出自《诗经》，大者为瓜，小者为瓞。瓜，籽多，藤蔓绵长，大小瓜累累结在绵长的藤蔓上，象征子孙昌盛、世代绵长。瓜瓞与蝶（"瓞"与"蝶"同音）在一起指良缘之喜，瓜瓞与佛手（"佛手"与"福寿"谐音）在一起寓意子孙繁衍、福寿绵长，其题材常用于建筑装饰工艺上。

观音送子：俗称送子娘娘，法力无边，尤喜送子，受多子多福、养儿防老的传统思想影响，送子的观念是家喻户晓，很受中国妇女喜爱，成为天下母亲祈请保佑早生贵子的主要神灵，其题材常用于建筑装饰工艺上。

紫石岗的演变

——探访合成村毕氏宗祠

◎黄月华

  合成村位于狮岭镇的中部，东临洪秀全水库，西接联合村，南通杨二村，北连益群、振兴两村，东北与新杨村接壤。面积为9.6平方公里，有20个经济社，户籍人口5190人，共1222户，外来人口5.3万人，企业500多家，商铺摊档1000多个。主要姓氏有袁、毕、伍、曾、李、胡、刘、邝、冯、吴、温、王、杨、许等14个姓氏，客家人与本

合成村毕氏宗祠

地人的比例大概是6：4，其中毕姓人数大约有1500人。今天的合成村常常被人戏说为花都的"华西村"，到处高楼林立、商业繁荣、人兴财旺，可以说得上是狮岭最为富裕的村，行走其中已经感觉不到一般农村的宁静与朴素，其实这里更像是一个人口密集、商业氛围浓厚的小镇，有数以万计、来自五湖四海的外来务工人员与本地人融洽相处、安居乐业。

合成毕氏立村的过程

在合成村，位于团结路西、金狮大道南那座新近重建的毕氏宗祠气势非凡，静静屹立在苍穹之下，似乎在无言地诉说着毕氏鲜为人知的传奇故事。据历史记载，毕姓起源本姓姬，周文王第十五子姬高灭周有功劳，在封侯时受封于毕国，后来以国为姓，这是毕姓的来历。毕文江公自江西省吉水县水井头村游商到广州府定居番禺狮岭司乌泥冲（现广州市白云区太和镇谢家庄），传至六世。毕南杰公始迁居到现在的毕村，从此花县便有了毕姓。

说到合成村紫石岗（即现在的团一、团二、团三和团四经济社）的立村，现年78岁的毕海华老伯滔滔不绝地向笔者讲来。当时毕村管辖的范围很大，田地很多，西至冯村，南至下迳，北至豸场，东至张屋村、紫石岗、西瓜岭及现在的狮岭中学附近等地方。在当时交通不便等因素的制约下，权属毕村但邻近狮岭的这一带田地管理起来便有点鞭长莫及。于是，毕村的太公就鼓励儿孙前去管理狮岭地段的数千亩田地，并许诺帮其建一座三间两廊的房屋及田地免交十年税赋等优厚的条件。因此，德盛公大胆饮下头啖汤，成为该村始祖。

德盛公是毕文江家族第十七世祖，他于明朝宣德年间来到现在的合成村紫石岗管理田地及建基立业，拓立新庄。由于村后小山岗上的小石头均是紫色，南面庙宇后大石头也是紫色，故立庄后便以石头的颜色命名为"紫石岗"。立庄之初，这里有陈、伍、邓等姓氏居住，后来随着毕氏族人迅速繁衍，其他姓氏的人慢慢地迁往其他地方发展。于是整个紫石岗便成了毕姓单一的村庄。随着子孙日益繁衍生息，人丁兴旺，后来庄中毕氏族人共同出钱出力建起了毕氏宗祠。

毕氏宗祠的变化

毕氏宗祠前风水塘

毕氏宗祠为两叠居中一天井的青砖建筑，右边建有半个衬祠兼做厨房，主要是供当时村中聚众处事、祭祖、喜庆等活动使用，那时，村中如有什么问题需要商议解决的，便派专人在每一个巷口鸣锣三遍并高声呼叫：后生老带上祠堂啰。以此方式通知村内的所有男丁前来参加会议。村中的女性是从来不准参加这类活动的。据说当时村中经常主持大会的核心人物是：毕长源、毕锦方、毕惠敏三人，他们在宗族中有着很大的影响力和地位，深受村民的拥戴。

后来，由于受到席卷全国的"大跃进"运动的影响，一直作为宗族聚会、婚嫁喜庆、同宗兄弟联谊等活动场所的毕氏宗祠被迫在1958年全部拆毁，并用拆下来的材料在原址上建起了一座大饭堂，全村男女老少一日三餐都在这个大饭堂吃饭，3个月之后，便由于种种原因再也难以为继，从热闹非凡到门可罗雀。

大约到了20世纪70年代末，一度荒废多年的大饭堂成为村的织带厂，成为发展集体经济的主要场所，集体收入主要归全村，即现在的团一、团二、团三、团四经济社共同所有。据有关资料记载，狮岭镇最早有织带手工业的是八坊坼村（即现在的合成村中的自然村）。清代咸丰年间，该村就有家庭织带手工业，当时所织的都是丝质的"栏杆带"，全村每户平均日产量约600米，产品都是交到德星路丝带行庄（今广州市）出境，到香港及东南亚等地销售。新中国成立后，随着合作化的发展，八坊坼村的织带手工业也从个体转向集体，成立织带手工业组，后来狮岭区成立织带手工业社，主要的技术人才还是由八圳岇村提供的。该村虽然有部分人被抽调出来搞工业，但是留在家中的，依然坚持着半工半农的传统织带业，产品亦都由织丝质栏杆带改成织棉纱带为主，织带机也有改进，从木质机到铁质机。据资料记载，当时全村户数135户，从事织带生产的户数就占80户共500人，有织带机175台（包括进口机7台），全乡织带年产值150万元，织带的种类有丝织带、尼龙带和棉纱带。受此影响，当年紫石岗村的大饭堂被改造成织带厂便是顺理成章的事了。后来，由于经营不善、产品滞销等各种原因的影响，曾经风光一时的织带厂于20世纪90年代初期倒闭，大饭堂变成残垣败瓦、一片荒芜。后来，毕村的同宗兄弟过来看到昔日的毕氏祠堂如此破败，建议利用原先的材料在原址上重建毕氏宗祠，但是当时都"只见响雷，不见下雨"。

随着国家越来越重视对传统文化、历史文物的保护及传承，看到各村各社基本上都拥有自己的祠堂，作为经济繁荣、子孙繁盛的紫石岗村人便再也坐不住了。没有了自己的祠堂，祖先的血脉根源便无从寻觅。因此，村里的热心人士及老人家都迫切希望尽快把村的宗祠重新建起来。在这天时地利人和的条件下，由族人毕绍朗、毕子团、毕耀明、毕汉明、毕裕华、毕启红、毕少雄等发动一帮热心乡亲很快成立了重建毕氏宗祠筹委会，并广泛发动族人出钱出力，重建工作由毕启红负责监督祠堂的工程进度和质量。于是，村民们纷纷慷慨解囊，捐出300~10000元不等的善款来全力支持宗祠的重建工作。经过三次筹委会会议集思广益之后，2012年12月，毕氏宗祠在旧址上动工重建，按照修旧如旧宗祠风格，经过一年半的精心建造，毕氏宗祠于2014年6月竣工。重建的毕氏宗祠气势不凡，坐西朝东，主体建筑深三进，右侧带有一路衬祠，一系青云巷，总建筑面积为700平方米，门前四级花岗岩石阶，总面阔18.3米，总进深38米，主体建筑为青砖结构，人字封火山墙，碌灰双层筒瓦，祠内共绘有《毕公教子图》《姜太公钓鱼图》《苏东坡玩砚图》等40多幅吉祥如意、生动有趣的壁画，大门口左右两侧前檐上有木雕、砖雕、石雕，大门左右两侧以花岗岩石制作成的虾公梁上各雕有一只活灵活现的石狮子，大门口左右两侧设有花岗岩石鼓一对，石鼓上分别雕有双龙戏珠、凤舞花间的图案。大门两边设有花岗岩石栏河，宗祠石门额阳刻"毕氏宗祠"四个苍劲有力的深蓝色大字，上款书"二〇一二年壬辰岁冬月重建"字样，大门的左右两侧花岗岩石匾上分别刻有："吉江世泽长；吏部家声远"十分醒目的楹联，宗祠大门为古色古香又非常坚固的朱红色带铁环大门,该宗祠前堂、中堂阔均为18.3米,后堂阔24米。前堂进深8.8米,左侧墙壁上设有一个名为"旺相堂"门官一个,两旁写有"门从绩德大;官字读书高"的字样,右侧墙壁上镶嵌着一个黑底金色字的大方框,上面详细写着重建毕氏宗祠的序言,让人对于宗祠的重建缘由有清楚的了解。前堂与中堂之间有一个天井相连,从天井处登上两个花岗岩石级便可到达中堂大厅,中堂内设有两条约6米高的花岗岩大石柱、4条约6米高的菠萝格朱红色大木柱,中堂与后堂之间以"思敬堂"为横匾这道可以开合自如的朱红色大屏风分隔,屏风左右两侧的大木柱上书写着金色字体的楹联一副:"族大枝繁名门望重同心兴骏业;宗功伟烈世代昌盛合力造雄才。"此外,中堂左右两面的墙壁上分别悬挂着一副朱红色木衬底、金色字体鹤顶格的楹联:"紫气升腾宗功伟烈福荫贤孙千万代;石岗聚宝祖德留芳富贵荣华兆日新。"而同样悬挂在墙壁上的那副橙黄色木底衬托的金色字体、由海外华侨赠送的楹联十分吸引眼球:"侨居海外久远思乡音未改鬓已耆耄;心系祖国宗裔情深福祠常庇万世留。"落款:"甲子季冬旅加、越华侨毕绍基毕绍波仝贺。"这两位旅居海外多年的乡亲在获悉宗祠重建的消息后捐助了几千元回来,大力支持祠堂的重建工作。中堂左右两侧各有一个半圆拱形的门连接走廊通向后堂,中堂与后堂之间的天井处放置着一个在浙江温州打造的全铜制造、重达1000多斤的写着"思敬堂"字样的大香炉。后堂进深9.6米,其内同样设有两条约6米高的花岗岩大石柱、4条约6米高的菠萝格朱红色大木柱,大堂中间设有两张深红色的大香案,堂内正中间设有一个雕龙绘画的红底金边大神龛,里边供奉着一个深绿色的写着"毕门堂上历代宗亲考妣之神位"的祖先灵位。神龛左右两边的朱红色大木柱上书写着金色字体的楹联一副:"厘东吉江毕村一脉暖流连紫石;彩墨文章韬略满门及第耀祖名。"后堂北面建有一个面积为12米

宗祠后堂

×6.5米的厨房，整座祠堂的地脚为花岗岩石，祠堂门口铺设了145.92平方米的花岗岩石地板，祠堂门口半月形风水塘均以花岗岩石砌边，周边占地面积共600平方米，风水塘内设有一只巨大而栩栩如生的石龟，边上共种有8棵樟树及桂花树。

灰塑《三伦图》

毕氏宗祠除了作为村民议事、聚会及举办婚嫁喜庆、投灯等活动的主要场所外，它的与众不同之处在于也是村民们娱乐健身联谊的好地方。在祠堂建好之后顺应村民的要求，村里买回了3张双鱼牌的乒乓球台，分别放置于宗祠的前堂、中堂和后堂之内，方便那些热爱乒乓球运动的村民们在这里一比高下。如今，每天下午那些乒乓球发烧友都会不约而同地聚集在祠堂内挥汗如雨、互相比试，祠堂成了大家休闲健身和运动联谊的好地方。

2015年1月21日上午，毕氏宗祠举行了隆重的落成庆典。庆典当日，来自江西、南海万石、佛山张槎、香港以及广州老城区、九潭、官溪等宗亲抬着肥美赤壮的大烧猪及舞着盛装打扮的狮子纷纷前来道贺。毕氏宗祠内鞭炮齐鸣、香火鼎盛、群狮起舞、热闹非凡，宗亲们及社会各界热心人士欢聚一堂、共聚情谊，而该村也在宗祠前面广阔的空地上筵开数百席杀鸡杀鸭，热情招待各路宗亲，热闹喜庆的情景可谓盛况空前。

毕氏人才辈出

每一座宗祠就是一个族裔的血脉根源所在。自立村以来，该村人才辈出。据说，宣统三年（1911），旅居澳门的毕国瑜兄弟生意做得风生水起、赚到盆满钵满之后，特意捐钱回村在距离毕氏宗祠200余米的地方建起了一座名为"北庄公祠"的祠堂，并以"福全堂裔孙"国瑜、国瑶、国璜、国宝等近百人的名义捐建。北庄公祠的风格与毕氏宗祠颇为相近，建筑面积大约400平方米，为两进青砖建筑，旁边有衬祠。祠堂内两条高大的木柱上刻有一副耐人寻味的对联："凤领钟灵堂构维新辉紫石；狮峰启瑞箕裘依旧缵东郊。"由于种种原因，这座超百年的祠堂还未被列入区的文物保护单位，依然是一片破败、满目沧桑，不禁令人扼腕长叹。

在抗日战争期间，该村的毕识明、毕春河等人先后参加了东江游击队的杀敌队，保家卫国、置生死于度外，为中华民族的解放事业做出了贡献。

在新中国成立前，从该村到澳门谋生的毕氏后人在当地营商，也颇有一番影响力，让族人至今提起还引以为傲的"澳门一条街"，据说当时全由来自该村的毕氏后人掌控，可谓盛极一时。此外，该村还有一名曾在澳门政府担任过议员的毕侣健先生，20世纪90年代后期对创建于1950年的合成小学进行过大力的捐资助学，他的善举至今依然让师生们津津乐道。

祠堂文化知识

灰塑：又称灰批，是岭南地区传统建筑装饰工艺。以石灰、纸筋灰等材料，塑以花鸟人物等造型，用于建筑物上，以明清两代最为盛行，尤以祠堂、寺庙和豪门大宅用得最多。广州灰塑被列入国家级非物质文化遗产名录。

回廊：指曲折环绕的走廊，有顶棚的散步处。

写满传奇的麦氏家族

——记联星村麦氏宗祠

◎黄月华

在素有"中国皮具之都"美称的花都区狮岭镇,有这样一条山环水抱、环境清幽的小村,它是狮岭人口最少的行政村——联星村。联星村位于镇西部,辖区面积有10.3平方公里,主要以山地为主,有4个经济社,山前旅游大道在村东面通过。常住人口有153户、572人,主要姓氏有麦、曹、潘、陈、黄等,其中,姓麦的户籍人口只有82人。

联星村麦氏宗祠

20世纪90年代，该村引进了"中华万亩荔枝园"落户，后改名叶海生态园，该园自2014年开始，引进几万株优质桃树苗，大规模种植"三月红""南山桃""台湾甜桃"及"鹰嘴蜜桃"等，用心打造千亩桃园。目前，该地是广东连片规模最大、种植品种最多的桃园。村民主要收入以外出经商务工及在家种植农作物为主，村内没有任何皮革皮具的生产加工企业，保留着完好的农业生态环境，民风尤为淳朴，村民大多数在狮岭城区或其他地方从事个体生意，村的集体收入主要来源于土地出租等。

不供祖先的麦氏宗祠

据史料记载，宋代咸淳九年，麦氏祖先必秀公兄弟5人带着200多族人从珠玑巷南迁至三水。据说联星村的始祖存心公便是当年从三水那边一路放鸭子过来，当来到该村时，看到这里依山傍水、田野肥沃，感觉风水很好，于是定居下来，繁衍生息。后来存心公生了两个儿子：悦所、悦棠，两个儿子后来又均生了3个儿子，从此子孙繁盛、生生不息。存心公离世后，族人把他葬于现在的狮岭长安墓园内，至今墓园依然保持完好，每年清明时节，联星村的麦姓子孙都会自发组织前往拜祭。

麦氏宗祠建于清光绪二十五年（1899），1983年重修。坐北朝南，主体建筑深两进，左侧带一路建筑，总面阔18.6米，总进深24.6米，建筑占地473平方米。主体建筑为人字封火山墙，碌灰筒瓦，青砖石脚。头门面阔三间12.5米，进深两间7.5米共十三架。前檐柱挑头为人物造型花岗岩石雕，次间虾公梁设石狮、异形斗拱。封檐板木刻保存较好。石门额阳刻"麦氏宗祠"上款"光绪己亥仲冬立"，下款"敬舆秩严书"。门前三级石阶。后堂面阔三间12.5米，进深三间9.2米共十五架。坤甸木金柱。灰塑博脊保存较好。堂前四级石阶。后堂前带两廊，面阔三间，六架卷棚顶。天井阔5.4米、深7.4米。左路建筑为衬祠，于1983年重修。面阔4.1米，与主体建筑以宽1.6米青云巷相隔。重修时墙体重新粉刷，画青砖线；壁画翻新，改变原来风格；头门正脊改用瓷砖拼贴画，墀头砖雕已毁。宗祠建成之后，自然成了村民聚会议事及举办起灯、投灯、婚嫁筵席等各种喜庆活动的场所，但是，祠堂内唯独不会供奉历代祖先的神位，因为村里的人都认为这个祠堂不是很气派，所以祠内祖先的灵位都另外供奉在其他地方。这或许是这个祠堂与其他村祠堂的最大不同之处吧。

据传，当时宗祠奠基开线时，不知什么原因，线总是无法拉得端正，即使费了很大的劲好不容易把线拉整齐了，结果第二天又莫名其妙地歪了。对于这种无法解释的现象，有些迷信的村民便认为这个地方肯定是阴气、邪气太重，于是大家采取一个土办法：重新选定一个煞气很重的日子——三娘煞，把村中的所有枪支集中起来，对着将要盖宗祠的这个地方枪弹齐发扫射，说来神奇，做完这个仪式之后，宗祠终于可以顺利开建，光绪二十五年（1899）宗祠竣工。

此外，宗祠建好后的第一年还发生了一件怪事。据说这年年初一，按照族例是要让村的长者前往拜祭，但是不知何故，却给一个身穿红色衣服，怀有身孕的女人一早拜了祠堂，结果那一年村中接连死了9个壮年男子，而过了两年，村民们接连娶回9个媳妇。

1938年11月7日，日军分两路向花县进犯。一路日军的坦克、步兵用空飘气球指引，经从化太平场进犯北兴攻打花城；另一路则由田美、横潭进犯新民埠，占据新街火车站，日军铁蹄所到之处，烧杀抢夺，无恶不作。1943年后，日军的封锁线北面扩展到狮岭、梯面、银盏坳（清远境内），沿封锁线附近两公里内被划定为无人区，田地不准耕种。1944年秋，全县沦陷。据说大约在此期间，日军一个小分队企图进犯联星村，村民闻讯后迅速跑到祠堂及炮楼（当年该村在祠堂附近有一座异常坚固的三层高炮楼，后来被毁坏）内躲避及抵抗，在强力抵御下，日军无法进犯联星村，只能远距离地用机枪对着祠堂和炮楼进行扫射。因而，十分坚固的祠堂大门和门口石柱上便由此留下了数个深浅不一的弹孔，留下永恒的耻辱印记。

2008年5月，麦氏宗祠登记为花都区保护文物单位。目前，它虽然仍作为宗祠使用，但是由于经过100多年的风雨侵蚀，再加上随着时代的变迁，祠堂的功能和作用在慢慢淡化和丧失，现在的麦氏宗祠显得有点荒凉和破败，祠内杂草丛生，遍布灰尘，令人唏嘘。

布满子弹孔的大门

传奇人物"大爷"

据该村党支部书记麦志明介绍,麦氏宗祠与当时村中的一个传奇人物"大爷"有着密切的关系。"大爷"名麦耀,字开明,自幼随父母到广州生活,他为人豪爽耿直,仗义疏财,深受朋友兄弟们的拥戴。由于当时联星村地处偏僻,村子又小,经常被人欺负,村民们一早听说过"大爷"的种种神勇故事,于是,村中的父老都建议不如把"大爷"请回来保护自己的村庄。

清末,随着清政府的日益腐败无能,全国上下到处民不聊生,"大爷"在广州的日子也越来越艰难,面对村中的兄弟远道而来,诚心诚意请求自己回去保护村民,"大爷"显得犹豫不决,他担心自己虽然有点小本事,但始终是手无寸铁,自己凭什么去保护村民呢?他一五一十地把自己的担忧向兄弟和好友们和盘托出,于是,当时一起在广州"同捞同煲"的兄弟纷纷慷慨解囊,在大家的热心帮忙下,"大爷"凑钱买了一些枪支,便随大家回到了久别的故乡。

"大爷"回到故乡之后,首先想到的当然是如何去安身立命,只有解决好这个问题,才能更好地去保护村民。俗话说:靠山吃山,靠水吃水,花县建县初期,修筑了以县城(现花山镇花城圩)为中心的驿道4条,辐射至南海、番禺、从化、清远等县市,四方各设驿站。人们长年累月地通过这条古驿道来贩卖各种小商品以维持生计。当时,有一条从花县连通清远的古驿道,其中一段在联星村境内经过。于是,"大爷"便与村中一些志同道合的兄弟干起自己最拿手的老本行——"收陀地",就是向凡经过自己村的小贩们收取一定的"保护费",这个"无本生利"的行当很快让"大爷"赚到了越来越多的钱,而因为村中有了"大爷"这位保护神,大家都能安居乐业,生活也一天天好起来。

"大爷"喜欢行侠仗义、锄强扶弱,但从来"不割路边禾",从来不会欺负附近的村民,因而深受本村村民及周边地区群众的拥戴。有一年,冯村的一位名叫邱娘的寡妇从亲戚那边好不容易东拼西凑地借够钱,从三水那边买了一头牛,结果在回家途中被人抢走了,惊慌失措的邱娘哭哭啼啼地去找"大爷"求助。"大爷"二话不说,马上派出得力的手下分头追寻,最后在三水西南那边把牛成功追回,并狠狠教训了那个抢牛的坏人一顿。当年冯村的一家米铺经常遭到一些流氓地痞的骚扰,生意难做,忍无可忍的米铺老板只好硬着头皮上门向"大爷"寻求"庇护",一向喜欢行侠仗义的"大爷"答应了他的请求,不过有一个条件,就是要求他多行善,尽可能向那些生活艰难、食不果腹的穷人提供帮助,米铺老板也爽快地答应了"大爷"的要求,因为有了"大爷"帮忙罩住,他的生意做得顺风顺水,越做越好。

"大爷"是神枪手,他的枪法十分神准、百发百中。据说在"大爷"迎娶第二个爱妾过门的大喜日

麦氏宗祠内景

子,村民们都十分希望见识一下他的好枪法,于是"人逢喜事精神爽"的"大爷"便在村中的水井处,要一名村妇像平时一样洗菜淘米,他在合适的位置瞄准打枪,他打出的子弹刚刚好穿过村妇的耳环。这样的说法也许不合常规和显得夸张,但也从侧面说明了"大爷"确实身手不凡和村民们对他的无比崇拜吧。后来,随着子孙的不断繁衍,大家提议盖一间麦氏祠堂,当时的"风头趸"——"大爷"在筹建祠堂事宜中也无疑起到举足轻重的作用。在他带头慷慨解囊之下,村民们纷纷捐钱捐物踊跃支持配合村中祠堂的建设。

大约在1944年年初,"大爷"被日本鬼子拉到丫髻山那边,逼他做汉奸,由于他宁死不从,恼羞成怒的日本鬼子派人把"大爷"的家放火焚烧了两次,据"大爷"的儿孙忆述,他一生娶妻纳妾三人,其中大老婆订亲之后还未过门就离开了人世,后来他先后娶了两个妾,一共为他生了4个女儿4个儿子。在1945年左右,大约66岁年事已高的"大爷"在一次吃饭时不幸被鸡骨头卡住喉咙窒息而亡,一代乱世枭雄和他的传奇从此逝去,留下轶事任人评说。

与麦秩严的不解之缘

地处乡村一隅、名不见经传的麦氏宗祠传奇之处还在于它竟然与清光绪戊戌科中式第二百一十名贡士钦点刑部主政——麦秩严有着一段不解之缘。

清朝刑部主政麦秩严为麦氏宗祠题字

该祠堂石门额阳刻着的那几个气度不凡、苍劲有力的"麦氏宗祠"四个字，就是麦秩严的亲笔题字。据有关资料介绍，麦秩严，又名敬舆，是南海县丹灶镇海口麦村人。生于1864年，卒于1941年，他于35岁中进士，钦点刑部主政，担任过晚清大理院审判官、福建道监察御史、京畿道监察史等官职。民国初期曾担任过肃政厅肃政史、平政院平事、袁世凯总统府特派专员等职务。

据《南海县志》记录，严公是"清帝退位时在京任职的南海县籍最高官臣"。据乡间流传，麦秩严离乡赴京上任后，只回乡三次。第一次是回乡祭祖，第二次是携眷赴任，第三次是回乡省亲。又据传，他回乡发生了两件有趣的轶事，一是请京城风水大师随同回乡看村中风水，为旺村之意，在村四周挖水道九曲十三弯，至今大部分尚留存。二是当时邻近一麦姓村人口稀少，被邻大姓村欺凌，把其宗祠前大路封了，无法通行。村里人闻知麦秩严回乡，马上派人挑上烧猪美酒上门求助，麦秩严了解情况后请他们先回去再查明原因，并叫京城随员把全部礼品送回该村。邻村忽见有京城大员抬大礼到麦村，惊恐万状，马上解封祠堂道路并上门赔礼道歉，后来还与该村互结友好。

至于与联星村毫无联系的麦秩严为何会愿意给他们的宗祠亲笔题字，究竟当中他与这条村有着怎样的渊源，可惜已经无从考究。

祠堂文化知识

镬耳山墙： 山墙的一种，仿照古代的官帽形状修建，因形状像古代煮食用的镬的双耳而得名。高耸的山墙能有效阻止火势蔓延祸及邻居，同时使建筑物增加空间层次的美感，又喻含"民以食为天"的农本思想，更赋予了"独占鳌头"的深层寓意。

黎村的"谏官之后"

——记中心村静轩宋公祠

◎ 邓静宜

狮岭镇是花都经济条件较好的一个镇,这里山清水秀,风景如画。在狮岭镇铁路西的冯村片有6个行政村,其中的中心村有15个经济社,辖下的黎村有6个经济社,除一个经济社有约100人姓何之外,其他全部姓宋,在册人数有1500人,加上户口迁出的,黎村宋氏有1800多人。如果从他们认定的始祖在这里立村算起,黎村宋氏在此生活已经超过

中心村静轩宋公祠

800年。黎村有1000多亩土地，1800亩山地，葛麻坑水库容量大，周边的农业全靠它来灌溉。重修于同治元年（1875）的静轩宋公祠是黎村宋氏祠堂的代表。

黎村是一个古老村落

据黎村《宋氏族谱》记载，黎村二世祖习辨公在南宋淳祐年间（1241～1252）曾经在朝廷做官，也就是说黎村宋氏已经在此聚居800多年，始祖豪寓公先是寄居于黎村土名南陂塘，其后人后来才迁至黎村定居。族谱载，迁至黎村立村选择的房屋坐向是坐未向丑。族谱序言由黎村十二世祖写于明朝嘉靖二十一年（1542），黎村宋氏始祖迁来时黎村属南海管辖，后来归入番禺管辖，弘治元年（1488）拨入从化管辖，弘治五年（1492）又划归番禺管辖。以上是黎村十二世祖在500年前的见闻，他见证了黎村曾属南海管辖、番禺管辖，从化管辖又复归番禺管辖，这段在史书上找不到的300多年历史，与方圆十里村庄比较，黎村称之为古村落实不为过。《花县志》印证了部分说法。

据《花县志》载，弘治二年（1489）从化县建置县城于横潭（今属新华街道办）。弘治七年（1494）行军布政使陶鲁镇压"十八山寇"姚观祖以后，即将从化县城改设于马场田，以利镇守。横潭复归番禺县管辖。康熙二十四年（1685）十二月旨准定名"花县"，康熙二十五年（1686）正月，南海、番禺两县正式割出户口、田地、山塘、丁赋等拨归花县，花县开始建治。

虽然族谱见闻与《花县志》有时间上出入，但是它却是见证了黎村及其周边800多年来的变迁。

黎村宋氏族人，有多个传说故事，其中有关于黎村得名的传说，是因姓黎迁入而得名。而无论族谱记载，还是黎姓居住的遗址及祖坟等都

精美的砖雕窗棂花

无法得到丝毫证明黎姓居住的线索，想来黎姓居住传说仅是近一二百年的事。

几百年来，因战乱不断，政治运动频繁，黎村宋氏族总谱及各房家谱相继烧毁遗失，仅存由海外传回的家谱一份，于1995年才公之于众。

1542年编的黎村《宋氏族谱》记载，黎村始祖豪寓公的父亲叫宋昭，任职朝散郎官，北宋宣和年间（1119~1125）因谏伐辽贬海州。宋昭生下三子，第三子豪寓与提领官吴氏之妹订亲后，宋昭复回京任。1542年编一个三四百年前的故事，可信度无须考究。但朝散郎宋昭这个人物却值得重视。

研究表明，宋昭是真，正史对不上族谱创作的故事，但对上了族谱世系。就是说，宋昭出生大概年份与其黎村后裔能够接续得上，而族谱故事无法与族谱世系对接。

太祖是位有见识的朝散郎官

史料载，太祖昭公，相州安阳人（今河南省安阳市），北宋末年受任陕州灵宝知县、提举明道宫、提举江南茶盐公事、朝散郎官等职务。昭公是个能吏，他任陕州灵宝知县（今河南省灵宝市）的时候，因为评论陕右钱法（论证陕西一带的货币管理），得到皇上破格过问此事，被委任通判官，还未上任，再次得到皇上恩典，委任他为提举江南茶盐公事（管理江南的茶盐税收和赈济救灾）。在昭公的管理下，税收增加了，皇上又让他做了朝散郎官。然而，在建中靖国至宣和年间，他因向朝廷强烈谏言联辽抗金，遭到当朝宰相王黼的迫害。

宋人赵汝愚编著的《宋朝诸臣奏议》卷第一百四十二篇就是出自太祖宋昭，这篇有真知灼见的文章《上徽宗论女真决先败盟》，开头写道："臣闻犬戎之性，不可以信义结，去来无定，叛服不常，虽成周盛世，犹有猃狁（指匈奴）之难。故自古御戎未见上策。"

昭公继续进谏："极言辽不可攻，金不可邻，异时金必败盟，为中国患。讫诛王黼（宰相）、童贯（宦官，代皇帝监军）、赵良嗣（辽国叛臣）等。"全文超过2000字。昭公头脑十分清醒，判断准确。认为主张维护与辽国百年通好之约是立国的根本，实施"远交近攻"是引狼入室的亡国之策。

然而，此番言论得罪了当朝宰相王黼等众臣，王黼见之大怒。九月，昭公被除名勒停,枷项编管连州。宋朝贬谪之制有居住、安置、编管三种,而编管最严厉,编管必先除名。昭公从宣和四年(1122)九月初二被贬,到靖康元年(1126)七月诏赴都堂平反加封止,前后共三年零十个月。

建炎三年(1129)十二月,金兵直迫赣州,中原士大夫避难岭南,大部分落脚于南雄,这就是后人传说南雄珠玑巷的起源。昭公返回连州,后来偕同连州星子陈氏落籍广州羊城,生下三子。

昭公原葬于番禺南村镇植地庄七星岗,1932年改迁新造镇南亭村,与其长子豪寓同葬一处。后由于此地兴建广州大学城,在该处居住的部分村民迁至新造镇内,所有山坟也全部迁出。在这种背景之下,2003年9月重阳之前,昭公墓及豪寓墓迁至黎村南陂坑安葬。

静轩宋公祠的人和事

黎村还有三座宋氏祠堂,都是清代所建,其中最有名的是静轩宋公祠,是花都区登记文物保护单位。豪寓公是花都的一世祖,原来还有一个豪寓公祠堂,位于西头队轻轩公祠(安公祠)西侧,正门额石横刻"宋氏大宗祠",堂号"敦睦堂"。1938年,日本入侵,被拆去丫髻岭(民间称牙鹰顶)建日本营房。

据《广州市文物普查汇编·花都区卷》记录,静轩宋公祠先后于清同治元年(1862年)和1997年两次重修。1996年清明期间在热心人士的倡议下,族众有钱出钱,有力出力,使静轩宋公祠光彩再现。

静轩宋公祠坐南朝北,主体建筑深三进,左则带一路建筑,总面阔25.7米,总进深38.1米,建筑占地1005平方米。人字封火山墙,灰塑博古脊,碌灰筒瓦,青砖石脚。祠堂外墙嵌花岗岩,内墙嵌红砂岩;墙楣绘有《福禄寿图》《饮中八仙》《八仙图》等壁画,画工精细,落款为同治元年。

《广州市文物普查汇编·花都区卷》对祠堂内的各结构都有详细的记载:大门嵌红砂岩门夹,石门额阴刻"静轩宋公祠",上刻"同治元年孟冬重修",下刻"香山李瑞龙书"。后堂前带两庑,卷棚顶,前设四架轩廊,陶花窗塑菱花、麒麟、回纹等图案,十分精美。

色彩艳丽、历久弥新的壁画《饮中八仙》

从宋氏族谱中,我们查到,这座祠堂的主人静轩祖是黎村宋氏的九世祖,八世祖务进公的第三子,生于永乐八年(1410)四月,娶妻毕氏,终于成化二十二年(1486)九月,享寿76岁。族谱对静轩祖的生平记事和业绩没有任何记载,反而是他的哥哥宋立美的记录要详细些,族谱记述了他的哥哥捉偷牛贼被贼打伤身亡,年仅40岁。其父痛心不已,陈情上述官府洗冤。

静轩祖排行老三,静轩公又生三子,五百多年来,他的后人人丁兴旺,占了全村人口的一半以上。静轩公的后人有3个经济社,利隆有300多人都是静轩公的后代。

静轩公五兄弟分别是宋立美、宋立汉、宋立正(静轩)、宋立宽、宋立高,即安公、石公、定公、宁公、琼公。五兄弟目前还有三座祠堂有后人,即安公、定公和宁公。安公祠堂内原来都是泥地,直到20世纪90年代,安公的后人集资给祠堂铺上了方砖。

以前静轩宋公祠祠堂前还有旗杆石,说明那时也有可能是出了有功名的人,后来旗杆石不见了,命运大概与众多的祠堂的各种旗杆石一样,被卸去兴修水利或充当其他建筑的基石了。

静轩宋公祠的墙楣绘有《福禄寿图》《饮中八仙》《八仙图》等一系列壁画,画工精细,生动有趣,落款为同治元年。这是花都祠堂为数不多的保存较好、画工精细的作品,尤以《饮中八仙》最精良。八仙指的是生活在大唐盛世的八位著名文人,他们不但才华横溢,而且还有一个共同的嗜好,那就是喝酒,因此被誉为醉八仙或是饮中八仙。

八仙以酒会友的雅趣和率真跃然纸上,给人一种不问世俗、飘飘欲仙的超脱境界。几百年来,黎村的宋氏人也就像壁画里描绘的那样,与世无争,自得其乐。

他们生活在这个离群索居的环境,一直都是风平浪静,村里民风淳朴,无论是战争年代还是和平年代的各种运动,他们都一样日出而作、日落而息。村以农业为主,到今天,他们的土地全部出租给外来的农民种菜养殖,村民外出打工。

在抗战时期,中心村出了一位担任过中共广东省后北江特委代书记李守纯。李守纯原名宋耀宏,是黎村宋氏后人,他1908年出生,1925年秋加入中国共产党。李守纯长期从事中共地下工作。1937年7月,抗日战争爆发后,李守纯按中共广东省委指示,到四会、广宁检查工作,11月,李守纯在新兴任中共西江特委书记,领导高要、高明、四会、广宁、罗定、云浮、肇庆、郁南等市县进行抗日斗争。1939年3月,被选为首任中共高明县委书记。1940年初,兼任中共罗定县委书记。1942年5月,任中共后北特委书记。1944年6月19日,李守纯及其夫人陈志良在河坝宿舍被国民党顽固派逮捕。

李守纯被关在韶关"基庐",即国民党第十二集团军政工情报机关报内。在此期间,他遭到严刑拷打,但他始终不屈,拒不泄漏党组织机密。两个月后,李因复染恶性疟疾,缺医缺药,伤病严重恶化在狱中牺牲。他的事迹在多个文史资料中都有记载。

宋汉光生于1934年6月25日,终于2001年。1950年12月参加抗美援朝战争,隶属65军一九三师炮兵573团野炮营二连,在战争中由于表现出色,获得多个勋章。1955年3月复军退伍,分配到广州工作直至1983年8月退休。

新中国成立后,静轩宋公祠曾建成小学,小学直到1971年废止。如今,学校的功能没有了,静轩宋公祠就成了一所空建筑,平时都是大门紧锁,只有逢年过节的时候,李氏后人来此祭祖和张罗喜庆之事,才能派上用场。

祠堂文化知识

桁条:也称檩子,古民宅用来挑起椽子,做成屋顶的横木,是房子的主要构件之一。由上至下依次有脊桁、上金桁、中金桁、下金桁、正心桁、挑檐桁。

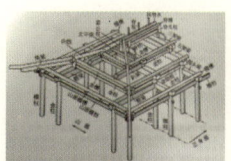

花山镇

东边一条"江"

——小㘵村江氏大宗祠初考

◎ 江永强

    小㘵村是花都区花山镇的一个行政村,坐落在花山镇龙口村之北、平山村之南、东湖村之西、新和村之东。全村下辖旧村(演澄社)、果园庄、小令庄、塘下庄、有和庄、西岭和瓦砾巷等自然村庄,有3个经济社,19个村民小组,总面积约4平方公里,全

小㘵村江氏大宗祠

村总户数1085户，江姓占总人口的80%以上，另有黄、马、吕、缪等人口较少的姓氏。一个行政村有3000多人江姓，在花县已算大姓。年老的花都人讲到花都姓氏的时候，常说"东边一条江，西边一碗汤，中间一支毕"，其中"东边一条江"就是说在花都的东部，花东、花山镇等地很多人姓江。比如，花山镇的小㘵、龙口、东湖、平山、唐村、洛场、东华、红群等村以及花东镇的石角、保良、凤岗、象山、大东等村均有江姓聚居，而且人数众多。笔者来到花山镇的小㘵村江氏大宗祠，探究该村江姓源流和祠堂历史。

江氏大宗祠头门

小㘵村江氏源流探究

目前，江氏大宗祠为花都区登记保护文物单位，是我区研究祠堂和江姓重要的物质文化遗产。据小㘵村人介绍，该村的开山祖是白云区江高镇江村的江叔甫，他是江村江氏族人始祖一龙公（唐朝景福元年，即892年自南雄珠玑巷迁到江村）的玄孙（第四世），是宋朝宣义配使江宝的曾孙，曾任高州石城教谕。大约在元朝初年，他带领长子江南伟、次子江南一等人来到小㘵村的西岭自然村发展。不久，长子江南伟向西拓展到如今的小㘵旧村、小令庄等地。有意思的是，江叔甫带着俩儿子到小㘵等地开枝散叶，晚年自己又回到江村的大㘵村（自然村）居住。该说法笔者在白云区江村族人写于1640年间的《江氏族谱》序文中得到验证。

经过江南伟、江南一及其后几代人的努力，基业初奠。特别是到了江演清、江浩清之时开始兴旺。江氏族人在明朝嘉靖年间立村，迄今已400多年，族人已传到三十一世。至于村名为什么定为小㘵村？村中老人相传有两个说法，一是因为村庄建于一块平坦地

江氏大宗祠内景

上,以此得名。二是族人来自江村,江村是广州地区江氏的发源地,村中还有一龙公、江宝公以及江叔甫的住处——大埗村(自然村),作为后代,自然不敢僭称,故命名为小埗呼应江村的大埗,显示宗族源流。

当然,小埗村人根据江村线索再往上追溯,也可找到源流。一是南雄珠玑巷,二是远古的河南省正阳县。因为江氏本是中华古老姓氏之一,黄帝后裔,颛顼(名籛,字庭坚,古五帝之一)之孙皋陶的长子伯益之后。江氏一世祖元仲公,爵封于江国。春秋战国时,江国介于楚、晋、宋、齐等国的势力之间,公元前623年,江国为楚国所灭,四十七世祖江贞公,字兆祥,携全体族人至淮阳和济阳,并族居于济水之南的考城(今兰考和民权县),遂以国为姓。由于历代时事变换等多种原因,江氏族人迁居世界各地。古江国在今河南省正阳县大林镇涂店村。江国都城遗址被当地政府定位县级文物保护单位。为此,如今广东江姓大都以河南省正阳县为发祥地。

江氏大宗祠沿革变化

小埗村开山祖江叔甫来到西岭后,其长子江南伟向西拓展到如今的小埗旧村、小令庄、龙口等地,而次子江南一等人留在西岭开发,加上江叔甫晚年回了江村,江南伟和江南一的后人分别以他们为南伟祖、南一祖,并分别建有祖祠。可惜的是,位于西岭的南一祖祠在"大跃进"期间被拆毁,现仅留下南伟祖祠——江氏大宗祠。

据花都区文广新局登记的花山镇不可移动文物资料,江氏大宗祠不在小埗村,而在新和村。这是为什么呢？经联系，2015年年底，笔者找到负责江氏大宗祠日常管理的新和村村民江浩湛。但江浩湛向笔者介绍说自己原来不是新和村人，而是小㘵村人，这就让笔者更加疑惑了。

在江浩湛的带领下，我们来到了江氏大宗祠所在地——当前小㘵村4、5队和新和村1～4队交界处。江浩湛出生于1934年，对江氏大宗祠十分熟悉，虽然已81岁高龄，但是腰不弯，眼不花，头脑十分清醒。对笔者的疑惑，他道出了缘由。

新中国成立前至新中国成立后的1953年，小㘵都为花县的一个乡，称为小㘵乡，当时的村长为乡长。据小㘵村村委会资料记载，小㘵乡最后一任乡长为江朝彬，1951年任职至1953年。这时候，小㘵乡依然管辖着小㘵（目前的小㘵村演澄片、小令片、瓦砾巷、果园庄等）、长㘵（目前的龙口村长㘵自然村）、龙口（目前的龙口村）、西岭（目前的小㘵村西岭自然村，也叫西岭片）、仁和（目前的新和村1～4江姓生产队）、革新（目前新和村利姓的生产队）等片区。

后来，随着农业合作化和人民公社化，小㘵村先后拆分为多个合作社以及生产大队，原小㘵乡的演澄片经济社、小令经济社（含瓦砾巷、果园庄、有和庄、塘下庄）片、西岭片经济社回归合并成立小㘵生产大队（下有19个生产队）。而原来小㘵乡管辖的长布（目前的龙口村长㘵自然村）、龙口（目前的龙口村）合并成立龙口生产大队。仁和经济社（目前的新和村1～4江姓生产队）、革新（目前新和村利姓的生产队）合并，其中仁和片和革新片各取后面一字，合并成新和生产大队。如今新和村的名字正源于如此。

因此，土改时候分给仁和片江姓族人的江氏大宗祠也就随着仁和片江姓族人登记在了新和村，这就是如今小㘵村宗祠却在新和村的原因。这就是说，如今新和村、龙口村的江姓族人都是小㘵村南伟祖后人。

在这里必须提及的是，土改时期，小㘵村的旧祠堂、旧庙都分给了村民，而仁和片的江氏族人坚持不分宗祠。1950年，花县第一区各乡村先后成立农民协会。1951年2月2日，花县人民政府选择第一区花城乡为土改第一阶段工作试点，进行"清匪反霸，退租退押"。随后全面铺开进行。1951年冬，花县人民政府以铁山、仙阁、南村为进行土地改革试点。1952年4月，第二批土地改革工作在永乐、南岭、小㘵等进行。这时期一些古旧的祠堂被分给穷苦的群众。而位于如今小㘵村4、5队和新和村1～4队交界处（则演澄

中堂悬挂的祠联

片和仁和片交界处）的江氏祖祠被划分给仁和片的群众。

江浩湛告诉笔者，土改期间以及后来成立仁和片高级农业生产合作社和新和村时，他都担任仁和片的主任，当时他认为这是祖宗留下的宝贵精神财产，如果分了，对不起祖宗，也对不起后人。同时，仁和片的村民亦宁愿少得到些屋地，也支持不分祖祠。为此，小㘵村得以留下瑰宝。笔者站在江氏大宗祠前，深感江氏族人对祖宗的敬重和厚道。仁和片的族人也的确名副其实的"仁和"。

江氏大宗祠建筑特色

据小㘵村人介绍，江氏大宗祠（南伟祖祠）建于300多年前，并曾于清光绪二年（1876）重修。重修后保存至2007年再次启动重修，由江氏族人捐资，原来侧面春墙部分改为青砖墙，山墙和屋脊分别增建镬耳、花脊，祠堂前增建旗杆夹（以纪念江氏族人有人当了官），并装修一新，2009年1月完成重建。其间该祠堂先后作为小㘵小学办学地点、经济社办公地点。

尽管祠堂经过装修，但原来基础、主要墙体、结构布局均无变化，原貌可见，是典型的岭南建筑。江氏大宗祠坐北朝南，为一层三间三进两天井结构，宽约13.8米，总进深约33.8米。建筑面积约465平方米。祠堂为人字封火山墙，两侧为镬耳山墙，硬山顶。屋顶为灰塑博古脊，碌灰筒瓦，青砖墙，花岗岩石脚。檐廊两侧设花岗岩包台，黄白花纹瓷砖铺地，走进去感觉十分素雅。

祠堂前有典型的半弧形池塘，有100多米宽，池塘和祠堂之间是一个400多平方米的广场。广场左侧有一口水井,为立村时所挖的古井。广场中央摆放着近一米高的花岗岩雕龙香炉,供人烧香。广场两侧建有两座一模一样的旗杆夹,旗杆夹上石碑刻有"光绪甲辰恩科钦点翰林院 臣江孔殷立"和"二〇〇八年十二月八日 小坋果园庄成德子孙敬赠"。

从石碑所记看,莫非小坋村出过科举人物?非也。据介绍,石碑上的江孔殷(1864~1951),广东南海张槎人。祖上为广东茶商,巨富,有"江百万"之称。1904年中进士,是清朝最后一届科举进士。后入翰林院,钦点庶吉士,与刘学询、蔡乃煌、钟荣光并称清末广东文坛"四大金刚"。清末任广东清乡总办。由于江氏是晚清最后一届科举进士,曾进翰林院,故又被称为江太史。在广州海珠区留有"太史第"旧居。江孔殷在辛亥革命前后一度为广州之重要政治人物。从革命党人孙中山、廖仲恺、陈景华到绿林好汉出身的李福林,再到共产党人林伯渠,都是他的至交,蒋介石未发迹前,也拜访过"太史第",对江孔殷执弟子之礼。可见其在当时的政坛举足轻重。同时,江孔殷以美食家著称于世,被誉为"百粤美食第一人"。

"作为名人,广州地区一些地区的江氏祠堂前均树立江孔殷的旗杆夹,以其为族人之荣光,并引导族人向其学习。小坋村江氏大宗祠也是如此用意。"江庭抗告诉笔者。

祠堂右侧为两米多宽的巷子,巷子一边为村民现代砖混结构村屋。祠堂左侧也为两米多宽巷子,巷口建有人字封火山墙门楼,门楼上刻有"黉门源"三个金漆字。据介绍,"黉门里"是小坋村开山祖江叔甫所居住的江村(大坋自然村)的一个巷子名,"黉门源"则为纪念江氏宗族源流。

"黉门源"门楼的另一侧为祠堂配套的一层厨房楼,长约20米,宽约7米,同为青砖碌筒瓦房。从门楼进去约3米,为厨房门口,门口顶刻有"沧柱房"三个蓝色字。为什么叫沧柱房呢?江浩

江氏大宗祠重修落成,江氏宗亲赠送牌匾

祠内悬挂准备元宵投灯用的彩灯

湛介绍说,原来,江氏大宗祠在土改时尽管祠堂没有被拆分,但是侧边的厨房等建筑还是被分给了村民。后来祠堂重建,江沧柱的后人将屋子捐出。村人为敬仰江沧柱,就在复建的厨房门口上刻上"沧柱房"三字以纪念。

江氏大宗祠正门上刻蓝色江氏大宗祠五字,门两侧刻有大红色对联:"南祠聚珠宝;伟殿起祥云",对联首字合并则为"南伟",纪念南伟祖宗之意。门前屋檐木雕、砖雕、石雕众多,栩栩如生。墙上壁画连绵,十分生动。屋中木柱梁架以及斗拱巧夺天工。

打开祠堂厚重的大木门,映入眼帘的是第一进屏风门上所书的"光祖耀宗"金漆牌匾。屏风两侧柱子挂对联"永永久久创祖业;堂堂正正做贤人"。据小㘵大宗祠重修发起人江庭抗老人介绍,这对联为他和村中文化人所作,是希望族人保持艰苦奋斗精神,努力开创一番事业,同时要做一个堂堂正正的好人。第一进两侧墙体分别刻录江氏大宗祠重修和南伟祖墓修建的情况,还有江姓宗族源流的情况,人们从中可以看到江姓的来源。

祠堂第一进和第二进之间为天井,天井两侧为檐廊,檐廊边摆放着两盆成人般高大的桂花。檐廊两边墙体分别刻录着族人以及周边地区江姓兄弟捐资重修祠堂的人名。第二进比第一进高一级台阶,正中的屏风门上挂有"宣义堂"牌匾,意为该进为族人讨论村中事务的地方。第二进两侧至第三进挂有各色木刻对联,这些对联都是祠堂重建时周边地区江氏兄弟赠送的。同时,第二进两侧墙上还挂有祠堂重建情况以及元宵投灯的照片,其中一幅照片正记录了祠堂重建前的模样。墙体两侧还刻录有2010年至今族人在祠堂举办元宵投灯会投得灯笼的人名和所出价钱名录,反映了祠堂重建以来的族人活动情况。

有趣的是，小埗村族人元宵投灯放出九盏灯，每年却都只投出八盏。因此，第二进两侧墙上每年刻录的只有八盏灯的情况。那还有一盏灯呢？据江庭抗介绍，族人留一盏灯，挂在祠堂。其意有二，一是投出八盏灯好意头，二是让村人养成"年年有余"的习惯，也教导人们做人做事要留一点余地，不要尽头，不要过头。

第二进和第三进之间也是天井，天井中摆放着一个铜铸盖顶香炉，一个花岗岩石雕龙香炉。天井左侧有一侧门，可通"簧门源"侧巷。

第三进又比第二进高一台阶，其地面高度刚好比祠堂正门的地幅门稍微低约1厘米。江庭抗介绍这个设计的寓意是为了守住家中财产不外流。第三进正厅摆放着小埗村江氏五世南伟祖至十一世的神主牌位的神龛，神龛前有一神台，供人摆放祭品。

如今，江氏大宗祠得到了较好的保护，并供族人使用。江氏族人结婚摆酒、小布村每年一度的敬老宴、投灯等喜庆活动均在该祠堂进行，成为村民人际互动、凝聚乡里关系的重要场所。江氏大宗祠的故事也在族人的交际中，代代相传，教育着后人。

祠堂文化知识

红砂岩： 产于我国南部地区，主要应用于建筑墙基、墙体和大门等，明代建筑中广泛采用，具有很强的装饰效果。

家庙： 是一个姓氏家族为祖先建立的庙堂。古时有官爵者才能建宗庙祭祀。上古叫宗庙，唐朝始创私庙，宋改为家庙，宋以后民间大兴宗族立祠之风，明始许庶人建立始迁祖庙，清祠已成为族权与神权交织的中心，开始把"庙堂"称为"祠堂"。

家塾： 是私塾的一种，指塾师在自己家里或借用祠堂庙宇开馆设学，学生交纳一定"束脩"入学就读。私塾分为三种：一是"家塾"（也称"门馆"），二是"村塾"（也称"族塾"），三是"坐馆"（也称"教馆"）。

江氏源长故事多

——东华村仰山江公祠记

◎ 吕麒麟

花山镇东华村位于镇域中部,西侧与永明村接壤,东边和北边分别与洛场村和华侨工业园相邻,距离新白云国际机场仅4公里。在东华村九队,有一座始建于清末,现为花都区登记保护文物单位的仰山江公祠。

东华村仰山江公祠

祠堂布局：风水大有讲究

仰山江公祠始建于清宣统三年（1911），是面东背西的建筑，灰塑古脊，青砖石脚，头门石门额刻有"仰山江公祠"。前檐次间设虾公梁、石狮，明间檐柱青石挑头雕戏曲人物图案，前廊梁架等处有精美的人物、瑞兽、花鸟图案。

仰山江祠门前有旷地及一口两亩见方的小水塘，水塘之外是祈福航空物流大楼，仰山江公祠的南、北面，是被十来户青砖绿瓦的小平房包围。仰山江公祠的这种布局，有其风水上的意义，建祠堂讲究风水，其目的是希望通过风水布局来更好地获得祖先的保佑，以使得族运长久，人财两旺。古人寄望丰衣足食、生活富裕，所以在祠堂建筑布局上，也寄予着希望。将"富"字笔画构件分解，宝盖头，是有靠后山的祠堂建筑，"一"字就是门前的屏风，"口"就是水塘，水塘之后就是良"田"。在祈福航空物流大楼未建成之前，仰山江公祠水塘后的确是一片水田，不过，随着时代的发展，良田更赋予了新的形式和内容。在仰山江公祠南侧巷子的门楣上，有两朵云彩状的石雕，该巷子又名青云巷，有学子青云直上，出人头地之寓意，体现广府式祠堂的特点。

在仰山江公祠的北侧，有个雕龙画凤的牌坊，上书"聚龙庄"，村民大都从此处出入。仰山江公及其后人们将祖先崇拜的思想渗透到祠堂、牌坊建筑的门楼、楹联、匾额、绘画、雕塑等方方面面。在聚龙庄牌坊的两侧就刻着这样的一副对联："聚凤齐飞万里风云从此始；港龙奋起九天雷雨及时来。"以此展现先辈们的胸襟，鞭策后人志存高远，锲而不舍，成为国家的栋梁之材。在牌坊的首部及两侧耳门位置，有"松鹤延年""花开富贵""一帆风顺""出入平安""迎客松"等内容的绘画，体现着仰山江公家族先人的道德境界或人生追求。

从仰山江公的后辈那里了解到，仰山公家训、族规或戒条载于族谱，主要是以要求族人忠孝节义、遵纪守法、勤俭持家、孝亲睦邻、寒窗苦读为主。

土改时，仰山江公祠被分给几户居无定所的江姓村民居住，20世纪80年代末，那几户江姓村民相继迁出，因祠堂无人管理，长期的风吹日晒雨淋，已有几处坍塌，祠堂已呈凋敝之相，再加之本村江姓人家在祭奠太公时，要行至梯面的一个江姓祠堂，多有不便。于是，20世纪90年代初期，在时任村支部书记江锦洲、生产队队长江文勇等人的倡议之下开始募捐，从东华村村民及该村的海外侨胞中，筹得资金十多万，以旧青砖、旧石料、旧木料等为构筑材料，使仰山江公祠得以修葺。

江氏溯源：颇多传奇故事

仰山江公的后人，主要居于东华村九队及平山村十九队等处，60余户，两百多人，加上不在本土的海外侨胞人士，也是两三百人，合计500多人。

追溯仰山江公一支的来历，从族谱的显示来看，始祖为后唐的江一龙，祖籍江西吉安，因五胡乱中原，他们自梅岭南下，寓居广东南雄府保昌县沙水河村珠玑巷，后迁至广州光孝街，数年后迁至广州城北的流溪河畔定居，名曰"江村"。

始祖江一龙生于后唐开成二年（837），卒于清泰二年（935），寿享九十九岁，官至光禄大夫。其妻刘氏生于会昌三年（843），卒于清泰三年（936），诰奉太夫人。

为何一龙祖有一房人自江村迁至平山上堡呢？这就要从江村说起。

江村位于广州市白云区江高镇流溪河畔，始建于唐朝末年，距今已有1100多年的历史。某年某月某日，江村有一户江姓人家建新房，这户人家有个未婚的十五六岁的小青年江生（因名字不详，权且以"江生"代之），仰山江公便是江生的后人，江生到底是龙祖的哪一世孙，又何时从江村去到花山镇平山的上堡，遍访村里60岁以上的老人，都没人说得清楚。

据说，江生四五岁时，父母双亡，后与大他十来岁的哥哥相依为命，哥哥成家后，江生依然和哥哥一起生活。

某年，哥哥建房时，江生也在一起帮忙，大嫂从地上抛砖给江生时，江生一时没抓稳，那砖从其手上滑落后，直接砸中大嫂的脸。江生见那砖砸坏大嫂的脸，自己觉得闯下大祸，无法向兄嫂交代，于是他选择了出逃。不知经历了怎样的艰辛，逃到了二十多公里外的花山镇平山村，也就是现在的花山镇政府的西南侧位置，祈福都会小区的正面，有人又称那里为"近月堂"。

当时，那里住着的并不是江姓人家，而是一个姓周的大财主。当年的周大财主，是个大善人，他见江生孑然一身可怜兮兮地流浪至他的地盘，在他的大门口乞讨时，顿生怜悯之心。问清基本情况后，他便将江生安顿在一间旧茅舍，并让江生给他养羊，让他有了栖身之地。

周财主见江生为人踏实、勤劳，就将一个丫环许配给他。江生喜不自禁。成家之后，他更是用心地经营自己的家业，终于勤劳致富，很快成了一方财主。反倒是周大财主的后人，相继将祖业败光。而曾经为周家打工的江生，靠自己的勤奋与

平山村江氏族谱序

灵活的头脑，从周大财主的子孙那里，买下大量田地。近年来，近月堂附近的一些村民在建房子挖地基时，数次挖到当年周姓人家的地基桩，上面赫然写道："周氏某某地基，东至某处，南至某处，西至某处，北至某处，某年某月某日立。"这也证明了故事的准确性和可靠性。

后来，江生的后人仰山江公，自江生原先的居住地近月堂附近，迁至500米开外的现东华村九队。据说，仰山江公起初是在铜鼓坑放养鸭子，并以此作为发家致富之道。仰山江公又叫江东斗，而聚龙庄是一龙祖二十九世孙江东莱、江东斗所建，因江东斗的头部有疤，故聚龙庄又被人叫作"疤斗庄"。

江氏后人：英名彪炳青史

江氏一族以儒家理学增进宗族的凝聚力，注重的是存理去欲、修齐治平，更兼鼓励读书与经商，特别强调立足社会要有一技之长，所以，其后辈中多见读书人、商人、医生或教师，可谓人才济济。以下略举几例。

祠堂壁画

龙祖三十世孙中,以江佐庭一支发展较快,江佐庭的儿子江醴泉读书用功。江醴泉的儿子江次球少年中秀才,后考取晚清公费派日的留学生,于日本帝国大学毕业。江次球曾任广州商会会长、花县议会会长。他带头修建广花公路,对广州的市政建设做出很大贡献,《广州日报》曾就其事迹做过专题报道。

江烺沛(1897~1965),龙祖三十二世孙,字少农。1920年毕业于广州公医医科学校(中山医科大学前身),是老花县的一代名医。抗战期间,江烺沛任花县救护医院院长,他抢救过多名与日寇英勇作战而受伤的中国军人。1939年秋,花县沦陷,江烺沛一家逃难香港。居港期间,生活艰难,经常是夜深人静时,在乡亲开设的俱乐部走廊中设一床板,才求得一宿。时任广东省卫生厅厅长的王会杰,是花山和郁村人,知晓江烺沛窘况后,劝这个老乡投靠汪伪政权,换个一官半职,没必要在外挨苦受穷。江烺沛对此嗤之以鼻,严词拒绝。新中国成立后,江烺沛积极参加组建花县人民医院,并利用当时简陋的设备和普通药物,多次成功抢救病人,有着非常好的口碑。

江学逊(1899~1963),江次球的儿子,也是龙祖三十三世孙。他早年毕业于光华医学院,因感于庸医误人,后远赴西方深造。他在法国学习时非常勤奋,除临床医学外,还另选修药学、法医学,对解剖表现出极大兴趣。他自己买来尸体,专门用于学习解剖,以便了解人体各系统器官的形态和结构特征,各器官结构间的毗邻和联属。1929年,他取得法国里昂大学医学博士学位。在法国求学期间,江学逊与同时期在法国留学的周恩来、邓小平等相互认识,并有过接触。解放后,周恩来视察广州时,曾邀约江学逊谈话。

江学逊还有着一些鲜为人知的故事。20世纪30年代,江学逊随蒋光鼐、张发奎的部队抗日，在前线野战医院抢救伤员。在淞沪抗战中，江学逊任十九路军医疗队队长，那场战争非常惨烈，医疗队不断地有伤兵送来，手术几乎不能停，只有在等候的片刻，护士送来一杯牛奶补充下体力，旋即又投入到抢救伤兵的工作中。淞沪停战后，十九路军被派到福建剿共，蒋光鼐认为大敌当前，不应内战，遂与红军共商抗日大计，并用军需、医疗设备等资助红军，因此，江学逊与闽粤赣苏维埃边区领导邓子恢多次接触。江学逊对十九路军有着深厚的感情，每年清明，江学逊若在广州，必会到坐落于广州市水荫路113号的十九路军淞沪抗日将士陵园祭奠。十九路军是广东兵，其中有些来自花县。

抗美援朝时期，江学逊积极响应政府号召，丹心一片报家国，将自己的几个子女全部送到部队，那年春节他还欣然写下这样一副春联庆贺"阖里七从戎，海陆空军齐耀彩；一门五参军，兄弟姐妹共光荣"。

1963年，江学逊因积劳成疾病逝，他为抗日救国、为救死扶伤，献出了一生的光和热。

龙祖三十三世孙江家修，1906年出生，他素来以果敢、刚正廉洁而著称，20多岁就曾做过封开县县长及花县县长，后在国民政府审计处工作，升至省审计处二级官员。据说某军阀一次要开支一笔军费，他认为不合规定而不签字，军阀说报销后一人一半，他也不同意。军阀大怒，派兵包围其住处，他从后门逃走。江家修即便遭到如此的武力胁迫，也不妥协，坚持按章办事，最终未让军阀遂愿。

龙祖三十三世孙江长志，祖籍花山镇东华村，在美国出生，幼年回国学习中文，19岁返美生活。江长志在北京举行的第六届全球华人企业家论坛暨优秀企业家颁奖典礼上，曾获"全球华人杰出爱国之星"荣誉称号，并得到了全国政协原副主席厉无畏以及全国人大常委会原副委员长许嘉璐的接见。

江长志历任美国旧金山花县会馆副主席、主席职务，同时，是旅美花都校友会主席。江长志虽然身处国外，但他积极支援家乡建设，他曾经出资捐助花山镇东华九队改善村容村貌，此外还捐助了村祠堂、学校、医院等。他曾带亲友回花都寻根，成功帮助好友谢嘉兴认祖归宗，让好友了却了数十年的心愿。

白云苍狗，沧海桑田。仰山江公祠，虽是一个很草根的岭南祠堂，却又是个人才辈出的祠堂。今天，仰山江公的后辈，依然是在太阳下流着汗水，默默辛苦地工作着的芸芸众生，但祖辈们的勤劳与智慧，平淡朴实的真情，在他的身上彰显无遗。

侨乡古祠展新姿

——洛场村濯斯江公祠重生记

◎谭晓瑜

据历史资料显示,遍布花都区花山镇的大小祠堂大都是建于光绪年间,在建设风格上也较相似,大部分都是坐西朝东而建造,深三进式,带檐的廊门,进去后是正堂、中庭、天井和左右廊房,外观布局非常规矩,但进入祠堂后顿时有豁然开朗的感觉。所有

洛场村濯斯江公祠

的祠堂充分考虑到了实用和采光的功能,都保持了较整齐划一的传统建造风格,但规矩的整体中不乏各种传统精美工艺,错落有致地装饰在祠堂的飞檐、门廊、窗沿间,让承载着家族厚重历史的祠堂多了一份生动的灵气。花山镇洛场村的濯斯江公祠就是其中一处具典型历史风貌的古祠。

碉楼群绕:拥簇在祠堂四周的风景带

花山镇是广州地区较有名的华侨之乡,而居住在洛场村的华侨尤其集中,这里的侨民主要聚居在美国,名人辈出,包括本县首位出洋留学的工科举人江起鹏,美国第一位华裔州务卿江月桂,曾任美国驻广州副总领事和驻香港领事的江权活等。碉楼是华侨文化的一种印记,因此整个洛场村华侨建的碉楼林立,现在保留下来的还有50多座。濯斯江公祠位于村中心,碉楼则密集地围绕在濯斯江公祠四周。据说,这里是广州地区碉楼最集中的地方,全部环绕集中在一个区域,成为一道风景。这里的碉楼建筑非常

江月桂

有特色,体积都比较小,兼具居住和防御功能,设计十分精巧,融合了中西文化,青砖堆砌,廊檐婉转,岭南风味十足,加上西方浮雕等元素的融入,传统里透着时尚,一栋挨着一栋,每一栋都有各自的名字,如静观庐、澄庐、绍庚楼、津仁楼等等,每个名字都有着它的由来,每座碉楼都有它一段动人的故事,记载着华侨们辛勤奋斗的历史。这些碉楼中西合璧、形态各异,建筑之精美让人称奇。其中有一栋叫彰柏家塾还被用作当时村里的私塾楼,它是一个三层的碉楼,古老的砖瓦,很有历史感,巧妙的天井设计,通风透气、采光优良,坐在一楼的大厅抬头就可以看到头顶的蓝天。目前,此楼已被列入了花都区文物保护单位。在这些密集的碉楼群中,名气最大的要属鹰扬楼,该楼建筑气势磅礴,把欧式石雕艺术融入中国传统画壁,占据整个正门,一只展翅欲飞的鹰站在其正上方,彰显原主人家的气势。这些碉楼因为原主人移居海外,大部分已空置,安静坚挺地耸立在那里,浅浅地隐忍着华美,默默地沉淀着岁月的痕迹。

在整个洛场村，大部分是中西合璧的碉楼建筑，唯独濯斯江公祠以正统的中式风格坐落其中，显得尤为特别。古老的大屋下无处不在的是经过历史洗礼留下的痕迹，在碉楼群的环绕和衬托下，中西文化和谐相融，而祠堂的庄严古朴之风更让人敬慕，它像一个衣着朴实而又康健的老人，坚守着民族传统，向世人诉说着与众不同的历史故事。

祠堂史记：承载着家族历史的载体

濯斯江公祠是洛场村江姓氏族的宗祠，建于1890年左右。在破四旧、"文化大革命"期间，整个祠堂被破坏得很严重，当年镌刻在祠堂大门一角的建筑碑记石刻上的字迹均被磨尽，准确的修建背景资料均无法再加以佐证。据洛场村的老一辈人讲，提到濯斯江公祠，就不得不提祠堂主人江濯斯的父亲江显进。

江显进在当时是一名非常有名的风水先生，据说他高高的个子，方形大脸，眼神睿智，且道行非常深厚，天文地理，五行八卦无不通晓。他看过很多书，知识渊博，但从不给人看相，只给人看"风水宝地"，谁家寻坟地、建屋宇都要找他看上一番，而且一看一个准，总是让人心服口服。他除了在洛场村有非常高的名望外，更是名声在外，其他七里八乡的人也经常远道而来请他去看风水。有的村民说，洛场村如今能走出像江起鹏、江月桂、江权活等这些国际知名的名流士绅，外出的华侨出去后都能很顺利地发展，先后回来在洛场村里建了60多座风格迥异的华侨楼，而且这些人的后代人丁兴旺，事业有成，他们相信这些冥冥之中与江显进当年为大家"看准"了风水有一定的关联。

作为风水先生的江显进在给自己的两个儿子取名时，也非常讲究。传闻江显进分别给这兄弟两人算了一把，认为他们五行缺水，故给两兄弟的名字里用了一"清"一"濯"，即"江清斯"和"江濯斯"，并寓意清斯能清者自清，上善若水，濯斯能濯斯则赡，濯清涟而不妖，两个名字起得非常特别而又富含深意，充分说明了作为风水先生的江显进不仅道行深厚，而且有很不错的国学功底，能够在为孩子起名时将中国优秀的传统文化和人文思想融合其中，予以期冀和传承。

据说江清斯、江濯斯两兄弟的关系非常好，也都非常温和、厚道和孝顺。父母年纪大后，江清斯负责赡养父亲，江濯斯则赡养母亲。当年他们的家境条件不错，家业的发展，一方面除了江显进在给人看风水上的收入可观外，另一方面是江濯斯的母亲非常勤劳，她是一个养猪能手，家里大规模养猪，养猪业做得风生水起，远近闻名。江家两兄弟没有继承父业去从事风水行业，而是继承家产祖业大搞养殖，生活一直无忧。当时修建濯斯江公祠时，江清斯也修建了清斯公祠，但是在岁月的沧桑中，清斯公祠已完全被毁坏，了无痕迹，只剩下濯斯江公祠在上百年的历史中，以一种最坚强的姿态迎接着岁月更迭带来的各种磨砺。

江嘉良

江濯斯的后代中，有一人叫江河（又名江活沛），曾是广州水厂的总工程师，也是一个宅心仁厚的人。据村里的人说，他帮助过很多同族兄弟，在同族中口碑非常好。另有一人叫江遵仁，继承家业发展，家境也不错，同样也是开明人士，不论同族亲属或贫或富，皆一视同仁。他四处为善，并教导做中医的儿子，告诉他如果病人是穷人，就不能收诊金；如果病人无钱买药，就挂他的名字给病人先看病，他去给病人结账。当时花山镇平山村有一个叫"保安园"的药店，江遵仁就经常在那里为穷人买单。新中国成立后，尽管江遵仁的家境殷实，但却没有被划作"黑五类"，这与其平日行善积德有很大关系。

在江氏家族的后人中，还出过一个非常有名的人，他就是世界乒乓名将江嘉良。在世界级的重大比赛中，江嘉良多次夺冠，声名享誉世界。江嘉良出生于广东中山，祖籍就是花山洛场村，是江清斯的嫡传后代。可以说，江氏一族的后人还是很有出息的。这座遗留下来的濯斯江公祠也因这些江氏后人的传奇故事而更显得丰富厚重而有意义了。

年代记忆：曾经的荒谬与欢乐时光

历经近百年风雨，濯斯江公祠斑驳的青砖墙上留下了各种印记。除了家族历经风雨吹刷和烟火缭绕留下的斑驳痕迹外，这座古老的祠堂也曾经历过荒谬年代的狂欢。

"耕读人家"气氛

1958年，在社会主义建设总路线、"大跃进"和人民公社的"三面红旗"指引下，全国上下掀起空前规模的大炼钢铁运动，当时洛场村也不能幸免，全村老少都投入到了这热火朝天的运动中去。

濯斯江公祠居于村的中间位置，被当时的公社划定为公社大食堂，全村的老少全部集中在祠堂里免费吃公社饭，过上了"共产主义"生活。村里的老人回忆，那个时候大家在公社干完了活，所有人都拖家带口地往祠堂里去搭伙食。因为响应号召，家里的锅碗瓢盆几乎都贡献出来给公社炼钢去了。伙房设置在祠堂靠东边的两个厢房里，两个土灶上架着一层层的竹蒸笼，每天蒸出一笼又一笼热气腾腾的饭，大家忙完公社派的活就在祠堂的中厅和西厅摆满座椅的地方等着开饭。开饭前女人织毛衣纳鞋子，男人就抽烟喝茶聊天，孩子们最开心，相互间满祠堂地追追打打跑出跑进，整个祠堂热闹非凡，每天像过年一样，虽然每天只是很简单的青菜萝卜之类，但大家那会儿肚子里没有什么油水，大人小孩都能吃很大一碗饭，不够了还可以随意添饭。可是后来粮食不够吃了，钢铁也没有炼出来，食堂最后就散伙了。在随之而来的三年自然灾害里，几乎家家都没有东西吃，孩子们也饿得水肿起来，夭折了不少。说起那时的荒诞岁月，老人们觉得既可笑又难受，记忆深刻。

在祠堂正厅堂的四周墙面上，我们还能依稀看到那个荒诞年代的绘画，一群穿着印有"公社食堂"制服的人，意气风发、乐呵呵地托着一盆盆食物，昂首在人群中穿梭，还有大厨在厨房里做着热气腾腾的饭菜，慷慨地给社员们分发食物，一派欢乐的场景。

重生之路：经济时代环境下的涅槃

2013年，花山镇政府为搞活地方经济，提升地方文化氛围，挖掘当地文化潜力，选中了洛场村碉楼群的独特建筑特色，着手打造"花山小镇艺术园区"，将洛场村的华侨碉楼作为地方文化符号保护起来，在此基础上开发文化产业项目。于是一个散发着传统与现代交融魅力的艺术园区，像一颗熠熠生辉的明星，在广州北面的侨乡迅速被人们所关注。一些中西合璧的酒吧餐厅、咖啡馆，如"朴食""喜洲吧""艺铺子"等创意餐饮业应运而生，一些青年驿站给园区带来了青春的气息。还有画室、工艺制作、艺术坊等陆续进驻，小镇的艺术气氛越来越浓，一些文艺团体几乎每周在此组织各种交流活动，在信息时代的今天被迅速传播，远近闻名。

濯斯江公祠在"花山小镇艺术园区"开发之前已废弃多年，但它地理位置优越，位处洛场村的中心地带，掩映在一株百年大榕树下，加上祠堂本身地处碉楼群中，特有的传统建筑风格和文化底蕴也被商家看中并重新挖掘出来，他们采取以旧修旧的方式将其利用改为一座中式餐馆，并根据祠堂主人江濯斯家族的历史渊源，在祠堂的大门上挂上了"耕读人家"的字匾，以示对前人功德的尊敬。整个祠堂外观建筑依然保持深三进式，大门口花岗岩石脚，入门后设有屏风，屏风两侧镶书对联一副，显得古朴而有韵味。绕过屏风是采光通透的天井，新建了一水池于天井中央，用于饲养活鱼，鱼池边一丛茂盛的紫色勒杜鹃倒影在鱼池里，鱼儿在有色彩的池中穿游，让整个祠堂有了一种浑然而灵动的活力。

祠堂四周的墙身因为年久失修，残破不堪，如今几乎都重新修缮过，全部依照原来的材料对旧的青砖进行了修补，对破损的进行了更换，地板也全部先挖起来，修补好以后再原位铺平。在祠堂内部的厅堂、廊、院、门、窗、栏杆、屋脊、砖墙、梁架、神龛等处，随处可见木雕、石雕、砖雕、陶塑、灰塑等传统建筑装饰以及铁铸工艺，琳琅满目，刻的图案多以飞龙舞凤、人物花草为主，为祠堂平添了许多古雅，这些都被原样保留了下来。为了更真实地还原祠堂原貌，正厅堂上"大跃进"时公社食堂的绘画他们都没有擦涂抹去，而是原貌留存，为的是让老祠堂既留住宗氏的历史，也记录岁月的真实吧。

如今，重生的濯斯江公祠掩映在老榕树下，大气又沉稳，挂在祠堂大门两侧的大红灯笼鲜艳夺目，屋檐边缘处安装了LED装饰闪灯，让一座老祠堂像重新焕发了青春一样活力四射，在夜幕下更是熠熠生辉。人们来到这里，更愿意接近这座老祠堂，在它宽敞古朴的堂屋下品味美食，也共享着一份亲切淳朴的乡情文化。而这座历经百年风雨的老祠堂，如一位精神焕发的老人，再一次张开他宽厚沉稳的双臂，热情地迎来送往，让一个个感受古朴文化的饕客，在他朴实温暖的怀中展露好奇而真诚的笑容。

祠堂文化知识

金字架：砖木瓦房结构的房子顶部用木条搭起的"金"字形梁架，以利于屋面排水，减轻屋面的承重。

进深：垂直于建筑物面宽方向的平面尺寸称为进深，通进深指建筑物侧面进深方向两尽端柱间的轴线尺寸。

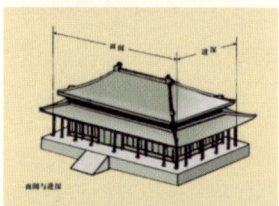

井泉：就是水井，是一种用来从地表下取水的装置，古代家家户户具备，井水来自地下水，清澈甘甜，冬暖夏凉。人们常以"饮水不忘挖井人"指做人要懂得饮水思源，要学会感恩。

尊师重教的平山"刘"

——记平山村刘氏大宗祠

◎ 刘武松

平山刘氏是最早迁入花都地区的刘氏宗族,在花都刘氏宗族中享有特殊地位。1426~1434年间,有一天,神山五丰村(今属白云区江高镇)村民刘思明赶着一群鸭子来到花县(今花都区)平山村这个地方放养。当时平山人烟稀少,水田众多,土地

平山村刘氏大宗祠

肥沃，物产丰富，既适合养鸭，又适合水稻种植，是块风水宝地。刘思明见此，欢喜不已，决心留下来。为此，他便从五丰举家迁来平山，从此刘氏在这里扎根开枝，繁衍后代，发展成为今天平山庞大的刘氏族群。

平山刘氏源流长

平山刘氏开基始祖刘思明是最早进入花县地区的刘姓，比花都的田美刘氏早了94年，至今已传二十三代。平山刘氏开枝散叶，人丁兴旺，目前已有后人10000多人，在村3700多人，其余均在国外发展（主要在美国）或分支到花都欧岗、秀林、豸边、平东刘庄及从化鹩哥林等地。

平山刘氏大宗祠建于清光绪七年（1881），位于花山镇平山村，106国道东侧。祠堂虽规模不大，但历史悠久，在花都祠堂中小有名气。1986年，祠堂重新维修，整个建筑基本保持清光绪年原样，特别是堂中木柱石柱都系原件，历经百多年依然完好无损。修建一新的祠堂为两间两进两廊制式，两侧建有镬耳封火山墙，用于防火。山墙之间建有博古架屋脊，青砖黑瓦，古色古香，属于典型的岭南祠堂建筑风格。祠堂内设有藜燃堂和祖宗堂，祖宗堂内挂有刘广传夫妇图像。

廊梁架木雕

刘广传为刘开七之子，开七公被广东刘氏族人共尊为入粤始祖。据文献资料记载，刘开七乃汉高祖刘邦重孙中山靖王刘胜后裔，中祖为蜀汉昭烈皇帝刘备。福建汀州府（今三明市）人，南宋末年任广东潮州都统制，镇守粤东，保境安民，屡建奇功，后在歼灭黄彦章贼寇的战斗中不幸遭贼暗算，为国捐躯。国家为表彰开七公的丰功伟绩，将其厚葬于广东梅州兴宁背岗（葬原捐躯地），并建祠纪念。其祠规模宏大，建制庄严，布局对称，气势磅礴，是兴宁市重点文物保护单位。

刘广传于南宋嘉定元年出生在福建汀州府，27岁登进士第，官授江西瑞金县令，后擢迁为奉议郎，卒于京职。刘广传娶妻马氏、杨氏，生14子，个个学有所成，光宗耀祖。平山刘氏为广传公第十二子巨汉公后裔，和花都田美刘氏属同宗兄弟。据考证，现在花都刘氏基本为广传公后裔。

尊师重教传统好

尊师重教是平山刘氏的优良传统，也是平山刘氏人才辈出的根源所在。特别是清末民初以来，平山刘氏一直把办好学校、培养子弟作为立村立族之本。他们在办学上舍得投入，舍得花钱，坚持有钱出钱，有力出力，再穷不能穷教育，再苦不能苦孩子的信念，创办了花都一流的学校。

1920年，平山村刘氏依靠宗族力量，在平山村建起了平山西校和平山东校两所小学，并由海外族人捐建了以纪念平山刘氏开基始祖刘思明名字命名的思明中学。

1974年，平山村又在海外刘氏族人的捐助下，兴建了占地40亩，规模大、设施新、功能齐全的思明小学，这曾在整个花都地区轰动一时。

1994年，平山村刘氏再次发动海内外宗亲为重建学校捐资捐款，共筹得善款800多万元，将平山思明小学修成气派实用的四层楼房，增添了许多现代化教学设备，新修了篮球场、足球场、田径场等体育设施，为学生们德智体全面发展提供了可靠的保证。

为了确保学校长期平稳发展，办学经费得到有效保障，平山刘氏在办学过程中，还建立了一整套行之有效的制度和办法。

首先，成立了思明学校校董会。由一批有爱心、懂教育、能办事、讲诚信的海内外刘氏族人担任学校董事长和董事，有关学校建设的大小事宜都由董事会决定。其次，设立了学校建设保障基金。平山刘氏虽然经济不太好，但他们宁可自己穷点，也不浪费和乱花筹集来的建校资金。1926年当建完东西两小学后，用剩余的资金分别在广州中心城区和花都新华购置了9间商铺,现在每年收入近70万元,全部用于校舍的维修、学校老师的补助、学生考进重点学校的奖励、学生校服和外出旅游的补贴。

有耕耘就有收获。由于平山刘氏始终把家族子女教育摆在首位,小孩读书家里不用花钱,宗族长辈利用家庭田产、铺租供族人的孩子读书,收到了很好的效果。仅2010~2014年,光平山村刘氏子弟就有72人考入各类大学。其中,平山二队刘淑仪、平山三队刘伟亮,平西五队刘大华、平西十队刘伟权同学先后考入中山大学,在花都一时传为美谈。

能人辈出声誉高

建祠以来,平山刘氏后人中先后涌现了一批能人志士和杰出人才。例如反清义士、岭南武术家刘大力,清末秀才、花县首届官费留学生刘世濂,中国教育学研究员、广州市名校长刘宁波,国画家刘元广等,他们都在各自领域赢得了荣誉,为平山刘氏增添了光彩。

刘大力,原名刘国光,平山刘思明第7世孙。刘大力体格魁梧,身材高大(传说有2米多高),力大无比,更兼性格豪爽,乐于助人,是当时岭南有名的武术奇人。他不惧清朝欺压,积极参加反清复明的斗争,与铁山村人胡猛爷、小村马大食、大田村张浚等组成了反清复明义军,在花县一带给予清军以严厉打击。

刘大力年轻时,有一天,他和父母去耕田,由于牛走得慢,他心急,一棍子打过去,竟将牛活活打死,气得他父亲跺脚,要他代牛拉犁。刘大力二话没说,抓着犁绳就往肩上背,跑得比牛还快,直把在后掌犁的父亲累得气喘吁吁。

刘大力力气虽大,可从不欺负穷人,而且乐于助人,深受村民的喜爱。有一年邻村危姓人建祠堂,其石柱、月梁、门拱、旗杆夹等只能运到大路边,由于无路,鸡公车推不进,人也抬不动。正当他们一筹莫展时,被路过此地的刘大力碰到,他半开玩笑说:"我帮你们搬进去,不收钱,不过你们要煮饭给我吃"。邻村的族老一听,惊喜地问:"好,你要吃多少米?"刘大力说:"三斗六吧。"言毕即挽起袖子,勒紧裤带,运足力气,大吼一声,肩扛一条,胳挟一块,来回几趟,轻轻松松地将所有物品搬到了危姓祠堂。在场的村民惊为天人，啧啧称奇，一时传为佳话。

刘世濂，平山刘思明第16世孙。清末秀才，两广师范学堂毕业，花县首届官费出国留学生之一，

精美的虾公梁石狮柁墩

被清朝政府送往日本政法大学攻读法律。毕业回国，在清廷殿试中举人，留京任职，被授七品京官。清亡后，他回广东任澄海地方审判庭庭长，广东新会地方检察厅检察官，广东高等审判厅刑事庭推事、厅长、大理院推事，后任广东汕头地区法院院长等职。

刘世濂精通法律，知识渊博，经常用科学知识判决疑案，使不少冤案得到昭雪。他刚到汕头任院长不久，奉命审理一宗积压数年"毒杀亲夫"的遗案。刘世濂在调查中获悉，此女结婚不到半年，夫妻恩爱，从未发生半句口角，在娘家也是极守本分的乖乖女，更无异性相好。从理论上讲，此女谋杀亲夫没有动机，理由也不成立，可其夫又确实是吃了她送的饭后中毒而亡。

莫非是饭菜里有文章？于是，刘世濂亲自到出事现场调查。据死亡男子母亲讲，出事那天他们一家在厅里吃饭，儿子在田里耕田，由儿媳妇饭后为其送饭。当天吃鸡，送去田间的饭菜就放在厨房里，没有上盖。

刘世濂听完这些，心中疑团慢慢得以解开。他差人将厨房屋顶上的旧木条撬开，发现里面藏有几十条蜈蚣，正是这些蜈蚣的毒液掉到了鸡肉上，死者正好吃了有毒的饭菜，不幸中毒身亡。此论得到广东高院认可，一宗遗留多年的"毒杀亲夫"疑案终于告破，被关女子宣告无罪释放。从此，刘世濂成了汕头的"狄仁杰"，成了无人不知的判案高手。

刘宁波，平山刘思明第15世孙。长期从事教育工作，花都教育战线的一位老黄牛。在思明小学工作期间，刘宁波一心扑在工作上，为学校建设殚精竭虑。思明小学在他的带领下，各项建设取得了很大成绩，获得了不少荣誉。近年来，思明小学先后被评为"广州市一级学校""广州市绿色学校"（花都农村首间绿色学校）、"广州市达标合唱学校""广州市安全文明校园""儿童少年教育先进单位"等称号，连续16年被评为

花都区教育系统先进学校和教学成绩一等奖。还获得过"广州市科学小星星"一等奖,并代表广州市到香港地区进行展示。另外,学校还积极组织学生参加各种文体赛,仅2005~2010年,就获奖274人次,其中国家级34人次,省级1人,市级34人次,区级205次,另有特长生372人。凡是在花山镇举办的体育、文娱节目,该校都能获前三名,在区里有较高的声誉。

刘宁波撰写的教学论文《开创环境教育特色,促进学生全面发展》《人以德立,业以勤成》在中华教育书库发行;论文《针对儿童年龄特点,进行爱国主义教育》被《光明日报》出版社出版的《东方教育》刊用,并获优秀教研成果一等奖,同时被中国教育学会聘为"新课堂教学研究课题组"研究员。2006年,刘宁波还被市里评为"广州市名校长"。

刘元广,平山刘思明第21世孙。他是一位执着的艺术家,擅长山水花鸟动物,兼攻西洋画、雕塑、油画。作品多次参加全国书画展,并多次获奖,画作《三峡情韵》被国家博物馆收藏。

祠堂文化知识

井干式:一种不用立柱和大梁的房屋结构。这种结构以圆木或矩形、六角形木料平行向上层层叠置,在转角处木料端部交叉咬合,形成房屋四壁,形如古代井上的木围栏,再在左右两侧壁上立矮柱承脊檩构成房屋。

脚门:即角门,位于正门两侧的小门,一般为大门一半的高度,也安装在趟栊门之外。它能够在夏天不关闭大门的时候,可以把屋里以及大街相隔开来,使室内既可以通风,又不会让路人看到。

金柱:祠堂建筑的屋顶梁架以立柱支撑,立于最外一层屋檐下的柱子称檐柱,从檐柱往里,位于内侧的柱子称"金柱"。

良好家风代代传

——平西村万青刘公祠探秘

◎刘武松

万青刘公祠位于花山镇平西村树滋庄,平步大道南侧,离花都城区不到十里。树滋庄建于清代嘉庆、道光年间,以开庄之祖刘树滋的名字命名。树滋庄现有村民200余人,多为刘姓。树滋庄坐西朝东,平面布局呈棋盘形。祠堂在20世纪50年代初曾遭破坏,2008年重修,基本保持了建祠时的"建筑工艺顶尖、所用材料最好"的标准。现为花都区登记保护文物单位。

平西村万青刘公祠

宗祠精美寓意深

青云巷门楼屋顶灰塑装饰

万青刘公祠建于民国壬戌年（1922），大门横匾上用绿漆涂写一新的"万青刘公祠"五个雄浑刚健的颜体大字格外引人注目。祠堂建于村南，坐西朝东，祠体不大，但很精致。祠堂为三间两进两廊两衬祠式建筑，人字山墙，平顶屋脊。头门面阔十米，门框为花岗岩。石门额阴刻"万青刘公祠"，上款刻"民国壬戌孟秋吉旦"，下刻"苏应霖书"。

门额上方壁画很是精美，有《诗礼传家》《加官晋爵》《五福临门》等，可惜年代久远有些模糊，留下了些许遗憾。

大门前左右两边各立花岗岩廊柱一根，廊柱底座为花岗岩三叠圆盘制式，精致秀美。前廊两边各置一花岗岩虾公梁，承重为花岗岩石狮，威猛厚实，与屋檐相接，既承重，又为祠堂增添了美感，还起到了避邪的作用。

此堂最为精美之处要算前廊梁架上的木雕，远远看去，金光一片，美不胜收。走近细观，栩栩如生，叹为观止。梁架托脚为三只金色鳌鱼，最下端的鱼嘴紧紧吻住梁架金瓶里的花枝，动感十足，美轮美奂。三层梁架上都雕满了戏曲人物，从整个画面中出现的两个喜字来看，应该是描绘"双喜临门"或者"喜结连理"之类的故事。

梁下雀替为中国传统神话故事"八仙过海"木雕图案，刀法简练，神态各异，道骨仙风，跃然木上。前檐柱挑头和前檐柱雀替均为花岗岩石雕，古朴飘逸，憨态可掬。墀头盘头位置有砖雕，依稀可见一对善男善女各带男孩女孩在"金殿"前述旧，寓意多子多福，家庭兴旺，家庭温馨。

在祠堂主体建筑的两端还建有左右衬祠。衬祠正面灰塑有"群狮献瑞""宝鸭穿莲"和"富贵寿考"等图案。祠堂和衬祠之间有巷名"青云巷",巷宽一米有余。巷额分别刻有"腾蛟"和"起凤",寄寓宗族子弟像蛟龙腾跃、凤凰起舞一样,功成名就,为族争光。

万青兄弟留美名

刘万青,乃花山乡平山刘思明后人,也即刘氏入粤二世祖刘广传(一世祖刘开七)十二子巨汉公后裔。他是平西村树滋庄人,生于清道光年间。其家有四男,分别为万青、子青、维青、纯青。兄弟四人,皆深明大义,为人耿直,勤奋好学,乐于助人,惩恶扬善,富而好礼,深得家族和邻里称赞。

清道光咸丰年间,花都民风日败,土匪纷起,屡扰乡邻。万青众兄弟拍案而起,清咸丰五年(1855)协助地方办理以慈善助人和保境安良为使命的均和局务,誓与邪恶势力作斗争。为了编练一支忠勇顽强、能征善战的民团队伍,他们散尽家资,招募乡勇,购置武器,严格施训,在短时间内完成了队伍的组建和训练,不但多次击败进犯的土匪,还数次主动进山清剿土匪,沉重打击了花县土匪的嚣张气焰,保护了乡邻的生命财产安全,一时名声大振。

花县县令见刘氏兄弟光明磊落,能文能武,声誉卓著,即委任其为花县河阳总局会办,专职县城城池修

前廊梁架精美的戏台人物木雕

筑，并负责县衙署常平仓的修建。刘氏兄弟深感责任重大，不敢有丝毫懈怠，他们密切合作，精打细算，亲力亲为，夜以继日，很快就把花县城墙修得固若金汤，把衙署修得威严大方，受到了百姓和县令的肯定和嘉奖。

最令人感动的是刘氏兄弟在城防修筑和县衙修建中忠于职守，严于律己，克己奉公，清正廉洁，支出"累万"，分毫不差，成了花县历史上难能可贵的清廉楷模，其事迹后人广为传颂。

不久，英法联军占领广州，清政府震动，即派礼部侍郎罗惇衍等人为钦差，驻扎花县督办洋务，与英法代表谈判。纯青因公经常与罗惇衍打交道，深得罗惇衍喜爱和器重，随即被招至麾下，协助处理洋务，为结束战争、重开广州商埠做出了积极贡献。

万青兄弟富而好礼，与人为善，从不以势压人，更不以势欺人，在家族及乡里威信甚高，家族或乡里有什么矛盾或难解之事，都会找到他们兄弟评理，找他们去解决。他们总能出以公心，以和为贵，以理服人，加以劝解和调停，使得争论双方心服口服。

万青兄弟骨肉情深，非常和气，一家有难，全家支援。老三维青五十始得一子名启荫，不久维青因病不治，将儿子托付给四弟纯青。纯青没有辜负三哥重托，将启荫视为己出，把他培养成人。

万青兄弟还特别重视后代的学习培养，所有子孙必须入塾学习，宁可自己饿肚子，也要送孩子去上学。在父辈的管教和鞭策下，万青兄弟后辈对学习很重视，大都学有所成，有的举孝廉，有的中举人，还有的考取了公费留学生，成了日本政法大学的优秀毕业生。

为了纪念万青刘氏兄弟的高尚品格和丰功伟绩，其后人决定以刘氏兄弟中的老大刘万青的名字作为树滋庄刘氏宗祠的祠堂名，达到纪念先辈，教育后人之目的。

良好族风代代传

平西村树滋庄刘氏后人很好地继承先辈万青公等先人热心族事，勤奋好学，品行端正，乐于助人的优良族风，以祖训约束族人行为，不沾毒，不参赌，一心向学，成了远近闻名的"文明村""平安村"，多次受到各级政府表扬。

在万青刘公祠重修过程中，平西树滋庄刘氏族人热情满怀，情绪高昂，有钱出钱，有力出力，呈现了万青公后人崇敬祖先、热爱家族的良好风尚。

老教师刘绍均，今年八十有余，特别热心家族祠堂建设，退而不休，不顾年老体弱，坚持为祠堂建设出谋划策，并亲自负责整个祠堂家谱的考究，文字的整理以及祖宗牌位的设置，深受族人的好评。

老板刘志端，年轻有为，经过多年的艰苦打拼，在事业上有了一定的成就。听说家族建祠，他二话没说，立即筹资30万元支持祠堂重修，以后又多次为祠堂维护献计献策，提供经费支持，为祠堂高水平的重修做出了突出贡献。

挑头石雕《衣锦还乡》

刘志端的母亲今年七十有余，也是重修万青刘公祠的热心人。老人家自豪地说："我虽不姓刘，但我是刘家媳妇，正宗刘家人，重修刘家祠堂我当然要出力。"为此，她经常和几位老妈妈踩着单车跑市场、看材料，坚持货比三家，买真材实料，为确保祠堂建设用料一流、花钱最少尽了力。

民国初年，一贯尊师重教的刘氏人捐资在树滋庄建起了远近闻名的"思明西校"，离万青刘公祠不到百米。这是一所西式建筑，精致华美，前面主楼为三层砖楼，后面为平房教室，有通道与主楼相连，既解决了学生通行的问题，又避免了雨天学生淋雨。学校周边三面原挖有护校河，只有东门供师生出入，这样既可强化学校安全，又可与外界隔绝，可让学生一心读书。不过现在已是面目全非，不但护校河早已不见踪影，旧校周边还建起了几栋新的教学楼，校外更是建起了不少工厂，学生想安心读书都难了。

思明西校虽是区里重点文物保护单位，但不知是保护经费不足，还是管理不善，现已到了破旧不堪、急需整修的地步。抬头望去，好几条大梁已断，临时用树干顶着，墙面多数已脱落。更糟的是还被民校租用，他们只用不保护，加速了旧校的破损。

刘氏后人好学上进,人才辈出,思明西校先后出了不少著名学者,号称树滋"三杰"的刘锦泉、刘兆熊、刘惠梁就是典型代表。他们三人先后考取了著名大学。目前,刘锦泉在美国担任工程师,刘惠梁在佛山担任工程师,刘兆熊在广州担任工程师,他们均在各自领域各有建树。

祠堂文化知识

金玉满堂:金玉财宝满堂,形容财富极多,也形容学识丰富。因"金鱼"与"金玉"谐音、"堂"与"塘"谐音,故传统建筑装饰常用一堆金鱼在水塘中畅游来表达。

角柱:位于建筑角部、与柱正交的两个方向各只有一根框架梁与之相连接的框架柱。

郡望:是"郡"与"望"的合称。郡,是行政区划;望,是名门望族。郡望,即表示某一地域或范围内的名门大族。

革命英烈　刘氏双雄

——记两龙村秀林刘公祠

◎刘武松

秀林刘公祠位于花山镇两龙路段，106国道旁。秀林刘氏的开基始祖为刘朝简，乃刘氏入粤二世祖刘广传第十二房巨汉公第二十世孙、花山平山刘思明（1430年从白云区江高镇神山五丰村迁入）第十二世孙，1730年从花山镇平山村迁入，目前在册人口约有520人。

两龙村秀林刘公祠

建于清光绪丙申年（1896）的秀林刘公祠，2008年被定为文物保护单位。祠堂为三间两进式祠堂，人字山墙，平顶屋脊，花岗岩基，青砖黑瓦，木制斗拱，虽少华丽，但也精美。特别是经过1987年重修后，祠堂更加牢固，更加漂亮，公认为村内一景。

就宗族规模、迁入历史、祠堂建筑来讲，秀林刘氏在花都并不出名，但就对革命的贡献来讲，所有花都刘姓则非秀林刘氏莫属。翻开中共花都历史，有两位革命先烈赫然映入我们眼帘，一位是刘伯强，另一位是刘绥华，这两位革命先烈都是秀林刘公祠的后人。

刘伯强：中共花县早期党支部书记

刘伯强（1898～1927），又名刘建元，革命烈士，平山刘思明19世孙。父亲刘佩贤，母亲卢莲，另有弟弟二人。其父在两龙圩开设"冶合号"商店，一家几口人生活还算温饱。刘伯强刚满六岁时，父亲去世了，母子四人只好依靠祖父的支持过生活。

刘伯强8岁那年，到附近的沥贝村私塾读书，15岁时以优异的成绩考入省立一中（即广雅中学），在此期间，他博览群书，探讨人生真谛。

1917年，俄国十月革命成功，马列主义传入中国。刘伯强如饥似渴地学习马列主义著作，并常与一些进步同学交流学习心得体会。1919年五四运动爆发，刘伯强回到花县，向群众宣传爱国思想，发动学生、店员、商人进行罢课、罢工、罢市的斗争。

1923年，刘伯强在省立一中毕业后，回县任教。他在悦贤小学担任教师期间，常与黄伯华、卢克文等进步青年来往，谈论国家大事。刘伯强在学校给学生教授语文、历史课程时，常常联系社会时局，激励学生要为国着想，要当新时代的先锋，大大地激发了学生们的爱国热情。

1924年春，刘伯强在共产党员、农民运动领袖阮啸仙的教育和帮助下，参加了中国共产党，从此投身于革命。在他的倡导下，花县宝珠岗、元田、豸边、九湖、杨村等小学校里，设立小型图书馆，购置了一批革命书刊和农运宣传资料，公开陈设，让群众和学生阅览。

1924年年底，中共花县支部成立。陈道周为书记，刘伯强任支部委员。1924年8月花县农民协会成立，刘伯强被选为执行委员。

1925年1月,刘伯强以个人身份参加了国民党。同年3月18日在国民党花县党部成立大会上,刘伯强当选为执委会委员。刘伯强任职之后,便经常利用这一特殊身份,积极活跃在花县各农村。

1925年8月5日,徐式度被委任为花县县长,他以编造的"县库存公款应为6000余元,查实只有1600余元,账物不符"为由,强行将刘伯强扣留查办。事发后,在县党部工作的刘绥华等把扣留刘伯强事件的始末呈报中央执行委员会。不久,徐式度不仅受到监察委员会的训诫处分,还遭到各方的谴责。

徐被迫于1925年9月23日释放了刘伯强。刘伯强被释放后,不为徐的淫威所屈服,把徐接受反动地主武装贿赂、滥用职权、倚仗官势、欺压群众、蓄意破坏农会的罪恶行径公之于众。1926年4月,徐式度被迫下台,花县人民拍手称快。

1926年8月13日,刘伯强闻悉反动民团伏击杨村农军的消息,立即与王世根中队长率领九湖乡农军驰赴救援,彼此激战了两个多小时,终于把数百匪军打退,解了杨村之围,壮大了自卫军的声威,打击了敌人的嚣张气焰。

1927年2月,刘伯强任中共花县支部书记。他一上任,就立即着手进行党的整顿和建设,提高党员的素质,同时还在九湖、元田、宝珠岗、响鼓岭等地培养建党对象,使中共花县支部的党员从原来的10多名发展到40多名。

1927年4月,蒋介石在广州继续制造大屠杀。在党的指导下,刘伯强领导花县人民与反动派继续开展殊死的斗争。有一天刘伯强从九湖出发,到附近一带农协布置工作。下午5时许,刘伯强与谭炜生在返家途经仙阁时,被该村民团头子谭章发现,并被匪徒紧跟不舍。

刘伯强眼看情况危急,随即当机立断,迅速将身上携带的秘密文件撕毁,在谭炜生的带领下,迅速跑到早年的朋友江朗家中隐蔽。谁料江朗是个已投靠民团的败类。他暗中指使十多个匪徒趁刘不备,将刘捆绑囚禁于南村。

头门次间雕饰

前廊梁架木雕

刘伯强被捉后,反动派用捆、吊、烤、打多种酷刑摧残刘伯强,企图迫使刘伯强供出花县革命组织的情况。但是坚贞不屈的刘伯强,虽然被打得遍体鳞伤,却始终守口如瓶,没有吐露半点机密。他们提出只要刘伯强交出花县共产党员的名单就可免死。刘伯强正气凛然地说:"明白地告诉你们吧,我们共产党人东奔西走,只是为了农友的翻身解放。为人民而死,哪怕粉身碎骨,何足惜也!"敌人听后,恼羞成怒,竟将刘伯强拖至仙阁后山强行活埋。

刘伯强为革命捐躯时,年仅29岁。新中国成立后,刘伯强被广东省人民政府追认为革命烈士。

刘绥华:首任中共花县县委书记

刘绥华(1903~1938),革命烈士,平山刘思明十八世孙。原名刘有禄,又名刘其中,是土地革命战争时期花县党组织的主要领导人,也是花县历史上第一任中共花县县委书记。

刘绥华出身于农民家庭,父亲刘文湛,是位乡村医生。母亲梁氏,是位家庭妇女。家里虽然有田也有地,父亲还靠行医赚点小钱,但在那个黑暗的社会,还是难以改变一家六口人贫困的生活。

为了改变家庭命运,刘文湛在刘绥华8岁时就把他送进了私塾学习,不久转入小学读书。小学期间,刘绥华常听老师讲授洪秀全、孙中山反清以及俄国十月革命的故事,深受感动和影响。

1921年,刘绥华小学毕业,被乡村小学聘为老师。任职期间,他不但毫无保留地将自己的知识传给学生，还积极组织学生参加体育活动，灌输爱国思想和军事知识。同时，他还组织成立了"学习上互相帮助，生活上互相关心，国事上共同关注"的"互助社"，学习《共产党宣言》等马列著作。次年底，为了更好地开展群众工作，刘绥华辞去教职，专门在农村从事革命宣传工作。

花县首任县委书记刘绥华

1924年年初，刘绥华加入了中国社会主义青年团。花县农民协会成立时，他当选为县农会执行委员，不久便加入了中国共产党。1926年初，花县农民运动在彭湃、阮啸仙等人的领导下，得到了蓬勃发展。在这场轰轰烈烈的农民运动中，刘绥华逐步成为花县农会的主要领导之一，带领全县农会成员向地主等反动阶级展开了殊死的斗争，取得了巨大的成功。

刘绥华的革命行动遭到了反动民团的疯狂反扑，他们除了组织地主武装与农民军展开针锋相对的斗争外，还偷偷闯进刘绥华家，将其父母赶出家门，拳打脚踢，并放火将家里仅有的两间房子烧成灰烬。

敌人的暴行并没有吓倒勇敢坚定的刘绥华，他一如既往地带领花县农民战斗在最前线。1927年4月，蒋介石在上海发动了"四一二"反革命政变，广州的国民党反动派也挥舞着屠刀杀向了农民运动。其间，中共花县党支部书记刘伯强惨遭杀害，整个花县笼罩在一片白色恐怖之中。在这危难时刻，刘绥华并未气馁，他不顾个人安危，继续组织党员开展斗争，赢得了广大党员群众和上级领导的信任。同年6月，花县中共党员在公益村召开大会，决定成立中共花县县委会，并选举刘绥华担任花县县委第一任书记。

刘绥华担任花县县委书记后，革命斗志更坚，干劲更足，他按照中共广东省委的部署，和县委其他同志一起，对党组织和农民自卫军进行思想与组织整顿。他深入乡村，向农民分析斗争形势，鼓舞斗志，并在九湖、元田等地集结农军进行训练，以提高农军的军事和政治素质，用于抗击敌人。

1927年年底，刘绥华接到上级关于支援清远暴动的指示，当即率领农军战士100多人赶到清远，配合清远农军攻打县城。

攻打县城的战斗在12月3日打响。刘绥华带领花县农军首先扑向县署正门，并攻占了县署。正当他们满怀喜悦往县署屋顶插上胜利的红旗时,隐藏在县署内的一股敌人突然反扑,刘绥华等人猝不及防,被敌人抓获。

敌人把他们关进了一间房内,声称攻城农军必须立即撤退,否则将杀死刘绥华等人。在这生死关头,刘绥华镇定自若,安慰农军,静待时机,坚持斗争。正在危急时刻,另一支花县增援农军及时赶到,冲到县署,活捉了县长陈守仁,逼迫他释放了刘绥华和被押农军。战后,刘绥华根据上级安排,带队回到了花县继续斗争。

不久,"广州起义"爆发,刘绥华奉命率领400多花县农军赶赴广州,参加了观音山保卫战。战斗中,他身先士卒,英勇作战。由于子弹不足,他命令农军战士进入20米才准开枪,有效地击杀了敌军。战至中午,农军弹尽,刘绥华带头和敌人展开了肉搏战,迫使敌人后退。后来,敌军增援越来越多,上级命令花县农军撤出战斗,农军奋力冲破敌人包围,回到了花县。

"广州起义"失败后,起义部队来到花县,刘绥华亲自带着100多名农军出城迎接,慰问部队。在部队的协助下成立苏维埃政府,刘绥华担任副主席,同时积极动员400多位花县儿女参军,为中国工农革命军第四师在花县成立做出了突出贡献。后来,革命形势急转直下,红四师要向潮汕地区开拔,急需一名靠得住的向导,刘绥华毅然挑起了这副重担。行军途中,部队遭敌埋伏,刘绥华为引开敌人,身负重伤,部队只好将其安顿在老乡家中养伤。后因伤口化脓,刘绥华被党组织转移到香港医院治疗。

伤病稍好,刘绥华又开始在香港开展革命活动,动员民众支援抗日战争。1937年年初,刘绥华受组织委派,从香港到广东博罗以教书先生名义开展地下工作,很快就点燃了博罗的抗日烽火。民国二十七年(1938)七月,刘绥华在一次回香港汇报工作的火车上被敌人抓捕致伤,后伤重不治光荣牺牲,为中国革命献出了宝贵的生命,年仅35岁。新中国成立后,刘绥华被广东省人民政府追认为革命烈士。

祠堂文化知识

祭田: 中国古代社会中,一个家族的公共田产,用来祭祀祖先、修祠、赡族、助学等。

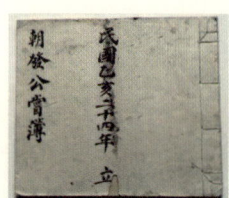

百年宗祠论古今

——记和郁村王氏大宗祠

◎徐文锦

花山镇西部的和郁村,村里街道纵横,人来车往;楼房高低起伏,错落有致。今日的繁华热闹却遮挡不住一个沧桑的身影,这就是花都区登记保护文物单位之一的王氏大宗祠。现今的和郁村有14个经济社,总人口3000多人。和郁村包括和郁里和华昌里,王

和郁村王氏大宗祠

氏大宗祠就是和郁里的开村始祖王尚臣公的祠堂。祠内供奉祖先牌位，族人常年拜祭，香火甚盛。大祠坐西向东，大门口有200多平方米的开阔地，再前就是一口大鱼塘。鱼塘东面流淌着一条叫瓦窑坑的大水圳，往东就是相邻的五星村了。大门口一条水泥村道，每天行人、车辆来来往往。祠堂北、南面都是民居，南面还配套建有一间青砖大厨房，内有一口清澈的水井，是喜庆餐饮的用厨之地。

告示牌：记录了百年前的一场官司

王氏大宗祠建于清朝道光三十年（1850），距今已160多年，是和郁村王族人唯一的三进大祠堂。大门楣阴刻"王氏大宗祠"五个苍劲的正楷大字，上款是"道光庚戌仲秋吉旦"，写的是建祠时间；下款是"灵山张锡林书"，字皆填蓝色。

祠堂三进，通过两厢廊和中间天井连成一体。面阔13.8米，总进深37.5米，建筑面积500多平方米。和一般祠堂一样，属砖瓦石木结构。用大青砖砌墙，大方砖铺地，花岗石配搭，大红杉作梁柱，坚实瓦片盖顶。加上精美的灰塑、木雕、石雕装饰和鲜艳的彩色图画配合，可谓设计合理，工艺精良。祠堂大门口深2.38米，地面全铺花岗石。门头地面起1.35米皆砌石板。大门口两边40厘米宽和门楣上60厘米高都是花岗石。封檐木梁雕刻着精致的花纹。檐下70厘米宽的墙上均画有山水、人物、花鸟等壁画，色彩鲜明，虽经"文革"涂抹，痕迹还清晰可见。门面前两边各立着一条中等的方形石柱。上两边各横着石梁，中间的石狮子威猛夺目。入内前堂深4.45米。两青砖大方柱支着上面两组粗大的金字架，前堂山墙外檐下约60厘米宽灰塑黑白条纹。博古脊上全是灰塑图案，造型各异，塑口参差错落有致，色彩已退，但仍显瑰奇。

天井深10米，宽5米，原是小方砖铺地，现改铺水泥。两边厢各宽约4.4米，高约4米，门口有走廊，走廊前面由两根小方石柱支撑房顶。两房檐口下各挂着约25厘米宽的木裙，木裙外雕花刻鸟。"文革"期间，两厢被用红砖间开成两间办公室，曾一度是当时和郁大队的办公地点，现用作放置桌凳、炊具和餐具之所。走廊通两堂是拱形门口，门楣上有灰塑条纹，牡丹、莲花、蝙蝠等动物造型跃然其上。

天井右侧还立有一石碑，阴刻官府文告，题目是"严禁盗挖润远陂告示"。该碑原设立在本村水利陂头（位于铁山大河润远陂）旁，因被毁弃才移至此。内中文字记录着100多年前本乡村民为农用水被盗而与邻村人打官司的情形。碑乃花岗石质，高1.45米，宽0.66米，碑文清晰，是一个研究花都区水利历史不可多得的宝贵文物。

由于山潦无常，流沙变迁靡定，沙陂经常毁坏，历来修复只能因时制宜，因此经常发生争水纠纷。同治七年（1868）七月十九日，沙陂木桩又被铁山村邵姓人家盗挖，沙陂严重毁坏，致使沙陂圳水流大减，大片农田灌溉无着，甚至荒芜。村民遂推举监生王淮清等将邵伯仁、邵祖美等告上县衙正堂。案由当年花县正堂知县吴廷杰审理。由于大珠村和郁里和邵姓方面均派人从中斡旋，虽经多次调解仍悬而未决，其间争水纠纷不断。直至同治九年五月十九日方为具结，断令邵祖美等赔偿木桩五百株，由大珠村和郁里派人按上三射下三射中三射原样修复。这场历时近两年的水利纠纷终于得以解决。和

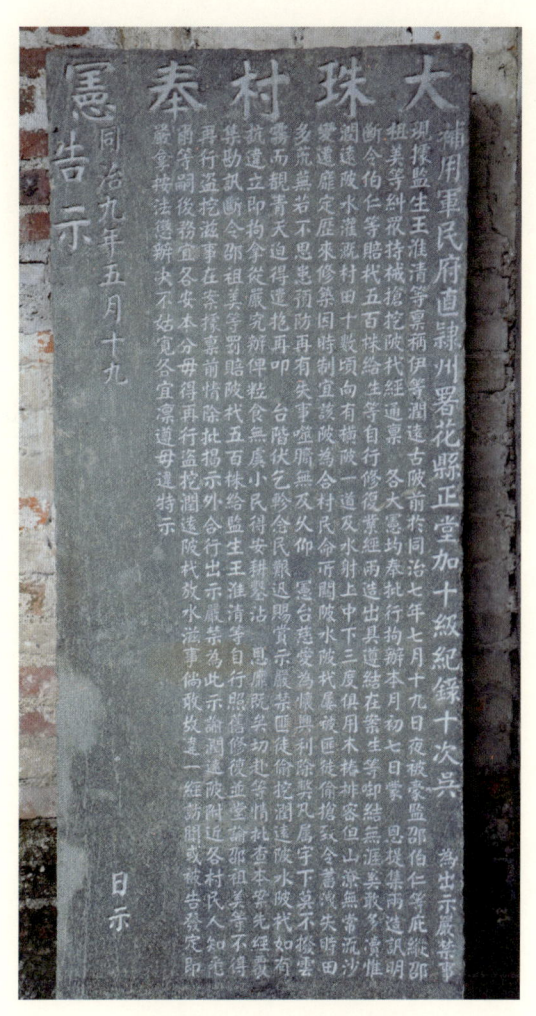

祠堂内的大珠村奉宪告示碑

郁村前人留下一句话："沙陂官司赢了，沙陂田的四只田基角不见了三只！"由此也反映了当年因打官司费资颇巨。为防争水纠纷再发生，经村中族老商议并请示县衙，于沙陂旁勒石立碑，明令附近村民各安本分，维护润远古陂以各得其利。古碑曾在王氏大宗祠门口当石凳，后由村中族老迁入祠堂加以保护。

天井上三级石阶便到中堂，中堂进深7.9米。中间四根口径35厘米的黑圆木柱分立两边，可把中堂分为三间。柱底是石雕座。四柱支撑着两组粗大的金字架。架上层层圆柱头承托着杉、桁、瓦天面。后两柱间设有屏风木门，屏风木门是改革开放后本族侨胞捐建的，上悬"昭来堂"三字大木匾。中堂顶高约7.8米，脊上两端各有约3米长、60厘米

高的灰塑，图案与前堂有异。此堂间多是本族青壮年人在农闲时习武练技和舞狮打功夫的好场所。

过中堂是后天井及后两厢。天井深5.1米，后天井铺花岗条石。两厢的高、宽及其门口走廊的构造都与前两厢走廊一样，现也用红砖间成两个长形房子，分别放置狮、鼓、旗、棍和文娱玩具之类。

后堂地面比中堂略高，进深7.7米。山墙外檐下同样有如中堂一样的灰塑，但图案有异。屋顶约高八米，屋脊两端也有跟中堂一样的突起灰塑，只是造型不同。内孔也和中堂一样，四根石底的黑圆木柱支撑着两组粗大的金字架，架上层层圆柱头承托着天面。后堂在文革时曾封闭作大队仓库使用。后墙正中前方是列祖神位。

和郁立村已500多年，祖先灵位已不少，整个祖先灵牌自然构成一个金字塔形状。每个神主牌均有精木阳刻各祖先所属传代及其名字，绿底金字，两边红色，顶头两端挂着红线穿着古钱币。灵牌底面是红木板构成的神龛，前设神坛，摆一排香炉。每逢初一、十五，香烟缭绕，到清明和大年，更是爆竹阵阵，香烛火旺。此番景象既是祠堂中的一大亮点，也昭示出族中嗣裔繁衍兴旺。可惜的是金字塔灵牌在"文革"全部毁于一炬。20世纪80年代中期，族人不忘祖先，遂经道法仪式重立村中最高两代神位，即尚臣始祖和他的三个儿子廷达、廷用和廷汉三公，现就只有这四个灵牌。神牌前是一张重建的神台，上面并排放着三个大香炉，供族人拜祭之用。

尚臣公：和郁王氏家族始祖

根据大宗祠里保存完好的族谱相关记载，广东王氏太祖西夏公奉敕命来粤清丈各处田地，然后立籍于番禺龙眼洞，迄今已有850多年，近二十四五传后裔分布于全省各县市，所以有广东"通天王"之称。和郁村王族十四祖云程（即绍朋公）在清朝嘉庆二十四年（1819）重修族谱时，原有谱系不幸遭逢花山贼乱劫掠村庄而散失，无法搜集追溯，因而删去西夏公、安公、文忠公、梅野公、康泰公等五传，并自立尚臣公为一世祖，所以与广东王氏家族谱系相差五传，例如族人十五传则相等于广东王氏家族二十传。

封檐板木雕

　　和郁村王族人一世祖尚臣公于明朝正统年间由铁山村迁居至该地，开村立族，繁衍后代。据说尚臣公自幼家贫失学，十三岁就随着父亲（康泰公）来和谷塘村（今和郁里）放鸭。当时，大坑枧头以上一片是大片河滩，螺蚬鱼虾等水产非常丰富，母鸭终日在这里觅食，所以产蛋较多。尚臣公母亲钟氏太婆每日由铁山村送饭来这里，她是缠足妇女，加上路途遥远，往返十分不方便。不久和华安里北头姓陈人家相识，来往时间长了感情甚好，于是结为契家，并在和郁村东北向（今长巷靠北高地段）盖造房屋居住。食宿期间，父子克勤克俭，家计日渐富裕。尚臣公后来娶邵氏为妻，成家立室，开基创业，迄今约有550年，人丁近4000人，可谓是世代繁衍，千财昌盛，万载长青，才有如今人丁旺盛的和郁村。

　　尚臣公遗骨于明朝万历四年（1576）入土安葬，至今虽有400多年，在密封保存下仍完好无损。在平整土地时曾迁往别处寄放了10多年。直至1988年清明节，经族人倡议，迁回原地了河陂重新晋金安放以慰先灵。当时仪式颇为隆重，并定于今后每年清明节扫墓。

　　据族谱记载："尚臣祖所生三子分为三大房头，长子廷达祖称长房，次子廷用祖称二房，三子廷汉祖称三房，其中以三房人丁最多，占全族人丁过半，长房次之，二房较少。而碧苍祖人丁又占三房人数过半，约千人。我全族分散居住，计有下社向东、向北、义记庄（刣猪燎庄）、鸭氹岭庄、全合庄、向东庄、白水窝庄、洴田庄、新庄、兴仔庄等十一个村庄。另五世祖碧云公立籍于广州近郊三元里。我村系名乡大族，故敢修建三进祠堂，而称为王氏大宗祠也。"

在族谱续谱说明中，也交代了部分后代族人迁移异乡的原因：清末民初，因为生活不济，饥寒交迫，为求生存，多数族人被迫背井离乡，远赴重洋，以谋生计。其中赴越南者较多，也有往别的地方的。

宗祠：族人心中的图腾

20世纪40年代末50年代初，祠堂被乡政府和驻军部队作为仓库。文化大革命期间，这里是大批封资修、破四旧、立四新的狂热之地。那时候，曾有人提出要拆毁这座封建大祠堂，用其材料和场地改建新的大队办公楼。好在有远见的工作队负责人反对，加上族中老人们坚决顶着，这间祠堂才幸免于难。1986年，族中父老集议将大宗祠收回作为族内公用，并集资重修。虽然木石雕刻及壁画等艺术受到人为损坏，所庆幸的是三进大祠堂结构还算完整，经过修复，这座充满岭南风格的建筑重放光彩。

祠堂平时供本族男女老少到此休憩，到清明和过年时，这里更是热闹。在此期间，常举办本族男丁的聚会餐饮。过去和郁里每隔三年便举行一次"打醮"的民俗活动，历时四天半。族人按风俗，带着各种祭品三三两两来到大祠，听喃呒师傅的唱颂，拜祭神佛和列祖列宗，祈求平安吉祥，枝繁叶茂。此时必是人声鼎沸，香烟袅袅，爆竹声声，别有一番景象。

两廊门楣灰塑

每年的清明拜祭祖先、大年初五和郁王氏敬老日，都在这里举行隆盛的聚餐活动；附近村民每有婚嫁等喜庆大事，也多借用祠堂、桌凳、炊具和餐具操办饮宴款待亲朋；远来的海外游子归乡，皆先到大宗祠寻宗探祖，诚心拜祷，祈求先人庇荫，一帆风顺。

百年的王氏大宗祠，犹如族人心中不变的图腾，深藏在它背后的宗族文化和民俗，随着传统文化越来越被重视，而散发出她迷人的风采和浓厚的醇香。

祠堂文化知识

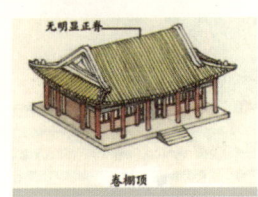
卷棚顶

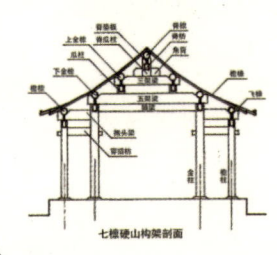
七檩硬山构架剖面

卷棚顶：又称元宝顶，是古代汉族建筑的一种屋顶样式，为双坡屋顶，两坡相交处不作大脊，由瓦垄直接卷过屋面成弧形的曲面。卷棚顶整体外貌与硬山、悬山一样，唯一的区别是没有明显的正脊，屋面前坡与脊部呈弧形滚向后坡，颇具一种曲线所独有的阴柔之美。

脊瓜柱：又叫童柱，指立于梁上的短柱，安置于三架梁上用来支撑脊檩。

靠背栏杆：也称美人靠、吴王靠，是栏杆的一种形式，给坐凳栏杆加一个靠背，用于人们在游园疲累时稍息。靠背非直立而有曲线，略向后仰，坐上去可以向后仰靠，感觉十分舒服。

从知行农民学校到"空心"祠堂

——东湖村王氏宗祠的变迁

◎徐文锦　袁文婷

走过花山镇的东湖小学,可看到一棵大树将路分为两半,旁边就有一座祠堂,这便是东湖村的王氏宗祠。祠堂不远处有一个静静的鱼塘,周边的房屋都空着,偶尔一两个

东湖村王氏宗祠

村民从旁边的马路穿过。熟悉花都的人知道,这条村子曾经人声鼎沸热闹非凡,而如今竟然变得如此的萧条。村里的人已经全部迁往东湖安置区,只剩下这座祠堂孤寂地伫立在这里,无声诉说着当年王氏族人的辉煌。

王氏宗祠的历史

族谱记载,王氏宗祠建造的时间大概在咸丰十一年(1861),当时是间两进祠堂,属田螺湖王姓族人所有,名王广发堂,其木质堂匾现悬挂在祠堂二进正中的原祖先神位之上。是否原匾有待考证。

除王氏宗祠外,东湖村的王氏还曾经有过一座美英王公祠。美英王公祠,是一间青砖墙、麻石门、白石柱,厅堂四柱均为格木,木金钟架,四周墙壁绘有壁画的二进祠堂,建于咸丰七年(1857年),属美英祖一至五房。新中国成立后土地改革时分给农民,后来农民将祠堂拆掉,现只剩下一块地皮。王氏宗祠的建造时间,比美英王公祠稍迟几年。

20世纪20年代,中共地下党组织在王氏宗祠办校,名为知行农民学校,宣传党的政策,组织群众,成立农民协会。由此可见,王氏宗祠是花县最早发动农民、成立农民协会闹革命的地方之一。花县农民协会后在九湖村"王氏大宗祠"成立。大革命失败后,迫于国民党反动派的清剿政策,众多农会会员背井离乡,抛妻弃子远走他乡,有的为此坐牢甚至献出宝贵的生命。新中国成立后,该村曾改名知行村,以此纪念大革命时期做出贡献的知行农民学校。在农业合作化时,以王姓为主的东华片改名为"东知行高级农业合作社",而东湖村一至九队则被冠以"西知行农业合作社"。

20世纪30年代,王氏宗祠破旧不堪,族人觉得破烂祠堂有失观瞻,有辱先祖,1933年,经族人提议,王氏宗祠在原址上重建。当时将破烂祠堂拆掉,族人齐心协力,出钱出力,终把王氏宗祠建成全青砖外墙,内有花脊壁画的两进祠堂。祠侧有厨房,大炉大灶,天井水井,台凳碗筷一应俱全,可供族人办事使用。祠堂前开挖一口鱼塘,塘基上种上荔枝、龙眼,祠堂门前两侧分别种上榕树,供族人夏日乘凉,闲时憩息。

1984年,王氏宗祠再次重修,新修后的祠堂坐北朝南,三间两进,总面阔11.1米,总进深18米,建筑占地205平方米。祠堂门口楹联曰:"三槐启族;二草名家。"

王氏宗祠内的山水壁画

"三槐启族"说的是,北宋丞相王旦之父王佑,曾手植三槐,说:"吾子孙必为三公",于是天下王姓遂称王佑为三槐王氏始祖,堂号亦称之为"三槐堂"。"二草名家"说的是东晋时,王羲之、王献之父子有"书圣"之称,尤其以草书见长。对联含义浅显易懂,言简意赅,意味深长。此对联经考证为本族人王文浩(广东省第五法院首席检察官)所撰,每年春节均由本族人书写并张贴于大门两侧,祠堂重修后一直延续至今。

曾经的辉煌

民国十二年(1923)四月,九湖乡农会的成立,给花县农民带来了新的希望,田螺湖村(今东湖村)的农民也因此受到鼓舞。阮啸仙和元臧到九湖乡等地指导工作,下半年在王氏宗祠成立田螺湖知行农民协会。为了推动农民运动,省农民协会派郑铁师(恩平县人)主持创办了知行农民学校。刘炎光(花县两龙乡人)辅助教学,校址设在王氏宗祠。学校白天进行文化补习,晚上则进行马列主义的宣传教育工作。学生初为100余人,翌年增至200多人。知行农民学校的创立,对提高农民思想觉悟、推动农民协会运动的发展起了积极的作用。加入农会者日增,百分之八九十的农民都成为农民协会会员。民国十六年(1927)六月十日,地主武装勾结军队包围田螺湖,农民自卫军奋起抵抗,终因寡不敌众,突围转移上古岭(今联安村),进行地下秘密活动。敌人闯入田螺湖,恣意抢掠,王氏宗祠幸未被毁。

王氏祠堂有一段"辉煌"的过去，与革命烈士沈载典有着不可分割的关系。

沈载典又名沈曲，1887年出生于田螺湖村。1923年，我党派阮啸仙率领"新学生社"的骨干黄学增、高恬波等人到花县发动农民建立农民协会。1924年九湖农民协会宣告成立，当时沈载典和其他青年也前往庆贺。同年阮啸仙来到了田螺湖村开展农运，点燃了田螺湖村农民运动的火苗。

同年，沈载典、王寿康等人首先与九湖农民协会取得了联系，并向王福三等请教组织农会的经验，随后回到田螺湖挨家挨户去宣传和发动群众。经过一段时期的深入宣传发动，他们在东湖松仔岭上召开了秘密会议，筹备建立农民协会。1924年下半年，田螺湖村农民协会正式成立，沈载典担任文书管理和宣传教育工作。

此后，田螺湖村又创办了"知行农民学校"，学校就设在王氏宗祠内。这所新办的学校有学生100多人，后增至200多人，沈载典、沈锦良、李伦等也参加该校学习。田螺湖村农会的成立给全县各村影响很大。不久，各村的农会和农民自卫军就如雨后春笋般地相继成立。

1925年9月3日，花县农民协会举行恢复典礼，到会的有省农会代表彭湃、县党部代表、各乡代表及各乡农民自卫军战士、学校师生共有千多人。"知行学校"师生们率先参加，沈载典和沈锦良、李伦等人带领田螺湖村农军和农会会员，组成了一个庞大的队伍，他们高举犁头红旗（农会会旗）也前去参加大会庆贺。

1926年8月27日，杨村农会受到反动民团的围攻，沈载典、沈荣谦、沈荣练等人闻讯赶到杨村，支援杨村农会，抗击反动民团。他们与前来杨村助战的各村农军战士一起向敌人猛烈反击，经过了一连四个昼夜的激战，打退了反动民团的进攻。

1927年，蒋介石发动"四一二"反革命政变，残酷屠杀共产党人和爱国志士。农历五月十一日深夜，反动地主及民团买通国民党驻军头目李务滋，带领一个团士兵和当地民团，向田螺湖村发动进攻，沈载典、沈荣谦等会干部和农军战士奋起抵抗，激战了几小时之久，敌人仍未能攻入。后来敌人增加了援兵，把整个田螺湖村围困得严严实实，农会终因寡不敌众而失守。从此田螺湖村农会便转入了地下活动，沈载典等以隐蔽的方式继续坚持斗争。

1930年春，在中共花县行动委员会成立大会上，沈载典等五人被选举为中共花县行动委员会委员，沈载典为财政委员。

1931年4月，国民党政府再度派出反动军队数十人，突然把田螺湖村围困，进行了大搜捕，沈载典不幸被捕。反动派动用了酷刑，把沈载典打得皮开肉绽。然而，沈载典宁死不屈，为了保护同志，使地下党组织不受破坏，他勇敢地站出来，承认自己是中共党员，是农会领导人。之后，沈载典被押往广州市南石头，敌人继续审问，沈载典始终守口如瓶，视死如归。1931年4月底，沈载典惨遭杀害，时年34岁。

日渐空心

今天，曾经作为知行农民学校、在宣传党的农民政策和马列主义占有重要席位的王氏宗祠已变得萧条，因为机场建设的需要，东湖村东湖片的村民已经搬离，村子已经日渐"空心"，这座破旧的祠堂日渐荒废。

为了国家级重点工程白云国际机场的建设，东湖村王氏宗祠的后人们理解"先国家，后小家"这个道理，宁愿牺牲自己的利益，倾全家老少几代人的积蓄搬迁至王姓新庄定居，整个征地拆迁过程是零投诉。并按政府的要求于1998年前全部搬迁至安置区安置房，腾出土地给国家使用，此举为国家做出了重大贡献。

人烟少了，处于其中的祠堂便成了躯壳，失去了人气。接待采访的王叔说："现在大家都搬去安置区了，除了过年，村里的人会回祠堂拜祭祖先，平时有几个人回？"言语间夹杂着无奈。如何继续维护祠堂并将其所蕴含的历史文化传承下去，成为目前最大的难题。

早在2008年，祠堂已成为花都区登记保护文物单位，但是由于失去了村民的看守与保护，祠堂已经多次遭到破坏。电线被剪断、墙身损坏，外墙残旧、壁画开始褪色。外面的杂草肆意生长，如果没有那副一年更换一次的对联，外人会以为这里已被人遗弃。更严重的是，祠堂两连廊因多年漏水，致木桩霉烂，随时会坍塌。两边偏房因年久失修，中间瓦面已下垂，东边山墙因榕树根渗入，祠堂出现向东倾斜的情况。

有祠堂的地方，就有根。如果根没有了，族人就没有了认祖归宗之所。面对时代的变迁与城市的发展，祠堂面临着要被遗忘并消失的危险，即使是底蕴深厚的历史遗址也不例外。

这座祠堂不寻常

——记永明村税恩严公祠

◎侯丽佳

税恩严公祠坐落于花都区花山镇永明村沥贝自然村。该村严姓常住人口约1800人,分布在外地约2000人,其中海外同胞约1000人。蓝天映衬下的税恩严公祠风格古雅,气势宏大。行走于这座被列为花都区保护文物单位的祠堂,我们既惊叹于它的风韵和别致,更为一代又一代严氏后裔用心的守护和传承而感动。

永明村税恩严公祠

宗祠豪华　家族显贵

税恩严公祠始建于清康熙三十三年（1694），咸丰九年（1859）扩建重修。税恩严公祠是以先祖税恩的名字命名的，始祖泗上公是税恩的曾祖父。祠堂门前有用石头建成的门帘式柱子，据说要对朝廷有重大贡献的官臣家族才准许建这种豪华的宗祠。严姓祖上有人在朝廷做官，官至丞相，因此税恩严公祠才建有石门帘柱。据介绍，这种门帘柱在花都区只有资政大夫祠和税恩严公祠才有。祠堂门前有一个宽阔的鱼塘。屋脊两边翘起，分别有一个狮子把守，屋脊中间立有双龙戏珠的雕塑，花鸟图壁画，形态栩栩如生。鸟语花香寓意欣欣向荣、吉祥如意。祠堂门口挂有"风流汉族；记作名臣"和"富春山不老；天水远流长"的对联。措辞典雅，语气轩昂，这是后人为了表彰和纪念先祖子陵公而作，表达了敬仰和怀念之情以及族人崇本思源承前启后的心愿。

整座公祠为三进三开间，第一进为门厅；第二进称享堂，供族人议事的地方。享堂有石碑，碑上写有对联，上书"门从积德大；官自读书高"，横批是"龙凤呈祥"。这副对联将"门官"二字分别嵌入句首。据说民国时就有这样的写法，体现了当时"唯有读书高"的社会意识。中间文字为"年月招财和合童子，都天至富财帛星君神位，门官土地旺相福德正神位，南昌五福车大元帅神位，日时晋宝利市仙宫。"下面则是红色的香盆敬供。两面的墙壁上分别挂着较长的壁画。第三进名寝堂，供置着祖先的神主牌，龛前有香炉、烛台等祭器。右边是做饭的地方。过年、生日、喜庆等，严氏后裔都会排着队到这里来祭拜，从神位（太公）一直拜到副天宫，再到门宫，最后出大门，祈求天宫赐福，保佑族人平安幸福。若遇婚庆日子，祠堂大门两旁则贴上红对联，新娘新郎双双对对身着新衣裳，在吉祥时刻，点香跪拜祖先，祈求祖先，给予好运。

据《姓氏考略》所载，严姓郡望主要有三个：天水郡、冯翊郡、华阴郡，税恩严公祠的郡望属于天水郡，堂号"富春堂"，此外，严姓的主要堂号还有"调山堂""古秋堂""钤山堂""宜雅堂""四录堂""尺五堂""海云堂"等。

岁月更替　宗脉永存

岁月更替，物是人非。税恩严公祠历经数百年风雨洗礼，已残破不堪，修缮祠堂不仅是对中国历史遗迹的补救，而且也是对家族祖先长辈的缅怀和尊敬。由于村民对文物的保护意识较强，税恩严公祠没有被瓜分拆散。但在"十年浩劫"期间，祠堂里的古代传统工艺品受到较为严重的损坏或遗失，幸好原貌尚能大体保存。1950年，税恩严公祠祠堂的祭祀功能消失了，祠堂被用作学校，一时间书声琅琅，生机盎然。到了20世纪60年代，这座祠堂摇身一变成了大队仓库，里面布满了灰尘，堆满了农具杂物，后来又变身成为村广播站。

1985年，村委会意识到保护祠堂文物的重要性，将祠堂交还给严氏家族专管专用，并于同年成立祠堂理事会，严世祥等10人当选为理事，严万坤任主管员。理事会决定按当时男丁人口，每人捐人民币4元集资维修祠堂，同时重新建造祖先灵位，供后人拜祭。2000年，由严世祥、严万煊、严大杯等人发起捐款维修祠堂的号召，立即得到村委会、全体村民和海外同胞的热烈响应和支持。祠堂在原貌格局基础上进行了翻修，严氏的族规被确定为"乡约当遵、宗族当睦、姻里当厚、职业当勤、赋役当供、争讼当止、节俭当从、邪巫当禁、四礼当行"等，与今天倡导的内容为"富强民主、文明和谐、自由平等、公正法治、爱国敬业、诚信友善"的社会主义核心价值观多有交集之处。

祠堂壁画

追根溯源　天水流长

严氏宗族距今已有两千余年历史。严姓，源于庄姓，是中国南方典型的姓氏之一。史载，东汉时，因避讳明帝刘庄，改姓为严。奉严忌为始祖。魏晋时期，部分严姓恢复庄姓，故有"庄严一家"之说。严姓人口尤以湖北、江苏、浙江等省居多，三省严姓人口占中国汉族严姓人口数量逾半。集中于湖北、江苏、广东、四川、浙江五省的严姓人口大约占严姓总人口的56%。其次分布于湖南、广西、江西，这三省的严姓又占13%。

严姓名人荟萃，与税恩严公祠族人有关联的历史名人则为严子陵和严嵩，严嵩又与繁衍迁徙到花都区的严姓有一定的渊源。

据史载，先祖严子陵，会稽余姚（今浙江省余姚市）人，年轻时就很有名望，后来游学长安时，结识了刘秀和侯霸等人。为了摆脱王莽的羁绊隐名换姓，避居今浙江杭州桐庐富春江畔。公元25年，刘秀力战王莽登基，思贤若渴，到处寻找严子陵。几年后，得知严子陵披着羊皮隐居在齐国某地（今浙江省桐庐县境内）钓鱼，便立即派人带了聘礼，备了车马去请，一连请了三次，严子陵为诚所动，一心辅佐刘秀，后被小人陷害，由此看透了官场的险恶。当刘秀还想要他做谏议大夫时，他终于不辞而行，悄然离去，隐居于富春山下。

东汉建武十七年（41），光武帝刘秀再一次征召严子陵，再一次被拒绝。严子陵索性回到故里陈山隐居起来，没过几年，便死在那里，享年80岁。严子陵高风亮节，有诗为证。北宋名臣范仲淹任睦州知州时，在桐庐富春江严陵濑旁建了钓台和子陵祠，并写了一篇《严先生祠堂记》，赞扬他"云山苍苍，江水泱泱，先生之风，山高水长"，更使他以"高风亮节"名闻后世。因此，税恩严公祠的祠堂门口挂有纪念严子陵的"风流汉族；记作名臣"和"富春山不老；天水远流长"的对联。在村里，一说起严氏名人，人们脱口而出的是严子陵。

据史载，先祖严嵩（1480～1567），字惟中，号介溪，江西新余市分宜县人，弘治十八年（1505）进士，改翰林院庶吉士，授编修，是明朝中叶的丞相和中国历史上著名的权臣之一，累进吏部尚书，谨身殿大学士、少傅兼太子太师、少师、华盖殿大学士。严嵩出身于寒士之家，少年聪慧，他在其家乡钤山之麓建钤山堂隐居读书八载，诗文峻洁，声名始著，云蒸霞蔚，留得诗书与后人。严嵩著《钤山堂集》，又总纂《正德袁卅府志》，诗文在当时堪称一流，有文史为证："如今词章之子，翰林诸公，严惟中为最。"善于撰写一些焚化祭天的"青词"，从而受到皇帝的宠幸。青词，又称绿章，是道教举行斋醮时献给上天的奏章祝文，一般是骈俪体，用红色颜料写在青藤纸上，要求工整华丽。他于嘉靖二十三年（1544）九月升任首辅，独揽国政，被称为"青词宰相"。

垂脊上的陶塑麒麟

严嵩虽然在嘉靖朝权倾一时，位高权重，为人也阴险狡诈，但他在家庭生活中却是一个好丈夫，与结发妻子欧阳氏的感情很好，没有其他姬妾，二人育有二女一子。严嵩对儿子严世藩宠爱和放纵，他以东楼（严世藩的别号）称呼儿子，这在明代恐怕没有第二例了。严嵩柄政时，朝野上下流传着"大丞相""小丞相"的称呼，"大丞相"指的是严嵩，"小丞相"指的就是严世藩。

在税恩严公祠的墙壁上挂着一块黑板，黑板上用繁体写着"富春山不老，天水远流长——沥贝村税恩严公记事：明朝江西省人严嵩，官至丞相，擅专国政达20年之久，权倾朝野，后被政敌海瑞诬奏十大罪状。皇上于震怒之余，仍感其有功于朝，赦免死罪，赐金瓯一只行乞，逮其子世藩入狱"等字样，落笔日期为公元二千年仲夏敬立。严嵩晚景凄凉，走投无路，只得在祖坟旁搭一茅屋，寄食其中。嘉靖四十五年（1567）四月，严嵩在孤独和贫病交加中去世。他死时穷得买不起棺木，也没有吊唁者。临死前，严嵩艰难地写下"平生报国惟忠赤，身死从人说是非"，掷笔而死。

在江西省吉安县内居住的严氏子孙恐受严嵩的株连，惊慌失措，四散逃避。当时一批严氏子孙在赣州境地，因担心被官兵追捕，于是携家眷南下，曾居南雄珠玑巷，因发现该处土地贫瘠，且邻近赣境，易为官兵追捕，遂南下广州番禺棠涌村定居繁衍。始祖泗上公是子交公之子，清康熙二十五年（1686），携子贵清、海清、得用一家从棠涌村迁徙到花县（花都区）元田村，后又迁至九湖村安居乐业。贵清生一子名善昌；善昌生三子，即法成、法德和三子税恩；税恩生六子，即允祈、允左、允右、允清、允政和六子文义。沥贝村只存留大房和六房，其他房属无法可究。后来，税恩公一家亦于清康熙年间从九湖村迁徙到沥溪旁沥贝村（水榕坑，即花山镇永明村沥贝自然村）的山岗定居。因此地有一条小溪，土地肥沃，山岗状如贝壳，而"贝壳"虽小，它却非常坚硬而精致，蜗里藏着的光亮珍珠，静默地固守着家园。由于对居住地状如"贝壳"的联想寓意好，村民仿佛看到希望，想象着生命就好像贝壳上那些美妙的曲线，倘若居住在此地便有好兆头，于是严氏税恩公一家决定把这个建在小溪后面（小溪俗称沥）状如贝壳的村子取名沥贝村，并决定在此安居乐业，辛勤劳作，嗣后子孙繁衍，开枝散叶。税恩公的大儿和小儿都曾在沥贝村生活，其女儿嫁给卢姓家族，因夫家白云区神山镇洪灾，夫妻一家后来逃难搬到岳父家沥贝村暂住，一直居住生活到老。后人为了纪念税恩太公，每年清明节都组织严氏家族到福源水库边税恩太公的坟上去祭祖追思。

税恩严公祠这个带有神秘色彩且具有民居特点的建筑，是严姓家族兴衰沿袭的传承，浓缩了祖先在这块土地上自强不息、守护家园、爱国爱家的经历和精神。祠堂历史悠久，集中了族人最大的人力、物力、财力和智慧，倡导敬祖、孝悌、助学、规仪、扶贫、美德、操行，如今这座祠堂成了族人商议大事、庆贺喜事、关爱老人的圣地，同时也表达了严氏后裔追慕前贤，坚守情操的理想和品格。

祠堂文化知识

开线：建造房子举行奠基仪式。于所选的吉日吉时，主人家先以三牲茶酒祭神，并在宅基中心燃放鞭炮以告，由地理先生用罗盘开线以确定房子坐向及四至，再按先中心后四角挖土开基。

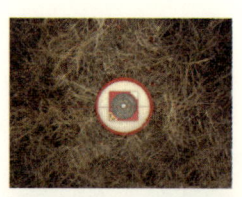

坤甸木：属于龙脑香科。因其结构细匀，材质硬重，强韧耐腐，抗蛀力强，且不怕潮湿，置于潮湿处不会腐蚀，因而被广泛用作岭南祠堂梁柱，数百年白蚁咬食不动，不会腐朽，历久弥新。

夔纹：也称夔龙纹，祠堂建筑中屋脊装饰的一种，从商周的夔龙纹抽象变化而来，也是五行之中南方尚水克火的一种建筑纹饰。

钟灵毓秀 名人辈出
——记花都利氏家族

◎陈棣生 胡力平

利氏宗祠在花都看似一般,但深入考察后,发现其中有几个耀眼的亮点。利氏家族的遗迹和名人颇有特色,对花都的历史产生过独特的影响,流传也相当深远。

新和村利氏大宗祠

据《广州市文物普查汇编花都区卷》记载，利氏宗祠有三座，一是赤坭镇荷溪村的利氏宗祠，二是花山镇新和村的利氏大宗祠和景志利公祠。利氏家族最早在花都落户之地是在赤坭的荷溪村。

一部《利氏族谱》断断续续记载着花都利氏家族的世世代代。它的开篇便是"利氏开姓源流

利氏大宗祠内景

序"，内说周朝诸侯楚国国王平王，他生有两子，太子继任楚王，次子被封为照王，封地称利邑，后代因而姓利。几经徙迁，唐末有一脉利族人入南雄定居，宋代再从南雄珠玑巷迁至东莞等地开枝散叶。至清代初，又有一支族人迁至荷溪村（今赤坭镇南部），始祖叫利元亨。清代康熙年间荷溪利族又有一脉迁居花山小垍（今花山镇新和村），始祖称利云锦。至今花都区利氏家族唯有赤坭镇荷溪村和花山镇新和村。两地利氏同宗，至今每年清明、重阳祭祖，两地利氏族人仍会约定时间共同祭拜祖先。

由于荷溪村交通条件较差，经济发展较慢，多有外迁，至今只剩百多人，而新和村相对交通较好，土地较肥沃，宜居条件较优，对外开放较早，经济较发达，人口繁衍也较快。今有三千多常住人口，侨居各地开枝散叶遍及港、澳、台和外国各地，名人也较多。利氏三座祠堂的构造，在《广州市文物普查汇编·花都区卷》中已有记述，不再重复。

诗人利普

利普出生于清嘉庆元年（1796），卒于咸丰十一年（1861），享年66岁。他出生时

是在花县二区小坳（今花都区花山镇新和村），出身农民，清贫俭朴，但人穷志不穷，少年时已勤工苦学。稍大，其父见儿子是可造之才，便节衣缩食，送他到羊城拜儒士罗毓生为师。他身穿粗布薄衣，食用寒酸，常受同学讥笑。他忍气吞声，一边埋头默默读书，一边为学堂打扫卫生，学习成绩超群，多次受到罗老师赞扬，这才逐渐受同学尊重。道光年间，回乡参加考试，排名靠前，他在乡间常帮贫民做些书写之事，不收酬金，青年时已有些名气。但当时清朝封建统治已走向没落，科举制度黑暗，利普赴广州参加府试，屡考不第，同乡人多为其鸣不平，推荐他教书为生。他目睹民间各种疾苦，贫富悬殊。他对社会黑暗，虽无力抗争，但却能以他的文才，挥笔撰写诗文，诉说民间疾苦，揭露地主欺侮穷人的丑恶面目。例如，他写的《贫妇佣田叹并序》："县属妇女多蓬头赤足，佣田趁值以赡仰其家。民人贫瘠，郊外连阡接畛，皆富家业。丁男俯仰无资，衣食多归而谋妇。"因感而作："平明结队出前村，田主家中试扣门。人众主人酬贱值，半含嗔恨半难言。主人笑骂妇无闻，可怜心里苦家贫。佣田得值赡家计，汗湿青衫泪湿巾。"这首诗描写了贫苦人家忍气吞声，汗泪俱下的苦况，也揭露了财主笑骂穷人，压价雇工的丑态。

卷棚梁架

又如，流传至今吟香阁编的《羊城竹枝词》一书，就选入有利普写的六首为民打抱不平的诗，他写的《花县竹枝词》十五首中也有多首是反映劳动人民苦难生活的。

由于他文才横溢，又对现实生活观察入微，与劳动人民有共通的感情，所以他的诗词作品能细致生动地写出实地景象和民俗风情，犹如一幅花县旧社会悲情的画卷。例如他写的《花县竹枝词》中就有两首，其一："一肩柴炭出山村，三八墟期到县门。青布裹头凉帽盖，笑人多事学鸦盘。"其二："侵晨忙起种山田，妇子相随度陌阡。粒米却怜关汗血，食租人自饱安眠。"前一首中的一、二句就是写当时梯面山区农民砍柴、烧炭谋生的艰苦情景。她们肩挑柴、炭翻山越岭到花城（旧花县的县城）趁墟。所谓"三八"墟期指的是每月中初三、初八、十三、十八、廿三、廿八日是花城墟期，各地群众是日汇集到此进行货物买卖交易，一幅民情、民俗的风景画跃然纸上。后一首诗的第三、第四句更是穷富对比的神来之笔。穷人"粒米"都是用"汗血"换来，而"食租人"（指收租的地主）都是"自饱安眠"不劳而获的剥削者。

民国十三年（1924）编的《花县志·人物志》中说利普"诙谐跌宕，有东方朔之风"。东方朔（公元前161～前93），字曼倩，西汉时平原厌次县（今山东省陵县神头镇）人，官至太中大夫。他博学机智，滑稽幽默，常在汉武帝面前谈笑取乐。但他于笑谈中，却敢于直言皇帝的不是。汉武帝好奢侈，建上林苑，东方朔对皇帝说：这是取民膏，乱花国家之财，下夺农桑之利，成事不足，败事有余。但皇帝只当作搞笑取乐，不重视他的劝告。他对时政的败坏，也冷嘲热讽。利普也是个刚直不阿的人，寓笑话于讽刺之中，对贪官也直言嘲笑。他在乡间敢于打抱不平，借古讽今，德高望重，所以地方官员奈何他不得。利普生平著作甚丰，对清廉之官著文表彰。如他应邀赴炭步塱头村参加重修青云桥落成典礼时，与众文士赋诗比赛，写下《重修青云桥（七古）》一文，冠于他人，得铭刻碑记。文中对明代"铁汉公"黄皞赞扬有加，对加害黄皞的奸官敢于指责。他平生写的诗词编辑有《蕉鹿樵诗稿》，共选入180余首，惜已失传，只流传有10多篇。他是花都区地域中历史上最正直的诗人之一。

宪兵司令利树宗

进入新和村的腹地，一座中西合璧的别墅深藏在众多民居包围之中，这就是曾经闻名羊城的"半亩园"。笔者在1957年秋趁下乡到小坵村（即今新和村）慕名而去造访过此地。

这时别墅的主人已远离此处，由小坵乡政府占用办公。经过多次文物普查，发现"半亩园"已荒废，后来于2008年被花都区文化广电新闻出版局定位花都区登记保护文物单位。据文物普查资料，"半亩园"是利树宗（1893～1957）的故居。利树宗名声显赫，1935年8月就任广州市宪兵司令。他的顶头上司是当时主政广东的陈济棠。他与陈济棠关系密切，是陈济棠的襟弟，陈济棠迁母亲骸骨葬在芙蓉嶂土地坛，事前就曾与利树宗商量，

这座中西合璧的别墅就是曾经闻名羊城的"半亩园"

并得到他的协助。利树宗1935年年底回乡建"半亩园"时也得到陈济棠等军界人士帮助。余汉谋还亲笔题写"半亩园"大字给利树宗，用花岗石石板刻字镶在入口大门的门额上。此时，余汉谋在广州是利树宗的同僚。后来陈济棠反对蒋介石，余汉谋支持蒋介石，二人才反目成仇。此石匾曾于50年代被人拆下用作铺地之用，文物普查时才找回按原样安装在门额上。

"半亩园"占地约半亩多，坐北面南，南面是院子，北面是两层半的楼房。笔者最近专程到新和村考察利氏家族的史迹。证实文物普查时记录的资料：利氏大宗祠、景志利公祠、半亩园均修复如旧。笔者意想不到，在半亩园会见到利树宗的嫡孙利霖平夫妻和儿子。他得知我是85岁的文史作者，热情地接待我和随行者。有关他祖父的历史，因过去已有人写过，他也知道。但他一家人的情况，这次才透露了一部分。利树宗有两个妻妾，共五个儿子，两个女儿，后代多已移民国外。现尚在世居广州的利树宗三子（按男、女一起排列），名叫利芳照，今年已96岁。现住在祖屋的利霖平是他的儿子。笔者在景志利公祠采访了多位长者，他们知道最多的利氏家族名人，首推利树宗。说他参加过孙中山领导的辛亥革命，抗日时参加过南京保卫战。抗日战争结束后回花县发起成立花县花山水利协会，当主任，策划"清水淋花"工程，（即计划在梯面将流往清远的山泉水，引流入花县，）后因经费不足而停止。新中国成立初期，他移居香港，曾被推选为侨港花县同乡会主席，1957年病逝。新编《花县志》和《广州文物普查汇编花都区

卷》对利树宗的生平均有记载。

这里值得一提的是利树宗对抗日胜利后国民党发动的内战颇为不满。1947年《华声报》"元旦特刊"上他发表了《元旦书怀》诗五首，其中有一首云："胜利威名敢汝瑕，如何黄种又分家。喁喁望治思潘岳，好种河阳一县花。"（大意为：抗日战争胜利后中国地位已大提高，国共两党又陷入分裂。老百姓盼望建设伟大的祖国，花县变得光明美满。）反映了他对家乡的热爱之情。

化学家利寅

花县民国时期的科学家寥寥无几，唯有花山小坵村利氏家族中出了一位研究实用化学的科学家利寅。他的研究成果至今仍在不断发展，得到应用。

据新中国成立后编的《花县志·人物传》记载：利寅（1876~1954），字寿峰，小坵村（今花山镇新和村）人。少时在乡塾读书，习八股至20岁，自觉八股不适用，改习算术、英文，先入黄埔水师学堂，后入广雅西学堂专攻西学，每试名列榜首。广雅毕业后，被选派英国留学，在伦敦大学学习化学，潜心苦读4年，毕业后回国。光绪三十四年（1908）年底返粤，在广东农林试验场任技师，后又兼任场内附设农林讲习所（农学院前身）教员。

化学家利寅

宣统三年（1911）十月十日武昌起义，同年十一月九日广州光复，胡汉民被推为都督，利寅被任命为实业部副部长。到任后，利寅认为"无一实业能够举办，正是尸位素餐，问心有愧"，于是辞职，回农林讲习所任教。后来，该所改为广东农业专门学校，后并入广东大学（即后来的中山大学），利寅在校任教终身。

利寅在任教期间，专门研究了15个课题，取得成功的有：药水制革；全淡（氮）数之考求改善法，制炼桐油；考求铁的比色求数法，并研制卫生酱油；考求磷体量求数改善法，研究肉品制造，如卫生火腿、熏肉、各种罐头制造品；指导学生研究桐油比色尽量法；研究电制腊味有奇效，能使肉品松软易化。"九一八"事变，国难临头，他研究白胶纱绸制造，以抵制日货，维持丝业。他发表的作品有：《定量分析化学》《土麦制酱油之特别良效》《制造酱油之卫生研究》《配合卫生餐品之便法》《磷酸在铁铝中之滴定便法》《农产制造衣食两种之研究》等，并出版了《利寅文录》及《农艺化学实验的一得》等书。

新中国成立后，利寅动员儿子国珍、女儿淑英参加中国人民解放军。不久，国珍在新疆牺牲，淑英在罗定县牺牲。他认为儿女死得其所，是光荣。他在哀痛之余，仍钻研学术不辍，并将民政部门发来的抚恤金全部献给国家，支援抗美援朝。

1954年3月6日，利寅突患吐泻，被急送广州中山医学院附属医院，翌晨即因病情突变而逝世，享年79岁。

其他名人

新和村利氏家族在历史上还出现过几位小有名气的人物，如清代曾参加过编写《花县乡土志》的利璋和五品官利树檀、算术家利珣、中医利欣甫等。笔者顺便打听利家彭的故居，意想不到，他在村里也有些名气。

他于1962年毕业于上海戏剧学院编剧系，与同届表演系的祝希娟（电影《红色娘子》主角）是同学。1965年回花县曾在花县文化馆工作。1984年夏任花县文化局副局长，兼任花县文联副主席（1990年专职副主席），是笔者的亲密同事。他善于创作剧本。笔者在1979年下半年与他和常国煊合作创作的大型粤剧《洪秀全》，年终参加广州市戏剧会演，曾获得创作二等奖和演出二等奖。他个人创作的独幕话剧《约会》还荣获广东省剧协颁发的创作一等奖。他退休后长期有病，2007年逝世，享年66岁。他家乡的利氏族人，至今还流传有他编剧获奖的故事。还说他原来在上海读书时有恋爱对象，后来不知道为什么分手。利家彭的老伴和子女现仍在花都区。利家彭与新华街横潭村的何健烈也是同学，在上海戏剧学院毕业后长期在广州电视台担任编导工作。他两人都为广州戏剧事业做出很大的贡献，值得纪念。

花都区赤坭镇荷溪村、花山镇新和村共三座利氏宗祠，以及利树宗和利寅等名人故居均重修完好。特别是宗祠管理完善，今已成为家族祭祖、起灯、宴会和老人娱乐的场所。利氏族谱也编修得比较完整，名人的先进事迹也得到传播。

祠堂文化知识

连廊： 即建筑和建筑之间的连接构筑物，上有顶，没有围护结构。祠堂连廊一般指两幢或几幢高层建筑之间由架空连接体相互连接，以满足祠堂造型及使用功能的要求。

连年有余： 传统建筑装饰吉祥图案，由莲花和鲤鱼组成，"莲"与"连""年"谐音，"鱼"与"余"谐音，是称颂富裕的祝贺之词。

梁架： 传统木结构建筑中的一种骨架，一般在柱间上部用梁和矮柱重叠装成，用以支承屋面檩条。

始祖成谜　传说动人

——东湖村梁氏大宗祠探秘

◎黄永奎

  梁氏大宗祠是花山镇东湖村一座古色古香的清代祠堂，因为维护较好，已过百年的祠堂至今保存完整。秋日的一个上午，我们来到大宗祠，只见两三个老人坐在祠堂内的茶几前，煮茶对饮，谈笑风生。见人到来，老人忙让座，端上花生、瓜子，并沏茶倒水，好不热情。这几位老人都是村中的"元老"，见我们询问祠堂情况，便将东湖村梁氏族源和梁氏大宗祠的故事娓娓道来。

东湖村梁氏大宗祠

立村始祖有待考证

作善小学校旧址

梁氏,一个中国古老的姓氏。据史料记载,舜帝时候,伯益因帮禹治水有功,又为舜驯服鸟兽,被舜赐为嬴姓。伯益的后裔有个叫非子的人,善养马。于是周孝王便让他负责养马,结果养马业获得了很大发展,非子从此名声大振。周孝王就封秦邑给他,非子被称为秦嬴。非子的曾孙秦仲,是周宣王大夫,曾奉命征讨西戎,不幸被西戎所杀。后来,秦仲的五个儿子率兵继续攻打西戎,他们团结一致,同心同德,最终打败了西戎。由于功勋卓越,秦仲的五个儿子皆有封赏,其中小儿子被封在夏阳(今陕西韩城南),建立了梁国,于是他被称为梁康伯。梁康伯死后,他的儿子继位,由于此人喜欢建造华丽的宫殿,时常大兴土木,弄得民不聊生。公元前641年,秦穆公派兵攻灭了已立国184年的梁国。

亡国后,梁国子孙仍以原来的国名为姓。他们大部分越过黄河,逃往晋国河东,这个时期梁氏主要分布在山西、山东、湖北发展,后有一支流入福建,从福建进入广东。梁氏发源于夏阳,成长于西北,壮大于华南。按各省梁氏人口计算,广东梁氏人口最多。

在东湖村的梁氏先祖就是从福建迁徙至广东南雄珠玑巷的,后继续南迁,在南迁大军中,有一支梁氏支流几经辗转,最后来到花都东湖村。梁氏村民一直认为始祖为名世祖公。为何?因为在村子的左右有两座大山,左边叫老虎头山,右边叫西岭山。在老虎头山上就有名世祖公山坟。后发现坟中没有遗骨,山坟金塔子盖上刻字表明名世祖公是明朝人,娶妻黄氏。死后尸骨不知葬于何处?清同治十年,田螺湖裔孙象等修整银牌安葬于老虎山头。然而,金塔子盖还有一行字引起了村民的注意:"原本未知落于何处,或疑在兔岗村,或未知得确。"后来,东湖村民去广州白云区人和明星村(原番禺兔岗村）查访，才知道名世祖公的尸骨就埋在钟落潭镇障岗村一个小山头上。故此，东湖村人认为他们是兔岗村分支过来的，两个村拥有同一先祖——名世祖公。据推算，名世祖公若是第一代先祖，到了他们这一代，东湖村梁氏已发展到第十九代了。此后，每年清明时节，东湖村梁姓子弟都要前往兔

梁氏大宗祠内景

岗村拜太公山，从未间断过。那么，名世祖公真是东湖村梁氏第一位祖公吗？就在十几年前，故事发生了戏剧性的变化。

2001年，白云机场征地需要搬迁山坟，东湖村村民为寻找山地安葬名世祖公而奔波。村民在磨刀坑搜寻时，突然发现两块花岗岩，上刻有"田螺湖梁宅山界"字样。因无族谱对照，又无墓碑，此山坟属于哪一代祖公，无从考证。村民们只听祖辈讲过，新中国成立前先辈一直拜祭此山坟，但不知是哪一代的先辈。为了揭开这个山坟之谜，结果村民们经过商量，决定进行挖掘。谁知不挖掘便罢，一挖掘，一个惊天的发现浮出水面。

在墓穴中发现了一个陶砖地契。全文如下："立送佳城黄宅，今有太祖项二，自洪武十六年葬于牛心岭脚，于乾隆三十六年□□□□，葬于花县磨刀坑□□，蒙惠送佳城梁项二，乾隆三十六年四月初七，安葬太祖梁项二。"据村中"元老"分析，这是迄今为止发现的最早的祖公。从地契上看。梁项二死后安葬于牛心岭（今属广州市从化区）是在洪武十六年（1383），距今已有600多年，从牛心岭搬来磨刀坑是乾隆三十六年（1771），至今也有200多个春秋。

根据白云新国际机场动工前考古发现，可以断定，在明代，已有村民在现儒林2队老虎头山下的沙梨园居住。据负责撰写族谱的梁云伙老人推算，比较老虎头山名世祖公山坟，项二祖公山坟早102年。那么，梁项二是名世祖公之前的哪一代祖先，后人无从查起，成为历史之谜，有待后人论证。

有个美丽的传说

据老人们讲,东湖村以前不叫东湖村,而叫田螺湖村。那么,这个村以前为什么叫田螺湖呢?

据祖上流传,这里面有一个美丽的传说。在村中,有一口鱼塘,名唤中间塘。相传不知道是哪个朝代的事。有一年,天大旱,中间塘水临近枯竭。有一天,村里有一个后生扛着锄头,下了鱼塘,打算清理一下鱼塘的淤泥,不料,一锄头下去,只听一声音巨响,锄头被震得飞到一边。这个后生吓得魂飞魄散。"妈呀"一声撒腿就往家跑,路上遇到村中老伯,两人壮壮胆,来到了塘中仔细观查看。在刚才的地方,扒开淤泥,两人顿时惊呆了,只见一个磨盘大的田螺突然翻出淤泥,身上被锄头锄出一个碗口大的伤口,"嗞嗞"冒着血水。那田螺似通人性,浑身不停地颤抖。

两人把田螺抬到湖边,老伯忙拉着后生跪下参拜。因为老伯明白,这老田螺可能是本村的神物,估计已生长了千年,不可怠慢。老伯留下后生在这里照看老田螺,自己忙赶回家,让老伴煎了一个大大的烙饼,扛着来到湖边,让后生把烙饼贴在老田螺的伤口上。说来奇怪,那田螺伤口迅速止血,由于食了人间之物,一眨眼的工夫,恢复了原状。

转瞬间,那田螺幻化为一白胡子老者,升上云端。接着,天突然大降暴雨,湖水迅速上涨。村里人由于久旱,庄稼早已枯萎,眼看就要到灾年,如今天降神雨,都以为是田螺升仙显灵,待雨停后,全村人围湖跪拜,焚香磕头,祈祷田螺仙长保佑村民。

经过族人集会商议,从此,村子就有了一个与众不同的名字——田螺湖。即便是已经更名为东湖村的今天,这个美丽的神话传说依然代代流传。

大宗祠的堂号

据村中老人介绍,梁氏大宗祠具体始建时间不详,但是可以断定是建在明代,原梁氏大宗祠是坐南向北而建,由于时代久远,祠堂破烂不堪,于是后人便于清光绪三十四年(1908)间进行了重新选址修建。这座新修建的祠堂在1985年小修一次,2008年适逢百年，村民们进行了大修，所以至今仍容光焕发。

如今，梁氏大宗祠坐西朝东，三间三进，总面阔13.3米，总进深40.6米，建筑占地556平方米。人字封火山墙，灰塑博古脊，碌灰筒瓦，青砖石脚。

举目望去，头门石门额阴刻"梁氏大宗祠"，上款"光绪戊申"，下款"吉旦重修"。头门面阔三间13.3米，进深两间7米共十一架。石门檐柱，前瞻挑头为人物造型与花岗岩石雕，次间虾公梁上设石狮，异形斗拱。封檐板十分精美，上刻有人物、花草动物等吉祥图案。后檐次间砌墙间房。

走进祠堂中，处处雕梁画栋，色彩明丽，雕刻栩栩如生，美轮美奂。祠内绘有《竹林七贤》《福自天来》《南山进寿》《太白醉酒》《刘海钓蟾》《麻姑献寿》等壁画，落款为宣统庚戌年（1910）。院内墙上分别雕有花、鸟、鱼、兽以及老翁出游图，并配有相应诗文。近而观之，上面的灰塑工艺精湛，人物花鸟惟妙惟肖。

中堂面阔三间13.3米，进深三间8.5米共十三架。石前檐柱，杉木金柱，后金柱悬挂有木匾，上书"作善堂"三个大字，苍劲有力。"作善堂"三个字的下面，有一行小字，分别为"孝弟忠信廉节"。那么"作善堂"这三个字因何而来？据村民梁宜信老人讲，这个祠堂以前祖辈传下来时，就有"作善堂"三字，这个"作善堂"是堂号。因为在白云兔岗村祠堂内悬挂的是"贻善堂"，两座祠堂都是用"善"为堂号，这充分地说明了东湖梁氏和兔岗梁氏同宗，他们拥有共同的先祖。

后堂面阔三间13.3米，进深三间7.9米共十三架。后堂前带两廊，八架卷棚顶。杉木金柱，堂上设神龛一座，供奉的是梁氏的先祖。

整体来看，梁氏大宗祠修葺完好，古色古香。花都地区虽祠堂众多，但是与个别破旧的祠堂相比，梁氏大宗祠却与众不同，不仅打理得干净整洁，而且壁画精雕细刻，堂柱上字字崭新，可见梁氏后人对宗祠的重视。

与老人聊天中，不断有巨大的声响来自空中，

梁上悬挂的状元及第牌匾

屋脊灰塑鳌鱼

间或打断笔者的思维,抬头仰望,见一架大飞机划过长空,掠过祠堂脊顶上方,好不壮观。接着,又有好几架飞机飞过。梁云伙告诉笔者,此地离广州白云机场约有500米。笔者不由感慨万分,与花都别的祠堂最大的不同之处就在于,站在梁氏大宗祠,你一定会觉得没有白来,因为地上的百年老祠和空中现代化的飞行器同时出现,相互映衬,不由使人感到传统文化与现代文明的交融,惊叹于人类改天换地的伟大。

广东最后一名状元曾来过

梁氏大宗祠门前立旗杆夹两对,正面几个大字特别显眼,上书"钦点状元及第",背面石刻有"同治十年辛未科,会试第二百二十三名贡士,殿试第一甲第一名进士,授职翰林院修撰,臣梁耀枢"字样。每块旗杆夹石上饰麒麟,下有四方形石座,四面分别有古代人物浮雕及纹饰图案,工艺精致。

说起梁耀枢其人,老人们自豪之情溢于言表。自隋唐开科取士的1000多年来,广东出过9名状元,他是最后一位。据史料记载,梁耀枢,顺德杏坛镇光华村人,清同治年间状元,授翰林编修。官至侍读学士、詹事府詹事。

这对状元旗杆夹立在梁氏大宗祠前,其作用是为了光宗耀祖,也是为了鼓舞族人。但是,让人不解的是,此地并非状元梁耀枢的家乡。那么,为何东湖村人为一个异乡人立旗杆夹呢?

据老人们说,祖辈传下的故事是这样的。当年梁耀枢挑灯夜读,三更灯火五更鸡,参加科举考试一举成名,荣登榜首。梁耀枢高中后,衣锦还乡。先在自己家乡顺德风光一番后,后到广东梁氏同宗同族中走访,便来到番禺兔岗村(今属白云区),受到了村民的盛情款待。后来听说花县的梁氏也是同宗,便坐着轿子前来,东湖村的村民们听说状元前来,一窝蜂地把状元围个水泄不通。梁耀枢小坐之后,将一小木匾赠予东湖村梁氏族人,木匾上书"钦点状元及第"。东湖村族人激动不已,村中男丁立即把状元赠的木匾悬挂于祠堂正堂之上。面对蜂拥的人群,族长请梁状元为村中的学童训话。梁耀枢喝了一口茶,说道:"列位学童,务必要从小认真攻读。勿要羡慕我,只要刻苦读书,尔等人人皆状元也。"说罢,他便谢绝村民吃饭款待,上了轿子,继续拜访别村的梁氏族人了。

梁耀枢走后,村里乡亲父老聚集祠堂,商量决定,由各家分摊银两,建两块旗杆夹于祠堂前,以表纪念。以此鼓励村里孩童认真读书,以梁耀枢为楷模。

后来听说村中老少童叟,皆以状元石为荣,孩童入学之时,私塾先生都要带他们到旗杆石下举行启蒙仪式。梁氏族人历代勤奋好学,人才辈出。村里曾出过一位举人,此人名叫梁魁。解放初期,又出过第一代大学生原广州中医大学教授梁广基。如今,东湖梁氏已出过二三十名本科以上的大学生。

祠堂文化知识

漏窗:俗称花墙头、花墙洞、漏花窗、花窗,在传统园林建筑中一种满格的装饰性透空窗,外观为不封闭的空窗,窗洞内装饰这各种漏空图案,通过漏窗可隐约看到窗外景物。

落地罩:建筑内檐装修木雕花罩的一种,凡从地上一直到梁(或枋)的花罩都可称为落地罩。

龙船脊:建筑屋顶灰塑正脊形似龙船,船身瘦窄轻盈略呈弧形,两头卷草尾向上翘起,布有如意饰纹,像一艘艘凌水欲飞、此起彼伏的龙船,营造出岭南民俗赛龙夺锦、万舸争流的文化意蕴,除装饰性之外,还有镇火和压顶挡风等作用。

别具一格　与众不同

——记平山村危氏大宗祠

◎常国煊

　　从花山镇政府门前沿106国道往西南走约一公里,左侧有一座与众不同的大祠堂,这便是花山镇平山村危氏大宗祠。宗祠坐东南向西北,南边有两棵绿叶婆娑的细叶榕,估计有近200年的树龄了。它树身苍劲,树冠宽阔,是平时村民休闲纳凉的好地方。此地交通便利,到广州也就是半小时车程。往东去花城、梯面、从化、太平场也相当方便。在平山村危氏宗亲危日文等人的陪同下,我走进了平山村的危氏大宗祠。

平山村危氏大宗祠

门前三尊石象

在祠堂门前的西北角有三只石象，石象一大两小，大的在中间，两只小象分立两旁，祥和的造型给古色古香的祠堂平添几分神秘的色彩。我问："祠堂门口设石象一定有什么寓意吧？"答曰："象属水，水生财，广东的祠堂一般门口都有池塘的，但我们的祠堂门口没有池塘。象，象征和谐、上进、团结，代表危氏族人做事踏实、勇猛，天行大愿。"我恍然大悟，原来那石象有这么多的含义，甚至可以代替一口池塘。危日文继续说："象是镇宅、祥和、团结的象征，你们没听过象与象打架吧！它们总是集体行动，成群结队，互相照顾，凶恶的狮虎也惧它们三分，不敢惹它们。如果有人胆敢猎杀它们的小象，它们会集体报仇，那场面是很恐怖的。"这下，我终于明白了危氏大宗祠门前设象的原因了。

在大门口的右边，挂着区文化主管部门2008年颁发给危氏大宗祠区级文物登记保护单位牌匾。祠堂门口有两根石柱闪烁生辉，此乃明朝产物，是原来旧祠堂的门柱。此宗祠是毁旧祠而于清朝道光五年（1825）重建的，如今祠堂门口那球场空地就是旧祠堂的原址，是坐南向北的。至于旧祠堂建于何年又因何而毁，暂无从考究，连村中年纪最大的老人家也一问三不知，既无口传记载更无资料流传，危氏的历史资料简直为零，就算众说纷纭，也是无从考究，不得而知。

在这里就要说一下那两根明朝石柱的故事了。相传它四时变色，春天为青色，夏天为绛色，秋天为淡白色，冬天却变为灰黑色了，正是看石柱而知四季，真乃世间之稀宝。这事一传十，十传百，很多文人雅士，慕名前来观看，听说在民国二年（1913）有一位西方商人来到平山要收买危氏大宗祠门前那两根古柱，开出能够重建一座大宗祠的高价，但危氏族人不为高价所诱惑，他们认为是宝物也好，不是宝物也好，变卖祖宗的遗物便是不义之举，众父老乡亲统一口径，多少钱也不卖，那西方商人不得不无奈而走，因而宝柱得以保留至今。有兴趣的读者不妨每隔三个月前来平山村危氏大宗祠一探这神奇的宝柱吧。

进入祠堂要上三级麻石（花岗岩）台阶，门口一副醒目的对联，"崇山钟秀气；政府萃恩光"（此联为后人撰写）。祠堂里里外外都是青砖所砌，而这些青砖都是危姓族人自己在附近松仔岭嘴设窑烧的，不过有些地方经过年久日深的风吹雨打，已露"退

在祠堂作醒狮表演

霉"的现象,还有些地方墙体出现裂缝。危氏家族已打算重修,估计初步概算需资金200万~300万元。

墙体高处一些经典的壁画到处可见,诸如"福禄寿绵长""诗礼传家""寿享无疆""叱石成羊"等。首进与中殿有个用花岗岩铺砌的天井,而中殿与后堂之间的天井却是水泥三合土。

祠堂三个殿堂的地面均为1.2尺的大方砖。进入中殿,一块深色的楷书"崇政堂"牌匾高高挂在大殿上。据说,原来危氏祠堂最早的堂号为"晋昌堂",晋昌是古代危氏族人聚居的郡名;后来又改为"汝南堂",因为东汉王符著"潜夫论"记载有"危氏三苗后望出汝南"之句;再后来又改为"衍思堂",意思是希望危氏族人子孙后代常考思于万一;到最后于宣统三年(1911)才改为"崇政堂"。之所以改为崇政堂是为了纪念危氏先人,宋时御父危昭德(昭德公江南危姓27代传人)教授皇室东宫皇子于崇政殿之故。危日文说,这崇政两字原是皇帝所赐,是他前几年外出河源及省外福建等地的危氏宗亲会求证的,不会有错。

祠堂两侧各有衬祠一间(衬祠也叫副祠),主祠与衬祠之间有"青云"和"得路"两巷相隔,南副祠为厨灶间,闲时几个大锅头覆盖着,危氏族人的红白事均在此相聚,是"煮饮"的场所;北衬祠以前曾是太公及生产队的谷仓,现在的用处是堆放杂物。

危氏溯源及家训

危氏大宗祠是花都危姓族人的祖祠，花县危姓族人的江南始祖名叫危京，花县的始祖元一公（江南危姓36代传人）是在明朝永乐元年（1403）来到花县平山村开创基业，至今已近600年，繁衍后代3000多人，计二十五（六）代嗣丁。其实危姓族人都是客家人，只不过在几百年的历史长河中被当地人同化了。关于危氏来源还有另一种说法，是说平山村危姓来源于江西临川，其根据是危氏宗祠的一副对联："临川绵世泽；题月振家声。"而这种说法需要更进一步的调查和考证。

危氏族人一向勤劳俭朴，忠厚务实，年幼攻书好学，长成立志进取，为民者积极向上，为官者勤政爱民，他们常以"危氏家训"为镜从严要求自己。在"缘贵危宗祠"里，我们发现了《危氏家训》的牌匾，其内容为："华夏危氏，亲同一家，弘扬祖德，尊祖敬宗，喜乐相爱，急难相帮，敬老爱幼，戒恶扬善，尚群进取，德才兼修，坦诚豁达，宽厚包容，心存敬畏，居安思危，谨言慎行，勿贪勿嗔，志高趣雅，戒赌绝毒，俭以养德，切勿吝妒，诚信为本，教子义方，诗书传家，不娇不宠，敬业精技，富足不凡，见贤思齐，奖掖良才，携手奋发，再创荣光。"好一篇《危氏家训》，一个集体或团队如果真的能做到危氏族人一样，时时、事事、处处、都以"家训"为镜，时刻警惕自己并提醒自己周围的人群，这个集体或团队肯定优秀，正能量一定能够压倒一切的歪风邪气。

声名远播的群英堂

危氏在花都虽然人数不多，但其引以为傲的群英堂醒狮会却在清末名噪一时，无人不晓。群英堂醒狮会成立于何时已无从查考，然而它在历史的波涛中几经浮沉，为花都醒狮界留下了浓重的一笔。

关于群英堂有文字记录的事迹可追溯至清同治和光绪年间，这一届群英堂声名显赫，威震家声。当年，花县、南海、番禺、三水等地迎春，醒狮不下百余，云集庆贺，无一能开盘，仅危氏群英堂有能力、有身份开盘。新街正月廿六日善财娘诞，汇集醒狮

"群英堂"在祠堂前合影

好几百,群英堂占了首席。南海官窑正月廿四日生菜会,周边数县醒狮数之不尽却开不得盘,而群英堂不止开盘,还在其戏棚遮天口开盘,气势可想而知。群英堂每年的正月,每天都出狮到外乡表演,直到二月止。当时交通不便,即使是南雄、韶关等地,亦跋涉出演;李溪、竹料、望岗、里水、岗头等,更是遍布群英堂足迹。危氏群英堂成员,个个刻苦习武,意志顽强超越常人,纵使饥寒交迫,不名一钱,仍然日夜苦练功夫。民国二十一年(1932),族人危精干父子和危冠三重振群英堂昔日雄风,相继筹得捐款购置用品,使沉寂了三四年的群英堂东山再起,复骁勇之气。此届又持续了十多年,威风不减先辈英姿。

由于历史的种种原因,群英堂沉寂了52年之久。为了不让群英堂的英名湮没在岁月的记忆中,1984年,由村中利威、信光、棉光、耀沛、国梁、长森等人发起,全族老少解囊赞助,筹得捐款5000多元,在当年的春节,又振锣鼓,群狮再舞。

30多年来,群英堂虽然坚持训练,但近年已经出现青黄不接的现象。为了继承优良传统,团结族人,强身健体,把传统文化更好地传承下去,目前,在新一届宗亲理事会的带领下,危氏武术家、危氏子嗣危凤池联同几名群英堂元老,计划成立全新的危氏群英堂武术醒狮会,提出了重振群英堂的建议,开启了群英堂的新篇章。

危凤池,香港太极梅花螳螂拳总会主席,香港中国国术龙狮总会执委、国术裁判班导师,香港中国国术总会国术、内家拳、太极拳教练,香港警察中国武术会教练、名誉顾问,曾获得2002年青岛国际武术锦标赛(螳螂拳、剑、传统拳)三面金牌,2003年马来西亚第五届世界功夫群英会传统拳金牌,2004年烟台国际武术锦标赛螳螂拳、螳螂剑金牌,第八届中国郑州少林国际武术赛传统拳银牌。

1970年至1976年间，危凤池在家乡平山，每晚在祠堂目睹叔伯辈的武功，亦多次得到点拨。后来他在外发展多年，危氏缘贵祖祠堂百年庆典时，危凤池现场表演，技惊四座，众多外省宗亲希望拜其为师。群英堂再次重振的消息一经传出，报名习武的年轻人非常多，危凤池一直心存回馈宗亲愿望，希望继承群英堂武术传统，并有计划推广至全国危氏宗亲。

危氏宗亲会

危氏族人以危氏大宗祠为中心，而这个中心就是宗亲会，宗亲会在20世纪80年代就已经成立，至今活动从未间断，他们每年的农历正月初八为活动日（近年改为正月初五）。活动日的当天危姓族人不管他们远在港、澳、台地区或异国他邦也必在这一天回来相聚，这一天之前他们便把危氏祠堂打扫得干干净净，已婚的妇女清晨便提祭品来到祖祠拜祭祖先，后生哥肯定到舞狮队，敲锣打鼓，舞狮给祖祠拜年庆贺，然后大摆宴席，男女老少，亲朋好友举杯共庆宗亲之乐。除此之外，"行山"拜祖坟也是族人必不可少的活动，每年的"正清"（清明当日为正清）也是危姓族人非常踊跃参加的活动，当天他们扶老携幼，备齐三牲祭品上祖坟，许个愿，祈求祖先庇佑，务农的五谷丰登，

危氏宗亲在敬老活中欢聚一堂

六畜兴旺；从商的生意兴隆，赚到盆满钵满；读书的，成绩出众，考上大学；老人家儿孙满堂，身体健康长寿。宗亲会还是危氏族人的"司令部"，如遇到外地危氏族人互访，或祖祠维修等公益事宜需要捐款、赞助，宗亲会便要牵头，唱主角，大家也都非常热心随缘乐助。宗亲会还有一项主要活动就是每年的正月初八为危氏敬老日，宗亲会提前组织资金为危氏族人的老人家发送长者红包（利是）做好准备，这天各队的队长到宗亲会为本队的长者领取"利是"并送到他们手中。

再回到本文的标题，说危氏大宗祠与众不同，绝非哗众取宠而是有根有据的。其一是门前三石象，不敢说绝无仅有，但笔者也年近八旬，见过大大小小的祠堂无数，也是头一次见到祠堂设石象雕塑的；其二是祠堂门前的明代古柱四季变色，堪称一绝；其三是一般的祠堂毁旧祠建新祠基本都是在原址、原地，按原貌重建的，但这危氏大宗祠却向东移了位，连向头也变了；其四是很多祠堂建造都是由外地购买青砖运入而兴建的，而危氏族人却在附近的松仔岭嘴设窑自己烧青砖。所以说其与众不同，读者该不会反对吧？

祠堂文化知识

冷巷：是指分隔单位建筑之间的长巷，是岭南传统建筑的精髓，在建筑设计中具有自然通风的功能，给封闭的居住环境带来了阳光、空气以及绿体等自然因素，极大地改善了居住空间的舒适环境。

勒脚：外墙墙身下部靠近室外地坪的部分叫勒脚。勒脚是防止地面水、屋檐滴下的雨水对墙面的侵蚀，从而保护墙面，保证室内干燥，还有美化建筑外观的作用。

连登鼎甲：又叫宝鸭穿莲，鸭子穿行莲中，常用于建筑装饰，比喻士子在殿试中连登榜首。殿试一甲三名，即状元、榜眼、探花，如一鼎之三足，故称鼎甲。鸭字旁有甲字，配上莲叶或莲花，寓意状元及第。

"红色农运"的大本营

——记元田村卢氏宗祠

◎徐文锦

花山镇东方村元田自然村是我国大革命时期花县的革命老区之一,为中国革命做出过巨大的牺牲。早在1923年,中共广东区委领导、广东农运领导人彭湃、阮啸仙、何友逊、罗绮园、法朗克(法国人),国民党中央农民部特派员陈道周、黄学增和花县早期共产党员侯凤墀等人都曾多次到元田村领导和组织农民运动。为了掩护革命活动,当时还在卢氏宗祠开办了元田通俗学校,作为当地农民协会的筹备处和农民秘密活动的地点,积极宣传农运工作的重要意义,四处播散农运火种,发动村民自发组织起来,与反动民团作坚决的斗争。

东方村元田自然村卢氏宗祠

卢氏宗祠

卢姓跟其他姓氏一样，历史上曾发生过多次大规模的迁徙，影响最大的是战争、灾荒和政治迫害等因素，元田村始祖卢志和就是因为南宋末期的天灾人祸从南雄珠玑巷迁徙来神山，后转辗到元田村的。

卢氏祠堂建于清光绪十三年（1887），1948年重修。坐西北朝东南，三间两进，右侧有衬祠。面宽12.4米，总进深25.35米，建筑面积314平方米。青砖墙，人字封火山墙，碌灰筒瓦。前廊梁架、封檐板施有花鸟瑞兽，工艺较精。两墀头砖雕大部分已毁。两挑头雕有戏曲热播人物。大门两侧嵌花岗石，石门额刻"卢氏宗祠"。上款"光绪十三年谷旦"，下款"星浦梁澄书"。后堂，四坤甸木金柱，整座建筑气势宏伟、色调和谐、典雅古朴、独具匠心，具有很高的艺术价值。

100多年来，祠堂是卢氏村民拜祭先人的场所，也是族人举办婚庆筵席，进行大型活动，聚集议事的地方。20世纪20年代，卢氏宗祠因开展农运被烧毁，直至1948年才进行了一次简单的维修，经风雨侵蚀和战火重创，现已千疮百孔，破烂不堪。祠堂内的四条大梁柱，经历了多次战火虽屹立不倒，但已被摧残得破败不堪，后来还出现虫蛀等现象，中心已空掉一部分。2008年，卢氏宗祠因为曾是元田村农民运动协会旧址，被列为花都区文物保护登记单位。

红色农运

1920年，由花县九湖村王福三创办的"九湖自卫农团"和1921年由归国华侨徐茂均创办的"花县共产农团"拉开了花县农民运动的序幕。轰轰烈烈的农民运动引起了广东农民运动领导人阮啸仙的注意。1923年，阮啸仙先后两次来到花县访贫问苦，向农民宣传革命道理，并深入到花东的九湖、联安、推广和花山的元田、宝珠岗、杨村和新华街的公益村等地发动成立农民协会，在元田村卢氏宗祠开办元田通俗学校，作为农民协会的筹备处和农民秘密活动地点。广东农民运动领袖彭湃、黄学增、罗绮园等人也经常到此指导和协助筹备元田农民协会建立工作。

1924年7月6日,元田农民协会在元田通俗学校举行成立大会,选举熊亨为农民协会会长,随后又成立了元田农民自卫军。元田农民协会和农民自卫军的成

精美的虾公梁石狮

立,进一步壮大了花县农民革命队伍,到1924年6月,花县全县加入了农会者已达600户。花县农民协会的迅猛发展,引起了地主豪绅的极端仇视,他们指使流氓暴徒到各农民协会办事处肆意谩骂,故意滋事,甚至殴打农民协会会员。面对地主豪绅的恐吓与威胁,农民协会领导人和农会会员无所畏惧。地主豪绅恼羞成怒,扬言要杀掉农民协会领导人王福三。

1925年1月18日早上,王福三在庙岭坳被反动民团和土匪武装围截,元田村的农民自卫军闻讯后,迅速集合队伍前往救援。县农民协会本部的农民自卫军也起来截击团匪,面对早有准备的反动团匪,县农民自卫军只得边打边向元田方向撤退,王福三在撤退中不幸中弹身亡。随后,反动团匪攻入元田村,烧杀掳掠,残忍至极。直到在鱼苟庄遭到农民自卫军的坚决抵抗后,才不得不撤退。此后,元田农民协会迁到通俗学校右侧的同全米铺。

农会和农民自卫军成立后,曾先后多次参加与当地反动民团及国民党反动军队的斗争,反动武装也曾多次对村子进行疯狂扫荡。1925年1月,李溪匪首张九华在袭击九湖农会未得逞后转头洗劫元田村。

1926年农历七月十九日,反动武装将农会会址——卢氏宗祠及其左侧的同合米铺放火焚烧。此次战斗造成村民死伤二三十人,被毁民房数十间,妇女被奸污,财物被洗劫。劫后全村一片狼藉,惨不忍睹。社会舆论称此次事件为"花县惨案"。

当天,杨村农会遭到地主民团的袭击,元田村农军分队长余耀循立即带领农军队伍支援杨村农会。队伍到了杨村的东北边,与地主民团展开了搏斗,打得敌人抱头鼠窜,四散奔逃。战斗结束后,队伍回到九湖岭北边,又与象山反动派利记棠的团匪相遇,双方又打起来。农军集中火力反击,将利记棠的耳朵打穿了,吓得他丧魂失魄,率领匪众

狼狈逃窜，元田农军胜利返回村子。

不久，土匪军团又来攻打元田村农会，当时农军尽力抵抗，战斗持续了许久。但当时各乡农会同时受到威胁自顾不暇，无法前来支援，农军终因寡不敌众，被土匪民团冲入村内，将全村耕牛、猪、鸡、财物抢劫一空，强奸妇女，烧毁房屋，兽行令人发指。

这次战斗后，村内群众四处逃难，各找门路谋生。当时农军的卢焕、卢扇辉、卢瑞松和九湖王应桐（又名栖凤）等到新街教堂会合，于当日下午乘火车到广州市东皋大道广东省农民协会暂避。到了省农会不久，卢扇辉被请到中山大学演讲，诉说元田村被土匪民团抢、烧、奸、杀之惨况。

1927年，蒋介石在上海发动"四一二"反革命政变之后，花县地主民团更加疯狂。他们和反动军队勾结在一起，又一次攻打元田农村会。元田村农军和群众一同奋起抵抗，但是土匪民团和反动军队已将元田村包围了。接着，土匪进入村内，烧杀掳掠比前一次更加狠毒凶残。农军被迫突围，撤退到上古岭。在这次战斗中牺牲的农军战士有卢行、卢奇、卢海仔等人。事后，反动派还经常在夜间到元田村抢劫财物和杀害群众。被杀害的又有卢池宪、卢绍针、卢全有等人。

从此地主恶霸趁机霸占村里土地，致使贫苦农民耕无田，住无屋，吃无粮，不少人被迫背井离乡外出谋生。尽管革命遭受挫折，但元田村的革命火种并未熄灭。在抗日战争、解放战争年代，革命的火种又熊熊燃烧起来了。

1927年农历五月十一日，国民党广州市陆军第13师第18团及第11师炮兵一连，由团长李务滋率领数百人，会同花县民团四千多人，以"清乡"为名配备大炮，机枪扫射元田村，元田村沦陷，村民又一次惨遭杀害，民房又一次被焚毁，财物又一次遭洗劫，村民家破人亡，无家可归，到处投亲靠友，寻求援助。事后经彭湃、陈道周、黄学增等人的共同努力，在社会各界的舆论压力下，花县反动

石雕雀替

民团不得不在有关协议上签字,赔偿损失,严惩了凶手,为元田村农会伸张了正义。

农运烈士

据花县党史记载,1927年,牺牲的农运烈士元田村有以下几位:

卢灼桐(1902~1927),1924年,家乡开展轰轰烈烈的农民运动,卢灼桐从江村高塘辞工回村参加农会并参加了农军,1927年惨遭枪杀。

卢福九(1906~1927),多次参加支援战斗。敌人包围元田村,因弹尽无援被迫撤退,后被敌人发现枪杀。

卢显封(1899~1927),因掩护农军撤退来不及转移,躲在屋内被搜出。敌人审问时拒绝回答农军去处,最后被敌军枪杀。

卢连现(1904~1927),1927年参加举世闻名的广州起义,壮烈牺牲。

此外,还有卢权、卢水能等人,因资料所限,未能详细记载。

祠堂文化知识

连中三元:科举制度称乡试、会试、殿试的第一名分别为解元、会元、状元,合称"三元"。接连在乡试、会试、殿试中考中第一名,称"连中三元",是科举制度下古代读书人渴望得到的最高荣誉。

鹿:因与"禄"字谐音而常被用作建筑装饰图案,以象征升官晋爵、高官厚禄,常与麻雀、蜜蜂、猴子等搭配,寓意"爵禄封侯"。

文武双全 安民保家

——走进东湖村邝氏大宗祠

◎ 邝丽梅

邝氏大宗祠坐落在白云机场西侧，位于花都区花山镇东湖村。它历史悠久，富丽堂皇。当你走进这座祠堂，会被它深厚的文化底蕴所吸引、所感动。

东湖村邝氏大宗祠

宗祠览胜

邝氏大宗祠为三间三进结构。大门前左右两边各立花岗岩廊柱一根，廊柱底座为花岗岩三叠圆盘制式，精致秀美。前廊两边各置一对花岗岩虾公梁，花岗岩石狮，威猛厚实，与屋檐相接，既起到了承重作用，又为祠堂增添了美感，这些装饰在民间还有避邪的功能。

此祠堂最为精美之处要算前廊梁架上的木雕，远远看去，金光一片，美不胜收。走近细观，栩栩如生，梁架托脚为三只金色鳌鱼，最下端的鱼嘴紧紧吻住梁架金瓶里的花枝，动感十足，美轮美奂。三层梁架上都雕满了戏曲人物，从整个画面中出现的两个喜字来看，应该是描绘"双喜临门"或者"喜结连理"之类的故事。

梁下雀替为中国传统神话故事"八仙过海"和"百子千孙"木雕图案，刀法简练，神态各异，道骨仙风，跃然欲出。前檐柱挑头和前檐柱雀替均为花岗岩石雕，古朴飘逸，憨态可掬。墀头盘头位置有砖雕，依稀可见一对善男善女各带着男孩女孩在"金殿"前相聚，寓意多子多福，家庭兴旺，家庭温馨。

在祠堂主体建筑的两端还建有左右衬祠。衬祠正面灰塑有"蓬莱仙境""麒麟吐书""群狮献瑞"和"富贵寿考"等图案。祠堂和衬祠之间有巷名"长廊巷"，巷宽一米有余。巷子的正面灰塑"教子名扬"巷额两边分别刻有"腾蛟"和"起凤"，希望宗族子弟勤劳持家，教育子女像蛟龙腾跃、凤凰起舞一样，功成名就，为族争光。

宗祠变迁

据族谱记载，邝氏始祖为三七公，讳询字以平，生于宋徽宗崇宁二年（1103），乃太始祖四十九传方廷英公之子，世居安徽省庐州府庐江县廷蔓村。三七公，少年英俊，勇于任事，知机敏悟，逐乔河南杞县雍丘，登第进朝，应时而兴。南宋高宗建炎三年（1129）二月，金兵南侵扬州，北门将破，邝询急告高宗。高宗即披甲乘骑由南门逃出，在邝询等臣陪同下，沿运河驰至瓜州步，得小舟渡河，定都杭州，后因朝廷奸人当道，邝询为防不测，举家南迁，先至南雄宝昌县沙水乡，后又徙居广州府南海县扶南堡大镇乡，教书育子，颇有建树，晚景愉悦，享年六十有四。

明朝万历末年，原住今白云区两丫潭的邝氏十八世祖金明公等祖先，因人口发展导致土地等资源短缺及常闹水患，遂迁徙至花县（今花都区）田螺湖（今花山镇东湖村），至今已有400余年。清朝雍正末年又有邝氏二十三世见滔公、洪祯公、洪光公、宏光公、恒光公、赴国公6位祖先迁居田螺湖，至今也已有280年左右。

屋脊灰塑《喜上眉梢》

先后迁居到田螺湖的七房邝氏家族，历经沧桑，繁衍生息，发展至今共有常住人口是1600多人（未计移居外地及移民海外部分），400多户家庭，是花都区邝氏第一族群。

清朝乾隆五十年（1786），随着邝氏家族不断扩大，族人不断增多，为了加强家族管理，增强家族和谐，壮大家族力量，邝氏族人在东湖村修建邝氏公祠。道光十五年（1835），邝氏族人选择了现在的位置重新兴建一座三进的邝氏大宗祠。民国二十二年（1933）又在原地重建成现在规模的邝氏大宗祠。2009年，东湖邝氏理事会决定组织多方资源对年久失修的大宗祠"肇修堂"进行重修，这是该祠最近一次大修。

为了促进宗族和祠堂管理，2008年上半年东湖村邝氏还成立了"东湖邝氏族务理事会"，具体负责祠堂和本族的管理工作。理事会制定了理事会章程，确定了理事会会旗、会徽，并明确规定"敦亲睦族、共谋福祉、弘扬祖德、再创辉煌"为邝氏宗族宗旨，使族务工作走上正规化。

祠堂理事会成立后，做了大量的工作，先后将各组及个人分占的祠堂物业，通过协商收回祠堂所有。随后，又于2001年组织进行族谱续编工作。经过广泛联系海内外宗亲提供资料，集零成整，终于2003年2月印成与族人见面，终使因历史原因失散了半个多世纪的族谱得以延续，为邝氏宗族做了件大好事。

2010年元月3日，邝氏举办大宗祠重修竣工庆典，邻近30多条村庄的邝氏宗亲代表应邀前来庆贺，本村男女老少族人及本村其他姓氏60岁以上男女长者以及善长仁翁，一共4400多人，筵开近450席，举杯同庆，盛典场面宏大，气氛热烈，史无前例。

2014年，邝氏大宗祠肇修堂重建落成80周年之际，东湖邝氏宗族理事会举行了隆重的庆祝活动，应邀前来贺庆的宗亲除本区外，还有白云区、从化区、增城区、佛山市南海区、三水区等周边宗亲，他们有的敲锣打鼓舞醒狮助兴，有的送来对联、画作，多位本村兄弟还挥毫泼墨写了贺联以表心声。中午筵开80席，本村邝氏老者及外村宗亲一道举杯畅饮，其乐融融。

邝氏名人

东湖村邝氏宗族是一个有着光荣传统的家族。邝氏先辈在国内解放战争和抗美援朝中作出过不可磨灭的贡献。

20世纪20年代初，受共产党人彭湃领导的海陆丰农民革命运动的影响，广东省各地农民革命运动风起云涌，波澜壮阔。1924年，花县农民革命运动蓬勃展开，共产党人阮啸仙、郑铁师等人到田螺湖村（东湖村前身）开展农民运动，办起了"知行农民学校"，教授文化知识，宣传马列主义及革命道理，使处于水深火热中挣扎的广大贫苦农民看到了希望。1925年，田螺湖村农会成立，很多在"知行农民学校"受过革命思想教育的农民积极加入农会，组织迅速扩大，后来根据形势发展的需要，又组建了"农民自卫军"，用枪杆子捍卫农会组织及农民的利益和斗争成果。

1927年，以蒋介石为首的国民党反动派背叛革命，发动了"四一二"反革命政变，疯狂逮捕和屠杀共产党人和革命志士，全国笼罩在一片白色恐怖之中。本县的地主土豪们认为反攻倒算的时机已到，于是相互勾结，搜罗流氓地痞土匪成立了反动武装"民团总局"，与国民党反动派军队狼狈为奸，誓言要消灭农民自卫军，从而推翻农会组织。6月10日黎明时分，"民团"勾结国民党某团李务滋部，对农民自卫军发动进攻，战斗先从村的西南面打响，农民自卫军紧急应战，激战两小时，农军及农会组织遭受重创。

在这场保卫家园的战斗中，农民自卫军英勇顽强，无惧无畏，表现出革命者的英雄气概和视死如归、誓与敌人血战到底的精神。在这次战斗中,邝氏家族就有邝六柱、邝物培、邝满潮、邝泮清4位族人壮烈牺牲。

1950年,朝鲜战争爆发。10月25日,中国人民志愿军入朝,开始了为期3年的朝鲜作

屋脊灰塑《金玉满堂》

战。在这支志愿大军中就有一名来自花县田螺湖村的热血男儿、邝氏村民邝照晚。在战场上,邝照晚和战友经历大小战斗10多次,他英勇顽强,不怕牺牲,多次受到上级嘉奖。1953年7月,志愿军发起板门店以东至金城一线的夏季战役,先后出动10个军的强大阵容,向三八线猛攻。在马良山西侧靠近三八线的一次战斗中,邝照晚不幸中弹倒下,年仅25岁。

邝氏族人还涌现了多名全国体操冠军和世界冠军。

邝显耀,1963年出生于东湖村知行先第二生产队,有兄弟姐妹8人,排行最小。在其兄长的影响下,9岁开始师从花县体操创始人古均华老师进行体操基本功训练,显示出其柔韧性好,弹跳力佳,爆发力强的体操天赋。

1975年广州体操队教练常家尧慧眼识才,将邝显耀、邝树伦、邝伯根等东湖村学生同时招进市体校进行系统训练。邝显耀无论技术动作还是比赛成绩都出类拔萃,1979年被吸收到广东省体操队,拜陈为民为师,成为专业运动员。由于邝显耀训练自觉刻苦,加上有名师指导,技术进步神速,1981年他入选国家队,80年代邝显耀成为中国体操界一颗耀眼新星,他是1988年汉城奥运会集训队员,可惜在赛前训练中不慎扭伤脚板,无缘奥运,失去了成为花都运动员参加奥运会历史第一人的良机。

邝显耀是国家级运动健将，1989年退役后留在广东省体操队任教。1990在其师兄李宁的游说下，到佛山市筹建"李宁体操学校"，并担任教练至今。邝显耀在其体操生涯中，曾参加过无数国际国内大赛，先后夺得1977年全国业余体校体操赛团体、个人全能吊环、鞍马、单杠、双杠第一名，1981年罗马尼亚国际体操比赛自由体操与鞍马两项第一名、个人全能第二名，1984年莫斯科国际体操赛吊环桂冠等名次，为邝氏族人争了光。

邝树伦，1964年出生于东湖村知行片第三生产队，他从小好动，反应灵敏，敢于冒险尝新，具备体操运动员的优秀潜能。他7岁开始师从古均华老师进行体操基本功训练。1975年他与师兄邝显耀等人同时进入广州市体校，接受常家尧教练的严格训练，后转投名师陈伯坚接受更加系统的正规训练。1986年被招进北京体院体操队，很多时候他都代表广州市或广东省甚至代表国家队参加国际国内赛，也取得过不少优异成绩，在20世纪80年代的中国体操界享有一定的地位。1988年他退役后曾在广州市体操队担任教练，后辞职下海。其主要运动成绩有：1977年参加广东省业余体校体操比赛，获得跳马冠军；同年参加全国业余体校体操比赛，获得跳马第一名和自由体操第二名；1982年参加在法国举行的第五届世界中学生运动会体操比赛，获得自由体操第一名、鞍马第二名、个人全能第三名；1987年参加全国第六国届运动会体操比赛，获得亚军。

邝锦星，1956年出生于东湖村第十四生产队，他在1971年初中开始跟随古均华老师练体操，与邝显棠等人成为东湖村体操队的首批运动员。1977年国家恢复高考，邝锦星把握住人生提升机遇，毅然报考了广州体育学院，主攻体操专业。1982年分配到花县体委（花都区体育局前身）群体股工作，1984年担任花县体校体操班教练，1985年开始先后担任县体校训练股股长、体校校长。后来花县经历了撤县建市，再到撤市建区的改革，邝锦星一直担任训练科科长、体校校长兼任体操教练达16年之久。

花都区体校在邝锦星等领导的直接指导下，曾培养出江剑芬、陈斌、黄翠玲、王仕鹏、汤晓茵、杨伊琳等一批世界冠军、奥运冠军等优秀运动员。邝锦星作为教练，其培训成绩也相当骄人，最令他倍感自豪的就是培养出杨伊琳这位奥运冠军。杨伊琳是邝锦星在1998年到幼儿园亲选的苗子。杨伊琳进入区体校后就特别受到邝锦星青睐，训练一年后，将杨伊琳转送到广州市伟伦体校，后来杨伊琳进入广东省专业队，最后进入国家体操队。杨伊琳发展的各个阶梯，从来没有离开启蒙教练邝锦星的视线。由于杨伊琳在北京奥运的出彩表现，2008年花都区人民政府给邝锦星记个人"三等功"。同年，邝锦星还被广东省体育局授予"广东省优秀教练员"称号。杨伊琳在2008年第29届北京奥运会上,与她的同伴们顽强拼搏,技压群芳,为中国队首次勇夺奥运女子体操团体金牌,她个人还独得全能和高低杠两枚铜牌。杨伊琳圆了花都区的奥运金牌梦,为花都区体育历史铸造了新的辉煌。

灰塑《百子千孙》

除杨伊琳之外,邝锦星还培养出:欧阳灿辉(原广州体操队员)、任升平(原八一体操队员)、黄绍强(原广东省体操队队员)、黄莉(原国家体操队员)、邓守烁(原广州市技巧队员)、现役运动员梁志豪(广东省体操队员)、朱俊宏(广东省蹦床队员)等一大批有能力在国内各级赛中争金夺银的优秀运动员,可以说是一个教导有方的高产教练员。他的学生任升平从八一体操队退役后,又成为世界杯墨尔本高低杠、平衡术的冠军刘婷婷的启蒙教练。

祠堂文化知识

木雕:以各种木材及树根为材料进行雕刻,是传统雕刻工艺中的重要门类。具有的古朴典雅、富丽华贵之格调,广泛用于祠堂的木构件中,题材多见为生活风俗、神话故事、民间传奇等,富含幸福美满的文化意蕴。

面阔:又称面宽,建筑物面宽方向相邻两柱间的轴线距离,通面阔指建筑物两尽端柱间轴线距离。

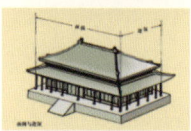

门官:民间信奉门官由来已久,一般祠堂或民居的门边都会专门设置一个神龛,专门供奉门官,上书"门官土地福德正神",民众会在初一、十五或其他节日拜祭门官。